LA VOZ DE LOS [illegible] UBLICANA

Colección Nuestro Mundo, núm. 50 Serie: Historia

Gemma Mañá Delgado, Rafael García Heredero,
Luis Monferrer Catalán y Luis A. Esteve Juárez

LA VOZ DE LOS NÁUFRAGOS: LA NARRATIVA REPUBLICANA ENTRE 1936 Y 1939

EDICIONES DE LA TORRE

MADRID, 1997

Luis A. Esteve y Gemma Mañá se licenciaron en Filología Románica por la Universidad de Barcelona en 1968. Han sido profesores de instituto desde entonces, en la actualidad en Barcelona. Han colaborado con el ICE de la Universidad de Barcelona; son miembros del Proyecto Sender del Instituto de Estudios Altoaragoneses y de GEXEL (Grupo de Estudios del Exilio Literario Español) de la Universidad Autónoma de Barcelona. Gemma Mañá falleció hace algunos meses.

Rafael García se licenció en Geografía e Historia, especialidad de Historia Contemporánea, por la Universidad Central de Barcelona en 1986. En la actualidad es profesor de instituto en Barcelona y realiza investigaciones sobre la historia de la guerra civil española y el exilio y sobre la historia local de Sta. Coloma de Gramanet.

Luis Monferrer se doctoró en Filología Inglesa por la Universidad Central de Barcelona en 1991. No obstante, desde 1981, imparte clases de Lengua Inglesa en institutos de Cataluña. Realiza trabajos de investigación para la recuperación de la narrativa y la memoria del exilio republicano de 1939, y es también miembro de GEXEL.

Es tan extenso el número de publicaciones de los cuatro autores que nos limitaremos a señalar que los temas principales de sus obras son la guerra civil, su narrativa, la narrativa en el exilio y Sender. Asimismo han participado en multitud de congresos y seminarios relacionados con estos temas.

Esta obra ha sido editada acogiéndose al amparo de la normativa del Ministerio de Educación y Cultura sobre ayudas a la edición de obras integrantes del patrimonio literario y científico español.

Espronceda, 20 - 28003 Madrid
Tel.: 442 77 93 - Fax: 442 59 40
Correo electrónico: edicionesdelatorre@infornet.es
Primera edición: diciembre de 1997
ET Index: 398N-M50
ISBN: 84-7960-199-X
Depósito Legal: M. 45.784-1997
Impreso en España / *Printed in Spain*
Gráficas EFCA
Polígono Industrial Las Monjas
Torrejón de Ardoz (Madrid)

SUMARIO

A Gemma.

JUSTIFICACIÓN

Nació este trabajo al calor de conversaciones y reuniones en las que, interesados por la recuperación de la literatura del trastierro, nos planteamos por dónde comenzar. Al rastrear en los repertorios bibliográficos estudios sobre autores, movimientos, etc., vimos que esta literatura del exilio no aparecía *ex nihilo,* sino que tenía unos antecedentes y un punto de partida: los antecedentes se remontan a la literatura española del primer tercio de siglo y más concretamente la inmediatamente anterior a 1936, y el punto de partida es la guerra que los empujó al exilio.

Pero, y de aquí nuestro interés, si bien encontrábamos estudios bastante avanzados sobre la literatura de los años inmediatamente anteriores a la guerra —los de G. Santonja, J. Esteban, V. Fuentes, Vilches de Frutos o F. Castañar, entre otros— y no menos extensos sobre el exilio, se producía un hiato informativo sobre la producción literaria durante los años cruciales del conflicto. Maticemos: la poesía y el teatro habían sido objeto de minuciosa investigación por parte de dos hispanistas franceses tan prestigiosos como S. Salaün y R. Marrast, pero la literatura narrativa quedaba huérfana de sistematización. Así, en el libro pretendidamente sintético de H. Escolar se despachaba de cualquier manera, y el más reciente de Andrés Trapiello tenía otra finalidad.

Nos hallábamos ante un territorio literario en el que primaba la información fragmentaria. Este fragmentarismo venía dado por el silenciamiento y la censura entre los años 1936 y 1975, los cuales llevaban aparejada la destrucción de los ejemplares o su condena a los «infiernos» de bibliotecas con un acceso restringido. La escasez de ejemplares hacía su acceso casi imposible al lector curioso e incluso a quien intentara adentrarse con otra finalidad en aquellos tres años, pues en su mayor parte no han sido reeditados salvo la meritoria labor de alguna editorial —concluida la dictadura—, como las ediciones robinsonianas de José Esteban o la editorial Ayuso —hoy ya casi inencontrables—, y más tarde la labor de la editorial Antrophos. Es, por tanto, un período mal conocido por la rareza de muchas ediciones, que impide un acercamiento mínimamente serio.

Sin embargo, es nuestra opinión y trataremos de mostrarlo, que sí hubo una producción narrativa cuya importancia histórica e interés se debe a que es el nexo de unión entre la producción inmediatamente anterior a la guerra civil —la literatura de vanguardia y la literatura «de avanzada»— y la producción literaria del exilio exterior o trastierro, según el término acuñado por J. Gaos, y quizá también del llamado «exilio interior» (Miguel Salabert). En los libros de estos años hallamos el inicio, a veces torpe ciertamente, de una temática literaria de amplísima repercusión literaria: la guerra, la derrota y, por último, el éxodo de una parte muy significativa de la España Republicana. De su repercusión literaria —dejemos aparte la batalla ideológica— pueden dar idea los cuatro volúmenes del repertorio bibliográfico de M. Bertrand de Muñoz que sólo abarcan la novela. Por ello lo que nos interesa fijar y describir es el punto de partida de un periplo inconcluso por la duración de la dictadura, por las peculiaridades de la transición y por la coyuntura ideológica actual, todo lo cual ha diferido la vuelta, incluso póstuma, a su particular Itaca de todos aquellos a quienes la derrota arrojó a una odisea que no cerró su círculo de vuelta.

Pretendemos una recuperación de algunos de esos autores y obras, cuya memoria fue borrada por cuarenta años de exclusión. No como episodios aislados dentro de la obra de un escritor, como un accidente más o menos pintoresco o raro que ha permitido en algún caso exhumar textos inéditos y verlos como un drama individual —que también lo fue—, sino como parte integrante de un todo colectivo en el que el individuo se sintió inmerso y participante. En el fluir de nuestra historia literaria esos tres años también existieron y no es de recibo ningunearlos puesto que de ellos nacerá una escisión en nuestra literatura que aún no se refleja en las historias al uso, porque un núcleo muy importante de los escritores jóvenes o menos jóvenes quedarán extrañados, y si se recuperan en los manuales, es a título individual —o de pequeño grupo como en el caso del grupo poético del 27—, obviando el explicar por qué una parte importante de su producción se realiza desde una muy concreta situación vital que es resultado de un hecho histórico colectivo. Que ello ocurriera en los años sesenta, por ejemplo, tiene una explicación, pero no a estas alturas. Los cuarenta años de silenciamiento han provocado «velis nolis» una construcción crítica en la que el solo recuerdo estorba y, sencillamente, se pasan por alto. Esto no es nuevo: cuando se elabora una construcción crítica de la historia literaria se fabrican unos esquemas muy difíciles de modificar porque ello supone poner en cuestión todo el armazón, como explicaba Antonio Rodríguez Moñino a propósito de la historia de la poesía española del siglo XVI [1]. Si a este fenómeno, le añadimos las actuales corrientes ideológicas que significativamente pretenden excluir de la historia y el pensamiento las ideologías —especialmente aquellas que puedan poner en cuestión el liberalismo mercantilista—, la remisión a una especie de limbo de todo aquello que supuso un compromiso moral o activo está servida.

---

[1] *Construcción crítica y realidad histórica en la poesía española de los siglos XVI y XVII*, Madrid, Castalia, 1968.

Además, la literatura de aquellos tres años ofrece una característica bastante general, al menos la escrita sobre la guerra civil desde el campo republicano: es una literatura escrita desde la ilusión de poder conseguir, pese a la situación, un mundo nuevo. Esto se produce, sobre todo, entre los más jóvenes. Los mayores muestran una actitud cuyo trasfondo ofrece mayores características de tragedia: se sentían solidarios de la causa republicana, pero vislumbraban con claridad que la República, en el mejor de los casos, había sido abandonada a su suerte; eso si no se le ponían toda clase de obstáculos por aquellos países que se proclamaban democráticos. Sienten que se vuelve a perder una nueva oportunidad para que el país alcance la modernidad. No obstante, su actitud fue también inequívoca.

1
INTRODUCCIÓN HISTÓRICA

Realizar una cronología sobre los hechos acontecidos antes de estallar la contienda española de 1936-39, es algo que ya está realizado en los libros de historia que tratan sobre el tema. Así pues, la intención de este apartado es otra. Los libros de historia nos informan de los hechos, de sus causas y consecuencias. Pero aquellas personas que escribieron sobre las vivencias de la guerra relatan el comportamiento de los individuos, que pertenecían a distintas clases sociales, estamentos, grupos, etc.

Lo que queremos realizar aquí y ahora, es una síntesis histórica del comportamiento de las distintas clases sociales que formaban la sociedad de aquella época y sus instrumentos sociales y políticos. Para ello hemos elegido estudiar el comportamiento durante el período republicano de sindicatos y partidos políticos, de la Iglesia, del «pueblo», de la burguesía, de la aristocracia, del ejercito, y revisaremos también la situación internacional. ¿Por qué estos temas? El comportamiento histórico de las distintas clases sociales se verá reflejado —tal vez de manera estereotipada— en los argumentos, en la conducta y valores de los personajes que la narrativa del período de guerra y la del exilio producirá.

Los protagonistas

La Iglesia Católica en España era la institución con más años de existencia, lo cual le había permitido adquirir un gran poder temporal (propiedades urbanas y rurales, empresas, negocios, etc.) y tenía gran influencia sobre las clases gobernantes, no siendo partidaria de ningún cambio social. Esta postura, junto con la acumulación de riquezas, lo lleva a mantenerse alejada de las masas populares, sobre todo en las zonas urbanas. El anticlericalismo fue la consecuencia de esta separación.

Con la llegada al poder de la Dictadura Primorriverista, la Iglesia apoyó al régimen y éste recompensó la ayuda prestada. La República marcó el fin del apoyo secular que daba la Iglesia a las clases dirigentes. El anticlericalismo popular e intelectual brotó con mayor fuerza. La Iglesia se sintió desconcertada en un principio, ante el cambio de régimen, pero posteriormente pasó a la defensiva. Las relaciones República-Iglesia no fueron buenas; los republicanos querían que la Iglesia Católica perdiera toda su fuerza material y pasara a ocuparse de los temas propios de su función. La Iglesia, por su parte, no quería perder ninguno de los privilegios adquiridos durante siglos.

La Iglesia fue radicalizando su postura, a pesar de los giros electorales, y apoyó veladamente cualquier intento desestabilizador, convirtiéndose así en enemigo de las masas populares. Sólo un número muy limitado de eclesiásticos y en determinadas áreas geográficas como el País Vasco supieron estar cerca del sentimiento popular.

Unos presionados por las clases populares y otros por no tener visión de futuro, provocaron que el acuerdo fuera imposible, entrando en el camino del enfrentamiento social.

Con la instauración de la Dictadura de Primo de Rivera, los partidos políticos tradicionales de la monarquía desaparecieron, dando paso a partidos que se agrupan alrededor de alguna personalidad importante. Esto se vio en las elecciones del 14 de abril de 1931. Posteriormente se fueron agrupando según su postura, frente a los grandes problemas de la España del momento.

La división que realizamos es aleatoria, pero agruparemos a las formaciones políticas según su inclinación en el momento del alzamiento en julio de 1936.

Dentro del grupo antirrepublicano quedaron incluidos todos los partidos de derecha: Falange, monárquicos, carlistas, agrarios, CEDA. Todos estos partidos conspiraban contra la República a su manera —excepto la CEDA—, o coordinadamente con los militares rebeldes de la UME. Cada uno tenía su propio programa político por instaurar, pero la urgencia en la supresión del régimen republicano les hizo apoyar al ejército, dejando las cuestiones políticas para después de la victoria. La CEDA intentó crear una República de corte conservador, pero manteniendo —en un principio— el sistema político. Tras la pérdida de las elecciones de febrero de 1936, este proyecto desapareció, para dar paso al apoyo a la insurrección militar.

El resto del espectro político dio el respaldo a la causa republicana. Este apoyo procedía de los partidos nacionalistas autonómicos —PNV, Esquerra Republicana—, partidos republicanos de izquierda, el PSOE, el PCE, y otros partidos de extrema izquierda, así como de los sindicatos UGT y —sin manifestarse en contra— de la CNT-FAI. Cada uno de estos partidos tenía un proyecto político para salvar a la República de la agresión que sufría y en ocasiones intentaron ponerlo en práctica, sin esperar a ganar la guerra.

Los partidos republicanos de izquierda estaban vertebrados a partir de una figura política: la Acción Republicana de Manuel Azaña, el Partido Radical Socialista de Marcelino Domingo, El Partido Radical Democrático de Diego

Martínez Barrio y por último —el menos progresista— el Partido Radical de Alejandro Lerroux.

Su base estaba formada por intelectuales y clases medias urbanas. Formaron parte de los sucesivos gobiernos con los socialistas y ya en la guerra, con todas las organizaciones pro republicanas. No supieron estar a la altura de los cambios que se esperaban de ellos, ya que dudaron entre abordar con firmeza la realización de sus proyectos, apoyándose en las clases populares, o pactar las reformas con la oposición. Así, no pudieron ganarse el apoyo efectivo de las masas.

Desde la sublevación de julio del 36, la reconstrucción del aparato bélico por parte de la República se hizo en el más completo caos, ya que no se fiaban de los militares que quedaron en las zonas donde el alzamiento militar había fracasado. En un primer momento, se encargó de realizar el reclutamiento e instrucción militar a los partidos políticos y a los sindicatos. La situación política de la República en guerra era difícil. Los gobiernos de republicanos-socialistas, con el apoyo de la nueva fuerza en auge —los comunistas—, tenían que atender a la situación del frente y a los problemas creados en la retaguardia por las organizaciones de extrema izquierda.

Las organizaciones sindicales españolas eran más radicales que sus homónimas europeas. Se habían ido forjando durante muchos años en la fragua de la lucha contra un sistema capitalista bastante intransigente.

Las dos principales organizaciones sindicales eran la UGT y la CNT, una de carácter socialista y otra anarquista. La primera estaba relacionada con el partido socialista (PSOE) y la segunda no entraba directamente en el juego político, pero propugnaban la destrucción del Estado y la creación de comunidades confederadas. Las posturas que tomaron frente a las distintas situaciones que se presentaban a la sociedad española eran tan diferentes como la ideología de cada una de ellas.

La UGT bajo la tutela del PSOE «colaboró» con la Dictadura de Primo de Rivera, mientras se iba fortaleciendo frente a la central anarquista. Apoyó directamente la creación y sostuvo a la II República. Cuando creyó que ésta peligraba, tomó las armas, sufriendo la represión. Al estallar la rebelión militar impulsó la lucha contra los militares, pero no vio la necesidad de encauzar esta lucha bajo el orden que necesitaba la situación.

Por el contrario, el orden era algo que no quedaba claro para la organización anarquista. La CNT siempre había estado en contra de cualquier sistema político establecido; pasó de la estrategia del atentado a la movilización de masas, en las postrimerias de la República. Sufrió una fuerte represión del Estado, y al no obstaculizar abiertamente las elecciones permitió el triunfo de las listas republicano-socialistas. Al estallar la guerra, colocó en primera línea a sus mejores hombres, en una lucha casi individualista. La inclusión de las milicias confederadas en el Ejército Popular de la República causó graves tensiones, dentro de la propia organización anarquista.

En otro orden de cosas, no se puede hablar de un «pueblo» homogéneo, ni en las costumbres ni en el idioma. El único elemento que podía dar un poco de cohesión era la religión católica, pero sólo en apariencia, pues era «... un pueblo que pasaba por profesar un acrecentado cristianismo, cuando lo cierto es que en su inmensa mayoría miraban a la Iglesia como una institución complaciente con el régimen monárquico corrupto de años atras» [1].

Podríamos hablar de una sociedad rural en el sur, compuesta de jornaleros sin tierra, con una elevada tasa de analfabetismo, que lo que deseaban era mejorar su situación —la reforma agraria, la desaparición de los latifundios y el incremento de los salarios—, estando dispuestos a apoyar las medidas más extremas para conseguir estos objetivos.

Por otra parte existía en el norte y centro de España una mayoría de pequeños propietarios temerosos de que las reformas del campo atacasen sus derechos de propiedad; por lo que dieron su apoyo a los partidos que defendían la propiedad de la tierra y la situación de la Iglesia.

También podemos hablar de una población urbana de trabajadores industriales y de servicios, que se concentraba en ciertas áreas geográficas o en las grandes ciudades. Apoyaron generalmente las opciones republicano-socialistas, o la no integración política —en el caso de los ácratas—. Ésta sería la base humana de la cual se alimentaron los dos ejércitos al estallar la contienda.

La débil y tardía revolución industrial que tuvo España dio como resultado una clase burguesa pequeña en cuanto a su número y a su influencia política. Para alcanzar el poder político que deseaba tuvo que unirse mediante lazos económicos y familiares a la oligarquía dominante. En las zonas donde la revolución industrial tuvo un mayor asentamiento —Cataluña y País Vasco—, la burguesía generó un sentimiento nacionalista.

Al instaurarse la República en 1931, la alta burguesía esperaba una continuidad de las relaciones económicas y sociales, tal como se habían planteado durante los primeros decenios del siglo; pero las reformas que propició el nuevo Estado —redistribución de la renta, relaciones laborales, reforma agraria, etc.— desembocaron en un enfrentamiento contra la República. Cuando se produjo la insurrección de julio del 36, la alta burguesía cerró filas en torno a los militares, aportando influencias y contactos en el mundo financiero europeo y, en ocasiones, sus propias fortunas.

La pequeña y mediana burguesía era la base más sólida para instaurar un régimen parlamentario. Pero en España no era ésta la situación pues «A causa del atraso económico de la nación, las clases medias, aún en el supuesto de que no hubie-

[1] Ramón Tamames: *Historia de España. VII La República. La era de Franco,* Madrid, Ed. Alfaguara, 1983, 10.ª ed., p. 166.

sen estado fraccionadas por motivos religiosos o regionales, eran demasiado pequeñas para llevar al poder a un movimiento estrictamente burgués» [2]. Esta clase estaba compuesta principalmente por pequeños comerciantes, artesanos, profesiones liberales, funcionarios, etc., y su mayor fuerza la ejercían en los núcleos urbanos. Para alcanzar el poder político de la República tuvo que pactar el apoyo de los partidos de izquierda, dando a la II República un carácter más avanzado en los aspectos sociales y económicos de lo que hubiese deseado la alta burguesía y la aristocracia. Al estallar la contienda, la pequeña y mediana burguesía apoyaron al gobierno, pero los acontecimientos en la retaguardia sobrepasaron su espíritu de transformación.

La aristocracia estaba íntimamente relacionada con la alta burguesía, su base económica eran las finanzas, la industria y la agricultura, aunque su modo de vida era un tanto ostentoso. Eran monárquicos convencidos, deseosos de mantener el orden social, por eso chocaron con los proyectos reformistas que la República intentaba realizar. Apoyaron con su influencia y su riqueza a cualquier grupo, tanto militar como civil, que intentase derrocar al régimen republicano. En el momento de la rebelión se pusieron bajo las órdenes de los militares rebeldes. Aquellos que no querían verse implicados en una contienda como la que se producía, prolongaron sus vacaciones en Portugal o en Francia.

Las Fuerzas Armadas de la monarquía española habían acabado siendo derrotadas en las últimas contiendas en las que se habían visto implicadas. Recaía la culpa de las derrotas en la mala gestión de los gobiernos de la monarquía. En conjunto, había una marina que no se había recuperado de lejanos desastres, una incipiente aviación que había nacido con glorias en su haber, un ejército mal equipado, mal alimentado y con una oficialidad poco profesional, si exceptuamos a los «africanistas» [3]. Existía una separación entre la sociedad civil y el mundo militar —por la utilización de las fuerzas armadas como fuerzas de orden público—; y reformas, rencillas entre cuerpos y armas, por la creación de grupos de presión para defender sus intereses, etc. Éstos son algunos de los males que aquejaban a aquel ejercito. Esta situación empeoró cuando éste se hizo cargo del poder civil con Primo de Rivera, ya que el pueblo sentía que el ejército era la base de la dictadura que, a su vez, era justificada por la monarquía. Cuando las urnas dieron el triunfo a la República, «... el Ejercito venía a considerar que la causa del rey estaba totalmente perdida, y que el apoyo popular a la República era casi unánime» [4].

---

[2] Raymond Carr: *Estudios sobre la República y la guerra civil española,* Madrid, Sarpe (Bibl. de la Historia, 23), 1985, p. 51.

[3] «Africanistas»: Se denomina así a jóvenes oficiales formados en el combate durante la guerra colonial de Marruecos (1919-1926) contra las cabilas rifeñas, mandadas por Abd-El-Krim.

[4] Ramón Tamames: *op. cit.,* p. 170.

Los cambios que se produjeron con la llegada de la República (reforma agraria, religiosa o educativa), así como la que afectó a los propios militares —la reforma de Azaña—, produjeron una situación de inestabilidad entre los oficiales, que veían en estas reformas un intento de destruir los valores tradicionales de España, así como un menoscabo de su profesión.

La «Sanjurjada» fue un intento fallido que contaba con el apoyo del movimiento monárquico y escaso soporte de los militares en activo. Después de las elecciones de 1933, en las cuales la derecha alcanzó el poder, las distintas conjuras —falangistas, monárquicos, generales con mando, carlistas, UME, etc.— se mueven sin ninguna dificultad. Los hechos del 34 llevaron a los militares opuestos a la República a lugares clave y experimentaron en la zona de Asturias lo que después sería la guerra civil.

Con las elecciones del 36, los diferentes grupos conservadores se habían ido relacionando y conjuntando sus distintos planes para que si la derecha perdía el poder en las urnas, lo recuperase con las armas. Todo estaba previsto; se pasaría por encima de los oficiales superiores, si éstos no eran favorables al alzamiento —que era la única forma de control que tenía la República—. Se tomarían todas las plazas fuertes, se marcharía hacia los núcleos de resistencia y se realizarían operaciones de «limpieza» de las fuerzas de izquierda y republicanas. Sólo faltaba una orden, un detonante, una excusa; ésta fue la muerte de Calvo Sotelo.

Parece claro que la República Española no tuvo una política internacional claramente definida, si exceptuamos la idea de mantenerse neutral y apoyar a la Sociedad de Naciones. La Monarquía se había mantenido neutral; Primo de Rivera sólo varió esta política al firmar un acuerdo con Mussolini. La República, al mantener esta política, lo que consiguió, por una parte, fue el aislamiento frente a las grandes potencias Francia y Gran Bretaña y, por otra, un débil contacto con los países neutrales de Europa y con algunas repúblicas hispanoamericanas. Asimismo tuvo graves enfrentamientos con el Vaticano y fricciones con los Estados Unidos, por causa de Telefónica.

Alemania, Italia y Portugal eran abiertamente hostiles a la República y apoyaron a los sublevados con dinero, armas y soldados. Para Alemania suponía una distracción de las democracias occidentales, ante los acontecimientos que se sucedían en Centroeuropa.

Para Francia la contienda española era un aviso de lo que estaba ocurriendo a nivel interno. Si en un principio pensaba ayudar a la República, con la intervención de Gran Bretaña —que tenía una clara hostilidad al régimen republicano, por las transformaciones económico-sociales—, se agregó a la política de no-intervención, que sirvió para enmascarar la intervención de las potencias fascistas y la desvinculación por parte de las democracias europeas de la tragedia española.

Mientras la guerra se iniciaba, los distintos países iban dejando a la República cada vez más aislada. El único país del área hispanoamericana que ayudó en la medida de sus recursos fue México —en la compra de armas y dando asilo a los refugiados—. La otra fuente de ayuda que tuvo la República Española fue la ofrecida por la URSS. Esta ayuda (limitada) estaba condicionada al desarrollo de los acontecimientos en la Europa oriental —que era el objetivo de la política de la Alemania nazi— y para enmascarar las «purgas» que se desarrollaban en el interior de la URSS. A partir de 1937 esta ayuda se fue restringiendo.

El frente

Realicemos un recorrido por las zonas del conflicto. El desarrollo que hemos querido dar implica la descripción de cada zona independiente de las otras. Así viajaremos por Marruecos, Extremadura y Andalucía, Castilla, Aragón y el frente Norte.

a) *Marruecos:* la conspiración contra la República tenía en el Norte de África su base de abastecimiento de tropas de choque —la legión, regulares, tropas indígenas—. Esta zona se sublevó primero y su triunfo fue la señal para el resto de los conspiradores. En Marruecos existía una mayor concentración de militares sobre el elemento civil. Así pues, el triunfo fue rápido, la resistencia puntual duró en ocasiones varios días y finalmente, fue duramente reprimida. Un ejercito de 40.000 hombres curtidos y equipados para el combate, sólo esperaban a su jefe. Éste llegó de Canarias.

b) *Extremadura* y *Andalucía:* las reformas agrarias que había iniciado la República, habían devuelto la esperanza a los campesinos extremeños y andaluces sin tierras. Las reformas de la derecha los desilusionaron, les cerraban la posibilidad de tener tierras por la vía legal. Después de la victoria del Frente Popular, los campesinos tomaron las tierras y las empezaron a cultivar. Estaban dispuestos a defender aquello que creían que era suyo y, los enfrentamientos con la Guardia Civil y la oligarquía fueron sangrientos.

Tras la sublevación de las tropas de África y de algunos puntos de la península, la situación se hizo muy tensa en estas tierras. Las fuerzas rebeldes que partieron de Sevilla hacia Madrid apenas encontraron resistencia, a no ser pequeños grupos de campesinos y militares mal armados. La única resistencia firme la tuvieron en Mérida y en Badajoz donde campesinos y tropas leales se habían concentrado tras las murallas. Tras una enconada resistencia duras luchas los militares sublevados tomaron la ciudad y se produjo una increíble represión:

> En los días siguientes el furor de la venganza fue terrible, todos los militares profesionales y gran parte de los carabineros prisioneros fueron fusilados. Muchos

milicianos corrieron la misma suerte, que se prolongó cuando el Gobierno portugués entregó a refugiados en su territorio [5].

El frente extremeño se convirtió en una zona de actuación de grupos de guerrilleros que hostigaban al enemigo en su retaguardia.

Dominada Sevilla y con la llegada de las fuerzas procedentes de África, se inicia la conquista y «limpieza» de Andalucía. El ataque de Miaja a Córdoba no tuvo éxito por falta de medios o por vacilaciones de su jefe.

El frente de Andalucía quedó estabilizado durante gran parte de la guerra, si exceptuamos el frustrado ataque republicano a Lopera a finales del 36 y, la toma de Málaga por las tropas rebeldes a principio de 1937. Este frente sirvió para lanzar operaciones de distracción cuando la situación en otros puntos era apurada.

Lo más destacable de este frente es la actuación de grupos de guerrilleros, realizando operaciones de sabotaje detrás de las líneas enemigas. A finales de marzo del 39 todo el frente andaluz quedó roto, retirándose muchos soldados hacia la costa levantina con la esperanza de tomar un barco y escapar de las represalias del vencedor.

c) *El centro norte peninsular.* Con la toma de Valladolid —en los primeros momentos del alzamiento— las puertas de Madrid quedaron abiertas, lo único que quedaba era el Alto del León (Guadarrama) hacia donde marcharon los sublevados y los milicianos salidos de la capital, equipados con el más variado armamento. Los milicianos ocuparon el alto del León pero, fueron desaojados por las tropas rebeldes procedentes de Valladolid. Los combates llegaron a un cruel cuerpo a cuerpo. Después cundió el pánico entre las milicias republicanas, que se retiran en desbandada para reorganizarse, poco después, en el pueblo de Guadarrama.

A finales del 36, los rebeldes intentaron dejar aislados a los republicanos que resistían en el Guadarrama. Con el objetivo de cortar la carretera de La Coruña-Madrid, montaron una gran operación que tras muchos ataques solo consiguieron 10 km de dicha carretera. Por contra, las tropas gubernamentales habían impedido el aislamiento de la Sierra. La continuidad de este frente esta ligada al destino de Madrid, que expondremos en el apartado que trata sobre las retaguardias.

d) *Aragón.* En las tierras de Aragón a finales del verano del 36, la República lanzó un ataque contra Huesca, llevado a cabo por fuerzas provenientes de Barcelona. Estos combatientes, estaban compuestos, al principio, mayoritariamente por anarquistas, eran poco disciplinados y reacios a los mandos. Estos combatientes estuvieron controlando buena parte de Aragón, pregonando su filosofía que era

---

[5] Gabriel Cardona: «La guerra de las Columnas», en VV. AA.: *La guerra civil V,* Madrid, Historia 16, 1986, p. 36.

aceptada por los campesinos o impuesta por el miedo. Para los militares republicanos y los partidos políticos que formaban el Frente Popular, estas fuerzas acantonadas en Aragón eran de poca confianza. Con los incidentes de Barcelona en el verano del 37, se vio claro que los anarquistas mantenían su idea de continuar la revolución. Sus fuerzas situadas en el frente de Aragón estuvieron dispuestas a marchar sobre Barcelona, sino hubiera sido porque las fuerzas republicanas los amenazaron con atacarlas. Para dar uan descanso al frente norte y a su vez reducir la importancia de los anarquistas en tierras aragonesas, se preparó una ofensiva en torno a Zaragoza, que culminaría con la toma de Belchite y la estabilización del frente.

e) El *Frente Norte* quedó aislado —desde el primer momento— con el triunfo del alzamiento en Navarra y Castilla. Pero cuando verdaderamente se sintió este aislamiento fue con la toma de Irún, bajo los impasibles ojos de Francia que retenían trenes cargados de armamento en la frontera. El sentirse aislados por tierra y por mar con el bloqueo naval, fue la constante en este territorio. Asi la limitada ayuda del gobierno republicano no llegaba o llegaba con retraso. El presidente vasco tomó el mando del ejército creyendo que con este paso mejoraría su situación, pero los combates fueron siempre de gran dureza.

Un hecho que conmocionó al mundo fue el bombardeo de Guernica, donde los alemanes experimentaron su táctica de destrucción masiva de núcleos urbanos. Con la caída de Bilbao, acelerada por una traición, y la negociación para no destruir la industria pesada a cambio de un trato de favor, se cierra este frente. Sólo quedaron las zonas de Santander y Asturias que, tras encarnizados combates y sin posibilidades de recibir ayuda, sucumbieron.

La retaguardia

Pasaremos ahora a dibujar la situación según las ditintas zonas como: Madrid, Cataluña, Valencia y Alicante.

a) *Madrid:* sería difícil considerar esta ciudad como retaguardia, ya que en esta ciudad se llevaron a cabo los ataques más terribles de toda la Guerra.

Los sublevados sabían que en la capital de la República sería difícil que triunfasen, ya que la República tenía gran aceptación. Tras la noticia del levantamiento militar, el gobierno perdió un precioso tiempo con medidas políticas, «... aquel mismo 19 de julio aparecieron publicados varios decretos que Casares había preparado, como una muralla de papel ante la rebelión... »[6].

[6] Gabriel Cardona: «El cataclismo de julio», en VV. AA., *La guerra civil IV,* Madrid, Historia 16, 1986, p. 46.

Los partidos de izquierda y las organizaciones obreras estaban inquietas, dada la actitud de los cuarteles de Madrid y pedían al gobierno que los armase. La sublevación en Madrid se hizo de forma desorganizada y perdiendo la iniciativa al acuartelarse. Los militares republicanos y las fuerzas de seguridad, junto a los obreros que empezaban a recibir armas, aislaron los cuarteles rebeldes, sometiéndolos después de algunos enfrentamientos. Se produjeron graves desmanes, así como la apropiación por parte de los obreros del material bélico, con el cual se enfrentarían a las Columnas que acechaban Madrid.

El gobierno republicano ante el rápido avance de los militares, decidió trasladarse a una posición más segura para continuar la guerra, en el caso de que la capital fuese vencida. A la salida del gobierno se creó una Junta de Defensa, que se encargó de hacer los preparativos para la resistencia. Las defensas de la ciudad se construyeron sobre la marcha, los jefes del ejército republicano no sabían con que efectivos contaban ni su valor en caso de combate. Los militares rebeldes distribuyeron sus fuerzas en forma de Columnas mixtas para entrar en Madrid por las carreteras y los puentes sobre el Manzanares. Los republicanos sin la experiencia de la guerra de Marruecos, intentaron racionalizar y ordenar al máximo las heterogéneas defensas de la capital. Por casualidad, las órdenes del ataque del enemigo cayeron en manos de los republicanos y esto permitió organizar mejor la defensa. Así los ataques directos no tuvieron éxito y los defensores con la entrada en combate de las Brigadas Internacionales aumentaron su confianza y eficacia.

Los bombarderos alemanes sobre Madrid no hicieron que la defensa se derrumbase. La ayuda extranjera, en la batalla de Madrid, era superior en el bando franquista que en el republicano, éste tenía graves problemas en el abastecimiento de alimentos y material para los combatientes.

Para Alemania esta guerra tenía un valor didáctico: «Para Hitler suponía la posibilidad de entrenar a sus carristas y aviadores en los principios de la guerra moderna que entonces estudiaba su Estado mayor. La Legión Condor estaba compuesto por más de 5.000 hombres, casi el doble que los italianos que apoyaban a Franco»[7].

Cuando Franco observó que el ataque frontal era ineficaz, decidió aislar a la capital cortando las comunicaciones por el Oeste atacando la carretera de La Coruña. Tras duros combates se llegó a cortar esta carretera, pero fracasaron en el empeño de aislar la capital. Otro duro ataque para cortar las líneas republicanas se produjo en la zona del río Jarama. Tras encarnizados ataques y contrataques la situación quedó estabilizada, siendo en esta ocasión la primera vez que los republicanos detenían en campo abierto a las tropas franquistas. El último ataque para cortar el abastecimiento de Madrid, fue llevado a cabo por los ita-

[7] Gabriel Cardona: «La batalla por Madrid», en VV. AA.: *La guerra civil IX,* Madrid, Historia 16, 1986, p. 18.

lianos enviados por Mussolini en Guadalajara, donde el resultado fue catastrófico para la CTV. Este fue el último intento de tomar Madrid y acabar rápidamente con la guerra. A partir de aquí Franco se preparaba para una guerra larga y penosa.

La vida en el Madrid sitiado fue difícil. A la situación de guerra, habría que sumarle los bombardeos indiscriminados contra la población civil, la escasez de alimentos y de productos de primera necesidad, la dificultad de transporte y abastecimientos, el problema de los refugiados que escapaban de las zonas de combate, la evacuación de la población civil, etc. Pero los madrileños se fueron acostumbrando a los sinsabores de la guerra, luchaban o trabajaban en una parte de la ciudad y luego regresaban con la familia en otra parte. Cuando el frente se estabilizó, la situación en la ciudad fue mejorando, pero sin llegar a ser como antes de julio del 36.

En 1939, tras la caída de Cataluña, la situación en Madrid se hizo insostenible. La población y el ejercito estaban cansados de la guerra. La rendición tenía que ser lo más ventajosa para los perdedores, que tenían que huir hacia el extranjero.

b) *Cataluña:* la conspiración militar en Barcelona se empezó a fraguar tras las elecciones de febrero del 36. Los planes de sublevación tuvieron que cambiarse ya que Goded no quería la plaza de Valencia, sino la de Barcelona. Tras el triunfo de la sublevación en Las Palmas, los militares rebeldes intentaron hacer lo mismo con Barcelona, pero la situación era distinta. La Generalitat se preparó para el esperado alzamiento, utilizó a militares republicanos para neutralizar a los sublevados. Una primera acción fue registrar y arrestar a los civiles implicados, y posteriormente preparar un plan para detener a las Columnas rebeldes que, desde la periferia, avanzarían sobre el centro de la ciudad. Los carabineros, la aviación e intendencia se mantuvieron fieles y la lealtad de la Guardia Civil fue decisiva.

Las tropas leales atacaron a los rebeldes en los puntos señalados, frustrando sus intenciones. A los largo de los combates, se fueron uniendo grupos de civiles que recogían las armas. Los más destacados fueron los miembros de la CNT, que acumularon gran cantidad de armas obtenidas de los cuarteles. La noticia del fracaso de Barcelona desanimó a Valencia y a Menorca.

Posteriormente, Barcelona vivió la euforia revolucionaria a pesar de los fracasos militares de las iniciativas sobre Aragón y Mallorca auspiciadas además por la Generalitat. Las organizaciones de extrema izquierda afincadas en Cataluña sentían que la colaboración de los grupos marxistas en las instituciones republicano-burguesas era un retroceso en la revolución proletaria, que se había iniciado con el aplastamiento de los militares rebeldes en julio del 36.

Los acontecimientos de mayo del 37 significaron el enfrentamiento entre los grupos de izquierda marxista y anarquista —que creían que se estaba traicionando la revolución— y, las fuerzas políticas que formaban parte de las instituciones republicanas. El resultado de este enfrentamiento, fue la desaparición del POUM y el reforzamiento del PSUC. A causa e estos acontecimientos, se incrementa la presión del gobierno de la República, para que la industria catalana produjese mayor cantidad de material de guerra. Otra repercusión fue el debilitamiento de la causa republicana en el exterior.

La vida en Barcelona era «tranquila»: había tantas armas como en el frente. El abastecimiento no fue problemático hasta que, se intensificaron los bombardeos de la aviación italiana procedente de Mallorca. Los ataques se producían contra objetivos militares y económicos, al igual que contra la población civil. Con la ruptura de la República en dos zonas, se inició un esfuerz bélico para contrarrestar esta acción (batalla del Ebro). La empresa fracasó y viendo que la situación estaba perdida, se produjo un importante exodo hacia la frontera con Francia, empieza un exilio masivo.

c) *Valencia:* conjurado el levantamiento militar en Valencia —tras el fracaso que se produjo en Barcelona en julio del 36— y disponiendo de tropas para destinarlas a las zonas de lucha, la ciudad quedó fuera de la zona de guerra. El conflicto no se sentía en esta zona, no existían carestías de alimentos ni restricciones. A partir de 1937 se produjeron los primeros ataques aéreos desde Mallorca, que se centraron en objetivos militares y económicos. Después se convirtieron en ataques indiscriminados contra la población civil. El ataque a los puertos provocó una carestía de abastecimientos, teniéndose que implantar un severo racionamiento a partir de 1938.

Los militares y algunas fuerzas políticas veían que la victoria era imposible y pedían la rendición, a la cuál se oponían Negrín y los comunistas. Tras el golpe del coronel Casado, se intenta dialogar con los sublevados para pactar la rendición, la iniciativa no tuvo éxito. Posteriormente, algunos líderes políticos de la República lograron salir hacia el exilio.

d) *Alicante:* para finalizar este recorrido geográfico, diremos que en la zona de Alicante, su jefe militar vaciló hasta el último momento en sumarse a la sublevación, pero fue convencido de que no lo hiciese. Cuando la situación se normalizó, fue fusilado por elementos republicanos, y además se produjeron muchos asesinatos enmascarados con acusaciones de ser «fascista». La calma llegó a Alicante —la normalidad en tiempo de guerra— y duró hasta el final de la contienda. Tras el desmoronamiento de los frentes Centro y Sur, hubo una avalancha de población y soldados hacia los puertos de Levante, con el objetivo de conseguir un barco que los llevase fuera de España. Se produjeron terribles escenas de pánico entre los refugiados, al saber que no podían escapar.

> Entretanto, Casado había llegado a Valencia. Desde esta ciudad cablegrafió al gobierno británico, solicitando barcos para trasladar a 10.000 refugiados a Orán o Marsella, pero los ingleses no tenían ganas ni medios suficientes para enviar una ayuda de tal envergadura [8].

A la llegada de los italianos, se habían concentrado en el puerto de Alicante más de 10.000 personas que no pudieron huir. Fueron llevados a campos de concentración y, en muchas ocasiones, al pelotón de ejecución.

[8] Hugh Thomas: *La guerra civil española,* t. XIII, Madrid, Urbión, 1987, p. 379.

2
INTRODUCCIÓN LITERARIA

No descubriremos nada si recordamos que las guerras han sido desde siempre materia apropiada para el relato por la cantidad de acontecimientos y peripecias que traen consigo, juntamente con la presentación de los personajes en situaciones límite, todo lo cual atrae el interés y provoca la compasión del receptor. No es, pues, de extrañar que una guerra como la guerra civil española de 1936-1939 produjera también sus resultados literarios. Los primeros textos aparecen muy tempranamente, en el primer año de la contienda, la cual seguirá siendo motivo literario durante varias décadas hasta la actualidad. Su desarrollo a través de estos años, tanto en la literatura del interior como en la del exilio, es cuestión en la que no entraremos, puesto que nuestro objeto son los relatos *publicados* o *escritos* por los ciudadanos fieles a la República durante los tres años del conflicto.

Los primeros escritos sobre los acontecimientos bélicos suelen tener carácter cronístico, de mera relación de lo acaecido, sea desde el punto de vista de los bandos combatientes, sea desde un punto de vista «neutral». En la época moderna los hechos se reflejan inmediatamente en las crónicas periodísticas y en los testimonios de los participantes. Simultánea o posteriormente se procede a una elaboración de carácter sintético de unos textos en los que además de narrar los hechos se pretende darles un sentido simbólico que supere la anécdota manteniendo el equilibrio entre la realidad y la ficción. Esta forma evolucionada del relato inicial serán las novelas y relatos breves en los que se refleja la problemática del hombre que se enfrenta a un universo que ha perdido su cohesión y su sentido y al que tendrá que darle nuevamente sentido y unidad.

Precisamente como la narración novelesca se presenta como un segundo estadio en la recreación de aquel mundo convulsionado y porque la respuesta narrativa es también casi simultánea, hemos recogido algunas muestras de aquellas crónicas que son la materia prima sobre la que va a operar el novelista, que en algunos casos también ha sido el cronista previo. Por otra parte, la inmediatez del acontecimiento general en el que se enmarcan los episodios particulares de los que los personajes de ficción son protagonistas, hace que el autor se sienta profundamente involucrado en un relato de cuya realidad es partícipe. Su actitud, crítica o no, pero fiel a la causa republicana, ante aquella circunstancia histórica es una cuestión llena de interés por ser un testimonio involuntario de las diferentes actitudes de los intelectuales que se sintieron comprometidos en aquella situación.

El cuadro no quedaría completo si prescindiéramos de los diarios y libros de memorias, publicados acabada la contienda o mucho después, en los cuales el autor no se limita a anotar lo acaecido, sino que busca una explicación. Junto a éstos hemos incluido algunos libros publicados durante la guerra o en el momento de su finalización cuyo interés radica en el protagonismo de su autor en hechos decisivos, o en la singularidad del testimonio y su posible repercusión en la batalla ideológico-propagandística desarrollada simultáneamente. Si exceptuamos los diarios y memorias que no suelen pretender una publicación inmediata en los otros textos —periodísticos, testimoniales o novelescos— se da por descontado que pudieran ser accesibles a los lectores de la zona en poder de los rebeldes. Especialmente los testimoniales servirán para dar la batalla propagandística en el exterior, buscando apoyo social en los países de la «no intervención» y así forzar la rectificación de esa política tan decisiva en la balanza militar.

En conjunto nos hallamos ante una literatura, salvo memorias y diarios, de los combatientes —entendiéndolo en un sentido lato— y para los combatientes, casi simultánea a los hechos, que se refiere a la realidad inmediata e intenta trascenderla, aunque difícilmente lo consiga, pues el autor se siente involucrado en los acontecimientos y en contadas ocasiones puede alcanzar el distanciamiento necesario. Ello nos lleva a rehusar la calificación de «histórica» que se aplica indiscriminadamente a toda la narrativa de la guerra civil española. Este rechazo se funda en la relación que puede haber entre el presente del autor en el acto de creación y la situación temporal de la ficción narrativa respecto de aquél. Tal relación ofrece las siguientes posibilidades básicas:

a) Cuando la acción transcurre en un *pasado inmediato* será una novela de tiempo actual o, por usar un marbete galdosiano, «novela contemporánea».

b) La situación de la peripecia en un *pasado más o menos remoto* da lugar a la «novela histórica» que puede bien mediante la visión del pasado intentar explicar el presente *(Episodios Nacionales* de Galdós), bien proyectar hacia el pasado los valores del presente (W. Scott).

c) Al proyectar la acción hacia el *futuro,* tendremos la «novela de anticipación o ciencia-ficción».

d) Si el relato queda fuera del tiempo histórico nos hallaremos ante una «novela atemporal» propia de la abstracción o de la fábula.

De acuerdo con este planteamiento los textos que nos ocupan corresponden a una «narrativa contemporánea», pues la circunstancia histórica aún está por concluir. Que la materia sea bélica, le conferirá un tono épico; pero no debemos confundir la narración épica con la novela histórica. Al abordar la realidad inmediata como materia literaria, el autor no puede eludir su circunstancia, que en este caso es bélica. Además, si la novela refleja normalmente las tensiones dialécticas entre grupos sociales, entre grupo e individuo o entre individuos, y si estas tensiones entran en crisis y se resuelven violentamente, la novela será de guerra; pero, si es simultánea, no puede ser histórica. De con considerarlo así, cualquier novela que relatara tensiones sociales, como *La busca,* podríamos considerarla «novela histórica», lo que no coincide con las categorías establecidas.

Por otra parte se puede apreciar en el conjunto de las obras examinadas que los escritores juzgan crucial aquel momento de crisis histórica. Ninguno de ellos se atreve en aquel momento a plantear un desenlace, pero todos parecen coincidir en que la conclusión de la guerra, si fuera favorable, traería consigo una alteración sustancial de aquella sociedad anquilosada de la Restauración, que ellos habían conocido, juntamente con un profundo cambio en la situación de las clases populares. Por ello casi toda esta narrativa, de un modo o de otro, insinúa o declara según los casos el presentimiento de un mundo auroral, de un *mundo nuevo.* Esta percepción lleva aparejado todo un proceso en el que se pueden señalar tres componentes:

a) La necesidad de acabar con un mundo caduco e injusto en el que la mayoría del pueblo no es más que un comparsa al servicio de los poderosos.

b) Como correlato del anterior, la propuesta de un mundo nuevo, de una sociedad en la que el hombre haya cobrado conciencia de su propia dignidad de hombre. Pero así como en la necesidad de borrón y cuenta nueva hay una práctica unanimidad, en el diseño del ideal se aprecian discrepancias en razón de la ideología —ácrata, trotsquista, comunista, socialista o republicana— a la que por militancia o afinidad podemos adscribir al escritor.

c) La resistencia del pasado a cualquier transformación ha aumentado de grado hasta provocar un enfrentamiento armado, lo que planteará a los partidarios de la renovación esta disyuntiva: resistir a los rebeldes y ganar la guerra o hacer la revolución en primer lugar. Como en el apartado anterior, cada uno la dilucidará según sus propias inclinaciones ideológicas.

A su vez, los personajes del relato, al verse inmersos en una situación límite, se verán obligados a participar; pero esta participación no se traduce en muchos de ellos en una adhesión mecánica al bando que representa la ideología del autor, sino que va más allá. Se le abrirán los ojos y él sentirá también que se está en los albores de un mundo nuevo. En este caso, la guerra era el inicio de un camino, al final del cual debían hallar un tipo nuevo de hombre, búsqueda recurrentemente asociada a la palabra «claridad» o vocablos afines. Por ello hallaremos en algunos de estos relatos ciertas características del *relato iniciático,* aunque el recorrido vital del personaje no sea tan extenso, lo cual se ve compensado por la intensidad del conflicto en el que se ve inmerso.

Si los diarios y memorias pretenden dejar un testimonio individual para la posteridad, y los libros de carácter expositivo intentan explicar acontecimientos o justificar comportamientos individuales, las novelas y narraciones breves escritas entre 1936-39 manifiestan en general —aunque haya alguna excepción— un tono épico que se desprende por sí mismo de la materia tratada. Es un conflicto bélico en el que una parte de la sociedad, marginada del poder durante siglos, ha conseguido iniciar un camino nuevo y es atacada por quienes hasta hace muy poco han sido sus dominadores. Éstos cuentan además con la ayuda de fuerzas mercenarias —el Tercio, los Regulares— y de Gobiernos extranjeros —Italia, Alemania y Portugal— desde el primer momento. Esta internacionalización inicial llevará a los escritores republicanos a plantear su narrativa como un discurso épico en defensa no sólo de un ideal sociopolítico, sino de la independencia nacional ante una agresión que si bien es interna y reaccionaria, se sustenta en un importante componente foráneo. De ahí que se hable de una nueva «Guerra de la Independencia», especialmente al referirse a la defensa de Madrid, siendo frecuentes los recuerdos y alusiones al alzamiento del pueblo en las calles de Madrid el 2 de mayo de 1808 frente a la ocupación napoleónica. La presencia de los Tabores de regulares marroquíes, fuerzas de choque de los sublevados, causó un terrible impacto en la población porque estaba aún muy fresca la memoria de las últimas campañas coloniales y sus desastres y matanzas (barranco del Lobo, Annual, el Gurugú), pero trajo consigo la evocación de otro de los mitos de la historia peninsular: la Reconquista.

Desde la Antigüedad el relato épico —adopte la forma que adopte— ha cumplido la función de moldear, cultivar y mantener la ideología de una colectividad para su supervivencia como tal con independencia de su calidad literaria y de su reutilización en momentos posteriores. Que estamos ante una literatura de carácter épico es una obviedad, pero hay una diferencia: sus héroes son distintos, ya no pertenecen a una casta guerrera. No calzan coturno, ni ondean el penacho del «tremolante casco». Chaparrejo, los soldados de la 43.ª División, los «cazadores de tanques», Trimotor son héroes «vestidos de pana». Héroes «populares», surgidos del pueblo, de sus clases más humildes, las cuales adquieren un protagonismo que nunca se les dio, se sienten solidarios con los suyos, se sumergen en la colectividad en lugar de elevarse sobre ella. Todo esto es congruente con la función de la literatura épica como arma de propagación de una imagen, no sólo externa, sino también de difusión entre la población de la zona republicana de los nuevos valores colectivos que se estaban defendiendo con las armas en la mano.

Otro factor que debemos considerar al tratar la literatura producida durante la guerra civil es los autores. En defensa de la República confluyó una nutrida y heterogénea serie de escritores —en su más amplio sentido, de poetas a periodistas— de distintas edades y credos estéticos. Especialmente el abanico de edades —de sesentones como Machado a escritores veinteañeros como Sánchez Barbudo— nos obliga a evidenciar las diferencias generacionales recordando una estratificación que, a pesar de cierto descrédito, aún es útil como falsilla. (Vengan luego las precisiones y matizaciones.) Se pueden señalar cuatro niveles cronológicos a los que corresponden otras tantas estéticas. El *primero* es la generación de principios de siglo (modernismo y 98), parte de cuyos componentes no renunciarán a su ideología inicial e incluso la radicalizarán. El más señero es, sin duda, Antonio Machado, y junto a él hallaremos a uno de los novelistas menores que alcanzó mayor difusión, Eduardo Zamacois, cuya novela *El asedio de Madrid,* de corte entre galdosiano y barojiano, junto con sus crónicas periodísticas, resultan un buen ejemplo. Mención especial merece Juan R. Jiménez, quien por su precocidad se adscribe al movimiento modernista y por su edad coincide con la llamada generación de 1914. No escribe ningún relato, pero deja materiales para un libro testimonial inconcluso, *Guerra en España,* en el que no queda duda —si alguna hubiera de su rechazo a la dictadura y su génesis— de su postura. El *segundo* estrato vendría conformado por la citada generación de 1914, a la cual no sólo pertenecen escritores como Ortega y Marañón, que casi desde el principio de la guerra se inhibieron de la defensa de una República que habían contribuido a traer, sino la figura que al decir de un personaje aubiano «representó la República como nadie»: Manuel Azaña, cuya labor no se limitó sólo a su papel político, sino que nos dejará dos impresionantes testimonios: *La velada en Benicarló* y sus *Memorias.* De esta promoción o generación se podrían citar muchos más nombres aunque no haya entre ellos lazos de grupo o tendencia: Díez-Canedo, Moreno Villa, León Felipe, o el periodista vasco Ramón de Belausteguigoitia. También aquí conviene traer a colación el caso peculiar de Benjamín Jarnés que, si por edad podríamos adscribir a esta promoción, por su incorporación al mundo literario y por su estética se incluye normalmente junto a los escritores de la década de los 20. Éstos formarían el *tercer* estrato, que resulta mucho más amplio que lo que se conoce habitualmente como «generación del 27», ya que, además de ser la década de desarrollo de las «vanguardias», resulta enormemente rica desde el punto de vista de las inquietudes literarias, artísticas e intelectuales. Ciertamente la imagen habitual de esta década es la del arte puro, deshumanizado en la terminología orteguiana; pero este reduccionismo es inexacto puesto que, como ya mostró J. C. Mainer en *La Edad de Plata,* junto a este arte deshumanizado coexistían en un segundo plano otras tendencias y autores que adquirirán mayor relevancia en la década siguiente. En ésta, los hoscos 30, podemos situar el *cuarto* y último estrato. El arte deshumanizado se rehumaniza y el arte joven se impregna de carga política: se pasa del arte de vanguardia a la literatura de avanzada. El libro teórico que marca el nuevo rumbo, *El nuevo romanticismo,* es obra de un joven novelista, José Díaz Fernández, no de un pensador consagrado como en la década anterior. Estos nuevos rumbos en los que a las nuevas formas se une la preocupación por el hombre, afectarán también y no en pequeña medida a los componentes de la promoción anterior. Además asistiremos al desarrollo —trunco luego— de una novela de alto contenido ideológico y social.

Al sucederse en un escaso lapso de quince años ambas promociones, es muy difícil un deslinde total. Dada su edad, todos se verán involucrados en los acontecimientos y sufrirán los mismos avatares del exilio, además de participar en muchos aspectos de la evolución ideológica y estética de la época. La generación de los 20, que se había afianzado durante la Dictadura de Primo de Rivera, es eminentemente vanguardista. La promoción de los 30 coincide con el advenimiento de la República —de ahí una de sus etiquetas «promoción de la República»— y comienza su andadura con un cambio ilusionado y un claro compromiso. Su aparición marca el inicio de una «rehumanización del arte» que afectará en diversa medida a los anteriores y condicionará la producción de los más jóvenes. El giro estético quedará expuesto en *El nuevo romanticismo* de J. Díaz Fernández, donde si se propone un nuevo enfoque estético y una renovada forma de abordar los temas, no se renuncia, sin embargo, a los logros estéticos de las vanguardias ni a la depuración de la tradición literaria inmediata realizada por éstas. El tránsito de la «deshumanización del arte» al «nuevo romanticismo» también afectó a los alegres vanguardistas de los años 20. Y cuando a este «nuevo romanticismo» se le añadió el ingrediente político, se produjo lo que podríamos denominar con expresión de la época «literatura de avanzada». Dentro de ella es muy significativa la existencia de una «novela social» (*La turbina* de Arconada, *Campesinos* de Arderius, *El crimen de Cuenca* de Garcitoral o *Fantasmas* de Bejarano) y del libro-reportaje de contenido político, incluso panfletario (*Casas Viejas* de Sender, *El último pirata del Mediterráneo* de Benavides o *Con Sandino en Nicaragua* de Belausteguigoitia), que son los modelos inmediatos de casi toda la narrativa escrita entre 1936-39. Esta «novela social» había tenido un proceso de gestación en el que hallaremos unos precedentes autóctonos que podríamos remontar para no ir más lejos a Baroja y otros escritores coetáneos como Cigés Aparicio, además de novelistas como el Felipe Trigo de *Jarrapellejos* o el Zamacois de *Memorias de un vagón de ferrocarril* o *Las raíces,* más todo el fenómeno de la novela corta y de quiosco, por un lado; por otro, ejerció una notable influencia la novela antibelicista, con autores como Remarque o Barbusse, y por fin la influencia de la narrativa rusa revolucionaria —Gorki y otros— que se tradujo a fines de los 20. Si añadimos algún nombre como el de Upton Sinclair, tendremos la genealogía casi completa. No obstante, para completar el cuadro debemos apuntar la existencia de algunos novelistas de carácter deliberadamente social, como Julián Zugazagoitia o Isidoro Acevedo, ligados al periodismo obrerista, situados entre los «mayores» de principio de siglo —Baroja, Cigés— y los jóvenes de 1930 —Díaz Fernández, Sender—. Paralelamente corre también el desarrollo de una literatura anarquista básicamente de carácter panfletario e ideológico que no deja por ello de producir una específica novela representada no sólo por los ingenuos relatos de Federico Urales y F. Montseny, sino de novelistas de mayor entidad como Francisco Madrid o Benigno Bejarano.

El hecho de caracterizar literariamente el período republicano como «nuevo romanticismo», ni es sólo etiqueta del libro de Díaz Fernández, por afortunado y oportuno que fuese, ni es banal. Los paralelismos de actitud —ilusión, juventud— y de situación —fin de un régimen opresivo y adquisición de la libertad— son obvios. Esta afinidad también queda de manifiesto con la renovación de los estudios sobre el Romanticismo español que supuso por aquellos años la aparición de un breve pero sugerente ensayo de Guillermo Díaz-Plaja, *Introducción al estudio del romanticismo español* y los posteriores estudios de Vicente Llorens, exiliado él mismo e historiador no sólo de los exilios románticos, sino del suyo propio. Por su parte, la revista *Nueva Cultura,* de orientación eminentemente teórica, dedicó en 1936 un importante número monográfico al Romanticismo en el que se vuelve a insistir en aquellas afinidades, aunque adecuándolas a la situación. Se proponía un «romanticismo de actitud» en el que el individuo se sienta en sintonía con la sociedad en un momento de crisis y cambio. Como en el Romanticismo, el escritor se vuelve al pueblo, pero ya no le interesa lo pintoresco, sino lo auténtico. Esta vuelta a lo popular arranca del 98, que desecha la falsa tradición, la «España de charanga y pandereta», pasa por las matizaciones conceptuales de Menéndez Pidal y Juan Ramón Jiménez, para ser asumido por poetas como García Lorca o Alberti. Un buen ejemplo de esa recuperación de lo popular puede ser el trabajo teatral de las «Misiones Pedagógicas» o de «La Barraca».

Sobre todo este conglomerado e iniciada ya la guerra, se intentará por los intelectuales republicanos deslindar cuál puede ser el modelo narrativo y de prosa. Algo podemos hallar en *Nuestra Cultura.* Sin embargo, los textos de mayor interés, aparte de la famosa «Ponencia Colectiva» leída en el Congreso de Valencia, son los ensayos publicados por Rosa Chacel y María Zambrano en *Hora de España,* donde no sólo se busca un modelo romántico en Larra, sino que se plantea la presencia y recuperación de Galdós como guía novelesco. Sin olvidar las reseñas de novelas y relatos, en las que también hallamos alguna reflexión teórica.

3

LAS REVISTAS LITERARIAS

3.1. Panorama

La II República representó un período de esplendor para las publicaciones periódicas y revistas. La efervescencia social que trajo el cambio de régimen provocó también cambios a otros niveles. Se publicaban mejores diarios que en el período anterior y tenían mayor difusión y mayor cantidad de lectores. En 1936, sólo Madrid, con una población de alrededor de un millón de habitantes, tenía ocho periódicos matutinos y diez vespertinos. A otra escala, algo similar sucedía en el resto de capitales.

Con la guerra civil desaparecieron periódicos como *El Debate, Siglo Futuro, Ya, La Nación,* y *La Época.* Otros siguieron publicándose, pero bajo nueva dirección, como *Informaciones* —incautado por el PSOE—, *ABC* —incautado por Unión Republicana—, *Ahora* —incautado por la JSU— y otros. Los trece restantes siguieron publicándose y comenzaron a editarse algunos nuevos, como *El Sindicalista* —órgano del Partido Sindicalista de Ángel Pestaña—, *Castilla Libre* —de la CNT—, etc. Estos periódicos se acabaron reduciendo mucho en tamaño, debido a las restricciones de papel. Sin embargo, los que quedaron siguieron publicándose durante todo el tiempo que duró la guerra [1].

Durante el período republicano, con precedentes anteriores, también aparecieron algunas revistas que preconizaban un cambio de estética en el arte y en la literatura. Se realizaban propuestas tendentes a que la literatura adquiriese un compromiso de cambio social, al estilo de las propuestas ideológicas de revistas y otros órganos de prensa surgidos de la revolución rusa.

En la España republicana, una de las revistas que funcionaba de este modo fue *Nueva Cultura.* José Renau era su director, y comenzó a editarla en enero de 1935 en Valencia.

Antes de la contienda civil se estaban editando revistas como *Tierra Firme*

[1] Eduardo de Guzmán: «Periodistas en Madrid durante la guerra civil. La represión», en VV. AA.: *Periodismo y periodistas en la guerra civil,* Madrid, Fundación Banco Exterior, 1987, pp. 145-156.

—cuyo número 1, año II, se editó en Madrid en 1936—; *La República de les Lletres* —Valencia, gener-març, 1936—; *Sur* —editada en Málaga—; *Problemas de la Nueva Cultura* —que quería ser bimensual, y cuyo número 1 se editó en Valencia en abril de 1936—; *Mujeres Libres* —que se editaba en Madrid en 1936.

Otras revistas ya habían dejado de publicarse, como *Caballo Verde para la Poesía* —dirigida por Rafael Alberti y Pablo Neruda en Madrid, de octubre 1935 a enero 1936; *El Aviso* [Almanaque de *Cruz y Raya]* —Madrid, 1935—; *Los Cuatro Vientos* [Revista literaria] —Madrid, de febrero de 1933 a junio de 1933—; *Octubre* [Escritores y artistas revolucionarios] —Madrid, de junio de 1933 a abril de 1934—; *Héroe* [poesía] —Madrid, de 1932 a 1933.

Al estallar la guerra civil, la mayor parte de las revistas literarias existentes hasta julio de 1936 vio truncada su continuidad. Entonces las prioridades cambiaron, pues era urgente intentar poner orden en el solar hispano. Por este motivo y por las restricciones que ocasionó la guerra, varias publicaciones dejaron de editarse. Entre ellas debemos mencionar *Leviatán* [Revista de hechos e ideas] —dirigida por Luis Araquistáin: Madrid, de mayo de 1934 a julio de 1936, con 26 números—; *Cruz y Raya* [revista de afirmación y negación] —editada en Madrid, de abril de 1933 a junio de 1936, con 39 números—; *Revista de Occidente* —mensual, dirigida por José Ortega y Gasset en Madrid, de julio de 1923 a julio de 1936.

Pero pasados los primeros meses de la contienda civil, a comienzos de 1937, cuando la situación político-militar comenzó a estabilizarse, de nuevo apareció toda una serie de revistas, portavoces de distintos colectivos de la zona republicana, que dibujaron un panorama nuevo, radicalmente distinto al existente antes de julio de 1936 [2].

Dichas publicaciones cumplían varias funciones: organizar y aunar el esfuerzo republicano para ganar la guerra y también demostrar al mundo con hechos, que la mayor parte de los intelectuales españoles apoyaban a la República. Se intentaba así romper el argumento utilizado por la propaganda de los sublevados, tendente a presentar a la zona republicana como un lugar sin ley ni orden y carente de todo apoyo de los intelectuales [3].

En este contexto se entenderá, pues, el esfuerzo hecho por la República, y el apoyo tan importante que representó de cara al mundo para combatir la falsedad propagandística de los sublevados, el hecho de que se celebrase en 1937 en

[2] Cf. *Nueva Cultura.* Reedición facsímil de Topos Verlag, Vaduz (Liechtenstein) / Turner, Madrid, 1977, p. 274.

[3] En marzo de 1937, el *Diario de la Marina* de La Habana publicó un artículo propagandístico de Manuel Aznar en el que afirmaba que el ochenta por ciento del profesorado de Madrid, Valencia y Barcelona había huido al extranjero. Entre otros «huidos» se citaba a Juan Ramón. De este argumento se derivaba que la República no tenía apenas apoyo entre los intelectuales. Juan Ramón replicó rápidamente (17-III-1937) al director del diario, explicando su situación personal y su apoyo decidido y sincero a la República. [Cf. Juan Ramón Jiménez: *Guerra en España,* Barcelona, Seix Barral (Bibl. Breve), 1985. Introducción, organización de materiales y notas de Ángel Crespo, p. 153.]

Valencia —entonces la capital de la República— el II Congreso Internacional de Escritores para la Defensa de la Cultura [4].

Asimismo durante la guerra, gracias a la labor de todo tipo de revistas y publicaciones, se elevó la moral de resistencia republicana y se logró hacer de Madrid un símbolo de la permanencia de la República contra el viento amenazante de los sublevados, ansiosos de conquistarla. Decía Eusebio Cimorra:

> Jamás, creo yo, como en aquellas fechas [noviembre de 1936], se puso a prueba de bomba [...] el valor, la imaginación, la capacidad movilizadora y alentadora de los periódicos madrileños que de sus trincheras de papel hicieron fortines de entusiasmo y de confianza en el triunfo. De verdad, lo que hacíamos, lo hacíamos bien [5].

La nómina de las nuevas revistas creadas en zona republicana es amplia. En el volumen del profesor Manuel Aznar Soler, *et al.* [6] se recoge una relación de más de doscientos títulos de estas revistas, boletines, periódicos, que son espejo del espíritu de los tiempos en que fueron editados. De entre todos ellos podemos destacar un pequeño grupo que tenía una edición cuidada y de calidad, y que contaron con colaboradores que, en el mundo intelectual republicano, eran personalidades de prestigio, de sólida formación académica y notable trayectoria profesional. Entre todas ellas destaca *Hora de España* —de la que se editaron 23 números: Valencia, enero de 1937-Barcelona, noviembre de 1938. Otras revistas importantes de aquel momento fueron *Madrid [Cuadernos de la Casa de la Cultura]* —3 números, editada en Valencia, febrero de 1937-Barcelona, mayo de 1938—; *El Mono Azul* —46 números; editada en Madrid, agosto 1936-febrero 1939—; de *Nueva Cultura* [Información, crítica y orientación intelectual] se editaron 21 números, más uno titulado *Problemas de la Nueva Cultura:* Valencia, enero 1935-octubre 1937, con una primera época hasta junio de 1936, y una segunda época de escasos 8 números, editados en cuatro entregas, ya en plena guerra civil. *Nova Galiza,* portavoz quincenal y luego mensual de los antifascistas gallegos, editada en Barcelona desde mediados de mayo de 1937 hasta julio de 1938, con 18 números en total.

---

[4] Luis Mario Schneider: *II Congreso Internacional de escritores para la Defensa de la Cultura (1937),* vol I, *Inteligencia y guerra civil española,* Valencia, Conselleria de Cultura, Educació i Ciència (Generalitat Valenciana) (Col.lecció Homenatges), 1987, 231 pp.

[5] Eusebio Cimorra: «El periodismo en Madrid durante la guerra» (pp. 133-143), en VV. AA.: *Periodismo y periodistas en la guerra civil, cit.,* p. 142. La misma idea exponía Elfidio Alonso Rodríguez: «En los momentos angustiosos del 7 de noviembre de 1936, los periódicos contribuyeron a levantar la moral ciudadana e impidieron que el resentimiento forjara un espíritu de Cantón de Cartagena que hubiera sido catastrófico». [Cf. Elfidio Alonos Rodríguez: «Mi testimonio como director de *ABC* en Madrid (1936-1938)» [pp. 113-123], en VV.AA.: *Periodismo y periodistas en la guerra civil, cit.,* p. 119.]

[6] Manuel Aznar Soler, *et al.: Valencia, capital cultural de la República (1936-1937).* (Antología de textos i Documents) Valencia, Conselleria de Cultura, Educació i Ciència (Generalitat Valenciana), 1986.

Distintos partidos políticos, sindicatos y unidades militares también comenzaron a editar una amplia gama de órganos de expresión propios, desiguales en contenido y edición, y de una tipología muy diversa. Ejemplo de ello podrían ser los siguientes: *Libre-estudio* [Revista de acción cultural al servicio de la CNT] —el número 1 se editó en Valencia el 1.º de diciembre de 1936—; *El Buque Rojo; Frente Universitario* —órgano de la FUE—; *Mirador* —semanario, Barcelona—; *Ferms* —publicación adherida a la Unión Catalanista, publicada desde abril de 1937—; *Euzkadi en Catalunya* —«portavoz de la colectividad nacional al viejo estilo...»—; *Nova Mallorca* —publicación editada en Barcelona por los antifascistas mallorquines, con ligeros tintes nacionalistas—; *La Rosa dels Vents* —revista nacionalista catalana, dirigida por Josep Janés i Oliver, que inicialmente apareció en abril de 1936—, etc. [7].

Mirta Núñez ha realizado la catalogación de todas esas revistas, boletines y otras publicaciones del período de guerra, y ello ha dado lugar a una voluminosa publicación en tres tomos, sólo de fichas descriptivas [8].

Eusebio Cimorra también nos ha dejado su visión de aquel momento: «Además de los diarios profesionales, los oficiales más conocidos y las revistas, existían los periódicos de las milicias: los que se hacían en el Quinto Regimiento, en las imprentas de las Unidades; hasta 150 creo que se publicaron en 1937» [9].

Las tendencias existentes en el panorama político internacional contribuían asimismo a marcar el rumbo hispano. Organizaciones de la izquierda —como el grupo de José Renau, que editaba *Nueva Cultura* en Valencia— conocían y recibían un abundante número de revistas de múltiples países [10]. Como prueba la selección que

[7] Citadas en los n.º 6-7-8 de *Nueva Cultura* (agosto- sept.- oct. 1937).

[8] Mirta Núñez Díaz-Balart: *La prensa de guerra en la zona republicana durante la guerra civil española (1936-1939) I, II y III,* Madrid, Ediciones de la Torre (Nuestro Mundo, 27, Serie: Historia), 1992, 1.620 pp.

[9] Eusebio Cimorra: *art. cit.* en nota n.º 5, p. 139.

[10] En marzo-abril de 1936, en *Nueva Cultura* recibieron y hacían mención de las siguientes revistas: *Ruta* (de México), *Polémica* (de La Habana), *Escuela* (de Rosario, Argentina), *Unidad* (de Buenos Aires), *Esfuerzo* (de Montevideo), *Soutes* (de París), *The Fight* (de New York), *Journal de Moscou* (de ??), *Regards* (de París). En el n.º 12 de *Nueva Cultura* (mayo-junio de 1936), se incluía la información de que habían recibido ejemplares de las siguientes revistas: *La Lutte contre la Prostitution en la URSS* (Moscú), *Soviet Cinema* (Moscú), *Regards* (París), *Commune* (París), *Kroniek Kunst en Kultur* (Amsterdam), *The Fight* (Nueva York), *Partisan Review* (Nueva York), *Soutes* (París), *Revista Trimestral Cubana* (La Habana), *Hechos e Ideas* (Buenos Aires), *Polémica* (La Habana), *Lenidad* (Buenos Aires), *Claridad* (Buenos Aires), *Arquitectura* (Santiago de Chile), *Proa* (Cuba), *La Literatura Internationale* (Moscú). En el n.º 13 de *Nueva Cultura* (julio de 1936), además de algunas ya citadas anteriormente, se recogían otros títulos de revistas recibidas: *Frente a Frente* (México), *Rumbo* (México), *Orto* (Manzanillo), *La Nueva Democracia* (Nueva York), *Surcos* (Buenos Aires), *International Review* (Nueva York), *Inquisitions* (¿París?), *Partisan Review/Anvil* (Nueva York). En *Nueva Cultura* (n.º 3, II Época) —mayo de 1937— afirmaban haber recibido nuevos títulos de revistas: *Liberación* (de San José, Costa Rica), AIAPE (Órgano de la agrupación de intelectuales, artistas, periodistas y escritores —sección de Uruguay—), y *Frente Popular* (de Santiago de Chile).

aportamos en la nota, a modo de ejemplo, estaban perfectamente documentados sobre nuevas tendencias y nuevas corrientes artísticas y estéticas a nivel mundial.

Con anterioridad a julio de 1936, una de las líneas propuestas por aquella izquierda, ocupada en la constitución de organizaciones frentepopulistas, era la utilización del cine para sus propósitos propagandistas y formativos. En *Nueva Cultura* anotaban que habían recibido de la URSS algunas revistas sobre cine, por lo que podían saber qué se estaba haciendo en aquel momento en el país que era modelo mundial para los cambios sociales y estéticos.

En lo que respecta a las revistas y otras publicaciones, el nuevo panorama editorial que surgió en la zona republicana, pasados los primeros meses de guerra y con una situación ya algo más estabilizada, tenía las siguientes características: *a)* las publicaciones habían sufrido un cambio sustancial, bien por cierre, o por cambio de línea editorial bajo nuevas direcciones; y *b)* toda la pléyade de nuevos títulos que aparecen defendían la República frente a la propaganda de los sublevados, tendente a hacer creer que los intelectuales no apoyaban a la República. En consecuencia, las firmas más relevantes de la intelectualidad hispana aparecían en dichas revistas; mientras que otros intelectuales que apoyaban a los sublevados o se declararon «neutrales» quedaron francamente desautorizados ante la opinión pública [11].

Sin embargo, el fin de la guerra y de la República no significó el fin de esta oleada creadora de nuevos órganos de prensa, periódicos, revistas y boletines. En el exilio se siguieron creando nuevos órganos de expresión; y adonde quiera que llegasen los republicanos expatriados, y en donde quiera que se establecía un núcleo mínimamente importante, aparecieron nuevas publicaciones. Aurelio Martín Nájera reseña un catálogo de 668 [seiscientos sesenta y ocho] títulos de publicaciones creadas en el exilio, aunque probablemente aún haya más [12].

3.2. *Nueva Cultura*

En el nuevo panorama cultural generado por la II República, en el que se cuentan por algunos centenares las nuevas revistas aparecidas [13], nos encontramos con

[11] Azaña no tenía ninguna simpatía por sus amigos y compañeros de generación que habían abandonado España al comienzo de la guerra entre ellos, Ortega y Gasset, Claudio Sánchez Albornoz, Madariaga, etc. para constituir en el exilio la llamada Tercera España. [Cf. Juan Marichal: «El escritor y la Política», en VV.AA.: *Periodismo y periodistas en la guerra civil, cit.* p. 20.] Buena parte de los exiliados llegados a Inglaterra a partir de 1939 tampoco veían a Madariaga con buenos ojos, ni tuvieron mucha relación con él.

[12] Cf. Aurelio Martín Nájera: «Catálogo de publicaciones periódicas del exilio español 1939-1977 depositadas en la Fundación Pablo Iglesias», en VV.AA.: *50 Aniversario del exilio español: 1939-1989. De la España en conflicto a la Europa en Paz.* Madrid, Editorial Pablo Iglesias, 1989, pp. 47-116.

[13] Cf. obra de Manuel Aznar para una considerable nómina de títulos: Manuel Aznar, *et al.: Valencia, capital cultural de la República (1936-37)* (Antologia de textos i Documents). Edit. per la Conselleria de Cultura de la Generalitat Valenciana, 1986.

una interesante, editada en Valencia —capital provisional de la República durante la guerra—, al margen de cualquier oportunismo, puesto que en su primera época, el n.º 1 ya se editó en enero de 1935. Estaba dirigida por José Renau, que durante la guerra ocupó la Dirección General de Bellas Artes, dentro del Ministerio de Instrucción Pública.

La primera época de Nueva Cultura

En su primera época, la trayectoria de *Nueva Cultura* [14] quedó truncada por la sublevación de julio de 1936; pero sus propuestas teóricas anteriores tuvieron una clara continuación durante la contienda. La segunda época de la revista comenzó en pleno enfrentamiento civil; y su n.º 1 apareció en marzo de 1937. En la segunda época se editaron un total de 8 números —en cinco entregas—, de forma un tanto irregular. Los primeros números eran mensuales; pero, con las crecientes restricciones, los n.os 4 y 5 ya se entregaron en un único volumen, haciendo constar que correspondía a junio-julio de 1937; y los números 6-7-8 se volvieron a entregar en otro único volumen —correspondiente a agosto-septiembre-octubre de 1937—. Aquí terminó su publicación, coincidiendo ello con el incremento de las dificultades en la zona republicana.

El título de *Nueva Cultura,* visto con perspectiva actual, resulta altamente simbólico de todo cuanto se pretendía hacer y de todo cuanto se emprendió desde la proclamación de la II República; y, con más empuje aún, desde el triunfo del Frente Popular en febrero de 1936 y durante la misma contienda civil. Por sus dos épocas de edición también podemos ver que esta revista encarnaba la transformación desde la situación anterior al nuevo panorama generado por la guerra.

Analizaremos ahora algunos aspectos de los 13 números editados en la primera época (enero 1935-julio 1936). *Nueva Cultura* tenía un formato grande, atractivo y estaba bien editada. El n.º 1 se vendía a 40 céntimos. En febrero de 1935 se componía en los Talleres de Impresos Cosmos [15]. Inicialmente pretendía ser mensual, pero en el número 4 (abril-mayo de 1935) ya pasó a ser bimensual.

A partir de este número 4, comenzó a aparecer un fotomontaje titulado «Testigos negros de Nuestro Tiempo». El n.º 4, estaba dedicado a criticar, exponer y ridiculizar las hazañas del fascismo nacional e internacional. En sucesivos números, las críticas de tales montajes, además de hacerse al fascismo, se dirigieron también a la violencia y a la explotación colonial que hacían los países europeos de territorios de otros continentes.

José Renau era el autor de estos montajes, consciente ya de cuál era la fuerza

[14] Las citas y referencias de este artículo están hechas sobre el volumen de *Nueva Cultura.* Reedición facsímil de Topos Verlag. Vaduz, Liechtenstein / Turner, Madrid, 1977.

[15] Estaban entonces en la llamada Avda. Catorce de abril, n.º 39, de Valencia.

de la imagen a efectos propagandísticos. Es por ello por lo que estos fotomontajes continuaron apareciendo en sucesivos números, así como dibujos de distintos artistas: la imagen ocupaba un lugar de importancia en dicha revista.

El fotomontaje del volumen n.º 3 se dirigía contra la jerarquía religiosa, como responsable de la falta de escuelas y educación de gran parte de la población española, y como sustentadora de la explotación que generaba el sistema capitalista —sustentadora porque la Iglesia lo legitimaba.

En el n.º 4 (abril-mayo de 1935) se incluía una gran antología de los horrores del fascismo internacional, junto con dibujos de R. Pérez Contel y largas listas de profesores alemanes víctimas del fascismo hitleriano. De este modo, creemos que se iba alertando a esa minoría de la izquierda hispana y a los intelectuales comprometidos, que luego creaban o modelaban la opinión pública, para entender cuál era el trasfondo último del nazismo alemán, antes de saber que iban a tener que enfrentarse directamente con él en la guerra española.

El n.º 5 (junio-julio de 1935) estaba dedicado al Congreso Internacional de escritores en defensa de la cultura —celebrado en París, en junio de 1935—. También incluía una antología de los poetas de la revolución rusa —Mayakovski y otros—. Dicho volumen contenía asimismo una breve obra de teatro revolucionario de Ramón J. Sender, titulado: *El Secreto* (drama en un acto, cuya acción transcurría en la Barcelona de 1922) (pp. 70-73). Es decir, que se estaban adaptando a la realidad hispana ejemplos tomados de la revolución rusa, entonces vista a nivel mundial como un punto de referencia básico para las organizaciones de izquierda; a la vez que se apostaba por la cultura como el auténtico gran motor del cambio social hacia situaciones de mayor justicia y libertad de todos los ciudadanos.

El n.º 6 (agosto-septiembre de 1935) estaba dedicado a la muerte de Henri Barbuse. Con un montaje fotográfico de Renau, se criticaba el libro de Salvador de Madariaga: *Ingleses, franceses, españoles;* y también, mediante fotos, la represión realizada por la derecha sobre los obreros de Asturias y Casas Viejas.

Por la relación que aparece en la contraportada de este número, vemos que el comité de redacción de *Nueva Cultura* estaba compuesto como sigue: en París, por Louis Aragon; en Madrid, por Ramón J. Sender, Ogier Preteceille, César M. Arconada, Eusebio G.ª Luengo y A. Bazán; en Barcelona, por A. Olivares, Rodrigo Fonseca y Agustín Puértolas; en Valencia, por Ángel Gaos, José Renau, Miguel A. Ribes; en Sevilla, por Fuentes Calderas; en Alicante, por Francisco Armengot, Antonio Blanca y J. Sánchez Bohórquez. La mayoría de ellos los seguiremos viendo en el comité de redacción en los números editados en la 2.ª época, desde marzo a octubre de 1937.

Hacia octubre de 1935 apareció un número extraordinario (el n.º 7-8), más extenso de lo habitual, analizando el miedo que históricamente se ha tenido al ser humano —ejemplos de lo cual serían la Inquisición o el fascismo—. Después se pasaba a presentar las ventajas de creer en la libertad del hombre —como ejemplo de ello presentaban a la revolución rusa—. En la contraportada de este número, *Nueva Cultura* también protestaba por las atrocidades cometidas por los italianos en Abisinia.

El n.º 9 (diciembre de 1935) tenía en la portada un dibujo alegórico de los cuatro jinetes del Apocalipsis [16]. El editorial de José de Benito se titulaba significativamente «Los intelectuales en esta hora». Dentro de la serie «Testigos negros de nuestros tiempos», José Renau realizaba un fotomontaje sobre «El hombre-anuncio». En él cargaba las tintas contra «Fray Cangrejo Marañón» *(sic)*. También se incluían dibujos de Manuela Ballester. Por primera vez se incluyó un texto en valenciano de Emili Nadal: «De cara al sol llevant: cop d'ull sobre una minoría nacional». Surgía este artículo en relación con el problema de las nacionalidades y de las minorías en la URSS[17].

El n.º 10 (enero de 1936) contenía artículos de Rafael Alberti y M.ª Teresa León —ambos recién llegados de un periplo americano—, y de Miguel Alejandro. Eusebio G.ª Luengo criticaba en su colaboración la vacuidad de la burguesía que veraneaba en la sierra de Madrid.

En algunos de los números previos aparecía una sección dedicada a América. En este n.º 10, dicha sección contenía un poema de Alberti cargando las tintas contra el dictador venezolano Vicente Gómez, y una colaboración de M.ª Teresa León: «La mujer que perdió el miedo» —sobre las mujeres de México—. Se incluía también una antología de los poetas negros de la revolución —la segunda entrega era sobre Langston Hughes—. Margarita Nelken colaboraba con «Arte nuevo en el mundo» sobre la arquitectura vanguardista en la URSS[18]. Se incluía asimismo comentarios sobre la muerte de Valle-Inclán y sobre el Premio Nacional de Literatura que había recibido Ramón J. Sender por su obra *Mr. Witt en el cantón;* obra que trata sobre hechos ocurridos sesenta años antes en Cartagena (1873). Esta obra era un ejemplo del modelo de literatura que se pretendía, tan caro al gusto del grupo de *Nueva Cultura.* Con estos contenidos, se actuaba en tres direcciones: en una primera se criticaban como no válidas soluciones dictatoriales al viejo estilo como la de Vicente Gómez en Venezuela, y en las dos restantes se proponían nuevos caminos y modelos a seguir [teatro revolucionario, y narrativa de Sender, por ejemplo], y se daba a conocer a autores desconocidos que trabajaban en esa dirección [Langston Hughes].

Con motivo de las elecciones de febrero de 1936, *Nueva Cultura* editó un

---

[16] Recuérdese al respecto la existencia de la novela de Blasco Ibáñez de idéntico título.

[17] Renau parece que podía traducir del ruso, pues de otro artículo sobre la situación de las minorías en la URSS se dice que estaba traducido por Josep Renau [Cf. *Nueva Cultura, ed. cit.* p. 142].

[18] Como puede apreciarse en las distintas colaboraciones incluidas en *Nueva Cultura,* por todos lados aparece la admiración por los progresos sociales, artísticos, etc., que la revolución estaba produciendo en la URSS.

suplemento especial a favor del Frente Popular. Un significativo dibujo en la portada representaba a un gran toro bravo ensartando en sus cuernos a los clericales y a los conservadores. Dicho suplemento incluía un Manifiesto Cultural de *Nueva Cultura* (pp. 169-172), en el que se abordaban cuestiones como «la cultura tradicional», «la primera enseñanza», «la universidad», «el problema de la creación artística» o «las minorías nacionales». Cuestiones cuya adecuada resolución resultaba clave para la modernización y el progreso efectivo de un país.

El n.º 11 (marzo-abril de 1936), contenía colaboraciones de José Bueno, Alberto Sánchez, Miguel Alejandro, José Renau, Francisco Carreño, Eusebio G.ª Luengo, Leon Moussiac, Juan Piqueras, Juanino R.[enau], y Fuentes Calderas. En estas colaboraciones se abordaba la celebración del 1.º de mayo —que aún no era la fiesta de los trabajadores—. José Bueno escribía sobre «El problema agrario en España a través de la historia» (1.ª parte) (p. 175), con cita del libro de Joaquín Costa. Alberto Sánchez presentaba «Cuatro dibujos políticos», en los que atacaba a la clase dirigente. Otro artículo especialmente significativo se titulaba «En el centenario del Romanticismo: Marx y los realistas del siglo XIX» (pp. 179-180).

En el n.º 12 (mayo-junio de 1936), Max Aub colaboraba con «Antecedentes del teatro ruso contemporáneo»; José Bueno presentaba la continuación de «El problema agrario en España a través de la historia», un análisis sobre una de las causas del atraso español; Emili Nadal aportaba la «Represión colonial en las Antillas»; José Renau, una nueva versión de su sección «Testigos negros de nuestro tiempo». La posición antibelicista de la izquierda aparecía con un fragmento teatral de Jesús Parrado Vaamonde: «¡Guerra a la guerra!» [«sketch proletario en un acto» *(sic)]*. Francisco Carreño aportaba más reflexión sobre el arte, con la continuación del artículo «El arte de tendencia y la caricatura».

Tras la victoria del Frente Popular en las elecciones de febrero de 1936, *Nueva Cultura* seguía mostrando su interés por el potencial del cine y de la imagen. Desde sus páginas se pedía a los lectores que organizasen comités locales de «Cine-Estudio popular», por ser «el cine, un arte no intelectual» (p. 215), según rezaba el artículo de Juan M. Plaza en el mismo n.º 12. Con esta victoria, el paisaje político hispano invitaba claramente a la acción, a la gran tarea de hacer realidad las grandes perspectivas que se abrían en la lucha entre «las dos fuerzas litigantes», en la sociedad.

Al mismo tiempo, *Nueva Cultura* también se había convertido en una editorial, pues acababa de editar un libro de poemas de Juan Gil-Albert: *Candente horror.* El n.º 13 (julio de 1936) marca el fin de la primera época de la revista. Colaboraban en dicho número una creciente nómina de intelectuales que, durante la guerra, tuvieron un amplio protagonismo en la misma: Max Aub, Antonio Blanca, José Bueno, Juan Gil-Albert, Eusebio G.ª Luengo, R. Pérez Contel, José Renau, M. Romeu Peris, A. Sánchez Barbudo, Juan Serrano. Este último presentaba el artículo «El maestro en la Unión Soviética»; José Bueno continuaba con su tema «El problema agrario en España a través de la historia»; y José Renau, en su sección «Testigos negros de nuestro tiempo», presentaba un montaje de fotos con textos bíblicos de Isaías, titulado: «Anatemas de Isaías». El artículo «El tiempo que se vive», sin firma de autor, recogía algunas informaciones —breves pinceladas— de la actualidad (junio 1936). Un artículo de Sánchez Barbudo se titulaba «Conciencia de un poeta: "Candente horror"», en el que comentaba el libro de Juan Gil-Albert. También se incluía el poema «El río» (del mismo Gil-Albert) (pp. 227-229).

La segunda época de Nueva Cultura

La segunda época de esta revista corresponde al período de guerra; y comenzó con la publicación en marzo de 1937 del n.º 1 (36 pp.). En la portada aparecía un dibujo de un miliciano con la bandera republicana y fusil en mano, enmarcado dentro de una estrella de cinco puntas, con la Puerta de Alcalá como fondo. Al pie tenía la siguiente leyenda: «Por nuestra independencia» [19].

De alguna forma, la sublevación —y la guerra civil subsiguiente— venían a confirmar todos los temores y lo acertado de las denuncias que se hacían en la primera época de *Nueva Cultura* sobre la virulencia del fascismo internacional. El editorial destacaba que muchas de las luchas del pueblo español siempre fueron a causa de la libertad; y que en 1937 estaban luchando por conservar la independencia de España:

> La salvación efectiva de nuestra cultura depende del grado de consecuencia humana en que se manifieste nuestra posición frente a las masas populares en España. La salvación depende de que se elimine el divorcio existente entre intelectuales y el pueblo llano.
>
> Hay que consolidar el heroísmo de los combatientes de la libertad española y reafirmar rotundamente la razón de las armas empuñadas contra el fascismo y realizar la justificación histórica de la sangre derramada por una humanidad libre. [...] Nuestra afirmación esencial reside en la voluntad de empalmar la vena más íntima de nuestra ideología, de nuestra consciencia intelectual, con la entraña misma de la guerra popular contra los enemigos de España. En sus trincheras recibirán el bautismo de sangre nuestras conquistas, si es que algún día podemos hablar de ellas (p. 247).

Los artículos de otros colaboradores también pueden ser calificados de programáticos de la tendencia de la revista —y aún de la orientación de la cultura y de la República misma— en el período de guerra. En este primer número, José Bergamín colaboró con «Nuestra defensa de la cultura» —donde defendía el arte y la cultura populares—. Decía:

[19] Así pues, la lucha aparece claramente presentada como una «Guerra de Independencia».

> Nuestra vida cultural pasada, su herencia histórica, para nosotros es íntegramente popular, exclusivamente popular. Vemos por ello siempre que nuestro pensamiento español se ha expresado en creaciones imaginativas que hacían del pueblo y que por el pueblo se manifestaban en constante creación humana. Ejemplos innumerables podrían aducirse [...] Toda nuestra literatura clásica es cosa del pueblo, lenguaje popular español. Lo es nuestra pintura; nuestra música, nuestro teatro... (p. 248).

Y añadía que cuando esta cultura popular estuvo amenazada, «... nosotros, escritores, poetas, investigadores, científicos, pintores, músicos [...] nos sentimos necesitados de agruparnos para defenderla. Así lo hicimos con la "Alianza de Intelectuales Antifascistas" [...] poniéndonos [...] al lado del pueblo [...] amenazado» [...] (p. 248).

En este primer número se concretaba quiénes eran los responsables de muchas carencias del pueblo español en el pasado. Entre los más directamente aludidos estaban la Iglesia Católica y los ricos. Sobre su responsabilidad se afirmaba: «La parte oficial de la Iglesia [...] mantenía esta ignorancia totalizadora casi como el empeño positivo y heroico de un deber» (p. 248). Por su parte, «El "señoritismo", las clases ricas, se prevalecían de ello para encenegarse más y más en su propio egoísmo, en la materialización más estúpida y amoral de la vida española que pudo conocerse y que todos nosotros hemos conocido, y como el pueblo y con el pueblo padecido» (p. 248). El escarnio llegó a tanto que «... este mismo desdichado Unamuno [...] tuvo, antes de morir, que escuchar de sus enemigos de siempre éste que es su auténtico grito de guerra: ¡muera la inteligencia!» (p. 248).

En muchos de los artículos de este número 1 se ve ya una materialización de propuestas culturales y sociales propugnadas en la primera época, como la solidaridad internacional: José M.ª Ots Capdequí colaboró con «Lo que significa para Hispanoamérica el triunfo de la causa popular». Se incluía también una «Carta de Moscú: los artistas soviéticos a los artistas españoles». Juan Renau, hermano de José, colaboró con una propuesta para acercar la cultura al pueblo: «El Instituto Obrero: la cultura al servicio del Pueblo» (pp. 251-252). En plena guerra, el Ministerio de Instrucción Pública y Bellas Artes facilitaba, mediante un bachillerato abreviado para obreros, el acceso a la cultura de muchos trabajadores y campesinos. Juan Gil-Albert colaboraba con «El poeta como juglar de guerra»; Tomás Navarro Tomás, con «Miguel Hernández, poeta campesino en las trincheras» [20]; el propio Miguel Hernández presentaba tres poemas: «Recoge esta voz», «Llamo a la juventud» y «El niño yuntero»; Francisco Carreño escribía sobre realismo en el

[20] Podríamos considerar al poeta Miguel Hernández como el prototipo y el ejemplo de esta nueva situación de acceso generalizado a la cultura para las clases populares, creada por la República. Esta nueva filosofía republicana de la cultura es muy coincidente también con el pensamiento expuesto en *Nueva Cultura*.

arte del momento. José Renau daba un nuevo enfoque a un arte popular valenciano en «Sentido popular y revolucionario de la fiesta de las fallas» [21].

Por lo que se refiere a la sección de arte e imagen, José Renau presentaba un montaje fotográfico en la sección «Testigos negros de nuestro tiempo», sobre la guerra y el fascismo. Eran 15 fotos, ensartadas a modo de fotogramas de una película, con un texto, escrito en clave bíblica, del cual se desprendía una ácida ironía y una fuerte crítica contra el fascismo, la Iglesia Católica, los terratenientes y los provocadores de muertes de inocentes. Se incluían también 7 fotos de obras pictóricas: «Siqueiros Experimental Workshop». Se incluía además una litografía de Aurelio Arteta y el artículo de M. Fernández González: «El pueblo por su independencia y su libertad: 1854. Canto al pueblo de Madrid». Según se explicaba allí, en noviembre de 1936, aquel Madrid que luchaba por su libertad ya contaba con precedentes en el siglo XIX (julio 1854) (p. 269).

En otra sección de la revista se ironizaba sobre uno de los países que apoyaban la sublevación: «De la Alemania que viene a civilizarnos: la cultura de los campos de concentración» (pp. 270-271); y se enfatizaba la solidaridad internacional con la lucha del pueblo español, cuando se anunciaba que «David Alfaro Siqueiros, gran artista y gran revolucionario, viene a participar en nuestra lucha» (pp. 272-273).

Por último, aparecían unas notas críticas y comentarios de revistas y libros recibidos en *Nueva Cultura,* y noticias críticas sobre la actualidad artística del momento: exposiciones, obras de teatro en escena, conciertos, etc. Es decir, la promoción de todas aquellas actividades coincidentes con la línea de pensamiento del grupo editor de la revista.

De este primer número del período de guerra se puede decir que no contiene crónicas de guerra —que ya se recogían en la prensa diaria—. No contenía tampoco una creación literaria amplia —sólo hay algunos poemas del momento de guerra y otros anteriores, así como dibujos sobre la guerra y sus efectos—. Sus artículos no son de creación literaria estrictamente hablando, sino que su carácter ensayístico se refiere a aquel momento político, a la vez que exponían la opinión pragmática de lo que debería ser el arte y el artista en aquella etapa de guerra.

El n.º 2 (abril de 1937) recordaba en su editorial la jornada del 1.º de mayo —jornada que aún no era festiva para los trabajadores—. Contenía colaboraciones de José Puche Álvarez: «La defensa contra las hambres» y José M.ª Ots Capdequí: «Defensa de nuestra cultura en América». José Renau comenzó una amplia sección: «Función social del cartel publicitario». El número contenía poemas de Juan Gil-Albert como «Lamentación», dedicados a los muchos moros

[21] En este primer número se anunciaba una próxima publicación de *Nueva Cultura,* dedicada a las fallas, preparada por la sección de artes plásticas de la Alianza de Intelectuales de Valencia, subvencionada por el Ministerio de Instrucción Pública y Bellas Artes.

que, engañados, habían caído en el ataque de los sublevados a Madrid; y de Ángel Gaos: «Los sindicatos y las organizaciones de cultura».

En la sección «De la Alemania que viene a civilizarnos» se incluía el artículo «El arte, en los campos de concentración»; reportaje obtenido del periódico *Klinische Illustrierte Zeitung* (de finales de 1935). También había varias referencias artísticas —jugando con la fotografía— a «Goya, gran artista de su tiempo» (con fotos de dos cuadros); al potencial de los carteles comerciales —con fotos de distintos ejemplos alusivos al artículo de Renau—; se incluían asimismo fotos de cuatro decorados teatrales del escultor Alberto Sánchez; y dos dibujos de Rodríguez Luna sobre la guerra española [22]. Francisco Carreño presentaba «Elementos para una plástica teatral española», y también había cuatro dibujos de Ramón Puyol —de *Mundo Obrero*—. Emili Nadal trataba de nuevo la cuestión de los nacionalismos con «País Valencià: Nacions de l'URSS i d'Espanya»; y Raúl González Tuñón (argentino) presentaba el elemento de solidaridad internacional, con «Saludo a los escritores y artistas españoles». Finalmente, *Nueva Cultura* contenía notas críticas de revistas y comentarios de libros y de actos culturales republicanos en el área de Valencia.

En el n.º 1 (marzo de 1937) ya se anunciaba que en el n.º 3 se incluirían varios poemas dedicados a héroes republicanos de la guerra: Miaja, Galán, Líster, Modesto, y a Madrid. En mayo de 1937 se llevó a cabo este proyecto. En portada se recogía un dibujo del árbol de Guernica con este pie: «Objetivo de la barbarie nazi». Además contenía artículos de Timoteo Pérez Rubio: «En defensa de la realidad artística española»; de E. Rioja: «Darwinismo y marxismo»; de Ilya Erhenburg: «Primero de mayo»; de José Renau: «Función social del cartel publicitario (II)», con una sección que se titulaba «Hacia un nuevo realismo». Así pues, repetidamente se insiste en dos líneas básicas que se debía seguir: el realismo y el compromiso con el pueblo y con la cultura española.

En la sección artística, Ramón Gaya contribuía con «Francisco Pérez Mateo: escultor y héroe de la defensa de Madrid»; el pintor Isaías Díaz con «Carta de un camarada al director general de Bellas Artes» —explicando la muerte del escultor Pérez Mateo— (pp. 327-328). Ésta era la única crónica de guerra incluida en *Nueva Cultura*—. También había otras colaboraciones de Emili Nadal, Carles Salvador, Jesús Poveda y Ots Capdequí, con la transposición a Italia de una idea que ya habían explotado antes con la Alemania nazi: «En la Italia que viene a civilizarnos: la política colonizadora del fascismo italiano»; 6 fotogramas con el título «El fascismo destruye los pueblos». Este número también contenía fotos con ejemplos de carteles políticos rusos y españoles, aspecto artístico que tanta fuerza cobró durante la guerra española [23]; 8 fotos de esculturas de Francisco Pérez Mateo; 2

[22] Se anunciaba la próxima aparición de una monografía del mismo autor que publicaría *Nueva Cultura*.

[23] La fuerza expresiva de la imagen; con precedentes en su utilización activa en la URSS y en Alemania.

dibujos de Eduardo Vicente sobre la defensa de Madrid; 2 dibujos de A. Souto: «Los campesinos españoles y la guerra», y una acuarela de Francisco Carreño Prieto: «El trágico éxodo de las masas malagueñas».

Con el poema de César M. Arconada: «Madrid», se empezó a ensalzar la heroica defensa de la capital, como símbolo de la resistencia de la República española. También se iniciaron los panegíricos a los héroes militares republicanos. En esta dirección iban las colaboraciones de Emilio Prados con «Miaja», de Pla y Beltrán con «Galán», de Arturo Serrano Plaja con «Líster» y de Manuel Altolaguirre con «Modesto».

Se cumplía así el propósito que tenía la redacción de *Nueva Cultura* de dedicar un homenaje a los líderes de la resistencia popular de Madrid. Los incluidos eran, mayoritariamente, comunistas, como también lo eran varios de los colaboradores de la revista, que podría encuadrarse en la primera época como de izquierdas, y en esta segunda época dentro de la esfera de influencia comunista.

En este número —al igual que en otros anteriores— tenían considerable importancia los dibujantes, que aportan imágenes a nombres de líderes republicanos que posiblemente aún eran poco conocidos. Con dibujos se realizaba un canto al sufrimiento y al valor del pueblo español. Eran estos dibujos una manera paralela de información a la proporcionada por las crónicas escritas en todo tipo de medios, para contar el desarrollo de la guerra y el horror causado por la agresión nacional e internacional. Diríase que algunas de las primeras «crónicas» sobre la guerra, incluidas en los números de *Nueva Cultura,* no son escritos, sino dibujos.

Los números 4-5 (junio-julio de 1937) aparecieron en un solo volumen, dedicado al II Congreso Internacional de Escritores, celebrado en Valencia en julio de 1937. A la vista de la importancia que *Nueva Cultura* dio al Primer Congreso Internacional de Escritores, celebrado en París en junio de 1935 [24], la organización de este Segundo Congreso cobra una nueva perspectiva: el de Valencia de 1937 no fue un acto aislado más, sino un paso decidido, dentro de una cadena de hechos testimoniales y de compromiso que ya venía de atrás, en contra de la agresión del fascismo a distintos países.

Por otra parte, este número incorporaba un fuerte frente propagandístico contra el fascismo al presentar en sus primeras páginas una amplia referencia, incluyendo fotos, del «Proceso de elaboración de la gran pintura mural de la destrucción de Guernica» —10 fotos—, que iba a figurar en el Pabellón de España en la Exposición de París, realizado por Pablo Picasso. De él se decía que «ha puesto su arte y su persona al servicio de la lucha por la independencia de la patria» (p. 355). Del mismo Picasso se incluía «Sueño y mentira de Franco» —un texto y 18 aguafuertes— en los que se ridiculizaba a Franco.

[24] Ampliamente reseñado en el n.º 5 de la 1.ª época (junio-julio 1935), por medio de A. Bazán, corresponsal especial enviado al mismo.

El gran despliegue de artículos sobre el Congreso Internacional de Escritores celebrado en Valencia contenía extractos fragmentarios de la mayoría de las intervenciones en la sección titulada «II Congreso de Escritores para la Defensa de la Cultura. La inteligencia del mundo con España»[25]. Los publicados por la revista *Nueva Cultura* no eran discursos íntegros, y tampoco se había podido incluir la aportación de todos los participantes; pero sí que se incluyó la resolución aprobada por aquel II Congreso de Escritores.

Aparte de estos materiales se incluía una selección de dibujos dedicados al general Miaja (1937): «Álbum al general Miaja»[26]; y los trabajos de A. Serrano Plaja: «Los panaderos», poemas y dibujos de Eduardo Vicente, la colaboración de Margarita Nelken: «Reflexiones sobre Gorki —en el primer aniversario de su muerte—», así como la colaboración del argentino Raúl González Tuñón: «Documentos», «El entierro del médico de la brigada» y otros. De Luis Cernuda se incluía «Elegía a la luna de España» [27]. También había un texto de Stalin: «La nación» oportunamente llevado a las aguas del molino nacionalista valenciano [28], y otras colaboraciones menores, informaciones, notas críticas de revistas, libros y actos culturales.

El último volumen publicado contenía los números 6-7-8, correspondientes a agosto-sept.-oct., de 1937. Allí aparecen muchos artículos dedicados a intelectuales mexicanos y a México, por su solidaridad con la República española. Entre ellos encontramos el de Juan Marinello: «México en España: México, señal de futuro»; Octavio Paz: «Raíces españolas de los mexicanos»; José Mancisidor: «México en España»; Julio Álvarez del Vayo: «Palabras sobre México»; María Luisa Vera: «Feria»; 2 fotos de cuadros murales de Diego Rivera; 2 fotos más de murales de José Clemente Orozco; 1 foto de un mural de Julio Castellanos; 1 foto de otro mural de Pablo O'Higgings; 1 foto de otro mural de Leopoldo Méndez y Alfredo Zalce; 1 foto de un mural de Fernando Gamboa y Pablo O'Higgings; 2 fotos de grabados en madera de Chávez Morado; 3 fotos de grabados de la expo-

[25] Con una presentación de Juan Renau, se recogían fragmentos de las intervenciones de Andersen Nexo (Dinamarca), Julien Benda (Francia), José Bergamín (España), Alexis Tolstoi (URSS), doctor J. Brouwer (Holanda), profesor Xirau (delegado de FETE), Malcolm Cowley (EE.UU.), Anna Seghers (Alemania), Raúl González Tuñón (Argentina), José Mancisidor (delegado de México), André Chamson (Francia), Kurt Stern (Alemania), Fedor Kelyin (URSS), Tristán Tzara (Francia), Ralph Bates (Gran Bretaña), Claude Aveline (Francia), Ilhya Erenburg (URSS), Fernando de los Ríos (España), Jef Last (Holanda), Willi Bredel (Alemania), Theodor Balk (??); Nordahl Grieg (Noruega), Juan Marinello (Cuba), Egon Erwin Kisch (??), Arturo Serrano Plaja (España), Nicolás Guillén (Cuba), del valenciano Carles Salvador, Jaume Serra Hunter (de la Delegación del gobierno autónomo catalán) [Cf. Luis Mario Schneider: *II Congreso Internacional de Escritores para la Defensa de la Cultura (1937): Inteligencia y guerra civil española*. Valencia, Consejería de Educación, Generalitat Valenciana, 1987].

[26] Edit. por la Alianza de Intelectuales por la Defensa de la Cultura [Cf. *Nueva Cultura*, pp. 386-387].

[27] Por entonces, Cernuda se encontraba en Londres y se relacionaba con gentes de ambos bandos, aunque, mayormente, con republicanos.

[28] Probablemente detrás debía estar Emili Nadal.

sición «Cien años de grabado político mexicano»; una muestra literaria del arte popular de México «Corrido del comunismo mexicano» —recopilado por Vicente Lombardo Toledano—; fotos de arquitectura rural de Ibiza y Benimamet —Valencia—; los artículos de Silvestre Revueltas: «Notas transatlánticas»; Carlos Pellicer: «Elegía a Simón Bolivar»; Efraín Huerta: «Los hombres del Alba»; José Bergamín: «Por debajo del sueño»; Antonio Porras: «Iniciación a un tema de *Nueva Cultura»;* Juan Marinello: «Significación de García Lorca»; Juan Gil-Albert: «A Valencia» (poema); J. González Mir: «País Valencià: Nova Aurora»; Carles Salvador: «Ciutat Oberta»; Alfredo Baeschlin: «Un poco de arquitectura rural». También se incluían unas «Notas críticas» (de revistas y libros recibidos) y la sección titulada «Panoramas Nazionales», que eran comentarios sarcástico-burlescos de la prensa editada por los sublevados.

A propósito del camino que debía seguir el arte en España, decía María Zambrano, en un curioso artículo titulado «El nuevo realismo»: «... nuestra más firme esperanza en el futuro y destino españoles descansa en una conversión a la realidad, en un volver a las fuentes originarias de nuestro realismo...» (p. 432).

Valoración global

Lo que globalmente se puede decir sobre la revista *Nueva Cultura* es que no era una publicación en la que se pudiesen encontrar crónicas periodísticas ni obras narrativas sobre la guerra civil. Sólo se incluían algunos poemas sueltos, pero no era en sí una revista poética, sino que seguía teniendo la pretensión de ser una revista de «Información crítica y orientación intelectual» —como definía el grupo editor las intenciones de sus actividades—. En definitiva, era más bien una revista programática, en lo que tenía de precursora y propugnadora de una nueva forma de entender el arte y la literatura, ambos basados en el compromiso social del artista y en la permanente referencia, en sus obras, a la situación de la sociedad que lo rodea.

3.3. Teoría de la novela y narrativa breve en *Hora de España* y *El Mono Azul*

Si hay dos revistas emblemáticas del período 36-39, éstas son *Hora de España* y *El Mono Azul* [29]. *EMA* nace pocas semanas después del 18 de julio de 1936.

[29] *Hora de España* (Ed. anastática). Liechtenstein-Barcelona, Topos Verlag-Laia (Biblioteca del 36) 1977, 5 vols. Citaremos por esta edición, abreviado *HE*, número de volumen y página. *El Mono Azul* (Ed. anastática), Liechtenstein-Madrid, Topos Verlag / Turner (Biblioteca del 36), 1978. Poema original de Rafael Alberti. Introducción e índices de Michel García. Citaremos abreviado *EMA*, seguido del número de la revista.

Destacan la juventud y el alto grado de compromiso político de sus redactores, ya que los más activos en la confección de la revista son miembros del Partido Comunista. *EMA* representa una ruptura evidente con las revistas de anteguerra: eran las mismas personas, pero el espíritu había cambiado: «*EMA* fue una revista de intelectuales, que, por otro lado, estaba *hecha* para el pueblo» [30].

EMA apareció semanalmente, excepto los tres últimos números, desde el 27 de agosto de 1936 hasta febrero de 1939. Su formato de *hoja periódica* —aunque a lo largo de su vida llegó a tener tres formatos distintos— implica un público y una difusión muy distintos de los que pudieron alcanzar los cuidados volúmenes de *Nueva Cultura* y *HE*. *EMA* se presenta como el órgano de expresión de la Alianza de Intelectuales Antifascistas. Aunque excepcionalmente incluye algún artículo-ensayo (sobre la literatura italiana del fascismo o sobre el teatro español actual), generalmente sus páginas acogen crónicas o testimonios, romances, teatro y gran número de textos narrativos, entre los cuales cinco crónicas [31], nueve relatos, siete cuentos y dos fragmentos de novela más una novela corta. Otros siete textos están en la frontera entre el relato y el cuento o la crónica y el relato.

HE, cuyo lema es «Al servicio de la causa popular», fue una *revista mensual* en forma de volumen cuidadosamente editado. En cada uno de ellos se recogen ensayos sobre diferentes temas que abarcan la literatura, la filosofía, la música, la pedagogía, etc. Incluye también una sección titulada «Testimonios», que en su conjunto constituye una especie de crónica fragmentaria de la guerra de España realizada por aquellos escritores que participan activamente en ella. Los textos o materiales narrativos ocupan en *HE* un lugar prominente. Hemos contabilizado en el total de los números de la revista trece crónicas, tres diarios, nueve capítulos de novela y dieciséis cuentos o narraciones de diverso carácter, incluida una narración epistolar.

Fundada por un grupo de intelectuales en Valencia en enero de 1937, *HE* quiere ser el testimonio más elocuente de la causa republicana, una «representación» frente al mundo entero de la cultura española al más alto nivel. Por eso la línea política será la del Gobierno y el Frente Popular. No es, pues, una publicación exaltadamente militante, proletaria ni revolucionaria. Se distingue de *EMA* por emplear un tono que hace que la revista llegue a «camaradas o simpatizantes esparcidos por el mundo [...] hispanófilos en fin, que recibieron inmensa alegría al ver que España prosigue su vida intelectual o de creación artística en medio del conflicto gigantesco en el cual se debate» [32].

Es evidente que *HE* contiene más elementos de reflexión que *EMA*. Si esos

---

[30] F. Caudet, «*EMA* y el romancero de la guerra civil» en *Anthropos,* 148, Septiembre 1993. Barcelona, p. 43-51.

[31] Quede claro que siempre nos referiremos a las que tienen valor literario y no mencionaremos aquéllas que sólo lo tienen desde el punto de vista informativo o periodístico.

[32] *HE,* «Propósito», 1, p. 6.

textos ensayísticos pueden servirnos para dilucidar en qué sentido discurre la narrativa que aparece junto a ellos, para captar hacia dónde se orientan las prosas de *EMA* debemos recurrir a los propios autores. Son muy significativos los casos de M.ª Teresa León y Rosario del Olmo. La primera porque cultivó el llamado «cuento social» [33], siguiendo una de las orientaciones de la prosa española de los años treinta. Pero M.ª Teresa León sabe conjugar la literatura comprometida con la vanguardista. Por su parte, Rosario del Olmo realizó una importante labor de crítica literaria en los diarios *Luz* y *La Libertad* en los años inmediatamente anteriores a 1936. Se trata de una crítica de orientación marxista, en la que se valoraba la expresión de los sufrimientos y esperanzas de la colectividad por encima del mundo personal del escritor. Esta postura le había hecho decir: «La torre de marfil es muro desde donde se ametralla...» [34].

En *HE* afortunadamente nos encontramos con un texto programático, la «Ponencia Colectiva...» presentada al Congreso de Escritores Antifascistas (Valencia, 1937), que supone toda una declaración de principios, en la que se rechazan tanto el arte puro como el de propaganda. Las reivindicaciones más interesantes que hacen los firmantes de la «Ponencia» [35] son las de su voluntad de entroncar con la tradición y la defensa del humanismo. Además, aspiran a que no entren en colisión la realidad objetiva y el mundo íntimo del escritor. Aunque las alusiones al «pueblo» son numerosas en esta «Ponencia», son harto vagas y generales y en realidad no transparece más «compromiso» que el personal de cada uno de los jóvenes escritores que la suscriben. Pero es evidente que, independientemente de su compromiso político concreto, los narradores de la guerra civil se hallan en una encrucijada: la guerra misma. Es inevitable plantearse cuál es el género, el tono o la modalidad que mejor se adapta a sus propósitos y a los momentos históricos que estaban viviendo. Aun así, hay quien continúa, al menos formalmente, en la línea que iniciara antes de 1936. Tal es el caso de Jarnés o Domenchina, que colaboran en *HE.*

Curiosamente, dos discípulas de Ortega, Rosa Chacel y María Zambrano, plantearán el magisterio de Galdós para los narradores de esa trágica hora; su manera de llegar al pueblo sin disfrazarse de pueblo, hablándole de lo convivido, a través de «una escena, una frase, la descripción de un hombre o de una estancia» [36]. Rosa Chacel insistirá en la reivindicación del gran novelista al establecer un

[33] O cuento revolucionario, que también cultivaron los anarquistas en su *Revista Blanca* antes de la guerra. Véase Marisa Siguán: *Literatura popular libertaria,* Barcelona, Península (Temas de historia y política contemporánea, 12), 1981, 195 pp. Prólogo de Joaquín Marco.

[34] *La Libertad,* Madrid, 17 de enero de 1934. Apud Manuel Tuñón de Lara: *Medio siglo de cultura española* (1885-1936), Madrid, Tecnos (Serie de Historia), 1984, 3ª ed., p. 257, nota 234.

[35] Firmada por A. Sánchez Barbudo, Ángel Gaos, Antonio Aparicio, A. Serrano Plaja, Arturo Souto, Emilio Prados, Eduardo Vicente, Juan Gil-Albert, J. Herrera Petere, Lorenzo Varela, Miguel Hernández, Miguel Prieto y Ramón Gaya.

[36] Rosa Chacel: «Cultura y pueblo», *HE,* 1, pp. 20-21 (I, enero, 1937).

paralelo entre las vicisitudes de la España de los *Episodios Nacionales* y la España actualmente en guerra [37]. Del estilo galdosiano en los *Episodios* subraya el tono sencillo, no grandilocuente ni ampuloso, con que su autor sabe pintar tanto los hechos supremos como los más sencillos y prosaicos. María Zambrano coincide con Rosa Chacel en las virtudes del «realismo español» de Galdós al analizar *Misericordia,* en lo que será el embrión de su bellísimo ensayo posterior [38].

Los géneros narrativos breves eran fáciles de escribir y publicar en aquellas circunstancias de aceleración histórica, adaptándose mejor que la novela a la capacidad lectora de los combatientes y a su disponibilidad de tiempo. No se debe olvidar que los folletines, novelas por entregas o publicaciones como *El Cuento Semanal* eran lecturas de gran aceptación popular antes de la guerra [39].

Se trata de relatos de sucesos vividos, hazañas, hechos insólitos o pequeñas y grandes desgracias que sufren los milicianos día tras día. Se localizan en su mayoría en el frente y cuentan los combates, la vida en las trincheras, la espera de la batalla, el temor a extraviarse en terreno enemigo. Y en el frente, en los conventos convertidos en hospitales o en las aldeas devastadas se produce el descubrimiento del pueblo y, particularmente, de los *campesinos.* Varios de los cuentos y novelas cortas de *EMA* y *HE* tienen como héroe característico al campesino, que por su torpeza al expresarse, su sentido común y su ingenuidad, se gana todas las simpatías.

Sólo en contadas ocasiones, generalmente en autores con obra literaria anterior a la guerra, hallamos experimentación formal o la presencia de lo onírico, pero no es lo habitual, por lo que la tendencia va hacia el relato clásico.

Esta narrativa tiene unas especiales características —literatura vivencial y de la experiencia, premura del discurso, autocensura etc.— que nos obligan a puntualizar los subgéneros que en ella encontramos. Distinguimos fundamentalmente cuatro tipos: la crónica, el relato, el cuento y la novela corta [40]. Los dos primeros, estrechamente emparentados, son los más abundantes. La distinción entre relatos y cuentos no es siempre fácil de establecer, pues una de las características de la narrativa de la guerra es la aparición de formas híbridas.

Estamos ante una «literatura de la experiencia», que intenta fijar el acontecimiento a lo vivo, de tal modo que algunos creen percibir en ella los signos de una renovación de la prosa española. Así Vicente Salas Viu, en su reseña de *Acero de Madrid* y *Entre dos fuegos* [41] señala que la literatura que nace con la guerra se plan-

[37] Rosa Chacel: «Un nombre al frente: Galdós», *HE,* 1, pp. 127-130 (II, febrero, 1937).

[38] María Zambrano: «Misericordia», *HE,* 5, pp. 137-160 (XXI, septiembre, 1938).

[39] Se ha repetido insistentemente que la novela desaparece del panorama literario entre 1936-1939. Los ejemplos que aportamos en este volumen creemos que muestran lo contrario.

[40] Para estos conceptos, Raúl H. Castagnino: *Cuento Arte-facto y artificios del cuento,* Buenos Aires, Nova, 1977.

[41] Vicente Salas Viu: «Un sentido de la prosa. Carta abierta a Herrera Petere sobre su libro *Acero de Madrid», HE,* 5, pp. 57-58 (XX, Agosto, 1938). Ambos libros, que obtuvieron el Premio Nacional de Literatura de ese año, se analizan más adelante. *Entre dos fuegos* contiene narraciones publicadas

tea la búsqueda del sentido de la prosa, pues desde la generación del 98 los valores predominantes en la literatura española han sido fundamentalmente poéticos. La única crítica de Salas Viu a Herrera Petere y Sánchez Barbudo advierte del forcejeo «porque no adquiera una forma poemática, la que ha de ser en absoluto narrativa».

La simbiosis entre la realidad objetiva y el mundo íntimo del autor [42] supone una *actitud romántica* que se refleja en la narrativa breve, por un lado, en la presencia de lo subjetivo y, por otro, en la aparición de «héroes románticos»: juveniles, generosos, arrojados, revolucionarios, etc.

No podemos aquí por falta de espacio ocuparnos de todos y cada uno de los autores y textos, sino que haremos un breve repaso señalando aquellos más significativos.

Se ha dicho que en *El Mono Azul* [43], a partir de los primeros números aparecen multitud de escritos, de los que la mitad eran romances, firmados por desconocidos, y que la copiosa correspondencia recibida sorprendió a los responsables de la revista. El correo debió de ser abundante, pero lo que se refleja en la revista no es eso. Sólo un mínimo porcentaje de escritos son anónimos o de firma desconocida. Lo que sí hay, junto a nombres de solera —Alberti, M. T. León, Corpus Barga, Altolaguirre— son muchos nombres jóvenes —Varela, Salas Viu, Serrano Plaja, Sánchez Barbudo— que antes de la guerra se habían dado a conocer en el mundillo literario por algún libro de poemas, colaboraciones en *El Sol* o confección de alguna revista.

La clasificación de la narrativa breve en *EMA* hecha por Michel García es confusa, ya que afirma que la «literatura de combate» se encarna de forma característica en el testimonio [44]. Parece aludir al gran número de relatos y crónicas de sucesos vividos por sus autores, pero también abundan y son muy diversos en estilo los cuentos: desde los ejemplares y edificantes, con una moraleja algo simplona, como «El analfabeto» (*EMA*, 19) de Rosario del Olmo a la bellísima prosa poética de «La miliciana del Tajo» (Balada) (*EMA*, 46) de Alberti. No siempre el protagonista de esos cuentos es un campesino, aunque cuando se da el caso este personaje acumula una serie de características —torpeza en expresarse, ingenuidad, sentido común y fuerza bruta— que lo convierten casi en un arquetipo que despierta de inmediato las simpatías de los lectores. De estas características participa, por ejemplo, «El Guinda», protagonista del extenso cuento de M. T. León «De muerte a muerte» (*EMA*, 28) o «Lorenzo, El que se mordió con un perro» (*EMA*, 30) de V. Salas Viu,

---

primeramente en *HE*. V. G. Mañá: «Sánchez Barbudo, de la lírica a la épica: *Entre dos fuegos*», *Anthropos* 149, octubre 1993, Barcelona, pp. 53-56.

[42] Téngase en cuenta lo dicho anteriormente sobre la «Ponencia Colectiva...» de los escritores de *HE*.

[43] Michel García: «El Mono Azul», en Marc Hanrez: *Los escritores y la guerra de España*, Barcelona, Monte Ávila, 1977, pp. 221-233.

[44] *Ibíd.*, p. 228

al que no le vale su ridícula estratagema para no ir al frente. Otros protagonistas son muchachos jóvenes, obreros o estudiantes.

Las crónicas suelen gozar de un estilo muy sobrio, pero en algunas ocasiones los autores rompen con aquél y dejan rienda suelta a sus propios impulsos, como Corpus Barga en «El mercadillo de la Puerta del Sol» (*EMA,* 16), evocación lírica de la Puerta del Sol bombardeada. O las dos narraciones de Darío —más relatos que crónicas— cuyos protagonistas, el aguerrido cabo «Mecha» y el comisario Delgado, son paradigmas del combatiente antifascista. Con un gran sentido del humor Edmundo Barbero nos relata el valor e ingenio de los cordobeses ante los fascistas («Seis meses en terreno faccioso», *EMA,* 42), y nos sorprenden en el relato de Serrano Plaja «La Compañía Samuray» *[sic]* (*EMA,* 7) sus pintorescos personajes extraídos de los barrios bajos de Valencia.

Sólo podemos considerar novela corta «Buruntza» (*EMA,* 46), obra póstuma de José Ramón Alonso, muerto tempranamente en el frente de Aragón en 1937. Su protagonista, el joven vasco Ramón, aprendiz de escritor, vence su indiferencia cuando se incorpora a un Batallón un domingo de agosto de 1936, soñando con las gestas que escribirá en el futuro. Otro domingo mientras suena la campana tocando a misa, un obús *[sic]* acaba con su vida.

El objetivo de esta literatura es doble: ensalzar el comportamiento del pueblo, y su fuerza extraída muchas veces de virtudes olvidadas; y, además, mantener bien alta la moral de los combatientes.

Hora de España tiene secciones directamente ligadas a la guerra, como «Testimonios» y «Comentario político». El conjunto de los «Testimonios», como ya hemos dicho, constituye una crónica de la guerra de España realizada por escritores que la viven luchando (Serrano Plaja, Salas Viu, Sánchez Barbudo, Gil-Albert, Antonio Porras, etc.). Se trata de textos breves que tienen en común la espontaneidad y relativa falta de preparación, aunque en muchos de ellos reconocemos verdaderos relatos en cierne. Como en *El Mono Azul,* las páginas de «Testimonios» reflejan el descubrimiento del pueblo y, particularmente, de los *campesinos.* Esta «literatura de la experiencia» intenta fijar el acontecimiento a lo vivo, de tal modo que algunos creen percibir los signos de una renovación de la prosa española [45]. Los materiales narrativos de *HE* son trece crónicas, la mayoría en la sección «Testimonios»; tres diarios (uno lo es sólo formalmente), y otros veinticuatro textos, de los que nueve son capítulos de novelas, y el resto, cuentos o narraciones de diverso carácter, más una narración epistolar. La temática es generalmente la guerra, tanto en los frentes como en la retaguardia. Rara vez se mencionan los antecedentes de la contienda, aunque sí lo hacen Sánchez Barbudo en los capítulos de *Sueños de grandeza* y Max Aub en *El cojo.* La temática restante incide en la introspección amorosa, el análisis psicológico o las reflexiones sobre el quehacer poético en horas de guerra.

---

[45] V. Salas Viu: *art. cit.* en n. 13.

Casi todas las crónicas [46] incluidas en «Testimonios» van firmadas por Gil-Albert, Serrano-Plaja, Salas Viu, Zambrano, Blanca Chacel, A. Sánchez Vázquez, Antonio Porras y Sánchez Barbudo, que forman parte de lo que se denomina «Grupo de Hora de España». Uno de esos testimonios, curiosamente, adopta la forma de un diario fechado en Gijón (6/X/37 a 17/X/37) por el historiador Ramón Iglesia. A éste hemos de añadir otros dos: uno contiene las expansiones críticas de Altolaguirre sobre el quehacer poético en aquellas circunstancias (1, 305-318) y el otro, del jovencísimo G. Bleiberg, se distingue por el subjetivismo amoroso que lo impregna (3, 451-462). El único ejemplo de narración epistolar es del pintor Ramón Gaya, «Cartas de J. V. a Mrs. D. H.» (3, 149-161). Más insólita es la aparición de un cuento en esta sección. En «Fue un tiempo de mentira» (5, 41-54), de Herrera Petere, cuyo título y lema remiten a *Una España joven* de Machado, se narran los avatares de una humilde familia de Toledo entre 1918 y 1936: el hijo mayor, Diego, muere en África, el más joven es movilizado nada más estallar la guerra civil, y la madre viuda queda sola en su casuca junto al Tajo. Allí será sorprendida por una patrulla de soldados alemanes, uno de los cuales provocará una airada reacción de la anciana al profanar el acordeón del hijo mayor. La estructura del relato —breves escenas con saltos cronológicos— nos recuerda la de *Cumbres de Extremadura,* y el estilo, aunque sencillo, lleva el sello personal de su autor.

Al resto del material narrativo de *Hora de España* podríamos aplicarle la denominación de *narraciones breves* de forma genérica. Tal denominación conviene a *cuentos,* como «El cojo» de Max Aub [47]; *relatos,* como «Días de julio» de Sánchez Barbudo o «Tres historias ejemplares» de Salas Viu, basadas en sus vivencias de la 47.ª División, en las que ensalza el heroísmo cotidiano de los combatientes [48]; e incluso a alguna *novela corta* como «La casa de los Ramírez», de Sánchez Barbudo. Francisco Caudet [49] los engloba bajo el epígrafe de «realismo socialista». No creemos que ésta sea la dirección de la renovación de la prosa española, cuyos prime-

---

[46] Juan F. Villar Dégano: «Ideología y cultura en *Hora de España* (1937-1938)», *Letras de Deusto,* 16, p. 35 (mayo-agosto de 1968), las valora positivamente como narraciones: «Frente a lo histórico y temporalizado, lo lírico se filtra por entre las narraciones, dejando al descubierto la dimensión poética y emotiva de los observadores».

[47] Max Aub: «El cojo», *HE,* 4, pp. 173-189 (XVII, mayo, 1938). Recogido en *No son cuentos,* México, Tezontle, 1944; en *Mis páginas mejores,* Madrid, Gredos, 1966; en *Últimos cuentos de la guerra de España,* Caracas, Monte Ávila, 1969; y en *Enero sin nombre. Los relatos completos del Laberinto Mágico,* Barcelona, Alba, 1994. Presentación de Francisco Ayala. Selección y prólogo de Javier Quiñones. Además de estar recogido en diversas antologías, como *Historias del 36,* Barcelona, Ed. 29 (Libros Río Nuevo), 1974.

[48] Ésta, junto con otros textos narrativos de Salas Viu, como por ejemplo «En el Norte, Bilbao» o «Un paso en la Revolución», publicados también en *HE,* pasaron a formar parte de *Las primeras jornadas y otras narraciones de la guerra española,* libro cuyas vicisitudes tratamos en el capítulo correspondiente.

[49] Francisco Caudet: «Prólogo» a *Hora de España (Antología),* Madrid, Turner, 1975, p. 20.

ros síntomas señalara Salas Viu. Algunos textos muestran rasgos evidentemente propagandísticos; sin embargo, éste no es el tono habitual de *Hora de España.* Destaca la amalgama de elementos narrativos junto a los líricos o subjetivos, como se defendía en la «Ponencia Colectiva» de 1937.

En esta panorámica de la ficción breve en *EMA* y *HE* hemos incluido unos relatos de carácter testimonial, dejando al margen las crónicas de carácter periodístico. El problema no consiste en una categorización formal, pues la narrativa de aquellos momentos no es una «literaturización de la vida» [50], sino que lo que los autores viven en la guerra es tan intenso que supera a la imaginación. La realidad supera a la ficción: *No son cuentos* titulará Max Aub una de sus colecciones unos años después. Aquella realidad que de momento supera a sus intérpretes literarios doblados de protagonistas tendrá su secuela en la narrativa del exilio [51], donde el distanciamiento permite la síntesis épica que a veces se echa en falta en los primeros textos, logrando algunas de las mejores páginas de nuestra literatura contemporánea, de las que éstas crónicas, relatos y cuentos no son sino el germen.

[50] V. Martín de Riquer: *Caballeros andantes españoles,* Madrid, Espasa-Calpe (Austral 1.397), 1967, especialmente el cap. I, «Novela y realidad, realidad y novela».

[51] Con muestras tan significativas como *La cabeza del cordero de Ayala,* las numerosas colecciones de cuentos de Max Aub, *Los lugares vacíos de Andújar, La venda* de Serrano Poncela o los diversos relatos breves de Sender sobre este tema, que culminan en su novela corta *Réquiem por un campesino español.*

4
LAS CRÓNICAS PERIODÍSTICAS

4.1. Introducción

En el principio fue el hecho. Y el hecho se convierte en noticia. Sin pretender entrar en la historia del periodismo español, conviene recordar la importancia que había adquirido la prensa escrita en los primeros años del siglo. La prensa era el medio de comunicación social con mayor desarrollo y durante los años de la República adquirió una importancia y una viveza extraordinaria en la batalla ideológica. Hubo multitud de escritores que alternaron las tareas periodísticas con la elaboración de su obra. El escritor, especialmente el narrador, estaba doblado de cronista.

Al producirse el levantamiento, la crónica periodística fue sin duda la primera forma narrativa en la que se reflejaban los terribles hechos que se producían. Al mismo tiempo expresaban en un primer momento la ilusionada esperanza en el triunfo de la República y la definitiva entrada de España en la modernidad. También fue la prensa la que contribuyó a la creación de los grandes mitos de la guerra, como es el caso de la defensa de la capital: *Madrid es nuestro* o *La guerra en las trincheras de Madrid,* por citar sólo dos colecciones de muy diferente tendencia.

No vamos a entrar en exposiciones y análisis de lo que supuso la prensa en la zona republicana. Un número considerable de diarios y revistas estaban situados en un espectro ideológico que podríamos denominar en un sentido amplio y no dogmático de izquierda o, al menos, prorrepublicano y en ellos se desarrolló una intensa labor [1]. A ello hay que añadir una cantidad enorme de material que ha sido estudiado por Mirta Nuñez [2]: la prensa de guerra, esto es, las publicaciones realizadas desde el frente o la retaguardia, sea por las unidades de milicias —mientras tuvie-

[1] VV.AA.: *Periodismo y periodistas en la guerra civil,* Madrid, Fundación Banco Exterior (Co. Seminarios y Cursos), 1987.

[2] Mirta Núñez Díaz-Balart: *La prensa de guerra en la zona republicana durante la guerra civil española (1936-1939),* Madrid, Ed. de la Torre (Nuestro Mundo, 27), 1992, 3 tomos.

ron existencia efectiva en los primeros meses—, sea por las diversas unidades del Ejército Popular.

Lo relevante en este caso es que el hecho genera la noticia convertida en crónica y que ésta se convierte en la materia prima de parte de la producción narrativa sobre la guerra, especialmente de la escrita en aquel momento. La percepción de este fenómeno que se tiene en aquel momento consiste en ver un proceso de formación de una materia épica. Así lo anotaba en sus «Cuadernos» Benjamín Jarnés [3] —escritor poco dado a exaltaciones épicas— cuando comenta *Madrid es nuestro,* o al valorar los escritos de guerra los califica de «testimonio vivo», materiales parciales que servirán para reconstruir la «epopeya entera», en resumen «poesía en marcha» como denomina a la literatura improvisada de aquellos momentos de urgencia. En el mismo sentido incide la reseña de Bernardo Clariana en *Hora de España* sobre la *Crónica General* [4], donde va más allá y establece una analogía con la formación de la materia épica medieval. En el mismo sentido se manifiesta Salas Viu cuando reseña *Acero de Madrid* en la misma revista [5].

Los mismos escritores no dudarán en reaprovechar el material periodístico para, reelaborado, incorporarlo en sus libros inmediatamente. Tal es el caso de los escritos de Sender en *Milicia Popular,* que podemos rastrear en *Contraataque,* o las crónicas de Zamacois, que tras aparecer en la prensa, se publicaron en libro y que más tarde se incorporaron a *El asedio de Madrid,* y lo mismo ocurre con *Acero de Madrid* de Herrera Petere. Que se hubieran recopilado en volumen o no antes de su inclusión en los relatos es irrelevante. Sin embargo, si deseamos aproximarnos a la literatura narrativa producida en esos años, es imprescindible dar una idea somera de esa materia prima. Por ello ofrecemos una pequeña muestra de las crónicas que se recogieron en volumen al hilo de los acontecimientos. La muestra es aleatoria y, desde luego, incompleta. Sólo hemos procurado que la tipología fuera variada teniendo como criterio básico el cubrir un espectro que fuera de lo general a lo particular. Suponemos que la elección hubiera podido ser otra, pero hemos preferido no repetir nombres. Es la razón por la que no aparecen en esta sección Zamacois, Arconada o Zugazagoitia [6] entre otros muchos.

---

[3] Benjamín Jarnés: *Desierto profanado,* Zaragoza, Inst. Fdo. el Católico (Cuadernos Jarnesianos 4), 1988, pp. 7-8; *Miguel de Unamuno; Antonio Machado y las masas; García Lorca, De Buffon y el estilo, Madrid.* Zaragoza, Inst. Fdo. el Católico (Cuadernos Jarnesianos, 7), 1988, pp. 51-54.

[4] Bernardo Clariana: «Crónica general de la guerra civil», en *Hora de España,* IX, sept. 1937, pp. 71-72. Reimp. Topos Verlag/Laia, Darmstadt, 1977, t. II, pp. 359-360.

[5] Vicente Salas Viu: «Un sentido de la prosa. Carta abierta a Herrera Petere sobre su libro *Acero de Madrid»,* en *Hora de España,* XX, agosto de 1938, pp 57-58. Reimp. Topos Verlag/Laia, Darmstadt, 1977, t. V, 57-58.

[6] César M. Arconada: *La guerra en Asturias* (crónicas y romances), Madrid, Ayuso (Bibl. Silenciada, 2), 1979, 128 pp. Ed. de Gonzalo Santonja; Julián Zugazagoitia: *Madrid, Carranza 20,* Madrid, Ayuso (Bibl. Silenciada, 1), 1979, 143 pp. Eduardo Zamacois publicó dos colecciones de crónicas que mencionamos al tratar de *El asedio de Madrid,* v. 11.4.

4.2. CRÓNICA GENERAL, DE M.ª TERESA LEÓN Y J. MIÑANA (1937)

La *Crónica general de la guerra civil* [7] es una selección de crónicas y artículos periodísticos que, siguiendo un orden cronológico —de 27 de julio de 1936 («El Cuartel de la Montaña», de Jaime Menéndez) a 3 de junio de 1937 («Mi última visita al Museo del Prado» de Alberti)—, plantea una visión global de la contienda no sólo desde el punto de vista militar, sino también político y social. Se trata de un libro singular por varios motivos. El primero, lo temprano de su aparición. El segundo, el número y la variedad de escritores y periodistas representados. El tercero, su planteamiento globalizador que le lleva a tratar no sólo de los hechos de armas, sino también otros aspectos de los acontecimientos junto con la extensión de los mismos. Por último, la procedencia relativamente diversificada de los textos.

La enorme importancia que en aquellos momentos adquirió la prensa como vehículo de soporte del espíritu de resistencia quedaba ya señalada en la reseña de Bernardo Clariana en *Hora de España* [8]. En ella se hace un paralelo con la epopeya medieval: si de la invasión musulmana nacieron el *Romancero* y las *Crónicas,* de la actual invasión, en la que no son parte pequeña las tropas mercenarias marroquíes traídas por Franco, están naciendo el nuevo Romancero y las nuevas Crónicas de las que ésta pretende ser una primera síntesis. El paralelo estaba servido por la previa aparición del *Romancero de la guerra civil* o del *Romancero general de la Guerra de España* [9] prologado por A. Rodríguez Moñino.

Lo mismo que en el caso de los romances, se trata de crónicas ya aparecidas en la prensa. Su procedencia es variada aunque con limitaciones sin que sea aceptable que con las crónicas de los escritores en *El Mono Azul* «se formó la primera *Crónica de la Guerra de España,* prologada y seleccionada por la escritora María Teresa León» [10]. Así, las cinco primeras son anteriores a la aparición de *El Mono Azul,* y otras se pueden localizar en *Hora de España* o *Ayuda* a título de ejemplo. No obstante, el planteamiento es característico de la política cultural y propagandística llevada a cabo por la Alianza de Intelectuales Antifascistas, y quizá es esto junto con el tono lo que le da un aire de familiaridad con aquella mítica publicación.

[7] *Crónica general de la guerra civil, I.* Madrid, Ediciones de la Alianza de Intelectuales Antifascistas, 1937, 301 pp. Recopilado por M.ª Teresa León con la ayuda de J. Miñana. Reúne 65 crónicas o artículos periodísticos con un prólogo de M.ª Teresa León. La cubierta es una composición tipo cartel. Lleva un índice inicial con la relación de artículos sin indicación de autor.

[8] Bernardo Clariana: «Crónica general de la guerra civil», en *Hora de España,* IX, sept. 1937, pp. 71-72. En reimp. Liechtenstein / Barcelona, Topos Verlag/Laia (Biblioteca del 36), 1.977, 2, pp. 359-360.

[9] Para la poesía de la guerra civil es de obligada consulta Serge Salaün: *La poesía de la Guerra de España,* Madrid, Castalia, 1985, 413 pp.

[10] Enrique Montero: «Palabras previas», en *Hora de España,* Liechtenstein / Barcelona, Topos Verlag/Laia (Biblioteca del 36), 1977, t. 1, p. X.

Esta recopilación no fue en ningún momento una simple antología periodística más o menos heterogénea. Tiene un propósito determinado que M.ª Teresa León explicita en el breve Prólogo (p. 9). Su intención es «ayudar la memoria». Su valor, lo que «tiene de documento y no de invención, de anécdota humana o de reacción de algún gran escritor». Es un libro para desmemoriados, para los que se han enfriado y —esto es muy importante— «Voz de España hablando al mundo». Se trata, por tanto, de un libro con una clara intención de mantener la tensión espiritual y la moral de lucha, pero también un libro que pretende ser un agitador de las conciencias europeas (no se puede olvidar que fue publicado en 1937 coincidiendo con la Exposición de París y el impacto de Guernica). El hecho de que en el prólogo se hable de una primera entrega hace suponer la intención de realizar una segunda, la cual no llegó a publicarse.

Que el libro sea una recopilación no permite suponer falta de estructura o la simple reunión de una serie de recortes de prensa. Por principio en toda antología hay unos criterios de selección y en este caso además hay una clara idea directriz de transmitir un determinado mensaje. Habrá, por tanto, una estructura y unos criterios ordenadores y selectivos.

El primer criterio ordenador es un orden superficial puramente cronológico: es una crónica. Pero los artículos no se ordenan sólo en sucesión temporal, sino que también hay una ordenación geográfica: los artículos seleccionados se refieren a los acontecimientos más señalados en el sector de enfrentamiento más relevante en cada momento de la lucha.

Por otra parte, no todos los artículos son del mismo estilo ni tipo. Al hablar de estilo por supuesto que no nos referimos al individual. La propia M.ª Teresa León establece tres tipos de artículos: el documento, la anécdota humana y la «reacción de algún gran escritor». Como esto no es un prólogo intentaremos matizar algo más. El último grupo indicado lo calificaríamos como de reflexión ideológica, como «La voz nueva» de Ramón Sender (p. 107); luego estarían los reportajes de carácter narrativo tanto individual, «El sin fusil» de Matilde de la Torre (p. 61) o «El teniente José» de M.ª Teresa León (p. 93), como colectivo, «Euzkadi defiende Madrid» de Lino Novás (p. 143) u «Hombres de la Primera Brigada de choque», de Miguel Hernández (p. 139); y por fin unos que pudiéramos llamar informativos que pretenden dar idea del estado de ánimo y situación en diversos lugares especialmente de la retaguardia, como «Las mujeres de Madrid en la guerra» de Salas Viu (p. 161) o «Los niños de Novelda» de Lino Novás (p. 237).

El orden temporal es el de la fecha de publicación, que no siempre coincide con la de redacción. Tal es el caso de Pablo de la Torriente [11], de quién recogen cuatro

[11] Pablo de la Torriente Brau, escritor y militante comunista cubano a quien dedicara una elegía Miguel Hernández en *Viento del Pueblo.* Para más información, Pablo de la Torriente Brau: *Peleando con los milicianos,* Barcelona, Laia (Laia B 64), Barcelona 1980, 282 pp. Estudio prel. de Santiago Tinoco. Reedición de sus cartas y crónicas sobre la Guerra de España, publicadas por primera vez en Méjico en 1938.

crónicas fechadas, respectivamente, 28/XI/36, 9/I/37, 30/I/37 y 20/II/37; pues bien, con fecha de 26/XII/36 hallamos un artículo elegíaco de Lino Novás en el que da noticia de su muerte en acción en Majadahonda el 21/XII/36. Y la crónica «Polémica con el enemigo» (fechada en 9/I/37) lleva una breve introducción en la que se advierte que se trata de un texto póstumo, cuya acción se sitúa el 4 de octubre de 1936 en el frente de Madrid. Por otra parte, algunos, muy pocos, no llevan explícito el día, sino el mes [«En el Norte», Bilbao (pp. 291 y ss.) de Salas Viu [12], junio del 37)] o el breve texto de Cernuda: «Homenaje»[13] sin datar que cierra el volumen.

La distribución cuantitativa por períodos es ésta: 1.º) Julio a octubre, 16 artículos; 2.º) Noviembre a febrero, 25 artículos; 3.º) Marzo a junio, 24 artículos. Esta misma distribución temporal imposibilita la procedencia generalizada de *El Mono Azul* que indica E. Montero [14], puesto que la vida de esta revista no fue tan regular a partir de enero de 1937. Esta cadencia de los artículos apunta claramente a tres períodos significativos: la sublevación y primeros meses de guerra con la resistencia popular desorganizada; la batalla en torno a Madrid que se convierte en símbolo de la resistencia republicana con toda su carga épica; la estabilización tras la batalla de Guadalajara y la campaña del Norte, especialmente la referencia al País Vasco, cuyo impacto propagandístico tras el bombardeo de Guernica fue enorme.

Desde un punto de vista espacial o geográfico las crónicas se distribuyen así: situación internacional; la zona rebelde; los frentes y la retaguardia, estos dos últimos a su vez divididos en zonas o sectores.

Sobre la implicación internacional en la guerra de España hallamos tres artículos de octubre, febrero y abril, respectivamente [15]. En los dos primeros se nos plantean las intervenciones solidarias: en el de octubre la llegada de la primera ayuda rusa en el «Zyrianin», en el segundo la solidaridad de los trabajadores portuarios y de los marineros. El tercero muestra la actitud del Gobierno británico como principal protagonista de la no-intervención al torpedear los intentos del Gobierno de Euzkadi para obtener suministros en una situación apurada. De una manera ejemplar se viene a decir que sólo se cuenta con la solidaridad de los trabajadores y del único país socialista, mientras que los gobiernos sedicentemente democráticos se dedican a yugular al gobierno legítimo y democrático de la República.

Dedicada a la zona rebelde propiamente dicha sólo se incluye una crónica en la que a través de un evadido se nos presenta con un matiz claramente propagan-

---

[12] Vicente Salas Viu: *En el norte Bilbao,* en *Hora de España,* VI, Junio 1937, pp. 51-53. [Reimp. *cit.,* 2, 51-53]. Véase más adelante, 10.7. *Primeras jornadas y otras narraciones de la guerra de España,* de Vicente Salas Viu, donde el autor recoge y reelabora este texto.

[13] Luis Cernuda: *Prosa completa,* Barcelona, Barral Ed. (Bibl. Crítica), 1975, p. 1315. Ed. de Derek Harris y Luis Maristany.

[14] Enrique Montero: *loc. cit.*

[15] Mora: *La apoteósica llegada del «Zyrianin»,* p. 59; J.M.P., *Los trabajadores del mar,* p.165; Cruz Salido: *La altivez de un trabajador vasco ante el Foreign Office,* p. 271.

dístico (evidentemente explicable) la situación de la población civil no sólo en lo referente a la represión, sino a su situación [16]. Hay algunas otras menciones de la zona rebelde, pero inciden preferentemente sobre la moral de las tropas extranjeras o, en su caso, en la de aquellos soldados que, obligados por sus mandos, se ven forzados a combatir y a la primera ocasión se pasan a la República y dan algunas noticias lógicamente exageradas de la situación; por ejemplo, el de Córdoba Iturburu o «Cuatro camaradas del enemigo», de Pablo de la Torriente.

Mucho más compleja es la distribución del resto de las crónicas, ya que se ha procurado recoger los acontecimientos más relevantes de cada momento combinándolos con la distribución geográfica dentro de los límites de la zona que queda bajo el control de la República. El criterio, en principio, sería aceptable; sin embargo, debemos subrayar que se observa una importantísima laguna: Cataluña y el frente de Aragón quedan completamente fuera de la *Crónica,* excepción hecha de «La apoteósica llegada del "Zyrianin"». Para esta ausencia no se da ninguna explicación [17]. La zona que aparece mejor representada es Madrid, lo cual no es una particular expresión de las preferencias de quien realiza la selección, sino la manifestación de que, una vez fracasada la sublevación inicial e iniciada la guerra, Madrid se convierte en el principal objetivo de las Columnas rebeldes hasta la estabilización de los frentes en el invierno del 36-37. Si a Madrid le añadimos las crónicas de las sierras y la batalla de Guadalajara, tendremos el núcleo principal de la *Crónica:* un total de 37 crónicas. Las otras zonas con representación predominante son las siguientes: Andalucía con seis; el Norte con dos dedicadas a Asturias, Santander y cuatro a Vascongadas, una de ellas además en conexión con la situación internacional que denuncia la «no intervención», mantenida pese al escándalo de Guernica; y cinco a Valencia, de ellas tres desde el punto de vista de Valencia como retaguardia del frente clave, Madrid-Centro.

Las restantes nueve no se refieren a una zona determinada, aunque en algún caso, como la de Eduardo de Ontañoso *[sic],* en la que aparece un interesantísimo informe sobre aquel fenómeno de la prensa de los frentes, se refiera fundamentalmente a las unidades del Ejército del Centro que deben ser aquellas de las que dispone de información, pero lo hace extensivo a todo el Ejército Popular y a las unidades de milicias.

---

[16] Manuel Ortega: *Cómo se vive en la España de Hitler,* de Mussolini y de Franco, p. 261.

[17] Se pueden aventurar dos hipótesis explicativas: *a)* La posible crónica de Cataluña queda en manos de los intelectuales catalanes y del Comisariado de Propaganda de la Generalidad que llevó a efecto una importante labor, y para Aragón no se puede olvidar que de momento la guerra en este frente se dirigía fundamentalmente desde Barcelona. La razón pudiera ser evitar duplicidades, interferencias y desconfianzas. *b)* Puesto que las fuerzas dominantes en Cataluña no son las mismas que en el resto de la zona republicana, se las excluye deliberadamente. Esta explicación, tan grata a un anticomunismo visceral, no aclararía la razón por la que sí se incluye el País Vasco, cuyo Gobierno Autónomo tampoco era afín a los comunistas.

Los artículos que abarcan los cuatro primeros meses reparten sus escenarios entre Madrid, los combates de la Sierra, Toledo, Andalucía y Asturias para rematarse con dos artículos sin fecha de Gil-Albert que relatan los días de la sublevación en Valencia y otro de Plá y Beltrán en el que se presenta a Valencia como retaguardia de Madrid sobre la que convergen ya las Columnas rebeldes. Entre ellos se intercalan dos artículos sobre la labor organizativa que se está llevando a cabo.

Los siguientes cuatro meses comprenden 25 crónicas que se centran, salvo cuatro, en Madrid. Pero es absolutamente lógico: es la batalla de Madrid tan decisiva en la guerra: es la versión cronística del «No pasarán». De los cuatro artículos restantes, dos son de carácter ideológico (el de Sender (p. 107), y «La cultura es patrimonio del pueblo» (p. 89), de M.ª Teresa León), uno se refiere a la solidaridad internacional, «Los trabajadores del mar» (p. 165), y solamente el último, «Estampas del frente» (p. 183), de Lino Novás se refiere al frente andaluz.

La última parte se diversifica, lo mismo que la actividad, importancia e impacto de los frentes en la opinión pública: además de Madrid encontraremos la caída de Málaga contrapesada por la victoria de Guadalajara que permiten a su vez mostrar palmariamente el papel e importancia de las tropas fascistas que apoyan a Franco; junto a estos dos hechos vemos muy claramente reflejada la situación crítica que vive el Norte, Vascongadas particularmente. Hay naturalmente su pequeña proporción de *textos* más marcadamente ideológicos (cuatro, uno de ellos del propio Machado, «Meditación del día»).

Como ya habíamos señalado, no todos los artículos recopilados tienen el mismo carácter. Al hilo de la lectura se podrían establecer los siguientes tipos: 1) Crónicas 9; 2) Ejemplos 8; 3) Ideológicos 15; 4) Reflexión 3; 5) Relato 3; 6) Reportajes 25; 7) Artículo de fondo 1; 8) Evocación 1; 9) Informe 1. Hay pues, un claro predominio de la relación periodística (9 + 25) seguida de la propaganda ideológica y moral (15 + 9). El relato propiamente dicho tiene escasa importacia cuantitativa.

Los autores

La nómina de autores es extensa y variada: nada menos que 33 firmas, sólo un artículo sin nombre y otro con unas iniciales. El criterio de selección parece responder a diversos planteamientos. Así hallaremos junto a la firma de Antonio Machado, la de escritores más jóvenes pero ya reconocidos como Cernuda, Gil-Albert, Miguel Hernández o la propia María Teresa León o la fugaz aparición de algún joven periodista que hace sus primeras armas y que luego será un escritor reconocido como Jesús Izcaray o Adolfo Sánchez Vázquez. Por otro lado, no falta la presencia de escritores hispanoamericanos, pues además del cubano Pablo de la Torriente encontraremos a los argentinos M.ª Luisa Carnelli o Córdoba Iturburu. O a Lino Novás Calvo —periodista, novelista y profesor— que, si bien nació en Galicia, se crió y estudió en Cuba participando activamente en la vida cultural de la isla tanto antes de la guerra de España como después, hasta que a raíz de la Revolución Cubana marche a los Estados Unidos donde continuará su labor. También es interesante señalar la relativamente abundante presencia femenina, pues además de las dos ya citadas se recogen artículos de Luisa Carnés, Rosario del Olmo y Matilde de la Torre, y el homenaje de Pasionaria a Lina Odena.

Si bien es cierto que predominan los periodistas y escritores de reconocida militancia comunista, no lo es menos que podemos encontrar otros cuya adscripción es distinta o bien que sólo coyunturalmente —por razón de la capacidad organizativa del Partido Comunista en aquel momento— tenían una cierta proximidad que respondía más bien a la necesidad de aunar esfuerzos en pro de la causa republicana; tal el caso de Sender, o el del periodista socialista Cruz Salido, o el de Gil-Albert o Salas Viu.

Los anarquistas quedan apartados, pero no debemos olvidar que tenían su propio aparato de propaganda que generó sus propios textos, como es el caso de Mauro Bajatierra. También se puede apreciar la ausencia de escritores de «militancia republicana». Pero estas ausencias, con todo y ser importantes, no permiten enjuiciar la selección, ya que por otra parte se puede señalar la ausencia de muy conocidos periodistas y escritores de probada militancia comunista como Clemente Cimorra, uno de los más prolíficos cronistas de aquellos días, José Herrera Petere y César Arconada entre otros. También se puede señalar la ausencia del grupo de intelectuales y escritores valencianos agrupados en torno a la revista de Renau *Nueva Cultura* que, reaparecida durante la guerra, publicó una crítica muy significativa del trabajo de María Teresa León. Por tanto, si exceptuamos el caso de los anarquistas y de los catalanes, creemos poder afirmar que las inclusiones y exclusiones no se deben a criterios estrictamente partidarios, sino al personal criterio de los compiladores.

En síntesis se puede afirmar que nos hallamos ante un libro con clara intención propagandística —propósito declarado— que presenta una primera aproximación global a la contienda. Como tal ofrece unas limitaciones que ya hemos ido señalando en las líneas anteriores, pero se trata más de limitaciones por omisión que por acción, pues no hay ataques ni valoraciones negativas de los omitidos. Lo cual concuerda con el tono general que tiene un carácter preferentemente positivo en cuanto que se presenta la guerra como resultado de una movilización popular en la que el impulso espontáneo del pueblo, que luego se debe canalizar y organizar, se vuelca en la defensa de la legalidad republicana frente al ataque que sufre por parte de unos grupos que pretenden destruirla con la ayuda de elementos extranjeros. Esto último convierte la contienda civil en una «guerra de independencia» al tiempo que simultáneamente se intentan consolidar una serie de logros de carácter social y político en una sociedad en la que ha predominado una oligarquía que impedía el libre desarrollo de todos los grupos que la formaban.

El tono afirmativo también se percibe en las escasas referencias a los sublevados y al territorio bajo su control. No interesa tanto satanizar al enemigo como señalar que el pueblo está con la República y cuál ha sido su comportamiento heroico o cívico según los casos. Esta dialéctica positiva podría quedar ejemplificada, por un lado, en «Polémica con el enemigo» de Pablo de la Torriente donde se insiste en que no se pretende avasallar a nadie, sino defender la independencia y la libertad con la ayuda de los pueblos, frente a la reticencia de los gobiernos extranjeros ante lo que representa un pueblo dueño de su destino. Por otro lado en dos textos de Machado [18]. En «Divagaciones», considera borrada la imagen tópica de España por los milicianos, que junto con el pueblo ya son «señor de sí mismo», como el Cid, que se libró del señor y combatió a los moros... En «Meditación del día» intenta explicarse (y explicarnos) el porqué de la rebelión, de la traición. ¿Por qué han vendido España a la reacción europea? Por dinero, mentecatez y «rencorosa frivolidad» contra un gobierno que iba en el «sentido esencial de la historia». Estas dos líneas argumentales de Machado son los ejes que vertebran la idea rectora de esta *Crónica general* y que explican a su vez el tono positivo que se percibe: afirmación del pueblo que se siente dueño de su destino en el sentido de la historia frente a la actitud reaccionaria y subalterna de los sublevados.

A ello debemos añadir que el conjunto de noticias, estampas, anécdotas que se recogen debieron de causar cierto impacto no sólo entre los lectores en general, sino también entre los intelectuales y escritores, pues de un modo directo o indirecto, y desde luego fragmentariamente, irán asomando por toda la literatura que desde el exilio y la distancia se escriba sobre la guerra.

4.3. *Madrid es nuestro,* de Cimorra, Ontañón, Izcaray y Perla (1937)

Madrid es nuestro es un volumen muy característico y representativo de cierto tipo de publicaciones aparecidas durante la guerra civil [19]. Consiste en una recopilación de crónicas —60 exactamente— aparecidas en la prensa —*Mundo Obrero, El Sol, Frente Rojo, La Voz, Estampa*— al hilo de los acontecimientos de los «dieciséis meses de guerra» (p. 5) como dice M. Navarro Ballesteros, director de *Mundo Obrero,* en la presentación fechada el 7 de diciembre de 1937. Esta presentación no deja lugar a equívocos en cuanto al origen y finalidad del volumen:

---

[18] Recogidos en Antonio Machado: *Obras completas,* Buenos Aires, Losada (Col. Cumbre), 1973, 2.ª ed. Ed. de Aurora de Albornoz y Guillermo de Torre. *Divagaciones* lleva el título de *Los milicianos de 1936,* pp. 726-728. *Meditación del día,* pp. 712-714.

[19] Clemente Cimorra, Jesús Izcaray, Eduardo de Ontañón y Mariano Perla: *Madrid es nuestro (60 crónicas de su defensa),* Madrid-Barcelona, Ed. Nuestro Pueblo; 1938, 190 pp. Viñetas anónimas en cada artículo. «Unas palabras del General Miaja», p. 3. «Cómo se han hecho estas crónicas», p. 5, por M. Navarro Ballesteros, director de *Mundo Obrero.*

se pretende que «tanto el lector español [...], como el lector extranjero, pueden apreciar en sus verdaderos términos el volumen que adquirió nuestra guerra en los días de la defensa de Madrid», incidiendo especialmente en la intervención extranjera y el carácter popular de la defensa. Lo cual apunta a dos objetivos: el primero, de carácter externo, dejar en evidencia la política de «no intervención» de Francia y Gran Bretaña que produjo un aislamiento que contribuyó de manera casi decisiva al estrangulamiento de la República; el segundo, de carácter interno, plantear la defensa de la legalidad republicana como una nueva «guerra de independencia» frente a la presencia no sólo de tropas extranjeras regulares, sino también al uso de tropas mercenarias entre las que destaca la presencia de las unidades marroquíes del ejército colonial. Es, pues, un libro propagandístico, de «agit-prop», en el lenguaje de la época, realizado aprovechando diversos elementos: el hecho de que Madrid se hubiera convertido ya en un símbolo de la resistencia de la República ante la agresión interior y exterior; la existencia de unas crónicas y el precedente de publicaciones con una estructura semejante que les pueda servir de patrón, concretamente la *Crónica general de la Guerra de España* que, compilada por María Teresa León, había aparecido en la primavera del mismo año. Precisamente la existencia de esta *Crónica,* así como de otros volúmenes de recopilatorios, permite establecer algunos rasgos que caracterizan este volumen: el tema, la óptica, los autores, la procedencia.

Frente a la *Crónica general* o *España en las trincheras,* el título nos sitúa ante un tema único: Madrid, cuya segunda parte tiene una doble perspectiva. A pesar de los denodados intentos de los sublevados por tomar la capital de la República —«de la gloria»—, ésta ha resistido. Ha pasado el primer año de guerra y la batalla de Madrid propiamente dicha ha terminado, puesto que Franco ha desistido del objetivo de tomar Madrid y está involucrado en otras campañas que iban reduciendo el territorio de la República —especialmente la campaña del Norte ya concluida—, mientras que el resto de los frentes permanecía relativamente estable.

El momento épico-legendario de la defensa de Madrid —noviembre de 1936, batallas del Jarama y de Guadalajara e incluso Brunete— ha pasado, el cerco no se cerró aunque se seguía estando en la línea del frente. ¿Por qué se insiste sobre la defensa de Madrid cuando ya no era un objetivo militar prioritario? Puede haber distintas motivaciones que quedan sugeridas en la presentación: Madrid ya no es noticia de primera página, pero sigue siendo un símbolo de la resistencia republicana; avivar la moral de los habitantes y defensores de Madrid ante la monotonía del frente estable; recordar al resto de la España republicana que Madrid aún resiste y sirve de ejemplo de esa resistencia popular que ha cuajado al convertirse las milicias espontáneas y desorganizadas en Ejército Popular.

Pero ese «es nuestro» del título no apunta exclusivamente al control militar de la ciudad, sino a algo más íntimo: toda la primera parte nos presenta una ciudad cambiada, distinta. La ciudad ya no es una mera capital administrativa, sino que sus habitantes se sienten identificados con la causa republicana de tal modo que sus actitudes y modos de vida se verán desde una óptica nueva. Frente a la España de charanga y pandereta, de sainete, se subraya la nueva dignidad del «pueblo» que por fin se siente dueño de su ciudad y aguanta con firmeza las penurias de los ataques y del asedio. Se pretende presentar a la ciudad en su vida cotidiana y en sus reacciones ciudadanas tras haber sido atacada. Esta simbiosis entre la defensa popular y la nueva moral ciudadana que se ha desarrollado son las motivaciones que sugiere la lectura del volumen.

La óptica también queda clara: es un libro planteado desde la perspectiva del Partido Comunista. No encontraremos en él ataques a las diversas formaciones que luchaban en el bando republicano, sino que se limitará simplemente a recoger los aspectos favorables, anécdotas, hechos o actitudes de carácter ciudadano o militar sin indicar la adscripción de los personajes. En algunos momentos se añadirá alguna coletilla señalando la composición heterogénea de la sociedad y del ejército para subrayar la unanimidad de la resistencia y su carácter generalizado, pero siempre procurará el recopilador que quede en primer plano la organización que publica el volumen. Todo ello resulta obvio si nos atenemos a las publicaciones periódicas de procedencia. Procedencia mucho más limitada que la que planteaba la *Crónica* de María Teresa León, más en la línea de la Alianza de Intelectuales Antifascistas y de los planteamientos del Frente Popular.

Esta misma diferencia de planteamiento es apreciable en el restringido número de autores frente a la extensa y variada nómina —33— que presenta la *Crónica general:* cuatro periodistas se reparten nada menos que sesenta crónicas. De éstos, sólo dos, Izcaray [20] y Ontañón [21], se hallan representados en la *Crónica* y con un solo artículo. Los otros dos, Perla [22] y Cimorra, ni se mencionan siendo así que Cimorra [23] publicó durante la guerra dos volúmenes propios de crónicas: *España en las trincheras* y *Héroes del Pirineo.* Y aquí nos hallamos ante otro límite: tampoco es la visión personal de un periodista cuyas crónicas y andanzas se recogen con un sentido de globalidad del testigo individual como ocurre no sólo en los libros de Cimorra citados, sino en *La guerra en las trincheras de Madrid* del anarquista Mauro Bajatierra o en *Madrid, Carranza 20* del socialista Julián Zugazagoitia.

El libro, en consonancia con la intención declarada, se divide en dos partes: I, «La ciudad», y II, «Las trincheras». En «La ciudad» se reúnen 25 crónicas que intentan dar una idea de los comportamientos y moral de los ciudadanos no combatientes ni tan siquiera militantes o dirigentes, sino de la gente de la calle y de su nueva actitud. En «Las trincheras» hallamos 35 crónicas sobre la vida de los combatientes o ejemplos de heroísmo individual más que el relato de los grandes

[20] Jesús Izcaray, cf. Apéndice.

[21] Eduardo de Ontañón, cf. Apéndice.

[22] Mariano Perla, cf. Apéndice.

[23] Clemente [Gutiérrez] Cimorra, cf. Apéndice.

hechos de armas. Las crónicas de Cimorra e Izcaray componen casi los dos tercios del libro y, preferentemente, tratan de la vida en las trincheras; y las pocas que tratan de la «ciudad» están preferentemente dedicadas a los efectos de combates y bombardeos. Por contra, las de Mariano Perla tienen un carácter más doctrinal y las de Ontañón alcanzan en algunos casos la calidad de escenas líricas de acuerdo con la trayectoria de su autor.

En la sección dedicada a la ciudad encontraremos reiteradas alusiones a los bombardeos y sus víctimas, el paisaje urbano transformado por las bombas —especialmente en el barrio de Argüelles, al que se alude varias veces—, o los bombardeos que sufren los barrios populares como Tetuán de las Victorias. Las víctimas principales de los bombardeos serán las mujeres, los niños y los ancianos. No podía faltar la alusión cultural —el esfuerzo de guerra en este sentido fue extraordinario— centrada en «La casa de Galdós bajo las bombas» de Cimorra y «El portero bibliotecario» de Ontañón acerca del salvamento de los fondos bibliográficos de la Biblioteca de la Facultad de Filosofía y Letras en los combates de la Ciudad Universitaria. Es de gran interés la insistencia en los cambios que, según los autores, se observan en la sociedad madrileña: la conducta antes de la guerra y las correspondientes relaciones sociales; la sociedad durante los meses de sitio; y, sobre todo, la proyección hacia el futuro en el que la sociedad presentará un nuevo aspecto en el que todos los hombres habrán recuperado su dignidad. También cabe señalar como otra línea temática recurrente la indignación que causan los bombardeos frente al pretendido efecto desmoralizador con que se realizaban. La ciudad como línea de frente no impide que a un kilómetro y medio del parapeto se haga una vida «normal»: la gente va al cine «Cines de Guerra» o toma el tranvía de siempre «Disco 49». El pueblo se identifica con sus defensores que responden a los ataques y se siente entusiasmado al no verse desamparado ante los bombardeos de la artillería y sobre todo de la aviación («Las azoteas a las siete de la tarde»).

La parte dedicada a las trincheras es muy curiosa por la heterogeneidad y el *desorden* cronológico en que se sitúan las diversas crónicas que lo mismo se refieren a los primeros momentos de la resistencia «Fortificadores de Madrid», o los momentos y puntos álgidos de la batalla de Madrid (Usera, Puerta de Hierro, Puente de los Franceses, Casa de Campo, etc.) —rememorados posteriormente en muchas de las novelas que desde el exilio abordarán la guerra civil—, que a las batallas clave de Jarama o Guadalajara («Los italianos que soñaban conquistar Madrid») o la aparición de los primeros tanques en Seseña en octubre del 36 («Nuestros tanques»). Lo que sí parece es que intentan darnos una panorámica desde los siguientes criterios: los momentos cruciales de la defensa de Madrid y la posterior contraofensiva y ensanchamiento del cerco; los diversos sectores del frente; las diferentes unidades que tomaron parte en la defensa desde los iniciales batallones de voluntarios hasta la aparición de los nuevos pilotos formados durante la guerra que no participarán en acciones hasta muy avanzado 1937, pasando, naturalmente, por la incorporación de las Brigadas Internacionales («Rot Front!»). Por otra parte, suelen darse unas constantes: descripción del sector, consideración general, los jefes de extracción popular, los ejemplos más o menos anónimos que presentan la resistencia como el heroísmo colectivo formado por la suma de heroísmos individuales de gentes salidas del pueblo. No falta tampoco la alusión a las tropas extranjeras que combaten con los sublevados: «Sector de Arganda. Mientras se bate a los invasores». Ni la anécdota simpática de las unidades formadas por voluntarios reunidos en razón no sólo de su afiliación a un gremio o sindicato, sino por otras afinidades: «Más historia del Batallón Deportivo. Los boxeadores, el "boy", el colaborador de "Juventud" y los camilleros».

En síntesis, podemos decir que el carácter didáctico-propagandístico del libro y la repetición de motivos y actitudes lo hacen hoy, a más de cincuenta años vista, monótono y reiterativo. No obstante, desconocemos la acogida y difusión que pudo tener en su momento al carecer de la motivación inmediata de quienes estaban inmersos en el dramatismo de la tragedia [24]. Es interesante pese a todo por poderse rastrear una serie de motivos, tópicos y líneas fuerza de la ideología y base propagandística de las fuerzas antifascistas. Estas alusiones contribuyen a iluminar preferencias y modelos literarios, lo mismo que algunos aspectos de la narrativa del exilio sobre la guerra civil, pues se trata de hechos, acciones o planteamientos que por su trascendencia en la literatura posterior, podemos calificar de elementos legendarios, en el buen sentido de la palabra.

4.4. *La guerra en las trincheras de Madrid. Crónicas del Frente de Madrid*, de Mauro Bajatierra (1937) [25]

Estos escritos [26] de Mauro Bajatierra llevan el subtítulo de «Crónicas de la lucha, publicadas en el diario CNT de Madrid», lo cual aclara suficientemente la trayectoria previa de los escritos de este periodista anarquista. Algunas de ellas también aparecieron en el diario valenciano *Fragua Social.*

Este volumen consta de 58 crónicas sin numerar, divididas en dos partes. La primera contiene 41 crónicas, estando la última fechada el 6 de marzo de 1937, y la primera el 8 de noviembre de 1936, cuando tenía lugar uno de los momentos

[24] Un ejemplo de cómo pudo interpretarse la aparición de este texto en las líneas que le dedica Benjamín Jarnés: *Miguel de Unamuno. Antonio Machado y las masas. García Lorca. De Buffon y el estilo. Madrid,* Zaragoza, Inst. Fernando el Católico (Cuadernos Jarnesianos, 7), 1988, pp. 51-54.

[25] Cf. nota biográfica de Mauro Bajatierra.

[26] Las citas de nuestro comentario se basan en la obra de Mauro Bajatierra (1937): *La guerra en las trincheras de Madrid. Crónicas del Frente de Madrid.* S.l. Oficinas de Propaganda y Prensa del Comité, Nacional de CNT, 222 pp.

clave de la guerra. Temáticamente, todas ellas se refieren a la defensa de Madrid en sus distintos frentes.

La segunda parte tiene a la derrota italiana en Guadalajara como núcleo temático de sus 17 crónicas, estando la última fechada el 3 de abril de 1937. Además, esta publicación incluye un dibujo —un busto del general José Miaja— y once fotografías de los héroes de la resistencia antifascista en Madrid: Cipriano Mera, B. Durruti, Eduardo Val, camarada Gago, Feliciano Benito, comandante Miguel Palacios, Carlos Sanz —comisario de la 5.ª División—, Eusebio Sanz, comandante Perea, teniente coronel Arderius y comandante Román. Incluye además dos mapas militares: uno de Madrid, mostrando el avance de los sublevados y el retroceso posterior a que se vieron obligados; y otro sobre el avance italiano en la batalla de Guadalajara y el retroceso que se vieron obligados a realizar en marzo de 1937.

Los actores principales de estas crónicas eran las Milicias Populares, organizadas luego como Ejército Popular; y más específicamente aún los combatientes anarquistas, de cuyo ideal Mauro Bajatierra era claro defensor.

Estas crónicas se refieren casi totalmente a la acción en el frente, en la línea de fuego. Pocas de ellas se refieren a la población civil o a la retaguardia. En varias más se afirma que se combatía por la independencia nacional [27], ante tanto invasor que aparecía enrolado en el ejército sublevado. Asimismo diversas evidencias muestran una postura claramente antimonárquica de los combatientes; entre ellas las referencias a los «malditos» —la Guardia Civil—, otro puntal defensor de la monarquía y, en 1936, mayoritariamente alineados con los sublevados. Las creencias católicas tampoco son de la preferencia del autor, que recuerda que la monarquía hizo construir la efigie del Cerro de los Ángeles [28], con la leyenda «Yo reino en España».

Espacio físico referido por estas crónicas de guerra

En la primera parte, desde la 1.ª crónica (8-IX-1936) hasta la n.º 41 (6-III-1937), aparecen referencias a 24 espacios geográficos distintos; todos ellos de los alrededores de Madrid. Con más detalle, a Madrid se refieren las siguientes: 2, 3, 4, 9, 14, 17, 28 y 30; a Orcasitas, la 21; al sector Sur: Carabanchel Bajo y Villaverde, las 6, 13, 32 y 34; al Cerro de los Ángeles, la 7; al Puente de los Franceses, la 8 y la 30; a la Casa de Velázquez, la 10; a la Ciudad Universitaria, las 14, 17, 22, 25 27 37 y 38; al Hospital Clínico, las 12, 25 y 37; a Usera, Húmera y Casa de Campo, las 18, 21, 32 y 39; a la Casa de Campo, las 5, 9, 11 y 15; a la carretera de Castilla —Casa de

[27] Lo mismo que decía Antonio Ruiz Vilaplana (s.a. ¿1937?-2.ª): *Doy fe... [Un año de actuación en la España Nacionalista]*. París, Imprimérie Coopérative Étoile, cap. 20; y en *Nuestra Cultura: op. cit.*, p. 247.

[28] Derruida durante la guerra civil. Cfr. Mauro Bajatierra: *op. cit.*, pp. 34-35.

Campo—, la 16; al sector Este de la línea de fuego, la 13; al sector norte: Majadahonda, la 19; a las Rozas, la 27; al Plantío, la 19; a Pozuelo, la 25; a Villanueva del Pardillo, la 24; al Sector X (en clave militar), la 20; a Boadilla del Monte, la 23; al Parque del Oeste, las 25, 26, 30 y 33; al Monte del Pardo, la 28; a las trincheras, las 29 y 31 (entre otras); a la Cuesta de las Perdices —Casa de Campo, El Pardo, carretera de La Coruña—, las 34, 35 y 36; al Cerro del Pingarrón [Morata del Tajuña —Jarama—], las 40 y 41.

En la segunda parte, aunque temáticamente de la 1.ª crónica (11-III-1937) a la 17.ª (3-IV-1937) se refieran a la batalla de Guadalajara, podemos precisar más las once referencias geográficas distintas que se hacen: a Cifuentes, Algora, Mirabueno, Abanedes, Brihuega, Cerro del Pingarrón y Sierra de Canredondo se refieren las 1, 2 y 8; a Trijueque, las 3, 4 y 6; a la carretera de Aragón, las 4, 6, 7 y 9; a los Montes de Gajanejos, la 5; a Cogollor, Navalpotro, Masegoso de Tajuña, Yela, Ledanca, Almadrones, Mandayona, Castejón de Henares, Bujalaroz; Jadraque, Cerro de San Cristóbal, Baides, La Cabrera, Pelegrina, Aragosa, Sigüenza, Torremocha, Alcolea del Pinar, Cerro Mirón, Cerro del Monte Alto y a La Torresaviñán, la 9; a Ibarra, Cañada del Caballo, Cañada Real de Merinas, Casas de Arriba y Cogollor, las 10 y 11; a Hontanares, la 11; a Yela, la 12; a Alaminos y Almadrones, la 14; a Ledanca, las 15 y 16; a la batalla de Guadalajara, la 17.

Grupos organizados de combatientes sublevados, mencionados en estas crónicas

Mauro Bajatierra hacía referencia en sus escritos a ambos bandos combatientes —tanto a grupos como a personas concretas—. Predominan las crónicas que describían lo que sucedía en el campo antifascista.

Globalmente, aparecen referencias al modo de operar de diferentes organizaciones antifascistas: preparando el terreno de la infantería con cañoneo intensivo, avanzando detrás de los tanques, etc. El autor los considera traidores —«canalla militar»—, asesinos de mujeres y niños, destructores de hospitales, cobardes y salvajes —idea que se repite frecuentemente— por sus bombardeos de la población civil [2 / 16] [29], que también dejaban sordos a los combatientes [3 / 19]. La aviación fascista era conocida como «los negros», con todas las connotaciones que implica; y en ocasiones, tenía una conducta cobarde, atacando Madrid de noche.

Los sublevados son presentados como muy destructores: de las casas de los barrios obreros de Madrid —que estallaban como si fueran de papel—, y de los árboles del Parque del Oeste (p. 134). Se afirmaba también que estos combatientes carecían de toda ética, sensibilidad o conciencia política (p. 41). Parecía que emu-

[29] [2 / 16] significa Crónica 2, página 16.

lasen a las fieras carniceras y que estuviesen criados para la guerra [30]. En su frustración por no poder capturar Madrid, cañoneaban y disparaban constantemente, sin ningún orden. Utilizaban balas explosivas y «dum-dum» que causaban muchas bajas y terribles heridas en los combatientes: «... no tienen respeto por ninguna ley de guerra [...] ni a hospitales, ciudades abiertas, ni a casas habitadas, causando así víctimas inocentes» [7 / 34]. También habían llegado a ametrallar a la población civil desde aviones [9 / 41].

Mauro Bajatierra destacaba que tal depravación y salvajismo en el asedio de Madrid no se había superado en Abisinia; y creía que cometían todas estas barbaridades porque «es el estómago lo único que quieren conservar. Así lo hicieron siempre» (p. 24). Sin embargo, los republicanos entendían que muchos de estos combatientes estaban engañados y, presos del militarismo, estaban obligados a luchar a la fuerza, por lo que «... morían como caballos en la plaza de toros».

A medida que pasaba el tiempo, la situación se volvía más difícil para el ejército sublevado. Los ataques de enero de 1937 sólo les hacían perder hombres. También perdían material de guerra que se utilizaba contra ellos. Los prisioneros solían coincidir en afirmar que si no lograban alcanzar los objetivos propuestos, estaban amenazados de ser fusilados por los jefes.

A medida que avanzan las crónicas hay más referencias a intentos de combatientes de pasarse al ejército republicano [31]. Fuerzas vascas que defendían Madrid le comunicaron a Bajatierra que, a finales de febrero de 1937, una compañía entera de «fascistas» se había pasado a la zona republicana (p. 139).

Dentro de los sublevados aparecían una serie de grupos perfectamente individualizados. Según M. Bajatierra, a veces, los «malditos» —Guardia Civil— atacaban porque los amenazaban detrás las pistolas fascistas. De los «malditos» dice que eran mercenarios y verdugos serviles del capitalismo. Algunos de los 120 guardias civiles capturados por las fuerzas del coronel Mangada y del teniente Galán fueron reconocidos como verdugos de los trabajadores en Asturias y Andalucía (p. 26). El 25/26 de noviembre cayeron más de 200 «malditos» y «zancudos» —norteafricanos— en la Ciudad Universitaria, cuando intentaban liberar a quintacolumnistas de la cárcel. La Guardia Civil también tomó parte en la batalla de Guadalajara.

Otro colectivo del que habla Bajatierra eran «los generales traidores» que querían, vendiendo a España, pagar al fascismo extranjero que los ayudaba. Eran tratados con gran desprecio por los republicanos al decir: «... defendemos a España de las pezuñas de los generales que la traicionan y de las garras de las aves de presa

[30] Mauro Bajatierra: *op. cit.*, p. 39. A mediados de noviembre de 1936, Federica Montseny denunció en «Unión Radio» que los sublevados habían devuelto a trincheras republicanas el cadáver descuartizado de un aviador leal que capturaron [Cfr. 9 / 42].

[31] A finales de febrero de 1937, 13 jóvenes lo intentaron en la zona del Hospital Clínico: 4 lo consiguieron; 5 fueron atrapados y muertos por los sublevados, y 5 lo consiguieron después con mucho riesgo de los republicanos [Cfr. Crón. 38, 137].

de las naciones extranjeras...» [7 / 33]. Bajatierra opinaba que estos generales se habían equivocado al lanzar como carroña despreciable a miles de moros y legionarios a pasar el puente de los Franceses, donde se produjo una gran carnicería por la brava defensa que hicieron los anarquistas y la Brigada Internacional. Para los antifascistas, el objetivo de la utilización de soldados mercenarios en la lucha parecía ser «... convertir el mundo en un pudridero de hombres ahogados por el detritus de generales traidores al ejército, a su patria y al pueblo» [10 / 48]. Estos generales temían mucho la fuga de sus soldados tras pequeñas confraternizaciones en las treguas para enterrar a los muertos de las trincheras [32].

La Quinta Columna también aparece tratada en estas crónicas, pues tiroteaba a los milicianos, intentando entorpecer la resistencia en los momentos clave de ataque de los sublevados sobre Madrid. Muchos fueron capturados y ejecutados [2 / 17]. Otros «quintacolumnistas» estaban encarcelados por sus actos; y, al decir de los antifascistas, no merecían la consideración que se tenía con ellos [14 / 61].

Los «zancudos» —moros combatientes, así llamados porque corrían dando zancadas de dos metros—, junto con los legionarios, mostraron gran fiereza en el asalto a Madrid. Varios de ellos, muertos el 1.º de noviembre de 1936, debieron ser forzados por sus jefes a luchar: ninguno tenía más de treinta años, y había de dieciocho y menos [11 / 50].

En el transcurso de la lucha, la Ciudad Universitaria llegó a convertirse en un cementerio de «zancudos»; pues, frecuentemente, los milicianos los cazaban en los árboles, donde se subían para disparar balas explosivas. Era una caza nueva en Madrid [8 / 38].

A los legionarios les llamaban «terciarios» y «bandidos del Tercio», traídos a la fuerza por los traidores, y que hicieron derramar mucha sangre [16 / 69].

La fama de los «moros rubios del África del Rhin» —alemanes— como estrategas fracasó en el ataque a Madrid, frente a milicias sin instrucción militar. Los que vinieron eran tropas de confianza de Hitler que ya habían participado en la represión contra los judíos [17 / 72]. Algunos de esos batallones eran conocidos como «Batallones de Hierro», iban muy bien pertrechados de armamento y tenían una conducta automatizada, hasta para morir. Unos trescientos resultaron muertos o heridos en la Ciudad Universitaria [33].

A medida que las crónicas se acercan a diciembre de 1936, cada vez se habla más en ellas de los «moros rubios». Esto quiere decir que cada vez los alemanes llevaban mayor peso en el ataque a Madrid. Otros muchos combatientes germanos murieron en el Cerro del Pingarrón, ante el extraordinario valor de los combatientes anarquistas, que no retrocedieron. Fue curioso descubrir —y no se supo por qué— que entre los combatientes alemanes muertos había mujeres (p. 151).

[32] Varios de estos casos tuvieron lugar a mediados de febrero de 1937.

[33] El 6 de diciembre de 1936.

De los despectivamente llamados «macarroni» —italianos— se dice que eran «aventureros» e invasores. En la segunda mitad de diciembre de 1936 se comenzó a ver a la infanteria fascista italiana en el frente de Madrid: camisa negra, pantalón gris, bota alta y puñal al cinto [23 / 90]. Diez mil de ellos empezaron el ataque de Guadalajara. En su desbandada, Bajatierra dice que parecían «una bandada de "aves frías" volando a ras del suelo» (p. 165) y que cayeron como moscas. No respetaban las leyes de guerra, pues fusilaban a los republicanos que capturaban. Así pasó con 25 combatientes de la Columna anarquista «Espartacus» en Trijueque [34]. Este hecho fue detonante de la furia republicana en la batalla. Muchos de estos «camisas negras» acabaron pasándose al bando republicano [35]. Otros muchos fueron hechos prisioneros y se supo que muchos de ellos no eran fascistas, sino soldados del ejército regular italiano. Los que murieron fueron enterrados, poniéndoles sobre sus tumbas un pequeño obelisco de piedra al estilo serrano.

Entre los sublevados también había voluntarios «merdeiras» —portugueses—. Algunos fueron hechos prisioneros a comienzos de diciembre de 1936 [19 / 78]. En Guadalajara hubo, además, «aceitunas rellenas» —requetés; así llamados por su boina roja y uniforme verde—. Llevaban medallas y trocitos de tela encarnada en forma de corazón, como amuletos para protegerse de las balas republicanas, con la leyenda «¡detente, bala!». Bajatierra dice que no sabían combatir con coraje; sólo sabían recibirlo. Por último, también se menciona a los «señoritos falangistas», muchos de los cuales murieron el 4 de noviembre de 1936 en su «debut» en el frente de Madrid.

Los combatientes antifascistas

Los combatientes antifascitas aparecen presentados de tres maneras: considerados en su conjunto, como componentes de grupos o Columnas combatientes y, en algunos casos, individualizados, para destacar su heroísmo.

Los sublevados los denominaban «incontrolados», entre otras maneras (p. 133). Su composición era variada, según describe Bajatierra: «Nuestros compañeros de todas las milicias, de todas las ideas, de todas las edades, en su mayoría mayores de treinta años, animosos, acompañan cada disparo con un insulto contra el enemigo» (p. 13), pero todos estaban «dispuestos a ser aplastados por los carros... enemigos, antes de dejarlos pasar» (p. 18).

Con acciones individuales, temerarias, lograron detener repetidos avances de

---

[34] Allí también fusilaron a 80 anarquistas del Batallón de «Voluntarios de UGT-CNT» que dormían en una iglesia (marzo 1937). Cf. M. Bajatierra: *op. cit.*, p. 179.

[35] Mauro Bajatierra: *op. cit.*, pp. 166, 173 y 178. Más aún se hubieran pasado si sus jefes no les hubieran metido el miedo de que los republicanos les fusilarían.

tropas y tanques sobre Madrid. Para esta defensa tenían armamento italiano de dos barcos enemigos capturados, pero era malo e ineficaz.

En el barrio de Usera establecieron el primer frente que tuvo Madrid. A finales de febrero de 1937 lo habían convertido en una ciudad de galerías subterráneas desde las que asestaban golpes por sorpresa al enemigo (p. 140).

La solidaridad entre estos combatientes antifascistas era muy grande, y su confianza tanta que ya no temían a los bombardeos. A veces no obedecían las consignas de contención y, en arranques incontenibles, conquistaban posiciones privilegiadas del enemigo [36]. Bajatierra decía que eran los herederos de las guerras de resistencia del pasado contra el invasor y por la libertad. Aquellos combatientes deseaban levantar pronto una estatua al combatiente desconocido en el Cerro de los Angeles —pero nunca se hizo.

A partir del 15 de noviembre ya no se oía el «No pasarán», sino la consigna «Siempre adelante». Desde mediados de noviembre causaron muchas bajas a los atacantes; y a partir del 19, todo Madrid estaba convencido de que el fascismo no lograría entrar. Los milicianos tenían a gran honor poder derrotar a aquel ejército atacante; así, Madrid iba a ganarse el título de «Heroína del Mundo».

Entre las armas y estrategias de combate, éstas fueron algunas de las utilizadas por los defensores antifascistas. Para evitar derramar tanta sangre en el puente de los Franceses, lo volaron, cerrando una vía de acceso a Madrid. A veces, las armas que utilizaban eran de lo más primario, como hondas de pastor para tirar las granadas más lejos [37], el «telégrafo de cuerda» para lanzar «telegramas» —piedras—, el «telégrafo de honda», en cuyo manejo había grandes expertos. Con él se enviaba a las trincheras enemigas periódicos republicanos [38]. En alguna trinchera incluso se llegó al intercambio de periódicos por medio de un perro.

Las milicias luchaban por un ideal de libertad. Así, cuando uno caía, «no cae un autómata, no cae un vendido, sino un verdadero luchador revolucionario, que pelea con la fe de un convencido» (p. 127). En Guadalajara, los combatientes ya estaban bien preparados y llegaron a esperar a que el enemigo estuviera a 30 metros para disparar. El 12-13 de marzo de 1937 ocasionaron 1.500 bajas a los italianos, hicieron unos 500 prisioneros y se apoderaron del material de guerra de cuatro divisiones [39]. En Pozoblanco y Villanueva del Duque —Córdoba—, en otra acción similar capturaron mucho material. La clave de estas victorias fue la orga-

[36] El 7-8 de noviembre de 1936, los anarquistas hicieron retroceder al enemigo casi 4 kilómetros en dirección a Orcasitas.

[37] En sus cuentos, Arturo Barea describía un arma «nueva» usada en la resistencia de Madrid: un tirachinas gigante.

[38] Mauro Bajatierra: *op. cit.* Crón. 22. La guerra también tenía un frente propagandístico que no había que descuidar.

[39] *Ídem*, p. 188. Dicho material no era mejor que el que poseían los republicanos.

nización militar. En pro de la victoria, los anarquistas aceptaron una disciplina que moralmente no toleraban (p. 203).

Grupos organizados de combatientes antifascistas

En el conjunto de las crónicas, aparecen múltiples referencias a diferentes unidades combatientes. En la trinchera de los marinos, en el frente de Madrid, un centenar de marinos montañeses tuvieron una conducta heroica. Luchaban con sus gorros puestos y eran fácilmente distinguibles. Esta unidad fue duramente bombardeada durante varios días, pero detuvieron los ataques de tanques enemigos. Entre ellos destacó, hasta su temprana muerte en combate, el marino Coll [Crón. 2].

Los guardias de asalto mostraron gran heroísmo en la defensa de Madrid. En una casa de las afueras tuvieron atrapados seis días a un grupo de fascistas (p. 22). Un Batallón de Carabineros tuvo valerosa participación en Guadalajara, tomando Brihuega. Con esta conducta perdieron la antipatía que antes los había caracterizado (p. 184). La quinta brigada mixta de Carabineros también mostró mucha valentía en combate.

La aviación republicana [40], con unas aviones de aspecto frágil, realizó proezas [4 / 24, 29; y 177]. El 12 de noviembre del 36 desbarató un gran ataque enemigo sobre Carabanchel, causando centenares de bajas. Su papel tampoco fue pequeño en Guadalajara, pues participaron ciento diez aviones. Los «chatos» evolucionaban a baja altura y causaron muchas bajas a los italianos.

Los tanques republicanos tuvieron asimismo una gran importancia en los combates. Ante ellos, los tanque «pulga» italianos huían rápidamente [41]. En Guadalajara derrocharon valor y tuvieron precisión en sus acciones.

Los enlaces de guerra es otro colectivo que aparece en las crónicas. Eran jóvenes que realizaron una labor anónima pero heroica. Algunos se perdían en sus misiones o se vieron metidos en terribles líos [24 / 93].

Las fuerzas del coronel Mangada y del teniente Galán defendían Madrid por la Casa de Velázquez, y capturaron 210 guardias civiles el 11 de noviembre de 1936 (p. 26) y [10 / 48]. El Batallón A se enfrentó heroicamente a los «boches» —alemanes— en Las Rozas. A mediados de enero del 37 se defendió valientemente para no quedar cercado. También sufrieron un curioso intento de engaño cuando toda una compañía enemiga les dijo que quería pasarse a zona republicana; pero descubrieron la treta a tiempo [27 / 101-102].

[40] Durante la guerra era denominada «la ausente», pues cuando hacía falta, nunca llegaba.

[41] M. Bajatierra: *op. cit.,* II parte, Crón. 3, p. 164. En la Crón. 17 (2.ª parte) se describe la incomodidad del interior y las «chichoneras» que utilizaban sus tripulantes para protegerse.

A los combatientes de la Columna Internacional —luego Brigadas Internacionales— los sublevados les llamaban los «rusos». Estaba formada por elementos de muchos países: franceses, suizos, españoles residentes en Francia y en Hispanoamérica, hispanoamericanos, ingleses, rumanos, italianos, árabes y, principalmente, alemanes. Algunos tenían experiencia de la Primera Guerra Mundial [3 / 19]. Muchos de ellos, perseguidos y arruinadas sus carreras profesionales, habían huido de sus países. De ellos decía Bajatierra que ya habían protagonizado grandes gestas contra el fascismo internacional y que,

> valientes entre los valientes, todos, constarán en la Historia de España como liberadores del pueblo; que dieron su sangre generosa por hacer de una España pobre y depauperada por la sangría constante de una monarquía criminal, una España Grande, elevada y libre, como espejo para pueblos que no supieron luchar por su libertad (pp. 19-20).

En el puente de los Franceses mostraron un valor temerario, deteniendo el avance de moros y legionarios. También destacaron en la toma de la Escuela de Ingenieros Agrónomos en la Ciudad Universitaria, o en Miralbueno [37 / 133, y 159].

Los artilleros fueron otro colectivo que mostró gran heroicidad en el frente de Madrid. Su conducta era «temeridad que pasa ya de valor»[42]. Tenían gran habilidad con los cañones al descubierto y en la preparación artillera de ataques propios. Fueron señalados por la prensa extranjera como ejemplo de eficacia [19 / 77].

Los «destripacerros» —Batallón de fortificaciones— lo componían gente sin uniformar y construían fortificaciones; no combatían, pero al preparar las trincheras tuvieron bajas. Entre ellos hubo conductas heroicas, como aquel que llevó campo a través durante horas a un herido, cuando él mismo también estaba herido [28 / 105].

El tren blindado de ferroviarios —«los tiznados», en el argot— era un artilugio de combate que resultó ser el terror de los «zancudos» y «terciarios» [16 / 66; y 35 / 128]. Sus componentes fueron muy valerosos ante ataques de la aviación de los sublevados. El maquinista mostró gran habilidad.

Otro Batallón combatiente, el «Pérez Carballo», estaba compuesto por estudiantes de la FUE, exponente de una juventud que en pocos meses evolucionó hacia un compromiso social [21 / 83].

Pero, dada la filiación ideológica de M. Bajatierra, las referencias más frecuentes son, sin duda, para las unidades anarquistas. En ellas también se hacían

---

[42] *Ídem*, Crón. 6, p. 30, y Crón.13, p. 58. El 22 de noviembre de 1936, en medio de lluvia mostraron su heroísmo; el 6 de diciembre de 1936 arrasaron a los alemanes de nuevo. En Guadalajara cañonearon a los italianos con proyectiles que les habían capturado.

derroches de heroísmo: eran «despreciadores de la vida hasta la exageración» [37 / 131]; y, en nombre de la libertad, mataban y morían ellos mismos. Ellos «... supieron en toda España jugarse el pellejo sin mirar si a su lado combatía un marxista, un comunista, uno del POUM, de la PUA, del PC, etc. Sólo miraba en él a un trabajador y a un antifascista» [6 / 31]. En Aragón participaron en el esfuerzo de guerra y económico, dando una nueva alma a los pueblos, por medio de las colectivizaciones [6 / 31, y 9 / 43].

Por su parte, la «Columna del Rosal» tuvo un heroico comportamiento en el frente de Madrid. El 11 de noviembre del 36 hizo retroceder cuatro kilómetros a moros y legionarios, causándoles 200 bajas y capturando material de guerra. Cipriano Mera estaba al frente [p. 27, y 8 / 37]. En estos combates destacó la tripulación de un tanque (n.º 6). El 16 de noviembre peleó bravamente en la Casa de Campo, a pesar de las bajas de días antes; el 19 de noviembre detuvieron el avance de 300 moros, causándoles 52 muertos y muchos heridos, y 6 fueron capturados, además de abundante material nuevo.

La Columna «España Libre» luchó con valentía en Carabanchel, donde murió su comandante, Ramos. Defendían el puente de los Franceses —un sector de combate de alto riesgo—. Allí se jugaban la vida para detener el avance enemigo [8 / 37].

A comienzos de 1937 los milicianos anarquistas se integraron en unidades militares regulares, creando una División —la 14.ª— en el Ejército Popular, pero los mandos seguían tratando a los soldados como camaradas.

Los héroes de la 70.ª Brigada —anarquistas— escribieron una gesta extraordinaria en la defensa del cerro del Pingarrón, en el Jarama. Los alemanes, más numerosos, atacaron con gran violencia, pero fueron derrotados [43], produciéndose una terrible carnicería que días después infestaba el aire con un olor insoportable. La 70.ª estaba integrada en la 14.ª División, mandada por Cipriano Mera. En Guadalajara participaron brillantemente en la toma de Brihuega e hicieron correr 26 kilómetros a los italianos.

La Columna «Durruti» de la CNT-FAI, llegó a defender Madrid aquellos peligrosos días de noviembre de 1936 [7 / 35]. Ya en unidades regulares, el 10 de diciembre de 1936, la 1.ª Cía. del 5.º Batallón —antigua Columna «Durruti»— tuvo 50 bajas y causó más de 300 a los atacantes. También protagonizó otros hechos relevantes ayudados por un tren blindado. Esta unidad tenía una aceptable biblioteca.

El Batallón de Artes Blancas pertenecía a la CNT y estaba compuesto por panaderos, que mostraron gran valentía en la lucha (p. 111). El Batallón «Espartacus» estaba compuesto por andaluces, gente brava en la lucha.

[43] *Ídem,* p. 184; Crón. 40, pp. 144-46. A raíz de esta hazaña, M. Bajatierra visitó el cerro del Pingarrón (Crón. 41).

Defendieron el sector de Usera, junto con los marinos [44]. El 11 de marzo participaron en la toma de Ledanca (Guadalajara), capturando a muchos prisioneros italianos y material de guerra. Este Batallón formaba parte de la 1.ª Brigada Confederal.

El 5.º Batallón de Ametralladoras de la CNT combatió en la Ciudad Universitaria, donde aniquilaron a «Batallones de Hierro» alemanes en diciembre de 1936. Murieron tantos alemanes que aquello parecían escenas de la Primera Guerra Mundial.

El modo de actuar de los dinamiteros de la FAI —como cazadores de tanques— acabó siendo la táctica favorita de los antifascistas para detener a los tanques adversarios [19 / 78]. Eran hombres especiales. Avanzaban solos, a pecho descubierto, con la bayoneta calada y la cintura llena de bombas; llevaban una mecha encendida en la mano, lista para usarla: «juegan mano a mano con la muerte», decía M. Bajatierra [10 / 47]. También lanzaban estas bombas con hondas. En tales acciones cayeron algunos de ellos, pero lograron hacer huir a los atacantes.

En otras unidades apenas mencionadas en las crónicas combatían miles de anarquistas más. Tales eran los casos de la «Columna Anti-Gas», del Batallón «Toledo», de la Batería «Sacco y Vanzetti», el 5.º Batallón [45], la Brigada 40 [46], o el Batallón «Orobón Fernández». En estas crónicas también se menciona a otros líderes y unidades antifascistas, como «El Campesino», al 4.º Batallón «Mateotti»[47], de las milicias vascas [11 / 49], las milicias de Izquierda Republicana, mandadas por el teniente Bazán, el Batallón «Margarita Nelken»[48].

Combatientes individuales: los héroes antifascistas

El heroísmo personal se prodigó en muchos de los escenarios de combate. Aparte de las 12 fotografías de héroes de la resistencia incluidas en este volumen, en las crónicas se menciona a combatientes concretos que destacaron mucho. En medio del progreso de la organización general, la muerte de Durruti, héroe del 19

[44] En Usera, un combatiente anarquista lanzaba grandes discursos a las trincheras enemigas. Las respuestas fueron sorprendentes: «... uno que contestaba a nuestro charlista» era un teniente enemigo que daba pelos y señales de quién era y dónde vivía su familia en Madrid, rogándonos les llevemos noticias a sus familiares, diciéndoles que, aunque estaba bueno *(sic)*, le compadezcan, pues es un forzado y no puede romper sus cadenas» (Crón. 21, p. 85).

[45] Dio un golpe de mano en la cuesta de las Perdices para limpiar la zona de «pacos» (Crón. 34, p. 123).

[46] Redujo a escombros edificios de la Ciudad Universitaria como la Escuela de Ingenieros Agrónomos.

[47] En diciembre de 1936 llevaban más de un mes seguido de combates en las trincheras de Madrid.

[48] En este Batallón había un 60 % de estudiantes universitarios de la FUE. Sus mandos ayudaron mucho a los soldados para que no sintieran la lluvia y el frío en el Madrid del otoño de 1936 (Crón. 13, p. 59).

de julio en Barcelona, que había venido para la defensa de Madrid, fue sentida como una catástrofe, pero sus fuerzas detuvieron el avance enemigo en la zona del Hospital Clínico. El 19 de noviembre fue herido y murió el día 20 [Crón. 12]. Al conocer su muerte, hombres de su Columna lloraban como niños.

En estas crónicas se destaca asimismo la conducta heroica del marino Coll [49], que supo parar lo que nadie sabía cómo: los tanques, el arma más poderosa de los atacantes; del capitán de Asalto Escobar, cuya audacia helaba la sangre de los que lo veían y murió el 12 de noviembre de 1936; Cipriano Mera, hombre de confianza para la organización anarquista, que «... además de luchar por sus ideas libertarias, sabe lo dulce que es el placer de la venganza contra los cobardes y miserables que, después de apalearlo, lo mantenían en prisión el tiempo que querían» [5 / 27; y Cróns. 13 y 15 de la 2.ª parte]. Otro héroe que se menciona es el camarada Ramos, muerto en el sector de Carabanchel cuando mandaba la Columna «España Libre»; e Isaac Puente, y Ascaso —muerto el 19 de julio de 1936 en Barcelona—. Los dos eran importantes figuras del anarquismo español, muertos por el fascismo; el teniente Bazán, jefe de la milicia de Izquierda Republicana en el sector Este; y Orobón Fernández, anarquista muerto cerca de Madrid a principios de la guerra, en cuyo honor se formó un Batallón; y el sargento Acha, de las milicias vascas que defendieron el tan castigado Parque del Oeste [30 / 110]; y Mercedes Tort [33 / 121], del Batallón «20 de julio» —que luchó en las trincheras con otras muchachas, para tomar la Casa del Guarda y participó en el ataque al Parque del Oeste—; y Julia Díaz, valerosa miliciana de Ávila, de la que M. Bajatierra decía: «¡... es mucho hombre en la guerra esta miliciana de Ávila...! ¡Muchacha! ¡Compañera! Te has ganado el diente que te falta; ¡te aseguro que no faltará quien te lo pague o te lo ponga!» [33 / 122]; el teniente coronel Ortega [37 / 132]; el teniente Mora, combatiente en la Ciudad Universitaria (p. 134); Antonio Mengo, anarquista de gran compañerismo, muerto en el cerro del Pingarrón (pp. 151-152); el general Miaja (pp. 158-159), cuyo gesto de visitar el frente de Guadalajara y comer con los milicianos gustó mucho; Valle, comisario de la 14.ª División anarquista en Guadalajara (p. 184); Elías García, corresponsal de CNT, muerto en el frente de Córdoba a mediados de marzo de 1937 [50]; «Nobruzán», otro corresponsal de CNT y otros combatientes anónimos, como un anarquista que, en la Casa de Campo, lanzaba bombas con una honda a más de cien metros de distancia (p. 123).

[49] El 8 de noviembre de 1936 y ss. Mauro Bajatierra: *op. cit.* Crón. 2. Por su hazaña el ministro de Marina y Aire en persona le ascendió a sargento. Murió el 11 de noviembre, en un bombardeo, mientras dormía en la trinchera. Las Crón. 4 y 5 siguen hablando de él.

[50] *Ídem*, p. 189. Su literatura era sentimental e histórica. Bajatierra dice que, en vida, estuvo encerrado en esa especie de cementerio de hombres vivos en los que se inspiró Zamacois para sus personajes [Cf. M. Bajatierra: *op. cit.*, p. 189].

4.5. *España en las trincheras* y *Héroes del Pirineo español*, de Clemente Cimorra (1937-1938)

Las obras

De las dos crónicas de Clemente Cimorra [51] aquí tratadas, la primera, *España en las trincheras,* lo es sucintamente, ya que este tema queda reflejado por otros autores. Esta obra es la crónica periodística de los primeros meses de la guerra que sacudió a España.

Su intención era rendir homenaje a todas las personas que con su esfuerzo lucharon contra «las fuerzas internacionales de la invasión». Cimorra narra todos los acontecimientos en los que estuvo presente, o aquellos en los que pudo interrogar a sus protagonistas. Esta serie de artículos se inicia temporalmente, en los primeros momentos de la defensa de Madrid —puente de los Franceses, Casa de Campo, etc.— y finaliza con la pérdida de Teruel de las tropas republicanas.

No se trata solamente de artículos bélicos, es decir, sobre el desarrollo y progreso de la guerra, sino que a lo largo de la crónica nos describe la vida cotidiana en el frente, tanto la de los milicianos como la de la población civil.

Esta narración no está exenta de carga ideológica. Cimorra no enmascara su postura, sino que la expone claramente. Utiliza un lenguaje que podíamos clasificar como «militante», ya que con sus descripciones y clasificaciones desprestigia al bando fascista o ensalza a los republicanos. Otro factor es la utilización del lenguaje del pueblo en la narración, lo que da a su escrito un aire más popular, acercándose al público lector de esta crónica. Tal vez a los propios protagonistas del relato.

Este libro propagandístico expresa a traves de su contenido dos ideas básicas que Clemente Cimorra quiere exponer: primero denunciar la invasión que está sufriendo España por tropas regulares italianas y alemanas que ayudaban a los militares rebeldes; y en segundo lugar, ensalzar el espíritu de lucha, de sacrificio por la causa republicana. Este elogio al espíritu de lucha y de resistencia se podría resumir en esta frase: «Cada combatiente es un héroe».

De héroes combatientes trata la segunda crónica, que elaboró este periodista sobre otro frente muy alejado de los acontecimientos bélicos relatados anteriormente.

Los héroes del Pirineo español [52]

Es el relato de una retirada. Pero en esta ocasión la acción es el reflejo de la política de un gobierno en guerra. Más que la retirada, es la resistencia y la volun-

---

[51] Cf. Apéndice.

[52] Las cifras varian según las fuentes consultadas, pero en todas ellas es una gran mayoría la que se decanta por la República.

tad de un pueblo por continuar la lucha, lo que da importancia al hecho. Lo destacado de esta acción militar —que fue resaltada por la propaganda gubernamental— es la retirada sin desbandada y el retorno de los combatientes a la zona republicana, tras realizarse un referéndum en Francia donde la opción republicana ganó por amplísima mayoría.

Cimorra nos relata cómo vivieron y lucharon los hombres de la 43.ª División mientras duró el cerco a que fueron sometidos en Bielsa, en el Pirineo de Huesca. Estos hombres, viendo la situación insostenible, decidieron atravesar la frontera francesa y regresar a la República para continuar la lucha contra los militares rebeldes y las fuerzas extranjeras. Se relata el compromiso de un grupo de combatientes con la causa política que defendían.

El autor relata esta acción, desde el mismo lugar de los hechos. Su intención es que el resto de los combatientes puedan imitarlos, para que la población civil se diese cuenta del esfuerzo de los combatientes y como propaganda ante las naciones europeas.

Los dos primeros capítulos de la obra, «El terreno» y «Punto de partida», se pueden considerar como una introducción. El cap. I nos sitúa en el punto geográfico donde se desarrollan los acontecimientos relatados. El cap. II presenta el proyecto de la retirada de toda la división y de la población civil a territorio francés, bajo fuerte presión de las tropas enemigas.

Los cuatro capítulos restantes nos exponen el núcleo del relato: la resistencia de las tropas frente al enemigo, su vida en las condiciones de aislamiento material a las que se veían sometidas, sus acciones, sus ataques.

El cap. III, bajo el título de «Episodios y antecedentes», narra las acciones de la lucha de la 43.ª División antes de la retirada de Bielsa. El autor hace referencia a las estrategias, las trampas, las acciones de guerrillas que jalonan la historia de la División.

«Los hombres» es el título del cap. IV. En él se dan a conocer los orígenes de los jefes y oficiales que están al mando de la División, su vida antes de la guerra hasta llegar a la situación de aquel momento.

La biografía del «Esquinazo» expuesta por Cimorra en este capítulo es un tanto confusa. Después de la sublevación republicana de Jaca, «La rebelión consciente, tan poco a propósito para vivir tranquilo en la España de entonces, lo obliga a expatriarse y permanecer luchando con la vida en Francia, país que ha defendido como combatiente en la guerra europea, hasta que suenan los primeros gritos y los primeros tiros de la sublevación militar» (p. 34) [53].

En el cap. V «Vida en el valle», el autor nos relata cómo se desarrollaron las actividades de los hombres de la División, tanto aquellos que estaban en las trin-

---

[53] Para mayor información véase: R. Ferrarons y A. Gascón: *«El esquinazo» Perfil de un luchador,* Zaragoza, Ed. Unali, 1981.

cheras, como los que realizan trabajos auxiliares en los talleres —imprescindibles para el funcionamiento bélico de las tropas—. Esta importancia queda resaltada por el aislamiento al que está sometida la División.

«La división se incorpora a otro frente» es el título del cap. VI. Es el núcleo de la acción; narra la retirada de la 43.ª División a territorio francés para evitar su total destrucción. La retirada se produjo protegiendo a los civiles y evitando dejar cualquier tipo de material que fuese aprovechable por el enemigo. Además, nos describe el referéndum que realizaron las autoridades galas para saber a qué zona querían dirigirse estos refugiados. Ganaron por mayoría los que deseaban ir a zona republicana [54].

En el cap. VII y último, bajo el título de «No Intervención», parece que vemos una escena de cine mudo. Los militares encargados de la vigilancia de las fronteras permanecían en un cómodo hotel disfrutando, mientras los heridos pasaban en camiones hacia la frontera española. Cimorra critica duramente a las democracias occidentales por su peculiar «organización internacional» del conflicto que acentúa el sufrimiento que padecían los combatientes republicanos.

Contenido

El libro, con un total de 78 páginas, está dividido en 7 capítulos y cada uno de ellos en varios apartados que van encabezados por un título. La obra es un reportaje periodístico. Aunque intenta dar una estructura más elaborada, en ciertos momentos se le escapa, y retorna al artículo periodístico: «... (Otro día hablaré de los ejemplos de solidaridad francesa, que no se pueden olvidar)» (p. 73). «Cuando ayer hablamos del ambiente hostil» (p. 75).

Además, a lo largo de las páginas de este libro encontramos 16 fotografías que ilustran la narración de Cimorra. Su inclusión nos demuestra la importancia que dio el gobierno republicano a este libro como medio propagandístico. Cimorra destaca una serie de temas: la guerra, la invasión, las dificultades, los recuerdos del pasado, y otros. La visión que da del enemigo es muy clara: no son españoles los que luchan contra las fuerzas del Ejército de la República: «Los fascistas acosan a los españoles hasta sus parapetos» (p. 29). Así, pues, son moros, italianos, alemanes, y «... esos carlistas, fascistas, extranjerizantes», «facciosos de boina roja». De estos últimos no tiene gran consideración como combatientes: «Se trata de llegar sin luchar y proceder a la ocupación con el fusil al hombro y canturreando algún himno de nacionalismo hipócrita (Con censura del Duce)» (p. 18) [Guadalajara].

---

[54] Clemente Cimorra: *España en las trincheras,* Madrid, Nuestro Pueblo, 1938; *Los héroes del Pirineo español,* Madrid-Barcelona, Ed. Nuestro Pueblo, 1938.

El tratamiento que da a la muerte del soldado depende mucho del lado en el cual combate. Así, para los republicanos:

> Los defensores del valle también recogen a sus heridos y entierran a sus muertos. Eran los mejores hijos de España. Quedan enterrados en lomos de precipicios, con su ejemplo y su gloria. La nieve invernará sobre ellos. Pesadamente, silenciosamente... (p. 30).

El muerto del ejército fascista era un: «Cadáver, pelele trágico, pelele absurdo del hombre que desgañitó su españolismo y murió peleando contra España» (p. 19).

El elemento humano que forma la 43.ª División es de lo más diverso: maestros, obreros, campesinos o intelectuales. Esta diversidad no les impedía llevar adelante su objetivo: continuar la guerra. Entre los distintos tipos de combatientes se crea una gran camadería, sin importar su origen: «... Ahora, en el trato y la aptitud militar, no se notan diferencias de origen. Realmente, los tres pertenecían al pueblo en sus diversas manifestaciones, y los tres están compenetrados en lo fundamental del saber y comprender» (p. 44).

Las actividades bélicas se compaginan con las de servicios auxiliares, que permiten mantener la División en funcionamiento. Pero siempre queda tiempo para el recuerdo de los viejos amigos, las batallas pasadas y los seres queridos que están en la retaguardia:

> ... En este momento, cuando yo le toco el hombro, saca una carta, que viene de lejos, una fotografía.
>
> —Es mi chiquillo.
>
> Lo mira lentamente.
>
> —Éste es el rato que paso con la familia.
>
> Y lo guarda para seguir recordando (pp. 47-48).

En cuanto a los jefes y oficiales, Cimorra destaca la figura y personalidad de Antonio Beltrán «el Esquinazo», de biografía un tanto confusa. Otros personajes que el autor destaca son el oficial leal y el cura.

Estas figuras se repetirán en las novelas sobre la guerra civil. Un párrafo del autor nos recuerda a la figura del militar que ya aparecía en la novela *Contraataque* de Sender.

> Él sabía todo lo que iba a ocurrir con los militares traidores, desde que empezaron a no saludarle y a perseguirle muchos de sus compañeros. Se lo dijo a todo el mundo, y cuando la cosa no tenía remedio, se puso a defender a España, a su independencia y a su justicia (p. 41).

La Iglesia dio su apoyo a la acción emprendida por los militares rebeldes, pero algunos sacerdotes se pusieron al lado del gobierno republicano. Curas de pueblo, en sincero contacto con los sufrimientos de la gente, preocupados por los avatares de aquellos que conocían hacia tiempo: «Éste que está ahí con su uniforme del Ejército Popular regular republicano, capitán interino de la División, era uno de los muchos curas rurales que extendían su legión por toda España.» (p. 43).

En la historia

Si bien el gobierno de la República puso interés en que se diese a conocer la resistencia de los hombres de Beltrán, la historiografía apenas recoge los hechos ocurridos, relatados por Cimorra. De entre muchas de las obras consultadas, pocas recogen el hecho bélico. En el libro de Hugh Thomas se explica:

> El único triunfo que lograron los nacionalistas fue la conquista del enclave defendido por «el Esquinazao», en el valle del Alto Cinca, por el general Iruretagoyena. El pueblo pirenaico de Bielsa cayó el día 6 de junio. Cuatro mil hombres huyeron a Francia [55].

El artículo de Gabriel Cardona «La llegada a Cataluña» expone:

> Empujados por una fuerza superior enemiga, la 43.ª División se replegó hacia Francia por los pasos de montaña. Una vez allí y ante el requerimiento de las autoridades galas, 6.889 hombres decidieron marchar a Barcelona para proseguir la guerra, 411 prefirieron ser enviados a la zona franquista a traves de Irún [56].

Es extraño que ninguno de estos historiadores nombre la existencia de la obra de Cimorra, incluso para calificarla de parcial y propagandística. La primera —*España en las trincheras*— es el resumen de un año de lucha contra los militares sublevados, recorriendo todos los frentes de batalla. La estructura es similar a los artículos de un periódico.

La segunda obra —*Los héroes del Pirineo español*—, al contrario que la primera, se centra en un espacio geográfico más reducido y en una cronología mucho más concreta. Intenta Cimorra en esta obra alejarse de la recopilación de artículos, para dar a este nuevo escrito una estructura más elaborada. El estilo es mucho más cuidado que en el primer libro, tanto en la narración como en el lenguaje.

Sin embargo, el significado último de las dos obras sigue siendo el mismo: ensalzar al pueblo que defiende la República en contra de los militares sublevados,

---

[55] Hugh Thomas: *La guerra civil española,* Madrid, Ed. Orbis, 1986, Vol. 12, p. 258.

[56] Gabriel Cardona, en *La guerra civil,* Madrid, Historia 16, 1986. T. 19, p. 52.

denunciando la invasión de territorio español por tropas extranjeras, y criticar la falta de solidaridad de las democracias occidentales con la República Española.

4.6. *Vida y muerte de Ramón Acín*, de Felipe Alaiz (¿1937?)

Junto a los libros de crónicas de carácter general, los hallaremos también referidos a sucesos particulares. En 1937 aparecía en Barcelona *Vida y muerte de Ramón Acín,* de Felipe Alaiz. No es un libro extenso, ni un discurso encendidamente propagandístico. Su autor, Felipe Alaiz, uno de los más ágiles periodistas libertarios, fue poco amigo de libros extensos [57] y de la retórica florida. Se trata de un folleto publicado por las oficinas de propaganda de la CNT[58]. En él se traza una semblanza de Ramón Acín, pintor, dibujante, escultor, profesor, miembro de la Confederación y amigo del autor desde la adolescencia.

El opúsculo es una crónica y un testimonio, pero no es una crónica de la guerra, sino de la vida y el fusilamiento absurdo, injusto y cruel de Ramón Acín y pocos días después de su esposa Concha Monrás [59]. Este folleto es el testimonio de la muerte de un artista que era poco conocido por quedar en una posición excéntrica por su localización geográfica —una apartada capital provinciana— y por su postura política —militante anarcosindicalista— que lo dejaban al margen de la cultura establecida. Si García Lorca ha llegado a convertirse en un símbolo, debemos recordar que su caso no fue sino el más difundido de la represión sobre el mundo cultural que se produjo en la zona sublevada [60].

El relato de Alaiz es breve —treinta páginas divididas en once capitulillos— porque no es una biografía, sino una semblanza tejida al hilo de los recuerdos del autor, que fue su amigo de adolescencia y compañero de aventuras ideológicas y periodísticas en sus primeros tiempos y para Alaiz siempre refugio en sus momentos difíciles. El libro presenta una curiosa estructura, pues cada capitulillo parece y podría leerse como uno de aquellos artículos que tan bien sabía escribir Alaiz; no obstante su aparente independencia, tiene una bien trabada estructura interna pudiendo señalarse dos partes, cada una de cinco capítulos. La primera rememora la adolescencia del estudiante de bachillerato en una capital de provincia, Huesca

[57] V. Francisco Carrasquer: *Felipe Alaiz.* Estudio y antología del primer escritor anarquista español, Madrid-Gijón, Júcar (Crónica general de España, 34), 1981, 280 pp.

[58] Felipe Alaiz: *Vida y muerte de Ramón Acín,* París, Ed. Umbral («Combat Syndicaliste» n.º 893, supplément), s. f., 32 pp. Prólogo de Galo Díez. (Reproducción de la edición original aparecida en Barcelona en 1937.) Según Carrasquer: *op. cit.*, p. 278, fue publicado por Ediciones Tierra y Libertad.

[59] Para una aproximación a la figura de Ramón Acín, Manuel García Guatas (dir.): *Ramón Acín 1888-1936,* Zaragoza, Dip. de Huesca y Zaragoza, 1988, 331 pp.

[60] Basta traer a colación los fusilamientos del novelista Manuel Cigés Aparicio en Ávila o del músico y folklorista Antonio José en Burgos, por poner dos ejemplos de olvido. V. también Carlos Forcadell: «Huesca era Granada», *Ramón Acín...,* cit., pp. 45-49.

la segunda, la vida del hombre adulto en el mismo medio. Unidas ambas por el capítulo 6, correspondiente al período de formación artística y los primeros viajes con la presencia de la madre al fondo.

La primera parte se organiza de manera cerrada. Arranca con una descripción del escenario: «una vieja ciudad de muralla interior: Huesca ... Nido de burócratas, clérigos y militares» (p. 4). Y se cierra con otra: la de la España del cambio de siglo, tras el desastre de Cuba, la del género chico y una clase media burocratizada en la que «Cada pueblo un poco grande tenía general, obispo y beatería acaudalada» (p. 12). En medio, los recuerdos de adolescencia: pequeñas trapisondas, paseos, conversaciones, estudios aunque pocos... Alaiz lo recuerda como un «adolescente despierto, remolón, amigo de lealtad irreprochable y aficiones andariegas. Manejaba el lápiz con mucha más soltura que los quebrados. Dibujaba pajaritas de papel» (p. 10). Esas mismas pajaritas que dejará en el Parque de Huesca, que nadie se atrevió a retirar tras su muerte y han llegado a convertirse en símbolo de la ciudad [61].

La segunda parte tampoco es estrictamente cronológica, sino que cada capítulo pinta un aspecto distinto de la personalidad de Acín. Comienza por el radicalismo juvenil, compartido con un grupo de jóvenes inquietos —Ángel Samblancat, Joaquín Maurín, Gil Bel y el propio Alaiz— que publicaban revistas como *La Ira, Talión* o *Floreal.* Todos ellos acabarán teniendo una relación más o menos duradera con el movimiento anarquista. Mientras tanto, Acín obtiene una plaza de profesor de dibujo en la Escuela Normal de Huesca —la elección de plaza es divertidísima y en parte, por desgracia, aún vigente— y estabiliza su vida. Su actividad pedagógica no le impide seguir en sus actividades de agitación de conciencias, cultivar sus amistades —el escritor Silvio Kosti, el pintor Félix Lafuente y otros—, intentar sacudir «la vieja abulia que permanecía en el tuétano mismo de Huesca» (p. 21), proyectar el parque de la ciudad, o convertir su casa en un variopinto museo de objetos artísticos o curiosidades.

No deja por ello su militancia anarquista y en 1930 se vio involucrado en la sublevación de Fermín Galán en Jaca. Huyó y se exilió en Francia durante unos meses hasta la proclamación de la República:

> Volvió de París con Indalecio Prieto y unos cuantos amigos más. En Madrid se reunieron todos a cenar una noche. Hablaron por los codos. Todos menos Acín tenían enchufes.
>
> —¡Que diga algo Acín! —pidió Indalecio Prieto.
>
> Levantóse Ramón con aquella su noble lentitud característica y aconsejó sencillamente:
>
> —Adecentad las cárceles.
>
> Y se sentó (pp. 24-25).

[61] Esta escultura en cemento y hierro ha sido fetiche infantil de los niños de la ciudad desde su inauguración. V. Antonio Saura: «Las pajaritas de Ramón Acín» en *Ramón Acín...*, cit., pp. 59-63.

Dedica Alaiz la última parte al Acín creador. Recuerda las «Florecicas», textos llenos de gracia y humor [62]. Su pasión por las antigüedades le lleva a proyectar un Museo de Oficios de Aragón, que quedó sin realizar. Y concluye con Acín dibujante, pintor y escultor. En las pocas páginas que dedica a este aspecto, realiza una aguda valoración. Parte de que su amigo no es un pintor que trabaje para los demás, sino que trabaja para «re-crearse», por impulso interior, «de la misma manera que una flor a medio abrir no puede forzarse para que se abra con naturalidad» (p. 36). De ahí su delicadeza, su humor superior al de los surrealistas por hallado, no por pretendido. Su novedad escultórica en la búsqueda de la expresión a través de nuevos materiales —cartón, cuerda, madera, hojalata o cinc— la ejemplifica en una escultura de metal barato, «El Agarrotado», que «tiene un valor de síntesis y unas dimensiones trágicas que encrespan y sofocan a la vez» (p. 29) [63]. O el dibujo imaginativo que son sus viñetas de tauromaquia [64] llenas de ironía.

Sin solución de continuidad, la exaltación del amigo, «Sano como el cierzo de Aragón, animoso y afectivo como pocos, como pocos digno y ferviente sin manotadas» (p. 31). Para execrar a sus asesinos y a los de su esposa, y recordar a dos huérfanas de corta edad. Aún carece de información detallada de las ejecuciones, pero la crueldad del hecho basta.

Alaiz no intenta en ningún momento mostrarse objetivo: lo han dejado «sin dos hermanos en quien confiar» (p. 31) y escribe uno de sus textos más raramente emotivos. La unidad de la obra viene dada por dos elementos: el asunto y el punto de vista. Si el primero es obvio, el segundo tampoco deja lugar a dudas. Nos cuenta «su Ramón Acín». Este punto de vista domina la visión del personaje en relación con el autor en la pequeña anécdota y en los juicios. Tiene, además, la ventaja de que a la indignación ante el hecho se sobrepone la melancolía, pudorosamente velada, de Alaiz. Las anécdotas, las escenas, las descripciones tienen la virtud de lo vivido: desde las tardes envolviendo caramelos en una trastienda sacristanesca hasta el esqueleto que hay en la alcoba que le destinan para pasar la noche en la casa de Acín. Si en la primera parte prima el recuerdo de la amistad adolescente, en la segunda nos va trazando la semblanza de un hombre «en el buen sentido de la palabra bueno», lleno de proyectos y de realizaciones, cuya muerte carece de cualquier justificación. La implicación del autor realza la verosimilitud del texto.

---

[62] José Carlos Mainer: «El periodista Ramón Acín», en *Ramón Acín...*, cit., pp. 51-58.

[63] Es muy curioso señalar una coincidencia. Esta escultura se data hacia 1929, fecha en la que fue expuesta en la Galería Dalmau, de Barcelona. *El verdugo afable,* de Ramón J. Sender, se sitúa en aquellos años y arranca con una escena de una ejecución múltiple que corresponde a un episodio real. V. Jesús Vived: *El verdugo afable,* de Ramón J. Sender y «El crimen del Expreso de Andalucía», *Rolde* 63-64, Zaragoza, enero-junio 1993, pp. 20-21. Quede apuntado.

[64] Ramón Acín: *Las corridas de toros en 1970* (Caricaturas). Estudios para una película cómica, Huesca, Ed. V. Campo, 1923, 81 pp. Ed. facsímil, Huesca, Diputación de Huesca, 1988, X + 81 pp. Los dibujos han sido objeto de un video de animación que fue exhibido con motivo de la Exposición del Centenario.

Reales son escenario y personajes: reales serán también los hechos. Y recrea al amigo perdido en su estampa:

> Tenía Acín una grosura labial que, con el bigote corto y negro bajo uno de aquellos sombreros de contrabandista gibraltareño que usaba, le hacía parecer como perfecto guerrillero contra la Aduana, contra los civiles, contra los curas y contra los carabineros. El labio grueso destinado a plegarse con suavidad y malicia bondadosa, le hubiera dado a primera vista aires de mozo de estoques, cantador de flamenco o cura disfrazado si Acín no hubiera amenizado su cara con unas patillas doceañistas y un bigote, no recortado como un cineasta, sino, cepilloso, destinado a dar reciedumbre a su estampa (pp. 17-18).

y también en su carácter formado de delicadeza, ilusión, rebeldía ante la injusticia y la ruindad y la abulia, mordacidad benévola, humor ante las situaciones —graciosas, enojosas o dialécticas—, que es uno de sus rasgos más sobresalientes. Pero no se enumeran, sino que al hilo de cada recuerdo, de cada episodio, aparece uno de estos rasgos. En cada caso, una frase aguda, una anécdota chispeante. Pero hay una que llama la atención. Un día Acín se presenta en su casa de Barcelona cargado de cachivaches:

> —Pero ¿estás loco, querido Acín?
> —Calla, lenguaraz, calla. ¡Me ha caído la lotería! (p. 26).

Y omite cualquier referencia al destino de aquel premio: la producción de *Tierra sin pan,* de Luis Buñuel, en la que Acín figuraba además como ayudante de dirección. Como también es notable la omisión del nombre de Ramón Sender en la Huesca de los años 20. En el caso del primero ignoro la razón, en el del segundo podemos aventurar que no es casual, sino debida a la irritación de los anarcosindicalistas con Sender por su actitud en los tiempos inmediatos a la guerra civil y quizá por sus escritos durante la guerra y la aparición de *Contraataque* que será objeto de repudio por García Pradas y Eduardo de Guzmán.

El tono dominante es eminentemente evocativo. La implicación emotiva del autor lo aleja de su tono más habitual: el de observador satírico de una realidad moralmente censurable. Es la misma razón interna que daba trabazón al texto. No faltan, desde luego, algunas escenas satíricas contadas en tono jocoso:

> Aquella trastienda era una especie de corte celestial. Curas y canónigos entraban y salían como volando en un aquelarre a bordo de sus anchos manteos. Llegaban párrocos rurales con cara redonda y epicúrea a encargar unas libras de cera y sacristanes más anticlericales que «El Motín».
>
> Las conversaciones versaban siempre sobre la maldad de los tiempos.
>
> Pero allí se despellejaba al prójimo con una diligencia verdaderamente seráfica (p. 5).

Pero en cuanto vuelve al foco central predomina otro tono: «El paciente y mañoso Acín me encasquetó en una semana la agria y descomunal teoría de los quebrados. Tuvo que hacer prodigios de habilidad» (p. 9). No faltan las «enumeraciones muestrarias» [65], de carácter predominantemente nominal, pero sí podemos señalar un más abundante uso del adjetivo porque esta vez su precisión nominal, tan característica, no le era suficiente para trazar la semblanza de un hombre cuyo «optimismo intransigente le hacía tan bueno como era y probablemente más confiado de lo que debió ser» (p. 30) porque creía que «la raíz de toda convivencia es la moral y que la moral nunca es prehistoria ni historia, sino valor imitable hoy mismo» (p. 28).

4.7. *Guerra civil en Asturias: Nuestros enemigos entre nosotros*, de Ovidio Gondi (1938)

Introducción

Esta obra de Ovidio González Díaz [66] —editada en 1938 [67]— contiene tres aspectos de interés: tras algunas referencias a la guerra en Asturias, el concentrar su foco de interés en la actividad de la 5.ª Columna en la retaguardia republicana —tema no muy tratado en las obras literarias— y, por último, porque rescatamos la voz de un autor desconocido que publicó bastantes crónicas de la contienda en Asturias —seguramente casi todo en el diario ugetista *Avance*—. Sólo la decisión tardía de editar sus crónicas imposibilitó que su voz dispersa llegase a más lectores, recogida en varios volúmenes [68].

Estructura de la obra

Javier Bueno —el director de *Avance*— escribió un Prólogo (pp. 9-20), y el propio Ovidio Gondi incluyó una Advertencia (pp. 23-25), en la que prevenía al

[65] F. Carrasquer: *op. cit.*, p. 17.

[66] Cf. nota biográfica sobre el autor.

[67] Todas las citas se realizan por esta edición de la obra de Ovidio Gondi (1938): *Guerra civil en Asturias: Nuestros enemigos entre nosotros* [Vida, crítica y exterminio de una quinta Columna] Barcelona, Ediciones Antifascistas, 151 páginas. Prólogo de Javier Bueno, y dibujos de Germán Horacio, cartelista de la Consejería de Propaganda del Consejo de Asturias y León.

[68] La serie de sus libros prometía ser más larga, pues —según se anuncia en el volumen— existía un proyecto de publicar los artículos de Gondi en tres volúmenes. Desconocemos si se llegaron a editar los otros dos anunciados, cuyos títulos iban a ser: *Guerra civil en Asturias: Así se templa el acero* [vida y ejemplo de una retaguardia sometida], en preparación en 1938; y, *Guerra civil en Asturias: La miliciana heroica* [del 1.º de julio a la ofensiva de octubre], también en preparación en 1938.

lector de que no pueden tomarse estos reportajes como espejo de la retaguardia en Asturias, ya que ésta había tenido desde el principio hasta el fin de la guerra en el norte, un ambiente diáfano, transparente como el cristal. En consecuencia, revolucionaria. En conciencia, republicana. En responsabilidad, ciudadana (p. 23).

Esta obra contiene una recopilación de 12 crónicas periodísticas, previamente publicadas en *Avance* —diario de la Federación Socialista y de la UGT asturianas— [69], entre finales de 1936 y principios de 1937 [70].

Aunque la existencia de la Quinta Columna en Asturias no fuera un problema grave, el espionaje añadía dificultades en la retaguardia y en los frentes de la zona republicana, por lo que se le debía prestar atención. El interés de este volumen radica justamente en este aspecto: en el tratamiento de la Quinta Columna como tema central de las crónicas, a diferencia de otros textos vistos, que se centran más en los efectos y marcha de la guerra o en los combates que tenían lugar en las trincheras.

El tiempo

Estas crónicas contienen escasas referencias temporales, aunque fueron escritas entre el otoño de 1936 y principios de 1937. En la 4.ª se da a entender que se escribió en enero de 1937 (p. 61). La 5.ª crónica, según se ve en la copia del recorte del artículo periodístico que incluye, apareció publicada en *Avance,* Año VII, 3.ª Época, n.º 14, Gijón, jueves 14 de enero de 1937 (p. 69). La 9.ª crónica nos trasla-

[69] Aunque habitualmente se editaba en Oviedo, en la guerra civil, durante el tiempo en que Asturias fue territorio republicano, se editó en Gijón.

[70] El funcionamiento y existencia de la Quinta Columna es mencionado tangencialmente en otras obras escritas durante la guerra española y en estudios posteriores, así como en obras de combatientes extranjeros como Ernest Hemingway que vivieron y fueron testigos directos de algunos de los hechos de la guerra. Recuérdese, a título de ejemplo, el cuento «Y en la distancia una lucecita» [Cf. el volumen de cuentos del periodista andaluz Manuel Chaves Nogales: *Heroes and Beasts of Spain,* Nueva York, Doubleday, Doran & Co., 1937, 303 pp. [Traducción al inglés de Luis de Baeza]. El primer cuento, aquí aludido, se titula «And in the Distance a Light» (pp. 12-39); o la obra del cubano Carlos Montenegro: *Tres meses con las fuerzas de choque (División Campesino),* La Habana, Editorial Alfa, 1938, 171 pp., donde se recogen casos concretos de preocupación por la acción de la Quinta Columna. Montenegro mencionaba la enorme cantidad de partidarios de los sublevados, refugiados en las Embajadas de Madrid, desde donde realizaban actividades de espionaje (p. 41). En dicho libro aparecen varias referencias al espionaje quintacolumnista de que era objeto el Ejército republicano a todos los niveles (pp. 46, 89, 95, 98 y 131), y de las molestias que ello ocasionaba a las unidades pues, repentinamente, miles de hombres se veían obligados a cambiar sus emplazamientos para no ser masacrados por la aviación de los sublevados (pp. 107-108). Una de las secciones de más interés del libro de Montenegro es aquella donde describía cuál era el procedimiento del que se valía la Quinta Columna para reclutar a sus colaboradores dentro y fuera del Ejército republicano, siguiendo tácticas de la Gestapo alemana, a cuyas órdenes actuaba (pp. 115-117).

da al invierno con esta cita: «En el puerto del Pontón los hombres disputan este año el poderío a los lobos. Hace meses que la nieve ha ganado las alturas» (p. 111); y en la 11.ª crónica se incluye una referencia al ambiente fresco de enero [de 1937] (p. 131). Por último, en la 12.ª crónica, el personaje Tula empieza a escribir un breve diario personal el 23 de septiembre de 1936 (p. 145), y el 3 de octubre, domingo, todavía escribió la última entrada (p. 150).

El espacio

Estas crónicas tampoco contienen demasiadas referencias espaciales; ni éstas, a veces, son especialmente precisas. En la primera crónica se menciona el Consulado de Cuba en Gijón (p. 32); en la segunda, las calles Corrida, y García Álvarez [de Gijón] —sede del Consulado de Noruega— (pp. 41-45). La tercera tiene lugar en Gijón (p. 57); un café es mencionado en la cuarta (p. 62); y la quinta tiene lugar en una calle [¿de Gijón?] y en Puerto Ventana (p. 71). La sexta se desarrolla en lugares indeterminados, también en pequeños pueblos y en prostíbulos (pp. 83 y 84-85). La séptima podía suceder en cualquier sitio —como un bar, una peluquería o un salón de limpiabotas— (p. 91). La octava crónica podía tener lugar en las colas de racionamiento y en cooperativas (p. 101). La acción también tiene lugar en Valdeón y en el Concejo de Amieva [Asturias] (p. 110) y en el puerto del Pontón (p. 111), por donde habían huido algunos derechistas a León, comprando a guías expertos (crónica 9). La 10.ª incluye referencias a todo el frente norte: Asturias, Santander y Vizcaya (pp. 125-126). Unos supuestos espías gitanos detenidos en el puerto de Pajares protagonizan la crónica 11.ª (p. 131); también se hablaba de un entierro en un pueblo cerca de Llanes (pp. 134-138). La crónica 12.ª tiene lugar en un pueblecito cercano a las montañas del Oriente de Asturias (p. 142), sin precisar más.

Objetivos de la obra de Ovidio Gondi

Ya en la Advertencia inicial decía que, pues la retaguardia de Asturias había sido tranquila y su ambiente diáfano no planteó problemas, fueron posibles los extremos a que llegó su campaña contra la Quinta Columna. Ésta no era numerosa ni activa; y añadía Gondi: «Mis reportajes han servido para cortar de raíz males que, en último extremo, no eran específicos del trabajo del fascismo solapado, sino descuido o irresponsabilidad de los republicanos» (p. 24). En todo caso, afirmaba que la retaguardia de Asturias era un ejemplo que debían seguir aquellos que al final de la guerra no quisiesen tener algo de qué avergonzarse (p. 25).

Así pues, Gondi pretendía poner en guardia a los lectores ante los peligros de colaborar inconscientemente con la Quinta Columna. Ello podía ocurrir de muchas maneras; pero siempre se podía acabar proporcionando información sin aparente importancia para quien la daba, pero de enorme interés para quien la buscaba (p. 41 y varias pp. más).

Estas crónicas funcionaron en dos planos muy distintos. Inicialmente, en *Avance,* Gondi pretendía sensibilizar, concienciar y alertar a los republicanos de Asturias frente a la actuación de la Quinta Columna. Ésta podía tener un ropaje polimorfo, según los múltiples prototipos que dibuja en sus páginas. En un estadio posterior, al intentar publicar sus crónicas en volúmenes unitarios para toda la zona republicana, se pretendía conseguir el mismo fin anterior, pero a una escala mucho mayor —y quizá impensada por el autor en el momento de concebir inicialmente sus crónicas[71].

La guerra civil en Asturias

Aunque Gondi no pretendía describir minuciosamente las consecuencias de la guerra en Asturias, o los hechos de armas ocurridos, se van filtrando una serie de detalles sobre la situación en el Norte en 1936 y 1937, que resultan de interés para el lector.

Aspecto destacado es el descubrimiento de que desde el Consulado de Cuba en Gijón, el cónsul —un derechista español— ayudaba a los fascistas a escapar de la justicia revolucionaria. Este asunto no fue utilizado suficientemente ante la opinión pública (p. 32); aunque las Milicias de Retaguardia liquidaron aquel centro de conspiración contra la República [1/36] [72]. Un caso similar sucedió en el Consulado de Noruega. Oficialmente, se trataba de países que reconocían a la República, pero el cónsul también ayudaba a escapar a gente que había participado en la sublevación, para que eludiesen la acción de la justicia republicana (p. 45).

Según se apuntaba, una de las posibles modalidades de evasión desde Asturias y todo el norte era embarcando en los distintos puertos asturianos; otra, a través de Santander —y luego posiblemente embarcando también—. Finalmente, los republicanos bloquearon este apoyo (p. 46) y Gondi concluía que estos diplomáticos eran enemigos de la República y auténticos militantes de la Quinta Columna (p. 48).

Otro de los problemas que se vivieron en Asturias fue el de la dudosa lealtad

---

[71] Recuérdese asimismo la interesante producción de cartelismo que se realizó durante la guerra española [Cf. la obra de Facundo Tomás Ferré: *Los carteles valencianos en la guerra civil española,* Valencia, 1986, Edit. Excmo. Ayuntamiento de Valencia. 157 pp.]. Quien haya visto publicaciones sobre carteles editados entonces seguramente habrá podido constatar que algunos de ellos, distribuidos en la retaguardia, advertían sobre la conveniencia de no revelar información a desconocidos, de no hablar, de mantenerse callado para no revelar información clave.

[72] [1 / 63] significa Crónica 1, página 63]. En adelante citaremos así.

de los antiguos militares profesionales de baja graduación, que apoyaron la sublevación, luego juraron fidelidad a la República, para volver a ser detenidos como quintacolumnistas [Crónica 3].

La relajación de la retaguardia también provocó comentarios de disgusto en Gondi. Opinaba que los pueblos y ciudades asturianos que quedaron en la retaguardia volvieron a una normalidad a veces excesiva. Argumentaba que más valdría que sintieran la guerra más cerca para que la gente valorara más las necesidades y no se produjesen protestas pueriles (p. 62).

Con todo, la prevención del espionaje es el tema central y recurrente a lo largo de todas estas crónicas. Nunca como en aquel momento de guerra era lógica la existencia del espionaje del enemigo: «Es una rueda más en el engranaje de esta maquinaria infernal de la destrucción humana» (p. 72). El peligro de colaboración podía aparecer por cualquier lugar, de forma inconsciente, e incluso abusando de la generosidad de los antifascistas (pp. 30-31).

Las incomodidades y carencias daban pie a quejas de descontentos, que contribuían a minar la moral de la retaguardia. Gondi argumentaba que los ciudadanos debían entender que, frente a las pequeñas incomodidades, había «miles de hombres aplastados por la metralla. Miles de hombres agonizantes en los hospitales. Millones de pesetas para atender las necesidades bélicas. Y todo ello en contra de nuestra voluntad» [8 / 102]. Gondi abogaba por que acabasen las quejas por las pequeñas incomodidades, pues en las trincheras no se podían utilizar los paraguas; y si un día no se reparte pan, les valdría la pena recordar que en la batalla muchos hombres permanecían sin comer cuarenta y ocho horas seguidas (p. 105).

La reacción popular asturiana ante la sublevación militar

A lo largo de este volumen aparecen dispersos breves apuntes de la respuesta popular a la sublevación, como éste:

> En el puerto de Pontón los hombres disputan este año [1937] el poderío a los lobos. Hace meses que la nieve ha ganado las alturas. Los fusiles ilustran la estampa montañera en la vigilancia de los desfiladeros y pasos. La guerra ha invadido el paisaje de los Picos de Europa para destrozar su grandeza silenciosa, para romper con el aliento humano de las consignas nocturnas el frío duro de la nieve reposada, soberbia en su nítida igualdad [9 / 111].

En esos mismos parajes, el Coritu y sus hombres realizaban una eficaz tarea, en una guerra de guerrillas:

> El guerrillero se desprende de lo alto como un alud y arrolla todo lo que encuentra a su paso. León, toda la provincia de León, se resiente ante nuestros ata-

> ques. Renquea la vieja provincia de Castilla por su parte norte y es el Coritu uno de sus más peligrosos flageladores. Por Valdeón tienen más miedo al Coritu que a los lobos (p. 111).

También encontramos alguna información sobre el Concejo de Amieva, lindante con la provincia de León: allí continuaba la vida tranquila de siempre, aunque

> la guerra no se siente, pero se presiente. Jóvenes decididos, hombres casi viejos, han empuñado las armas para formar en el Ejército Popular. [...] El espíritu de la independencia impulsa a la acción. Las manos no se conforman con la holganza pacífica y empuñan el fusil (p. 112).

En otras crónicas vemos breves fragmentos, descripciones, de la vida diaria de Asturias en guerra:

> El sol luce espléndido en el ambiente fresco de enero [de 1937]. Las calles están abarrotadas de gente. Milicianos, funcionarios, refugiados, mujeres que caminan a sus compras, muchedumbre sin dirección determinada, comisiones que han llegado en el día para despachar asuntos oficiales. Diez trenes de viajeros entran en la ciudad [Gijón] cada veinticuatro horas. Las líneas de autobuses hacen con normalidad sus recorridos dos veces por jornada. Dentro de este ajetreo la preocupación por la guerra está fija en muchos millares de mentes. Se labora incansablemente por la República. Dentro de las casas, en las dependencias militares, en los departamentos del Frente Popular, en las oficinas de las Milicias de Retaguardia, de la policía, el interés de nuestros hombres se vuelca sobre los problemas diarios. Hay hombres que duermen sobre las butacas, en busca de un descanso elemental, tras un trabajo agobiador. Se sustituyen unos a otros en el quehacer agobiador. Se toma café puro para alejar el sueño [11 / 131].

En su diario del 25 de septiembre una muchacha anotaba [crónica 12]: «Hoy habló por la radio la Kent y entre lágrimas dijo que estábamos solos, pues todos los Gobiernos de Europa nos abandonaban, mientras a los reaccionarios les daban armas y toda clase de facilidades» (p. 147). En otra entrada de octubre anotaba un bombardeo sobre Bilbao (p. 147). En la entrada del 27 de septiembre, anotaba que la Columna de los sublevados estaba en Trubia; y que M. le había contado el bombardeo de Sama y La Felguera y la quema de los santos de Labra (p. 148). El 1.º de octubre de 1936 anotaba Tula que iban a bombardear Bilbao. El 2 de octubre («ayer») en Burgos proclamaron a Franco jefe del Estado español, y habló por radio (p. 150).

Sin embargo, había miedo a los republicanos en Asturias: «Ahora dicen que como el cinco es el aniversario de la otra revolución es cuando iban a tomar Oviedo; pero será, como otras veces, mentira» (p. 151). Asimismo, por el incidente de la detención de dos jóvenes ingenieros en el Concejo de Amieva, sabemos que allí había algunos refugiados huidos de Oviedo (p. 118).

Las Milicias de Retaguardia

Los mineros asturianos habían organizado las Milicias de Retaguardia. Una de aquellas patrullas —la del Coritu, personaje popular que no había sido citado hasta ahora en otros volúmenes— detuvo a los dos jóvenes ingenieros —quintacolumnistas— que habían huido una noche de Amieva. Estas Milicias tuvieron un activo papel controlando a los partidarios de los sublevados. En León descubrieron una cadena de evasión por donde habían huido varios derechistas. Hasta en aquellos resquicios había hombres que habían encontrado un negocio singular:

> Llegaba un desconocido, enseñaba un puñado de billetes y una función a realizar; por lo que era muy fácil que los hombres que conocían el terreno, sus quiebras, sus atajos no lo explotasen. Ellos sabían que la ladera de la montaña próxima, por su parte media, desemboca en una paramera gris, zona neutral inservible en los planos de operaciones. Su cometido termina en esa paramera gris. No es mucho lo que se les pedía a su especialidad de montañas y senderos. Otros hombres lo acompañarían después para no regresar (p. 132).

También habían encontrado varios hilos más en los límites entre Asturias y León. Así llegaron a detener a cinco gitanos, sospechosos de realizar espionaje (pp. 132-133). Conducidos a Gijón, los gitanos argumentan que eran del Frente Popular (p. 133), aunque luego lograron evadirse en un coche robado. La alerta telefónica llegó hasta Santander y Vizcaya; en el Berrón se acabó su fuga.

Los métodos de actuación de la Quinta Columna

La Quinta Columna alteraba la organización de vida de la retaguardia y corroía la tranquilidad del vecindario divulgando noticias falsas que creaban desánimo y frustración en el espíritu de resistencia de la retaguardia (p. 29). Para ello contaba con distintas secciones. La de espionaje era muy importante; igual que la que se encargaba de sembrar el descontento, la alarma o la intranquilidad. En los cuadros de este ejército secreto había individuos ajenos al pueblo español (pp. 31-32). La Quinta Columna estaba en plena actividad y los rumores corrieron mucho, cuando la ofensiva alemana sobre Madrid estaba al rojo vivo.

Sin embargo, los quintacolumnistas eran muy cautos. Utilizaban incluso a miembros de organizaciones frentepopulistas, aunque el miedo les hacía someterse formalmente (p. 81). Gondi prevenía para que no se les ayudase a escapar a territorio enemigo, «pues nuestros enemigos serán menos dañosos si los tenemos entre nosotros. Los peligrosos, en la cárcel. Aquellos que no sean peligrosos, caminando siempre a nuestro lado, bajo la vigilancia de todos los antifascistas» (p. 83).

Se había descubierto que algunos habían conseguido huir por el puerto de Pajares; lo que quería decir que había mucho más por descubrir. Algunos habían salido de su casa con los papeles en regla y en automóvil: automóviles de la Cruz Roja o de cualquier otro servicio controlado por el Frente Popular. Una vez arriba, en León, lo demás es fácil. Un guía, un puñado de billetes, y ancha es Castilla bajo los pies de la reacción en fuga (p. 83).

Los concejos que limitan con la provincia de León o los pueblos conquistados al fascismo en tierras leonesas eran terreno abonado para los trabajos efectivos de la Quinta Columna. Allí estas redes realizaban el saneado negocio de los enlaces, traslados e infiltraciones [9 / 112]. Sin embargo, en el Concejo de Amieva, la patrulla del Coritu había realizado catorce detenciones. La Quinta Columna sufrió un duro golpe en dicho Concejo (p. 118).

Otras actividades que influían en favor de los intereses de la Quinta Columna eran encarecer los productos, ocultar la moneda, realizar sabotajes y acumular todo tipo de inconvenientes y obstáculos, además de los que ya provocaba la guerra. Gondi decía que tal proceder era digno de la cárcel, por no decir del paredón (p. 121).

La Quinta Columna era de difícil extirpación. Su estructura era tal que estaba allí donde menos se pensaba. Estaba en todos los rincones y escuchaba en las encrucijadas de lo cotidiano y vulgar. A veces, sin darse cuenta, los antifascistas se prestaban a su juego, facilitando su desarrollo. Se disfrazaba de diplomacia, de saludo cordial, de sonrisa, de mujer bonita, de contertulio, de transeúnte distraído; y escuchaba en todas las esquinas y empujaba con su palabra el rumor hacia sus intereses. Realizaba un trabajo solapado, constante, incansable. El enemigo estaba allí donde menos se pensaba (p. 58). Opinaba también Gondi que los movimientos de la Quinta Columna eran movimientos tácticos. Se desarrollaban siguiendo una línea de combate y únicamente podían ser reprimidos con reacciones fuertes y contrarias (p. 101).

Colaboradores convencidos de la Quinta Columna

Gondi presenta una considerable galería de posibles colaboradores que la Quinta Columna podía tener en la retaguardia asturiana —y por extensión, en toda la zona republicana—. Aunque Gondi habla en general a veces utilizaba iniciales de nombres, lo que muestra que existían referentes concretos que le inspiraban los prototipos.

El primer prototipo es el del diplomático —los cónsules de Cuba y de Noruega—. Esto no era una cuestión menor, pues en Madrid había gran cantidad de filosublevados refugiados en las Embajadas y desde aquella seguridad coordinaban el espionaje contra la República. Se quejaba Gondi de que este descubrimiento realizado en Gijón había sido poco explotado por la República a nivel propagandístico (pp. 32-35). Afirmaba que «Noruega es un país amigo del legítimo Gobierno de la República Española. Pero lo que nosotros afirmamos es que su representante en Gijón es enemigo del régimen. Otro verdadero militante de la Quinta Columna» (p. 48).

En octubre de 1936 estalló otro escándalo en el Consulado de Hungría en Bilbao. Decía el cónsul de Noruega: «¡Ya ve lo ocurrido a mi compañero de Hungría en Bilbao! No respetan ni la valija internacional» (p. 47).

El caso anterior no existiría si no hubiera habido protegidos en las sedes diplomáticas. Éstos podían tener diferentes perfiles: ciudadanos españoles reaccionarios que habían contribuido a ahondar las diferencias sociales; fascistas atrapados dentro de los límites gubernamentales. Ellos sabían que todo el odio contenido del pueblo afloraba entonces, por lo que se escondían y huían con la ayuda de los cónsules de otros países (p. 35). Por su intervención en estos casos, las Milicias de Retaguardia encontraron un numeroso listado de asilados en estos Consulados con una situación documental llena de irregularidades. Entre ellos había fascistas significados (p. 36). El cónsul de Noruega también había ayudado a mucha gente a escapar de la justicia republicana (p. 45).

Los antiguos militares profesionales integrados en el nuevo Ejército Popular eran otra fuente de quintacolumnistas, aunque hubiesen jurado fidelidad a la República tras haber participado en la sublevación: tal era el caso de B. [2 / 42], un sargento detenido porque se aprovechaba de la ingenuidad de una muchacha republicana para enviar mensajes en cinta de Morse (p. 45). En la 3.ª crónica aparecen otros suboficiales de los servicios técnicos militares del mismo perfil anterior, que promovieron un pequeño plan en distintos lugares de la provincia:

> Lo definitivo es el intento; a lo sumo, es pasar las líneas en las mejores condiciones para ganarse la confianza de los otros. Mientras llega el momento, las comunicaciones se efectúan en formas muy diversas. Por medio de claves, con signos convencionales, a nombres inexistentes pero que encuentran destinatario, las alternativas del propósito se coordinan dentro de nuestras propias líneas (p. 53).

Dichos grupúsculos podían ser capaces de éstos o de otros actos de sabotaje:

> A veces X o Z van más lejos en sus proyectos y quizá podrían dar un golpe audaz. Un cañón cargado con municiones, planos y hasta un posible rapto, una captura vivo o muerto de un militar significado del Ejército Antifascista. Cuando el proyecto se frustra, los hilos quedan al descubierto y la trama aparece a la luz (p. 54).

Otro prototipo peligroso de colaboracionista era el personaje frío y sereno con un referente real, que aguantaba los interrogatorios presentando coartadas perfectas para cubrirse (p. 54), hasta que los testigos demostraban que mentía (pp. 54-57). No fue fácil desmontarle sus coartadas, pues era un hombre imperturbable y negaba las afirmaciones de los testigos. Gondi insistía en lo evidente: forzosamente la Quinta Columna debía tener una organización de espionaje [3 / 58].

En la retaguardia también había quintacolumnistas que se dedicaban a la provocación y a la alteración del orden. Solían mostrar su descontento a voces, o molestar a la gente con sus protestas en cualquier café céntrico, hasta provocar trifulcas en que había peleas y roturas de mobiliario. Al fin conseguían su objetivo: la normalidad de una ciudad en tiempos de guerra había sido saboteada con actos impropios del momento [4 / 63]. Ante hechos así, Gondi sentenciaba que ni a los afectos a la República se les podía tolerar tal conducta (p. 64).

El militante fascista era, obviamente, otro prototipo peligroso de quintacolumnista, pues toda actividad de un fascista cabalgaba sobre la idea de hacer su revolución nacional.

> Un fascista de antes del 19 de julio por fuerza ha de seguir siéndolo. Ahora más que nunca, porque las circunstancias son propicias a un triunfo más o menos probable. El fascismo defiende la revolución por los caminos de la violencia y el exterminio de los adversarios: de los demócratas y los marxistas. La violencia, por lo tanto, es el corolario de su lucha [5 / 75].

Los jóvenes falangistas eran un prototipo de colaboracionistas al que se le concede mucha atención en estas crónicas. Gondi desconfiaba totalmente de ellos, y afirmaba que resulta imposible creer en la sinceridad de su arrepentimiento: «si tal arrepentimiento se diera, estaríamos ante un indeseable, un peligroso en moral de personas decentes» (p. 76). Gondi presentaba casos como X, que hizo méritos combatiendo en zona republicana, hasta que un día se fugó por Puerto Ventanas. Gondi se quejaba de que nunca debió ponerse en sus manos un fusil:

> Conviene que vayamos distinguiendo entre un afiliado a Acción Popular, u otra organización derechista, y un militante de Falange Española. Entre los primeros caben posibilidades, por formación política, por medio de una buena disposición, de convivencia y acatamiento a la República. Entre los últimos, no. Son soldados activos al servicio de una consigna política y social, que es la cruz de nuestros sentimientos [5 / 77].

Algo similar aparece en [8 / 106-107]. Un joven falangista combatía en las filas republicanas, pero llevaba en secreto un diario donde recogía información militar detallada:

> Esto demostraba que un falangista activo [...] no traiciona a los suyos, sino que procura servirlos hasta la muerte allí donde quiera que se encuentre. En vanguardia

> no debe haber nunca sospechosos. Su presencia será siempre un peligro para la seguridad de la próxima victoria [8 / 107].

En la crónica 11, los falangistas vuelven a ser tratados, insinuando que eran asesinos profesionales a sueldo.

Asimismo advertía contra los derechistas de antes de la guerra. Aunque fuese gente del estilo de «a pesar de todo, era una buena persona», resultaban «candidatos natos de la Quinta Columna» y podían llegar a hacer gran daño a la causa republicana, cuando no se observaba la cautela, la prudencia y la reserva necesarias. Aunque se los respetaba en la zona republicana, si lograban evadirse a zona rebelde, allí se volvían enemigos activos y proporcionaban todo tipo de información al enemigo» [6 / 82-83].

El hombre que sabía demasiado era otro prototipo peligroso. Este hablador nato derrochaba simpatía con todos; y para el éxito de su misión necesitaba el concurso de algún soldado de permiso a quien provocar en cualquier lugar con sus inexactitudes para sonsacarle la información militar que deseaba. Siempre procuraba enzarzarse en alguna discusión con la víctima, haciendo un alarde provocador de que él sabía todo sobre cualquier aspecto de su interés. Al fin, cuando se producía la réplica para corregirle sus errores, escuchaba atento, y su mente se iba llenando de valiosos datos y explicaciones del incauto, que haría llegar a un destino y acabarían siendo utilizados contra el Ejército republicano. Gondi advertía contra este tipo de individuos: «Recelemos de ellos. Aunque sean nuestros mejores amigos. El hombre para el cual el Estado Mayor se equivoca siempre es un individuo peligroso» (pp. 92-95).

Los colaboradores de la Quinta Columna podían ser muchos otros prototipos más, como jóvenes ingenieros derechistas, supuestamente al servicio del Frente Popular. El caso había pasado en el Concejo de Amieva. So pretexto de un estudio científico de campo, estaban obteniendo información para los sublevados. Casi todo había sido perfecto excepto que, cuando intentaron huir una noche, la patrulla de mineros del Coritu los detuvo (p. 117).

Los antiguos caciques de pequeños pueblos —fascistas por convicción— también eran prototipos de colaboradores dispuestos incluso a morir por la causa. En algún caso, aún sin aclarar, habían estado recibiendo armas poco antes del 18 de julio (p. 138).

La Quinta Columna podía llegar incluso a utilizar a prostitutas, aprovechando para ello las confidencias de alcoba que les hacían los milicianos. Éstos a veces no resistían la tentación de hablar de cuestiones militares que conocían bien. Gondi advertía contra el riesgo que corrían aquellos que frecuentaban los burdeles. Las daifas podían sonsacarles información confidencial para pasarla a la Quinta Columna: «En todas las alcobas del amor portátil debería sustituirse el San José de la cabecera por la figura roja que exigiera silencio, el índice sobre los labios» [6 / 87].

Colaboradores involuntarios de la Quinta Columna

Dentro de esta sección, Gondi nos presenta otra considerable galería de prototipos de personajes que, con su inconsciencia, podían acabar proporcionando información o trabajando para beneficio de los intereses de quintacolumnistas.

Entre ellos, «el ciudadano fácilmente impresionable» que daba crédito a todo tipo de bulos. De este modo colaboraba en minar la moral republicana de retaguardia: «Con su actitud, nuestro buen amigo, fácilmente impresionable, asiste el paso [ayuda] a la Quinta Columna, [como] un soldado más en sus filas» (p. 67).

También los niños podían llegar a ser utilizados en su inconsciencia para obtener información:

> Un niño avispado es una joya, por la cantidad de pequeños trabajos que puede desempeñar: pasa inadvertido entre las piernas de los milicianos y gana las esquinas próximas sin que nadie dé importancia a su presencia, a sus ojos atentos clavados en los labios que cuentan incidencias de la vanguardia [5 / 72-75].

Los milicianos incautos «eran el correlato necesario que necesitaban los hombres que sabían demasiado». Frecuentemente solían ser milicianos que venían con permiso a la retaguardia:

> vive la guerra de cerca, palpa las dificultades, está al tanto de pormenores. Precisamente de aquello que habla el hombre que sabe demasiado. El miliciano X no puede callar más tiempo y acusa el golpe. Resulta que el charlatán patina sobre sus propias tonterías y X rebate y corrige las cifras y errores del hombre que parece saber tanto, proporcionando información vital de carácter militar (p. 92).

Igualmente, las muchachas excesivamente asustadizas podían convertirse en colaboradoras involuntarias del enemigo. Eran el correlato femenino del «hombre de buena fe, fácilmente impresionable». Gondi ejemplifica el prototipo con Tula —una muchacha antifascista, joven, bonita, esbelta y agradable, sin demasiadas ideas políticas—. Durante la guerra se encontraba por todas partes, hablando con todo el mundo. Sólo tenía un defecto: era muy asustadiza y daba crédito y divulgaba cualquier rumor o bulo que le contasen. Si se le preguntaba «¿quién te lo ha dicho?», se quedaba desconcertada. Por lo demás, ella era tan antifascista como cualquiera [7 / 97].

Los que se quejaban por las dificultades que traía la guerra también correspondían a un prototipo de personaje grandemente nocivo para mantener alta la moral de la retaguardia; pues a sus lamentaciones y comentarios negativos se eslabonaban otros más. Gondi pedía que se comprendiese la guerra en toda su magnitud pues, frente a las pequeñas dificultades de la población civil,

> un miliciano acaba de caer en el asalto a una trinchera enemiga. Ha arrojado la última bomba de mano y recibe un balazo en el costado. Se desangra. Le rodea el espeso humo de la dinamita. Se le empapan las ropas en un charco, las manos crispadas sobre el barro, los dientes apretados como para apresar la muerte que se le mete dentro de la garganta (pp. 101-102).

A la vista de estos sacrificios de los combatientes se preguntaba: «¿Hay derecho a esta queja estúpida [...] cuando todo esto sucede en los frentes?» [8 / 104-105].

Los comerciantes sólo preocupados de obtener lucro personal al amparo de la guerra resultaban ser otro prototipo nocivo. Anteponían su interés personal a la exigible solidaridad del momento. Solían operar por su cuenta en Vizcaya, Santander y Asturias, incrementando desmesuradamente los precios de productos de primera necesidad, amparándose en la escasez reinante. Tal conducta resultaba intolerable porque minaba la moral en la retaguardia. Gondi decía que no puede haber libre comercio cuando con esa libertad se perjudicaba a la población civil (p. 125). Pero la solución del problema no era fácil. Las Milicias de la Retaguardia habían tratado de impedir estas conductas, pero se encontraban con la enmarañada red del negocio, sin que fuese factible corregir estas prácticas, pues tales comerciantes contaban con apoyos en organismos del Frente Popular [10 / 122-127].

Las «mujeres ingenuas» tenían igualmente muchas posibilidades de convertirse en colaboradoras de la Quinta Columna. Gondi daba mucha importancia a esta figura, pues abría y cerraba la nómina de sus crónicas con este prototipo de colaboracionista que, muy probablemente, contaba con referentes reales. En la primera crónica, Tula pertenecía a una familia toda ella muy de izquierdas, pero por unos oportunos piropos acabó convirtiéndose en colaboradora de un sargento de Transmisiones desleal, que fue detenido. Gondi sugiere sólo, sin enumerar, los tipos de colaboraciones posibles que esta mujer podría realizar, sin darse cuenta de que estaba actuando en contra de los intereses de la República y de sus propios intereses (p. 45).

El volumen se cierra [crónica 12] con una nueva referencia al prototipo de Tula, ese personaje femenino de fisonomía multiforme y cambiante, que le servía a Gondi para describir una amplia gama de conductas femeninas contrarias a los intereses de la retaguardia: alteración de la moral del vecindario dando crédito a bulos, servir de correo inocente para quintacolumnistas, divulgación de información por ser demasiado habladora, etc.

Valoración global

Utilizando un tono mesurado, Ovidio Gondi alertaba contra los métodos posibles de organización de distintos prototipos de quintacolumnistas. Sus escritos tenían como objetivo prevenir, advertir a los antifascistas de situaciones que podían perjudicar a la República. Estos prototipos estaba inspirados por conductas de personajes reales de los que sin duda tenía noticia.

Afirmaba Gondi que «el espionaje adquiría las modalidades más diversas y era preciso aleccionar al pueblo en la duda, en la desconfianza» [6 / 87]. La desconfianza conducía a la consigna de «siempre discreción», y a no hablar mucho a conocidos y desconocidos, pues se podía estar informando a la Quinta Columna. Esta pretensión de generar desconfianza era muy contraria a la idea de solidaridad que se supone debía reinar en la zona, pero era necesaria para la buena conducción de la guerra por la República.

Otra idea subyacente en estas crónicas es la constante llamada a la prevención que había que tener, incluso contra las evidencias aparentemente más firmes. Algunas crónicas muestran que era posible que las organizaciones obreras del Frente Popular albergasen gente que parecían militantes, pero eran agentes provocadores. Con su voz de alerta, Gondi creaba y realimentaba la tensión necesaria para no dar facilidades al enemigo ni en la retaguardia:

> Nuestra actitud ha de quedar reflejada en esta expresión imperativa: ¡Desconfiad! Estos trabajos tienen [...] una finalidad: mantener en vuestro pensamiento la idea de que el enemigo está allí donde menos se piensa. Y que nuestros personajes no son personajes de folletín, sino de carne y hueso, enrolados en la Quinta Columna (p. 58).

La cosa no era para menos, e insistentemente lo recuerda: la Quinta Columna no la integraban tan sólo los fascistas, los derechistas, los cavernícolas; los amigos y correligionarios podían formar parte de ella también, inconscientemente (p. 121).

5

EL TESTIMONIO PERSONAL

5.1. Introducción

Si siempre ha existido la necesidad de plasmar el comportamiento, las actuaciones, las opiniones, etc., de los individuos que son protagonistas y observadores privilegiados de la realidad, un hecho que agitó las raíces de una sociedad —como lo fue la guerra civil— no podía quedar al margen de esta necesidad. En estas circunstancias, se producen una serie de testimonios personales, justificaciones de la actuación que cada uno llevó a cabo y qué circunstancias le movieron a ello. Todos ellos tienen distintos orígenes sociales y políticos, pero compartieron tanto las alegres horas de la República como los amargos momentos de la guerra civil. Sus textos recogen esta diversidad de conciencias; en cada uno de ellos podemos destacar rasgos interesantes.

De los materiales aparecidos hemos procedido a una selección en función no sólo de la relevancia pública del autor, sino en ocasiones por todo lo contrario, por lo novedoso, lo insólito del testimonio.

No todos los textos tratados tenían el fin de ser publicados, de ser presentados al público, como el *Diario* de Zenobia o *Guerra en España* de Juan Ramón. El *Diario* de Zenobia es un relato íntimo del matrimonio Juan Ramón-Zenobia que nos sirve para reafirmar su compromiso con la causa de la República y la del pueblo español. En *Guerra en España* de Juan Ramón nos encontramos ante una recopilación de notas y materiales que posiblemente tendrían como fin su concreción en un libro que no llegó a redactar, posiblemente por su gran sentido de la perfección. La publicación posterior de esos materiales ha servido para desmontar esa imagen de posición privilegiada, apartada de la realidad, que sirvió a la dictadura y al «establishment» cultural para perpetuar un esquema simplista de la literatura castellana.

Y por último, el *Diario* de Azaña —sus *Memorias...*—, que nos hace sospechar que era un material para la transformación en un libro. De los tres, quizá sea éste posiblemente el escrito que tenía el objetivo más concreto de ser legado a la posteridad. La importancia de este diario es, a estas alturas, indiscutible y no podía eludirse; pero hemos optado por tratarlo con brevedad por dos razones: la bibliografía existente nos hubiera obligado a extendernos más allá de lo razonable, lo que nos hubiera impedido mostrar otros textos desconocidos, y a ello debemos añadir la publicación aún pendiente de sus papeles inéditos.

Entre los que vieron la luz pública en esta época, están los otros cinco, que se presentan en una gradación que va de la exposición de hechos generales a los relatos de hechos particulares. El texto de Zugazagoitia, *Historia de la Guerra en España,* es una extensa exposición de carácter general, que a través de sus elaboradas notas nos muestra una visión global buscando la objetividad, con el fin de crear las condiciones para una pronta reconciliación.

Antonio Ruiz Vilaplana con *Doy fe...* nos informa, como testigo directo y en un tono judicial —recordemos que fue secretario de juzgado— de la situación de la «justicia» en la zona sublevada. Fue un documento de extraordinaria importancia para la República, por su descripción de la situación sin truculencias innecesarias. Por ello tuvo diversas ediciones y traducciones.

Los libros de Miguel Ángel Pozanco: *Guinea Mártir...* y José Sahareño: *Villa Cisneros...* son crónicas testimoniales de lo que vivieron sus autores. Narran la odisea de un grupo de republicanos que logran escapar de las garras de los rebeldes y regresan a la República, donde exponen todo lo que les aconteció. Estos relatos «insólitos» no han sido incluidos en los circuitos académicos de estudio por eso, y a título de ejemplo las destacamos entre todas las crónicas testimoniales que se producen en este período.

Cerrando este grupo estaría la autojustificación, el alegato personal de Segismundo Casado, *Los últimos días de Madrid,* del hombre que tiene que poner fin al sueño del pueblo español, un sueño de modernidad, de justicia y de libertad, que se convirtió para sus creadores en una terrible pesadilla llena de muerte, destrucción y miseria. Con su caída, Madrid —mito de la resistencia contra el fascismo, tema architratado por tantos autores— cierra el círculo mítico.

5.2. *MEMORIAS POLÍTICAS Y DE GUERRA,* DE MANUEL AZAÑA (1939)

Debemos considerar estas *Memorias políticas y de guerra* [1] como una obra incompleta, ya que en los papeles recuperados en la Escuela Superior de Policía y en otras dependencias del Ministerio del Interior no han aparecido los diarios de Manuel Azaña sustraídos en Ginebra por el vicecónsul Antonio Espinosa [2]. Tal

[1] Manuel Azaña: *Memorias políticas y de guerra I y II,* Barcelona, Crítica, 1981, 4.ª. Las citas, por las páginas de esta edición.

[2] Cipriano Rivas-Xerif: *Retrato de un desconocido,* México, Oasis, 1961, p. 274.

como era de suponer: «No era pensable que allí figuraran los diarios robados durante la guerra civil y, en efecto, no están» [3].

La documentación aparecida pertenece al presidente de la II República y a su cuñado Cipriano Rivas Xerif y tiene en su mayor parte un carácter privado (fotos familiares, cartas, ensayos, cuentos, etc.). Es la documentación arrebatada a la familia Rivas-Xerif en el París ocupado por los nazis, cuando arrestaron y entregaron a las autoridades franquistas a Cipriano Rivas-Xerif para juzgarlo en España.

Así pues, faltan por salir a la luz —si es que no fueron incineradas— parte de sus Memorias [4], que el propio Azaña intentó recuperar canjeándolas por un obispo. Todos estos documentos nos ayudarían a comprender, por una parte, al hombre, y por otra, un retazo de la historia contemporanea de España.

Escribía Azaña:

> No me propongo contarle al público mi vida personal entera. Narrada de modo directo, según los epígrafes usuales, importaría poco. Elaborar observaciones y experiencias, como ahora puedo verlas por reflexión en mi espíritu, y transportarlas a una versión más amplia, más libre que el relato biográfico, me forzaría a meter estrechamente en estas páginas la materia de los libros que no he escrito. Mi designio es otro. Las violentas fortunas de la política me han arrebatado tarde y por breve tiempo. Desquite de la brevedad, su violencia [5].

Es evidente que en una obra como son unas Memorias, el testimonio propio es la base de la información expuesta, es la vivencia personal expresada en palabras.

En esta exposición de los hechos políticos relatados, el autor era casi siempre persona implicada. No siendo así con los hechos bélicos, de los cuales Azaña recibía la información mediante la recopilación de otros testimonios —excepto su presencia en los sucesos de mayo del 37 en Barcelona y en la última parte de la contienda: la retirada republicana hacia la frontera francesa—. La utilización del testimonio ajeno de Azaña en sus Memorias es abundante. Como presidente de la República, recibía a diario gran cantidad de documentos, informes, cartas, audiencias, etc. Todo esto le permitía tener una gran cantidad de información, pero sumamente fraccionada y matizada.

Su gran preocupación consistía en poder entrelazar estos fragmentos para ir

---

[3] Javier Tusell: «Los papeles del Presidente de la II República. ¿Qué hay de nuevo en el hallazgo?», en *El País*, miércoles 1 de febrero de 1984, p. 24.

[4] Incluso las utilizadas por Joaquín Arrarás para desprestigiar a Azaña, mediante su publicación manipulada en 1939. Anteriormente parte de estos Diarios salió manipulada en el rotativo *ABC*, de Sevilla en 1937. Según noticias aparecidas en los diarios (diciembre 1996), la familia del dictador entregó los diarios de Azaña, que tenían en su poder, al Ministerio de Cultura. Todo apunta a que son diarios del período 1932-33. Pero faltan papeles; sobre todo los diarios de Guerra.

[5] Manuel Azaña: *Memorias políticas y de guerra I*, ed. cit., p. 5.

recomponiendo el «puzzle» que era en aquellos momentos la situación que vivía la República.

Cuando la información que recibe procede de una conversación mantenida con algún político o militar, Azaña intenta confirmar la veracidad de las noticias mediante el contraste con informaciones que provenían de otras personas. Intentaba eliminar la parte subjetiva del interlocutor, para quedarse con la esencia de la información.

Azaña se detiene sobre todos aquellos espacios geográficos de España donde se producen los acontecimientos, haciendo frecuentes referencias a otros lugares situados fuera de nuestras fronteras —París, Londres, Ginebra, Alemania, Italia—, donde también se desarrollaban acciones diplomáticas y políticas que afectaban a la guerra. Cada vez que la República perdía parte de su territorio, se reducía —en principio— la zona de donde obtenía información, pero ello no le impedía relatar los acontecimientos que sucedían en la otra zona.

Salvo la última parte de la obra, todo está escrito desde territorio republicano. Este capítulo relata los acontecimientos ocurridos en los últimos territorios en poder de los republicanos y está escrito desde su exilio en Francia.

Las *Memorias* de Azaña en su II volumen abarcan cronológicamente un período que va desde el 11-II-1936 al 28-VI-1939. Este marco cronológico abarca varios meses anteriores al inicio de la contienda y también otros posteriores al final de la guerra civil. Pero no queda reflejado en su escrito el último año de la vida del autor. Al leer la obra detectamos la existencia de varios vacíos cronológicos. Cabe preguntarse si estas partes faltan expresamente con alguna intencionalidad premeditada, o son partes del escrito que faltan por salir a la luz pública, por haber estado en manos de los franquistas.

En sus escritos, Azaña plantea en varias ocasiones un retorno al pasado inmediato, como cuando trata sus recuerdos sobre Niceto Alcalá-Zamora y los sucesos del «bienio negro», o cuando da ciertos detalles de lo acontecido, desde su punto de vista, en las vísperas del alzamiento militar. A lo largo de la guerra, las anotaciones son cada vez más cortas, con menos noticias o simplemente las expone sin llegar a explicarlas. Esto nos da idea de la aceleración temporal en el escrito y en la vida del autor, del cúmulo de graves acontecimientos que se desarrollaron en poco tiempo, que no le permitían escribir.

La escritura de sus *Memorias* va evolucionando a lo largo del tiempo vivencial. Los párrafos son largos cuando su situación es tranquila, pero cuando se produce un aumento de la tensión, su escritura se va reduciendo a unas pocas líneas. Esto lo podemos observar si comparamos, por ejemplo, los párrafos de los dos primeros capítulos con los titulados «Pedralbes: 1938» y «Pedralbes: 1939». Con la tranquilidad del exilio, retorna a su forma habitual de escribir.

Como en todas sus obras, el estilo es sencillo, preciso y claro. Este diario es una mezcla entre la biografía y la crónica. Que sin ser ni lo uno ni lo otro, es las dos a la vez.

Se incluye aquí la narración de las vivencias y las inquietudes de un político republicano durante los años 1936-40 (Vol. II), expresado en forma de diario personal. Azaña va registrando en sus *Memorias* los hechos que van aconteciendo, desde el punto de vista bélico, internacional, de la retaguardia (político, económico, social, etc.).

Sus intentos de moderación entre las distintas fuerzas políticas y la radicalización producida por el estallido de la guerra lo llenaron de desánimo y pesimismo. Este estado de ánimo se ve reflejado en sus *Memorias políticas y de guerra,* no por la difícil situación que vivía la República, sino porque un hombre como él, activo y de decisiones prácticas, no podía hacer nada. Estaba atrapado en una jaula dorada, en el lugar de máximo honor, pero carente de poder. En el escrito se percibe esta tensión.

Sus consejos basados en la moderación y el diálogo chocaban con el «optimismo» de Negrín por la victoria bélica —basándose en la pronta declaración de guerra entre Alemania e Italia a Francia y Gran Bretaña—. Que sus consejos fuesen escuchados, pero no puestos en práctica en el momento, fue lo que llevó a Azaña a ese estado de desánimo y pesimismo: «Mis propuestas no fracasaron, porque no se las sometió al ensayo de la experiencia. Fracasé yo en el empeño de verlas admitidas» [II, p. 438].

Podemos considerar las *Memorias políticas y de guerra* de Azaña como un *Diario,* una exposición de vivencias personales ordenadas cronológicamente, ya que así está estructurado el texto.

Esta forma de plasmación crea, en ocasiones, una atmósfera de tensión en el escrito. Esto sucede así cuando las anotaciones son cada vez más escuetas, casi telegráficas; cuando está recogiendo unos acontecimientos que no sólo dejaron huella en el hombre, sino en la Historia de la Humanidad.

Cuando la tensión y los problemas dejaban de presionar, descubrimos en algunos párrafos de sus Memorias al escritor, como en la descripción que hace del paisaje donde tiene ubicada su residencia:

> ... La tierra roja, caliente, impregnada de aromas y esencias del pinar, destiladas por el sol, se sorbe un diluvio con ansia, y al siguiente día vuelve a haber polvo (...) Anochecido, un pino viejo nos cobija en la punta del jardin. Piñas nuevas, todavía verdes, henchidas de jugos, gotean resina [II, pp. 275-276].

A lo largo de la obra descubrimos que la crítica que hace a la situación que vive España va cambiando de tono, hasta convertirse en comentarios irónicos y llegando en ocasiones al sarcasmo: «La directora de Primera Enseñanza [...] por la Comisión del Día del Niño. Rivalidades con la Comisión de auxilio femenino del Ministerio de Defensa. Ni para dar juguetes a los niños pueden ir juntos» [II, p. 420].

Una característica que se va destacando en el escrito de Azaña es su «pesimismo» ante la situación bélica y la actitud de las potencias europeas frente a la situación que vive la República. Donde la actuación del Comité de No-Intervención es «una especie de Congreso de Viena permanente». Pero no sólo le afectaba esto, sino la falta de gente con capacidad de mando y criterio propio, que no estuviesen sujetas a la influencia de partidos políticos o sindicatos.

Azaña recogía en sus escritos el proceso de destrucción de las instituciones republicanas por estar sumamente politizadas. Poco a poco va viendo que todo aquello que representaba a la República iba desapareciendo, tanto por las acciones desde el interior como por la fuerza del exterior:

> A mi juicio, el Comité de No-Intervención se creó precisamente para intervenir en España, no como lo ha hecho hasta ahora, encubriendo la intervención alemana e italiana, sino de un modo declarado y colectivo cuando convenga a los intereses británicos, o, dicho de otro modo, al interés de «conservar la paz» [II, p. 75].

5.3. *Historia de la guerra en España*, de Julián Zugazagoitia (1940) [6]

Historia de la guerra en España de Julián Zugazagoitia, son sus memorias periodísticas y políticas y fue impresa en Buenos Aires con fecha de 8 de octubre de 1940 —por estas fechas sería ejecutado en Madrid—. Fueron reeditadas en París el año 1968 bajo el título de *Guerra y vicisitudes de los españoles.*

Antes de entrar a estudiar su *Historia* debemos detenernos a examinar, aunque sea brevemente, una pequeña obra titulada *Madrid, Carranza 20* [7] crónica sentimental del Madrid sitiado, escrita desde una cierta distancia temporal, «Esos a quienes Barcelona ha dicho conmovida la gratitud de España, se llevan de nuestra tierra sus buenas cicatrices» (M. p. 22) y posiblemente geográfica: «Éstas donde yo no sé, ... en este cuarto, pobretón y raído, de un hotel de París» (M. p. 133). De su lectura se desprende una sensación de ansiedad, infortunio y tristeza. Tal vez sea por su capacidad de explicar las situaciones que se vivieron en aquella ciudad o por una profunda convicción de relatar los hechos con toda su crudeza y por su carácter melancólico, pero en todos ellos palpamos esa reflexión propia de una persona acostumbrada a cargar con grandes responsabilidades.

---

[6] Para Julián Zugazagoitia, véase Manuel Rubio Cabezas: *Diccionario de la guerra civil 2*, Barcelona, Planeta (Espejo de España, 128), 1987, p. 797.

[7] Julián Zugazagoitia: *Madrid, Carranza 20*, Madrid, Ayuso (Bibl. Silenciada, 1), 1979, 143 pp. Las citas (M. p...) por esta edición.

Madrid... es un homenaje a los milicianos, a los militares, a todos los ciudadanos de Madrid por su valentía en los momentos más difíciles: «Fue muy duro aquel primer invierno; pero para nadie lo fue tanto como para las mujeres que, caminando sobre el barro de la calle o pegándose a las paredes en que hacían las colas, se esforzaban por alcanzar las cosas humildes que se habían convertido en la sal de la vida» (M. p. 44). Mención especial y afectuosa es la que dedica a los compañeros socialistas que tuvieron un importante papel en aquellos días.

No son unas crónicas periodísticas, al estilo de M. Bajatierra o Clemente Cimorra; son un comentario cariñoso y entrañable de los sucesos y personajes que impresionaron al autor, tanto por su valor personal como por su fuerza en aquel Madrid sitiado.

Zugazagoitia intenta superar en su *Historia de la...* las típicas memorias que simplemente relatan unos hechos y exponen unas opiniones personales. El autor intenta ser profundo, no trata de escribir —como él confiesa— una historia de la guerra, sino la historia del sufrimiento del pueblo español en esos amargos y difíciles años. La información que recoge tiene un claro «enfoque personal» tal como declara el autor, pero eso no merma su importancia, ya que: «mantengo la verdad de mis observaciones. Una gran parte de ellas fueron anotadas al día, con escrupulosa fidelidad»[8].

El estilo es el mismo que mantuvo Zugazagoitia en sus artículos periodísticos, utilizando un tono no tan melancólico como en *Madrid, Carranza 20.* Durante el desarrollo de la obra intercala diálogos (que él mantuvo o que pudo recoger), lo que da mayor fluidez a un escrito que de por sí —en sus casi 600 págs.— y con la cantidad de información que aporta, llega a hacerse pesado.

Al final de la obra, desde su posición privilegiada va incluyendo, tal como explica el autor, «Varias referencias verbales, a las que hay que añadir publicaciones e informes, me han permitido reconstruir las escenas que se refieren a los últimos capítulos» (p. 2).

Nos parece que por la dinámica general del volumen, el autor recogía las ideas en el momento, pero que la elaboración definitiva de su *Historia de la guerra en España* fue realizada al final de ésta o en el exilio.

La obra queda estructurada de la siguiente manera: un prólogo, 60 capítulos y un epílogo. En el prólogo el autor expone tanto las intenciones que le han motivado a escribir este libro, así como la importancia que pueden tener los escritos de los propios protagonistas, que deben ser lo más objetivo posible, puesto que así se conseguirá dar a las nuevas generaciones otra visión de la guerra, menos apasionada: ... que todo lo que me parece soportable antes que envenenar, con un legado de odio, la conciencia virgen de las nuevas generaciones españolas (p. 2).

[8] Julián Zugazagoitia: *Historia de la guerra en España,* Buenos Aires, Tall. Gráf. La Vanguardia, 1940, p. 2. Las citas, por esta primera edición. Las ediciones posteriores cambiaron el título por el de Guerra y vicisitudes de los españoles.

El epílogo es una crítica satírica contra Franco. Zugazagoitia, ateniéndose a la propaganda de los sublevados, nos presenta a Franco como un caballero justiciero, siempre fiel a la bandera monárquica que llevó a España a las más altas glorias en la historia; roto su juramento ante su pasado, al tener que prometer defender la bandera tricolor, juró venganza.

Los personajes de Azaña y de España son descritos así: ... [Ministerio de Guerra]. Ésta era su cueva el perverso enemigo, dragón, serpiente o grifo, el monstruo en suma, encarnaba en la persona de don Manuel Azaña (p. 589).

Azaña era el pérfido personaje, según la literatura propagandística de los sublevados, que lo único que intentó como ministro de Guerra fue desmontar un ejercito colonial, que ocasionaba más gastos y problemas que beneficios a España. De aquí surge el odio por este hombre.

Y España, débil doncella indefensa ante las garras del monstruo, debe ser retornada a su camino imperial. La crítica a la figura del general finaliza con estas palabras: «Izado en su peana de caudillo, Castilla que le hizo, le deshace, mientras ruedan por la llanura ilimitada, con las descargas de los piquetes siniestros, vítores de esperanza y resurrección de las víctimas» (p. 590).

En los sesenta capítulos de esta *Historia de la guerra en España,* los títulos de los apartados que se anuncian al principio de cada capítulo no coinciden luego con los encabezamientos de los apartados. Esto nos hace pensar que posiblemente la primera intención sería desarrollar la obra manteniendo el esquema clásico de un libro y que posteriormente cambiase de idea y pasase a un típico estilo periodístico para darle mayor fluidez a la lectura. Otra posibilidad es que quisiera dar unas ideas de lo que va a tratar en cada capítulo. Los títulos de los apartados en ocasiones recuerdan a encabezamientos de artículos periodísticos.

Dentro de la obra podemos diferenciar dos partes. Observamos esta diferencia en cuanto al desarrollo del tema que, sin salirse de la guerra, está condicionado por la posición del autor.

La primera parte englobaría la información obtenida desde su posición como redactor de *El Socialista,* con una importante responsabilidad sobre la moral republicana, el desarrollo del peculiar ambiente del Madrid revolucionario y heroico, la lucha y el sufrimiento del pueblo español contra las fuerzas reaccionarias y la invasión extranjera, haciendo también referencia a la situación política y gubernamental. Abarcaría desde el principio del libro hasta aproximadamente el capítulo 19.

La segunda parte comenzaría en el capítulo 19 hasta el final de la obra, con la entrada del autor en el maltrecho aparato del Estado republicano como ministro de Gobernación y posteriormente en la Secretaría general del ministerio de Defensa, hasta su salida hacia el exilio. En esta parte observamos que da mayor importancia en su exposición a la problemática del funcionamiento de los gobiernos republicanos, que a los avatares que padece el pueblo español. El autor nos explica: «La empresa la consideraba superior a mis fuerzas y notaba por añadidura que me faltaba vocación. En cambio, tenía una gran curiosidad por conocer el mecanismo interior del Gobierno» (p. 283).

Desde su interior, con una perspectiva más cercana, Zugazagoitia observará la problemática del Estado, describiendo los entresijos políticos, la cuestión de la guerra, las opiniones de los políticos y sus ambiciones.

La idea principal que se desarrolla a lo largo de la *Historia de la guerra en España,* es la defensa de la República, de sus líderes y del pueblo español.

Esta defensa de la causa republicana no está exenta en esta obra de una crítica sobre determinados aspectos y momentos. Desde su posición de redactor en *El Socialista* y posteriormente como ministro de Gobernación, siempre luchó por impedir los desmanes y las alteraciones del orden público, que acababan casi siempre, trágicamente, con la muerte: «Si digo que en Madrid se ejecutaron a muchas personas no me atraeré el odio de nadie, ni confesaré nada que no se sepa» (p. 59). Lo que le irritaba era esa falta de control del gobierno sobre las masas populares que cometían estos hechos —comprensibles en ocasiones, según él, pero jamás justificables— y por supuesto, la ausencia de disciplina dentro de las organizaciones políticas y del Estado republicano.

Temas y personajes

Sería muy larga de exponer la explicación de los hechos y la justificación que Zuzagoitia hace de los líderes republicanos a lo largo de la obra y la crítica a las fuerzas que apoyan el levantamiento militar y a sus dirigentes.

Pero donde observamos más claramente esta justificación es en la figura política y humana de Indalecio Prieto —dirigente de los socialistas moderados y amigo suyo, que queda, a nuestro entender, muy bien tratada. Prieto es la persona que públicamente da la noticia del levantamiento que se prepara. Partidario de la alianza con la burguesía republicana, es la persona que afirma tener la solución para el problema militar, poco antes de que se produzca la insurrección.

Como ministro de Defensa, Prieto intenta llevar a las fuerzas republicanas a la victoria, pese a la carencia de material y de mandos intermedios... «No teníamos cabos, ni sargentos, ni tenientes, y en cambio nos sobraban jefes de los llamados humorísticamente por Miaja "de la semana del duro", que no se avenían con mandos inferiores al de brigada o división» (p. 357), pero siempre estuvo abastecida de hombres y de moral.

El posterior enfrentamiento entre Prieto-Negrín era debido a la distinta concepción de los hechos. Negrín fue siempre optimista, Prieto era pesimista, y muchos ministros y adversarios confundieron ese pesimismo con derrotismo; por eso fue tan duramente criticado. Zugazagoitia nos explica el comportamiento de Prieto:

> No renunciaba a publicar la verdad. Esta política del parte de guerra no era del gusto de Negrín [...] (p. 354).
>
> No creo equivocarme al decir que la mayoría de los ministros quedamos afectados por las palabras de Prieto, sin que las de Negrín nos tranquilizasen (p. 357).

La opinión sobre otros líderes políticos queda reflejada a lo largo de la obra; así, por ejemplo, sobre Largo Caballero y su programa político afirmaba: «Carecía, como más tarde se vio, de intuición y de información. Lo primero no es sorprendente; era una consecuencia no de la falta de dotes, sino de su dogmátismo marxista al que, por haberse adherido con algún retraso, ofrendaba una fidelidad ciega. De tal naturaleza era ese embeleso, que la interpretación de todos los signos sociales de aquel período de la vida española, lejos de producirles la menor inquietud, provocaba en ellos un secreto contentamiento; en cuanto a las huelgas, los altercados y los encontronazos sangrientos representaban el fracaso gubernamental de los republicanos» (p. 5).

Las referencias a la personalidad política de Manuel Azaña no son muy numerosas y algunas de ellas son opiniones de terceras personas: «Sostenían que su energía (de Casares Quiroga), como la del propio don Manuel Azaña, no pasaba de ser una energía verbal y sin consecuencias una vez terminada la polémica parlamentaria» (p. 23). […] «Azaña me hizo una acogida amable y me animó con unas palabras de confianza» (p. 276).

En cambio, sí que tenemos la opinión que le merecía el autor al presidente de la República:

> Vasco taciturno, siempre se me ha mostrado muy deferente y respetuoso. Era de los socialistas azañistas que había en las Constituyentes […] pertenece al grupo anticaballerista […]. Sin ser periodista sobresaliente, ni mucho menos, es discreto, sesudo y razonable, muy apto para el público a que se dirige, necesitado de cierta machaconería. Lo malo es que a veces pretende «hacer estilo» y debe creer, y otros lo deben creer sin duda, que es muy bueno... [9].

Zugazagoitia a lo largo de su obra ataca a las fuerzas que apoyaron al alzamiento. Además crítica al intervencionismo o no-intervencionismo de las potencias europeas. Las fuerzas antirrepublicanas representaban la España conservadora y en muchos casos la España reaccionaria, soñadora de viejas glorias, dispuesta a la lucha sin perdón.

---

[9] Manuel Azaña: *Memorias políticas y de guerra II,* Barcelona, Crítica (Temas Hispánicos 31), 1981, 4.ª, p. 60.

También enjuiciaba a las clases adineradas que, en los momentos difíciles, «... se pusieron en camino hacia climas más seguros. Navarra atraía la preferencia de los más. Aquellos a quienes sus recursos económicos se lo consentían, no conformándose con la garantía de Navarra, la buscaron en las playas portuguesas o francesas, que agregaban a la seguridad los suaves encantos veraniegos» (p. 25).

Las clases conservadoras rurales ante los ataques que sufría la Iglesia, la propiedad de la tierra, el desencanto de la CEDA y el fermento de la Falange, acabaron enfrentándose abiertamente a la República.

Sobre la Iglesia afirmaba que, tras la expulsión de los jesuitas mira con malos ojos a la República y, posteriormente, con las nuevas medidas que recortan el poder de esta institución, se propicia el enfrentamiento. A esto hay que añadir los ataques y el recelo de las masas urbanas ante la Iglesia y sus hombres —enfermedad que ha sufrido esta institución desde el siglo XVIII— hace que ésta se decante por el «cristianismo de los militares sublevados».

Tras el fracaso del alzamiento militar, la situación que se plantea en España queda reflejada en esta frase de Zugazagoitia:

> ... de movimiento revolucionario se transformaría en guerra civil, y poco después, con la presencia de los alemanes e italianos, en guerra de invasión por parte de Burgos y de guerra de independencia del lado de Madrid (pp. 43-44).

Una vez finalizada la guerra, Zugazagoitia adivinaba claramente el futuro que le espera a España bajo el gobierno de Franco:

> Franco quiere algo mejor que los baratos laureles militares distribuidos a brazadas. Está saciado de títulos menores y fatigado de adulaciones cortas. Desea el privilegio de acuñar moneda con su efigie y su nombre; aspira al trono [...]. Con el rey hace cuentas de mesa de figón. Para desenojarle le devuelve todos los bienes que le desposeyó la República, sustrayéndole el principal: la corona (p. 590).

El autor anuncia lo que ocurrirá: la Dictadura.

Valoración

La idea principal que Zuzagoitia va desarrollando a lo largo de esta obra es la defensa de la causa republicana y una crítica a la agresión de los militares y civiles rebeldes. Un segundo objetivo es la defensa de la figura de Indalecio Prieto.

Esta obra resulta, por la fecha de su publicación, un importante intento globalizador de los acontecimientos, es: «... una contribución desinteresada para quienes, con el debido rigor, se propongan escribir imparcialmente» (p. 2).

Zugazagoitia sabe que la objetividad que él pretende en la narración de los acontecimientos «no gustará a nadie. Según un amigo mío, es todavía temprano para permitirse el lujo de la imparcialidad» (p. 2).

La verdadera importancia de esta obra se debe a la visión de la estructura política de la España Republicana que describe. Su peso radica, a nuestro entender, no sólo en la descripción y el análisis que realiza de los partidos políticos y de sus líderes, sino en haber intentado un acercamiento a la sociedad republicana.

La finalidad última del autor consiste en resaltar la importancia que deben tener los escritos de los protagonistas —mientras no caigan en la apología— para los historiadores de las nuevas generaciones, que deben reconstruir la historia de la guerra civil.

5.4. *Doy fe... [Un año de actuación en la España nacionalista]*, de Antonio Ruiz Vilaplana (1937)[10]

La obra [11] de Ruiz Vilaplana es un volumen de memorias de un testigo ocular de hechos ocurridos «en el otro lado», en el territorio dominado por los sublevados. Las abundantes ediciones de esta obra [12] nos dan clara idea de cuánto fue utilizada en la zona republicana para fines propagandísticos. El subtítulo («Un año de actuación en la España Nacionalista») acota el período histórico cuyos hechos reseña —de julio de 1936 a junio de 1937—, con una breve exposición de la organización y situación social previa a la sublevación —realizada en el capítulo primero.

Formalmente, las descripciones en primera persona y el diálogo se mezclan con abundante descripción en tercera persona.

Del volumen de Ruiz Vilaplana no se desprende ninguna heroicidad personal ni colectiva; no hace alabanza de nadie, sino que adopta una actitud de narrador objetivo, desapasionado. Pero de la descripción realista y escueta de los hechos

---

[10] Cf. noticia biográfica del autor.

[11] Las citas y comentarios se basan en el volumen de Antonio Ruiz Vilaplana: *Doy fe... [Un año de actuación en la España Nacionalista]*, París, Imprimérie Coopérative Etoile, s.a. ¿1937?-2.ª, 258 pp.

[12] Hemos hallado referencias de ocho ediciones distintas, realizadas en plena guerra civil: las dos de Imprimérie Etoile de París; una realizada en Barcelona, por Ediciones Españolas, 1937; otra realizada en 1938 por Editorial Perseo, de Buenos Aires; otra más realizada en diciembre de 1937 en Panamá por el Comité de Defensa de la República Española; una sexta realizada en 1937 en Barcelona por el Comissariat de Propaganda de la Generalitat de Catalunya; la séptima se realizó igualmente en 1937 en francés por Jean Flory, s.l. Asimismo en Gran Bretaña se publicó una traducción en inglés, que preocupaba mucho a los defensores de Franco. En 1938 en Gibraltar estaban haciendo muchos esfuerzos por contrarrestar sus efectos. Para ello querían publicar una obra similar, de un juez escapado de la zona republicana. Existía ya una redacción en castellano [¿Era ésta una obra de «Juan de Castilla» titulada: *La Justicia revolucionaria en España?]*; pero aún se necesitaba traducirla al inglés y un editor para Gran Bretaña.

surge una acusación demoledora contra los sublevados por cuanto pasaba, bien visible en el capítulo 20 (último): «La invasión extranjera», que adquiere el valor de conclusión: pocos parecían advertir que, en el trasfondo de la guerra, se estaba produciendo una invasión.

La obra aparece dividida en dos partes de diez capítulos cada una, más un epílogo. Temáticamente existen tres núcleos sobre los que se proporciona información: uno primero de introducción y exposición de las atrocidades cometidas desde la sublevación predominantemente en la zona de Burgos. Un segundo núcleo está dedicado a tres de las figuras clave de los sublevados [Mola, Franco y Queipo de Llano]; y un tercer núcleo en el que realiza un análisis sociológico de los colectivos que combatían en cada zona.

En cuanto a contenido, todo el libro es antológico sobre el nivel alcanzado por la barbarie clerical-fascista-militarista. La actitud personal de Ruiz Vilaplana ante el alzamiento era inicialmente expectante, viéndolo «no con entusiasmo, pero al menos con un margen de espera y confianza» (p. 252). Pero, ante la barbarie de asesinatos de inocentes, pronto empezó a desmarcarse: «... aquello no era más que el imperio del clericalismo y la tiranía del rico, del poderoso, apoyada en la fuerza y en el terror; el triunfo del «muera la inteligencia» de Millán Astray, degenerado por el fracaso militar de una infame venta del país al fascismo extranjero» (p. 252).

La gota que colmó su desencanto fue la descarada e infamante injerencia extranjera en la zona que controlaban los sublevados: «En el interior, la gente estúpida, reaccionaria, cebándose en el crimen y la venganza sobre el vencido y el contrario en ideas, dejaba rienda suelta al verdadero enemigo, al invasor taimado y consentido» (p. 252).

Actuando en conciencia, el 30-VI-1937 Ruiz Vilaplana consiguió marcharse a Francia, pues decía que

> ... quiero entrar en la verdadera España, en la España republicana, con toda mi verdad por delante [...] vengo de la otra zona, [...] un día, convencido de lo que es aquello, lo dejé todo, mi cargo y mis ventajas, para servir a la España leal, en el puesto que me designe (p. 254).

El alzamiento en Burgos y la represión reaccionaria

A esta cuestión se refiere toda la primera parte, excepto los capítulos quinto y octavo. Contiene lo que Ruiz Vilaplana denomina «los hechos», una especie de esbozo para una breve historia de un año de represión en la «zona nacional». La exposición de detalles sociológicos de la vida diaria facilita la comprensión de las reacciones posteriores. Las fuerzas clericales-reaccionarias censuraban que la gente leyese periódicos como el *Heraldo de Madrid,* o *La Vanguardia* de Barcelona. Esas mismas fuerzas dominantes tenían organizada una situación de abuso en el arriendo de tierras a aparceros y en la compra del cereal que producían. Con una embrionaria organización, los trabajadores consiguieron un diputado en las elecciones de febrero de 1936, lo que desató las iras de las organizaciones de derechas. El asesinato de Calvo Sotelo fue enrareciendo el ambiente local; y las autoridades republicanas no fueron capaces de controlar la situación. Con la sublevación militar fueron apareciendo los primeros personajes locales comprometidos. El 18 de julio,

> ... salía [de la catedral] un cortejo extraño, formado por mujeres enlutadas, viejas en su mayoría, y todas portadoras de grandes escapularios y medallas; atropelladamente avanzaban hacia el Arco de Santa María, llevando al frente una enorme bandera monárquica. Las campanas de la nave central ponían su nota estruendosa y a duras penas, empujándose y guiadas o, mejor dicho, empujadas por varios sacerdotes y caballeros enlutados, aquella masa en movimiento era una nota aquelarresca por su negrura y tono sombrío, que contrastaba con el hiriente y deslumbrador colorido de la bandera bicolor desplegada» (pp. 26-27).

Tras este acto, Sainz Rodríguez dirigió la palabra y comunicó compungido y sin sonrojo alguno que Calvo Sotelo y él mismo tenían asignada la zona de Burgos para la sublevación.

Tras estos prolegómenos empezó la represión en una ciudad —Burgos— donde la Falange no tenía ninguna implantación. Todo lo más, una banda de pistoleros con camisa azul [13], dados a bravuconadas, que actuaban sin ningún respeto por la justicia, cuyos actos nunca investigó la policía o la Guardia Civil. Es más, se prohibió dar publicidad a las muertes que ocasionaron. En consecuencia, los líderes sindicales y obreros se ocultaron. En los días siguientes se incrementó la represión [14], con una desconocida ferocidad, especialmente en Villadiego, Aranda de Duero, Castrojeriz y Miranda de Ebro. Buscaban a los líderes obreros para fusilarlos posteriormente, a veces en grupos, normalmente de manera individual y, con frecuencia, por la noche. Así fueron apareciendo diversos casos vistos en la actuación judicial de Ruiz Vilaplana: «Era tal el terror [...] que el propio hermano no se atrevió a reconocerlo oficialmente en el sumario [...] temían los familiares que [...] se ejercieran también sobre ellos represalias» (p. 41).

Los sumarios de «hallazgo de cadáveres desconocidos» aumentaban sin cesar, y el nuevo «Estado» practicaba por justicia un terrorismo despiadado. Ante la queja por estos hechos, las nuevas «autoridades» prometieron hacer las cosas mejor: seguían matando, pero enterraban los cadáveres para que no quedasen testigos acusadores. Sin embargo, pronto empezaron a aparecer personas desencantadas con el movimiento militar.

[13] Los «Legionarios de Albiñana».

[14] A su descripción se dedica el capítulo 4.

En el capítulo seis sigue la relación ominosa de muertos inocentes. Un católico practicante como Ruiz Vilaplana no perdía ocasión de criticar a los jesuitas por sus maniobras contra la República. La misma lengua se impregnaba de aspectos grotescos, cuando la gente hablaba de «fiambres» y «sardinas» para referirse a muertos o ejecutados en cualquier lugar.

El capítulo ocho está dedicado al hallazgo de cadáveres en un bosque cercano a la Cartuja de Miraflores. Allí, un monje amigo de Ruiz Vilaplana le informó de las ejecuciones realizadas en los alrededores ya en agosto de 1936. Desde entonces, la Cartuja había adquirido una fama siniestra, como consecuencia de los enterramientos efectuados en las cercanías.

Otro lugar siniestro fue el Penal de Burgos [15], prisión modélica construida por la República [16]. En el momento de la sublevación había más de 3.000 presos, muchos de los cuales fueron ejecutados sin instrucción de causa. Uno de los ejecutados fue el propio director, Julián Peñalver. Además, a sus cinco hijos pequeños se les hizo vestir el uniforme falangista. Los verdugos también solían robar los vales de propiedades de los reclusos, los cuales cobraban al día siguiente de la ejecución.

El texto sube de tono en el capítulo diez, con la indignación de Ruiz Vilaplana por el asesinato de un ser totalmente inocente: el músico poeta Antonio José [17]. Este caso fue la gota que colmó el vaso de su paciencia y razón por la que Ruiz Vilaplana decidió alejarse de la zona nacional, marchándose a Francia.

Los líderes de la sublevación

En el capítulo cinco se describe la entrada del general Mola en Burgos, entre repiques de campanas, para la constitución de la «Junta de Defensa Nacional»: el primer Gobierno rebelde. En el capítulo ocho se relata la muerte de Mola y los actos celebrados en Burgos, en los que estuvo presente Ruiz Vilaplana. Aunque no muestra simpatía por él —ni por los otros—, sí que se adivina una cierta preferencia, pues pensaba que si Mola no hubiese muerto, no habría tolerado la humillante intervención extranjera que Franco permitía y que tanto disgustaba a Ruiz Vilaplana.

En la segunda parte, el capítulo once está dedicado a la figura de Franco, descrito de forma muy poco heroica —a diferencia de como lo presentaba la propaganda oficial—. En casi todo el capítulo pervive un tono grotesco y ridículo. Así

[15] A estos hechos les dedica el capítulo 9.

[16] Hasta febrero de 1936, allí hubo unos 800 ó 900 presos de los sucesos de 1934 en Asturias.

[17] Se ha hablado y escrito mucho sobre la muerte de Federico García Lorca, como si hubiese sido el único. Lamentablemente hubo muchísimos muertos más que el recuerdo selectivo ha ido dejando en el olvido. Tales pueden ser las casos del músico poeta Antonio José, cuya memoria reivindicamos aquí.

sucede al comentar los dos viajes que tan aparatosamente Franco realizó a Burgos —que fueron sendos fracasos parciales—, pues casi nadie entre el gentío lo reconocía ni sabía quién era. Estos detalles ponen de manifiesto una clara falta de popularidad. También desilusionó mucho a la gente su baja estatura. Mas lo realmente grotesco sucedió en el funeral de Mola cuando, queriendo hacer un gesto sublime en honor del finado, levantó el brazo para saludar con energía, a la vez que mostraba a los presentes un gran roto en la axila de su guerrera, por lo que su gesto más bien causó hilaridad. No era ésta una propaganda muy edificante para un líder de la nueva «España Imperial». Ruiz Vilaplana también observaba que Franco tenía muy poco interés. Se le había hecho un líder, agobiando a todos con la propaganda gráfica, pues todos los comercios, oficinas, etc., debían tener una fotografía suya [18]; pero todo se debía más a los intereses de las potencias fascistas que a sus méritos personales. Franco resultaba menos molesto que el católico Mola. Además, Queipo de Llano lo había anulado totalmente en Andalucía, cosa que, en algún momento, parece que a los representantes alemanes e italianos les hizo desear cambiarlo. También se lo presenta como un traidor a todos (p. 124), duro de sentimientos y amargado por no haber podido tomar Madrid como pretendía.

El capítulo doce se dedica a Queipo de Llano —amo y señor del sur de España desde el 18 de julio—. Se destaca en él su proceder arbitrario permanente, pues se saltaba todos los cauces reglamentarios para realizar nombramientos y resoluciones, conceder o despojar de tal o cual monopolio. Queipo estuvo en Burgos en octubre de 1936 y describía así la situación de Andalucía: «... se ha fusilado a mucha gente, pero los que quedan..., ¡ésos viven como Dios!...» (p. 133).

Los colectivos que participaron en la sublevación

Del capítulo 13 al 20, el libro de Ruiz Vilaplana contiene muchas observaciones sociológicas sobre los colectivos de la zona sublevada. Al «Gobierno de Burgos» le dedica el capítulo 13. Burgos fue elegida capital por exclusión de otras posibles, y mientras Mola tuvo un papel preponderante. Cuando Franco controló el poder, trasladó a Salamanca los ministerios políticos y económicos, y Burgos quedó como sede de ministerios secundarios. El enfrentamiento Burgos-Salamanca por la capitalidad encerraba el enfrentamiento de distintas formas de poder dentro del bando sublevado. Mola era molesto para los intereses ítalo-alemanes; mientras que Franco era su hombre de confianza.

En dicho gobierno, el financiero catalán Bau,

[18] A nivel popular, había gente que comentaba que «este hombre se hace más publicidad que Greta Garbo» (Cf. p. 119).

preside con su elegancia y frialdad la comisión de Industria y Comercio» [embrión de ministerio]. Bau «representaba a Cambó, Ventosa y Cía. en aquella zona y es el enlace entre esta sociedad y su gobierno. [...] La sociedad Cambó, Ventosa y algo de March, está allí operando a largo plazo y riesgo posible; es jugada arriesgada (p. 150).

En las páginas 144-149 se describe el proceso de selección de personal para la incipiente administración de la zona sublevada. Era buena garantía el poder demostrar que uno había sido torturado en zona republicana, aunque al final resultase que sólo lo hubiese sido «psicológicamente» (!), o ni tan siquiera uno mismo, sino un familiar (!).

A la «justicia» se le dedica el capítulo catorce. El nuevo «Estado» consiguió asustar a todo el personal relacionado con la justicia y, tras ser depurado, permanecía inhibido para sobrevivir. La «nueva» justicia se aplicaba por tribunales militares «eventuales» *(sic)* y por consejos de guerra «eventuales» *(sic)* que actuaban sin garantías jurídicas, revistiendo de legalidad las actuaciones de fuerza de aquel régimen oligárquico, realizadas mediante juicios sumarísimos «de urgencia» *(sic)* (p. 159), por un personal con dudosa cualificación. En realidad, «cada jefe con mando llevaba en su "equipaje" un consejo de guerra... para su uso particular (!)» (p. 163). Incluso estos «profesionales» de la justicia pretendían sacar un decreto increíble: «La novedad consistía en que no era preciso para dictar sentencia ni siquiera oír al acusado» *(sic)* (p. 164). A esto se opuso el agregado alemán. Asimismo, se celebraron juicios «a posteriori»; «juicios en los que la ejecución había precedido al fallo» (p. 164). A otras personas se las juzgó por sospechas, sin que hubiese habido delito; y para ellas se pidió y se consumó la pena de muerte. Una tercera forma de «justicia», ya vista, era la oculta, de represión arbitraria y de asesinato sin trámite judicial (p. 167 y ss). Con todo, Falange aún fue quien menos víctimas causó, procurando respetar cierta legalidad. Sus crímenes «... no tienen punto de comparación, en intensidad e injusticia, con los cometidos por otras fuerzas reaccionarias, y notoriamente, llevándose la primacía, la Guardia Civil y las fuerzas clericales» (p. 169).

En el capítulo quince se revisa otra forma de injusticia: las «incautaciones de bienes», aplicadas a los no afectos o a quienes leían periódicos de izquierdas (p. 171), por coacción sutil o pretendidamente legal, según el capricho personal de cada jefe militar. La incautación tenía carácter preventivo, antes de ser declarado culpable o inocente (p. 181). Al principio se incautaron bienes de partidos del Frente Popular; luego de personas afiliadas a dichos partidos [19], para llegar a incautar bienes de personas no afectas al movimiento [20]. Fácil es concluir que esto era un auténtico expolio, protegido por un poder militar dictatorial.

---

[19] Según un Decreto del 10 de enero de 1937. Antonio Ruiz Vilaplana. *op. cit.*, p. 182.

[20] *Ibídem*, pp. 183-84. Por otro Decreto del 21 de mayo de 1937, se aumentó la presión recaudatoria por medio de Brigadas de investigación que, en provincias como Málaga, percibían un porcentaje «como gratificación» por el trabajo realizado (!).

El clero aparece tratado en el capítulo 16. Impresionan los juicios de una persona moderada como Ruiz Vilaplana. El clero nunca aceptó la República y, con la sublevación, magnificó la persecución de que fue objeto en zona republicana, azuzando a las masas contra la «perversión» de la República. Afirmaba Ruiz Vilaplana: el clericalismo «ha cometido el crimen imperdonable de elevar a guerra santa una lucha fratricida» (p. 190-191). Según vio Ruiz Vilaplana, desde el púlpito los sacerdotes avivaban el odio y fomentaban el exterminio del oponente, no la reconciliación. El clero también contribuyó a crear listas muy poco fiables de masones. Asimismo obligaba a oír misa y comulgar a todos los presos del penal de Burgos.

A los militares se les dedica el capítulo 17, con interesantes observaciones. El militar español —opinaba Ruiz Vilaplana— no era imperialista; más bien era una persona resentida por su mediocridad económica. Los militares que apoyaron la sublevación no iban a cejar en el intento, pues les significaba, de promedio, un incremento de tres grados en el escalafón. También habían copado muchos puestos de mando civiles, controlaban todo y recibían abundantes prebendas: vehículos decomisados, condecoraciones [21]. Asimismo —decía Ruiz Vilaplana— el militar medio tenía unas aspiraciones poco elevadas: sólo pretendía subir en el escalafón, objetivo que conseguía con la sublevación. Por eso el alzamiento no fue secundado por

> ... los militares dignos y amantes de su noble profesión, ni por los niveles más cultivados y valiosos de la oficialidad, sino [por] la inmensa legión media del escalafón [...]; miles de jefes y jefecillos resentidos y preparados. Gran ocasión para las medianías, los descontentos e ineptos (p. 211).

El capítulo 18 lo dedica al análisis de las distintas milicias de la zona rebelde. Ruiz Vilaplana había conocido en la Universidad al líder falangista —José Antonio—. La España reaccionaria que lo adoptaba como símbolo no conocía ninguno de sus trabajos sociales o literarios. Ante el auge de militancia, la Falange estaba recibiendo mala fama por excesos en la represión, otorgada por las fuerzas monárquico-clericales. Posteriormente Ruiz Vilaplana explicaba con claridad los procesos de fusión seguidos por las organizaciones del campo de los sublevados.

El pueblo se convierte en tema de análisis en el capítulo diecinueve. Según Ruiz Vilaplana, la división del país en dos zonas fue resultado de la acción militar, no de la civil. El pueblo seguía pensando que aquella guerra no era un levantamiento contra un poder opresor o invasor, sino «... un golpe militar monárquico y reaccionario, y el pueblo ha ido presionado, a remolque de él» (p. 227). Por eso muchos trabajadores se refugiaron en la militancia en Falange (p. 228).

[21] La Cruz Laureada de San Fernando se desprestigió bastante, pues en casi todos los grados del escalafón existían personas que la habían recibido como recompensa [Cf. p. 203].

Sufriendo una férrea censura militar, la gente debía formarse una idea de lo que pasaba en zona republicana por información manipulada. Efectivamente, la propaganda rebelde explotó arteramente noticias falsas como la muerte de Benavente, de científicos como Gómez Ulla, del torero Villalta, de Ricardo Zamora, del obispo de Valladolid, dando todo lujo de detalles sobre torturas sufridas —¡aunque después apareciesen vivos!— [22]. El pueblo fue engañado con otro truco fenomenal de la propaganda rebelde: el de las supuestas listas «rojas» de gente a ajusticiar o torturar, lo que volvió muy violentos a algunos de los supuestamente «incluidos».

Estos engaños persistentes y las injurias a los republicanos crearon una atmósfera violenta a la que la realidad nunca hubiera dado lugar. El pueblo de la zona sublevada estaba sometido a un auténtico engaño por las autoridades militares, con la complicidad del clero; así odiaba sin razón y desconocía el auténtico objetivo y razón de la guerra (p. 233).

En el último capítulo analizaba la «invasión extranjera» que se estaba produciendo. Sus fuerzas eran el núcleo central de los sublevados. Su conducta molestaba mucho a algunos, pues ocupaban casas, hoteles, etc., donde no dejaban entrar a los propios españoles. En torno a aquellos militares extranjeros siempre había una corte sonriente de señoritas de la clase alta. Se discriminaba a los españoles hasta en los prostíbulos. En los actos públicos, alemanes e italianos ocupaban lugares preeminentes; en los trenes, las mejores categorías; había bailes reservados para los invasores, o tenían tratos preferentes que no recibían los españoles. Los partes de guerra de Franco admitían implícitamente la marginalidad española cuando hablaban de «la Columna española» que operaba en tal lugar (p. 248).

Aunque también hubo reacciones de dignidad ante tales abusos, todo esto les parecía humillante a muchos. La invasión italiana era evidente; la alemana, más difícil de probar, aunque también más eficaz. Todo esto ocurría en el «II Año Triunfal» (1937).

5.5. La guerra civil en las colonias de África occidental

Aunque los hechos son conocidos por otras fuentes históricas, pocas obras literarias se hacen eco de los acontecimientos ocurridos al comienzo de la sublevación militar de julio de 1936 en Canarias —pronto dominada por los sublevados—, y en los territorios coloniales españoles de África: Guinea, Río de Oro [Sahara], Ifni y Marruecos. Por esta razón nos parece que puede resultar de interés incluir en este volumen una referencia a dos obras poco conocidas, pero que contienen una infor-

[22] Cf. p. 230. Esto último ya no importaba; pues ya se habían conseguido los efectos propagandísticos deseados de hacer que la gente se formase una idea negativa y falsa de la situación de la zona republicana.

mación histórica y humana digna de ser tenida en cuenta: lo sucedido en los territorios coloniales hispanos de África y en Canarias.

Lo ocurrido en Guinea aparece recogido en la obra de Ángel Miguel Pozanco [23]: *Guinea Mártir [Narraciones, notas y comentarios de un condenado a muerte],* Valencia, editado por la Colec. Actualidad, 1937, que comentaremos a continuación.

Lo acontecido en las Islas Canarias y en el Sahara [Villa Cisneros y La Agüera], así como breves referencias a Cabo Juby, Ifni y Marruecos, aparece reflejado en la obra publicada por uno de los deportados que vivió aquellos acontecimientos, con el pseudónimo de José Sahareño: *Villa Cisneros (Deportación y fuga de un grupo de antifascistas),* Valencia, Ediciones Españolas, 1937.

5.5.1. *Guinea mártir (narraciones, notas y comentarios de un condenado a muerte),* de Ángel Miguel Pozanco (1937)

La obra

Formalmente, esta obra consta de dos partes o libros, precedidos de un prólogo. La primera parte la subtituló «África, el misterio negro. Los territorios españoles del Golfo de Guinea», y consta de cuatro capítulos. En ella, a modo de explicación de antecedentes, para mejor comprender los acontecimientos posteriores, aparece una variada descripción geográfica, sociológica, antropológica y etnográfica sobre los territorios coloniales de la Guinea española, los habitantes nativos, la actividad de los europeos que allí vivían y las reformas ejecutadas por la administración republicana española hasta julio de 1936.

La segunda parte consta de seis capítulos y se subtitula «Guinea bajo la garra alemana. El movimiento fascista en nuestro último reducto colonial [Apuntes para la historia de estos tiempos]». En estos capítulos, Pozanco relata lo que acaeció en Guinea durante la sublevación militar de 1936.

Nos encontramos, pues, ante una obra, escrita por un testigo ocular, y para los objetivos de este volumen nos interesa especialmente la segunda parte.

En el prólogo, el autor explica la génesis de la obra, escrita mientras vivía exiliado en el Camerún esperando su repatriación a zona republicana. Según el mismo Pozanco, con esta obra pretendía llamar la atención para que la gente se percatase de que la acción colonizadora española también debía llevarse a cabo en Guinea, y no sólo en Marruecos y en los arenales estériles de Río de Oro —Sahara—. Tal

[23] Cf. Nota biográfica del autor al final de este volumen. Ángel Miguel Pozanco: *Guinea mártir. Narraciones, notas y comentarios de un condenado a muerte,* Valencia, Actualidad, 1937, 192 pp. Las citas de las páginas se realizan por esta edición.

como quería demostrar el subgobernador Hernández Porcel en un próximo volumen [24] que pretendía publicar en 1937, el territorio de Guinea tenía un potencial económico que, más que gastos, iba a reportar a España un importante beneficio.

Pozanco también intentaba llamar la atención de quienes estaban realizando la revolución española, para que se transformase el régimen de propiedad existente en Guinea —un capitalismo salvaje—, igual que se estaba transformando en la península (p. 187). Más concretamente, proponía incluso aplicar en Guinea la ley peninsular por la que el Estado confiscaba y nacionalizaba los bienes de quienes habían apoyado la sublevación (p. 187); y abogaba por que España abandonase la desidia tradicional que caracterizaba a la política colonial monárquica —allí había pocos votos en juego—, y se emprendiese una auténtica labor colonizadora una vez se derrotase a los sublevados (p. 188).

Guinea durante el período precedente a la sublevación militar de julio de 1936: la accion colonizadora hispana

En esta obra frecuentemente aflora la preocupación de A. M. Pozanco por la Guinea española. Asimismo, junto con los hechos reseñados, aparecen los nombres de distintos funcionarios coloniales que, en julio de 1936, tuvieron responsabilidades en la sublevación, como el abogado y ex capitán Ayuso —pseudoizquierdista retirado por la Ley Azaña—, que acabó trabajando en la administración colonial de Santa Isabel.

Los usos y costumbres coloniales también aparecen reflejados en esta primera parte del libro de Pozanco: el consumo de la inseparable quinina para prevenir el paludismo —desde que se alcanzaba la altura de Freetown en Sierra Leona, en el viaje hacia Guinea—, los trajes coloniales blancos, la arquitectura de Santa Isabel —decepcionante por excesivamente europea— y de Bata —como cualquier pueblo andaluz, sin puerto y con playas infestadas de tiburones—, la radical división entre la isla de Fernando Poo —sede principal de la administración— y el territorio continental —considerado como menos interesante, lo cual impedía un mayor desarrollo económico de Bata y otras ciudades continentales.

Pozanco incluyó también abundante información sobre la vida diaria de los europeos que residían en Guinea (los «coloniales»): llevaban un tipo de vida bastante europeo, consumiendo abundante whisky; sin embargo, el dinero circulaba poco, ya que se usaban vales para todo. Santa Isabel estaba llena de comercios en manos de extranjeros y, excepto los funcionarios coloniales, la mayoría de los apro-

[24] Miguel Hernández Porcel: *La Guinea, sus habitantes, sus colonizadores, sus riquezas.* [Desconocemos otros detalles editoriales, ni si llegó realmente a publicarse este libro.] El mismo Pozanco calculaba que, con un buen plan colonizador, Guinea podría ahorrar a la economía nacional unos ochocientos millones de pesetas anuales [de 1937] (!) (p. 188).

ximadamente dos mil europeos residentes eran gente de negocios. Pozanco resumía la situación diciendo que, en 1935, a Guinea se iba a hacer negocios. Por el contrario, la colonización se hallaba relegada a un plano bastante secundario (p. 25).

La colonia tenía muchos problemas por resolver a causa de la picaresca organizada que existía. El gobernador —el teniente coronel Serrano— y el subgobernador —Víctor Suances— ocupaban interinamente sus puestos porque, con presiones políticas, se había imposibilitado el regreso del antiguo gobernador Manzaneque. Los poderes fácticos —las grandes empresas madereras alemanas— se oponían a su regreso por ver amenazados sus intereses (p. 32). Asimismo, según Pozanco, resultaba totalmente ineficaz en su función el Patronato Indígena, cuyo presidente era el influyente notario de los Territorios, Manuel Gramunt. El ex capitán Ayuso sustituyó a Gramunt y acabó gobernando indirectamente la colonia. Los pequeños propietarios agrícolas aún realizaban una cierta labor colonizadora, pero eran explotados por las grandes compañías extranjeras. La política colonial permitía estos abusos y otros más, como la compra de tierra a los nativos a cambio de baratijas.

Pozanco aborda esta situación en el capítulo tres. El nativo era utilizado para realizar trabajos de esclavo: «El motor a yuca [...] es una inhumana realidad. No hay en esto la menor exageración» (p. 34). El indígena recibía entre 70 y 90 céntimos diarios; luego se veía obligado a comprar productos en el economato del finquero y acababa siempre debiéndole dinero [25].

El origen de esta situación radicaba en el régimen de propiedad de la tierra. Se obtenían parcelas por concesión, pagando un pequeño canon. Pero las grandes concesiones las obtenían intrigando en Madrid. Este sistema de colonización era defendido desde organismos coloniales como válido, aunque ahogaba a los pequeños propietarios cuyo esfuerzo acababa en manos de sus acreedores. Los nativos eran expoliados en vez de civilizados (p. 34). Los europeos impedían así la emancipación indígena y, mientras tanto, allí se iban generando inmensas fortunas. Así, Guinea era la finca de unos cuantos poderosos. Existía una carencia absoluta de ética en cuanto se hacía. Este estado de cosas no le era desconocido al rey Alfonso XIII (p. 36).

La efectividad de los evangelizadores que había en Guinea también fue analizada por Pozanco. La Iglesia Católica seguía practicando manifestaciones de culto fuera de los recintos religiosos, aunque estaban prohibidas. Según Pozanco los frailes habían sustituido al poder del Estado, y se enriquecían con la ruina de los nativos, a los que manipulaban mediante el miedo (p. 80).

En resumen, lo que Pozanco vio desde 1935 era una población nativa vestida

[25] Esta situación no se daba excepcionalmente en España; otros países europeos toleraban situaciones similares en sus respectivos territorios coloniales. Con su huida de los sublevados, Pozanco afirmaba haber perdido buena cantidad de notas con detalles concretos sobre abusos cometidos con los nativos.

con taparrabos, en ruina física a causa de las enfermedades endémicas, o de transmisión sexual, dada la promiscuidad reinante y a causa del consumo excesivo de alcohol. Curiosamente, la legislación colonial vigente prohibía al indígena el consumo de alcohol, pero su venta y consumo clandestino era todo un negocio en Guinea. Por su parte, la mujer era ya vieja apenas frisaba los veintitrés años.

Sociológicamente, la etnia bubi estaba desapareciendo en Fernando Poo, como consecuencia del contacto con los vicios europeos. En el territorio continental había unos 160.000 habitantes de las tribus Bujebas y N'Fang. En general, los nativos constituían una población un tanto olvidada por todos, que sufría una política de improvisación y explotación tolerada (p. 65).

La República intentó mejorar la situación de Guinea en 1935. Esta colonia daba beneficios con los que atender gastos existentes en Marruecos y Río de Oro. Se quería acabar con la improvisación existente hasta entonces, mejorar la producción de los cafetales y poner en marcha un plan de ayuda a los nativos.

Con estos objetivos se nombró gobernador general a Luis Sánchez Guerra —hermano del secretario general del presidente Alcalá Zamora—, secretario general del Gobierno a Carlos Vázquez [26], y subgobernador del territorio continental a Miguel Hernández Porcel, los cuales llegaron a Guinea a finales de 1935. A. M. Pozanco fue nombrado secretario del Subgobierno de Bata. Entonces también hubo un gran cambio de funcionarios coloniales.

Sánchez Guerra comenzó a realizar rápidamente una amplia política de saneamiento que puso en peligro intereses creados. Por este motivo comenzó la intriga política y el vacío social de los afectados contra Sánchez Guerra, al querer aprobar un Estatuto para los funcionarios de la administración colonial.

El Tesoro recibía gran beneficio de la explotación de los bosques de madera de «okume»; pero muchos madereros explotaban impunemente bosques del Estado sin pagar cánones. Esta sonrojante práctica fue prohibida y se multó a quienes no respetaron la prohibición. Se puso coto a la recluta de nativos realizada hasta entonces, siendo sustituida por bolsas de trabajo bien reglamentadas, para garantizar sus derechos. Sánchez Guerra quiso poner en marcha un plan efectivo de colonización. También se limitó la actividad de los frailes, que no respetaban la teórica libertad de conciencia de los nativos. Se prohibieron las misiones, tal como se ejercían hasta entonces; se puso coto a la actividad de los catequistas, y se demolieron iglesias levantadas impunemente en terrenos del Estado. Pero los frailes no perdonaron éstas decisiones.

También se creó una Caja Agrícola de Socorro y Asistencia para estimular la creación de fincas propias por los indígenas; se crearon nuevos poblados y escuelas de ensayos de cultivos. Asimismo, en 1936, en las obras públicas, se trabajaba en la carretera Bata-Río Benito, y ya había créditos concedidos para otras obras.

[26] Su nombramiento extrañó a causa de sus antecedentes subversivos.

Pero todas estas medidas estaban mal vistas, pues la mejora de las condiciones de los nativos significaba una pérdida cierta para las compañías madereras.

La sublevación de julio de 1936 abortó el intento de Sánchez Guerra de modificar el Reglamento de Trabajo indígena para armonizar mejor el trabajo y los salarios que se percibían; y, en general, todas estas reformas acabaron siendo destruidas cuando el curso de la guerra cambió los hombres y los objetivos de actuación.

La sublevación militar

En la segunda parte —capítulo 5 y siguientes— se aborda la descripción de los hechos acaecidos en la colonia a partir de julio de 1936. Las noticias de la península se conocieron el 20 de julio, pero no se les dio mucha importancia; aunque poco a poco fueron conociéndose otros detalles. En Guinea se hacía poca política de partido, pero la división entre partidarios del Frente Popular y de los sublevados se fue acentuando entre los «coloniales». Mientras la calma continuaba en la calle, los frailes perjudicados por la política colonial de Sánchez Guerra atizaban el fuego para vengar sus intereses perdidos.

La guardia colonial se mantuvo neutral, aunque se sabía que los oficiales se reunían en casas de elementos derechistas para escuchar las noticias de la guerra, haciendo comentarios despectivos contra la República.

Aunque Sánchez Guerra creía que los oficiales eran leales a la República, para abortar posibles movimientos a favor de los sublevados, el subgobernador Hernández Porcel le propuso la sustitución de dichos oficiales, porque pequeños incidentes demostraban que no eran leales (p. 109). Asimismo se propuso mantener a los nativos alejados de la contienda.

En Guinea se tenía el convencimiento de que la guerra no llegaría a aquel territorio, pero se iniciaron protestas cuando Hernández Porcel prohibió el uso de aparatos de radio. Con todo, la calma duró hasta finales de agosto de 1936. Entonces, como no llegaba el barco mensual de abastecimiento, empezaron a escasear algunos productos básicos como el arroz. Los comercios —mayoritariamente en manos de extranjeros— empezaron a especular con estos productos. Al prohibir estas prácticas especulativas, dichas casas se negaron a vender a crédito incluso a la misma administración colonial, lo cual era ya un asunto serio.

En Bata, la efervescencia existente fue calmada por Hernández Porcel, pero el centenar de blancos que vivían allí seguían captando emisoras alemanas e italianas. Al no conocer otras noticias de la península, algunos se formaban un criterio sesgado de la marcha de la guerra.

El 17 de septiembre, Sánchez Guerra informó a Hernández Porcel de que le habían admitido la dimisión y que pronto llegaría el nuevo gobernador de Lluesma, con lo cual la máxima autoridad colonial tomaba una curiosa decisión que servía en bandeja el triunfo de cualquier intento de sublevación en Guinea. Hernández Porcel también recibió un mensaje de radio cifrado en el que se le ordenaba entregar el mando colonial al derechista Loygorry, acto que constituía un claro precedente de sublevación. Hernández Porcel se negó a realizar esta entrega y a declarar el estado de guerra.

Mientras, los residentes en la isla de Fernando Poo se habían sublevado contra la República, el territorio de la Guinea continental seguía estando en manos de sus defensores. A partir de entonces Hernández Porcel propuso actuar de lleno contra los enemigos de la República. El 22 de septiembre destituyó a los oficiales de la Guardia Colonial —capitán Morales y teniente Sáenz Pichel—, así como a los jefes de la administración, reemplazándolos por republicanos probados.

La orden de sublevación del teniente coronel Serrano contra la República llegó a Bata una vez se habían efectuado estos cambios; aunque el faccioso Oliveda aún estaba en Kogo como administrador, y hasta allí llegó un pequeño barco de los sublevados. La milicia republicana de Bata detuvo su avance y los facciosos se retiraron con bajas al poblado de Río Benito. En Bata, la milicia detuvo a 23 derechistas, que fueron utilizados como rehenes. Gracias a esta prevención, los sublevados no pudieron atacar Bata.

Tras acordar un intercambio de prisioneros [27], los sublevados estimularon la huida de extranjeros residentes en el territorio continental, varios de los cuales abandonaron sus fincas y se fueron a Santa Isabel en el vapor alemán *Wahama.*

Por entonces, en Bata no existía cañón alguno para su defensa, y se desconocía lo que estaba pasando en Santa Isabel. Hernández Porcel informó a Madrid de la carencia de armas, solicitando su envío urgente en el vapor colonial *Fernando Poo.* Mientras tanto, Hernández Porcel viajó a la vecina colonia francesa del Camerún para comprar armas, pero el comisario de la República francesa se negó a venderle ninguna cuando supo que eran republicanos. H. Porcel también envió dos radiotelegramas para evitar que el vapor *Fernando Poo* cayera en manos de los sublevados.

Felizmente, el 30 de septiembre, el *Fernando Poo* llegó a Bata, aunque no traía armas, por lo que resultaba casi imposible defender las extensas riquezas madereras del continente y la cosecha de café —a punto para recolectar— que los sublevados tenían mucho interés en controlar.

Hernández Porcel volvió a pedir al Gobierno republicano un barco de guerra y armas, y realizó él mismo otro viaje al Camerún en busca de suministros de armas, cuando aún no estaba vigente el Pacto de No-Intervención.

Los derechistas huidos de Kogo y Río Benito al Camerún habían llevado a cabo una amplia labor propagandística en contra de la República, cosa que hizo imposible la adquisición de armas. Desde Santa Isabel, y por medio de radios que

[27] Los sublevados habían detenido en Fernando Poo a doce personas partidarias de la República.

los sublevados y alemanes huidos habían instalado en Yaoundé [Camerún], también se obstaculizó dicha compra.

Por otra parte, elementos coloniales franceses ayudaron a estos sublevados para que pudieran realizar actividades de espionaje para preparar una invasión de Bata. En esta ciudad se había constituido un Comité de Soberanía que, para salvar el barco y liberar a prisioneros republicanos de Santa Isabel, recluyó a 17 misioneros católicos en el *Fernando Poo.*

Casualmente existían lazos familiares entre el nuevo alcalde de Tenerife y algunos sublevados de Santa Isabel, por lo que el movimiento insurreccional no descuidó la situación de Guinea.

Con intromisiones de ciudadanos alemanes, el 14 de octubre de 1936 llegó frente a Bata el vapor faccioso *Ciudad de Mahón,* pintado y camuflado como barco de una naviera alemana. Con dos cañonazos destruyó el *Fernando Poo* y atacó la sede del Subgobierno. En el ataque al *Fernando Poo* también murieron varios tripulantes y otros fueron hechos prisioneros. Soldados marroquíes bien armados, que fueron desembarcados en Bata, no respetaron nada ni a nadie.

Caparrós, del comité de a bordo, fue asesinado por los facciosos cuando el *Ciudad de Mahón* se dirigía a Santa Isabel:

> Nos contaron la manera inhumana con que llevaron a efecto este asesinato los fascistas. Un moro, al conjuro de las palabras «éste, incomunicado», le segó la cabeza de un golpe de alfanje, después de haberle martirizado horrorosamente (p. 165).

Sin armas, el 14 de octubre de 1936, Hernández Porcel ordenó evacuar Bata hacia Ambán y Ebebeyín —en la frontera con el Camerún—. Otros republicanos huyeron a Gabón a través de la selva. Algunos aún querían resistir sin armas, por lo que depusieron a Hernández Porcel. El 15 de octubre llegaron a Camerún en busca de asilo hasta que pudiesen regresar a zona republicana. Tras estos hechos, los sublevados aprovisionaron Guinea con material de guerra y especialistas alemanes. La nueva guardia marroquí controlaba todo y cometió toda clase de abusos incontrolados con los nativos, muchos de los cuales también emigraron al Camerún. En Burgos, el subgobernador Hernández Porcel y Ángel Miguel Pozanco fueron condenados a muerte, en ausencia.

5.5.2. *Villa Cisneros (Deportación y fuga de un grupo de antifascistas),* de José Sahareño (1937)

Esta obra [28] consta de tres partes: 1. La sublevación fascista en Tenerife [sub-

[28] José Sahareño: *Villa Cisneros (Deportación y fuga de un grupo de antifascistas),* Valencia, Ediciones Españolas, 1937, 164 pp. Las citas de las páginas se hacen por esta edición.

dividida en siete capítulos]; 2. La deportación [con doce capítulos]; 3. La fuga [siete capítulos], y un Apéndice con los nombres de los treinta y siete deportados de Canarias a Villa Cisneros [actual Dakhla], todos ellos militantes o líderes de los partidos de izquierda. Veintitrés de estos deportados participaron en la fuga, así como noventa y tres soldados, cabos y sargentos de la guarnición de Río de Oro [Villa Cisneros], treinta y cuatro tripulantes del vapor *Viera y Clavijo,* y dos pasajeros del mismo. Todos ellos sumaban ciento cincuenta y dos personas.

Los acontecimientos de las Islas Canarias

El 18 de julio de 1936, unos trescientos tinerfeños de partidos de izquierda y obreros vivían una espera tensa frente al Gobierno Civil de Tenerife, incrédulos de que pudiera triunfar la sublevación. Mientras esperaba instrucciones de Madrid —que no lo entregaron hasta el 19 de julio—, el gobernador civil, Vázquez Moro, no tomó ninguna prevención; pero se rumoreaba que estaba preso.

Los soldados protegían los edificios oficiales y calles céntricas con atalajes y armamento flamantes; y tras hablar el gobernador civil, dispararon a la población, para dispersarla. La Guardia de Asalto se enfrentó a los sublevados, pero tuvo que retroceder. Los sublevados se adueñaron de las calles y empezaron a cachear y detener a ciudadanos, llenando la cárcel y el Gobierno Militar.

Los cien primeros detenidos fueron llevados al *Santa Rosa de Lima,* un barco surto en el puerto de Tenerife. Posteriormente otros detenidos sindicalistas y líderes o militantes de partidos de izquierda fueron llenando cuatro barcos-prisión más: el *Galatea,* el *Santa Elena,* el *Gomera* y el *Adeje* que, en la denominación popular de los canarios, constituían «El archipiélago fantasma».

A finales del verano de 1936, la plaza de la Constitución, de Tenerife, tenía muy poca de la animación anterior (p. 26). La gente iba presurosa por la calle, inquieta, mirando desconfiada; y el odio se iba acumulando en los trabajadores.

Los sublevados habían invadido y destrozado la Logia Azaña, transformándola en Cuartel General de los falangistas. Asimismo, en el Cuartel de San Carlos, los militares sublevados se insuflaban moral con orgías de alcohol, y con la música de estridentes marchas militares radiadas; pero los falangistas estaban muy inquietos. Frente al muelle se fortificó un cuartel con un talud de tierra y se trajeron las baterías de La Laguna.

En agosto de 1936 empezó a saberse que en los calabozos del Gobierno Civil y en el Juzgado Militar del Cuartel de San Carlos se torturaba a los detenidos para arrancarles información (p. 30); también se los amenazaba con el pelotón de fusilamiento.

En la isla de La Palma, militantes comunistas resistieron una semana a los sublevados, por lo que éstos enviaron una expedición y un cañonero para tomar la capital. Grupos de opositores quedaron aislados en la Caldera de Taburiente (p. 31); y unos doce detenidos —médicos y concejales— fueron conducidos al barco *Adeje,* surto en el puerto de Tenerife (p. 31).

En Canarias hubo conductas de toda índole. Hubo audacia en la escapada de nueve comunistas en la lancha *Azaña;* también rasgos de cobardía y sometimiento cuando los trabajadores se afiliaban a Falange para poder sobrevivir o para poder obtener un trabajo (p. 125).

Aunque las primeras disposiciones de los sublevados terminaban con un ¡Viva la República! y con el Himno de Riego, hacia mediados de agosto de 1936 los sublevados sustituyeron la bandera republicana por la monárquica.

La represión empezó pronto. En agosto, un grupo de falangistas fue a humillar a los presos de los barcos, cortándoles el pelo al cero. Asimismo los falangistas y militantes de Acción Ciudadana llevaban porras de goma; y en el caso de los oficiales, las porras ocuparon el lugar de honor de la espada.

Sin juicio y sin condena, un grupo de treinta y siete presos de los barcos fue deportado a Villa Cisneros, castigados a trabajos forzados —construyendo carreteras—. En los siete meses siguientes que pasaron en el Sahara, varios de ellos fueron reclamados desde Tenerife, en un lento goteo, para someterlos a consejos de guerra y a torturas en las que se hizo famoso el falangista Carrillo (p. 61), o a largas condenas en presidios.

La persecución era implacable contra todo lo que oliese a CNT. Todos los crímenes impunes de la vida reciente en Canarias se atribuyeron a los anarquistas, como para encubrir a los verdaderos inductores (p. 84).

También había mucha presión social en la prensa para que la gente diera dinero, joyas, llevase la bandera monárquica en la solapa o vistiese el mono falangista.

Durante toda la segunda mitad de 1936, la prensa facciosa canaria imprimió gran cantidad de mentiras para sostener la moral. En ese cometido eran campeones el diario católico *Gaceta de Tenerife* y otros más, como *La Tarde* —de Tenerife—, *La Provincia* —de Las Palmas— que el 12 de noviembre de 1936 anunció la toma del Palacio Nacional de Madrid por los sublevados, y *La Prensa* —de Tenerife—. En Canarias, los sublevados llegaron a celebrar tres veces en falso la conquista de Madrid (!).

Era tal la manipulación informativa que realizaba la prensa facciosa que, a comienzos de 1937, se castigaba con fuertes multas a quienes guardaban periódicos de tres fechas atrás. Querían evitar que se contrastasen las noticias y se dedujese la verdad (p. 122).

Cuando había transcurrido un mes desde el comienzo de la guerra, la campaña de calumnias que la prensa facciosa vertía contra la República empezó a hacer efecto sobre la población. Los primeros consejos de guerra, siendo estrictos, aún tenían cierto orden; pero el fracaso en la toma de Madrid tras cuatro intentos —octubre-noviembre de 1936— rompió todos los diques del odio acumulado y desató la barbarie. En el otoño de 1936, los falangistas empezaron a hacer sacas nocturnas de presos de las cárceles, aplicándoles la Ley de Fugas. Sólo los muertos de más relieve político eran enterrados. Varios condenados a cárcel en Las Palmas se «perdieron» en el mar al trasladarlos a la península; y se incrementaron las torturas y palizas (p. 85). En La Isleta, los fusilamientos de republicanos devinieron un espectáculo popular; y en las costas y playas aparecían racimos de hombres ahogados, con los brazos atados con alambre. De este modo, a finales de 1936, en Las Palmas, las víctimas pasaban de ochocientos, y en Tenerife de trescientos (p. 98).

La tortura era un método frecuentemente utilizado. El general Dolla, siempre rodeado de religiosos, era el verdugo de Canarias. Su nombre producía espanto (p. 83). Los esbirros de los sublevados aplicaban crueles tormentos en Tenerife. En un pueblo, dos izquierdistas fueron obligados a recorrer la calle de la Amargura cargando una pesada cruz.

En los cuarteles había asimismo escenas horrendas: mujeres hambrientas que iban a recoger sobras del rancho, debían pagar con su cuerpo a veces al contado (p. 126). Estas conductas contrastaban fuertemente con el respeto que, de siempre, se había tenido en Canarias por la mujer. Muchos ciudadanos estaban horrorizados por estas conductas; y resumían con una frase la situación de Canarias a comienzos de 1937: «Nosotros podremos ganar o perder la guerra, pero en Canarias no quedará una mujer que no lleve en la barriga un falangista» (p. 126).

La deportación de presos canarios al Sahara

El 17 de agosto, un grupo de treinta y ocho presos seleccionados en los barcos del puerto de Tenerife fueron conducidos al puerto de Las Palmas y luego concentrados en el cuartel de La Isleta. Era aquél un severo campo de concentración, fuertemente custodiado, con oficiales y suboficiales muy agresivos, alguno de los cuales llevaba la porra rota (pp. 38-43). Aquella situación inspiraba mucho miedo, incluso a viejos y endurecidos luchadores contra el caciquismo de Gran Canaria.

El 18 de agosto sabían que iban a ser deportados a Río de Oro, sin juicio previo, para realizar trabajos forzados, sin límite de tiempo; y algunos al fuerte de La Agüera. De La Isleta salieron para embarcar en el vapor *Viera y Clavijo,* el barco reliquia de los sublevados. En él escapó Franco de Tenerife a Las Palmas el 17 de julio, para volar desde allí al Protectorado de Marruecos e iniciar la sublevación. La tripulación y oficiales de custodia tuvieron varias atenciones con los deportados. Durante este viaje, los detenidos tuvieron una segunda oportunidad para sublevarse y huir a zona republicana. Por no decidirse entonces, en los meses siguientes hubo tiempo para reclamar y fusilar en Canarias a tres de los deportados (pp. 51-52).

Tras bordear Fuerteventura, la expedición llegó a Cabo Juby, en Marruecos. La travesía posterior hasta Río de Oro duró un día y medio más.

Soldados indígenas de una «mía» indígena, con chilabas blancas y azules, caras sombrías, gumías al cinto y su olor característico, esperaban a los deportados para su custodia. Para aquellos canarios resultó muy desagradable verse entregados por los propios compatriotas a aquella tribu que los contemplaba como una presa al haber sido mal informados sobre quiénes eran (p. 54).

La situación en el Protectorado de Marruecos

La obra de José Sahareño contiene alguna información sobre la situación existente en el Protectorado de Marruecos y en el Sahara, que fue llegando lentamente a conocimiento de los deportados por diversos conductos.

Por los moros de la «mía» [compañía] que vigilaba en Villa Cisneros a los canarios deportados, éstos pudieron conocer el eco del desastre que sufría Marruecos en plena guerra civil, antes de que el *ABC* de Sevilla se lamentase públicamente de

> la pérdida de nuestra gloriosa infantería colonial, bajo el fuego infernal de las baterías rusas de Madrid, que la sepultó bajo los escombros de la Ciudad Universitaria [...] Los moros que nos guarda[ba]n habían dicho con su expresiva mímica, que «en Marruecos ya no quedaban sino niños y mujeres, guayetas y hembras, porque todos los hombres son ellos muertos en España» (pp. 121-122).

Los acontecimientos de Ifni

En julio de 1936, al producirse la sublevación de parte del ejército, oficiales de aquel puesto se pasaron a territorio francés, y no secundaron la rebelión (p. 65). Por estos hechos, y por los de Cabo Juby y Villa Cisneros, el primer comandante de Villa Cisneros fue llamado a Canarias por sus superiores.

Los acontecimientos de Cabo Juby

Los deportados también llegaron a saber que en Cabo Juby tuvieron lugar sucesos similares a los de Villa Cisneros e Ifni —en que una parte de la oficialidad huyó a zona republicana, sin secundar la sublevación— (p. 65).

Los acontecimientos de La Agüera

El fuerte de La Agüera, la colonia sahariana más alejada de Canarias —situada en el Cabo Blanco, en el extremo sur del Sahara, haciendo frontera con Mauritania—, estaba a 180 millas al sur de Villa Cisneros.

En agosto de 1936, ocho presos de la expedición de deportados, procedente de Canarias, fueron enviados al fuerte de La Agüera (p. 53). Incluso se llegó a separar a unos hermanos de otros que quedaron en Villa Cisneros. Este agravamiento de la pena sólo podía entenderse tratándose de deportados de relieve y significación en organizaciones y partidos de izquierda.

En La Agüera fueron bien tratados. No tuvieron que trabajar construyendo carreteras. Estaban en una habitación amplia y cómoda que era el calabozo del fuerte, y no en tiendas; tenían camas para dormir y comían el rancho de la tropa. Estaban incomunicados, pero podían pasear y bañarse. Un enfermo fue bien tratado por el médico militar.

Posteriormente, antes de finales de 1936, fueron reincorporados al grupo de deportados de Villa Cisneros, donde las circunstancias eran peores. Dos deportados de La Agüera, Francisco Sosa, presidente del Sindicato de Inquilinos y primer fusilado del grupo, y Antonio Sanz, así como Adolfo Bencomo, de los de Villa Cisneros, fueron reclamados de Tenerife por causas judiciales.

En La Agüera, algún deportado vio confraternizar a militares fascistas españoles y franceses, pues no se saludaban a la manera militar tradicional (p. 89).

En aquel fuerte los soldados tenían preparado un movimiento de sublevación a principios de 1937 —al menos eso es lo que denunció el capitán—. En la zona francesa de Port Etienne se apresó a seis soldados huidos de La Agüera; y uno sólo consiguió llegar al fuerte francés. Los deportados canarios lo conocieron en Dakar en marzo de 1937. Poco después de la fuga de La Agüera, toda su guarnición fue trasladada a Las Palmas y sustituida por otra nueva (p. 147).

Los acontecimientos de Río de Oro [Villa Cisneros]

En 1936, Villa Cisneros era un poblado con un fuerte y un centenar de soldados en él, situado a unas siete millas en el interior de una ría, cuya punta exterior se denomina Las Sargas. Su muelle estaba muy envejecido —como otras improvisaciones militares en las colonias españolas—. Había unos edificios simétricos sobre la llanura del desierto y una torre metálica de la radio.

Aunque alguna vez llovía —lo cual mantenía la fecundidad de los oasis—, por incuria de los comandantes militares, el fuerte no tenía aljibes preparados para almacenar agua. Así pues, el agua de lluvia no se aprovechaba; y el fuerte dependía de los envíos que se hacían desde Canarias (p. 93).

La vida tenía un ritmo lento, muy monótono, sin apenas cambios a lo largo del año. Una leve colonización apenas había alterado superficialmente los hábitos de los nativos, que resistían firmes contra la invasión de nuevas ideas y costumbres. Tenían una serenidad mansa, pero indomable (p. 71).

El suelo, como todo el desierto, estuvo cubierto por el mar; y las lluvias y el oleaje de la costa dejaban al descubierto ingentes cantidades de fósiles marinos.

En el territorio del Sahara, incluso durante la República, los comandantes militares toleraban la existencia de esclavos, con menos derechos que los deportados o los perros. Aquellos hombres recogían alimentos que rechazaban los perros y las hienas (p. 102). Eran seres robados en el Senegal o en el Chad, que se encargaban de la limpieza de Villa Cisneros. Eran pingajos que vestían con jirones de ropa (p. 71). Nada era de ellos: lo que cobraban o encontraban debían entregarlo a sus dueños. En buques pesqueros africanos que iban a Canarias también había esclavos. Sus sueldos eran pagados por las autoridades marítimas, que los entregaban a las autoridades coloniales para que los remitiesen a sus amos (p. 103).

Hacia febrero de 1937, un contingente de unos trescientos nativos de las tribus del interior de Villa Cisneros salió embarcado para la península (p. 130); y la «mía» que custodiaba a los deportados fue llevada al interior del territorio, en parte para calmar la inquietud detectada entre los nativos que vivían allí y también para reclutar nuevos hombres para que lucharan con los sublevados en la guerra de España.

El que era primer comandante del fuerte de Villa Cisneros en julio de 1936 tuvo que ir a Las Palmas a responder de los hechos acaecidos al comienzo de la sublevación. Entonces no todos los militares fueron traidores a la República. Un capitán de aviación hijo del general Burguete tuvo la heroicidad de escapar a zona republicana con los tres aviones que había en el hangar de Villa Cisneros; aunque la prensa facciosa informó de que aterrizó por error en Sevilla, donde fue detenido y fusilado (p. 64).

Con todo, aquel territorio de Río de Oro quedó en poder de los sublevados. En agosto de 1936, los «niños bien» [¿falangistas?] habían hecho una calaverada en Villa Cisneros. Con su dinero la convirtieron en un inmenso burdel: «Aquello fue un cheque al portador que aún no se sabe quién aceptó, porque la responsabilidad se diluía entre muchos —al menos eso es lo que se decía en Villa Cisneros—» (p. 152).

Los presos canarios fueron instalados, en grupos de ocho, en tiendas fuera del fuerte de Villa Cisneros. Tenían un rancho mal cocinado, la correspondencia era censurada y los paquetes familiares minuciosamente inspeccionados. Así permanecieron en territorio sahariano durante siete meses —hasta marzo de 1937—. Trabajaron en la construcción de carreteras en la altiplanicie de la península de Río de Oro (p. 57), mientras eran vigilados por soldados de la «mía» a los que mandaban sombríos militares españoles de baja graduación, incultos y de nula calidad humana. La excepción era un brigada —luego alférez—, excepcionalmente humano, que tuvo con ellos claros rasgos de confianza y consideración.

Escribía José Sahareño: «Yo pienso que nos enviaron aquí a morir entre el sol abrasador, los trabajos y los latigazos de la "mía"» (p. 76). Quienes ordenaron su deportación no contaban con la existencia de hombres buenos como aquel brigada, bajo cuya custodia estaban seguros.

Pero goteando lentamente, parte de los deportados iban siendo reclamados desde Tenerife para someterlos a procesos judiciales. Algunos de ellos fueron fusilados y otros recibieron duras condenas de presidio. Cinco fueron reclamados en diciembre de 1936.

Desde mediados de noviembre, el rancho se les redujo mucho, aunque podían comprar algún pescado y guisar algo en las chavolas *(sic)*. Deducían que las cosas no debían irles bien en la guerra a los sublevados pues, además, tampoco se pagaba a los soldados de la «mía» —por lo que estaban inquietos y desertaban.

Con los pequeños fragmentos de noticias recogidas de aquí y de allí —de los soldados que los custodiaban, de contrastar las noticias de los periódicos facciosos, de los cambios de carácter que se operaban en los mandos y que eran interpretados como indicios de la marcha de la guerra— los deportados iban componiéndose un mapa mental de la situación y haciendo un seguimiento de la guerra: de los ataques sobre Madrid y su brava resistencia, de Málaga, de Guadalajara. Madrid ocupó muchas de sus charlas —con mapas hechos por algún deportado que conocía bien la capital.

En enero de 1937 fueron destinados a un istmo a 70 kilómetros del fuerte —cerca de la isla de Herne— para empezar otra nueva carretera. Su esperanza creció mucho al enterarse de que los republicanos atacaban Toledo y Talavera. Allí el 25 de enero contactaron con los soldados canarios que los custodiaban y, poco a poco, fue fraguándose la simpatía y comprensión que llevó a la fuga posterior de todos ellos. Los soldados de la «mía» también los miraban ya con más afecto. Contactaron y charlaron un poco también con un sargento que les simpatizaba. Allí tenían mucha comunicación y más libertad; aunque el brigada amigo —entonces alférez— estaba taciturno. Luego se enteraron de que le debían la vida, pues le habían ordenado verbalmente que aplicase la Ley de Fugas a los deportados. Cuando exigió la orden por escrito, no se la dieron y el fusilamiento no se llevó a cabo (p. 118).

El 3 de febrero terminaron aquellos días de felicidad cuando les ordenaron trasladarse a Argoub —una meseta que hay frente a Villa Cisneros— para empezar otra carretera que enlazaría con la que venía de Cabo Juby en pleno desierto. Algunos días caminaban hasta 20 kilómetros, pero la compañía de soldados nativos y españoles hacía agradable su trabajo. De repente los mandos apartaron a los soldados de los deportados. Los oficiales empezaron a desconfiar, desde que la «mía» desarticuló una conspiración de soldados (p. 124). El contacto verbal había ido atrayendo a aquellos soldados canarios que estaban en Villa Cisneros hacia los deportados.

El 14 de febrero de 1937 recibieron orden de volver al fuerte de Villa Cisneros. Al igual que los trabajos de la carretera del istmo, éstos del Argoub se suspendieron inexplicablemente. Desde entonces no trabajaron. Pero, uno tras otro, seguían siendo reclamados desde Canarias, donde continuaba la brutalidad, las torturas y los asesinatos de republicanos.

Los intentos de fuga de Villa Cisneros

Otra de las ocupaciones de los deportados durante todo el tiempo que estuvieron en el Sahara fue preparar posibles fugas. Tales planes habían empezado incluso desde que estaban presos en los barcos en el puerto de Tenerife.

Construyendo la carretera, hablaban frecuentemente de posibles fugas. Cada uno tenía su plan, y todo era una fuente de esperanza —motoras, barcos, camellos, camiones— para huir hasta establecimientos franceses a ocho jornadas en camello del istmo donde trabajaban en enero de 1937 (pp. 110-111).

Otra fuente permanente de sueños fue el avión francés del servicio postal internacional que llegaba a Villa Cisneros procedente de Cabo Juby dos veces a la semana. Después iba a Dakar (Senegal), a enlazar con los hidros que volaban a Buenos Aires (pp. 86-87).

En el Argoub se produjo la tercera oportunidad para iniciar la evasión (p. 117), cuando tenían armas a mano en un descuido de la guardia; pero no se decidieron porque hubieran tenido que matar al alférez amigo o a algunos soldados canarios que los custodiaban allí, en el Sahara.

De vuelta a Villa Cisneros en febrero de 1937, cuando la «mía» se había ido al interior, mandada por el alférez que les simpatizaba, los deportados quedaron vigilados sólo por soldados canarios y volvieron a reconsiderar planes para la fuga.

La noche del 14 de marzo de 1937, cuando ya sabían que al día siguiente llegaba el barco-correo de Canarias, ocho soldados de la guardia se apoderaron de fusiles del fuerte y empezó la sublevación de los deportados. En plena noche, rápidamente consiguieron la adhesión de otros soldados, cabos y algún sargento —treinta y nueve personas en total—. Así tomaron el muelle de Villa Cisneros y el fuerte, deteniendo a los oficiales. El nuevo jefe, alférez Malo, murió en la refriega matando a un soldado e hiriendo a otro. González, el alférez de guardia, también fue detenido y encarcelado, así como Ferrer y el oficial encargado del Correo; y, fuera del fuerte, Linajes alférez de aviación, un cabo y ocho soldados de aviación y el médico —todo ello entre la estupefacción de los soldados medio dormidos que, al final, se sumaron a la sublevación hasta totalizar noventa y nueve hombres armados—. Sólo el oficial Clares planteó problemas y logró huir, mientras su mujer entretenía a los deportados sublevados.

Deportados y soldados destruyeron en seguida la estación de radio, para que no se alertase a Canarias ni a la península, ni a buques de las islas. Después detuvieron la falúa del práctico y a su hijo, para seguir el plan de fuga. Al alba, doce hombres abordaron la motora que llevaba hasta el barco-correo y capturaron el *Viera y Clavijo,* deteniendo a sus pasajeros sin herir a nadie. Por fin volvió la falúa y acabó la angustiosa espera de los soldados del fuerte, pues allí se jugaban todos la vida. En el barco hallaron documentación para la inmediata repatriación a Canarias de algunos de los deportados (p. 145).

Sin embargo, por no alterar un servicio internacional, no destruyeron las instalaciones del aeródromo, al que el día 15 debía llegar el avión de Air France —lo que pudo costarles muy caro—. Dos días después, el avión comunicó a Canarias su fuga. Un crucero italiano los estuvo buscando; y la prensa canaria publicó la falsa noticia del hundimiento por aviones alemanes del *Viera y Clavijo* con los fugados (p. 147).

El 15 de marzo de 1937 embarcaron los noventa y nueve hombres, llevando como rehenes a algunos oficiales. No fueron a invitar a unirse a ellos a los once soldados de los fuertes del istmo, a 14 kilómetros, por ser acción peligrosa. Desde el *Viera y Clavijo* enviaron a tierra a todos los pasajeros que no quisieron unirse a su fuga. Casi toda la tripulación excepto los oficiales se sumó voluntariamente sin vacilación a esta fuga.

Posteriormente los oficiales de Villa Cisneros fueron condenados en Canarias a treinta años de presidio, y el práctico a veinte años (p. 152).

El fin de la odisea

Durante tres tensos días de vigilancia en cubierta, el *Viera y Clavijo* navegó a toda máquina, día y noche, hacia el sur, a Senegal, entonces territorio francés, donde llegaron la mañana del 17 de marzo.

El autor del libro describía como sigue la emocionada llegada de toda la expedición a Dakar y a la libertad:

> han pasado estos tres días de pesadilla y estas noches de fiebre, hasta esta mañana del 17 de marzo [de 1937] en que se dibuja la línea tenue de la costa del Senegal entre las brumas de la mañana. La isla de la Serpiente muestra sobre la densa masa del agua dormida su crestería de aligator, y el buque avanza lentamente ante la proa aguda de la tierra, que se va redondeando al compás de la marcha, hasta que cruzamos frente a la Comandancia de Marina de Dakar.
>
> [...]
>
> Sobre el asta de la popa se eleva suavemente, y va abriendo sus pliegues,

como alas temblorosas en un primer vuelo, la bandera tricolor de la República española.

> No hay gritos, no hay vivas, no hay himnos ni aplausos [...] No hay más que emoción; pero una emoción tan honda, que estas lágrimas parece que nos brotan de los años mozos, de la tierra lejana, de la añoranza de todo lo que fue y acaba de volver a ser en la resurrección de esta bandera (pp. 155-156).

Desde Dakar fueron repatriados a zona republicana y publicaron este libro de memorias que ahora comentamos. Los deportados concluían tras la fuga que: «Ninguna deportación sacudió como la nuestra la sensibilidad de la esfinge. Ninguna de las otras [deportaciones] plantó en el Sahara las semillas de una aventura novelesca» (p. 152). Con el ejemplo de aquella sublevación y fuga, su éxito descubría lo delgada que era la coraza del dominio de los sublevados en Canarias (p. 150).

5.6. Los «inéditos» de Juan Ramón Jiménez y Zenobia Camprubí

5.6.1. *Guerra en España,* de Juan Ramón Jiménez [29]

Al hablar de *Guerra en España* —libro que, estrictamente hablando, Juan Ramón Jiménez *no escribió*—, obligado es conducirse con cautela. Para preparar un volumen sobre la guerra española, Juan Ramón fue recogiendo poesías originales, traducciones, fragmentos en prosa poética, una conferencia, declaraciones, entrevistas, cartas particulares y oficiales, informes, aforismos, notas manuscritas del propio Juan Ramón —de carácter recordatorio de hechos, o frases, o libros de los que tomar materiales—, además de artículos de prensa referentes —o no— a él, fotografías, recortes de noticias, boletines de propaganda, y otras informaciones dispersas. Dichos materiales se encuentran en tres sobres de la «Sala Zenobia y Juan Ramón Jiménez» de la Universidad de Puerto Rico, con el título de *Guerra en España.*

Ángel Crespo siguió la pista de dicha documentación, la ordenó y preparó la introducción y las notas; y su publicación [30] en 1985 causó cierta polémica en algunos círculos, porque destruía la falsa imagen de un Juan Ramón no comprometido, encerrado en su torre de marfil. Gracias a este trabajo, podemos hacernos una idea del contenido temático de dichos materiales, ya que no es posible entrever la forma definitiva que le hubiese dado Juan Ramón. Aunque *Guerra en España* era un pro-

[29] Este artículo está basado en el volumen de Juan Ramón Jiménez: *Guerra en España,* Barcelona, Edit. Seix Barral (Col. Biblioteca Breve), 1985 [Introducción, organización y notas de Ángel Crespo]. Sobre él realizamos todas las citas.

[30] Cf. nota 29.

yecto, es cierto que Juan Ramón no escribió esta obra de *facto;* pero las opiniones y pareceres de sus escritos están en los archivos y no pueden desmentirse. Consecuentemente, dada la relevancia de J. R. J. en la vida intelectual y literaria hispana —Premio Nobel de Literatura en 1956—; y dado que estas notas suyas estaban pensadas para abordar la cuestión de la guerra española, creemos que es obligado hacer una referencia a ellas en este volumen.

Al igual que en el diario de su esposa Zenobia Camprubí, en las notas de Juan Ramón predomina un punto de vista que podría resumirse en un «yo hice» (o un «nosotros hicimos»), en vez de un «ellos hicieron» —predominante en otras de las obras analizadas—. Ángel Crespo aseguraba que:

> De todos los libros publicados o proyectados por Juan Ramón Jiménez [31], *Guerra en España* es el que ofrece una imagen más completa y menos convencional de la vida y la obra de su autor, y a ello contribuyen sin duda alguna, tanto el amplio arco temporal que abarca, el cual va de 1936 a 1953, aproximadamente, como el carácter misceláneo y, a veces, insólito de sus materiales (p. 5) .

J. R. escribió varios proyectos del índice de este libro, no coincidentes entre sí (pp. 7-8). Por ellos se deduce que la primera idea del poeta era escribir una obra titulada *Desterrado. Diario poético (1936-1939?),* que quizá podría ser editada por Losada en Buenos Aires (p. 8). Posteriormente barajó otros títulos: *Español de su España,* sustituido en seguida por *Español con su España (Política poética),* que contendría materiales de 1939-45. J. R. parece que quería preparar un volumen pequeño, de contenido predominantemente político. En otra nota, al hablar del volumen *Desterrado,* lo subtituló *Guerra en España;* y, en una nota más, se planteaba incluir en él materiales de 1936 a 1946.

Según Ángel Crespo, en las notas autógrafas hay muchas repeticiones e imprecisión sobre los materiales y sobre el orden que deberían tener éstos. Los años de finalización del volumen varían en los distintos proyectos. En algún momento, J. R. parece que se planteó llegar hasta principios de los años 50 (p. 9). Así pues, básicamente, el volumen incluiría escritos desde aproximadamente 1936, hasta aproximadamente 1953 como extremos más distantes. Según la declaración de intenciones de J. R., en dicho volumen se recogería:

> ... mi intervención de hombre y poeta en la política de su España, unida a mi trabajo normal. Quiero decir que eso es lo que yo creo que debe hacer un hombre en la guerra si no puede pelear con los puños: realizar su trabajo como hombre vocativo y ayudar a su idea social como hombre de la realidad cotidiana. Por eso: las conferencias, prólogos, diario, etc. Todo lo que no sea lírica o prosa abstracta... (p. 10).

[31] J. R. J. nació en Moguer (Huelva) el 23 de diciembre de 1881, y murió en Puerto Rico el 29 de mayo de 1959. Su primer libro apareció en 1900.

Ángel Crespo concluía que este libro debía incluir la lírica y la prosa que respondiesen a circunstancias concretas, externas e internas, de la vida del poeta. De hecho, Juan Ramón parece que quería que *Guerra en España* fuese el segundo volumen de una trilogía titulada *Complemento Jeneral.* Dentro de la trilogía, el primer volumen parece que incluiría los escritos anteriores a 1936; mientras que el tercero estaría compuesto por «apéndices» aunque según otros proyectos editoriales, este material de los «apéndices» ocuparía otro lugar. En las notas de J. R. no aparece una última palabra definitiva (pp. 11 y ss.).

En otra de sus notas, J. R. escribió que estos materiales debían organizarse en forma de diarios, aunque sus escritos más elaborados no siguen esta norma (p. 13); por lo que Crespo decidió organizar los materiales en dos partes. La primera de ellas comprende el diario poético titulado *Desterrado. Lírica de una Atlántida (poesías originales),* y un apartado de traducciones —de «Lady» Gregory, Charles Baudelaire, W. B. Yeats, George William Russell y James Stephens—. Según las notas de J. R., de los materiales de *Desterrado,* sólo lo mejor debía ser seleccionado —y *no incluir todo,* lo que luego Crespo recogió y ordenó cronológicamente (p. 13)—. Se puede, pues, resumir su contenido así: «... La primera parte del... volumen agrupa el conjunto de materiales en prosa y verso —debidos todos ellos a la pluma de Juan Ramón Jiménez— de más valor literario y, particularmente, poético, en conjunto» (p. 15).

En la segunda parte se incluyen materiales heterogéneos; y Crespo la tituló *Archivo,* por contener una serie de documentos ordenados de acuerdo a un plan histórico, que parece que Juan Ramón consideraba (p. 15). Esta parte contiene un capítulo titulado «Álbum», que es una selección de las 85 fotografías y dibujos archivados por J. R. en los sobres de *Guerra en España.* Su interés se ve acrecentado por los comentarios añadidos de su puño y letra por J. R. El resto de materiales se van agrupando en capítulos cronológicos según los distintos momentos históricos que Zenobia y J. R. vivieron tras salir de España en 1936.

La salida de España de Zenobia y Juan Ramón Jiménez y actividades realizadas en América

En el exilio, más de una vez se utilizó contra la República el hecho de que Juan Ramón hubiese abandonado la zona leal al comienzo. En una entrevista concedida en 1937 en Cuba a Eddy Chibás [32], J. R. explicó por qué y cómo salieron de España. En 1936, Juan Ramón tenía cincuenta y cinco años y Zenobia, cuarenta y nueve. El 19 de agosto fue a casa de su amigo Cipriano de Rivas Cherif, y luego a visitar a

[32] Eddy Chibás: «Entrevista con Juan Ramón Jiménez», en *Bohemia,* La Habana, 23 de mayo de 1937.

don Manuel Azaña —también amigo suyo— para exponerle sus propósitos de salir de España, argumentando que tenía que cumplir unos compromisos pendientes con el Departamento de Educación de Puerto Rico. Azaña le dijo que el Gobierno quería proteger a los intelectuales y artistas y que no tenía inconveniente —e incluso consideraba bueno— que salieran de España aquellos artistas e intelectuales que apoyaban al Gobierno, pues creía que podían ser más útiles fuera que dentro.

Por indicación de Azaña, el Gobierno le dio todas las facilidades, aunque Juan Ramón no aceptó ningún tipo de representación legal de la República, más allá del grado «honorario». El 20 de agosto de 1936, Zenobia y J. R. partieron de Madrid a Valencia. Sus propiedades, archivos, producción inédita, etc., todo quedó en Madrid. De Valencia fueron a Figueras. El 22 de agosto entraron en Francia (pp. 159-160; y 319-321). El viaje fue bien. Durante el trayecto, los milicianos les colmaron de atenciones, especialmente entre Barcelona y La Junquera (p. 160). En París buscaron pasaje para Estados Unidos. El 26 de agosto de 1936 salieron del puerto de Cherbourg (Francia), donde había desinterés por la España en guerra [33].

En la entrevista a Chibás se exponían otros pormenores del largo viaje de cinco días hasta llegar a Estados Unidos. Luego el 29 de septiembre de 1936 Zenobia y J. R. desembarcaron en San Juan de Puerto Rico, donde J. R. continuó realizando cierta actividad pública. El 7 de octubre leyó su conferencia «Política poética» en la Universidad de Río Piedras; el 7 de noviembre disertó sobre «La poesía contemporánea» en el Blanche Kellog College. Después pronunció conferencias en Ponce, Mayagüez y Salinas; y, por sugerencia suya, se celebró la Fiesta de la Poesía y del Niño de Puerto Rico —19 de noviembre de 1936—. En dos ocasiones leyó poemas suyos ante niños ciegos; y el 23 de noviembre leyó una conferencia sobre Valle-Inclán en el Ateneo de San Juan.

El 24 de noviembre embarcaron rumbo a Cuba —vía Santo Domingo— en busca de una imprenta para preparar la antología de *Verso y prosa para niños,* que el Departamento de Educación de Puerto Rico le había encargado, para utilizar en las escuelas (p. 133). En Cuba vivían en el hotel *Vedado* con el patrocinio de la Institución Hispano-cubana de Cultura. En diciembre de 1936 impartió tres conferencias. Pero la prensa local no le prestó demasiada importancia (p. 140). A principios de 1937 apareció la edición titulada *La poesía cubana en 1936* (Colección) [34].

---

[33] Decía J. R.: «... la misma lejanía de suburbio indiferente de verano desierto de Francia, con España gritando toda tan cerca. Nunca me parecieron tan inhumanamente separadores mis queridos Pirineos. Sí, acabamos de dejar España, y con la indiferencia jeneral del París más verdadero, parece que hace ya un siglo que la dejamos. [...] Ahora yo no necesito leerlas [las noticias]... Me basta con la pena por los muertos, los hambrientos, los desesperados de los dos bandos, tantos españoles igualmente españoles con tantos amigos míos decentes, de ideas que ahora tienen que encontrarse sin necesidad frente a frente...» [Cf. Juan Ramón Jiménez: *op. cit.,* pp. 121-122].

[34] Editada en 1937 en La Habana por la Institución Hispano-cubana de Cultura. Contenía un prólogo y un apéndice de J. R. Jiménez y un comentario final de José María Chacón y Calvo.

A partir de un acto poético en el teatro Campoamor —9-II-1937—, la figura de Juan Ramón incrementó su influencia en La Habana, actuando siempre en defensa de la República. A ello contribuyó un pequeño grupo de periodistas que realizaron frecuentes comentarios sobre aspectos literarios y políticos. El 19-IV-1937 participó en el homenaje al escritor cubano Pablo de la Torriente, muerto en defensa de la República española. En abril de 1937, J. R. estuvo también copresidiendo en La Habana un homenaje a F. García Lorca. El 20 de abril de 1937, considerando la posibilidad de ir a México, escribía a Genaro Estrada (de México):

> Estoy imprimiendo en La Habana cuatro libros, tres encargados desde Puerto Rico y uno de aquí. Van muy despacio y no sé cuándo estarán acabados. Por otra parte, los médicos me han recomendado últimamente, a causa de mis trastornos circulatorios, que no suba más de 1.000 metros. Esto sólo no sería el verdadero obstáculo» (p. 154).

En junio de 1937, Zenobia y J. R. visitaron en el puerto de La Habana a los niños españoles que, a bordo del *Mexique,* estaban siendo evacuados a Morelia (México). J. R. también colaboró con declaraciones y entrevistas en prensa, con la promoción de actos y publicaciones, asistiendo a actos organizados, en los que participaban los representantes de la República en Cuba, o firmando el Manifiesto de los intelectuales españoles —con motivo del discurso pronunciado por el doctor Negrín (26-II-1938)—. Sin embargo, rechazó toda ayuda de la República, a la que servía con libertad de conciencia.

A finales de enero de 1939, Zenobia y J. R. decidieron establecerse en Miami. Aunque esperaban poder volver relativamente pronto a España, el resultado de la guerra les llevó a instalarse en Estados Unidos y luego —a causa de su enfermedad— en Puerto Rico, donde ambos murieron: Zenobia en 1956 y Juan Ramón en 1959.

El compromiso de Juan Ramón Jiménez con la República

Además de las actividades realizadas en Puerto Rico y Cuba, desde el primer momento de la sublevación militar Zenobia y Juan Ramón habían colaborado activamente en Madrid. El 24 de julio de 1936, la Junta de Protección de Menores les autorizó por escrito para llevar unos brazaletes identificativos de la Cruz Roja [35].

[35] Arturo Serrano Plaja, en el artículo «Cada palo que aguante su vela y una anécdota de Juan Ramón», de *Correo Literario,* n.º 21, Buenos Aires, 15 de septiembre de 1944, recordaba el proceso que siguió para ir a pedirle a J. R. J. que firmara un Manifiesto de intelectuales españoles, y su sorpresa al ver que Juan Ramón, el eterno aislado que nunca participaba en actos políticos, ya había tomado partido [Cf. J. R. J.: *op. cit.,* pp. 117-118].

Asimismo J. R. y Zenobia acogieron en un piso que tenían en la calle de Velázquez, 65, de Madrid, a doce niños abandonados que les confió la Junta de Protección de Menores y terminaron alimentándolos con sus propios recursos (p. 98). Juan Ramón fue uno de los intelectuales firmantes, el 30 de julio de 1936, de un documento en el que declaraban que «en el conflicto que ha determinado la guerra civil en España, nos ponemos del lado del Gobierno, de la República y del Pueblo, que con tan ejemplar heroísmo está combatiendo por sus libertades» [36]. Unas declaraciones de Juan Ramón en apoyo del pueblo español aparecieron el 27 de agosto de 1936 —cuando estaba cruzando el Atlántico, rumbo a Nueva York— en el primer número de *El Mono Azul* [37].

El propio Juan Ramón resumía su trayectoria personal en un informe fechado en La Habana (12-V-1938):

> Desde el comienzo de esta guerra, tan mal entendida por tantos fuera y dentro, pensé que mi mejor manera de ayudar a nuestra República (pueblo y gobierno) tenía fatalmente que ser poética, es decir, en el campo de mi vocación, [...] exaltando ante propios y extraños la prolongada verdad de nuestro pueblo en sus más normales y profundas virtudes. En Cuba [...], donde me trajo mi obligación literaria, vi pronto que mi labor de español demócrata y libre estaba con mi posible trabajo individual y con la comprensión de Cuba, en contribuir al mayor acercamiento de los valores espirituales, intelectuales y morales de nuestra República a los de ésta y sobre todo a esta juventud. Y me propuse ayudar con mi modesto esfuerzo a esta espansión y trueque ejemplares (pp. 189-191).

Antes de ir a Puerto Rico, Zenobia y Juan Ramón estuvieron en Nueva York hasta el 19 de septiembre de 1936. Allí pusieron en marcha distintas iniciativas. Jo[sé] Camprubí, hermano de Zenobia, dirigía el diario neoyorquino *La Prensa.* Desde sus páginas, J. R. y Zenobia lanzaron una campaña para recaudar fondos para ayudar a los niños víctimas de la guerra (p. 204); aunque no parece que tuvieran demasiado apoyo ni que hallasen un ambiente muy favorable a la República. En *La Prensa* se iba a ir dando cuenta de los ingresos recibidos [38]. También entraron en contacto con algunas organizaciones democráticas norteamericanas, como el «Comité Americano de Apoyo a la Democracia Española». Desde *La Prensa*

[36] Cf. J. R. J.: *op. cit.,* p. 116. Otros de los firmantes del Manifiesto fueron: Menéndez Pidal, Antonio Machado, Gregorio Marañón, Teófilo Hernando, Ramón Pérez de Ayala, Gustavo Pittaluga, Juan de la Encina, Gonzalo Lafora, Antonio Marichalar, Pío del Río Hortega, José Ortega y Gasset e Ignacio Bolívar —varios de los cuales estaban estrechamente relacionados con la Institución Libre de Enseñanza.

[37] Cf. «Declaraciones del Gran Juan Ramón Jiménez», en *El Mono Azul,* n.º 1, Madrid, jueves 27 de agosto de 1936 [Cf. J. R. J.: *op. cit.,* p. 120].

[38] En dicha suscripción, los primeros fondos fueron aportados por don Luis Careaga —cónsul de España en Nueva York—, Irene Lewisohn —amiga de Zenobia— e Inés Muñoz —socia de Zenobia en Madrid— [Cf. J. R. J.: *op. cit.,* p. 204].

organizaron un mitin en el Mecca Temple [39], donde se leyó una nota redactada por Juan Ramón, adaptada del artículo publicado en *El Mono Azul* —de finales de agosto de 1936— [40]. J. R. decía en aquella nota:

> Acabo de llegar de España; he compartido en Madrid el primer mes de esta terrible guerra civil nuestra, y traigo todo mi ser conmovido por el hermoso ejemplo (único, creo yo, en la historia conocida de las guerras más o menos civiles del mundo) que ha dado el gran pueblo español [...] Madrid ha sido, durante este primer mes de guerra, yo lo he visto, una loca fiesta trájica. La alegría, la extraña alegría de una fe ensangrentada rebosaba por todas partes; alegría de convencimiento, alegría de voluntad, alegría de destino favorable o adverso. Y este frenesí entusiasta, esta violenta unión con la verdad habrían decidido desde el primer momento el triunfo justo del pueblo, si la revolución militar no hubiera sido amparada por codiciosos poderes estraños. Y España, la República española democrática y legal estaría hoy reorganizándose, completando su firme ejemplo ante el mundo.
>
> Mi ilusión, al salir de España para cumplir otros espontáneos deberes jenerales y particulares, era hacer ver la verdad de la guerra a los países estranjeros cuya prensa, supongo que por deficiencias de información, presenta los hechos con un aspecto completamente distinto de la realidad. Se supone jeneralmente, y se dice en muchos periódicos americanos y de otros países, que el Gobierno español carece de fuerza, de justicia y de orientación. Si hubiese carecido de fuerza, ¿cómo hubiera podido hacer frente un día, con los relativamente escasos elementos armados que le fueron fieles y con un pueblo que no había querido antes armar, a una revolución militar casi total y elaborada durante años? Y el Gobierno español ha procurado, y sigue procurando por todos los medios a su alcance, el respeto y el orden civiles. De esto estoy bien seguro, conozco y he oído constantemente al presidente de la República y a algunos de los Ministros del Gobierno [...] El Gobierno de la República y los representantes del Frente Popular, en cambio, condenan cada día en la prensa, por el radio, por decretos, todo acto innecesariamente cruento; y sus milicianos, su aviación, su Guardia Civil, sus fuerzas de asalto, sus carabineros, sus mozos de escuadra, sus mandos dan muestra constante de mesura y dignidad. Es claro que no se puede evitar que tales grupos que merodean al marjen de toda catástrofe y que existen también normalmente en épocas de paz en todos los países, cometan [...] actos que todos lamentan. [...] Pido aquí y en todas partes simpatía y justicia, es decir, comprensión moral para el Gobierno español, que representa a la República democrática ayudada por todo el Frente Popular, por la mayoría de los intelectuales y por muchos de los mismos elementos conservadores. Si el Gobierno español se sintiera alentado por esta justicia y esta simpatía universales, podría ace-

[39] En *La Prensa* se anunciaba para el 18 de septiembre de 1936. Iban a participar como oradores Luis Careaga, José Lord Dudley, Heywood Brown, Charles Hendley, Robert Noville y Francis A. Hensen. El acto estaba patrocinado por el Comité Americano para Ayuda a la Democracia en España, por el Frente Popular Francés y por el Comité Antifascista Español.

[40] Juan Ramón Jiménez: «Declaraciones del Gran Juan Ramón Jiménez», en *El Mono Azul*, n.º 1, Madrid, jueves 27 de agosto de 1936.

> lerar la verdadera victoria, en la que los amigos del mejor destino de España confiamos, y a la que esta España tiene pleno derecho. Y pensad también que esta victoria no sólo sería de España, sino del mundo. Esta victoria pondría a España en condiciones de desenvolver pacífica, ejemplar y conscientemente su lójica evolución social, con arreglo a su propio jenio y carácter, sin dependencia política de otros países; y evitaría, quizás, con su ejemplo la guerra del mundo, que en estos momentos está ya aguzando sus filos más espantosos [41].

En lo que resulta ser una faceta sorprendentemente innovadora en Juan Ramón, desde que salió de España en 1936, su actividad personal puede calificarse claramente de propagandista en favor de la República. Para ello utilizó un método absolutamente moderno y actual —empleado también por otros gobiernos—, consistente en la utilización de las actividades culturales de calidad para la consecución de un prestigio político necesario para la causa republicana.

Desde Cuba, junto con otros republicanos, J. R. fomentó la creación de un Comité Internacional de «Amigos de la Cultura Española», con representantes de calidad en distintas ciudades del mundo. Su finalidad era concertar con precisión y acierto la visita de personalidades de prestigio del mundo del arte, la ciencia, la literatura y la política de la España republicana. Dentro de este plan, conferenciantes como don Ramón Menéndez Pidal, José Gaos, Felipe Sánchez Román y otros estuvieron en Cuba. Los resultados, poco perceptibles en 1937, fueron mejorando paulatinamente. Con la llegada de Carlos Montilla —encargado de Negocios republicano en La Habana, y amigo de Juan Ramón—, los resultados de esta actividad propagandística, realizada con figuras republicanas de prestigio, fueron mejorando, particularmente a lo largo de 1938:

> La presencia seguida de tales personalidades españolas [...] en esta gran ciudad, tan desorientada sobre nuestros graves problemas actuales, creo que es de tanto interés por lo menos como los mítines populares.
>
> Esto enardece quizás a una mayoría convencida de lo suyo, aquello puede convencer profundamente a una minoría muy importante y a veces escéptica, que cede muchas veces al contajio de la conciencia, conquista valedera para la definitiva amistad. Estoy seguro, desde el principio, del triunfo ideal y moral de la República Española contra la artería y la barbarie nacionales e internacionales. Pero aún cuando nos llegase una momentánea y relativa adversidad, para la que debemos estar firmemente preparados, estas actividades científicas y estéticas, imperio del espíritu, tendrán igual o mayor eficacia y ser en el verdadero camino de la realidad futura (pp. 189-191).

En un informe de Zenobia al Consejo Nacional de Protección de Menores (de Valencia) (19-III-1937) hacía balance de los resultados prácticos obtenidos hasta entonces:

---

[41] Sorprenden estas observaciones proféticas de J. R. sobre el futuro que aguardaba al mundo.

> ... a mediados de marzo el importe de tal suscripción [de *La Prensa]* alcanzaba a más de $ 2.300 (dos mil trescientos dólares). De esta suma se han remitido ya a ese Consejo $ 2.000 [...] ($ 500 a Alicante y $ 1.500 a Valencia). Sucesivamente se irán haciendo nuevos envíos de fondos y alimentos (pp. 206-207).

Pero para continuar y mejorar esta tarea necesitaban personas de su absoluta confianza. Necesitaban —y pedían reiteradamente también— fotografías, estadísticas actualizadas, y otros datos —situación de los niños abandonados, y de las instalaciones donde se los acogía, la protección que recibían y otros datos y detalles de interés— para la acción propagandística.

Zenobia [42] y Juan Ramón también intentaron mitigar la situación de los niños españoles que eran evacuados a Morelia (México) en el *Mexique.* Este barco recaló brevemente en La Habana (5-VI-1937), provocando escenas de emoción y respuestas de solidaridad. Zenobia y J. R. los visitaron, llevándoles dulces, juguetes, zapatos, etc.: «... un soplo de cariño y de afecto para esta infancia desvalida que ha visto caer a sus padres en la llamarada voraz del incendio terrible de la guerra civil» (p. 167).

Sin embargo, la moral de Juan Ramón sufrió un duro golpe cuando se enteró a finales de marzo de 1938 de la muerte de su sobrino y ahijado, Juan Ramón Jiménez Bayo —en Alfambra, frente de Teruel; ocurrida en febrero de 1938—. A pesar de militar en trincheras opuestas, Juan Ramón mostró siempre un gran amor y aprecio por él, pues, con la mejor intención, desde julio de 1936 había apoyado la sublevación militar:

> Se hizo, como mis otros sobrinos y sus demás amigos de Moguer, falangista. [...] A pesar de que él conocía bien nuestra ideolojía diferente, nos escribía con el cariño de siempre y se indignaba de los ataques injustos, sobre materia falsa, que yo recibía de parte de la prensa nacionalista (pp. 197-198).

En conjunto, durante su estancia en Puerto Rico y Cuba, hemos de concluir que J. R. «... demostró, con moderación pero con tesón y firmeza ideológica, su inquebrantable lealtad a la causa de la República que, para él, era la del pueblo español» (p. 140).

El pensamiento de Juan Ramón Jiménez respecto a la guerra

En estos escritos de Juan Ramón afloran sus reflexiones sobre la guerra espa-

---

[42] En artículo aparte hemos analizado un diario de Zenobia del período de guerra: Cf. Zenobia Camprubí (1991): *Diario 1. Cuba (1937-1939).* Madrid, Alianza Editorial / Edit. de la Universidad de Puerto Rico. [Traducción, introducción y notas de graciela Palau de Nemes.]

ñola. Afirmaba que ésta había dejado de ser civil, para tomar un cariz de guerra de independencia.

En marzo de 1937, el *Diario de la Marina* de La Habana publicó un artículo propagandístico del periodista Manuel Aznar, en el que afirmaba que el ochenta por ciento del profesorado de Madrid, Valencia y Barcelona había huido al extranjero. Entre otros «huidos» se citaba a Juan Ramón. De este argumento se derivaba que la República no tenía apenas apoyo de los intelectuales. Juan Ramón replicó rápidamente (17-III-1937) al director del diario, explicando su situación personal: «...yo "no he huido" de los rojos, ni de los blancos, ni de los de ningún color o matiz» (p. 153). Tras recordar que nunca había militado en ningún partido político, explicaba las razones por las que fue a Cuba, así como el apoyo recibido de las autoridades republicanas. Añadía:

> Sería yo un ingrato si callara, en momentos difíciles para el Gobierno español, por tales o cuales miramientos egoístas. Quien es libre de pensamiento y no tiene peso sobre su conciencia, no tiene por qué disimular. Me interesa añadir que mi amor por el auténtico pueblo español, por la auténtica democracia española, siguen en el mismo punto en que siempre estuvieron. Yo he sido siempre libremente leal a la democracia y a mí mismo, y respeto, hoy como siempre, toda verdadera lealtad (p. 153).

En la entrevista concedida en mayo de 1937 a Eddy Chibás, anteriormente citada, encontramos un auténtico ideario político de J. R. En ella puntualizó y recalcó mucho que él nunca había tenido cargos públicos remunerados ni esperaba tenerlos con la «República Nueva que hoy o mañana será lo definitivo en España», ni esperaba nada tampoco del posible triunfo de las derechas. De hecho, en 1930, J. R. ya había renunciado a ocupar un sillón que le ofrecía la Real Academia Española de la Lengua [43]; y durante la guerra civil igualmente rechazó ser embajador de la República en ningún país. Pero en dicha entrevista afirmaba que esperaba el triunfo de la «República Nueva que hoy o mañana será lo definitivo en España, y así lo deseo, por muchos éxitos aparentes y momentáneos que consiga la revolución "feudalista"». Asimismo lamentaba los horrores y excesos cometidos en zona republicana. Eran cosas que en ninguna gran catástrofe natural o social es posible evitar, «pero estoy siempre en mi mismo sitio, y no porque hayan ocurrido tales cosas de una parte, voy a pasarme a la otra, donde han ocurrido además las mismas o peores cosas. Siempre estaré conmigo y con la democracia, con los demócratas dignos, con el pueblo español, y con mi trabajo material y espiritual» (pp. 161-162).

En dicha entrevista también declaró varias cosas más sobre la lealtad a la República y el trasfondo de los bandos contendientes:

---

[43] Cf. *Poesía* [Revista Ilustrada de Información Poética] n.º 13-14. [Dedicado íntegramente a J. R. Jiménez.] Madrid, Ministerio de Cultura. Invierno 1981-82, p. 115.

> ... en términos generales, españoles de prestigio y autoridad, los verdaderos intelectuales, han estado desde el principio con la República española. Casi ninguno de éstos, por no decir ninguno, ha desertado de su puesto, hasta ahora [mayo de 1937] (p. 162). [...] nada hay más falso que la pretensión rebelde de encarnar la espiritualidad de España. El clero y el Ejército, Columna vertebral de la insurrección, no tienen, en España, nada de espiritual. Es en el pueblo donde reside la fuente espiritual de España. [...] Todos hemos podido oír radiados los patéticos discursos de La Pasionaria, de Indalecio Prieto, etc., invitando a los milicianos y al pueblo al respeto de vidas y haciendas [...] Compárense las palabras de La Pasionaria, de Prieto, de Azaña, etc., con las de algunos generales revolucionarios. Medítese en la conducta de Azaña retardando la ejecución de los generales vencidos en Madrid y en Barcelona [...] Piénsese en la conducta pública de hombres como Besteiro [...] Y también en la de los hombres que trajeron a España a los moros y a la Legión Extranjera de África, cuya condición ha sido expuesta por sus mismos jefes (p. 163).

Finalmente, concluía:

> Para mí, en España no hay más que dos bandos: el que lucha desde la izquierda o desde la derecha, con la diferencia de sus ideales, por la independencia española y el que le entrega España a países extranjeros, a cambio de una ayuda que satisfaga la vanidad y la ambición personal [...] Los que en España defienden ahora el ejército y el clero, ayudados por las clases «privilegiadas», digan ellos lo que digan para ganar la opinión universal, no es [...] más que un nuevo feudalismo (pp. 165-166).

Asimismo entre los papeles de J. R. que publicó A. Crespo, a modo de prólogo, encontramos unas elogiosas palabras de Antonio Machado (12-IX-1937) sobre Juan Ramón: «Siempre pensé que J. R. J., en España o fuera de España, allí donde se encontrase, estaría con nosotros, con los amantes del pueblo español, del lado de nuestra gloriosa República» (p. 23).

En 1938 J. R. manifestaba en Cuba su malestar y discrepancia con representantes comunistas hispanos, porque le habían ofrecido «su apoyo moral y material», a cambio de recibir el apoyo moral de Juan Ramón. El poeta estaría así en la misma situación de muchos otros escritores republicanos: Arturo e Ilsa Barea, Chaves Nogales y otros, que acabaron huyendo de la presión comunista en zona republicana hacia el final de la guerra. Decía Juan Ramón:

> Pensé contestarles dignamente que no era el Gobierno ni el pueblo los que debían apoyar al individuo en esta guerra espantosa, «apoyada» por tantos vividores, sino el individuo al pueblo y al Gobierno. Que yo [...] seguiría en mi sitio [...], es decir, con los buenos, cuya mayoría está en el pueblo verdadero. Pero no lo hice [...]. Y ellos, los compradores de armas, los propagandistas a tanto, los milicianos de la cultura, etc., con mono de sastre y todos buena bolsa de oro, pueden fusilarme por «diferente» cuando yo vuelva a España. Estoy, con el más firme desprecio, a su disposición (p. 46).

A Juan Ramón tampoco le gustaba la actitud del poeta León Felipe que, envuelto en el gran abrigo de piel del asesinado duque de T'Serlaes, protestaba por todo desde su refugio en la Embajada de México, mientras que los milicianos que defendían la República «comían melón por dieta de pelea. [y] En las trincheras murió Pablo de la Torriente, en las trincheras se puso tísico Miguel Hernández, en las trincheras vivía del todo Gustavo Durán. O no gritar tanto o irse a las trincheras, León Felipe» (pp. 57-58).

Juan Ramón expresaba su impresión negativa sobre la guerra y su percepción de que la gente de peor calidad era la que sobrevivía, mientras los mejores sucumbían, cuando decía:

> ... Las guerras y epidemias suelen llevarse, en todos los sentidos, a los seres más jenerosos, más valientes, los más buenos, los más honrados, que son los que arriesgan su vida o su fortuna en cualquier sentido, moral o material, en que la vida se considere, o el bienestar; y según la vocación y el temperamento. Porque los verdaderos se van a los frentes [...]
>
> Los farsantes, los necios, los peores, los traficantes, los que se esconden, que se están, se filtran, se pasan o se traspasan o se cojen, son los que se quedan en esas retaguardias dudosas donde se hace la segunda guerra, preparando ya su [...] para los «destinos» de la paz, en un lado o en otro o en los dos, según convenga a los mandos [?] del momento (pp. 49-50).

En una carta [5-II-1938], de J. R. a Corpus Barga —del Ministerio de Instrucción Pública en Barcelona— encontramos más información sobre su pensamiento. Decía:

> ... Yo estoy a la disposición de ese Ministerio en todo lo que yo pueda ser útil a la República. Desde que salí de España y en toda ocasión he hecho público de palabra o por escrito mi sentimiento popular de toda mi vida, que usted conoce bien, y no pierdo ocasión tampoco de espresarlo en lo privado, que es siempre la mejor propaganda y más por estos países tan alejados del verdadero fondo de este conflicto. Desearía servir a la República sin retribución alguna, como siempre. Yo tengo pocas necesidades y con lo que he ganado con los 4 libros que he editado durante el año 36, con algunas conferencias y con un poco que tiene mi mujer en los Estados Unidos, podemos arreglarnos por ahora modestamente, como creo que todo español debe hacer hoy más que nunca. Creo también que nosotros, ¡los intelectuales!, etc., debemos ayudar al Gobierno y al pueblo (que defiende la cultura española, nuestra propia labor y que nos guarda a nosotros mismos); no ellos a nosotros (p. 183).

En la segunda parte de este volumen editado por Ángel Crespo, son asimismo muy ilustrativas las 27 fotografías seleccionadas de casi un centenar existente en el archivo de Puerto Rico. Algunas de ellas tienen significativas anotaciones personales de Juan Ramón.

Tras un discurso del doctor Negrín —26-II-1938—, en marzo se divulgó otro Manifiesto de apoyo de los intelectuales españoles al Gobierno legal de la República, al que también se adhirió Juan Ramón. Entre otras cosas se decía allí:

> Nos dirigimos asimismo a los intelectuales de todos los países para que laboren tenazmente en favor del pueblo español, que combate no sólo en su propia defensa, sino también por la libertad y la cultura universales [...] Nosotros prometemos responder a ese llamamiento con toda nuestra energía. Todos unidos para salvar a España, traicionada e invadida [44], pero imperecedera y segura de su victoria! (pp. 187-188).

En agosto de 1938, Juan Larrea [45], comentando la abrumadora mayoría de poetas españoles que libremente decidieron apoyar a la República, decía:

> Juan Ramón Jiménez, haciendo causa común desde el primer momento con la defensa popular, abandonó su legendario retraimiento para actuar valiente y meritísimamente en el Madrid amenazado. Más tarde se trasladó a América, donde sigue militando con tesón acrecido en las filas espirituales del pueblo (p. 211).

En febrero-marzo de 1939, Juan Ramón y Zenobia seguían trabajando para ayudar a los republicanos españoles. En marzo de 1939 se iba a constituir en Nueva York un Comité de Ayuda a los Intelectuales Españoles. Zenobia, Juan Ramón y otros hispanistas (p. 233) de centros universitarios norteamericanos realizaron gestiones para este fin. Contaron con el apoyo inmejorable de las páginas del diario neoyorquino *La Prensa* —que dirigía Jo[sé] Camprubí, hermano de Zenobia.

Concluida la guerra, hacia abril de 1939, en Madrid se produjo uno de los episodios que más disgustaron a Juan Ramón. Varias personas —identificadas con iniciales: el ¿escritor? catalán F. R., C. S. y C. M. B.— allanaron su piso de Madrid, llevándose obras inéditas, documentos personales y objetos de valor sentimental de Zenobia y Juan Ramón. Este hecho generó una amplia correspondencia de J. R. con varias personas para intentar recuperar lo robado. Desde julio de 1939, parte de lo sustraído se fue recuperando (p. 214).

Juan Ramón y la nostalgia de España tras la guerra

La salida provisional de España se acabó convirtiendo para Zenobia y Juan

---

[44] Obsérvese que existía una clara conciencia de que, al menos en parte, se participaba en una lucha contra la invasión extranjera; se participaba en una guerra por la independencia de España.

[45] En el artículo «Como un solo poeta», publicado en *La Voz de Madrid,* 13 de agosto de 1938 [Cf. J. R. J.: *op. cit.*, p. 211].

Ramón en un exilio definitivo, por más que en los años 40 el régimen franquista intentó atraerlo ofreciéndole de nuevo, en 1945 —por medio de José María Pemán—, un sillón de la Academia Española de la Lengua. Juan Ramón rechazó esta nueva oferta (pp. 226-227). Desde finales de enero de 1939, Zenobia y Juan Ramón vivieron en distintos lugares de Estados Unidos. En septiembre de 1939 escribía en Nueva York con cierta desesperación:

> ... En España, por lealtad a mi poesía, por lealtad a ellos, por no mentirles ni adularles, me vendieron mis discípulos, me calumniaron mis amigos. [...] Por lealtad desinteresada a mi poesía, a mi idea y a mi pueblo, fui, en el mejor momento de mi vida española, puesto en lista negra por los más confusos dictadores, condenado sin duda a muerte, privado de ciudadanía, proscrito, es decir, «desterrado». Amigos y discípulos míos, a quienes recibí con cariño en mi casa, la saquearon, buscaron mi intimidad y mi secreto indefensos, usaron mis manuscritos, deshicieron mi obra. Y es seguro también que se burlarán irónicamente de lo que diga hoy.
>
> Pero por miserable, por injusto, por triste que todo esto fuera y sea, lo acepté primero con pena, luego con indiferencia, por fin con alegría. La alegría de verme libre, con la persona lejana, desligada de tanta fealdad. Porque a España no la perdía ni ella a mí. Porque España y yo estamos juntos, los dos para los dos. Bien está la ingratitud y la calumnia, el honor de la lista negra, la pérdida «oficial» de la ciudadanía, el robo de mi trabajo de toda la vida; bien estaría el «entierro» en mi tierra de España. Pero, ¡a qué precio!, el destierro de mi lengua diferente, superior a toda alegría, a toda indiferencia, a toda libertad, a toda pena. No lo puedo soportar. Porque «desterrado» a no tener lenguas mías a mi alrededor, no hago nada, no soy nadie, estoy más muerto que muerto, estoy perdido (pp. 47-48).

La nostalgia de España ya comenzó durante el tiempo de permanencia en Cuba. Carmen Conde afirmaba en un artículo [46] que el *Diario poético* de Juan Ramón, publicado en *La Revista Cubana* [47], contenía «tal nostalgia, tan enorme melancolía de la patria, que hemos sentido al leerlo que aún nos dolía muchísimo más esta herida en que se nos abrió España» (pp. 209-210).

En varios lugares más aflora directamente la nostalgia que Juan Ramón sentía de España mientras estaba en el Caribe y, posteriormente, en Estados Unidos. En 1945 J. R. escribió en Washington:

> Cuando llegaron mis libros de Madrid, el olor de los libros míos que fueron de mi madre se esparció (jazmín, madreselva, violeta, rosas conservadas entre las hojas) por toda la casa. Ya estoy en Moguer, Washington. Tú eres Moguer ahora, Washington, con el olor de las flores secas de mi madre en mis libros viejos (p. 58).

---

[46] Carmen Conde: «Fecundaciones líricas extra ibéricas», leído en Radio Murcia (21-IX-1937).

[47] Cf. *La Revista Cubana*, La Habana, enero-marzo de 1937.

Uno de los problemas personales que ya empezaron a plantearse en los escritos de Juan Ramón, desde su etapa de Cuba, era su desconexión, su falta de contacto con el español que se seguía hablando en España. Tal era la situación que llegaba a curiosas soluciones: «¿Ir a ver a un español recién llegado ahora de España, para hablar con él? ¡Qué estraño; a lo que llega el español perdido!» (p. 61).

Más adelante, en 1948, escribía:

> En todo caso, mi español se ha detenido, hace doce años [en 1936], en mí. Yo supongo, no lo sé ya tampoco, que hablo como hace doce años. Desconfío de mí ahora y desconfío ahora de lo que leo escrito en español en España y fuera de España. Y si quiero recordar, pensar, criticar el español, los españoles, ya no sé lo que leo, lo que hablo ni lo que escribo (p. 59).

A los países caribeños decía que no quería regresar, «Porque no quiero y temo "perder" mi español y "ganar", ¡qué estraño!, los otros españoles. No sé si me decidiré a ir este año de 1948 a la Argentina, ¡tentación tan rica!» (p. 60). Reflexionando sobre su falta de conexión con el español, le sorprendía encontrarse con otras variantes de español que lo desconcertaban: «Y qué estraño oír hablar un español "mejor" a un colombiano, un mejicano, un boliviano. Un español mejor que el mío, qué estraño, más educado que el mío. Sí, qué estraño, un español como mi español perdido, un español más inventivo ahora, porque sigue en su hora y su lugar, su espacio y su tiempo» (pp. 60-61).

En la década de los 50 seguía creciendo su nostalgia por el alejamiento del país y de la lengua: «¡No oír el español al pueblo de España; al hombre, a la mujer, al niño; ese español que es el rumor de mi sangre, la razón de mi vida!» (p. 64). Explicaba también: «Con mi mujer hablo siempre en español, claro está, pero ya nos correjimos el uno al otro, y hasta consultamos el diccionario» (p. 64).

Desde Estados Unidos, durante los años 40 y 50 estuvo atento a la evolución de la literatura española y a la aparición de nuevos autores, con varios de los cuales mantuvo breve correspondencia.

En marzo de 1953, Juan Ramón propuso al ministro de Educación Joaquín Ruiz Jiménez que considerase la posibilidad de preparar una edición en 12 volúmenes, de los planos y fotografías de toda la obra arquitectónica de interés, realizada en los antiguos territorios de la corona española en América (desde California hasta la Patagonia), como manera de acercar o unir voluntades en España [48].

[48] J. R. J.: *op. cit.*, pp. 296-297. Cf. el proyecto que envió a Joaquín Ruiz Jiménez.

5.6.2. *El diario (de Cuba),* de Zenobia Camprubí [49]

Creemos que el diario de Zenobia Camprubí —esposa del poeta Juan Ramón Jiménez— tiene el valor de ser un material complementario, clarificador de cuanto J. R. J. y la propia Zenobia pensaban, escribieron e hicieron fuera de España a partir de 1936. Los escritos de ambos son como las dos caras de una misma moneda; y, aunque la personalidad y actividad de Zenobia pueda ser un tanto desconocida para el gran público, su interesante trayectoria personal, su condición de esposa de Juan Ramón y su proximidad a figuras clave de las generaciones del 98 y del 27, de la Institución Libre de Enseñanza, de la II República y protagonistas de la guerra civil, nos parecen argumentos suficientes para tomar en consideración las informaciones y puntos de vista que reflejó en su diario de Cuba, escrito entre 1936-1939.

Según Graciela Palau [50], aparte de otra producción [51] y de los diarios de juventud escritos por Zenobia, los diarios que escribió desde su salida de España en 1936 contienen tres partes diferenciadas. La primera incluye lo escrito entre 1937-1939, cuando estaban en Cuba; la segunda recoge lo escrito entre 1939-1951 —durante su estancia en Estados Unidos—; y la tercera incluye lo escrito entre 1951-1956 en Puerto Rico, hasta su muerte en 1956 [52].

Aquí solamente analizaremos la primera parte de los diarios: lo escrito entre el 2 de marzo de 1937 y el 28 de enero de 1939, durante su estancia en Cuba —y un viaje a Estados Unidos a finales de1938—. Hasta el 8/9-XII-1945, este diario aparece escrito en inglés —lengua de intimidad de Zenobia, frente al predominio

---

[49] Las citas y referencias de este artículo las hacemos sobre la edición de Zenobia Camprubí Aymar: *Diario. 1. Cuba (1937-1939).* Madrid, Alianza Edit./ Edit. de la Universidad de Puerto Rico, 1991, con traducción, introducción y notas de Graciela Palau de Nemes; y sobre Juan R. Jiménez: *Guerra en España,* Barcelona, Seix Barral (Bibliot. Breve), 1985, con introducción, organización de materiales y notas de Ángel Crespo.

[50] Autora de la traducción, introducción y notas de este primer volumen de diarios de Zenobia [Cf. Zenobia Camprubí.: *op. cit.,* pp. XI-XXXVI], y de la única biografía de Juan Ramón autorizada por el propio poeta [Cf.: *op. cit.,* p. XXXVI].

[51] Existe una producción literaria de Zenobia en inglés. A partir de 1902, algunas narraciones juveniles suyas aparecieron en el *Saint Nicholas Illustrated Magazine for Boys and Girls,* de Nueva York [Cf. Zenobia Camprubí.: *op. cit.,* p. XV]. A sus quince años también escribía en castellano: de 1902 es su relato autobiográfico titulado «Malgrat», en el que describía su pueblo natal. Asimismo, en 1914, en colaboración con Juan Ramón Jiménez, Zenobia comenzó a traducir la obra del escritor indio Rabindranath Tagore; actividad que seguía realizando durante su estancia en Cuba en 1937. También tradujeron *Jinetes hacia el mar,* de John M. Singe —publicada en 1920 en una colección que ambos dirigían: El Jirasol y la Espada—. En 1933 se publicó una antología de prosa y verso para niños de la obra de Juan Ramón, preparada por Zenobia: *Poesía en prosa y verso* (1902-1932). [Cf. *Poesía* [Revista Ilustrada de Información Poética] n.º 13-14, monográfico dedicado a J. R. Jiménez.] Madrid, Ministerio de Cultura. Invierno 1981-82, pp. 63, 83 y 119.

[52] Cf. Zenobia Camprubí.: *op. cit.,* p. XXII.

del castellano circundante—. Tras un lapso de tres años, Zenobia retomó su diario —julio de 1948— y lo continuó hasta el 13 de septiembre de 1956, mes y medio antes de su muerte —acaecida el 28-X-1956—. Desde 1948, por estar viviendo en un país de predominio anglófono, Zenobia escribía su diario en castellano [53].

Sus anotaciones de Cuba tienen un carácter intimista, de reflexión sobre las personas y las cosas de su alrededor; de referencia al pasado, de reflexión sobre la situación creada por la guerra, y sobre su propia situación y la de otros exiliados. Asimismo se incluyen anotaciones del estado de ánimo de Juan Ramón, sobre la asistencia de Zenobia a actividades sociales durante la estancia en Cuba —conciertos, conferencias, clases de cocina, compras, gastos, correspondencia, relaciones, la familia y otros.

Comenzó el diario en La Habana (2-III-1937), con un «Hoy hace veintiún años que nos casamos, estamos de nuevo en este lado del mar, pero tan lejos de casa. Hace siete meses la visión de nuestra vida presente me hubiera parecido un sueño inalcanzable...» (p. 3). Al día siguiente escribía: «Estoy tratando de evitar la desmoralización que causa el ocio, imponiéndome alguna disciplina. Ayudar a J. R. —Juan Ramón Jiménez, su marido— no es suficiente para llenar el día...» (p. 3). En adelante su vida transcurre entre su ayuda a J. R., la atención de la correspondencia del matrimonio, la relación social, la realización de actividades culturales, de ocio y de ayuda a distintas personas [54]. Zenobia lamentaba no haber empezado sus anotaciones el mismo 18 de julio, pues creía que desde entonces se habían producido los períodos de mayor interés; mientras que la estancia en Cuba decía que carecía del mismo [55].

En sus anotaciones van aflorando retrospectivamente detalles de los primeros días de la sublevación militar y de la salida de Zenobia y J. R. por La Junquera el 22 de agosto de 1936, el descanso en Nueva York, el posterior reencuentro con las raíces familiares de Puerto Rico y cómo el 24 de noviembre de 1936 llegaron a La Habana para preparar una antología de la obra de Juan Ramón y otra de Rabindranath Tagore, sobre una traducción de la propia Zenobia. La necesidad de cumplir estas actividades fue la razón alegada para dejar España.

A consecuencia de los precedentes familiares y de su educación, Zenobia tenía un

[53] Este detalle nos parece que es un indicio de la añoranza que Zenobia y Juan Ramón sentía en el exilio por España, por su lengua y cultura. Esto era particularmente perceptible en Juan Ramón al final de su vida. Tal reacción no es extraña; de hecho, también se produjo entre otros exiliados republicanos que abandonaron España entre 1936-1939 y después, y es habitual que se produzca entre emigrantes.

[54] La vida y actividades de Zenobia después de 1939 queda fuera del campo acotado en nuestro trabajo. Graciela Palau hace notar que en los períodos en los que las cosas iban mal para el matrimonio, Zenobia escribía más en sus diarios; cuando todo iba mejor, escribía poco o dejaba de escribir (ej. 1946-47). Hacia 1950 se trasladaron a Puerto Rico a causa de una enfermedad de Juan Ramón. Fueron años hasta su muerte en 1956 en que Zenobia estuvo enferma. Desde 1954 hasta 1956 volvió a hacer abundantes anotaciones en sus diarios [Cf. Z. Camprubí.: *op. cit.*, p. XX].

[55] Cf. el 7 de febrero de 1938. Zenobia Camprubí: *op. cit.*, p. 159.

carácter independiente y emprendedor —inusual en la mujer hispana de su tiempo—; pero en Cuba vivieron con una situación económica muy modesta, casi precaria, que contrastaba con la mayor comodidad que habían tenido en Madrid antes de 1936 [56].

La actividad de Zenobia y Juan Ramón en Cuba

El 31 de agosto de 1937 Zenobia celebró su 50.º cumpleaños, mientras que J. R. contaba cincuenta y seis años. La vida de Zenobia durante su permanencia provisional en Cuba se concentró en tres vertientes: en primer lugar, la colaboración con Juan Ramón en la preparación de distintas obras y artículos; en segundo lugar, dentro de sus posibilidades, la ayuda a distintas personas de Cuba y España, y en tercer lugar, la actividad social, a la espera del fin de la guerra y de poder regresar a España, cosa que nunca sucedió.

Dentro del primer apartado, Zenobia se ocupaba de la mayor parte de la correspondencia [57] del matrimonio, entre cuyos destinatarios estaban Eustaquio Jiménez —hermano de Juan Ramón—, Guerrero [58], el profesor José Castillejo —exiliado en Gran Bretaña—, Jo Camprubí, el escritor mejicano Alfonso Reyes, el doctor Luis Calandre —jefe de un hospital infantil creado en la sede de la Residencia de Estudiantes de Madrid (p. 62)—, Ortega y Gasset y otras muchas personas por las que se interesaron ambos [59]. También se encargaba de la respuesta a ofertas recibi-

[56] En Madrid, además de alquilar algunos pisos amueblados a diplomáticos extranjeros, Zenobia e Inés Muñoz tenían una tienda de Arte Popular Español (en la calle de Santa Catalina y, luego, en la calle de Floridablanca) [Cf. Z. Camprubí: *op. cit.*, p. XXIV]. Desde esta tienda fomentaron la producción de artesanía en pueblos, conventos y entre campesinos y la exportaban a Estados Unidos. Después también trabajó con ellas Constancia de la Mora, una de las primeras mujeres que se divorciaron con la nueva legislación de la República y esposa del futuro general de la aviación republicana Hidalgo de Cisneros [Cf. Ángel Crespo, en *Juan Ramón Jiménez: op. cit.*, 316-322]. Zenobia siempre conservó una amplia red de relaciones familiares y amigos en Estados Unidos, gracias a los cuales ella y Juan Ramón acabaron viviendo en dicho país. Creemos que no debe ser descartada la importancia que estas relaciones pudieron acabar teniendo para la concesión del Premio Nobel a Juan Ramón. Durante la guerra española —y después—, su hermano, José Camprubí, fue director del diario *La prensa,* de Nueva York.

[57] Éste es un aspecto nada desdeñable de la actividad de Zenobia, según se trasluce en sus diarios. El 28 de junio de 1937 echó al correo «un montón» de cartas [Cf. Z. Camp: *op. cit.*, pp. 58-59]. El 24 de diciembre de 1938 envió por correo 54 tarjetas de Navidad [Cf. p. 319]. Zenobia mantenía correspondencia con un número muy elevado de personas. Desconocemos si se ha hecho algún intento de recuperar o publicar esta correspondencia.

[58] Un amigo de confianza del matrimonio que aguantó toda la guerra en España y que, además de sobrevivir, era el receptor de la ayuda que enviaban regularmente Zenobia y J. R. para que la hiciese llegar a Luisa —la cocinera y persona de confianza que les cuidó las pertenencias y escritos inéditos que habían dejado en Madrid cuando salieron para Cuba en agosto de 1936.

[59] Dicha correspondencia era revisada por Juan Ramón, que añadía alguna cosa. Sólo se enviaban rápidamente las cartas de personas que no tenían ningún interés para J. R. [Cf. Z. Camprubí: *op. cit.*, pp. 172 y 75].

das por J. R., de obtener nuevos contratos, del mecanografiado de nueva producción de Juan Ramón, colaboraba en la selección de poemas de autores cubanos para el volumen que J. R. preparaba en Cuba: *Antología de la poesía cubana de 1936,* y para la antología de la obra del propio Juan Ramón para el Departamento de Educación de Puerto Rico.

A finales de julio de 1937 estaban corrigiendo pruebas de la antología de poesía cubana (p. 72). También prepararon conjuntamente proyectos como la edición de una obra del escritor indio Rabindranath Tagore, traducida por Zenobia [60]. A comienzos de febrero de 1938 estaban corrigiendo pruebas del n.º 1 de la revista *Presencia,* inspirada por Juan Ramón. Asimismo parece que Zenobia dedicó alguna atención a la producción personal. El 18 de junio de 1937 anotó que había terminado un cuento y que retocó otro para *True Adventures,* y les escribió para ver si podían publicarlo de forma anónima (p. 55).

En el apartado de ayuda a otras personas, desde Cuba siguieron enviando remesas puntualmente para que se atendiese a los niños que habían acogido en Madrid a comienzos de la guerra. En la segunda parte de la guerra, dichos niños fueron evacuados a Castellar del Vallés [Barcelona] y Zenobia y J. R. continuaron teniendo relación con ellos. Al final de la guerra, aún enviaron dinero para que se los atendiera en Francia. Sin embargo, desde Cuba era difícil realizar un trabajo efectivo de ayuda, por lo que le desagradaba mucho la falta de actividad, cuando tanto había que hacer. En junio de 1937, Zenobia anhelaba visitar Estados Unidos, para ver si desde allí podía organizar algún tipo de ayuda a los refugiados hispanos llegados a Francia (pp. 58, 69, 82). En agosto de 1937 también consideraba la posibilidad de desplazarse a Francia: «... me gustaría ir a Francia y trabajar para los niños o los refugiados» (p. 82). Para entretener a los niños tenía proyectados unos cursos basados en el sistema de autodidactismo de Benjamin Franklin.

Desde Cuba también enviaron paquetes de alimentos y ciertas cantidades de dinero a diferentes personas, entre ellas a Eustaquio Jiménez —hermano de J. R., que estaba en zona de los sublevados—. Algunos de estos envíos se hicieron vía Inglaterra [61]. En junio de 1938, Zenobia envió una remesa de dinero al National Joint Committee for Spanish Relief, de Londres. También intentaron ayudar a algunos intelectuales españoles, gestionando que diversos profesores fueran a Cuba para dar ciclos de conferencias, o pudieran ir a trabajar a colegios norteamericanos. Incluso J. R. rechazó dar algunas de las conferencias en la Universidad de La Habana si antes no se invitaba a Antonio Machado.

En la tercera vertiente de actividad —la relación social—, Zenobia y J. R. siempre estuvieron atentos a las consecuencias de sus actos, rechazando invitacio-

[60] En junio de 1937 estaban corrigiendo pruebas de dicha obra, y terminaron a mediados de septiembre [Cf. Z. Camprubí: *op. cit.*, p. 59].

[61] Se hicieron por medio del profesor J. B. Trend.

nes para asistir a conferencias públicas de intelectuales alemanes que apoyaban a Hitler. Sí que asistieron, sin embargo, a conferencias de Menéndez Pidal, del musicólogo Adolfo Salazar, de Alejandro Casona, de Alfonso R. Castelao, de Américo Castro y de Claudio Sánchez Albornoz, de Antonio Marichalar, de los profesores José Gaos, Sánchez Román, Luis Recaséns, Fernando de los Ríos, Federico de Onis, y otros.

Pero con todo, la estancia en Cuba no fue demasiado interesante para ambos. Decía Zenobia en junio de 1937 que ya no podía aguantar más, y estaba esperando terminar el trabajo pendiente para irse a Estados Unidos. Agravaba la situación la falta de sociabilidad de Juan Ramón, que sólo aceptaba pasar largas horas de conversación con gente insulsa del hotel donde se hospedaban (pp. 75 y 108). Otro motivo de su incomodidad era el clima cubano. Aunque el país era muy bello, el calor del trópico era muy fuerte para ellos y les quitaba las energías para trabajar. Con esta situación, Zenobia realizó varias tentativas de abandonar Cuba e irse a Estados Unidos o Francia, pero J. R. se desesperaba tanto ante la perspectiva de ir a Estados Unidos que le hacía perder a Zenobia todo deseo de continuar las gestiones. La alternativa era aceptar alguna pequeña oferta de países caribeños o de Argentina, pero tampoco se materializó.

A principios de 1938, el malestar de Zenobia en Cuba aumentaba, por la falta de actividad —que ya arrastraban desde finales de verano de 1937—. Estaba dispuesta a irse en mayo sin Juan Ramón, porque éste iba a sufrir mucho en Estados Unidos a causa del frío; pero no se atrevió a hacerlo, por no dejarlo desamparado; con mayor motivo aún después de marzo de 1938, cuando recibieron la noticia de la muerte en España de su sobrino y ahijado Juan Ramón Jiménez Bayo [62]. A mediados de abril de 1938, Zenobia anotó: «... J. R. no está en un estado mental en que humanamente se pueda dejarlo solo», y «... J. R. me necesita desesperadamente ahora. Pienso que tan pronto tengamos una vida activa, él se sentirá mejor» (p. 192). La estancia de Zenobia y Juan Ramón en Cuba se prolongó por la llegada de su amigo Carlos Montilla como nuevo encargado de Negocios de la República. A ello se sumó la recomendación de una amiga que, desde Holanda, les aconsejó que no volvieran a Europa (p. 180).

En junio de 1938, Zenobia había preparado la documentación para ir a Estados Unidos, y seguía sin adaptarse al clima cubano. En cuanto a la gente, decía que los encontraba aburridos y le irritaba que J. R. se aviniese a aquel tipo de vida, mientras que ella no podía hacer nada de lo mucho que deseaba y podría hacer en la relativamente cercana Nueva York, con tanta familia y amigos como vivían allí. Finalmente, el 26 de agosto de 1938 llegaron a Nueva York. Zenobia se sentía en un ambiente propicio y realizó una frenética actividad social, de múl-

[62] Era aún muy joven, y murió combatiendo contra la República, en las filas de los sublevados. A pesar de ello, Juan Ramón no tuvo palabras de reproche para su ahijado.

tiples encuentros con familiares y conocidos, y visitas a diversos lugares de la adolescencia: museos, iglesias, lugares de interés, compras, etc. Al principio, Juan Ramón disfrutó con toda esta actividad; pero, a medida que fue llegando el frío del otoño, se fue sintiendo peor. A finales de noviembre de 1938 regresaron a La Habana.

Algunas de las actividades de ocio que realizaron en Cuba fueron leer la prensa y, sobre todo, escuchar distintas emisoras de radio —de Londres, París y Berlín— para seguir la trayectoria de la guerra española. Entre las lecturas de este período encontramos varios libros referidos temáticamente a la guerra española, como los de Clara Campoamor: *La révolution espagnole vue par une républicaine* [63]; Jean y Jerome Theraud: *Cruelle Espagne* [64]; Louis Delaprée: *Mort en Espagne* [65]; o el de Elliot Paul: *Vida y muerte de un pueblo español,* que le parecía muy emocionante. También leyó un libro de Malraux [66], del que le impresionaron varias descripciones del Madrid incendiado en noviembre de 1936. A mediados de enero de 1938 terminó el libro de Antonio Ruiz Vilaplana: *Doy fe...* [67]; a mediados de febrero, estaba leyendo la obra de Web Miller: *I Found no Peace: The Journal of a Foreign Correspondant* [68]. A finales de febrero leía el libro de Eugene Lyons: *Assignment in Utopia* [Destinado a Utopia] [69].

Mientras tanto, crecía en ellos la añoranza de la España lejana, la cual aflora en distintos detalles de las notas del diario. Así se ve cuando compraron limones de California «amarillos como los de nuestra España», en la emoción que le producía a J. R. oír discos de cante «jondo» en La Habana, en el fuerte sol —que se parecía al de Andalucía— o al escuchar a coros musicales hispanos [70].

---

[63] Editado en París en 1937.

[64] También editado en París en 1937. Este libro no le gustó a Zenobia.

[65] Editado en 1936. Este libro le impresionó mucho y decía que era el mejor de cuantos leyó sobre España. En la batalla propagandística que se fue llevando a cabo por medio de la información que distintos periodistas recogieron por sus propias vivencias o de testigos oculares, Louis Delaprée fue de los primeros en recoger información de la represión nacionalista y matanza de prisioneros en la plaza de toros de Badajoz en 1936, por lo que recibió fuertes presiones de distintos personajes partidarios de los sublevados.

[66] No mencionaba su título. Anotó que estaba editado por la N. R. F. Graciela Palan interpretaba en una nota que era *La Nouvelle Revue Française,* pero en realidad corresponde a *Nouveaux Romanciers Français.*

[67] El aparato de propaganda republicano explotó intensamente esta obra, y de ella se hicieron ediciones en varios países: En 1937 se hicieron ediciones en Colombia, Panamá y París; y en 1938, en La Habana y en México [Cf. Z. Camprubí: *op. cit.,* p. 146]. En 1938 también se hizo una edición en Nueva York, titulada *Burgos Justice.* [Véase la sección 5.4. de nuestro volumen.]

[68] Editado en 1937 en Nueva York por Simon and Schuster. Aquel mismo año, Victor Gollancz Ltd. preparó otra edición en Londres. En 1938 apareció otra edición en Nueva York [Cf. Z. Camprubí: *op. cit.,* p. 162].

[69] Editado en 1937 en Nueva York por Harcourt, Brace and Co.

[70] Cf. estos detalles en las pp. 27, 40-41, 84, 163, 197 y 233 del diario de Zenobia.

La guerra civil en el diario de Zenobia

Al hablar anteriormente de Juan Ramón ya expusimos cuál había sido la actividad realizada en Nueva York en septiembre de 1936. En Cuba, siempre ansiaban tener noticias de España por medio de cualquier persona que llegase a La Habana. Así conocieron a un tal Mr. Maldel —el único que había estado en ambas zonas de guerra—. De él decía Zenobia: «Se puede ver que cree que ambos eran horribles» (pp. 166 y 187).

Al igual que sucedió a tantas personas en ambos bandos, la guerra les deparó amargas experiencias, como la muerte de su sobrino y ahijado y la de otros conocidos y amigos —como García Lorca—. Tales experiencias llevaban a Zenobia a escribir: «... Todo se sucede a galope y el mundo derrumbándose a nuestro alrededor». También se lamentaba de que todos estuviesen sólo ocupados por sus intereses personales, dejando el bien general en segundo plano. De hecho, aunque se sentían genuinamente republicanos, ellos tomaron únicamente partido por la libertad, pero nunca se ve una condena contundente de ninguno de los dos bandos. Zenobia y J. R. tampoco se sentían a gusto en los mítines políticos de ninguna tendencia.

Por una anotación de Zenobia (17-III-1937) tenemos algo más de luz sobre lo que pensaban de la guerra española y del porqué de la precipitada salida de ambos de Madrid en agosto de 1936:

> Lo intolerable de Madrid era el asesinato acechando detrás de las líneas y esa terrible sospecha del prójimo. No. No se puede morir felizmente en compañía de asesinos [...] No cabe duda que había algo que inspiraba el espíritu de la UHP [...] Los mercenarios extranjeros de ambos lados están destruyendo a España, pero sin duda hay muchos idealistas en sus filas... (p. 12).

Como tantas otras personas, deseaba que terminase pronto la guerra, «... no solamente por evitar la pérdida de vidas y todo el esfuerzo que ha costado la nueva España, sino también para evitar la pérdida de estas maravillosas riquezas del pasado» (p. 69).

Asimismo se mostraba crítica con cierto estilo de propaganda prorrepublicana que se hacía en Cuba, en la que se apelaba a las bajas pasiones de los asistentes, en vez de a los aspectos más nobles de las personas. Tampoco les gustó la personalidad del propagandista Marcelino Domingo, cuando estuvo de paso por Cuba en septiembre de 1937. Lo único que sacaron en claro de él era que «... durante muchos años no se podrá vivir en España» (p. 95). Ella anotaba en mayo de 1937: «Parte el alma ver cuántos servicios educativos, culturales, etc., están abandonando a España por otros países» (p. 41).

Ya hemos visto que le disgustaba mucho estar en Cuba sin hacer gran cosa.

Colaboró en aquello que estaba a su alcance. En abril de 1937 quería enviar azúcar a España, aunque fue convencida para que enviara su valor en dinero a la oficina de Auxilio al Niño Español; y aunque en Cuba existía más bien poco fervor republicano, otra gente estaba enviando ropa y dinero.

Por lo demás, entre sus anotaciones van apareciendo breves referencias a los acontecimientos bélicos o políticos del momento en España, a medida que eran conocidos por la prensa y, principalmente, por la radio, como cambios de gobierno o acciones bélicas de uno u otro bando. Así menciona la caída del gobierno de Largo Caballero, la pérdida de Bilbao, la historia del *Leipzig,* la caída de Santander. En sus notas dejó también constancia del horror que le producían los bombardeos sufridos por la población civil de Madrid (octubre 1937), Barcelona (enero 1938, Alicante (mayo de 1938), etc.

En sus notas hay un espacio para comentar lo trasnochado, como la boda de un hijo de Alfonso XIII —el príncipe de Asturias—, celebrada en La Habana en julio de 1937. Destacaba Zenobia que en aquel evento «era muy evidente la presencia de la Cuba oficial» (p. 61). En noviembre de 1937 obtuvo una clara impresión de que las personas ricas de La Habana deseaban la victoria del fascismo (p. 112).

Una de las cosas que sorprende en sus anotaciones es que los paquetes y remesas de dinero que enviaba a zona republicana llegaban regularmente, mientras que los que enviaban a zona nacional no llegaban a los destinatarios (p. 45). En junio de 1937, además de la visita a los niños evacuados en el *Mexique,* Zenobia y J. R. realizaron gestiones para intentar sacar de España a su amigo J. Guerrero y a la familia de éste, para que atendiese una cocina para refugiados en La Pallin o en Burdeos, para lo que estaba dispuesta a avalarle con cierta cantidad de dinero. En octubre de 1937 visitaron a ocho franciscanos vascos que viajaban en el *Mexique.* Anotó entonces:

> Ellos dijeron que las fuerzas de Franco habían matado a más sacerdotes en el País Vasco que los mexicanos en la revolución... Uno de ellos dijo que había estado en varios pueblos despidiéndose de sus parientes, que habían sido todos carlistas, pero después de ver lo que vieron se volvieron todos «rojos» (p. 107).

El éxito inicial republicano en Teruel les hizo concebir esperanzas de un rápido fin de la guerra. Su pesimismo fue creciendo con el avance de la contienda. Tras recibir una carta de España (13-I-1938) anotó: «... me quita toda esperanza respecto a España. Una se da cuenta de que no importa qué partido gane; los viejos estafadores volverán a las suyas...» (p. 147). Sin embargo, a finales de enero de 1938 recobraron cierta esperanza, pues corrían rumores de que la paz se negociaría a finales de la primavera o comienzos del verano (p. 155). Se ilusionaba Zenobia entonces con el posible comienzo de una gran obra de reconstrucción. Para tal fin quería adquirir conocimientos en Nueva York sobre el funcionamiento de guarderías y parques infantiles, y sobre nuevos electrodomésticos que simplificasen el trabajo en la vivienda y mejorasen la higiene en la alimentación (p. 157). Pero tales expectativas se disiparon con la política de apaciguamiento que Gran Bretaña seguía con Alemania. De hecho, en mayo de 1938, la guerra tomaba tal curso que «... las noticias de España y Francia son siempre angustiosas» (p. 189).

Entre otras ocupaciones, Zenobia colaboró con el encargado de Negocios Carlos Montilla para unir esfuerzos separados —a veces antagónicos— y recaudar fondos para la España republicana: con dichos fondos se compró y se remitió azúcar y tabaco a la zona leal. Sin embargo, Zenobia se mostraba crítica con el tipo de propaganda que se realizaba en Cuba. Le disgustaba que siempre estuvieran riñendo por resentimientos pasados y que nunca tuvieran tiempo para las decisiones prácticas del momento. Si hubiera estado en su poder seleccionarlas, las películas de cine para propaganda hubieran sido muy distintas. Decía que no se aprovechaban muy buenas imágenes y fotos de guerra. Ella deseaba una propaganda que elevase los sentimientos más nobles del público (pp. 212-213). Le desagradaban la tendenciosidad y el fanatismo político de algunos oradores —incluso en Costancia de la Mora, su antigua socia de Madrid—. Zenobia tampoco dejó de hacer propaganda de las buenas publicaciones republicanas, como *Hora de España,* recomendándosela a su hermano Jo [José] en julio de 1938 [71].

La preocupación por el futuro inmediato estaba latente todo el tiempo, mezclada con la descripción de las actividades realizadas. Así, el 4-X-1937 anotó:

> Estoy comenzando a ver claramente que no importa cuánto lo echemos de menos; pasarán cuatro años antes de que podamos volver [a España]. Creo que debiéramos ir al grano en vez de ir a la deriva [...] Si tuviéramos los manuscritos de J. R. [...] Tanto que traté de que los recogiera para traérnoslos con nosotros, pero él mismo no quiso hacerlo y no dejó que yo lo hiciera (p. 98).

En mayo de 1938 Zenobia consideraba una dicha haber podido irse de España. Anotó:

> Cuánto me alegro de estar bien fuera de España y de que me tomará bastante tiempo antes de querer volver. Pienso si será tan horrible en el bando de Franco como dicen. Pero los italianos [...], eso es imposible. ¿No hay en ninguna parte sentido común? (p. 210).

La anotación del 20 de agosto de 1938 no deja ningún espacio para el compromiso con el régimen franquista. Escribió: «... me horrorizó enterarme de los

[71] *Hora de España* era una revista mensual que se publicó de enero de 1937 a noviembre de 1938; considerada como «el más conseguido exponente de la literatura española de guerra, en poesía, ensayo, novela y teatro». Cf. nota de Z. Camprubí: *op. cit.,* p. 236. [Véase la sección 3.3. de nuestro volumen.]

muchos crímenes que aún se cometen en el bando de Franco» (p. 250); y en julio del mismo año había anotado que «El gobierno [republicano] merece mucho crédito por todo lo que ha hecho» (p. 237). Pero, en el fondo, la pregunta clave nunca hallaba contestación: «¿por qué rayos no puede la gente de ambos lados ponerse de acuerdo en lo que tienen en común?» (p. 231).

En cuanto a sus creencias políticas, en julio de 1937 J. R. reprochaba a Zenobia su tendencia a creer en los socialistas —tendencia que luego perdió fuerza—. De hecho, la guerra teñía de pesimismo su visión del hombre y de las ideologías. Zenobia no creía en el comunismo soviético, que tanta influencia estaba teniendo en la contienda española. Decía:

> ... Después de todo, soy tan escéptica que nada me parece válido y el hombre lobo se pasará la vida devorando al hombre oveja. Sin embargo, creo que el comunismo logrará algo (no mucho) cuando se calme y abandone su bestialidad y deje a la gente creer en cosas inteligentes fuera de su doctrina (p. 27).

Sobre ella misma anotaba en mayo de 1937:

> ... no nací para revolucionaria. Prefiero sacar provecho de las circunstancias existentes mejorándolas en vez de virarlo todo al revés, corriendo el riesgo de que funcione o no el nuevo experimento [...] soy escéptica en cuanto a todos esos rimbombantes programas políticos para redimir a la humanidad (p. 40). [Aunque admitía la necesidad de la existencia de reformadores utópicos.]

De hecho, lo que más le gustaba —y le importaba— de las personas era la certeza de su integridad moral (p. 148); casi más que las creencias religiosas. Sobre este aspecto escribió con dureza a la muerte de su sobrino: «... no es posible que Dios permita que crezca un amor tan grande para aniquilarlo: ¿Qué es más digno de permanencia que el amor?» (p. 189).

En su diario afloran algunas críticas más contra las tácticas de los comunistas. El 12 de junio de 1938, la Hermandad Hispano-Cubana celebró un mitin en el que habló Lázaro Cárdenas. Hubo mucho entusiasmo, pero poca recaudación de fondos. Zenobia criticaba la manipulación comunista en aquel mitin, pues los comunistas aportaron cinco dólares y fueron aplaudidos durante dos minutos; mientras que la Casa de la Cultura Española, que entregó cincuenta dólares, recibió un aplauso de dos segundos (p. 127). Esto la llevó a concluir que «Me parece que la posición del PC es pura teoría comunista, la misma posición que la Iglesia de Roma y su política hacia el Cristianismo. Ambos son igualmente limitados en sus miras, crueles y falsos» (p. 127). Con todo, alguna virtud sí reconocía en el movimiento comunista:

> Una da su aprobación a las órdenes religiosas precisamente por las cosas que no están bien en nuestro actual sistema de vida. Por supuesto, creo que los rusos tie-

> nen razón (en teoría, [pero] no la practican) que lo que no está al alcance de todos es demasiado para un solo hombre... (p. 144).

Zenobia también reflexionaba sobre las mujeres republicanas españolas (mayormente sobre las esposas de políticos y diplomáticos) que ella trató:

> ... Las mujeres del régimen actual [republicano] están siempre fuera de sitio, porque ni son un producto acabado algo inútil por completo en el nuevo orden social ni están identificadas o interesadas en el trabajo que tienen que hacer. Esto último es imperdonable. Evidentemente están muy impresionadas con las ventajas de su nueva posición social, son buenazas y poco hábiles (p. 102).

Respecto al futuro, pocas cosas se atrevía a vaticinar: «Puede ser que la guerra traiga una religión más amplia y profunda que la de tipo sensacional que se ha disfrutado hasta ahora en la España moderna» (p. 227). Pero, al final, sólo una certidumbre parecía quedar en ella y en J. R.: «mientras más vivo, más creo en la sencillez» [72].

Las referencias a Juan Ramón en el diario de Zenobia

Como puede suponerse, dichas referencias son constantes. Por una parte a la actividad que J. R. realizó en 1937, corrigiendo pruebas y preparando los encargos que los habían llevado a Cuba:

> ... J. R. ha estado trabajando mucho y esforzando los ojos. Habrá que acabar con ese tercer pedido de trabajo después de la cena entre las 10 y las 11 p.m. Está trabajando para el Departamento de Educación de Puerto Rico por la mañana; por la tarde en su actual «diario poético» y por la noche en la selección de poesía de Cuba de 1936. Afortunadamente la selección está casi por terminar... (p. 21).

En las páginas del diario también se anotan referencias a lo más destacable que ambos vivieron, como el incidente con el periodista Eddy Chibás, que había alterado las declaraciones de Juan Ramón, suprimiendo partes, en el artículo «Los intelectuales españoles frente al fascismo: Una entrevista con J. R.». Aparecen asimismo referencias a las colaboraciones que J. R. preparó para diversas revistas cubanas y de otros países, y críticas a decisiones de J. R., como fue la de dedicar ocho meses a corregir pruebas de los tres libros, en vez de dedicarlos a tareas creativas.

En septiembre de 1937, Zenobia anotaba el malestar de J. R. por haberse com-

[72] Z. Camprubí: *op. cit.*, p. 238 [26 de julio de 1938].

prometido con el cónsul republicano a participar en un mitin donde estaría Marcelino Domingo. Pero Zenobia precisaba: «El no ir parecería un rechazo por su parte de las normas republicanas, lo que está muy lejos de pensar» (p. 93).

Varias de las referencias a J. R. apuntan a su carácter: «J. R. nunca quiere hacer nada que otra persona sugiere. La única manera de hacer algo con él es haciendo lo que él sugiere, no importa el poco interés que una tenga!» (p. 25). A veces, el carácter de J. R. indignaba a Zenobia. En junio de 1937 escribía: «Haber nacido con la disposición de J. R. es un terrible impedimento en la vida. Por siempre inadaptado a lo que le rodea, encuentra solamente alivio en el aislamiento». Zenobia se queja repetidamente en su diario de una cierta incapacidad de J. R. para sacar partido a las posibilidades económicas. Anotaba:

> ... J. R., que regula las horas del día como un monje, no tiene la menor idea para organizar su vida provechosamente, ni de una manera ideal, ni en un sentido material. Él descarta inconscientemente todas las oportunidades de hacer dinero y pierde su tiempo corrigiendo pruebas para poetas cubanos o tirando periódicos después de observaciones minuciosas» (p. 73).

Zenobia ampliaba sus observaciones en distintos momentos, añadiendo que J. R. no tenía ningún sentido de la proporción en el dar y en el recibir y que J. R. llevaba una vida muy sencilla: «... sus necesidades son cero después de ciertas cosas esenciales, y podrían ser menos si su salud no le obligara a seguir un régimen de alimentos» (p. 153).

Otro de los motivos de queja de Zenobia era la manía de J. R. de acumular periódicos, que ocupaban mucho espacio de la pequeña habitación del hotel donde vivían, y de los que no sabía cómo deshacerse. La mala tolerancia de Juan Ramón al frío también causó bastantes problemas organizativos. Esto era importante a la hora de plantearse si se establecían en Estados Unidos; además, «las condiciones normales de la vida americana hacen sentir muy mal a J. R.» (p. 79).

Por otra parte, las malas noticias recibidas de la guerra española lo deprimían mucho durante toda la estancia en Cuba. Anotaba Zenobia: «Si nos hubiéramos quedado en España, se hubiera vuelto loco en tres meses». Añadía también: «... Lo que más mal efecto le hace es la injusticia de la fuerza bruta; después de eso, las vidas vacías de los que se enriquecen en las filas de los pseudointelectuales» (p. 130). Mientras durase la contienda, no quería quedarse con nada que no fuese absolutamente necesario.

A finales de 1937, J. R. ya empezó a preocuparse por no tener consigo el material inédito que había dejado en Madrid; y continuaba con bruscos cambios de humor. A comienzos de noviembre había abandonado su trabajo y le costaba retomar un ritmo de actividad. A ello se sumó un resfriado, aunque Zenobia anotaba que «... yo sé que es sólo mental». Al año de estar en Cuba, cumplidos los compromisos pactados, empieza a aparecer mayor cantidad de referencias a la inestabilidad de J. R.; no apreciaba la belleza de la isla argumentando que «lo que no es tuyo no te dice nada». A ello replicaba Zenobia: «Definitivamente, un español de pura raza [J. R.] es como un alma perdida fuera de España, pero no veo muchas oportunidades para regresar pronto sin que suframos allí más que en el extranjero» (p. 86).

El año 1938 empezó con mala salud y mal estado anímico de J. R. Como mucho, aceptaba tomar el sol en la azotea del hotel, lo que lo animaba; pero seguía deprimido. Anotaba Zenobia en enero de 1938: «Esta manera transitoria de vivir no es buena ni para él ni para mí, aunque él ha logrado disciplinarse para trabajar», pero rápidamente cayó en un nuevo estado depresivo, que duraba en febrero, sin tener interés por casi nada. Desde abril mejoró su estado, dedicado como estaba a gestionar la venida de profesores republicanos a dar ciclos de conferencias a Cuba, aunque él rechazó beneficiarse de algunas de ellas. A finales de mayo consideraban marcharse a Argentina, donde la vida era más barata que en Cuba, aunque temía el clima porteño y su humedad; y creía que aquello era alejarse demasiado de España. México también quedaba descartado a causa de la altura, y los países andinos a causa de las escasas ofertas que recibían de allí. J. R. continuaba con su estado de desmoralización. Zenobia seguía detestando que J. R. pasase largas horas de tertulias insulsas con los clientes del hotel. Finalmente, en agosto decidieron hacer un viaje a Estados Unidos, aunque una de las posibilidades que barajaban era que J. R. quedase en Cuba mientras Zenobia iba a Nueva York. En esta ciudad, Zenobia estaba plenamente en un ambiente que dominaba, por lo que empezó un ritmo frenético de actividades, del que J. R. parecía que iba a remolque: realizaron muchas visitas, vieron a la familia de Zenobia, fueron a exposiciones, a funciones de teatro y cine, se entrevistaron con hispanistas y españoles residentes en Estados Unidos. A finales de septiembre el mal tiempo y la humedad empezaron a afectarle. Desde Nueva York, los rumores y opinión general apuntaban en octubre de 1938 a que se estaba terminando la guerra española.

A finales de octubre se sentía cansadísima del ritmo de actividad que había llevado. El frío de noviembre afectó rápidamente a J. R., que aún asistió a un recital de La Argentinita, con un repertorio de canciones sobre poemas de F. García Lorca [73].

[73] Cf. Z. Camprubí: *op. cit.*, p. 298. En La Habana, cuando le comentaron en diciembre de 1938 a Fernando de los Ríos el repertorio de La Argentinita, éste «... tarareó con oído musical exacto *Anda Jaleo, Jaleo,* y nos dio la letra de muchas canciones populares. Contó, hasta más no poder, cuentos de la gente del campo y J. R., afectado y estimulado por una igual corriente, lo provocaba a cada momento. Fue una noche animadísima» [Cf. Z. Camprubí: *op. cit.*, p. 316]. En el exilio continuó el gusto de los republicanos españoles por el arte popular hispano que ya se desarrolló antes de la guerra civil. Ya se vio anteriormente el gusto de Zenobia por la artesanía española. El propio Juan Ramón era un admirador de la poesía popular. Sus tertulias con la gente corriente le deleitaban.

El 30 de noviembre embarcaron para La Habana. Durante los dos días de travesía, Zenobia escribió muchas cartas. Las cosas no mejoraron en esta ciudad, pues disponían de pocos fondos. El 18 de diciembre, Zenobia asistió a un discurso de Fernando de los Ríos: «Fue un verdadero discurso sobre nuestra España, no sobre esas lunáticas Españas modernas que nos sirven con salsas antiespañolas y que nuestro paladar rechaza vivamente» (p. 315).

En diciembre, J. R. continuaba desmoralizado y mantenía largos silencios que resultaban preocupantes. Zenobia continuó con cierta actividad social, asistiendo a conferencias de distintos intelectuales españoles. Llegaban entonces noticias de la pérdida de ciudades de Cataluña. A mediados de enero dudaban en irse a Miami, y finalmente, el 24 de enero, en pleno hundimiento de la República, decidieron regresar a Estados Unidos, para no tener problemas de pasaportes: llegaron el día 29 de enero de 1939.

5.7. *Los últimos días de Madrid*, de Segismundo Casado (1939)

Según confiesa el propio coronel Segismundo Casado [74], este libro testimonial [75] tenía como objetivo explicar las razones por las que dio el golpe de Estado que, a principios de 1939, significó el fin de la guerra española y el de la II República; así como para responder a los insultos y calumnias que sobre él estaban vertiendo el doctor Negrín y el PCE (p. 2). En todo caso, esta obra contiene el punto de vista de Casado y los motivos por los que decidió actuar del modo cómo lo hizo.

Casado afirmaba que, formalmente, empezó a escribir esta obra un mes después de su llegada a Inglaterra (p. 1); pero es evidente que mucha de la información, notas y documentos que utiliza como el manifiesto justificativo del golpe de Estado (pp.140-143), por ejemplo, los había estado elaborando y recogiendo en los meses finales de la guerra. Así pues, aunque este volumen esté en la frontera entre el fin de la guerra y el inicio del exilio, y precisamente por el interés que tiene, ya que es el actor principal de ese capítulo final de la guerra y de la República quien lo escribe, nos parece justificado incluirlo en este volumen.

Casado y el pueblo español

En pocos escritos se ve tan alto grado de aprecio por el pueblo español como

[74] Una nota biográfica de Segismundo Casado puede verse en cualquier diccionario histórico.

[75] Nuestras citas y comentarios se basan en el volumen de Segismundo Casado (1939): *The Last Days of Madrid: The End of the Second Spanish Republic*, Londres, Edit. Peter Davies, 302 pp. [Traducción al inglés de Rupert Croft-Cook].

en las memorias del coronel Casado. Él mismo procedía de ese pueblo [76]. En varios pasajes muestra su queja porque, a pesar de que la República proclamaba la igualdad de todos los ciudadanos, durante la guerra existieron diferencias injustificadas [77]. De entre tanta gente que aguantó con estoicismo los sacrificios exigidos, destacaba en especial al pueblo de Madrid, por «abnegado y heroico» (p. 103) y a los soldados rasos, en los que alababa su capacidad de sacrificio (p. 100). Casado se identificaba con todos ellos y, en el Madrid asediado, vivía como ellos, de forma austera y trabajando largas horas (p. 102).

Paralelamente, Casado criticaba severamente a los líderes políticos y militares que condujeron la guerra; criticaba su corrupción y su carencia de dignidad y honestidad. Casado era una persona de clara honestidad, de hábitos sobrios, poco dado a la vanidad y a la ostentación, a quien indignaba la invasión extranjera que sufría España en ambos bandos contendientes [78].

Por avatares de la guerra, se convirtió en una figura clave del fin de la misma. En marzo de 1939, constituyó el Consejo Nacional de Defensa para evitar la muerte inútil de muchas personas y la destrucción de muchas ciudades y de sus tesoros artísticos (p. 1). Casado concluyó en el exilio este volumen de memorias afirmando inequívocamente su ideal: «Con una clara conciencia, permanezco en el exilio, con la esperanza de que un día los tres ideales en los que yo creo se hagan realidad: Justicia, Libertad y la República» [79].

A partir de mayo de 1938, para aquella República reclamó también el grito patriótico de «¡Viva España!», que parecía estar monopolizado por los sublevados y por la derecha (p. 79). Asimismo se oponía a la política de resistencia del doctor Negrín, por mantener una «completa indiferencia a los sufrimientos de nuestra nación» (p. 145).

En el manifiesto del golpe de Estado del 5 de marzo de 1939, dirigiéndose al pueblo de Madrid, Casado decía:

> ... estoy donde siempre he estado —un soldado que nunca quiso gobernar a su gente, sino servirla en cada ocasión, porque creo que el ejército no es el cerebro de la vida

[76] Salvadas las distancias, Casado es un caso parecido al del escritor Arturo Barea —otra voz del pueblo llano que emergió en la zona republicana y en el exilio británico—, denunciando la corrupción de la clase gobernante española en el primer tercio del siglo XX. Ambos coincidían también en un estilo literario «desprovisto de galas» —como dice Casado—, en su compromiso de defensa de la República y —a diferencia del gobierno y la burocracia estatal— en no haber desertado de Madrid en los momentos decisivos de la guerra.

[77] Denunciaba que, en la distribución de armas y víveres, se favorecía al principio al 5.º Regimiento comunista y a las Brigadas Internacionales.

[78] En este sentido existe una coincidencia con afirmaciones hechas por el anarquista Mauro Bajatierra en sus crónicas, y con Ruiz Vilaplana.

[79] Segismundo Casado: *op. cit.*, p. 302. Su compromiso republicano aparece en otras varias páginas también.

> pública, sino el brazo derecho—. Yo juré lealtad a la bandera, y aún soy leal a ella. Me comprometí a luchar por la libertad e independencia de la gente, y defender esto será mi más gran orgullo (p. 146).

Posteriormente afirmó: «Queremos un país libre de dominación extranjera, libre de toda sumisión a ambiciones imperialistas [...] un país capaz de gobernarse con verdadera libertad» (p. 147). Su golpe de Estado lo justificaba diciendo que «la gente quería Paz, y era necesario hacer lo que la gente quería. Ésa es la misión del ejército, hacer la voluntad del pueblo, sorteando los obstáculos que se oponen a ello» (pp. 191-192). Con todo, creía saber que las tropas republicanas no se hubiesen amotinado si se les hubiera ordenado continuar luchando (p. 204).

Liquidada la contienda, sin una paz negociada como pretendían desde el Consejo Nacional de Defensa, esperaba el juicio de la historia:

> Puedo tranquilamente esperar la sentencia de la posteridad y de la gente, hasta que llegue el día feliz en que pueda ponerme frente a la gente que sean mis jueces para dar cuenta de mi conducta y formular cargos contra todos, absolutamente todos, los que son culpables de tanta ignominia y ruina (p. 301).

Su marcha al exilio fue especialmente triste. Escribió: «Estaba profundamente conmovido de ver desaparecer Madrid y torturado por el pensamiento de que esta heroica ciudad será insultada por la presencia de tropas extranjeras» (p. 254). Mirando atrás desde el extranjero afirmaba:

> Dejé mi país, pero mi corazón está aún allí, con aquella magnífica gente, cuyo destino ha sido desgraciadamente ser gobernados por hombres incapaces e indeseables, que no podían o no querían entenderlos. Una gente generosa y noble, que para ser feliz sólo necesita que su gobierno esté en las manos de hombres competentes, austeros y enérgicos; que intenten hacer la vida imposible a todos los indeseables en lugares altos o bajos, y dar sus vidas si es necesario por su país y por la libertad (p. 269).

Errores que condujeron al desastre de la II República

A lo largo de los distintos capítulos, Casado recogía toda una serie de hechos y situaciones que, en su opinión, propiciaron el hundimiento de la República y la pérdida de la guerra. Entre los hechos que perjudicaron el desarrollo de la República, apuntaba que ésta se creó con cincuenta años de retraso, cuando ya la situación del proletariado era tan desesperada, que su actuación no se pudo encauzar bien por medio de partidos. Otro fallo fue elegir a un católico monárquico como Alcalá Zamora como presidente, pues era un defensor de los privilegios de la Iglesia Católica [80]. Un tercer error fue designar a Lerroux como ministro de Estado en el primer gobierno republicano, pues a éste sólo le interesó situar a sus amigos en puestos clave, saliendo indemnes de sus abusos. Tales hechos desprestigiaban a la República (p. 11).

Aunque de Azaña y de su partido tenía buena opinión por su honestidad como administradores y por su propio prestigio intelectual, Casado criticaba la ley que aprobó para pasar a la reserva a los militares antirrepublicanos con el sueldo íntegro. Esta medida le parecía increíble y facilitó la organización de dichos militares desde una situación de privilegio.

Asimismo le parecía un error no haber castigado ejemplarmente la rebelión de 1932. La República dio sensación de debilidad ante los poderes tradicionales. Pensaba también que perjudicaron las contradicciones del partido socialista; pues, teniendo metas revolucionarias, había acabado colaborando con la dictadura de Primo de Rivera. Éste era uno de los partidos al que podía apoyar la burguesía republicana democrática, por lo que pronto tuvo líderes de prestigio. Pero las corrientes internas no daban una idea de unidad. Por otra parte, muchos de estos líderes no eran revolucionarios, aunque, teóricamente, el partido sí.

Otra influencia negativa fue la del PCE. En gran medida, Casado lo responsabilizaba del desastre final. En 1933 sólo obtuvo un único diputado. En 1936, no tenía ninguna influencia ni prestigio; y, en 1939, había llegado a controlar al 70 % de los mandos del ejército, aviación, tanques y transporte. Casado acusaba al PCE de estar demasiado al servicio de los intereses de la URSS y de no oír la voz y voluntad del pueblo español. Con líderes capaces, Casado creía que en 1937 ya debería haber terminado la guerra.

En otro orden de cosas, creía que la sublevación obrera de 1934 fue otro error, pues sirvió para unir a la derecha [81] contra la República, para no perder el control de la riqueza minera y de todo el país en general. La ausencia de gobiernos fuertes que controlasen los movimientos subversivos y llamasen al orden a las fuerzas reaccionarias perjudicó igualmente a la República [82].

La actitud de la Iglesia Católica, con más influencia social que la misma aristocracia, y poseedora de vastísimas propiedades, fue asimismo decisiva, pues era capaz de crear hasta sindicatos católicos. Esa Iglesia tenía tanto poder en algunas provincias, que podía dejar sin trabajo a quienes leían periódicos liberales [83].

---

[80] *Ídem*, pp. 9, 12, 41-42.

[81] La aristocracia de origen militar, propietaria de grandes propiedades rurales, los pocos grandes financieros que había y los hombres de paja del capitalismo internacional.

[82] En septiembre de 1935, Chapaprieta fue nombrado jefe de Gobierno; en diciembre de 1935 lo reemplazó Portela Valladares; en febrero de 1936, Azaña fue elegido presidente de la República, y Casares Quiroga, jefe de Gobierno.

[83] Segismundo Casado: *op. cit.*, p. 26. Casado coincidía en este detalle con Antonio Ruiz Vilaplana. Al analizar la situación previa al alzamiento en la zona de Burgos, Ruiz Vilaplana describía hechos muy similares.

Aparte de todas estas causas, la guerra en sí recibe la parte central de la crítica de Casado. A lo largo de los diferentes capítulos donde analizaba su discurrir, destacaba varios hechos más que tuvieron una incidencia negativa. En primer lugar, al crearse un ejército de milicias democrático, éste no tenía la disciplina necesaria. Este hecho obligó a hacer una guerra a la defensiva.

En lo referente a las armas, las que enviaba la URSS se entregaban predominantemente a unidades militares controladas por el PCE. Otras unidades y cuerpos estaban infradotados, limitando su capacidad operativa y la del conjunto. Casado concluye, a la vista de todos estos hechos, que durante la contienda el PCE no practicó la igualdad y la fraternidad que pregonaba su propaganda.

En tercer lugar, el Ministerio de Defensa Nacional no controlaba unidades de aviación y tanques, en manos de consejeros soviéticos (pp. 55-56). Así, era casi imposible coordinar operaciones militares. Cuando se fijaba una hora para inicio de operaciones, los consejeros soviéticos solían imponer otra, casi siempre con resultados catastróficos.

En cuarto lugar, Casado creía que el exceso de poder comunista pudo influir en las posturas de Francia, Gran Bretaña y Estados Unidos respecto a la República.

En opinión de Casado, el peor error de todos fue aceptar la organización táctica de las unidades militares propuesta por los consejeros soviéticos. Ellos propiciaron la desastrosa formación de las «brigadas mixtas» —con cuatro batallones, en lugar de los tres clásicos del ejército español [84]—, sin precedentes en otros ejércitos. Dichas unidades englobaban muchos hombres y tenían muy poca potencia de fuego. De este modo, teniendo movilizada a mucha gente, se restaba mano de obra a la retaguardia y aumentaba mucho el gasto de intendencia. Cuando había doscientas brigadas mixtas se intentó reestructurarlas para liberar unos 150.000 hombres, pero a ello se opusieron los consejeros soviéticos. Por esta razón, al caer Cataluña se tuvo que movilizar a ciudadanos de dieciséis a cuarenta y cinco años, con la consiguiente desmoralización.

Casado también pensaba que la existencia de los comisarios fue más bien un error. Sus actividades y funciones —con excepciones— fueron más una molestia que una ayuda. Asimismo durante la guerra hubo una falta absoluta de planes de campaña coherentes. Éstos los podrían haber realizado oficiales prorrepublicanos salidos de la Escuela Militar Superior, pero lo evitaron los consejeros soviéticos (p. 62). Sin embargo, los planes impuestos por dichos consejeros fueron un claro fracaso: Brunete —que costó 15.000 muertos—, Teruel o Aragón. Por el contrario, impidieron realizar otros elaborados por el Estado Mayor del Ejército republicano que tenían buenas perspectivas: a principios de 1937, la toma de Mérida —prepa-

[84] Cada brigada tenía, pues, 3.700 hombres, 1.960 fusiles, 32 fusiles ametralladores y 24 ametralladoras. Al final de la guerra, el Ejército del Centro tenía 250.000 hombres y sólo 95.000 fusiles, 3.000 armas automáticas y 65 baterías. Con un ejército de un millón de soldados, sólo había 350.000 fusiles y 8.000 ametralladoras [Cf. Segismundo Casado: *op. cit.*, p. 60].

rada por el propio Casado—, que hubiera dividido la zona de los sublevados. La caída de Largo Caballero y la subsiguiente influencia comunista en el gobierno del doctor Negrín, la imposibilitó (pp. 62-63).

Otro factor con claros efectos divisorios entre los republicanos fue la rivalidad entre generales —como la de Pozas y Miaja—, o la del PCE con otros partidos del Frente Popular. Todo ello mezclado con maniobras comunistas para desprestigiar a rivales como Casado [85]. Por éstas y otras experiencias, Casado concluía lo siguiente:

> Considero que una de las principales causas de nuestra derrota fue la conducta de los comunistas y de los asesores soviéticos [...] que por cobardía o ambición, olvidaron a España y a su magnífica gente. Miembros del Partido Comunista pusieron su ambición política por delante de las necesidades de la guerra (pp. 76-77).

Un último error que apunta Casado era el mal uso y funcionamiento de la propaganda, a cuyo departamento no se le prestó demasiada atención [86]. Sus responsables, con frecuencia, trabajaban con criterio propio [87]. Se hacían programas de radio sin el objetivo de elevar la moral de la zona republicana. Según Casado, nunca se intentó despertar en la gente la idea de orgullo e independencia nacionales —que hubiera tenido buenos resultados en zona nacionalista—. Casado pensaba que con una propaganda bien dirigida, la guerra hubiera tomado otros derroteros. Tampoco se apelaba a la historia hispana. Con la aprobación del gobierno republicano, se utilizaban referencias culturales foráneas —como las maravillas del paraíso soviético—, producidos por organismos extranjeros [88]. Tampoco se explotó convenientemente el cine —en el extranjero se veía lo que algunos profranquistas filmaron; y de ello se deducía que era una zona caótica donde no se respetaba nada—. Esa propaganda divulgó la idea de que el Ejército «rojo» estaba descontrolado; todo lo contrario de la realidad, pues en dos años se crearon 40.000 oficiales y un ejército de un millón y medio de soldados. En conjunto, el funcionamiento de la propaganda republicana en el exterior fue desolador [89].

En opinión de Casado, fallaron otras muchas cosas. Con frecuencia, el PCE daba instrucciones al gobierno por sus órganos de prensa —y no al revés—. Asimismo la censura dejaba pasar muchas cosas, con tal de que tuviesen tintes

[85] Casado recordaba que le destinaron al 18.º Cuerpo del Ejército, muy desmoralizado, cansado y sin artillería. En esas condiciones le ordenaron empezar una ofensiva a la que Casado se opuso [Cf. p. 75].

[86] Este departamento estuvo adscrito al Ministerio de Educación, luego al de Justicia y después al de Estado. Funcionaba de manera autónoma, sin relación a veces con la acción de gobierno.

[87] Recuérdese el caso de Arturo Barea en la oficina de censura del Madrid sitiado.

[88] Como The Red International Assistance Society, The Anti-Fascist Women, United Socialist Youth, Friends of Soviet Union y otros.

[89] A su llegada a Londres en 1939, Casado decía haberse dado cuenta de que, en Gran Bretaña, los problemas sociales y políticos habían sido completamente malentendidos [Cf. *Op. cit.*, p. 3].

antifascistas. La República tampoco supo crear un buen servicio secreto. Casado creía que el PCE utilizó el SIM y el SIEP en beneficio propio. También creía que se pagaba demasiado a los combatientes —10 pesetas al día—, con lo que se restaba presupuesto para actividades decisivas: propaganda, servicios secretos, armamento, etc., con los que se hubiera cambiado el curso de la guerra. Además, se descuidó el control del servicio secreto de los sublevados a través de Consulados. Desde Embajadas extranjeras, especialmente la de Turquía —vía valija diplomática—, generales y estrategas sublevados hicieron un trabajo formidable. Los falangistas enviaron igualmente desde Embajadas información de gran valor militar. Los centros de reclutamiento eran otro nido de espías, enviando a personas clave a puestos estratégicos [90]. Otra fuente de información para el espionaje de los sublevados era la indiscreción de los oficinistas de la Administración y los oficiales del Servicio Diplomático extranjero.

El golpe de Estado y las negociaciones de paz

Al escribir su libro Casado pretendía dar cuenta de los motivos por los que dio el golpe de Estado en marzo de 1939. Hasta febrero de 1939 había tenido un claro compromiso de defensa de la República y nulos deseos de protagonismo; pero, tras la caída de Cataluña, creía que la resistencia republicana no tenía sentido.

El estuvo presente en la reunión de los ocho comandantes máximos del Ejército, Marina y Aire del 26 de febrero de 1939 en el aeródromo de Los Llanos —Albacete—, con el doctor Negrín. Siete jefes militares se mostraron en contra de la resistencia. Los soldados y la población civil estaban muy desmoralizados tras la caída de Barcelona sin ningún tipo de lucha. La disponibilidad de material de guerra era muy precaria para hacer frente a la próxima ofensiva de los sublevados, envalentonados por su triunfo [91]. Sólo el general Miaja y el doctor Negrín —en coincidencia con el PCE — eran partidarios de la resistencia. El resto de jefes pensaban que continuar la guerra «hubiera llevado a mucha gente al más cruel y bárbaro sacrificio de la historia» y significaría la destrucción de muchas ciudades y tesoros artísticos (pp. 99 y 286).

El doctor Negrín quería apartar de los puestos de mando a los jefes que se oponían a la resistencia —como Casado— para dar entrada a partidarios de la resistencia, próximos al PCE. A raíz de esto, Casado empezó los preparativos del golpe entre el 28 de febrero y el 5 de marzo de 1939. Casado proporcionaba varios argu-

[90] El ejemplo más claro fue cierto «consejero» —espía de la Gestapo— que burló al ministro de Defensa y llegó hasta Casado, al que intentó sonsacar información. Descubierto en su osadía, no se lo fusiló.

[91] El Ejército republicano tenía 40 aviones, mientras que los sublevados tenían 600 ó 700 [Cf. Segismundo Casado: *op. cit.*, p. 111].

mentos para justificar su rebelión, como que el ejército debía estar al servicio del pueblo y realizar los deseos del mismo.

Tras la pérdida de Cataluña —según Casado—, la gente quería el fin de la guerra. Casado acusaba al doctor Negrín de no oír los deseos del pueblo y de estar sólo escuchando consignas que le llegaban de la Unión Soviética por medio del PCE.

Asimismo, cuando cayó Cataluña, la zona republicana se quedó varios días sin gobierno legal; siendo el Ejército el único poder real que sostuvo la situación. Casado concluía que el gobierno del doctor Negrín existía en una especie de ilegalidad moral; pues a medida que avanzaba la guerra el PCE controlaba el 70 % de los mandos militares, más la aviación, los tanques y el transporte. Con esta situación, cuando Azaña intentó retirar la confianza al doctor Negrín, el PCE se opuso. En la práctica, esto significaba una imposición de los intereses del PCE al pueblo español y a sus representantes legítimos. Así que Casado entendía que se rebelaba contra un gobierno doblemente ilegal: porque no obedecía al presidente de la República y porque no escuchaba la opinión popular. Además, desde la reunión de Figueras, tampoco había parlamento; y el propio doctor Negrín tampoco se sabía muy bien dónde estaba.

Casado argumentaba que su golpe de Estado no era el resultado de su vanidad personal, pues estuvo apoyado por amplios sectores sociales: 1) por una parte, del Partido Socialista —con Julián Besteiro como consejero de Estado y Wenceslao Carrillo como consejero de Interior—; 2) por la UGT —con A. Pérez como consejero de Trabajo—; 3) por la CNT —con E. Val como consejero de Comunicaciones y González Marín como consejero de Hacienda—; 4) por Unión Republicana —con José del Río como consejero de Educación—; 5) por Izquierda Republicana —con M. San Andrés como consejero de Justicia—; 6) por militares —el general Miaja como presidente del Consejo, y el propio coronel Casado como consejero de Defensa Nacional— [92]; y 7) por las Juventudes Libertarias. Antes del golpe de Casado, el almirante Buiza ya se sublevó el 4 de marzo de 1939 contra el gobierno del doctor Negrín, zarpando con la flota republicana de Cartagena [93], rumbo a Argelia. El almirante Buiza cumplió así la amenaza, expresada al doctor Negrín en la reunión del 26 de febrero en Los Llanos, de «abandonar España si no se negociaba rápidamente la paz» (p. 123). Según informó el doctor Negrín en aquella reunión, la paz ya se había intentado negociar desde mayo de 1937 *(sic)* [94] de diversas maneras.

Tras el golpe, el Consejo Nacional de Defensa hizo de dichas negociaciones su primer objetivo, una vez superada la oposición armada del PCE contra el Consejo entre el 5 y el 10 de marzo. El Consejo elaboró un programa de negociación —publicado el 11 de marzo de 1939— con los siguientes puntos:

---

[92] Casado no quiso ser presidente para no dar la impresión de poseer ambiciones políticas.

[93] Compuesta por 2 cruceros, 9 destructores, 10 submarinos y barcos auxiliares.

[94] Cf. p. 119. Luego en la página 195 se dice que desde mayo de 1938.

1. Intentar negociar la paz con el enemigo, rechazando la intervención de poderes extranjeros mediadores.

2. Exigir las siguientes condiciones como mínimo:

a) Garantía de independencia nacional e integridad territorial.

b) Garantía de expatriación para todos los que quisiesen abandonar el país.

c) Garantía contra cualquier tipo de represalias.

3. Señalar como representantes del Consejo Nacional de Defensa para las negociaciones al consejero de Defensa Nacional —el propio Casado—, y al general al mando de la Agrupación.

Luego, al publicarlo, este programa se amplió con otros puntos que creían que no serían difíciles de aceptar para el gobierno de Burgos:

4. Respeto de la vida y la libertad de soldados de la milicia y comisarios políticos que no fuesen culpables de crímenes.

5. Respeto de empleo a los soldados profesionales no culpables de crímenes.

6. Una concesión de veinticinco días para la expatriación de los que quisieran abandonar el país.

7. Que no hubiese tropas italianas o marroquíes en las zonas en litigio.

Los emisarios franquistas aparecieron rápidamente: Centaños —teniente coronel del Ejército de la República (!)— y otra persona más [95]. El 13 de marzo los recibió Casado para empezar las negociaciones. Casado advirtió que el Consejo no admitía la rendición incondicional, tal como exigía Franco.

En el primer borrador enviado por los sublevados no había ninguna intención de generosidad para los que habían combatido libremente. El estudio de este borrador hizo dudar a Casado de que las negociaciones fuesen posibles. Del 13 al 19 de marzo se esperó el comunicado de Burgos. Mientras tanto, Casado constituyó en secreto un Comité del Centro para Evacuaciones, con representantes de partidos y sindicatos. Sus funciones se pospusieron hasta el 26 de marzo.

El 19 llegó la primera respuesta de Franco: no quería negociar con los representantes elegidos por el Consejo. Éste escogió entonces al teniente coronel Antonio Garijo y al comandante de Caballería Leopoldo Ortega. Además, Franco insistía en la rendición incondicional. El 21 de marzo se acordó, a propuesta de los sublevados, que los representantes fueran a Burgos el día 23. El 21, el Consejo de Defensa otorgó poderes de negociación a los representantes, así como una serie de instrucciones:

1. Pedir aclaración explícita de las concesiones de Franco para saber quién estaría excluido de responsabilidades.

---

[95] Casado no quiso acusarlos de alta traición y hacerles un juicio sumarísimo para no empeorar las negociaciones.

2. Sacar pronto a discusión la cuestión de facilidades para la expatriación, recordando que si se quería lograr una armonía social, aquellos que tenían responsabilidades penales deberían poder abandonar el país.

3. Convencer a los nacionalistas de la necesidad de al menos veinticinco días de plazo para proceder a la evacuación, y de aceptar un plan para rendir la zona republicana progresivamente.

4. Asegurar a los nacionalistas que se quería colaborar en el asunto de las provisiones, acelerando la llegada de las que ya estaban compradas en el extranjero.

5. Se pedía también a Franco que no pasasen tropas extranjeras por Madrid, pues su conducta heroica merecía el honor de esta excepción.

6. Se les recordaba que procurasen que la gente no tuviera la sensación de estar siendo engañados o defraudados, pues el Consejo Nacional no podría responder entonces de los actos de violencia sobre una gran cantidad de tesoros artísticos, y también que la zona republicana no tenía prácticamente provisiones.

Paralelamente a la negociación, el Consejo pidió ayuda a los cónsules de Francia y de Gran Bretaña para la evacuación. El gobierno francés sólo quería autorizar la entrada de un selecto grupo de gente (p. 219); mientras que el Consejo pedía que se dejase entrar, aunque fuese en tránsito de treinta días, a quienes corrían peligro en España, cosa que fue aceptada. Al gobierno británico se le pidieron barcos para el transporte de quienes quisieran abandonar el país. Aceptó, a condición de que el general Franco aceptase también.

El 23 de marzo regresaron de Burgos los negociadores, diciendo que Franco no aceptaba la propuesta republicana: quería rendición absoluta por zonas para el 27 de marzo, y exigía la rendición simbólica de la fuerza aérea el 25 de marzo. Los republicanos objetaron que era muy precipitado, y si tomaban los puertos sería imposible la evacuación. Franco quería dejar dos puertos libres para la evacuación y autorizaba al gobierno británico a colaborar. Pero no quisieron firmar ningún documento de garantía. El día 23, el Consejo cablegrafió a Burgos diciendo que era imposible realizar la rendición de la fuerza aérea en el día prefijado. Pedían otra entrevista y exigían la firma de un documento con las concesiones. El 25 de marzo se acordó otra entrevista en Burgos, rechazándose las condiciones republicanas. El 25 por la tarde, al expirar el plazo exigido por Burgos, quedaron rotas las negociaciones y se obligó a salir de Burgos a los representantes republicanos. El día 25, el Consejo informó a Burgos de que el 26 se entregaría la fuerza aérea. El gobierno de Burgos respondió la madrugada del 26 diciendo que iba a comenzar un ataque en varios frentes; pero que antes se daría una oportunidad a las tropas republicanas de izar bandera blanca.

En Madrid la situación era desesperada. La población debió ser calmada con mensajes de varios consejeros, para evitar actos de violencia y fuga desordenada. Los oficiales del ejército republicano dedujeron que no tenían nada que temer si no resistían, por lo que empezaron a marcharse a casa. El 29 de marzo prácticamente todos los ejércitos estaban disueltos; de modo que no pudo llevarse a cabo la rendición republicana por no estar acuartelados. Los que temían por sus vidas emprendieron una rápida huida hacia los puertos de Levante. Por distintos errores un barco no pudo sacar de Alicante 4.000 personas de las muchas que quedaron allí bloqueadas, que protagonizaron escenas de desesperación y varios suicidios. Varios consejeros coordinaron como pudieron la evacuación en Madrid, y luego intentaron hacer lo mismo en Levante. Se esforzaron para que no se excluyera a nadie. Casado, varios miembros del Consejo y un grupo pequeño de personas embarcaron en Gandía el 1 de abril de 1939 en el barco británico *Galatea.* De aquel momento Casado recordaba: «Nunca hubiera imaginado el pesar de abandonar el propio país, cuando se ha entregado a su servicio toda la voluntad y alma, y más así, dejándolo quemándose, como un horno de odio y sospecha entre compatriotas» (p. 269).

Yo acuso: el origen de la división de los republicanos en el exilio

Estas memorias de Casado no contienen sólo una justificación de su actuación personal, sino que también contienen una serie de acusaciones y exigencias de responsabilidades contra las figuras clave de la guerra, entre ellos el doctor Negrín. Casado dice que el doctor Negrín se había ganado el odio de la población con su política de resistencia, y que lo ridiculizaban llamando «píldoras del doctor Negrín» a las escasas lentejas que llegaban para la alimentación de la población civil (p. 140). El doctor Negrín y el PCE eran los primeros destinatarios de sus memorias.

A quienes al final de la guerra acusaban a Casado de colaboracionista con los sublevados, les recordaba sus discursos del pasado y las felicitaciones que le expresaron por su conducta antifascista. También argumentaba Casado para demostrar que no era un colaborador de Francia y de Gran Bretaña, como algunos le acusaban. Desmentía asimismo que hubiera estado preparando su golpe desde mayo de 1938. En su defensa, recordaba que varios líderes obreros que no se dejarían fácilmente llevar al engaño habían apoyado su golpe de Estado. Sobre la táctica de resistencia que querían aplicar los comunistas, decía que la República carecía de todo poder de resistencia y daba datos concretos (pp. 278-281).

Finalizada la refutación de las acusaciones de que era objeto, pasaba a hacer acusaciones concretas, aportando asimismo abundantes datos. En el capítulo 8 *(Yo acuso),* expone toda una serie de consideraciones y acusaciones claramente comprometedoras para la figura del doctor Negrín:

1. «Acuso al Gobierno del doctor Negrín de ser responsable del secuestro político del jefe del Estado desde el mes de mayo de 1938.»

2. «Acuso al Gobierno del doctor Negrín de haber permitido que leyes fundamentales del Estado se suspendiesen desde el mes de mayo de 1938.»

3. «Acuso al Gobierno del doctor Negrín de haber evitado el funcionamiento de las Cortes; rehusando, con marcada obstinación, dar cuenta de su administración.»

4. «Acuso al Gobierno del doctor Negrín de haber tolerado la dominación del Partido Comunista dirigiendo la guerra, creando entre los combatientes un estado de sospecha y desconfianza que, con frecuencia, produjo asesinatos y contribuyó notablemente a su falta de eficiencia en la lucha.»

5. «Acuso al Gobierno del doctor Negrín de haber ordenado la reventa de material de guerra mientras aún mantenía su grito de resistencia.»

6. «Acuso al Gobierno del doctor Negrín de haber ordenado la reventa de provisiones en cantidades fabulosas en el espacio de tiempo entre la caída de aquel gobierno y el fin de la guerra, conociendo, como conocía, la terrible situación del ejército y de la población civil con respecto al abastecimiento.»

7. «Acuso, finalmente, al Gobierno del doctor Negrín de haber rehusado utilizar los medios de transporte marítimo de que disponía para salvar a aquellos hombres que serían considerados responsables y que deseaban abandonar el país» (pp. 301-302).

De esta división y enfrentamiento acaecida en la zona republicana al final de la guerra arrancó, en parte, la división que arrastraron los republicanos en su exilio. Durante y después de la Segunda Guerra Mundial, a la hora de constituir plataformas unitarias contra el régimen, los partidos y sindicatos que habían colaborado con Casado nunca aceptaron la incorporación del PCE a dichos organismos, con lo que las organizaciones creadas eran débiles y tenían poca credibilidad [96].

[96] Incluso estos enfrentamientos llegaron trágicamente al terreno familiar y personal, como en el caso de Wenceslao Carrillo, miembro del Consejo de Defensa de Casado, y su hijo, Santiago Carrillo, secretario de las Juventudes Socialistas Unificadas —JSU— comunistas. Desde el fin de la guerra estuvieron enemistados, y sólo en los años 50, poco antes de la muerte de Wenceslao Carrillo en Francia, parece que se reconciliaron.

6
EL DIÁLOGO PLATÓNICO-RENACENTISTA

6.1. La recuperación del diálogo como forma ideológico-literaria: Azaña, Madariaga y Garcitoral

¿Qué hace aquí *La velada en Benicarló?* Ésta es la dificultad. No es un texto narrativo. Tampoco es un texto dramático, aunque se llevara a escena con fortuna de la mano de José Luis Gómez y José Antonio Gabriel y Galán. Es un problema de «preceptiva» literaria. El diálogo, como se dice más adelante, es un género de larga y prestigiosa tradición. Ligado en su origen a la dialéctica, en él los interlocutores argumentan en búsqueda de la verdad o de una conclusión.

Sin embargo, nos decidimos a incluirlo en este volumen por varios motivos. En primer lugar, porque ya es un tópico el considerarlo como una de las obras literarias clave de y sobre nuestra guerra civil. Luego, porque, pese a lo dicho, suele quedar fuera de los estudios de intención globalizadora: no es poesía lírica y carece de acción dramática, pese a lo cual es susceptible de adaptación escénica. Por último, porque, habiendo desaparecido el diálogo como tal de nuestro panorama literario, tan «rara avis» quedaba un poco a merced de quien lo tratara. Por otra parte, la utilización del diálogo puro como forma narrativa no es ajena a nuestra literatura —Galdós, Baroja, por acogernos a ejemplos recientes y no entrar en discusiones teóricas.

Posteriormente, hemos podido constatar que no se trata del único diálogo que se escribe en aquellos años. Otro escritor de la misma «generación» nos ha dejado otro diálogo que no hemos visto mencionado en otros lugares: *Campos Elíseos,* de Salvador de Madariaga. Y el capítulo XVI —«Las doce de la noche en El Escorial»—, de *Gaceta de Madrid,* de Alicio Garcitoral, es también un diálogo incrustado dentro de la novela.

En 1939 aparecía *Campos Elíseos. Diálogo en el que Goethe, María Estuardo, Voltaire, Napoleón, Carlos Marx y el presidente Washington conversan sobre el fascismo, el comunismo,* de Salvador de Madariaga [1]. Este largo título de sabor absolutamente clásico da ya idea del tema central que se debatirá en el diálogo. Pero ¿trata de la guerra de España? Las palabras que abren el Prólogo dejan claro cuál es el motivo:

> Escrita esta fantasía en los momentos en que despedaza a España —alma y cuerpo— una espantosa guerra civil, pudiera interpretarse por el ligero o poco piadoso lector como un intento de «escape». No hay escape posible. Españoles o no, el tormento de España repercute en nosotros a todas horas. Sólo que cada facultad humana responde a su manera, y así como, golpeados, los ojos dan luz, así, atormentado, el intelecto da ideas —¿qué ha de dar, si no tiene otra cosa?
>
> Perdón, pues, perdón por traer al acervo común lo que menos se precia en estos tiempos. ¡Ah, si al menos se me hubiera ocurrido algún nuevo grito de combate... (p. 7).

Este Prólogo (pp. 7-57), dividido en once capítulos, es un completo ensayo sobre el fracaso de las sociedades y las causas de la violencia. Al explicar las causas del fracaso del siglo XX como época histórica por conceder demasiada fe a ideologías políticas y a la economía como ciencia prescriptiva, hace observaciones de gran interés. No obstante, sus prejuicios de liberal manchesteriano «ma non troppo» le fuerzan a no reconocer en ningún caso las causas del auge del socialismo y el comunismo y extraer las debidas consecuencias; y, paradójicamente, a señalar que los fascismos son una reacción de la sociedad capitalista ante ese auge. Le carga toda la culpa de la aparición del fascismo al comunismo, sin plantear siquiera si el sistema capitalista necesita alguna rectificación.

El *Diálogo* propiamente dicho (pp. 59-207), dividido en siete escenas, es de gran interés tanto ideológico como formal. En este último aspecto cabe decir que es, junto con *La velada en Benicarló,* uno de los raros casos del uso de esta forma literario-discursiva de origen platónico —revitalizada en el Renacimiento de la mano de los humanistas— en la literatura española del siglo XX que no tengan un aspecto de novela dialogada como *Los laureles de Anselmo* de Ramón Sender. Los interlocutores que dialogan desde su eternidad o vida de ultratumba son los indicados en el título, lo cual es un indicio de huida de la temporalidad entendida en su sentido inmediato. Todos ellos, salvo María Estuardo, proceden del nacimiento del mundo moderno —Voltaire, Goethe, Washington, Napoleón— a los que añade la figura de Carlos Marx. Es curioso observar cómo elude poner en escena algún destacado representante del liberalismo manchesteriano. Las críticas se centran

---

[1] Salvador de Madariaga: *Campos Elíseos. Diálogo entre Goethe, María Estuardo, Voltaire, Napoleón, Carlos Marx y el presidente Washington sobre el Fascismo, el Comunismo, la Paz y la Guerra,* Buenos Aires, Libr. Hachette, 1939, 207 pp. El colofón da como fecha de impresión el 27 de diciembre de 1938.

especialmente en Marx, de lo que colijo que, en congruencia con el prólogo, es un intento de cargar en el debe de esta ideología todos los problemas de su mundo presente. En las escenas IV a VI traen ante sí a un personaje representativo de cada mentalidad para contrastarla en su verdad interior y no en su manifestación externa: actriz de Hollywood, senador norteamericano, fascista italiano, nazi alemán, comunista ruso. Para finalizar en la última escena con una defensa de la libertad y un final pese a todo esperanzado a los sones de Mozart y Bach. La obra ofrece interés tanto por lo debatido como por la forma elegida y la gracia irónica del diálogo, pero un examen más detallado deberá quedar para mejor ocasión.

Un caso distinto es el otro diálogo que mencionábamos, «Las doce de la noche en El Escorial». No se trata de un texto formalmente independiente, sino de un capítulo de la novela *Gaceta de Madrid* de Alicio Garcitoral, de la que nos ocupamos más adelante [2]. Como hemos dicho, el autor incrusta este diálogo sin transición, enlace ni justificación formal casi en el centro material de la novela. Nuevamente es un diálogo entre personajes de ultratumba de diferente procedencia y época: Felipe II, Napoleón, Moctezuma, la reina de Saba, el rey de los Zulús, Poncio Pilato, y otros. En su reunión nocturna en las habitaciones de Felipe II departen sobre sus casos que coinciden con momentos que el autor considera claves en el desarrollo histórico, viendo la conformidad de su actuación en cada circunstancia. Formal e ideológicamente está emparentado con el anterior de Madariaga; lo que no es de extrañar, dado que su postura ante la guerra guarda cierto parecido [3].

Hemos traído a colación estos dos textos para subrayar que el diálogo de Azaña, si es insólito, no es sin embargo único. Tiene su compañía, escasa pero apreciable. Por otro lado, su planteamiento aún destaca más la singularidad de *La velada de Benicarló.* Tanto Madariaga como Garcitoral eligen a unos personajes de ultratumba como vehículos dialécticos, al tiempo que el objeto de esa dialéctica se eleva a un plano general sobre los problemas ideológicos de su tiempo. Mientras que Azaña se ciñe al tiempo histórico, no porque haya un personaje o más portavoz suyo, sino porque sus personajes están inmersos en una actualidad dramática que intentan objetivar haciendo el contraste aún más dramático. Los tres, en su conjunto, suponen un caso de recuperación del diálogo discursivo y dialéctico de tradición platónica y renacentista en la literatura española del siglo XX.

---

[2] Alicio Garcitoral: *Gaceta de Madrid* (Novela histórica), Buenos Aires, Claridad (Bibl. de Novelas Históricas), 1938, 270 pp. Cap. XVI, pp. 129-148. V. más adelante cap. 11.11.

[3] Salvador de Madariaga prologará posteriormente el libro de A. Garcitoral: *Tercer Frente,* Buenos Aires, Ed. Claridad, 1939.

6.2. *La velada en Benicarló*, de Manuel Azaña (1937/1939)

No necesita el autor de *La velada* de ninguna presentación. En este volumen ya se ha tratado de sus *Memorias políticas y de guerra,* por lo que quisiéramos ceñirnos al análisis literario de este apasionante diálogo, que, en este caso y debido a su estirpe platónica, podemos considerar una de las formas de la narrativa. Si el lector quiere profundizar en lo estrictamente biográfico e ideológico son hoy numerosos los estudios sobre Azaña [4].

La dialéctica, desde Platón, es el arte del diálogo entendido como procedimiento propio de la investigación racional, técnica de invención o de descubrimiento, no de simple demostración al modo aristotélico: así en el *Fedro,* el *Sofista,* el *Político,* o el *Critón,* en el que la defensa socrática de las leyes nos recuerda a algún personaje de *La velada.* Cipriano de Rivas-Xerif en su biografía de Azaña justificaba así la estirpe de *La velada en Benicarló:* «Era un diálogo socrático, al modo platónico, animada la moral política de su filosofía por el resplandor de la creación de arte» [5]. Precisamente a ese aspecto, el de la creación artística, vamos a atender en nuestro análisis.

Los antecedentes más directos de este diálogo se encuentran en nuestra literatura renacentista: el *Diálogo de Lactancio y un Arcediano* o el *Diálogo de Mercurio y Carón* de Alfonso de Valdés a propósito de la política de Carlos V. En *La velada en Benicarló* se informa al lector de una serie de diferentes posturas, humanas y políticas, de once personajes ante la guerra. Unos tratan de convencer con el peso moral de sus argumentaciones; otros, en cambio, parecen repetir eslóganes propagandísticos [6]. El autor declara su intención en el Preliminar: «No es el fruto de un arrebato fatídico. No era un vaticinio. Es una demostración». En definitiva, estamos ante un caso claro de función pedagógica de la obra literaria.

Azaña había cultivado antes de la guerra civil no sólo la narrativa *(Fresdeval, El jardín de los frailes* [7]), sino también el drama en *La corona,* que estrenó Margarita Xirgu. Era, en su época, un escritor de prestigio, por lo que sus

[4] Una bibliografía en Jesús Ferrer: *Azaña, una pasión intelectual,* Barcelona, Anthropos (Autores, Textos y Temas / Literatura 11), 1991. Prólogo de Juan Marichal, pp. 325-326.

[5] Cipriano de Rivas Xerif: *Retrato de un desconocido* (Vida de Manuel Azaña), México, Oasis, 1961, p. 286.

[6] Manuel Azaña: *Memorias políticas y de guerra,* en *Obras Completas IV,* Madrid, Giner, 1990. Introducción de Juan Marichal, pp. 469-470: «Se reunió la Comisión [parlamentaria], y no faltó en ella quien dijese que no escuchaba nuestras indicaciones, "porque la Comisión no está a las órdenes del Gobierno" (Es mucha gente la que piensa con frases hechas)...». (10 de marzo de 1933.)

[7] Jesús Ferrer dice: «No se trata de la escritura de un narrador puro, sino de la prosa de un intelectual abocado por entero a los más candentes problemas de su sociedad y de su tiempo». *Op. cit.,* p. 21. Quisiéramos solamente anotar que en plena guerra civil publica Azaña un fragmento de una novela titulada *Viaje de Hipólito,* Madrid. Cuadernos de la Casa de Cultura, 2, Valencia, mayo de 1937, pp. 5-14.

Memorias políticas y de guerra no son simplemente eso, sino que gozan de excelentes cualidades literarias. No es raro, por ejemplo, que se reproduzcan en ellas las conversaciones mantenidas por Azaña con sus correligionarios y colaboradores. Como ejemplo podemos citar un curioso diálogo (soñado) entre don Manuel y el rey, que queda anotado el 27 de mayo de 1932, de características cercanas al drama [8]. *La velada...* está muy próxima por sus componentes autobiográficos de las novelas y las *Memorias,* que junto con sus discursos de guerra, constituyen las fuentes directas de este diálogo, según declaraba el propio Azaña en carta a Roberto Escribano [9]. Lo autobiográfico es una constante en sus obras literarias (además de las *Memorias)* y en *La velada...* hay numerosas alusiones que así lo confirman. Cuando el autor alaba a los militares leales a la República debemos recordar la etapa de Azaña al frente del Ministerio de la Guerra y su enorme interés por lograr un Ejército profesional, competente y respetuoso con la Constitución y el Gobierno legalmente constituido. Hechos como el asalto a la Cárcel Modelo, de Madrid (23 de agosto de 1936), que impresionaron hondamente al hombre Manuel Azaña, según todos sus biógrafos, son recordados en esta obra que analizamos: Garcés enlaza la anécdota sabiamente con el indulto a los generales sentenciados a muerte, prueba del talante liberal y la altura moral de Azaña [10]. Se sabe también cómo le impresionó la noticia del bombardeo al Museo del Prado y su angustia e interés por salvaguardar el patrimonio nacional [11]. En *La velada...* quien saca la noticia a colación es Morales; ello trae una larga y fuerte discusión en la que Pastrana y Barcala, en especial, atacan las razones de Morales. Temáticamente es un fragmento importante que se sitúa casi al final de la obra. Morales (uno de los personajes en que se desdobla Azaña en esta obra) tiene a medio escribir un *Viaje impensado a la Isla de los Bacallaos,* que trata, en su último capítulo, de «cómo los bacallaos entraron en guerra con los atunes y de las paces que hicieron sobre sus raspas». Al preguntarle Garcés si es una sátira, Morales contesta:

[8] M. Azaña: *Memorias políticas...,* ed. cit., pp. 389-390.

[9] M. Azaña: *Obras completas,* III, Madrid, Giner, 1990, p. 557. La carta va fechada el 25 de enero de 1940.

[10] Max Aub en *Cara y Cruz* comprende el humanitarismo de Azaña, pero le reprocha la falta de visión política para juzgar a Franco y sus acólitos de la Falange. *Teatro completo,* p. 572-640, México, Aguilar, 1968. Este drama en tres actos va dedicado «A la memoria de Manuel Azaña, esta mentira de verdades».

[11] Este horror a la destrucción de la belleza —como recuerda Jesús Ferrer: *op. cit.,* p. 317— ha sido repetidamente descontextualizado e interpretado torcidamente. Un buen ejemplo de cómo ocurría nos lo ofrece Max Aub en *Campo cerrado* [1939], al poner en boca de González Cantos, un anarquista visceral, estas palabras, que no corresponden con su propia valoración de Azaña explicitada en *Cara y Cruz* (v. n. 7): «Para esos cantamañanas, un cuadro, un museo son más importantes que la vida de un obrero. ¡Si todavía lo dijo Azaña el otro día! ¡Sí, hombre! Que le importaban más las Mininas —el hablador atropellaba las palabras adrede— que otra cosa cualquiera. Y la gente lee eso y no se indigna, ¿y nosotros vamos a pegarnos y a morir por eso? ¡Vamos, hombre!». *Campo cerrado,* Madrid, Alfaguara, 1978, 2.ª ed., p. 73.

«Apenas. Traspongo a términos generales muchas observaciones» [12]. Esto nos recuerda no sólo la condición de escritor y de intelectual de Azaña, sino también la motivación profunda de *La velada en Benicarló*. Las formas de elocución de Morales resultan bastante elaboradas y su lenguaje abunda en recursos y referencias literarias, todo ello de acuerdo con su actividad de escritor.

El género elegido por Azaña —el diálogo— no permite, ni es su objetivo, la profundización en la psicología de los personajes. De todos ellos, Garcés (el ex ministro) y Morales son los que llevan la voz cantante en la conversación. Manuel Aragón señala que las intervenciones de ambos, sumadas, «ocupan el sesenta por ciento, aproximadamente, del texto» [13]. Por ello no ha sido difícil identificar a Garcés con el Azaña político y a Morales con el Azaña intelectual y escritor. Sin embargo, este reparto de papeles parece excesivamente tajante. Manuel Aragón indica que en las intervenciones de Marón y Pastrana hay, a veces, afirmaciones del propio Azaña. ¿Afirmaciones o, como quiere José Carlos Mainer, rectificaciones de sus propias tendencias «con voces ajenas de cuya seguridad intenta apropiarse»? [14].

Pastrana, prohombre socialista, y Barcala, propagandista, se han querido identificar con Prieto [15] y Largo Caballero, respectivamente. Pastrana representaría la postura socialdemócrata y Barcala al socialismo más radical, incluyendo posiblemente a los comunistas. El abogado Claudio Marón representa casi sin lugar a dudas a Ángel Ossorio y Gallardo [16] y, de esta manera, a muchos republicanos liberal-conservadores.

En algunas opiniones del doctor Lluch, de la Facultad de Medicina de Barcelona, aparece asimismo Azaña. Es médico, y ello podría inducirnos a pensar en Negrín, pero no queda del todo clara esa identificación. El doctor Lluch se constituye en vehículo para contar y poner ante los ojos de los demás personajes todos los horrores de la guerra, que él ha conocido en vivo y con toda su crueldad en un hospital de sangre, en el frente de Aragón [17].

El comandante de Infantería Blanchart es un ejemplo del militar leal a la República, competente y honrado [18]. Personajes secundarios son el joven diputado

[12] Manuel Azaña: *La velada en Benicarló y versión teatral* de José L. Gómez y José A. Gabriel y Galán. Madrid, Espasa-Calpe (Sel. Austral, 81), 1981, p. 153. Prólogo de Manuel Andújar. Citaremos por esta edición por ser la más asequible y contener además la versión teatral.

[13] Manuel Azaña: *La velada en Benicarló*, Madrid, Castalia (Bibl. del Pensamiento), 1980. Edición, introducción y notas de Manuel Aragón.

[14] José Carlos Mainer: «El retorno de Azaña», *Ínsula*, n.º 342, mayo de 1975, p. 4.

[15] M. Azaña: *Obras completas*, III, Madrid, Giner, 1990. Introducción de Juan Marichal, p. XLIII.

[16] *Loc. cit.*

[17] El doctor Lluch es un profesor de la Facultad de Medicina de Barcelona, como se dice reiteradamente en el texto, y no un simple «médico de campaña», como dice Ferrer: *op. cit.*, p. 277.

[18] En el «Cuaderno de la Pobleta» sentencia: «La tragedia del oficial leal está por componer», en *Memorias políticas...*, ed. cit., p. 713.

Miguel Rivera y la tiple Pepita Vargas, la única fémina, cuya presencia da pie para que Azaña trate del papel de las mujeres en la República. Menos importantes aún son el aviador Laredo y un capitán, sin nombre propio.

Se trata de «héroes unidimensionales que atienden únicamente al concepto discursivo de su propia razón», como ha señalado Jesús Ferrer [19]. Pura ideología, muchas veces; representantes de una actitud y, en ocasiones, de un estado de ánimo. Pero «no son todos los que están, ni están todos los que son»: faltan precisamente, como hizo notar Manuel Aragón, los que Azaña considera como «no racionales»: anarquistas, catalanistas o nacionalistas vascos. Sólo son llamados a explicarse aquellos que representan corrientes de opinión mayoritarias en la España republicana. Sin embargo, como muy bien señala Manuel Andújar por boca de su *alter ego* Andrés Nerja en el prólogo (dialogado homenaje) a la versión teatral de *La velada en Benicarló,* lo que más se echa en falta es un representante del pueblo llano, «el que lo aclamaba en los mítines memorables, que sin jactancia de ninguna especie, por su cuenta y riesgo y aliviado de etiqueta banderiza, dio su vida por la República...» [20]. El pueblo no tiene voz en esta obra, aunque sí está en boca de algunos de los personajes dialogantes: Pastrana o Morales, por ejemplo, cuando discuten sobre las pérdidas irreparables que el patrimonio nacional sufre por la violencia de la guerra, porque quien lo disfruta es, según Morales, «el pueblo entero».

Estamos ante una obra sin apenas reflejo del mundo exterior, aunque éste se halla constantemente presente, ya que es el tema y la motivación fundamental del diálogo. La introducción nos indica además que la conversación tiene lugar en un día del mes de marzo de 1937 (la obra va fechada al final en abril del mismo año). El contenido del diálogo así como el comentario de Marón: «¿Vencidos? No será en la guerra. Está la pelota en el tejado [21]» van de acuerdo con esas fechas. Efectivamente, la guerra estaba en un «impasse» en marzo-abril de 1937; fue un momento muy duro y muy crítico para la República: Málaga había caído en manos de los nacionalistas aunque la batalla del Jarama y la victoria sobre los italianos en Guadalajara habían alejado el peligro inmediato que se cernía sobre Madrid. Testimonios del propio Azaña nos confirman la fecha de composición [22] y de revisión de *La velada en Benicarló,* cuya primera edición en Buenos Aires data de 1939,

---

[19] J. Ferrer: *op. cit.*, p. 282.

[20] *La velada de Benicarló,* p. 13.

[21] *La velada de Benicarló,* p. 39.

[22] Aldo Garosci en 1961 retrasaba algo la composición en su excelente capítulo sobre Azaña en *Los intelectuales y la guerra de España,* Madrid, Júcar (Crónica general de España, 33), 1981, pp. 89-90. Esperemos que la publicación del manuscrito, hallado en la Dirección General de Seguridad en 1984, aclare las dudas que pudiera dejar la frase de Azaña: «Yo me entretenía en leer, dictar a la mecanógrafa el texto de *La velada en Benicarló* y...», en *Memorias políticas...,* ed. cit., p. 580, referida a los días 3 al 6 de mayo de 1937.

seguida poco después de la traducción al francés. Las fechas de composición tienen su reflejo en la intensidad con que Azaña se expresa en esta obra sobre la responsabilidad moral de cada uno de los grupos políticos que apoyaron a la República.

El debate se centra, sucesivamente, en los horrores de la guerra (con el relato de las experiencias particulares de Lluch y Rivera) [23], la influencia de los altos mandos del Ejército en la caída de la República, y en contraste, el papel de los militares leales en la guerra, las mujeres en la política y la sociedad, la intervención extranjera, para pasar luego a un análisis de los conflictos latentes en la sociedad española desde el siglo pasado (que Azaña había abordado en *Fresdeval,* su novela inconclusa y entonces aún inédita) y las constantes más acusadas del carácter de los españoles. A continuación se discute acerca del «asalto al Estado» y el conflicto guerra-revolución. Se llega entonces a un momento clave de la discusión, que versará hasta el final en torno a la justificación o no del uso de la violencia, primeramente, para incidir de nuevo en la intolerancia, componente fundamental del carácter de los españoles, junto con la violencia: «España es un pueblo difícil de someter a una disciplina de libertad y de razón. Todos son violentos. Hay pocos sesos en España, o no estamos enseñados a usarlos. Vivimos de las reacciones del carácter», dirá Azaña en el «Cuaderno de la Pobleta »[24].

Violencia e intolerancia —dos caras de la misma moneda— son los temas que vertebran *La velada en Benicarló,* transparentando una de las más graves y añejas preocupaciones de Azaña [25]. Íntimamente relacionado con la violencia e intolerancia se halla el conflicto entre guerra y revolución, que, a nuestro parecer, ocupa el segundo lugar en importancia entre los ejes temáticos de este diálogo. No deja de ser curioso que *Rebeldes* sean para Azaña tanto los sublevados como los que propugnan y apoyan el «asalto al Estado», en contraste con lo que vamos viendo en otros autores de este período. Claro que, desde la coherencia de su pensamiento político, tanto unos como otros están en contra del Estado legalmente constituido. Es evidente que influyen en el autor al escribir este diálogo los hechos ocurridos durante su estancia en Barcelona, ciudad a la que se trasladó aconsejado por los miembros de su Gabinete ante un inminente ataque fascista sobre Alicante. Durante cuatro días, en los que corrigió la que había de ser versión definitiva de *La velada...,* permaneció asediado y secuestrado en el Parlamento de Cataluña del Parque de la Ciudadela.

El conflicto guerra-revolución se anticipa desde las primeras páginas con el ejemplo de los que pasan la guerra fuera de España «vencidos por el cataclismo

[23] Lluch dará la pista para abandonar las peripecias personales y pasar a lo genérico, *La velada...,* p. 44.

[24] *Memorias políticas...,* ed. cit., p. 787, 15 de septiembre de 1937.

[25] En carta a Esteban Salazar Chapela (26 de febrero de 1940) confiesa Azaña: «Nunca he escrito un libro con más espontaneidad ni con menos precipitación en cuanto a sus resultados», *op. cit.,* III, p. 561.

social», como dice Garcés. A lo que replica Marón: «Tampoco se ha concluido la sociedad española» [26]. Hablando de esos «intelectuales emigrados» (la tercera España del momento) dirá Azaña en el «Cuaderno de la Pobleta»: «En general, esa emigración nos ha hecho mucho daño» [27]. La crítica de la revolución es muy agria en torno a la ineficacia en todos los órdenes de los funestos «comités». Un ejemplo es el del hospital en el que operaba el doctor Lluch; otro el del comandante que, por hacer la revolución, descuidaba las fortificaciones alegando: «Si entran los facciosos, la revolución se los tragará». Aquí se pueden señalar diferencias muy notables entre el punto de vista de Azaña y el de otros autores, siempre dentro del campo republicano. Frente al convencimiento optimista de muchos de ellos de que de la guerra surgirá un hombre nuevo en una sociedad más justa, Azaña cree que las crueldades, atrocidades y barbaridades en uno y otro bando van a dejar terribles secuelas que harán retroceder al país en sus avances históricos. Ello le lleva a concluir, al cabo de un año de conflicto bélico: «Lo más terrible de esta guerra, sobre los horrores ya conocidos, es su inutilidad. La guerra no resolverá nada» [28]. En *La velada...* comprobamos las pesimistas vivencias de Azaña ante una sangrante e inútil violencia que, proyectada hacia el futuro, tornará más oscuro y desesperanzado el porvenir de los españoles.

Un momento álgido de esta parte del debate gira en torno al bombardeo del Museo del Prado, como ya hemos dicho. Enfrentados Morales y Pastrana, este último, que se declara socialista, pronuncia unas amargas palabras en las que sorprendentemente parece justificar la «revolución»: «... usted se encontraría mejor bajo la dictadura militar, con las catedrales y los museos intactos, que no con la República triunfante y los museos y las catedrales destruidos [...] la consecuencia sería que esta guerra ya solamente pueden y deben hacerla los proletarios, y en general los desheredados de la civilización...» [29]. Con lo cual, apostillamos nosotros, ya no se trataría de guerra, sino de una verdadera revolución.

Hasta aquí hemos recordado rápidamente los elementos autobiográficos, los personajes, los ejes temáticos, etc., que vertebran *La velada en Benicarló.* Ahora queremos señalar algunos de los rasgos más notables de la construcción y el estilo de esta obra. Se trata de un diálogo enmarcado por dos acotaciones narrativas al principio y al final. La introducción es muy breve y en ella se intercalan tres frag-

---

[26] *La velada...*, p. 40.

[27] En *Memorias políticas...*, ed. cit., p. 827. La aseveración, en boca de José Gaos, se hace a propósito de dos reconocidos intelectuales: Ortega y García Morente. El 19 de agosto de 1937 encontramos también amargos reproches ante la actitud de Sánchez Albornoz, pp. 742-743. En *La velada...*, p. 38, Marón llega a hablar de cuatro Españas, aludiendo a los emigrados en París y la postura del Comité de No Intervención.

[28] *Memorias políticas...*, ed. cit., p. 758, 30 de agosto de 1937. En clara oposición ideológica, Barcala dirá en *La velada...*: «Yo le aseguro a usted que la guerra y la revolución acabarán con esas realidades españolas que la república no ha podido dominar», p. 76.

[29] *La velada...*, p. 148.

mentos descriptivos en los que resaltan las notas de color. Pintan estos tres fragmentos un paisaje idílico, verdadero «locus amoenus», contrastando la paz de los campos y la serenidad de la anochecida con la tragedia de la guerra. En las *Memorias políticas y de guerra* encontramos con cierta frecuencia descripciones de los alrededores de Madrid (El Escorial, Guadarrama, etc., paseos habituales de Azaña) y, más tarde, del paisaje levantino, verdaderos remansos líricos en los que se proyecta la subjetividad del autor. En las descripciones (principio y cierre de *La velada...)* ese lirismo se refleja en la utilización de imágenes y metáforas, así como en las notas de color, tal como acabamos de señalar. La emoción y sensibilidad ante el paisaje, a pesar de ser «un objetor del 98», parece haberlas heredado Azaña precisamente de los autores de esa generación.

La recurrencia del adjetivo «atroz» y del sustantivo «atrocidad» en boca de Morales, Garcés y Marón, asociados varias veces a «cruel/crueldad» y «barbarie/barbaridades», incide de manera directa en la intensificación del tema principal [30]. Estas recurrencias ocurren también en sus *Memorias* durante el período 1936-39. En boca de Barcala, por otra parte, recibe el lector esta imagen de pura raigambre ibérica: «A veces el toro, irracional, mata al torero. Quiero decir que la cordura, la razón, la exactitud no sirven de nada delante de la violencia tumultuosa» [31]. Verdaderamente espeluznante en relación con la violencia de la guerra es la imagen del naufragio y de las olas de sangre [32] que, muy al principio de *La velada en Benicarló,* encontramos en una de las intervenciones del doctor Lluch. Inciden asimismo en el tema algunos recursos estilísticos como símiles, metáforas y antítesis: «La intolerancia española, favorecida por la corriente exterior, sopla hoy arrasadora como el siroco», dice Morales (p. 140) relacionando con esa comparación la metáfora siguiente: «De no comprenderlo, aquella ventolera del espíritu nacional soplará de nuestro campo, como ahora sopla del otro...» (p. 141). Anteriormente el mismo personaje ha unido metáfora y antítesis para definir el carácter español: «... los segundos términos, los perfiles indecisos, la gradación de matices no son de nuestra moral, de nuestra política, de nuestra estética. *Cara o cruz, muerte o vida, resalto brusco, granito emergente de la arena»* (p. 139). (La cursiva es nuestra.)

---

[30] M. Andújar en el prólogo dialogado —claro homenaje— hace decir a Carmela Barrientos: «... ¿sabe lo que más me reveló, y afectó, en *La velada...?* La recurrencia en labios y corazón de don Manuel Azaña, a través de sus dos sombras (el ex ministro Garcés, el plumífero Eliseo Morales) del vocablo-venablo «atroz». O «atrocidad», al que imprime la cualidad condenatoria por las banalidades sustraidas. Lo emplea para la extrema irracionalidad, lo absoluto inhumano, la negación cainita de España». *La velada...,* p. 14-15.

[31] *La velada...,* p. 78.

[32] *La velada...,* p. 43. Podríamos señalar la influencia de la imagen del naufragio procedente de la «Oda a la vida retirada» de Fray Luis de León (aunque el tópico es muy antiguo); además las «olas de sangre» nos recuerdan a la Segunda Palinodia: la sangre de *Hombre y Dios* de Dámaso Alonso en *Oscura noticia. Hombre y Dios,* Madrid, Espasa-Calpe (Austral, 1290), 1971, 2. 1.ª.

En boca de Garcés hallamos esta metáfora de tintes apocalípticos: «Si triunfa el Gobierno, el estrago popular, ingobernable, será tremendo. Formado un Himalaya de cadáveres, cuando nada quede por quemar ni matar...» (p. 82). Ironía y sarcasmo abundan especialmente en boca de Marón, Lluch y Pastrana.

Otro rasgo de estilo ya señalado por Ferrer a propósito de la terrible anécdota de los fusilamientos que cuenta Lluch al principio de *La velada...* es la inclusión de relatos breves de gran fuerza literaria [33]. Pueden también considerarse otros tantos estremecedores relatos la narración de las peripecias de Rivera (pp. 34-36), la del doctor Lluch sobre el asesinato de su hermano (pp. 44-45) e incluso la anécdota de lo ocurrido en el manicomio de Ciempozuelos [34] (pp. 87-88).

La acotación final, abruptísima, nos devuelve a una tétrica calma de sombrías resonancias. Por nuestra parte nos aventuramos a sacar consecuencias de ese final, en el sentido de una visión totalmente pesimista de Azaña en cuanto al desenlace de la guerra. Este final, entre paréntesis, consta de cuatro momentos: la idílica descripción del paisaje en la amanecida, la aparición del ser humano en ese paisaje, la llegada de los aviones que bombardean el pueblo y arrasan el albergue y el final, con la marcha y desaparición de los aeroplanos a plena luz del día. En el primero de ellos, el autor selecciona y destaca los siguientes elementos: el silencio de la noche que termina, el despertar de los animales y la incipiente luz del amanecer sobre las casas. El segundo es el despertar del hombre que «preso del capullo del ensueño [...] se queja como un bicho desvalido». Este símil anuncia lo que en el momento del bombardeo será una animalización muy concreta: «El pueblo corre, *aúlla,* se desangra. El pueblo arde». La confusión se resalta mediante una enumeración caótica muy expresiva: «Chasquidos, desplomes, polvo, llamas». Y los colores son ahora únicamente el rojo del incendio y el negro del humo que desprenden los montones de ladrillos recocidos en que ha quedado convertido el albergue. Al final, el autor destaca que al marcharse los aviones rumbo al este es tanto el polvo y humo que el sol queda «invisible desde tierra». Dantesca escena de barbarie que impresiona especialmente por lo idílico del amanecer y el desvalido despertar del pueblo.

La velada en Benicarló, «documento parcial de la guerra de España» [35], apunta hacia los españoles del futuro, proporcionándoles un texto que conmociona [36] y

[33] Los «paseos» y fusilamientos junto a las tapias de los cementerios fueron, desgraciadamente, un hecho habitual en nuestra guerra civil. Sender lo recoge de manera estremecedora en *Réquiem por un campesino español,* Barcelona, Destino, 1977.

[34] Este suceso impresionó mucho y se recoge en otras obras: Eduardo Zamacois: *El asedio de Madrid,* Barcelona, Mi revista, 1938. Años más tarde, Tomás Oguiza: *Jaula de Alcaravanes,* Madrid, Ed. de Papeles de Son Armadans, 1973, y Miguel Matji en su film *La guerra de los locos.*

[35] Juan Marichal: «El tránsito de un mundo histórico (1934-1940)», en M. Azaña: *Obras completas* III, p. XLII.

[36] De «catártico análisis» lo califica J. Ferrer.: *op. cit.,* p. 308.

que, a la vez, representa una plurirreflexión, el cruce de una serie de visiones subjetivas de la realidad que aspira a alcanzar una verdad objetiva. En este diálogo sintetiza Azaña su pensamiento político, a la manera de unas «memorias de ultratumba» [37].

[37] J. Marichal: «El tránsito...», en *Obras completas* III, p. LXII. En general, todas las opiniones críticas sobre *La velada en Benicarló* son laudatorias, menos la de Juan Chabás: «desafortunadas memorias, en forma dialogada» de un «espectador descorazonado, crítico meidtativo y reflexivo, capaz de decir en amenas veladas las más trascendentales verdades marginales», en *Literatura española contemporánea, 1898-1950,* La Habana, Pueblo y Educación, 1979, p. 317. Se trata más de una calificación ideológica desde una postura distante a la de Azaña que de un juicio literario.

7
DE LA CRÓNICA A LA NOVELA

7.1. Introducción

Al establecer el repertorio de títulos recogimos algunos que suelen presentarse o catalogarse como novelas [1]. Sin embargo, su lectura nos planteó un problema. Se trataba de textos en los que, partiendo de una leve trama argumental o de un personaje como soporte, se transmitía de forma unitaria toda una previa información de carácter periodístico. Para ser novelas en el sentido estricto de la palabra les sobraba aquel aire periodístico y la excesiva y detallada información; para lo segundo —ser «crónicas»— le sobraban todos los elementos propios del relato de ficción personajes más o menos ficticios, tensión, tiempo, etc.

Estos libros representan un estadio intermedio entre el periodismo y la creación novelesca. El hecho real, recogido o no en crónica periodística, se transforma en un texto extenso y único donde conviven la realidad y la ficción [2]. Mediante este recurso se intenta no sólo informar de hechos aislados, sino dar una visión sistemática de todo un proceso. Se diferencian en ello de las crónicas, seriadas o recogidas en libro, que no son sino fotogramas, escenas aisladas escritas a veces al hilo del acontecimiento inmediato. Se trata de un paso adelante en un proceso de ficcionalización cuyos límites no son siempre diáfanos.

Pero este camino no fue seguido por todos los narradores, ni los que lo emprendieron lo siguieron con la misma intensidad. Además, esta modalidad no nace con la ruptura que supuso la guerra civil, sino que ya lo hallamos durante la República en Sender con su crónica *Casas viejas* (1933) y posteriomente su trans-

[1] Maryse Bertrand de Muñoz: *La guerra civil española en la novela,* incluye *Enviado especial* de Bejarano, pero no las otras obras que consideramos. No obstante, sí que incluye *La escuadra la mandan los cabos* de Manuel Benavides, a la que califica de «reportaje novelesco... más que novela propiamente dicha» (I, 132) y que no difiere en su planteamiento de *Curas y mendigos.*

[2] El grado de ficcionalización depende, por un lado, del autor y, por otro, del momento de redacción de la obra. Así, Manuel D. Benavides es mucho más «cronista» en *Curas y mendigos* que en *El último pirata del Mediterráneo,* sátira encubierta de Juan March.

formación en *Viaje a la aldea del crimen* (1934) y Benavides con *El último pirata del Mediterráneo* (1934), por poner dos ejemplos. Pero el inicio de la boga de este tipo de libros hay que buscarlo en los últimos años de la Dictadura de Primo de Rivera, cuando —como ha explicado G. Santonja [3]— para evitar la censura se tienen que publicar libros de más de doscientas páginas.

De las cuatro obras que abordamos, no todas muestran el mismo grado de transformación. Alfonso Camín, en *España a hierro y fuego,* se convertía en autor-protagonista, y con una mínima ficción narrativa expone su odisea en la zona sublevada. Lázaro nos describe la acción con gran amplitud de detalles y nombres reales en *Los guerrilleros de Extremadura,* pero introduciendo elementos de la novela como la tensión, el tiempo y personajes secundarios. Con Benigno Bejarano y su *Enviado especial* nos adentramos en el mundo de la crónica internacional, narrada como novela. Pero además el autor plantea una serie de elementos metaliterarios, siendo posiblemente donde la balanza se decante más por la forma novelística. Por último, *Curas y mendigos* de Manuel D. Benavides, que cultivó casi exclusivamente esta forma narrativa, que ya había iniciado en la República, que la mantuvo durante la guerra civil y no la abandonó en el exilio.

7.2. *España a hierro y fuego,* de Alfonso Camín [4] (1938)

Alfonso Camín era un autor muy prolífico. En 1938 se editó en México *España a hierro y fuego* [5], una obra de 431 páginas. Además, entre 1936 y 1939 Camín escribió otras obras, como *El valle negro* sobre los hechos de Asturias en 1934 [6]; *La Virgen de los faroles,* «novela hispano-mexicana de la guerra civil española» [7]; *Pancho Panoya,* «novela biográfica de la Colonia de Pago-Pago, que describía el ambiente, patriotismo y actuación frente a la guerra española» [8];

[3] Gonzalo Santonja: *Del lápiz rojo al lápiz libre,* Barcelona, Anthropos (Ámbito Literario / Ensayo 15), 1986, 251 pp.

[4] Cf. la nota biográfica del autor al final del volumen. El pintor José Bardasano decía que había pintado a Alfonso Camín en alguno de sus retratos. Cf. VV. AA.: *Bardasano en Cercedilla,* Cercedilla, Edic. del Excmo. Ayuntamiento de Cercedilla, Colección «Cuadernos de Cercedilla», 1987, p. 53.

[5] Las citas las hacemos por esta edición de 1938: *España a hierro y fuego* [diez meses con los sublevados en Castilla, en León, en Galicia, en Asturias], México, Editorial Norte, 431 pp. Contiene una dedicatoria del propio autor «Al magnífico cronista de la guerra ¿J? Vidal. Su amigo Alfonso Camín, 1947, México».

[6] Editada en México en 1938.

[7] En *España a hierro y fuego* (1938) se mencionaba como inédita. Desconocemos si luego llegó a publicarla.

[8] En *España a hierro y fuego* (1938) se mencionaba como inédita. Desconocemos si luego llegó a publicarla.

Marte y Belona: La mujer en la guerra española[9], y varias obras poéticas más[10].

España a hierro y fuego

En este artículo analizaremos *España a hierro y fuego* [diez meses con los sublevados en Castilla, en León, en Galicia, en Asturias]. Para construirla, Camín tomó información de la realidad circundante, y con ella creó una leve ficción narrativa formal; pero este proceso de ficcionalización es mínimo. A lo largo de sus veintiséis capítulos se pasa de una acumulación de información, más intensa y evidente en más de la primera mitad del libro, a unos capítulos más largos y más de reflexión al final, cuando el autor-narrador estaba encarcelado en Luarca, o cuando logró huir a Portugal en el penúltimo capítulo. El titulado «Los combates de Oviedo» es particularmente interesante, pues es un canto épico indirecto a los republicanos que tuvieron que enfrentarse a una tremenda cantidad de fuerzas de los Tabores de Regulares y Legionarios del Tercio (pp. 271 y ss.).

La trama

Esta narración se articula en torno a una estructura lineal, clásica, creada a través del artificio del viaje que realiza el personaje narrador —el propio Camín—. Frecuentemente la historia aparece contada en primera persona.

El 17 de julio de 1936, el narrador salió de vacaciones hacia Asturias. La sublevación militar le sorprendió en Palencia, donde empezó a conocer hechos sangrientos. Desde entonces empezó a buscar ayuda para abandonar el territorio sublevado. Esta búsqueda se realizó a lo largo de diez meses hasta abril de 1937, y lo llevó por Castilla —Burgos, Palencia, Valladolid—, por la provincia de León y por ciudades y pueblos de Galicia y de Asturias.

Tras considerable riesgo personal para el narrador —que incluso conoció la cárcel en Luarca por una denuncia anónima—, éste consiguió llegar hasta Tuy y entrar en Portugal por Valença do Miño. Posteriormente llegó a Lisboa, para acabar marchándose a un país hispano-americano. En los años cincuenta residía en México.

[9] En *España a hierro y fuego* (1938) también se mencionaba como inédita. Desconocemos igualmente si luego llegó a publicarla.

[10] Como *Poemas para niños de catorce años,* México, editada en 1938, y *Nuevo romancero asturiano* [Poemas civiles, 1934-37, que desconocemos si llegó a editarse].

Personajes

La obra contiene una inmensa galería de personajes, que Camín denomina los «negros» —fiel reflejo de la zona sublevada—, frecuentemente dibujados con breves pinceladas. Predominaban personajes que, en nombre de la «España nueva», ejecutaban con todo regocijo y frialdad crueldades sanguinarias sin límite. La tortura era sólo «peccata minuta» y el fusilamiento al amanecer, la práctica más común contra los «rojos». Entre estos últimos hay también personajes de una valentía y heroísmo extraordinarios. El conjunto, sin necesidad de inventar nada, supera con creces las fabulaciones más logradas sobre los inmensamente variados caminos que puede recorrer la crueldad humana.

El realismo en la obra de Camín

Por la utilización de un tema histórico, por el modo como se construye la trama y los personajes, y por el estilo, fluido y realista —que tampoco renuncia a breves chispazos de expresiones coloquiales asturianas—, nos encontramos ante un nuevo y gran episodio nacional a la manera galdosiana. La mirada del autor —este Ulises asturiano y «rojo»— se pasea por el amplio escenario geográfico del cuadrante noroccidental de España durante los diez primeros meses de la sublevación, como una cámara fotográfica o como un gran espejo que reflejara la realidad. Por motivos obvios de accesibilidad, este territorio no fue muy tratado por los autores que escribían desde el territorio republicano. Éste es el principal punto de interés de la obra de Camín: la información de primera mano sobre el cuadrante noroeste de España en 1936-1937. A la descripción sucinta de la situación que contempló Camín dedicamos las siguientes páginas.

La sublevación en ciudades de Castilla

Palencia

Al abandonar Madrid el 17 de julio, el narrador pensaba que podrían estallar problemas políticos hacia el otoño o principios de invierno de 1936; pero en Palencia se enteró de la sublevación en Marruecos (p. 18). El 19 de julio ya se despertaron los palentinos con ruido de disparos, explosiones y cañonazos en las calles (p. 19). Los sublevados armaron a los presos falangistas y comunes, utilizándolos contra la población civil.

Dirigidos por el general De la Miguela, el 19 de julio los sublevados comenzaron las matanzas de autoridades republicanas, intelectuales y gente significada de Palencia (pp. 22-23), ayudados por «negros» de Valladolid. En los consejos de guerra sumarísimos, todos los presos eran condenados a muerte (p. 34). A los que no podían fusilar materialmente «los fusilaban los periódicos de estas regiones, órganos de los terratenientes y de los jesuitas» (p. 23) Así,

> las amanecidas del río Carrión comenzaron a ser pavorosas. Todas las mañanas aparecían allí ocho o diez muertos. Algunos flotando sobre las aguas. Otros tirados por las veredas. Todas las noches, desde mi cuarto de hotel, siento fuertes descargas. Ya se sabe: un alarido. Un silencio. Un muerto junto al Carrión (p. 34).

Los habitantes de Osorno y de Saldaña fueron un blanco favorito de los sublevados. El ensañamiento llegó al límite en Carrión de los Condes: «en sus cercanías se cortaron cabezas como se corta el trigo» (p. 40).

Día tras día se veían pasar camiones llenos de prisioneros civiles. En dos meses asesinaron a dos mil personas (p. 201). El narrador oyó en Palencia por primera vez aquella terrible frase «Hemos resuelto el paro obrero» (p. 48). A quien no mostraba entusiasmo falangista se le amenazaba (p. 43). Aparecieron uniformes de soldados, de requetés y falangistas con gestos huecos. Decía Camín: «Todo esto es falso y trágico, viejo y maloliente. No hay más novedad que la etiqueta extranjera. Todo ajeno a la raza» (p. 28). Aunque les inquietaban los trenes que venían con mineros asturianos; los sublevados anhelaban conquistar Madrid rápidamente: «¡A Madrid, a Madrid!, ruge la podredumbre de obispos y de harineros de Castilla» (p. 28).

Valladolid

Los falangistas dominaron pronto Valladolid. Con ellos iba el comandante Serrador (p. 29), conspirador, junto con Ruiz de Alda y otros «señoritos» que veían en cada trabajador a un terrible enemigo (p. 32). Aún así, los forzaron cínicamente a luchar contra la República, amenazándoles con un «¡Si no vienes, eres un rojo!» (p. 32). Así enrolaron en la guerra a campesinos incultos, «ejemplo de las buenas escuelas rurales que sostenía la aristocracia española» (p. 32), que, frustrados por no avanzar en el Alto del León, asesinaban por los pueblos, a su vuelta, a familias enteras: «lo que llamarían en adelante "el buen estilo"» (p. 30). Iban con coches robados y degollaban a los presos de las cárceles, dejándolos tirados en las cunetas y campos. Los curas y caciques ayudaban a confeccionar listas de gentes liberales (p. 30).

En poco tiempo las cárceles de la provincia quedaron vacías; «los pueblos se iban quedando sin hombres, los caminos sin voces y la tierra sin brazos» (p. 30). Se fusiló a tanta gente en Valladolid que tuvieron que hacer un cementerio especial para enterrar a los socialistas y republicanos asesinados (pp. 14 y 28). «A los tres meses se había enterrado en el "Cementerio Rojo" de Valladolid siete mil cadáveres de hombres castellanos y de mujeres castellanas» (p. 33). Camín sentenciaba: «Ahora todo Valladolid es un manicomio. El mayor manicomio de España» (p. 33).

Burgos

Burgos fue visitado por el narrador tras pasar por León, Galicia y Asturias. Buscaba entrevistarse con una persona clave que le abriera el camino para irse a América; alguien que había regalado a Franco cincuenta aviones (p. 203), pero no pudo encontrarlo. Allí habló con la esposa de Luis Sánchez Guerra —gobernador de Guinea [11]—, cuyo asesinato se temía (p. 207). A Burgos también llegaron varios toreros (p. 205) desde zona republicana. En esta ciudad, todos los días fusilaban de treinta a cuarenta personas, sin bajar nunca de veinticinco (p. 210); de modo que, al final del verano de 1936, no se veía a nadie por los campos o los pueblos; y de noche la ciudad quedaba a oscuras por miedo a los bombardeos.

El Guadarrama

Desde julio de 1936, el paso del Guadarrama quedó cerrado por un muro de bayonetas, mientras se libraba una lucha feroz en el Cuartel de la Montaña. Los madrileños también vinieron a combatir al Guadarrama, donde cayeron muchas tropas «negras». Los falangistas de Valladolid llevaron la peor parte. Se calculaba que, en los primeros días, unos mil falangistas murieron en el Guadarrama (p. 29). Otras tropas «negras» salidas de León fueron muy castigadas por la aviación republicana y por las fuerzas del coronel Mangada (p. 187). El desastre de Navalperal fue peor que el de Peguerinos: «de mil quinientos hombres no regresaron más de trescientos a Ávila» (p. 187).

Santander

Los sublevados de Palencia pretendían tomar Reinosa, pero en Aguilar de Campoo estaba la cortina de fuego de los hombres de Reinosa. Lo mismo sucedía en Cervera del Pisuerga, antes de llegar a Piedras Luengas en el camino a Potes.

[11] Luis Sánchez Guerra, gobernador de los Territorios de Guinea, aparece citado en la obra de Ángel Miguel Pozanco (1937): *Guinea Mártir: Narraciones, notas y comentarios de un condenado a muerte,* ya tratada en este volumen.

Los montañeses fronterizos tenían a raya a los «negros» palentinos. No se podía ir más allá de Barruelos (p. 25).

La sublevación en León

De Palencia el narrador se fue a León en un temerario viaje por carretera. Los automóviles, incluso militares, solían ser ametrallados (p. 49). Los sublevados triunfaron en León, engañando al general Caminero y los mineros asturianos que se fueron a Ponferrada con apenas mil armas para cinco mil mineros a detener a supuestas fuerzas sublevadas de Galicia. El general Caminero sufrió un desastre en Ponferrada y se fortificó en Villablino con el apoyo de algunos mineros desarmados. Otro tren de mineros que avanzaba por Palencia fue ametrallado sin compasión por la artillería y los aviones rebeldes y, al llegar a Ponferrada, volvieron a ser ametrallados: «Puede decirse que de los cinco mil mineros indefensos que [...] vinieron hasta Castilla, un cuarenta por ciento no retornó» (pp. 58-59).

En la capital, el convento de San Marcos fue convertido en el centro general de las tropas, y en prisión para los «rojos» (pp. 198-199). La descripción de la cantidad de presos de pueblos leoneses allí encerrados es particularmente impresionante. Los fusilamientos se sucedían todas las madrugadas junto al cementerio (p. 59). Así cayeron funcionarios republicanos como José M.ª Viñuelas —héroe popular republicano—, el director de *La Mañana,* gente de la «Fundación Azcárate». Un tremendo miedo a ser detenidos se adueñó de todos (p. 65).

Los sublevados utilizaron a los campesinos para controlar el territorio;

> todos obedecieron al «señorito» y al cura. Degollaron inmediatamente al maestro o a la maestra de escuela, fusilaron al Ayuntamiento en pleno, con el alcalde a la cabeza. Se nombró nuevo alcalde, cazaron unas cuantas familias de socialistas y republicanos y ¡ésta es la guerra! (p. 50).

Pero, en el fondo, los falangistas despreciaban al pueblo trabajador llamándole «abisinios» *(sic)* (p. 182). Los pueblos y campos también se quedaban vacíos: «En Villada, en Sahagún, sólo se veían ancianos; y el júbilo de las ciudades era falso» (p. 51).

En el verano de 1936 empezaron los primeros bombardeos de Asturias [Sama, La Felguera y Trubia] o la Naval de Reinosa. Los pilotos eran «cuatro o seis aristócratas». De León salían tropas hacia La Robla; y en Pola de Gordón, los republicanos detuvieron a los sublevados. Por León también pasaban muchas tropas sacadas de Galicia hacia el Guadarrama; pero Galicia, Castilla y León no se atrevían a encararse con el puerto de Pajares (p. 62).

Como el panorama de León «hiela el ambiente» (p. 66), Camín decidió ir hasta

Lugo, intentando llegar a Asturias. Daba un rodeo porque se combatía en Villablino, y el puerto de Leitariegos estaba cerrado por tropas «negras». De camino pasó por Astorga, cuya cárcel también se hizo famosa por las torturas y asesinatos. Los hombres habían huido a las montañas; y, ante los asesinatos, «crispan los puños de rabia. Aúllan como los lobos […]. Ya no son hombres. Son lobos. ¿No son los otros chacales?» (p. 68). Las puertas de las casas aparecían rotas a culatazos; y todo estaba vacío, deshabitado (p. 72). Bembibre también estaba deshabitado y solitario. Otra línea de fuego se encontraba en los montes de Riaño y Campo de Caso (p. 195). Luego, el narrador siguió hacia Lugo.

Meses después volvió a León, y estaba lleno de carteles falangistas alusivos al espionaje, invitando a delatar a oponentes; amedrentando a los ricos a apoyar económicamente la causa, y pidiendo a las mujeres que cosiesen prendas de abrigo para los combatientes, o a que entregasen el oro y las joyas que tuviesen (pp. 179-180). Finalmente, el narrador volvió a intentar entrar en Asturias por Leitariegos. En Villablino, deshabitado y arrasado por la guerra, murieron fusilados muchos sublevados y mineros combatientes (p. 219). Desde allí se oía el cañoneo en La Robla. Pero aún se iba a cubrir de nieve el puerto de Somiedo antes de que los sublevados conquistasen La Pola de Gordón.

La sublevación en Galicia [12]

Como en otros lugares, los sublevados descargaron su crueldad sobre el pueblo llano; pero muy especialmente sobre los maestros y maestras rurales. «Es muy raro el pueblo donde la casa del maestro no está cerrada» (p. 97).

Lugo

El camino de León a Lugo, según lo vio el narrador, estaba vacío de gente: «Lugo es el cadalso de Asturias y Asturias la tumba de Galicia. Ya desde julio, Galicia no hace más que mandar tropas "negras" a Lugo. De esta plaza parten a diario para Asturias, León y los altos del Guadarrama» (p. 76). La mayoría estaba formada por campesinos tristes, que iban a la fuerza (p. 81).

Los sublevados triunfaron engañando a un ingenuo gobernador civil republicano que no quiso armar al pueblo, y fusilando a las autoridades republicanas: «¡El pueblo quiere sangre!, dicen, como en confidencia, estos mozalbetes con fusil,

[12] En el libro del anarquista Luzbel Ruiz: *España crucificada: los crímenes del Fascismo*, Barcelona, Publicaciones de ¡Liberación!, 1937, se recogía el rumor de que los sublevados habían asesinado a 50.000 personas en toda Galicia (pp. 149-157). En la p. 129 y ss. se recogían noticias de hechos acaecidos en Burgos, Palencia, Zamora, etc.

hijos del tendero y del banquero, cuervos implumes del colegio de jesuitas, que han recibido la consigna de no dejar hombre con cabeza» (pp. 84-85). El pueblo estaba en prisiones, huyendo a las montañas o llenando las fosas recién abiertas y ensangrentando las tapias de los cementerios (p. 85). El narrador concluía: «Se ha perdido la razón y andan sueltas las pasiones feroces. ¿Y éstos son los hidalgos? España es un presidio suelto» (p. 86).

El teniente coronel Teijeiro mandaba una Columna gallega que avanzaba por la costa hacia Asturias. En Villapedre hallaron mucha resistencia republicana, y cayeron muchos guardias de asalto de La Coruña que iban «castigados, por ser fieles a la República. La lealtad se condenaba con la pena de muerte o enviando a estos hombres como fuerzas de choque» (p. 76). La resistencia creció al acercarse a Luarca y Bao.

En Lugo había presos de la provincia, y de Ribadeo, Vegadeo y Castropol —pueblos del occidente de Asturias—. Para el narrador era incomprensible el rencor de los «negros» en Lugo. La cárcel estaba repleta; pero «¡cómo andarán el odio y la venganza, que todos estos hombres no son ni el cincuenta por ciento de los que apresan! Los más no llegan a Lugo. Se quedan muertos, tirados en las cunetas» (p. 83). Tras el frustrado viaje a Asturias, el narrador volvió a Lugo. Y de nuevo vio a muchas personas asesinadas. Decía: «Aborrezco la luna, que me enseña los muertos en las cunetas» (p. 169). Desde Lugo emprendió viaje otra vez hacia León.

Orense

En Orense no hubo combates. Los «negros» recorrieron los pueblos y empezaron a podar hombres. La gente del capitán Voltas formó un Batallón de "voluntarios" a base de atemorizar a los pocos campesinos que no habían huido a Asturias» (p. 87). Fusilaron a tantos que la provincia iba a quedarse sin hombres, como un bosque talado (pp. 18 y 78).

La Coruña

Desde Lugo, el narrador visitó a amigos de La Coruña, intentando salir de España; pero presentía que ya no había amigos. «Durante el camino, el aire tibio venía hediendo a muerto, mal disimulado por la fragancia de los pinares. Ahora el aire […] huele a almacenes de drogas. Es el Sanatorio de Oza, todo lleno de heridos de los frentes de Asturias» (p. 108). También vio bastantes vehículos confiscados destruidos por los «señoritos» (p. 105). En La Coruña encontró a un amigo que tenía un hijo luchando con los Legionarios Gallegos en Irún y el otro era sargento en la defensa de Madrid: «El hombre es un dolor, un silencio cargado de angustia. He aquí el retrato de España» (p. 109).

La Coruña era una ciudad de carácter liberal, nada entusiasta de la sublevación. En *El Ideal Gallego* aparecía mucha información de asesinatos cometidos en Lugo, Orense, rías de Pontevedra y playas y costas de La Coruña. El narrador anotó que sentía vergüenza de ser español: «No es esto una guerra de hombres. Esto es una iniquidad. Un estercolero de sangre, donde los cuervos hediondos, quietos en los fusiles, hacen su digestión de piltrafas» (p. 138).

La Coruña resistió dos días a la sublevación, pues en un 80 % era republicana. Con armas quizá hubiera fracasado la sublevación en toda Galicia. Cuanto resistió fue por el arrojo del gobernador civil y por la valentía de su joven esposa francesa, luego fusilados ambos (p. 90). Muchos ciudadanos más fueron asesinados y sus cuerpos aparecían dispersos cada mañana por las playas de Riazor (p. 106).

El monárquico Borja de Quiroga formó el Tercio de «Legionarios Gallegos». Tras la toma de Irún, casi ochocientos de ellos habían muerto en San Marcial y Santa Bárbara (p. 364). Quiroga quiso formar un nuevo Tercio, ayudado por monárquicos y por los conservadores de «Acción Popular», pero nadie se alistaba ya.

En La Coruña los «negros» huidos de Asturias eran gente peligrosa (p. 350). Eran un «hormiguero de farsantes y de soplones», incapaces de quedarse en Oviedo defendiendo la causa que elogiaban en La Coruña (p. 350). Despotricaban contra los trabajadores que les cuidaban sus casas y bienes en Oviedo, bajo los tiros y cañonazos (p. 351). También había muchos espías y provocadores (p. 377). Había corrido tanta sangre durante la represión que hasta los alemanes se escandalizaban. Se fusilaba en alta mar a todas las tripulaciones de embarcaciones «rojas» capturadas por los «bous» o por el *Canarias* (pp. 369-370). El caso del *Plus Ultra,* cargado con unos trescientos prisioneros, fue estremecedor. Llevado a El Ferrol, en menos de un mes quedó vacío (p. 112). Por suerte, los «negros» no llegaron a celebrar la toma de Madrid, pues querían llenar tres barcos con «rojos», degollarlos y hundir los buques en alta mar (p. 369). En este ambiente, la quema de libros sin censura eclesiástica resultaba «peccata minuta» (pp. 358-359). Esto, junto a la visión de moros espulgándose en las banquetas y quitándose la sarna al sol, daba poco lustre a la ciudad (p. 359).

La Coruña fue el único lugar con una huelga de sepultureros, en protesta porque los obligaban a enterrar a gente herida; el resultado fue que los ocho fueron ejecutados (pp. 365-366). Otro aspecto de gran interés fueron las fugas de republicanos en los primeros meses de guerra. Numerosos republicanos huyeron en barcos ingleses; algunos ocultándose en baúles de equipaje. Descubierto el método, los sublevados «fusilaron a catorce mujeres y media docena de hombres» (p. 110).

Betanzos se defendió volando el puente de entrada. Varios guardias civiles cayeron muertos o heridos; más tarde llevaron a cabo una fiera represión (p. 91). Después continuaron con otros pueblos: «Entran en las casas campesinas, sacan a rastras a los labriegos, los fusilan allí mismo, delante de las familias. Y si alguno se escapa, lo cazan por las tierras labradas» (p. 91). Los «negros» iban a la caza de «rojos» huidos vigilando a sus esposas. Un «negro» decía: «"ruedan como conejos". No se les encuentra armas, pero son "rojos". ¡Hay que acabar con todos ellos!» (p. 108). En Santiago la sublevación triunfó rápido; y «dueñas las fuerzas del campo y de las armas, no hubo más que cortar cabezas arrancadas de los hogares» (p. 89). En abril de 1937, las calles de Santiago estaban desnudas y sólo se veían tropas, curas y Guardia Civil (pp. 388-389).

El Ferrol tenía bastante población industrial en los astilleros y se aceptaban pronto las ideas liberales y modernas (p. 94). Dicha población se opusieron decididamente a los «negros». Allí la matanza fue peor que en Badajoz (p. 93), ensañándose ferozmente con muchos pescadores y trabajadores de los astilleros. La ciudad quedó desierta. Los hombres de mar eran «juzgados» y muertos en el Apostadero gallego (p. 94), como el almirante Arazola, jefe del Apostadero. Rendueles, un fiscal militar asturiano, propició la muerte de muchísima gente en los consejos de guerra (p. 96). «Los mismos "negros" se espantan de tantos muertos putrefactos en los caminos» (p. 97). Los sublevados se apoderaron de dos barcos: el *Baleares* ya terminado, y el *Canarias* que obligaron a terminar rápidamente a los trabajadores de los astilleros y luego los fusilaron (p. 95). Al no tener marinos para la dotación, tuvieron que enrolar a falangistas. También se apoderaron del *Almirante Cervera* que bombardeaba ciudades asturianas. Los prisioneros del *Canarias* nunca llegaban a tierra. Apuntaba el narrador: «No llevamos tres meses de guerra y ya se cuentan por miles los hombres "paseados" en aquellas plazas» (p. 98). Por entonces, todos los días fusilaban a veinte, treinta o cincuenta (p. 111).

Pontevedra

En abril de 1937, Pontevedra era una ciudad muerta. Se decía que habían fusilado poco: a unas dos mil personas (p. 391). En Vigo, unos cinco mil republicanos fueron asesinados (p. 391); pero a los «negros» se les escapó el acorazado *Jaime I,* debido a la resuelta actitud de su tripulación. Con pocas armas y sin líderes, la gente combatió en las afueras de Vigo durante varias horas hasta que fueron copados y fusilados en grupo. Después empezó la caza de republicanos de casa en casa (p. 88). Los que llegaron hasta Tuy se encontraron entre dos fuegos, pues Portugal no los amparaba [13]. En Tuy, como en muchos otros pueblos de Galicia, se había

[13] Alfonso Camín no menciona la existencia de una guerrilla en Galicia, en plena guerra civil; pero sí Luzbel Ruiz (1937). Afirmaba que «cerca de seis mil guerrilleros van agrupados bajo el mando del famoso tirador de Vigo, Manuel González Fresco, que desde la cadena montañosa de Vigo a Puenteareas les abre una inagotable sangría en hombres, víveres, municiones y pertrechos. Los ha ido a buscar hasta las mismas puertas de Vigo para llevarse un hospital completo, con médicos, enfermeros y practicantes. Y esos heroicos luchadores les han capturado hasta ametralladoras, con las que cerraron hace tiempo todas las rutas serranas, cuyo acceso se paga con la vida» [Cf. Luzbel Ruiz: *op. cit.,* p. 152].

establecido un hospital de sangre para atender a la ingente cantidad de heridos que llegaban de Asturias (pp. 401-402).

Durante los primeros días de la sublevación en Redondela detuvieron a mucha gente. Decían que unos fueron condenados a trabajos forzados en las trincheras y otros destinados a fuerzas de choque, pero aquellos días aparecieron muchos cuerpos en el mar, movidos por la resaca, comidos por los peces y, luego, por los cuervos (pp. 394-395). En la estación vio el autor un tren ganadero lleno de soldados sin entusiasmo. Iban «encajonados, como iban antes las terneras hacia Madrid, ahora van los soldados hacia Asturias y León, apretados, flacos, pelirrubios y sucios. ¡También es ganado gallego!» (p. 396).

La sublevación en Asturias

De La Coruña, el narrador volvió a Lugo para intentar llegar a Asturias. En Lugo anotaba que «desde mi hotel todas las noches siento descargas en las afueras de las murallas y en los recodos que dan al Miño. Mañana habrá muchos menos» (p. 116). Quería ir por Navia y Luarca hasta Pola de Allande a ver a un amigo, pues «quiero embarcarme para América. Salir de este infierno "negro"» (p. 116). Mientras tanto, en las orillas del río Eo seguían cayendo muchos muertos asturianos.

En Ribadeo vivían muchos «indianos» vueltos de América. Los sublevados lo conquistaron el 24 de julio (p. 117). Sesenta carabineros y doscientos paisanos mal armados no pudieron detener a los falangistas y a un regimiento de Zamora bien armado. Sesenta defensores cruzaron la ría y se fueron a Figueras y Castropol. En Ribadeo, la Guardia Civil señalaba a los defensores: «hace más de trescientas detenciones de hombres y mujeres. Unos trescientos vecinos salen, atados, por la carretera, entre vejaciones y culatazos. Marchan como ganado hacia Lugo. Los llevan aquellos mismos guardias civiles que había respetado el pueblo» (p. 120). Por su parte, por los pueblos fronterizos de Asturias, la patrulla de *El Centollo* había asesinado a muchos izquierdistas; y a mujeres como Juana Pulpeiro, acusada de facilitar la huida de varios marinos socialistas (p. 123), como Villamil, de Vivero, que cayo en una trampa cuando intentaba huir a América. Toda su familia fue asesinada (p. 125). Los crímenes fueron tantos que el narrador anotaba: «si escribiera todos los nombres de las gentes asesinadas, las listas escuetas llenarían esta obra» (p. 122). En esencia, los «negros» estaban terminando con los maestros y con abogados, médicos y escritores de todos los pueblos, (p. 125); con frecuencia como venganza personal (p. 135). De ello había cantidad de ejemplos en muchos pueblos, como en Navia, Luarca y otros.

Por Vegadeo, Asturias, las tropas «negras» ametrallaban y destrozaban caseríos e iglesias (p. 127). Todo era un paisaje muerto. Los rostros estaban cargados de odio y de miedo, de rencor y de miseria. Dieciséis hombres y tres mujeres fueron asesinados. Todo ello a cuenta de que los «rojos» «no nos mataron porque les faltó tiempo» (pp. 129-130). De Vegadeo, el narrador quería ir a Luarca. Antes pasó por Castropol para ver a un amigo ciego (pp. 142 y ss.). Allí la gente escapaba de noche por mar hacia Gijón. Era «horroroso el reguero de muertos que van dejando por estos caminos las tropas gallegas, los voluntarios gallegos y los falangistas de esta comarca» (p. 145).

Tras pasar un tiempo en Pola de Allande, a principios de noviembre de 1936 volvió a Luarca para recuperar su coche y trasladarse a La Coruña (p. 299). Sin embargo, fue encarcelado por una denuncia anónima. Se abre así un largo capítulo describiendo las vicisitudes pasadas en la cárcel de Luarca, junto a muchos campesinos que nunca llegaron a su destino en Lugo (p. 315). Los «graffitti» de la celda atestiguaban el paso de otros presos ya fusilados (p. 324). A finales de noviembre, por las gestiones obstinadas de una amiga lectora, el autor consiguió la libertad (p. 346). Así pudo ir a Pola de Allande a recoger su equipaje y marcharse a Portugal, vía La Coruña, y Tuy.

Nuevo intento del narrador para llegar a Asturias

Tras una gestión fallida en Burgos, el narrador intentó llegar a Asturias por Leitariegos. En este puerto había una fosa común, donde se había enterrado a más de cuarenta mineros de La Felguera, atrapados por los «negros» por la desinformación que producía la radio republicana (p. 223). Después aún habían fusilado a muchos labradores más por aquellas alturas, pues se veían muchas otras fosas más pequeñas.

El narrador siguió hacia Cangas de Narcea —primera población asturiana—, pasando por Vallado. En septiembre de 1936, en Cangas había muchas tropas gallegas y «se nota más temor que en Villablino» (p. 225). Todas las noches se fusilaba a gente: «Se sacan hombres de las cárceles. Se oyen descargas en la noche. Se sobrecoge el pueblo» (p. 228). La Guardia Civil llegada de otras procedencias entró en combate entre Belmonte y Somiedo. Los bombardeos y los cañones de Trubia les causaron más de cien muertos (p. 252).

Durante este segundo intento, el narrador visitó diversos pueblos asturianos, de todos los cuales nos da pequeños fragmentos de información de cuanto aconteció en ellos en 1936 y principios de 1937. Estos pueblos eran Tapia de Casariego (p. 155), Boal (p. 265), Tineo, donde, a pesar de la huida de la mitad de la población, las tropas de Gómez Iglesias habían fusilado a cerca de cien personas, y otro grupo estaba en la cárcel: «Si no llegan a evacuarlo, convierte a la villa de Riego [...] en una montaña de cadáveres» (p. 263). En Navelgas —un paso de lobos entre Pola de Allande y Luarca— había varios caseríos de vaqueiros. Cuando llegaron los «negros», «fueron entrando a cuchillo por las casas. De cada una sacaron un hombre. Todas las mañanas aparecen muertos en el camino» (p. 266). En Grado, cerca de cien familias huyeron. Veinte que volvieron sin saber que ya estaban los «negros», fueron fusilados (p. 268). Luego los cañones de Trubia también empezaron a atacar esta posición «negra» y a destruir las casas (p. 268).

El coronel Aranda y su resistencia en Oviedo

Aranda fue clave en la sublevación de Asturias. Con mentiras logró deshacerse de cinco mil mineros, enviándolos a León a buscar armas. Así pudo adueñarse de Oviedo. Aunque en Asturias no había armas, en las primeras veinticuatro horas consiguió unos sesenta mil fusiles nuevos, sacados de las Capitanías Generales de Galicia y de Burgos, procedentes de la fábrica de armas de Oviedo. Aranda y Caballero dirigían a los sublevados. El segundo se distinguió en la caza de hombres del pueblo. Como perdió un ojo en la lucha, ese ojo costó muchas vidas, víctimas de su venganza (pp. 168 y ss.). Los líderes socialistas Berlarmino Tomás, González Peña y Amador Fernández lograron escapar de Oviedo; los sublevados encarcelaron a más de ochocientas personas —incluyendo a ex ministros y autoridades de la República— (p. 161).

Aranda intentó huir hacia Lugones —intento frustrado por los mineros que cercaban Oviedo—. Otras salidas de la Guardia Civil también fueron neutralizadas. El 8 de agosto fracasó en el intento de huir hacia La Corredoria. Luego se fortificó en la Catedral de Oviedo (p. 163). En cada salida tuvo muchas bajas: «de los soldados no habla. No tienen nombre» (p. 163). Pero hasta principios de septiembre de 1936, Oviedo no fue atacado en serio, pues la República carecía de fuerzas suficientes para derrotar a los sublevados de Gijón y de Oviedo. Aranda no paraba de pedir auxilio, encuevado con diez mil hombres. Cuando fueron derrotados en Gijón los sublevados de *Zapadores* y de *Simancas* —con muertos a puñados en lucha contra los mineros (p. 162)—, comenzó el cerco en serio sobre Oviedo. Aranda tenía el enemigo dentro y fuera. Como mucho, un 25 % de la población de Oviedo estaba con los sublevados. Sin emabargo no se asesinó a mucha gente, porque los sublevados no sabían si iban a quedarse allí; y porque hubiera sido peligroso: «si saben los de afuera que degollábamos la población, no la contamos hoy» (p. 289).

En cuanto a bajas, la Guardia Civil tuvo seiscientos muertos en Oviedo. La *Harca (sic)* también combatió con valentía: «eran unos doscientos falangistas y "voluntarios", que operaban de noche. Quedan cincuenta. En la *Harca* había varios curas» (p. 289). Estas tropas «negras» de Oviedo realizaron varias tretas y engaños, como disfrazarse de «rojos» —en Ventanielles (p. 290)—. Un Guardia Civil fanfarroneaba de haber atrapado a más de cien republicanos en las trincheras. Con el engaño de llamarles «camaradas» iba atrapando a mozos republicanos: «los rodean. Los matan a quemarropa. Antes de matarlos los registran» (p. 290). Durante el asedio utilizaron otras estratagema para liquidar a «rojos» sin levantar sospechas. Como conocían a las familias de socialistas y republicanos, se repartían tiradores en barrios obreros y, bajo los bombardeos, aprovechaban para ametrallar a izquierdistas ovetenses (p. 291). Los «negros» también realizaban «la caza del pato rojo»: con la excusa de alarmas nocturnas: «las balas iban certeras a los "simpatizantes" que atravesaban un pasillo, que iban de una acera a otra o asomaban las narices por una rendija» (p. 291). Pero el mayor problema de los sitiados era la luz y el agua. Los republicanos controlaban los Saltos de Somiedo y cortaron el suministro: «Más arriba de la Plaza de Toros, ya están los "rojos"» (p. 292).

El auxilio de los sublevados al coronel Aranda

En auxilio de Aranda acudieron dos Columnas gallegas, mandadas por el coronel Martín Alonso. Una de las alas estaba al mando del teniente coronel Teijeiro, que entró en Asturias por la costa y quedó retenida en Cadavedo, La Espina, Novellana y Paredes. Allí destacó un líder republicano local, «indiano»: Julio Avello (p. 165). Con una guerra de guerrillas desbarataba a los «negros». Los falangistas asesinaron a su esposa e hijos (pp. 168-169). La otra Columna la mandaba Gómez Iglesias, que intentaba la entrada por Villablino y Fonsagrada, hasta Cangas y Pola de Allande, para atacar por Tineo, casi por la espalda a los que defendían La Espina. En Salas se unieron ambas Columnas, al mando del general Lombarte que logró sacar de Oviedo a Aranda. Salas reunió un fuerte contingente militar con banderas del Tercio, tabores de Regulares, penitenciarios gallegos, baterías antiaéreas, veintiocho aviones de bombardeo para preparar el camino de entrada en Oviedo (pp. 168-169): entre treinta mil y cuarenta mil hombres muy bien equipados. En Pola de Allande había una Columna antiaérea de Sevilla, equipada con cañones alemanes. Algunos habían estado ya en 1934. Ahora tenían enfrente al 80 % de la población de Asturias. Los del Tercio llevaban por delante a los «galgos» —los moros—: «Si vuelven la cara, detrás estamos nosotros» (p. 274). Sin apenas avanzar tuvieron cinco o seis mil bajas, «que les han hecho los labradores que veían invadidas sus tierras» (p. 279); una gran cantidad de ellos en el paso de El Escamplero (pp. 295-296).

Tras dos semanas de combates aún no habían podido entrar en Oviedo. Los caseríos de Cuero habían quedado totalmente destruidos; y en el puente de Soto las tropas «negras» tuvieron que retirarse, pues fueron medio aniquiladas por la aviación. También tuvieron que retirarse de la carretera de Trubia. Los asturianos contraatacaron en La Mortera, en Sierra Sollera y en las lomas de Cabruñana (p. 280). El cementerio y pueblo de Santullano quedaron deshechos (p. 282). Cientos de cadáveres del Tercio y de Regulares quedaron sin enterrar. Para no perder tiempo sepultándolos, decían los mandos que eran cadáveres de «rojos». Había también muchos heridos: como eran mal curados, se gangrenaban sus heridas y morían (p. 281). A pesar de todo, con la ayuda de un traidor y de la niebla, atravesaron el río Nora, llegando a *Pico Paisano.* De nuevo, en las faldas del Naranco cayeron muchos moros bajo las baterías de Trubia (p. 284).

Una mañana, veintiocho aviones procedentes de León y Burgos abrieron camino a estos miles de hombres entre el cerco a Oviedo. Los aviones labraron literalmente el suelo, con señales que les hacían las tropas «negras». Lamentablemente los asturianos no tenían cañones antiaéreos (p. 286). Antes de retirarse, los republicanos incendiaron los polvorines de la cuesta del Naranco. Hubo tres enormes estallidos: «Se resquebraja la ciudad. Tiemblan con los estampidos las cumbres y los valles. El cielo enmudece. El mar se sobrecoge de espanto: "¿Qué es eso?". Es la protesta de un pueblo contra la planta extranjera. ¡Asturias, que ha volado su Santa Bárbara!» (p. 286).

Tras la entrada se empezó a evacuar a «negros» de Oviedo. Muchos venían atolondrados, pues a causa de las explosiones quedaron sordos, se les quebró la voz y se les fue la memoria (p. 295). A algunos les causaba bochorno la rapacería de los moros. Los legionarios eran más prácticos: «llevan muchas vajillas finas y máquinas de escribir. Las dan a cualquier precio. Ésos van al dinero. Donde hay un arca, la descuartizan. Donde hay una cartera, ni hablemos» (p. 296).

Los defensores de la República en Asturias

En Pola de Gordón —León— estaba el frente asturiano (p. 61). Allí sólo había mineros y labradores de León y de Asturias mal armados con unas docenas de fusiles desenterrados del movimiento minero del año 34; pero los sublevados no avanzaban (p. 61). Antes de perder Cangas de Narcea, el diputado González Peña y otros líderes mineros intentaban organizar la resistencia civil, pero apenas tenían armamento. Aunque sus brazos se cansaban de matar hombres, todo era inútil, pues Galicia seguía enviando más soldados a Asturias. Ante el empuje de los sublevados, González Peña ordenó dinamitar los puentes, mientras iban llegando a La Espina los primeros cañones y soldados republicanos (p. 231). En Cangas de Narcea los «negros» fusilaron a la maestra; y en el barrio obrero de *El Cascarín* estuvieron deteniendo a todos los socialistas y republicanos. Un delator ayudó a elaborar la lista de futuras víctimas. En una semana, la cárcel quedó vacía (p. 235); y en los días sucesivos todavía se siguió fusilando a diez o doce personas (p. 237). A otros presos los obligaron a reconstruir los puentes dinamitados.

En Gijón, los sublevados de *Zapadores* se entregaron tras enconada lucha; y *Simancas* se convirtió en una trágica hoguera. Los mineros rociaron con gasolina el cuartel desde donde se había ametrallado al pueblo y le prendieron fuego: «la ciudad había vengado sus muertos, caídos a mansalva. Cubriendo las calles y las aceras sobre la sangre cuajada» (p. 175). Belarmino Tomás, gobernador republicano de Asturias, estableció allí su sede. De Gijón huyó un sicario conocido como «El jesuita del Cortijo» que, en Lisboa, le trajo no pocos problemas al narrador posteriormente. En Gijón los republicanos copiaron los métodos de los sublevados en el occidente de Asturias fusilando a doscientos derechistas —la Patronal completa, junto con tres diputados—. Se disculpaban de esos crímenes con la visita de aviones sublevados y los bombardeos del *Almirante Cervera* (pp. 174-175).

En febrero de 1937, los republicanos emprendieron su famosa «ofensiva de febrero» contra Oviedo. Ningún combate librado hasta entonces podía compararse con la ofensiva emprendida. Los cañones atronaban el espacio, desde el Naranco, desde la plaza de toros, desde todas las posiciones republicanas que formaban el «dogal rojo» de Oviedo (p. 382). Se atacaba con dinamita, fusiles, bombas, ametralladoras; y los «negros» se creían perdidos. Se combatía en las calles centrales de Oviedo. El hospital, lleno de heridos, fue el único refugio que hallaron los jefes. Cuando los republicanos lo descubrieron, bombardearon el hospital. Se creía que los «negros» estaban vencidos y no podrían resistir. En esta situación extrema, para ganar tiempo, los sitiados armaron a cientos de presos y evitaron la caída de la ciudad (p. 384).

Al restablecerse la calma, los sublevados de Oviedo se acordaron de las mujeres que habían tomado armamento a los soldados y fusilaron unas doscientas (p. 384).

Un joven combatiente describía el ataque republicano diciendo que los «rojos» llegaron hasta las calles más céntricas: algunas trincheras se estabilizaron a cien metros de distancia (p. 398). Toda la ciudad era una sucesión de trincheras. Villafría —pasada a cuchillo por los moros de Regulares y el Tercio en 1934— estaba ahora en manos de los republicanos; y Oviedo seguía sin agua (pp. 398-399). Mientras tanto, las Columnas gallegas de auxilio a Aranda, no podían pasar de Grado y Pravia, ni de la línea del río Nalón que iba a todo lo largo del río, desde la desembocadura hasta más arriba de Pravia. Allí estaban detenidos más de treinta mil «negros»: «Trubia, con sus cañones [...] les habla con voz homérica» (p. 269).

Información «de oídas» sobre la conquista de otras partes de España por los sublevados

Durante la contienda, las noticias eran conocidas con mucho retraso en la zona «nacional».

En Badajoz, más de dos mil ciudadanos fueron ametrallados en masa por los tabores de Regulares y banderas del Tercio (p. 93). Los legionarios contaban que la toma de Badajoz no fue un combate: «Fue una corrida. Los liquidamos en la plaza. Yo ya tengo la alternativa. ¿Hay plaza de toros en Oviedo? Pues verá usted qué corrida. Después de Badajoz, todos somos espadas» (p. 275).

Marruecos: los combatientes rifeños traídos por Franco

Otro aspecto sumamente interesante en este libro es la información que se nos proporciona de la manera como Franco, en julio de 1936, enardecía a los moros que iba a transportar de Marruecos a la península. Les prometía ricos botines es decir, «manos libres» para el pillaje; cosa que obtuvieron los Regulares y el Tercio al tomar cualquier nueva plaza. Estas arengas decía el narrador que estaban recogidas en el libro *En las trincheras de España,* de un escritor portugués —falangista convencido, incondicional de Franco, que había acompañado al ejército invasor por Andalucía y Extremadura— (pp.79-80).

El narrador recogía algunos fragmentos de aquellas palabras pronunciadas por Franco:

> Vais a reconquistar de nuevo las tierras andaluzas. Vais por todo lo vuestro: la Alhambra de Granada, la Mezquita de Córdoba. Todas las tierras del Califato. Todo lo que ha sido de vuestros antepasados. Pero, además, oídme bien, soldados míos, hermanos del Islam: ¡vais a matar cristianos! (p. 79).

En varios pasajes más se recoge información sobre las tropas marroquíes como en los asesinatos de Badajoz. Así se fue creando una leyenda de miedo en España: «¡Ya vienen los moros! [...] El miedo crece como una Columna de humo negro. Y contra este miedo, no hay más que dejar a España desierta» (p. 106).

Para auxiliar al coronel Aranda, los caminos asturianos se llenaron de moros y soldados del Tercio: «Ya se sienten los aullidos por las montañas. Ya no hay más que turbantes por los caminos» (pp. 269-270). Otra noche aparecieron en Pola de Allande:

> vienen como lobos: callados, rastreando en la tiniebla. Blanquean los turbantes en los cuerpos opacos, sinuosos, movedizos [...] Van sobre Oviedo (p. 271). Parece que todo Marruecos viene a Asturias. Andaban «a grandes zancadas, barbudos, siniestros, la piel terrosa, los ojos amarillos, la cabeza pelada al rape. Gesto altanero. La frase despectiva. El ojo desconfiado. Se encaran con los mozuelos: ¿Tú ser cristiano «rojo»? Nosotros venir matar a «rojos» cristianos [...] Lo más grotesco que llevan son las culeras en globo: tres varas de tela que les sobran en el trasero. [...] lucen las piernas sucias al desnudo. Usan capotes [...] buen fusil, facas en forma de hoces para cortar cabezas, y algunas prendas en la mochila. Especialmente sedas y reliquias caseras de plata y oro, arrebatadas en los pueblos de Badajoz, Talavera de la Reina y Toledo [...]. Algunos de estos moros son largos, flacos y veteranos. Conocen el terreno. Saben que hay buenos botines. Pero saben también que han de vérselas con los mineros. Los conocen del año 34 [...] siguen pasando camiones con la morisma. Hay quien cuenta dos mil. Tres mil [...] Después de las masas veteranas, tatuados de todos los combates y gentes de catadura innoble, vienen los moros bisoños de caras prietas y redondas, terrosos, imberbes. ¡Todo el pio-

jismo del África sobre Asturias! Así como los otros daban la impresión de manadas de zorras diestras en arrastrarse por los bardales, estos moros primerizos son como zorros pequeños. Caminan torpes, sumisos [...] trascienden a sudor y a gallinero. Todo el estiércol de África, recogido en los zocos marroquíes, en los suburbios rifeños y en las selvas de costras y de fiebres palúdicas, viene sobre nuestra tierra, como una comba de hormigas rojas que van secando el paisaje o como tábanos que vuelan a hundir gozosos sus aguijones en los hogares y caseríos que se pierden montaña arriba. Mucha pólvora minera hace falta para barrer toda esta carne mala que invade la provincia. [...] será mejor que Asturias se transforme en una Santa Bárbara y vuele, con sus montes y con sus ciudades, poniéndole a cada madre y a cada hermana un cartucho de dinamita en la boca, antes de ser forzadas por esta raza. ¡Que ya en el 34 forzaron mozas de Villafría y otros contornos de Asturias! (pp. 272-273).

De estos rifeños se dice que eran llevados como fuerzas de choque a Asturias; que eran buenos francotiradores, pero cobardes en los ataques de frente, pues no aguantaban el castigo como los legionarios. Eran llevados como carnaza: «El moro si no avanza morirá entre dos fuegos. Eso es lo que se hace en la España "negra" con el moro» (p. 274). Como había que entrar en Oviedo al precio que fuese, «por ahorrar sangre española, se lanzó hacia el Naranco un tabor de Regulares cuyos jefes van con la consigna de no recoger muertos ni heridos» (p. 283). El narrador habló en La Coruña con un capitán de Regulares, que todo él estaba cosido de plomo: «Yo no tener más oficio que la guerra. Hoy matar "rojos" y mañana matar gallegos. Jefes paisanos portarse muy mal con el moro. Yo ser español, y ya ser general» (p. 274). Ante esta queja anotaba el narrador:

> Este africano que ha llegado a capitán de Regulares ha tenido que batirse diez veces más que un español para alcanzar ese grado. Tiene que mirar al Ejército con verdadera ojeriza. Un estallido en Marruecos, y un cabecilla en el monte. La revancha eterna: Annual y el barranco del Lobo (p. 274).

A algunos evacuados de Oviedo les resultaban un espectáculo bochornoso las rapacerías de los moros: «En Grado tenían un cargamento de máquinas de coser [...] en Oviedo [...] en plena calle de Uría iban dos moros con una vaca suiza que traían de la cuesta del Naranco [...] Me pedían sesenta duros por ella» (p. 296).

Mientras el narrador estaba preso en Luarca, en noviembre de 1936 vio pasar muchos convoyes de moros y legionarios hacia Asturias:

> Luarca parece una ciudad morisca. La plaza es un mercado de colores. No se ven más que turbantes, espingardas, alfanjes y hombres quemados por el sol del desierto [...] A las mujeres que se asombran o que les sonríen, las corresponden con un golpe de risa sensual que las desnudan de arriba abajo. Son los berrendos de África corneando los cerezos y los manzanos natales (p. 329).

Por Luarca apareció también un santón rifeño con un gran séquito:

> Los moros se le inclinan. Se le cuadran las tropas «negras». Los oficiales españoles le hacen carantoñas y rendimientos como a una odalisca [...] Es un santón mahometano [...] que viene [...] a inaugurar el cementerio moro de Luarca. [...] este personaje, solemne y cargado de oros, ensortijado y magnífico, con unas barbas negrísimas, bien cuidadas y sus finos guantes ingleses, no aparta los ojos del cielo alto, de las cumbres y de las nubes marineras. Reza por los marroquíes muertos en el paso del monte Naranco, en el cruce del río Nora, en la entrada de Oviedo, en todos los avances frustrados por las tierras del rey Pelayo (pp. 330-331).

En La Coruña, los moros también salían del hospital. Andaban al sol por las calles:

> Infladas las culeras, las cabezas vendadas bajo el turbante y las caras desapacibles. Son diez, veinte, treinta, cerca de cien moros desparramados por las plazas. Parecen monos lisiados. Uno, ligero y alegre, salta como una zorra con la pata en el aire. Al otro le pende un muñón mordido por un obús (p. 378).

Otros protagonizaban incidentes al negarse a pagar en los tranvías: «Los moros volvieron la espalda al español. Y por la ventanilla, escupieron con asco sobre el camino: "¡Perros cristianos!" Les relampagueaban los ojos» (p. 381).

La guerra española en ¡Portugal! [14]

Éste es un apartado de interés en la obra de Camín; el capítulo «Lobos en Portugal» tiene particular interés. La guerra española generó unas consecuencias y

---

[14] Luzbel Ruiz (1937): *op. cit.*, p. 52, afirma que Portugal ayudó abiertamente a los sublevados. En la pág. 150 añade que algunos gallegos republicanos huyeron a Portugal, «donde el peligro era tan grande como en Galicia» (p. 150).

Por su parte, Edmundo Barbero (1937): *El infierno azul [Seis meses en el feudo de Queipo]*. S.l. [¿Barcelona?] Impreso por Talleres de SUIG [CNT] hacía una considerable referencia a la situación de Portugal hacia 1937 (p. 11). Portugal enviaba alimentos a los sublevados (p. 46). La escasez provocó un encarecimiento de los productos básicos (p. 76). Barbero también decía que todo Portugal era un nido de espías franquistas (p. 67). Había policías portugueses a la caza de republicanos españoles llegados a Portugal, para deportarlos a Badajoz y ser fusilados (p. 68). Quintero, de la brigadilla «Rebollo», tenía como principal actividad la captura de izquierdistas españoles en Lisboa para deportarlos a Badajoz (p. 72). El encargado de Negocios de México ayudó a algunos republicanos a llegar a Tánger. Allí, el cónsul Romero Gil los ayudaba a llegar a Barcelona (p. 70); aunque, en Tánger, falangistas de la zona española —con la complicidad de italianos— secuestraban a republicanos españoles, evitando que pudieran llegar a zona republicana (p. 70).

Estamentos oficiales de Portugal habían ayudado también en la preparación de la sublevación militar contra la República. En Lisboa vivía el general Sanjurjo. Justo antes de morir se declaraba par-

hechos en Portugal, quizá poco conocidos. En abril de 1937 el narrador llegó a Valença do Miño, donde vio que tampoco estaba a salvo. Allí pululaban espías, agentes provocadores y policía. Cuando unas muchachas supieron que era español, le dijeron «Non falar, non falar», para que no se delatase y lo devolvieran detenido a Tuy (p. 407). Así le había sucedido a un diputado republicano de Vigo, secuestrado por la Guardia Civil en Valença do Miño y fusilado en Galicia (p. 404).

El narrador se fue a Lisboa, pero en el tren fue abordado de nuevo por dos agentes provocadores que querían averiguar si era «rojo». Sorprendentemente, ante estos casos siempre aparecía la solidaridad del pueblo llano portugués: «un viajante de comercio en Oporto, me silba casi a la oreja: ¡Non falar non falar! Me lo repite en castellano» (p. 409). En Lisboa se creyó libre, pero también estaba llena de espías y policía de los sublevados con la connivencia de la policía portuguesa que le retuvo el pasaporte para inmovilizarlo.

En Lisboa se contaban muchas historias tenebrosas sucedidas a republicanos, que eran devueltos a la frontera como indeseables, o les permitían estar en Portugal menos tiempo del que hacía falta para la llegada del barco para viajar a algún país americano. Sólo podían salir por tierra, y no había más pasos que Tuy-Cáceres-Ayamonte: «El conejo volvía a la trampa» (pp. 413-414). Era conocida la celada que la policía portuguesa preparó a un grupo de extremeños huidos de la toma de Badajoz, encarcelados en Portugal. Un carcelero aparentaba aceptar un soborno por permitirles escapar. Algunos ya iban a marcharse, cuando apareció otro guardián portugués que les explicó el propósito criminal que estaba preparado para asesinarlos a todos (p. 424). El narrador también sufrió persecución y molestias de un grupo de delatores españoles capitaneados por alguien identificado como El Jesuita (p. 415), «delegado del Gobierno de Burgos» en Lisboa (p. 418).

Los lisboetas también estaban concienciados de los problemas a los que se exponían los republicanos españoles. Al igual que en Valença, unas muchachas que oyeron hablar al autor por la calle, le dijeron en tono confidencial: «Non falar, non falar!». Así, el autor concluyó:

> Para un español es un peligro constante caminar por el Portugal de Oliveira. Los ojos enemigos no se conforman con acecharle por todos lados. En cuanto uno

---

tidario de llevar a cabo una fortísima represión sobre la gente de Madrid (p. 75) [algunos fijaban en 200.000 los madrileños «que se debía matar en la limpieza»: los Ministerios de Trabajo, Instrucción Pública y Agricultura enteros]. Incluso emisoras de radio «españolas», como «Radio Tenerife», emitían en realidad desde territorio portugués (p. 173). La policía salazarista, en connivencia con los facciosos, frustraba en lo posible la salida y todo movimiento de personas contrarias a la sublevación militar (p. 77).

Paralelamente, la izquierda portuguesa también intentó ayudar a los republicanos españoles. Los marinos de dos barcos de guerra portugueses se sublevaron en Lisboa para ir en apoyo de la República española; pero lo hicieron a destiempo, por lo que su intento se frustró y fueron fusilados (p. 74, capítulo 16).

se sienta en un café, queda bajo el dominio de las miradas gachas de éste o de aquel vecino molesto [...] No es difícil que estos jóvenes pajarracos se acerquen a uno y le pregunten por las cosas de España. En la respuesta puede ir una sentencia de muerte» (pp. 423-424).

Finalmente, con la ayuda de un embajador hispano-americano, el narrador consiguió recuperar su pasaporte y obtener los permisos pertinentes para abandonar Portugal, vigilado hasta dentro del mismo barco alemán *Iberia* por los espías de *El Jesuita* (p. 429).

7.3. *Curas y mendigos*, de Manuel D. Benavides (1936)

Al tratar *Curas y mendigos. Prólogo a la guerra civil* de Manuel D. Benavides, nos adentramos en un tipo de narrativa que el autor ya utilizó en otros libros como en *Un hombre de treinta años* (1933), *El último pirata del Mediterráneo* (1934) y *La Revolución fue así* (1935), y en sus creaciones en el exilio mexicano; es lo que se ha llamado la novela-reportaje.

Esta configuración recoge las características más importantes de los dos géneros: la ficción y la realidad. Si bien cabe destacar cierta diferencia con respecto a los anteriores escritos, donde el elemento ficticio enmascara nombres de personas fácilmente reconocibles por el público cuyo retrato satírico podría haber acarreado al autor algún disgusto legal; en *Curas y mendigos* [15] hay una despreocupación que creemos viene dada porque el tema y el período de edición son favorables a la crítica a las clases reaccionarias.

El posicionamiento del autor [16] delante de la realidad-ficción que nos presenta en esta obra es claro: desenmascarar la conspiración que se está urdiendo contra la República. También nos muestra quién es el instrumento de la Compañía en esta trama (Ángel Herrera): «Había en toda la figura una movilidad ratonil latente; pero lo más asombroso del hombre vestido de negro eran sus orejas separadas del cráneo, enormes, monstruosas, inhumanas» (p. 37). Pese a ello el autor intenta ser «objetivo» y así reconoce que ante la radicalización de los jovenes de derecha se producen las llamadas a la paz de Ángel Herrera sobre el que añade: «(El lector observará que si ataco a Herrera, no desperdicio la ocasión de hacerle justicia, lo cual supone de mi parte un esfuerzo meritorio)» (p. 304). La posición de Benavides

[15] Manuel D. Benavides: *Curas y mendigos. Prólogo de la guerra civil (Reportaje)*, Barcelona, Imprenta Industrial, Barcelona, III y IV edición, 1936, 383 págs. Las citas del texto se hacen por esta edición.

[16] Recordemos que la trayectoria de Benavides arranca de la novela social y del nuevo romanticismo. V. Pablo Gil Casado: *La novela social española*, Barcelona, Seix Barral (Bibl. Breve, 353), 1975, 2.ª ed., p.105.

en el desarrollo de los acontecimientos que va describiendo está claramente inclinada a la República, que favorece los intereses de los trabajadores: «Las derechas desconocen *nuestro* respeto a la vida y cierran los ojos a los prodigios de *nuestra* lucha para defender la vida» (p. 296). [La cursiva es nuestra.]

Sobre el período en el cual se compuso y se publicó esta obra habría que destacar dos aspectos, que están en función de los hechos históricos que afectaron a España. Los 25 capítulos tienen como fecha de entrada en imprenta el 16 de julio de 1936 y dice el autor: «El 18 de julio se abría en España el paréntesis monstruoso de la guerra civil» (p. 370), pero el epílogo realizado posteriormente a la luz de los acontecimientos está datado en diciembre del 36, cuando las cartas de muchos de los personajes retratados en el escrito estaban echadas y la lucha fratricida entre españoles se dilucidaba sangrienta.

Esta primera parte recoge desde el final de la Monarquía y principios de la República hasta, la sublevación militar. En la segunda parte, el epílogo expone en dos páginas lo ocurrido hasta el final del año 36.

La obra incluye textos de «prensa» en la exposición del relato, en los últimos capítulos; esto lo había realizado ya en *Un hombre de treinta años* (1933).

El estilo, sencillo y directo, combina en ocasiones en la narración la tercera persona, mayoritaria a lo largo de la narración con la primera. En esta obra el autor no utiliza a un personaje para exponer sus ideas, sino que es él mismo quien las transmite al lector.

El desarrollo cronológico de la acción empieza en 1936 en los prolegómenos del alzamiento. Benavides hace frecuentes retrocesos al pasado, sobre todo dos: cuando narra las vidas de Ángel Herrera y Gil Robles que arrancan desde su infancia. Luego va llevando la acción hacia un tiempo más lineal acercándose a la fecha del alzamiento. Cabe destacar que cuando trata ciertos temas no duda en hacer un retroceso temporal para encontrar sus orígenes: archivo de Ángel, la campaña social, etc.

La parte de ficción no tiene una estructura claramente definida; y está destinada a favorecer la comprensión global del texto, haciéndolo más ameno, o para hacer hincapié en un aspecto concreto de la crónica.

El papel de la Iglesia y la «Compañía»

Con anterioridad hemos hecho referencia a que el tema tratado y el período de publicación le eran favorables. El tema genérico de la exposición es la confabulación de los estamentos y centros de poder de la Iglesia Católica contra el proyecto de creación de una República democrática y no confesional. No todo el mérito se debe a la Iglesia, ya que las organizaciones de izquierda arrastraban un anticlericalismo intransigente. Así los partidos republicano-burgueses tenían que hacer equilibrios en la cuerda floja (y sin red) entre las posturas de la izquierda y el poder temporal de la Iglesia y los partidos antirrepublicanos.

Si bien no todo el clero fue contrario a la instauración de este régimen de libertades —el clero vasco, algunos curas catalanes y personalidades como Vidal y Barraquer— [17], sí podemos asegurar que la gran mayoría de hombres y mujeres que formaban este colectivo se opuso en la medida que se lo permitían sus capacidades y cualidades.

Las instituciones eclesiásticas pusieron su maquinaria al servicio de boicotear las relaciones Iglesia-Estado, no solamente por la no confesionalidad del Estado, sino por el proyecto de configuración de la sociedad —según el autor— que intentaban desarrollar:

> Ángel les había mostrado a la[o]s seminaristas un objetivo: la conquista de las alturas. Los prelados se lo precisaron: la conquista de las urnas. El clero se terció el manteo e intervino en la dura polémica. En las sacristías se organizaban expediciones antimarxistas y se tronaba en los púlpitos contra los horrores del comunismo asiático. Las casullas envolvían pistolas y detrás de los sagrarios se ocultaban explosivos (p. 300).

El proyecto de sociedad que se intentaba aplicar en España era el mismo que se estaba construyendo en Alemania, Italia o Portugal: la creación de un Estado corporativista, experimento que ya habían ensayado los misioneros en las Reducciones de los indios guaranís del Paraguay-Uruguay en el siglo XVII y parte del XVIII.

Otra idea subyacente del texto es la implantación de un Estado corporativista mandado por un «hombre fuerte» y bajo la tutela de «la Compañía» (de Jesús). El encargado de crear las condiciones idóneas para este fin era Ángel Herrera.

Esta congregación intentó desarrollar sus planes de transformar la República en un estado corporativista, antes de que el rey se decantase por la solución del gobierno militar.

La trama periodística de la Compañía se incrementa en los periódicos provinciales, que cambiaron máquinas e ideología, con dinero de amigos y colaboradores de la Compañía. La atmósfera anticlerical que se respiraba en la República hacía presagiar un final muy difícil a esta institución. Por eso, y para aplacar a las masas, se ideó «la salida» de la organización más poderosa de la Iglesia, la Compañía de Jesús; sin embargo, tal desmantelamiento no fue cierto.

Según el autor, sólo se limitó a la expulsión de unas docenas de sotanas negras para hacer la foto correspondiente en la frontera, y para el resto de los componen-

[17] El cardenal Francesc Vidal i Barraquer era la reserva republicana de la Iglesia. Pregonaba lo mismo que Ángel Herrera, pero el problema es que era catalán y el separatismo de Cataluña sentaba muy mal a los defensores de la unidad «imperial» de España.

tes significó un cambio de casa y ropa. Los jesuitas tenían su poder económico en manos de unos «hombres de paja»: «... testaferro de la Compañía, se limitaba a firmar los documentos que Dios, es decir, la Compañía le ponía a la firma...» (p. 10).

Seguía manteniendo su poder coercitivo, ya que sus famosos archivos fueron trasladados a París antes de poder ser incautados por la República. De este modo, con la plenitud de su fuerza e invisible a la opinión publica, podía continuar su obra. El plan consistía en ir adentrándose en el gobierno y en las estructuras del Estado para, en un momento determinado, tomar el poder por la fuerza y ahogar en sangre a sus opositores.

El Estado corporativista que intentaba establecer en España había tenido una experimentación anterior en las Reducciones de Paraguay: eran comunidades que se basaron en mantener alimentados a los indios con su trabajo. Se castigaba corporalmente a los culpables de algún delito, pero sin cumplir todo el castigo, perdonando al pecador. La Iglesia manipulaba y controlaba todo tipo de manifestaciones públicas y privadas. Esto ya se estaba realizando: «... Mussolini fomenta el entusiasmo de sus paraguayos con discursos y condecoraciones y Hitler sostiene el fervor de los suyos con ejemplares del *Mein Kampf,* paradas militares y discursos. Con medallas, devocionarios, procesiones y sermones, los PP mantuvieron su predominio sobre los indios» (p. 53).

Ángel Herrera: el guionista

Ángel Herrera preparó todos los acontecimiento políticos para que se produjese la llegada del Estado corporativista. Tenía como fuente de información, un fabuloso archivo de los vicios y pecados de los posibles aliados. Con esta información, y cebando el miedo a los bolcheviques de las clases acomodadas, conseguía dinero para financiar las campañas electorales y mantener una cohesión de los grupos antirrepublicanos que le permitiera alcanzar su objetivo. Ángel tenía sus fichas preparadas: don Niceto Alcalá Zamora a la presidencia y don «Ale» a la oposición. Su fin inmediato, cambiar el artículo 26 y conseguir el retorno de la Compañía.

Su gran objetivo estuvo al alcance de su mano; bueno, al alcance de su mano derecha: Gil Robles. Pero éste no tuvo valor para dar el carpetazo definitivo a la República, y los asuntos turbios de sus socios de coalición le hicieron perder las últimas elecciones republicanas: «... Lo que importaba a don Ángel era desleír la República en un conservadurismo reaccionario, fortalecer el poder clerical y aguardar el momento oportuno para restaurar la monarquía y restaurarla bajo la dirección de la Iglesia» (p. 145).

Ángel Herrera no tuvo que luchar sólo contra los partidos republicanos y marxistas, sino que tuvo que enfrentarse a cierta idea preconcebida que tenían los obispos sobre la solución a los problemas de España. También tuvo que vérselas, como si fuera un torero, con los desmanes de los partidos de derecha antirrepublicanos, con los fascistas y los militares de la UME.

Hacia mediados del 35 se produjo un proceso de radicalización en la postura de las juventudes de la derecha. La UME y otros grupos reaccionarios estaban dispuestos a morir para frenar el avance marxista. Negaban a Herrera y no reconocían a Gil Robles se inclinaban por Goicoechea y Calvo Sotelo.

Entre noviembre y diciembre de 1935, la UME y Renovación Española cerraron filas, se reunieron con el rey en el exilio y éste les prometió su apoyo si el golpe tenía éxito. Renovación sería la única fuerza de derecha despachando a todos, incluso a «el hijo del padre de Primo de Rivera».

Para asegurarse el triunfo del 36 se movilizaron toda una serie de elementos: la Guardia Civil, los grupos de choque, los báculos de los obispos, los palos de los curas, los sables de la UME. Estaban justificados los seguros de vida para los miembros de Frente Popular.

Gil Robles, el realizador

La CEDA era la plataforma para alcanzar el poder de la República. Al frente de esta formación estaba Gil Robles, abogado de la Compañía, de los terratenientes, de la aristocracia y del contrabando [18]. Gil Robles era un camaleón político; tras el paso por varios partidos políticos desde la década de los años 20, aceptó la teoría accidentalista sobre la formación del Estado de Ángel Herrera, que quería utilizar el régimen republicano para llegar a una monarquía tutelada, por lo que imitaba en las formas y en los contenidos al fascio italiano.

Gil Robles mantiene al rey Alfonso XIII completamente informado de los acuerdos de la derecha para alcanzar el poder y de la táctica impuesta por Ángel. Después de los hechos de Octubre de 1934, Gil Robles llegó al Ministerio de la Guerra y allí se puso a trabajar, a desmontar todo lo que había conseguido Azaña para mejorar el Ejército.

La coalición con los lerrouxistas le era cómoda, ya que podía manejar la situación sin demasiada tensión. Lo realmente grave era que ese grupo sólo tenía interés en el enriquecimiento personal. Teniendo Gil Robles a ese compañero [19] de viaje y llegado un momento insostenible para la sociedad española se destapa la

[18] Benavides se refiere a Juan March, que se había enriquecido —según el autor— con el negocio del contrabando de tabaco entre el Protectorado de Marruecos y la península. Benavides había dedicado un libro a este personaje tan nefasto para la República, *El último pirata del Mediterráneo* (1934). Reeditada repetidas veces, manejamos la siguiente: México, Roca, 1976, 326 pp.

[19] Benavides califica a Alejandro Lerroux como «ex emperador del Paralelo». Según Ángel Herrera, al igual que Gil Robles era de una «emotividad pueril y petulancia impertinente» (p. 127).

catástrofe: 1. Gil Robles y Lerroux se unieron contra la revolución por encima de la coalición. 2. Gil Robles apoyó a don Alejandro ante el escándalo del desfalco al erario público. 3. Se produjo el escándalo del «Straperlo». 4. Se descubrió la defraudación del Tesoro Colonial.

Ángel no sabía cómo solucionar la situación planteada. Gil Robles se quedó a un paso de la vicepresidencia del Consejo de Ministros por ese apoyo desmesurado.

Ya en la «sanjurjada», Gil Robles demostró incapacidad para tomar el poder y asegurarse el triunfo de un régimen totalitario, tuvo miedo de dar un paso que implicase verdadero peligro. Tras la pérdida de las elecciones de 1936, las «fuerzas vivas» lo incitaron a tomar el poder por la fuerza, pero se marchó a Salamanca a descansar.

Personajes

Los personajes ficticios son elementos conductores del reportaje: «... en cuya casa entró a prestar servicio una de *nuestras amistades:* la mujer de Jacinto Pereira. Han pasado algunos años desde que ocurrió lo que voy a contarles a ustedes; mejor dicho, *lo que va a contarles a ustedes Emilia,* la mujer del protegido del señor obispo» (p. 132). [La cursiva es nuestra.] Sirven de nexo entre la realidad del reportaje y la ficción de la novela (p. 349), o para desprestigiar a un político mediante una comparación: «... cabe concederle a Herrera que su continencia sea tan prodigiosa como la de don Graciliano» (p. 68).

Jacinto Pereira había llegado a Madrid con su mujer, Emilia, después de estar en Sevilla buscando trabajo. En la capital recibe limosna y van a comer y a pasar la noche en una pensión. Allí son detenidos por la policía acusados de robo y tras una paliza en la comisaría y comprobar sus datos los dejan en libertad.

Pereira escribió al obispo, que estaba en Madrid, para que lo ayudara a encontrar trabajo. Éste le proporcionó una ocupación ensobrando propaganda. A Jacinto le gustaba esta vida sencilla, bien pagada; lo que no le gustaba era que sólo podía ver a su mujer cada dos semanas y nunca para estar a solas.

Doña Eulalia, la propietaria de la pensión, adivinó estos pensamientos y le prestó la casa para que pasaran el domingo por la tarde. Pero la segunda vez sorprendió a la dueña y a don Graciliano mirando por la cerradura: «El bloque de virtudes cristianas se excusó» (p. 133).

En las postrimerías de las elecciones del 36, Pereira recibió una pistola, una porra e instrucciones. La porra, para disuadir, la pistola; para silenciar. En enero de 1936 actuó en la Facultad de Medicina. La cita para la actuación se la dieron en su domicilio, al igual que el instrumental. Tras este incidente, Jacinto fue detenido por la policía con el arma y después de unas averiguaciones del comisario lo dejaron marchar. Ya en la pensión recibió nuevas órdenes, y la admiración de doña Eulalia y don Graciliano le causaban una gran satisfacción. Aquí Pereira podía haber entrado en una dinámica de violencia, pero su carácter no era ése.

Tras una cena copiosa y las informaciones del infierno que llegaría si ganaban las izquierdas, don Graciliano, enardeció a Jacinto para salir a la calle. Su compañero le señalaría los sujetos y él tendría que eliminarlos. Pereira no estaba muy seguro de todo aquello; de improviso se encontró allí repartiendo porrazos hasta que llegó un camión de guardias y se dispersaron. Don Graciliano quería ir a la iglesia a ofrecer estos «muertos» al Señor e ir por más, pero Pereira no quiso. Al llegar a la pensión encontró una nota que decía que se suspendían las actividades, hasta que «la CEDA ordenó que Pereira acompañara a los fijadores de pasquines con la porra y la pistola benditas» (p. 320).

Don Graciliano

Don Graciliano, el compañero de pensión y de aventuras de Jacinto Pereira, era «tímido, pequeñujo y calvo» [57]. Era un correveidile de la derecha y de los jesuitas. Así lo utilizan para prestamistas, el mensaje de que, si ganan las izquierdas, España se destruira en manos de los bolcheviques.

Admiraba a Pereira por su fortaleza, y su voz de hombre y su condición de casado. Él no había tenido trato con mujer alguna, y parecía inclinado a valorar la hombría de Pereira. Es, en palabras del P. Ogeda, un «doncello» pusilánime. Después de la actuación de Pereira contra los estudiantes, Graciliano sentía extrañas sensaciones. Decía «No retire usted la mano; su roce viril me infunde una energía portentosa… Siento nacer dentro de mí otro hombre» (p. 293). Cuando salían a la caza del enemigo de España, afirmaba: «Me enloquece ese hombre… Observe usted el descaro con el que mira a las mujeres; observe usted su manera de andar y su braceo insultante» (p. 297).

Aprovechando lo grotesco del personaje, Benavides carga la mano satírica en una secuencia delirante. Cuando Ángel Herrera visita al papa va acompañado por don Severino, sociólogo eminente, mentecato y parlarchín —según su acompañante— que oyendo la exhortación del Papa sobre el aumento de natalidad al modelo fascista, se queda traspuesto y tiene una visión (pp. 165-169). En ella veremos a los jóvenes de la derecha convertidos en sátiros fecundantes. Y remata el sueño con la llegada de Graciliano quejumbroso y embarazado de Pereira. Ello hace que don Severino se entusiasme y Ángel Herrera se preocupe por el efecto que puede causar. La escena, novelescamente inútil, tiene un alto contenido satírico-burlesco.

Emilia

También se vio involucrada en las maniobras de la derecha. Después de trabajar en la pensión, entró en el servicio domestico de una casa. En vísperas de las elecciones de febrero de 1936 le fue encomendado formar parte de un grupo de señoritas para pedir el voto en los barrios pobres, aun a expensas de ser violadas, como pronosticaban los diarios de derecha.

Llegaron a un barrio obrero y entraron en una casa donde vieron un espectáculo atroz: una mujer escuálida que daba de mamar a un niño y a un hombre. Allí empezaron a recitar cada una su papel. Cuando ofrecieron comida y dinero a cambio del voto, el hombre les gritó y las echó a la calle. Subieron a otro piso donde, después de ser recibidas por una mujer, ésta fue a buscar a su marido y cuando volvió, dijo: «Remigio, estas señoras, según los periódicos, vienen a que las violes. Tú verás» (p. 331). El metalúrgico las asustó, las tres salieron corriendo y una inmóvil recibió un sartenazo en las nalgas con este comentario: «¡Anda, y que te viole un jesuita!» (p. 331).

Mariano

El personaje contrapunto a Pereira es Mariano, una síntesis del proletario comprometido. Era un obrero de la construcción, sindicalista, con una madre paralítica de la que cuidaba. Para no aburrirse, se dedicaba a leer periódicos y a meditar sobre los problemas del mundo. Su madre se lo criticaba y le decía que tendría que traerle una nuera para hacerle compañía. La mujer sólo se preocupaba del tema religioso y atormentaba a Mariano por su falta de fe. Éste, en más de una ocasión, había deseado la muerte de su madre para que le dejara hacer su vida en paz. En su trabajo se hablaba del programa del Frente Popular y de los diversos problemas. Él exponía sus ideas, pero no eran bien recibidas.

Mariano no entendía al gobierno, que se quejaba de las huelgas. Había ganado el Frente Popular por el apoyo de los sindicatos bajo la promesa de no más persecuciones ni jornales de hambre; creía que lo que triunfó el 16 de febrero era la Revolución de octubre. Se disgustó cuando el gobierno los calificaba de boicoteadores al igual que el Ejército, la magistratura o la administración. Así que se dedicó al amor.

Salía con una muchacha obrera a la que no le importaba entenderse con su madre. La anciana le recriminaba que no la atendiera por tener novia. La relación se rompió por el tema de la Guardia Civil; la madre se enfadó: «Haber reñido por culpa de la Guardia Civil... ¡Es el colmo!» (p. 370).

Un día salió de su casa a buscar a la antigua novia, quería hacer las paces, y de regalo le traía un poema realizado por él. Pero no llegó; una bala en el cráneo fue su final.

Valoración

La adopción de este titulo es muy significativa, y sale del diálogo entre dos personajes ficticios: «... cuando se esconden los curas, aparecen los mendigos, y al revés» (p. 361). ¿Qué relación en el ecosistema social tienen estas dos criaturas? O que los curas debían ocultar a los mendigos a los ojos de los buenos cristianos, o que los mendigos se atrevían a salir era cuando había pocos curas. Curas como los de la portada del libro, curas con fusil [20].

El final de la acción ficticia creemos que está poco elaborado. Cada personaje queda al albur de su suerte. Sin embargo, el autor podría haber cerrado el círculo vital de sus personajes; por ejemplo, haciendo que la muerte de Mariano hubiese sido realizado por Jacinto, que se había convertido en pistolero de la CEDA. Esto nos hace pensar, posiblemente, en la rapidez con la que fue finalizada su composición ante los graves acontecimientos que se vivían en España.

Éste es el texto donde se ve más claramente el papel que desempeñó la Iglesia para derrocar a la República. El autor nos muestra la tela de araña de las conspiraciones existentes entre las diferentes posiciones antirrepublicanas.

En esta obra, Benavides separa muy claramente el aspecto periodístico del aspecto novelesco; el nexo entre los dos son las apariciones puntuales y deliberadas de los personajes ficticios en el relato del reportaje. Como ya hemos apuntado al principio, el grado de enmascaramiento de los nombres que aparecen es mínimo, debido a que ninguno de los conspiradores estaba en posición de llevar a los tribunales a Benavides, en las circunstancias políticas que se vivían a mediados del 36.

En este libro se recoge la conspiración que tramó la derecha contra la República, y, sobre todo y extensamente, la aportación de la Iglesia a la caída del régimen democrático y la instauración de uno autoritario. Según Benavides, Ángel Herrera Oria era el personaje que movía los hilos de la política española y dirigía a los políticos de derechas. Afirma el autor que Ángel Herrera y Gil Robles eran instrumentos de la toma del poder político por parte de la Compañia. Nos muestra, además, qué es lo que intentaba hacer esta institución con la sociedad española, al explicarnos por boca del padre Ogeda cómo eran y funcionaban las Reducciones del Paraguay.

Queda claro a través de la lectura de este reportaje novelado y en las referencias consultadas que Ángel Herrera Oria de santo no tenía nada [21].

[20] Figura claramente reconocible en nuestra historia contemporánea: recordemos la guerra de Independencia con el cura Merino, o algunos cabecillas de partidas durante las Guerras Carlistas.

[21] «Apertura del proceso para beatificación de Ángel Herrera Oria», *La Vanguardia,* Barcelona, domingo 17 de noviembre de 1996.

7.4. *Los guerrilleros de Extremadura*, de Lázaro (¿1937?)

Extremadura fue una de las zonas más castigadas por la represión durante la guerra. Esta vía de comunicación tenía una gran importancia para el ejército de Franco, ya que permitía la conexión entre el ejercito de África y las tropas sublevadas en el Norte de España que estaban actuando bajo el mando de Mola.

La rápida conquista de la zona extremeña por el ejército africano, junto con la poca resistencia organizada por parte del gobierno republicano y la sangrienta represión que efectuaron los sublevados, propició que, a principios de la contienda, surgiese la figura del campesino «echao pal monte»: el guerrillero obligado por las circunstancias, que encuentra su salvación en la lucha irregular y en la ocasión de llegar hasta la zona republicana.

Varias historias sobre la guerrilla han sido adaptadas y llevadas al cine; pero los hombres y mujeres de este relato, son menos espectaculares que sus homónimos del celuloide.

En *Los guerrilleros de Extremadura* [22] aparecen curtidos campesinos, mujeres hechas a las dificultades y a las penurias que, emprenden una aventura hacia la libertad, que en ocasiones termina en la cuneta con un tiro en la nuca o reventados en medio del campo por las bombas, o humillados y vejados en las plazas del pueblo por los vencedores; pero en otras la aventura encuentra su final en el abrazo del miliciano, o del compadre al llegar a salvo a la zona republicana.

La obra se desarrolla cronológicamente de forma lineal, aunque no faltan saltos a un pasado cercano cuando se relata su marcha de la zona ocupada por los fascistas. Anotaciones como «... hizo el relato de sus desgracias» (p. 19) dan pie a esos relatos de desventuras.

El libro está compuesto por un prólogo del autor —a modo de justificación—, una introducción y ocho capítulos, con un total de 55 páginas. Esta estructura está en función de la utilidad de la obra: «Han sido escritas estas narraciones para los soldados del Ejército del Pueblo. Más concretamente: para ser recitadas en los teatrillos de los campamentos...» (p. 3).

Destacaremos también las ilustraciones que presenta esta obra: dieciséis dibujos (firmados por Cheché) que servían para dar mayor fuerza al texto. Por lo general, son dibujos de los guerrilleros o representan acciones realizadas por éstos. Su formato ocupa toda una página, con un pequeño pie explicativo, en la línea de los carteles publicados por los artistas republicanos. Con un lenguaje sencillo y directo, el autor va narrando los acontecimientos; no utiliza el habla propia de la zona de Extremadura [23], sino un lenguaje asequible a todos los combatientes. La utilización

[22] Lázaro: *Los guerrilleros de Extremadura,* Barcelona, Soc. Gral. de Publicaciones, S. A., 55 pp.

[23] A diferencia del tratamiento que da Herrera Petere en *Cumbres de Extremadura,* donde intercala refranes y fragmentos de canciones populares.

de frases cortas en tercera persona, intercalando breves y vivos diálogos, permite una rápida y fluida lectura.

La narración

Esta obra narra las aventuras de varios campesinos desde que escapan de sus pueblos ante la brutal represión que lleva a cabo la Guardia Civil, la Falange y los señoritos, hasta su llegada a la zona republicana.

El prólogo y la introducción de la obra, nos dan una idea de las intenciones del autor al explicarnos lo acontecido. Primero, pretende ser su aportación a la lucha contra el fascismo, para elevar la moral de los soldados; segundo, mostrar el valor de la lucha de guerrillas a lo largo de la historia de España [24]. Lucha que culmina con las acciones de los guerrilleros extremeños.

El primer capítulo nos describe el origen de los campesinos que, para escapar de la muerte a manos de los sublevados, se esconden en las sierras de la zona. Estos campesinos, miembros de los sindicatos, alcaldes del Frente Popular, etc., se veían obligados a huir por las noticias que llegaban de otros pueblos donde los marroquíes, la Legión, los falangistas y los requetés cometían toda clase de atropellos con los hombres y mujeres que encontraban, por el solo hecho de ser campesinos o haber estado vinculados de alguna manera a las organizaciones de izquierda.

De cómo se organizan y se arman estos guerrilleros nos informa el segundo capítulo. La ocupación de un antiguo castillo les permitía tener una base desde donde lanzar sus ataques y efectuar requisas de caballos, armas y alimentos en las propiedades de los señoritos.

En el capítulo tercero se narra la aparición de cinco mujeres, escapadas de la represión de los sublevados. Habían decidido marcharse al monte a reunirse con los guerrilleros después de ver cómo eran asesinados sus maridos e hijos y cómo ellas mismas, después de la vergüenza de ser señaladas en público —con humillaciones como el corte de pelo al rape— los vencedores las amenazan con perder su vida o su integridad.

Ante la abundancia de actividades de los guerrilleros, los fascistas decidieron atacar el castillo donde éstos se resguardaban. Guardias civiles, requetés y falangistas se lanzaron al asalto del castillo y, tras varios intentos, fueron derrotados. Las distintas fuerzas reaccionarias se acusan mutuamente de cobardía. En este cuarto capítulo también nos describe el autor la irreal situación del «cazador burgués» que sale al monte a cazar guerrilleros heridos.

«Los lobos» titula el autor el quinto capítulo dedicado a los represores y asesinos de los hombres y mujeres de Extremadura. Es la semejanza de estos crimi-

[24] Aunque por boca de un «comando» afirma que las guerras las ganan los ejércitos regulares.

nales con el animal más sanguinario de la fauna ibérica en la mitología popular. Después del ataque por tierra, se produjo un bombardeo de la aviación portuguesa, alquilada por los terratenientes de la zona y por otros latifundistas que tenían dificultades con otros «rojos» de una sierra próxima. Gracias a un aviso, los guerrilleros abandonaron el castillo y pudieron cobijarse en la sierra vecina, desde donde vieron la acción destructora y la cara de desconcierto de sus enemigos al no encontrar a ningún muerto.

No tuvieron la misma suerte los refugiados que se escondían en la sierra de Montsalud. Éstos eran en su mayoría mujeres, niños y ancianos que intentaban llegar a zona leal porque caer en manos de los fascistas significaba, sin duda alguna, su aniquilación.

La larga marcha de estos campesinos estuvo jalonada de ataques de fuerzas de la Guardia Civil y de militares. Fueron bombardeados por la aviación y pocos lograron sobrevivir. Este estremecedor relato aparece recogido en el capítulo seis.

En el siguiente capítulo hallamos la aparición entre aquella gente que se había echado al monte de un grupo de guerrilleros profesionales que les proponen unirse a las fuerzas regulares del Ejército Popular; no sin antes suministrarles explosivos para volar un tren.

Este acontecimiento se recoge en el último capítulo. El ataque y voladura de un tren lleno de fascistas italianos fue llevado a cabo por los guerrilleros extremeños. Tras esta acción los campesinos armados se retiran hacia las líneas republicanas, ayudados por otros campesinos que encontraban a su paso, y luchando contra las fuerzas enemigas que les cerraban el camino hacia la libertad.

Temas

La represión de los campesinos es un tema que está siempre presente a lo largo de la narración. La síntesis de los maltratos la podíamos encontrar en esta frase: «El aceite de ricino, las máquinas de rapar al cero, los vergajos y las culatas de los fusiles fueron los castigos de los más afortunados» (p. 39).

De este tratamiento no se salvó nadie: mujeres, niños y ancianos sufrieron el atropello. La motivación principal de los fascistas era clara: «... es preciso acabar con toda esta mala realea» (p. 50), «... que va a raer hasta la semilla del comunismo» (p. 19). Estos hombres, incluso sin ser guerrilleros, sufrían terribles torturas para después ser fusilados (p. 39).

La muerte tiene un tratamiento diferenciado cuando se trata de un guerrillero, un campesino, o un fascista. Cuando se describe la muerte de un guerrillero, no tiene un tratamiento heroico, épico, sino que parece un accidente, algo que le puede ocurrir y ya está acostumbrado a vivir con esa idea.

El fallecimiento de un campesino, hombre o mujer, es un asesinato cometido por los fascistas represores —Guardia Civil, falangistas, requetés o militares—. Es algo trágico como se describe en este ejemplo: «La mujer no quiso dejar abandonado a su compañero. A la mañana siguiente fueron encontrados por la Guardia civil y muertos a bayonetazos» (p. 52), o «Tres niños aparecieron muertos dentro de un serón, como pajarillos implumes, sin madre, en un nido abandonado. No tenían ni un rasguño. Se habían encogido para hacerse pequeñitos, pequeñitos, y que no los vieran. Los ahogó el espanto» (p. 33). El narrador nos presenta otras escenas desgarradoras, incluso repugnantes: «El fascista se estremecía de placer examinando los cráneos agujereados, las pecheras de las camisas teñidas en el rojo de los corazones, las caras morenas retorcidas con una mueca suprema de dolor» (p. 25).

Por el contrario, la muerte de un fascista siempre es algo cómico, como si las personas fuesen «muñecos» sin verdadera humanidad: «Sus labios se movieron para decir las palabras rituales de los personajes de los melodramas: "Me han matao". Le salió el frío por el mismo corazón» (p. 50), o «Le distes —gritó el guerrillero riendo a carcajadas—. Camina como un pavo» (p. 23).

La familia aparece frecuentemente representada como un recuerdo amargo, triste, penoso: «No acordarse, hijas, no acordarse, había dicho la abuela. Aún vivimos... y nos ha crecido la familia» (p. 41). Estos guerrilleros seguían evocando a los seres queridos que habían quedado en manos de los verdugos, o sobre la fría tierra de Extremadura: «apartaba sus ojos de la vieja por miedo a pensar en su madre muerta» (p. 19). El recuerdo resulta siempre la situación más dolorosa de soportar por estos hombres y mujeres que luchaban por devolver la libertad a los suyos.

En este contexto la contienda, significa el esfuerzo por la supervivencia. Es una lucha visceral próxima a una conducta animal. Son muchos siglos de opresión los que habían vivido los campesinos de Extremadura, los que hicieron nacer un profundo odio contra los «señoritos»: «... disparó su odio, hecho proyectil, contra el caciquillo» (p. 23). Tan profundo era este odio que fácilmente se materializa en plomo, en una bala para aniquilar a un prototipo de personas que despreciaban.

Estos hombres y mujeres sabían que no podían rendirse, ya que no habría piedad para ellos. También sabían que el engaño era un arma que podían utilizar los asesinos para conseguir su muerte; engaños tales como un bando de perdón que era el billete para la tortura y el paredón.

Desde el punto de vista militar el comportamiento de estos hombres recuerda más a las partidas de bandoleros que a un grupo de soldados. La falta de disciplina se tiene que superar con el miedo a la represalia y al castigo; pero en ocasiones el odio, la sed de venganza puede más que las órdenes: «Al que apriete el gatillo antes de tiempo le meto una bala en la nuca» (p. 23), o «... Fue como poner un trapo rojo delante de un toro bravo. Inútil que El Teto amenazase y se desgañitase llamando al orden a su gente» (p. 30).

Las acciones más frecuentes de estos guerrilleros eran la requisa de alimentos y armas sin causar grandes molestias a los terratenientes. Pero la situación cambió cuando llegó hasta ellos un grupo de guerrilleros profesionales. Tres eran extremeños y los otros dos eran: «¿... el hombrecillo de cara de chino, que hablaba el español con acento cantarín de azteca?» (p. 46), y «No, hermanita. Soy un soldado [...]. El camarada Dimitrof es un general...» (p. 44) [25]. Éstos les informaron de la situación y de cómo podían ayudar mejor a la causa de la República, siendo guerrilleros a la moderna y alistándose en el ejército regular.

También hay varias referencias a la figura de Pancho Villa [26] como revolucionario popular: «Un poco descuidados son los hombres de tus guardias, cierto. Pancho Villa, en tu puesto, los habría hecho fusilar» (p. 42). En otro fragmento dice: «Yo te enseñaré a volar un tren como los volaba Pancho Villa» (p. 44).

Personajes

Los personajes están presentados con descripciones poco desarrolladas, enfocadas a aspectos físicos o ideológicos, pero en ocasiones se abordan temas vitales de los protagonistas. Recuerdos de los seres queridos que habían quedado en manos de los opresores o de los muertos en la sangrienta represión, son las alusiones más íntimas que se realizan.

Varios guerrilleros aparecen claramente individualizados, como El Morao; cuyo nombre era Hermenegildo Bautista, trabajador del campo y militante de la JSU. Abandonó su casa cuando supo que iban a por él. En el monte le ayudaron sus padres hasta que fueron asesinados. Era el encargado de preparar balas y explosivos y resulta un personaje emotivo y sencillo. Fiel a sus compañeros, no quiso separarse de ellos aunque pudiera salvarse fácilmente cruzando el Guadiana.

El Teto, Francisco Correa, era un campesino. Estaba casado y sabía que sus hijos estaban sufriendo todo tipo de vejaciones. Esto le corroía el alma: «Mejor sería que me los hubieran matao» (p. 9). Hombre con mucha confianza en sus posibilidades, dirigía uno de los grupos de acción de los guerrilleros de la Zagala.

Mariano Flores fue alcalde socialista de Talavera la Real y tuvo que huir, ya

---

[25] Aquí el autor expresa su reconocimiento a los países que dan su apoyo a la causa republicana —un revolucionario mexicano y un soldado de la U.R.S.S.— y al Komintern.

[26] Las alusiones a la Revolución mexicana en los escritos de la época son abundantes. A título de ejemplo, tres referencias: en *Cumbres de Extremadura* de Herrera Petere aparece un antiguo revolucionario mexicano como capitán de Batallón de guerrilleros; en *Las primeras jornadas...* de Salas Viu hay un relato titulado «El mexicano de Madrid»; y *Mi Revista,* publicación quincenal que aparecía en Barcelona desde 1935, dedica un número-homenaje a México en enero de 1938, extraordinariamente presentado, en el que se dedican varios trabajos a la revolución villista y a los logros del nuevo México.

que sabía lo que le esperaba. Hombre práctico y sentimental, tenía un hijo que salió a defender Badajoz y no supo más de él.

El autor hace una descripción más completa del sargento Morales: «Tenía treinta años, era alto, de complexión clara, hombre culto y de buenos modales» (p. 14). Pertenecía al cuerpo de Carabineros y se preocupaba de mantener en aquellos hombres un mínimo de organización militar. Se mostraba sereno ante la batalla, pero siempre dispuesto a ayudar.

En la descripción de las figuras de los fascistas, el autor es generoso en ricas explicaciones sobre los represores, que implican, evidentemente, un insulto y un desprecio hacia estos individuos.

El Lobo, Agustín Ramos era un Guardia Civil. En este personaje es donde el autor descarga todo el odio hacia los fascistas y los cómplices del asesinato de los trabajadores de Extremadura. El mayor desprecio que le hace es compararlo con el verdugo de los mineros de Asturias: «Doval, sin embargo, es un corderillo al lado de Agustín Ramos» (p. 28). También lo compara con el animal que peor fama tiene en España: «... el lobo más carnicero que se ha visto jamás por las sierras de Extremadura» (p. 7). Su ansia de fusilar llegó a preocupar a los terratenientes, que se preguntaban quién haría las faenas del campo. También alarmó a los generales cuando no llegaban las quintas pedidas.

Moscoso era otro Guardia Civil represor, que mató a su hermano y a sus sobrinos huidos a la sierra; no a sus sobrinas, ya que las convertiría en unas fascistas.

Las descripciones y los calificativos sobre Queipo de Llano también son bastante ilustrativos: «el "speaker" borracho de Sevilla» (p. 11); y sobre su afición a la alocución radiofónica decía Lázaro: «que disparaba heroísmos verbales por las antenas de Radio Sevilla» (p. 15). Otras veces se le designa como «... el zafio vocero de Radio Sevilla...» (p. 23).

Los requetés son presentados como: «... héroes de retaguardia, especializados en el asesinato de trabajadores inermes...» (p. 15) y por su parte los falangistas aparecen descritos como: «... aquel hatajo de cobardes anónimos...» (p. 23), y «Los del yugo y las flechas eran más deslenguados que valientes» (p. 33).

La Guardia Civil se la denomina metonímicamente como: «... los tricornios negros» (p. 23). Sobre su actuación contra la población civil dice: «Su cobardía se atrincheraba detrás de montones de crímenes» (p. 24).

Los terratenientes eran ricos burgueses que intentaban mantener su posición de poder con ayuda de los rebeldes. Los terratenientes y los curas se sentían intimidados por la actuación del torturador Agustín Ramos, pero sin atreverse a ponerle freno alguno.

Valoración

Como hemos indicado al principio, la finalidad de la obra era ser leída entre los soldados, para —y aquí su verdadero valor— mantener alta su moral, con el ejemplo de unos combatientes que resistieron todos los ataques del enemigo.

Dar ejemplo de lucha y mantener la confianza en la victoria son las ideas más importantes de esta obra. La inclusión de las ilustraciones esta encaminada a dar mayor fuerza al relato y posiblemente a que los combatientes se pudiesen ver reflejados de una manera más clara y sencilla en esos retratos. Esa identificación probablemente ayudaba a mantener la moral alta y la fe en la victoria.

7.5. *Enviado especial*, de Benigno Bejarano (1938)

En 1938 el infatigable Benigno Bejarano publicaba un nuevo libro: *Enviado especial* [27]. Pese a lo que parece sugerir el título no trata sobre la guerra civil, aunque se refiera a ella en algunos momentos, sino sobre su contexto europeo. Recoge las andanzas por China primero y luego por diversos países europeos de un innominado personaje, periodista, que, al hilo de unas crónicas sobre la actualidad europea para el diario norteamericano *New Telegraph Post,* irá trazando una sátira de la situación política en el año 1937. Su visión de Europa, sus peripecias y sus encuentros imaginarios dan origen a esas crónicas.

Estructura novelesca

La narración del protagonista consta de veinticinco capítulos, enmarcados por un «Prefacio» y un «Epílogo». En el «Prefacio» nos hallamos con un auténtico juego de carácter metaliterario en el que se presenta al autor —Benigno Bejarano— a la caza y captura de un personaje que se le ha escapado; mientras que en el «Epílogo» nos hallamos de nuevo con las relaciones autor / personaje-redactor pero desde el punto de vista de éste, que nos explica los motivos de su huida. El libro se inicia y se acaba con este juego que presenta al menos tres aspectos de interés: el metaliterario, sobre la naturaleza del escrito y la literatura; la influencia unamuniana en la rebelión del personaje contra el autor; y la naturaleza del texto que vamos a leer, lo que permite al tiempo un distanciamiento del texto y su delimitación.

El resto del libro es la relación de las andanzas de nuestro personaje y sobre todo de los comentarios y observaciones que hace a lo largo de su recorrido, en los

[27] Benigno Bejarano: *Enviado especial,* Barcelona, Ed. del Autor (Tall. de Solidaridad Obrera), 1938, 287 pp.

que se basan los artículos que va a ir enviando al *New Telegraph Post.* Hay que exceptuar el primer capítulo en el que se relata su aventura en China. Esta, actuando como un segundo marco, justifica cómo nuestro personaje entró al servicio del *New Telegraph,* tras haber conseguido liberar a su director—propietario de la prisión que sufren ambos. Una vez nombrado «enviado especial» en Europa, iniciaremos un periplo circular que arranca y termina en París pasando sucesivamente por Inglaterra, Italia, Austria, Alemania, Checoslovaquia, Hungría, Ginebra.

La observación del género humano será el objetivo declarado del libro, aunque no falten las aventuras, incluso peligrosas, a partir de su estancia en la Alemania nazi, donde sus artículos caen muy mal por todo lo que revelan. Desde este momento, perseguido y acosado por la Gestapo, sus reportajes nunca llegan a su destino. Ni la presencia del director del *Telegraph,* será suficiente para sortear la vigilancia. Y Mr. Washington, ante una campaña de agitación manipulada por los agentes del Reich, cede al chantaje y decide eliminar los artículos de nuestro «enviado especial».

La intriga es quizá la parte más débil del libro. Pero no es un fallo de construcción, sino algo absolutamente deliberado. El procedimiento del viaje y la anotación de observaciones y peripecias del viajero está previsto desde el prefacio y responde a un mecanismo de ficción usado por Bejarano en al menos uno de sus libros anteriores: *Turistas en España* [28]. Este recurso le permite articular una serie de cuadros cuyo hilo conductor es el viajero. El motivo está en que la finalidad es la descripción del ambiente en Europa, no la peripecia del personaje, que no es sólo notario sino juez implacable.

Este personaje que observa es el núcleo que da unidad al relato, no una intriga que se deba resolver ni un drama a cuyo desarrollo asistamos. Desde el «Prefacio» se nos advierte de ello y por lo tanto no podemos acercarnos a sus páginas sino en búsqueda de una visión satírica para la que el inventado periodista pone ojos, oídos y pensamientos. A éste adjunta, como en casos anteriores, personajes de contraste: Mr. Franklin Washington y Mr. / Sir Samuel Robertson, que son los únicos con los que tendremos contacto continuado o a los que volveremos a encontrar cuando el autor lo juzgue oportuno. El primero, Mr. Franklin Washington, ya apunta con el nombre elegido por el autor el papel que va a representar: la democracia y libertad americana. Y, por si no quedara claro, he aquí su estampa: «el norteamericano enjuto que recordaba la figura avellanda de Abrahán Lincoln» (p. 17). Sin embargo, esa libertad queda sometida a los poderes económicos y mediante la manipulación de su público, infantil y exigente al tiempo, al chantaje de los servicios de información alemanes, ayudados por el incipiente fascismo de algunos grupos operantes en los Estados Unidos en aquellos años. Mr. Robertson —o sir

[28] Benigno Bejarano: *Turistas en España (Los mamíferos del enchufe). Novela Epigramática,* Barcelona, Ed. del Autor, 1932, 3.ª ed., 203 pp.

Samuel Robertson en otros capítulos— es la imagen de un aspecto del capitalismo inglés: él sólo se ocupa de sus gustos, que redundan en ir acumulando en Inglaterra el producto de sus viajes y de formar un museo en el que un equipo de especialista analiza aquellos materiales y escriben el relato —con excelente profesionalidad, eso sí— de cómo se obtuvieron aquellos trofeos. En tales narraciones lo que debe primar es la aventura y no otros aspectos, como la muerte de sus servidores —clase inferior y leal—, cuyos despojos guarda convenientemente honrados.

Que la narración no es el objetivo principal queda patente en el implícito rechazo de la peripecia durante la visita a la casa-museo de Mr. Robertson. Lo nuclear del libro es la descripción de sociedades y ambientes, la sátira social, la sátira política y la reflexión histórico-política. Para estas últimas se valdrá de personajes singulares y verdaderamente excéntricos que encuentra en sus viajes: el premio Nobel, en París; el príncipe de Hohenzollern, en Berlín; y el ciudadano húngaro al que bautiza como Katzmann, en Hungría. La realización de una serie de crónicas y artículos para el *New Telegraph* sobre la situación europea es el soporte que justifica viajes, descripciones reflexiones y juicios. Y, como por otra parte el simple discurrir del viaje resultaría monótono, introduce desde su llegada a Italia, elementos novelescos en su deambular: en Italia, la visita clandestina a D'Annunzio a pesar de su aislamiento; en Austria asiste a la ocupación hitleriana; en Berlín, su entrevista con el último príncipe elector de Brandeburgo, cuyo relato causa alarma y preocupación en los Servicios de Información nazis. A partir de este momento, el elemento novelesco cobra con intermitencia una mayor importancia: se verá sometido a persecución, vigilancia y secuestro de su correo para que su artículo —aquel que nosotros ya hemos leído— no llegue a manos de los lectores del periódico. Ni la llegada e intervención de Mr. Washington conseguirá sortear esos obstáculos. Al contrario, el periódico se verá obligado a causa de una agitación callejera atizada por organizaciones pro nazis a renunciar a su campaña sobre la situación europea. El propósito satírico confeso desde el inicio hace que la crónica descriptiva y la reflexión predominen sobre la peripecia en la estructura profunda del libro. Esto no es un fallo constructivo, sino un planteamiento deliberado que había usado Bejarano anteriormente con éxito de público al parecer [29].

Reiteradamente alude a las crónicas que se envían al *New Telegraph.* Es cierto que algún capítulo muestra tal aspecto exterior, pero la mayoría, más que crónicas, es la visión del personaje previa a su redacción. Pese a ello, tanto en el «Prefacio» como en el «Epílogo» se refiere a cada capítulo como si fueran crónicas independientes cuyo único nexo fuera el personaje-redactor. Son, pues, unas crónicas escamoteadas. El artificio es ingenioso y está bien ejecutado.

[29] *Turistas en España,* que utiliza también el recurso del viaje, alcanzó la 6.ª ed. según la relación que figura en la contraportada de *Enviado especial.*

La sátira

Los procedimientos básicos de la sátira en este libro son los mismos de libros anteriores: la reducción de la descripción a los aspectos negativos; la elusión de personajes históricos concretos; el contraste entre lo que sugieren las palabras y la realidad hallada; o el viejo recurso a la hipérbole [30]. A ellos hay que añadir el estereotipo y el contraste de una realidad con lo que hubiera debido ser, como es el caso de la visita a D'Annunzio. Cuando entra en los países nazi-fascistas, cabe destacar el hallazgo de lugares o personas que, mediante un procedimiento de singularización, le permiten ahondar en su exposición: la visita al «Parque de los Suicidas» en Roma; el encuentro en Frankfurt con el Dr. Hacffke, expositor de la ideología nazi e inacabable devorador de salchichas por metros y bebedor de cerveza por litros. No obstante, hasta en los pasajes más tétricos incluye algún elemento de humor, satírico naturalmente [31], así en la visita al «Parque de los Suicidas» el insaciable bolsillo y el cínico modo de pedir del guarda.

En otros casos, la sátira se consigue por acumulación de rasgos en una situación o personaje. Cada rasgo aislado es reconocible fácilmente, pero la habilidad reside en que la acumulación está tratada con enorme seriedad de tal modo que no busca la comicidad fácil. Dos buenos ejemplos son los «círculos bien informados», y la visita a la casa museo de Mr. Robertson cuyo clímax es la visita a la cripta de los leales servidores, momento verdaderamente delirante. En general, podemos afirmar que se trata —el año no estaba para «holgorios»— de una sátira en la que predomina el humor más bien negro y la sonrisa irónica, huyendo de la comicidad facilona de carácter burlesco que busca sistemáticamente la carcajada del lector. Tampoco la rehuye cuando se presenta ocasión, pero no es el tono dominante. En una línea muy clásica su sátira es una censura, en muchos casos agria y desengañada, de sustrato pesimista, pero esto es ya otra cuestión.

La visión del mundo

El libro, de principio a fin, pone de manifiesto una concepción pesimista y escéptica no sólo de la sociedad, sino también del individuo. En un escritor de trayectoria libertaria como Bejarano [32], ello resulta muy singular al apartarse de la

[30] V. Fulgencio Castañar: *El compromiso en la novela de la II República,* Madrid, Siglo XXI (Lingüística y Teoría Literaria), 1992, pp. 392-397, donde analiza los procedimientos satíricos en *Turistas en España.*

[31] En los pocos casos en que se menciona a Bejarano, se habla de su novela de humor, pero no figura en José Luis R. de la Flor: *El negociado de incobrables (La vanguardia del humor español en los años veinte),* Madrid, Ed. de la Torre (Nuestro Mundo, 18), 1990.

[32] F. Castañar: *op. cit.,* pp. 392-3.

poética anarquista. Esta preconiza una visión ideal, pues la novela debe ser una escuela de moral y de optimismo en la creación del hombre nuevo, como se propone y practica desde la *Revista Blanca* y sus colecciones de novelas [33]. *Enviado especial* no sólo es un texto satírico, sino enormemente negativo y pesimista. Su visión del hombre, tanto individual como socialmente, no deja resquicio al más mínimo optimismo. Sin embargo, nuestro repórter se queja en el «Epílogo» de que el autor ha rebajado su crítica negativa, por lo que rehusa considerar como suyo el texto que se da a la estampa.

Desde esta perspectiva revisará la actualidad política, buscando más que los conflictos mismos, su entorno internacional. En cada lugar elegirá de una manera reduccionista el aspecto que más convenga a la sátira. En Francia [Caps. II-V] encontraremos la caja de resonancia de la prensa —los «círculos bien informados»— y la reflexión de los intelectuales. Mientras que la visión del literato es absolutamente pesimista sobre el ser humano, la postura del científico, el profesor Chantepliere, es más combativa. Desde un punto de vista general afirma que la ciencia debe desarrollarse en libertad y por tanto huir del nazismo; por otro lado, tras informar de su visita a España, tacha de vergüenza y escándalo la actitud del Comité de No Intervención ante una evidente invasión. Si Inglaterra [Caps. VI-X] es el centro económico mundial, la City, su cogollo, imprime carácter incluso en el rostro del ciudadano británico, que lo reduce todo a un juego de apuestas como en la Bolsa. Los ricos británicos, si ociosos como otros, emplean su tiempo en correr aventuras respondiendo a una cierta mentalidad de viaje y expolio que va acumulando tesoros y que rinde a las clases subalternas, que han prestado su vida para conseguir el imperio inglés, homenaje póstumo.

Los impedimentos para emprender el viaje a Italia dan ocasión para fustigar como Larra la burocracia inepta y perezosa y también para censurar unas fronteras que separan artificialmente a los hombres. Llegado a Italia inicia su periplo por los países controlados por las dictaduras nazifascistas: Italia, Austria y Alemania. Es la parte más extensa del libro al describir ambos sistemas, fascismo y nazismo, y sus peculiaridades. En Italia se detiene especialmente en el control de las masas a través de la prensa dirigida y en la presión para eliminar por suicidio «voluntario» a todo elemento considerado nocivo por el régimen. En Austria presenciaremos la ominosa anexión hitleriana, el Anschluss. El racismo brutal —y supuestamente científico— en Alemania viene respaldado por una feroz represión policial. Esa misma policía, convertida en servicio de espionaje, será quien impida la difusión de su crónica sobre la «nueva Alemania».

Praga y Budapest son dos etapas para llegar a Ginebra, sede de la Sociedad de

[33] V. Fulgencio Castañar: *op. cit.*, pp. 110-1; Gonzalo Santonja: *La novela revolucionaria de quiosco*, Madrid, Productora de Ediciones, 1993, cap. II, «*La Novela Ideal* de la familia Montseny»; y Marisa Siguán: *Literatura popular libertaria,* Barcelona, Península (Temas de historia y política contemporánea, 12), 1981, 195 pp. Prólogo de Joaquín Marco.

Naciones, que es una farsa controlada por Inglaterra y sus intereses. Paralelamente los fabricantes de armas negocian también el futuro: la guerra a gran escala de la que serán los verdaderos beneficiarios. Mientras, los países agredidos —Etiopía, España— son los teloneros del gran conflicto.

El periplo concluye en París, visto como lugar de diversión especializada en el aspecto sexual, para que los «hombres» se lo pasen bien yendo a ver «vaginas» y practicando el sexo como transgresión momentánea —echan una canita al aire—. Ello da lugar de nuevo a la palabra zahiriente de nuestro corresponsal sobre el ser humano.

No viaja a Estados Unidos, pero a través de sus relaciones con el *New Telegraph* nos los presenta indirectamente. Las vicisitudes del periódico, así como su manipulación por los agentes nazis, vehiculan su opinión sobre aquel país. Lo admira en los principios, especialmente en el de la libertad, pero en la plasmación cotidiana de su sociedad y su mentalidad —como masa de consumidores de prensa— no expresa mejor opinión que de los europeos.

La política

Si hacemos abstracción de los episodios concretos, hallaremos una visión global de lo que eran los bloques de los años 36 y 37. Por un lado, las potencias del Eje —Japón, Italia, el III Reich— y cómo van creando una campaña de intoxicación para justificar sus agresiones. Por otro lado, quienes luego serán las víctimas y los aliados: China, Francia, Inglaterra, Estados Unidos... España y Etiopía son un mero paréntesis para distraer al Eje. Todo ello en boca de los fabricantes de armas como prólogo a una conflagración de mayor alcance y usando la Sociedad de Naciones como lugar de doble negociación: la pública, huera y amañada; y la de bastidores, entre los negociantes de armas que, gane quien gane, ganarán.

Este planteamiento subraya además de la acción de los entonces aún ¿futuros? agresores, la sinuosidad y falsedad de los futuros agredidos. Inglaterra, manipulando la Sociedad de Naciones y el Comité de No Intervención, entretiene a aquellos con acciones secundarias —Abisinia y España o China—, en tanto se apresta al conflicto; mientras que los franceses están en babia. Alemania pretende dejar fuera del conflicto a Estados Unidos, de ahí el interés en mantener en la inopia a su opinión pública que de este modo será maleable. Y Rusia, elemento marginal en el negocio mundial de armas, sólo es considerada como otra posible válvula de escape de las ansias expansionistas de Alemania. Esto último vendría a confirmar la solución teórica del húngaro Katzman a los conflictos europeos: cambiar el sentido de las grandes corrientes migratorias, en lugar de Asia —> Europa, Europa —> Asia. Ello implica que el movimiento de las poblaciones arias, en especial germánicas, tiene que invertirse y Rusia está necesariamente en su nuevo camino.

Es notable la clarividencia en la exposición del conflicto en puertas: tanto por el pronóstico, que ya algunos intelectuales barruntaban [34], como por las precisiones temporales que se vierten en el diálogo entre los fabricantes de armas:

> —No se forje usted ilusiones —dice el caballero de gris, a tiempo de sentarse—. Antes de los dos años no hay nada.
>
> [...]
>
> —Todo está previsto —asegura—. Los imponderables son factores enoemáticos, trucos para dejar a los políticos en la ignorancia de ciertos hechos que deben desconocer. [...] Usted y yo, míster Hodgson, sabemos muy bien donde se manipulan «los imponderables».
>
> [...]
>
> —Pero la Martell Compagnie, según he oído decir, tenía los «stocks» completos, excepto aviación...
>
> —No tan completos como quisiera —disiente el caballero de gris—. España se ha llevado más de una tercera parte de sus existencias, y China negocia ahora pedidos que, de llevarse a efecto, le absorberían el total. Tenga usted en cuenta que el conflicto de España lo negoció directamente esta firma bajo un compromiso de suministro sin limitación mientras durase el mercado. El mercado subsiste más allá de lo que se había previsto, y, por si fuera poco, ahora le llega el pedido chino...
>
> No; no sería negocio ni aun para la Martell Compagnie la apertura del «mercado grande» en estos momentos. Todos estamos de acuerdo en el aplazamiento.
>
> —¿Y lo calcula usted en dos años?
>
> —Aproximadamente. Antes de ese tiempo sería una locura ruinosa empezar. Lo ha reconocido así la misma Krupp, últimamente, tras sus primeras impaciencias. (pp. 233-235).

Tras unas «asépticas» consideraciones empresariales sobre la conveniencia de que no se abra el «mercado grande» concluye:

> Me proporciona usted una gran alegría, doctor Werth —resume míster Hodgson, frotándose las manos—. En esos dos años, nuestro almacenaje puede prepararse para competir victoriosamente con las Casas mejor surtidas (p. 236).

Aún siguen unas consideraciones de los políticos, «grillos de cámara» y, una vez acordados los últimos movimientos se marcha en un Rolls que «dobla la esquina de la Universidad, donde una generación de cretinos estudia la Ciencia, el Derecho, la Filosofía, la Literatura... todo eso que en cuarenta siglos de comercio espiritual no ha limado ni una pulgada la infamia espiritual del hombre» (pp. 238-39).

---

[34] Un ejemplo desde una postura ideológica muy distinta, en Salvador de Madariaga: *Campos Elíseos*, Buenos Aires, Hachette, 1939. Fecha colofón: 28/XII/1938.

La metaliteratura

No menor interés ofrecen los planteamientos teórico— críticos sobre la literatura y el periodismo. Creemos sin temor a salirnos de nuestros modestos límites que podemos hablar de metaliteratura e incluso —valga el neologismo— de metaperiodismo. Estos dos aspectos de la reflexión teórica los encontramos ya en el «Prefacio» y el «Epílogo» como anteriormente hemos apuntado.

El libro se abre con este pintoresco anuncio:

> PÉRDIDAS
> SE HA EXTRAVIADO UN PERSONAJE
> DE NOVELA
> «En el trayecto comprendido entre Barcelona y las Islas Hawai (Polinesia, Oceanía) se ha perdido un protagonista de novela que salió de casa del autor aprovechando una ausencia de éste. Se recompensará el hallazgo. Dirigirse a...» (p. 5).

Cumplido este trámite, asume la responsabilidad de publicar la obra de su personaje. El hecho de que use la primera persona no es un simple recurso a la ilusión narrativa: el personaje lo ideó el autor, pero se le ha rebelado y escapado por lo que ha cesado su «influencia sobre él» (p. 7). Y se ha puesto a viajar y escribir no sus aventuras, sino «sus opiniones y juicios, sus observaciones, sus sátiras y su filosofía, su pensamiento, en fin, una obra específicamente literaria "suya", de la cual, honradamente, yo no puedo declararme autor». Todo ello tras una disquisición sobre el uso de la primera persona como recurso narrativo (p. 6) no deja de ser irónico. Según su autor es un personaje poco serio que, por ejemplo, al tratar temas tan delicados como la situación de Extremo Oriente escribe «un cuento chino» (p. 8). La causa de la discrepancia entre autor y personaje radica en que éste cree que los problemas se pueden reducir a dos docenas de palabras: el hombre actual se comporta como el del cuaternario «sólo que con unos grados más de crueldad y de depravación» (p. 9).

El «Epílogo» es un cierre simétrico escrito por la criatura de Bejarano en el que expone su punto de vista y manifiesta su rebeldía como tal y su opinión del mundo, además de bucear en la cualidad del personaje literario. El protagonista, tras renegar de su figura tal como queda dibujada en las páginas anteriores, habla «libertado de las garras del autor» (p. 271). Empieza por protestar en nombre de los personajes literarios, manejados como peleles por sus creadores, que los convierten en autómatas estúpidos. O falsean su pensamiento, como aquí ha hecho el autor para suavizar el tono agrio y pesimista de sus opiniones. Se identifica a sí mismo con el Diablo, pero «un diablo sobre el que no pesa la mancha de la

Rebelión como un estigma; antes bien, llevándola orgullosamente como una condecoración» (p. 274). El hombre no sale mejor librado: «es un bandido en potencia desde la cuna hasta el sepulcro» (p. 274) en expresión quevedesca. Rehusa aceptar la autoría del texto anterior por la suavización practicada por su creador, pues, según él, toda literatura social debe ser crítica y el humor usado, amargo. Si el autor quiere interponer su sensatez en los planteamientos, ¿por qué un personaje que firme sus obras?

Las reflexiones metaliterarias incluidas a lo largo de la novela corresponden al personaje, el cual abre el relato enmarcado con una consideración altamente irónica: «he adoptado para este capítulo ese estilo especial de novela de aventuras que tanto conviene a narraciones de este género» (p. 13). Para añadir más adelante que el asalto a la caravana de los bandidos chinos es «como los vistos en el cinematógrafo o en las novelas de aventuras» (p. 16). Es una alusión directa a una moda imperante en los años 20 y 30 en los géneros de ficción para el gran público [35], que posteriormente sancionará como «literatura indocta» (p. 25). Por último afirma que la inclusión de este capítulo de aventuras en un tratado de política internacional sirve para justificar toda su actividad posterior (p. 30). Avanzado el libro, ya en la Alemania nazi, insistirá en la escasa importancia de la peripecia: «Por un nuevo capricho del azar me veo obligado a introducir aquí otra serie de lances novelescos que rompen la austera fisonomía de los artículos precedentes» (p. 183). No contento con ello, expone su concepto del arte literario como algo formal, no conceptual: «Lo nuevo es la forma cambiante, diversa, distinta de cada cual, eternamente renovada. Y los ángulos de perspectiva» (p. 141). Al mismo tiempo censura determinados aspectos de la estética de la época que aplica al arte «la trinidad del maquinismo, la velocidad y la síntesis» (p. 195). Y aprovechando una reflexión sobre Maupassant resume la situación del escritor calificándola de miserable, lo cual conduce directamente a un «arte exprimido, fatigado, exhausto» (p. 194). Rechaza también la estética realista —de Stendhal a Zola— a la que prefiere las «representaciones interiores, las caracterizaciones de los asuntos a través de sus síntesis, la parábola ingeniosa y las anamorfosis del humorismo. Se ve mejor a un hombre en caricatura y con cuatro trazos de lápiz, que fotografiándolo» (p. 224), en la línea del comediógrafo Courteline [36], lo que da idea de sus presupuestos literarios.

[35] Una muestra de la cinematografía con exóticos bandidos chinos puede ser la serie de películas de *Fumanchú*, protagonizada por Boris Karloff. La novela de aventuras de este tipo también se cultivó en España: Luis de Oteyza: *El diablo blanco*, Madrid, Pueyo, 1928. Última edición: Luis de Oteyza: *El diablo blanco*, Badajoz, Diputación de Badajoz (Clás. Extremeños 7), 1993, ed. de José A. Pérez Bowie. Según éste, la novela alcanzó varias ediciones antes de 1936 e incluso se publicó en folletón; además fue traducida al inglés. De la duración de esta boga puede dar idea la edición francesa de esta novela: *Le diable blanc*, Paris, Colbert, 1947.

[36] Georges Courteline (1858-1929), comediógrafo francés de gran éxito en el tránsito del XIX al XX. Tuvo el aprecio de sus contemporáneos y sus divertidas farsas ocultan su amargura ante la estupidez y la malicia del ser humano.

Aún mayor interés tienen sus comentarios acerca de la naturaleza y métodos del periodismo de la época, conducentes a mostrar la manipulación de los estados de opinión. El «cuento chino» inicial describe cómo se «fabrican» unas noticias —la inseguridad en China— y la subsiguiente campaña de intoxicación que favorezca la acción política o militar posterior. En Europa el fascismo crea la «prensa dirigida» para controlar la opinión —descripción realmente grotesca—; mientras que los nazis simplemente impiden que se publiquen las noticias. También enjuicia al público lector, especialmente el norteamericano, cuya simplicidad al preferir la anécdota al análisis, la reflexión o la sátira más o menos humorística, lo deja a merced de agitadores que montan campañas de desprestigio contra periódicos concretos para obligarlos a cambiar su línea informativa. Las consideraciones no paran aquí. Fustiga tópicos como el de los «círculos bien informados», al que dedica un jocoso capítulo. Paralelamente va dejando algunas ideas de lo que es su concepto del periodismo, que «debe aspirar a las síntesis absolutas y al reflejo de las cuestiones por medio de imágenes vivas, centelleantes, rápidas y precisas» (p. 166), sin poder prescindir aún de la anécdota porque ésta «sigue representando un papel capital en la literatura, y que aún tratándose de los estudios más serios, hay necesidad de servirse de ella como elemento imprescindible para hacerse entender de la multitud» (p. 170).

En resumen, este enviado especial no deja títere con cabeza en esa Europa de entreguerras en la que unos preparan la siguiente, mientras los otros les permiten cualquier desafuero dando lugar con su indecoroso comportamiento político incluso a una especie de juego insensato, como el de los ingleses cruzando apuestas por la duración del Comité de No Intervención en la guerra española, presidido por Lord Halifax.

Si a la guerra española no se le dedica directamente más que la alocución del profesor Camilo Chamtepliere y alguna mención de su atrocidad por Mr. Robertson, además de la directa censura a la No Intervención, el libro no deja de señalar con claridad hacia dónde conduce esa actitud e incluso señala quiénes son en buena medida los responsables de lo que está acaeciendo en Europa en aquel momento. Y contra todos enfila su pluma, cargada de un pesimismo de buena ley y de un humor amargo.

8

LOS LIBROS DE RELATOS Y OTRAS PROSAS

8.1. Introducción

Trazar una panorámica de la narrativa breve de la guerra civil en el bando republicano ofrece ciertas dificultades por la dispersión de materiales, por la penosa difusión de los volúmenes editados durante la guerra (han sido muy escasas las reediciones posteriores) y por la ausencia de una recopilación suficiente para lograr una primera aproximación, como la realizada por María Campillo [1] para la narrativa catalana. Cabe recordar *Historias del 36* [2] que, si bien representó una avanzadilla e incluía a autores de los dos bandos, resulta bastante limitada. También en su momento el volumen de narraciones recopilado y prologado por R. Conte [3] resultó de interés como punto de partida para la narrativa sobre la guerra aparecida en el exilio, pero que no recoge este período. Por todo ello nuestro intento es ofrecer una visión de conjunto, forzosamente generalizadora, con las referencias indispensables que puedan servir de guía al lector curioso.

La literatura narrativa publicada durante estos años tiene unas especiales características —literatura vivencial y de la experiencia; premura del discurso; autocensura, etc.— que nos obligan a puntualizar, aunque sea con brevedad, los subgéneros objeto de nuestra atención. Consideramos fundamentalmente cuatro tipos: la crónica, el relato, el cuento y la novela corta [4]. Los dos primeros, que se hallan en abundancia en las publicaciones periódicas de la guerra, están empa-

[1] Maria Campillo: *Contes de guerra i revolució (1936-1939)* I y II, Barcelona, Ed. Laia (Les Eines de butxaca 16 i 17), 1982, 218 y 274 pp. Estos volúmenes recogen únicamente la narrativa breve aparecida en revistas durante la guerra.

[2] *Historias del 36,* Barcelona, Ed. 29 (Libros Río Nuevo), 1974, 213 pp. Pról. de J. León Ignacio.

[3] Rafael Conte: *Narraciones de la España desterrada,* Barcelona, EDHASA (El puente literario), 1970, 248 pp.

[4] Para estos conceptos véase Raúl H. Castagnino: *«Cuento-arte-facto» y artificios del cuento,* Buenos Aires, Nova (Bibl. Arte y Ciencia de la expresión), 1977, 132 pp.

rentados entre sí como lo muestra la sección «Testimonios» en *Hora de España,* alguno de cuyos textos se incluye después en libros de narraciones [5]. Ello se debe, según M. Campillo, a que «... apareix la necessitat d'una literatura de guerra, sigui d'autor consagrat o producte d'aquest "artífex" nou, obrer o soldat...» [6]. Autores consagrados o «nuevos» —soldados o no— responden a esta demanda de «escritura vivencial» [7]. Por todo ello resulta difícil delimitar en tan abigarrado *corpus* de materiales narrativos los diferentes géneros, pues algunos cuentos no son más que «impresiones de campaña» o crónicas de retaguardia. Tampoco es siempre fácil establecer la distinción entre relatos y cuentos, pues una de las características de esta narrativa es la aparición de formas híbridas [8]. A esta confusión contribuye un determinado concepto de «realismo» imperante en aquella época que difumina la frontera entre el cuento y la crónica literaria. En cuanto a la novela corta, se puede afirmar que no son demasiado abundantes en este período.

La inmediatez de la experiencia hace que abunden los relatos testimoniales y las crónicas y que sólo en contadas ocasiones, generalmente en autores con obra literaria anterior, se dé el género cuento [9]. No obstante, se pueden señalar intentos de experimentación formal —lo onírico y lo simbólico en Sánchez Barbudo o Cernuda, el uso de la prosa poética por L. Varela, C. Barga o Alberti, etc.—, aunque la guerra no sea el momento más propicio y se tienda al relato clásico dentro de un amplio espectro ideológico.

La principal vía de publicación fue la prensa: tanto las revistas y periódicos de las ciudades como la llamada «prensa de guerra» [10]. En ésta no era extraño que se manifestaran autores desconocidos a los que las circunstancias dieron voz para contar sus vivencias, pues casi todas esas publicaciones y también la prensa de retaguardia convocaban concursos de poesía, cuentos, teatro, himnos, etc. Estos concursos continúan una tradición de la vida literaria española procedente del siglo pasado que se multiplica y acelera durante la guerra [11]. Estos certámenes responden a diferentes finalidades y tipología según el órgano que los convoque, la composi-

---

[5] V. Vicente Salas Viu: *Las primeras jornadas y otras narraciones de la guerra española,* en este mismo capítulo.

[6] M. Campillo: *op. cit.*, I, 37.

[7] M. Campillo: *op. cit.*, I, 40.

[8] Maria Campillo: *op. cit.;* y Pere Calders: *Unitats de xoc,* Barcelona, Eds. 62 (El Garbell 32), 1990, 199 pp.

[9] Para la tradición del «cuento revolucionario», M.ª Teresa León: *Una estrella roja,* Madrid, Espasa-Calpe (Sel. Austral 53), 1979, 192 pp. Pról. de Joaquín Marco; F. de Luis y L. Arias: «El cuento en la cultura socialista de principios del siglo XX: aproximación a la obra de Juan A. Meliá», *Sistema* 93, Nov. 1989, pp. 115-131.

[10] Mirta Núñez Díaz-Balart: *La prensa de guerra en la zona republicana (1936-1939),* Madrid, Ed. de la Torre (Nuestro Mundo 27, 28, 29), 1992, 1.614 pp.

[11] Serge Salaün: *La poesía de la guerra de España,* Madrid, Castalia, 1985, p. 73 y ss.

ción del jurado y sus pretensiones literarias e ideológicas [12]. Salaün afirma, por otra parte, que los de la retaguardia parecen destinados a los literatos de fama local o nacional tanto por la composición de los jurados —constituidos por nombres conocidos y respetados— como por los resultados, ya que se supone la publicación de los textos premiados [13].

En este sentido hay que recordar que al lado de ese *corpus* aún mal conocido se halla la narrativa aparecida en las revistas culturales de la época, especialmente en las dos más emblemáticas, *El Mono Azul* y *Hora de España,* que ya hemos tratado en un capítulo anterior. No obstante, conviene no olvidar que, si *El Mono Azul* pretende ensalzar el comportamiento del pueblo y mantener alta la moral de los combatientes, *Hora de España* se presenta como una publicación intelectual y representativa del espectro ideológico del Frente Popular. Salaün sintetiza estas diferencias afirmando que mientras *El Mono Azul* se orienta hacia la acción, *Hora de España* se inclina hacia la reflexión [14], con la lógica disimilitud en las narraciones que aparecen en ambas.

Las narraciones breves eran las más propicias para ser publicadas en aquellas circunstancias, pues se adaptaban mejor a la capacidad lectora de los combatientes y a su disponibilidad de tiempo. A pesar de que —según Salaün [15]— este tipo de lecturas era ajeno a nuestras costumbres, creemos que se incardina en toda una corriente editorial y literaria de folletines, novelas por entregas, publicaciones como *El Cuento Semanal, La Novela del Sábado* y otras de gran éxito [16] en las que colaboraron toda clase de autores, como Zamacois, Gener, Trigo o Valle-Inclán y Unamuno. O la más duradera de todas ellas, *La Novela Ideal,* publicada por la *Revista Blanca* de Federico Urales, de orientación anarquista. Es cierto que con el estallido de la guerra casi todas estas «novelas de quiosco» [17] desaparecieron, salvo *La Novela Ideal* que perduró hasta 1938, ya avanzada la guerra [18]. Este tipo de

[12] S. Salaün: *op. cit.,* p. 76, n. 47, menciona el convocado por *Ayuda,* de cuentos para niños, con tres nombres célebres en el jurado. Un caso más detallado en F. de Luis y L. Arias: «Mentalidad popular y subliteratura política durante la Guerra Civil: el Concurso de cuentos antifascistas de Gijón (1937)» en *Bulletin Hispanique,* T. 93, 1991, n.º 2, p. 403-421, en el que participaron combatientes, y niños y adolescentes en edad escolar.

[13] S. Salaün: *op. cit.,* p. 76.

[14] S. Salaün: *op. cit.,* p. 362.

[15] S. Salaün: *op. cit.,* p. 92.

[16] V. Federico C. Sainz de Robles: «La promoción de *El Cuento Semanal»* en *La novela corta española,* Madrid, Aguilar, 1959, 2.ª ed. pp. 9-40. José-Carlos Mainer: *La Edad de Plata,* Barcelona, Ed. Asenet (Los Libros de la Frontera, 27), 1975, 1.ª ed., cap. II. Luis S. Granjel: *Eduardo Zamacois y la novela corta,* Salamanca, Univ. de Salamanca, 1980.

[17] Gonzalo Santonja: *La novela revolucionaria de quiosco (1905-1939),* Madrid, La Productora de Ediciones (El Museo Universal), 1993, especialmente caps. II, VII y VIII.

[18] Marisa Siguán: *Literatura popular libertaria,* Barcelona, Península (Temas de historia y política contemporánea, 12), 1981, 195 pp. Prólogo de Joaquín Marco. El último número reseñado es el siguiente: Valentín Obac: *Juanita,* n.º 591, 5/I/38, en pp. 41-5 y 47.

publicaciones fue asumido por diversas organizaciones, aunque con escasa vitalidad. Entre las editadas por el 5.º Regimiento hallamos *Primera de Acero,* de Ramón J. Sender, que se convierte en un capítulo de *Contraataque,* y algo semejante ocurre con *Los cazadores de tanques,* de J. Herrera Petere, y *Acero de Madrid.* El Socorro Rojo también publicó algún relato breve como el de Isidro Mendieta. Y, desde otro ámbito, las novelitas de Pedro de Basaldúa, publicadas por el Euzko-Gudaroztea, tan representativas del pensamiento y actitud del nacionalismo vasco.

Entre 1936 y 1939 aparecen diversos volúmenes de cuentos o relatos breves en los que se reunían junto a relatos inéditos algunos publicados ya en revistas o periódicos. Entre otros podemos mencionar *Entre dos fuegos* de Sánchez Barbudo [19], de carácter vivencial; *Cuentos de la España actual* de M.ª Teresa León, representantes de la literatura «social»; los brevísimos e intensos relatos reunidos en *Valor y miedo,* de A. Barea, de carácter radiofónico; o *Héroes y bestias de España,* del periodista M. Chaves Nogales, muy cuidados y eficaces en el estilo; *Las primeras jornadas...* de Salas Viu, cuya primera impresión se perdió en la retirada de Cataluña y que ve la luz en Chile; mención especial merece *El hombre solo,* de Pablo de la Fuente, posiblemente el último libro de narraciones salido de las prensas del Madrid republicano ya en 1939 [20].

Nos detendremos brevemente en tres como muestra de la disparidad ideológica y estética que impregnó esta literatura. *Cuentos de la España actual* [21], de M.ª Teresa León, es una colección de cuentos que describen las tensiones y terribles desigualdades en la sociedad española hacia 1933 que desembocarán en la guerra civil y que conjugan la literatura revolucionaria con la vanguardista. El «cuento social», cultivado también por autores anarquistas, se transforma en la pluma de M.ª Teresa León de género eminentemente didáctico y popular en verdadera creación artística por la aportación de notas poéticas. Hay en los cuentos de M.ª Teresa León una toma de partido previa, de acuerdo con su adscripción al Partido Comunista, por los desheredados y los seres más débiles —mujeres y niños—, que divide el mundo maniqueamente en explotadores y explotados. Son narraciones

[19] V. Gemma Mañá Delgado: «Sánchez Barbudo de la lírica a la épica», *Anthropos 149,* «Antonio Sánchez Barbudo. Humanismo actual y crítico», Barcelona, 1993 (octubre), pp. 53-56.

[20] Hipólito Escolar: *La cultura española durante la guerra civil,* Madrid, Alhambra (Estudios, 38), 1987. Cita otro libro de relatos de Pablo de la Fuente, *El café... sin azúcar,* Madrid, Ed. Signo. Lo da como publicado durante la guerra, pero no hemos podido consultarlo. No obstante, Robert Marrast: *El teatre durant la guerra civil espanyola,* Barcelona, Institut del Teatre (Monografes de teatre, 8), 1978, da referencias más precisas: se trataba de una obra de teatro sobre las maquinaciones de la quinta Columna, que fue representada diversas veces y en distintos lugares, sea por las guerrillas del teatro o grupos de teatro de las unidades y da noticia de dos impresiones, una suelta y otra en la colección *Teatro de Urgencia,* Madrid, Signo, 1938, con Prólogo de Rafael Alberti (pp. 68, 97, 209, 281).

[21] M.ª Teresa León: *Cuentos de la España actual,* México, Ed. Dialéctica, 1936. V. Una estrella roja, cit. en n. 9.

trágicas, de marcados contrastes, en las que asoman a veces rasgos naturalistas. Los temas centrales son la lucha por la vida y la lucha de clases, que convierten a los personajes infantiles en adultos antes de tiempo. Estos niños que pasan hambre —leitmotiv que recorre las páginas de *Cuentos de la España actual*—, que son humillados constantemente y ven a sus padres sin trabajo, se conciencian a pesar de sus pocos años, asumiendo la protesta y la lucha revolucionaria. Cada uno reaccionará a su manera: desde el pequeño de cinco años que, harto de la educación represiva y atemorizadora de las monjas, escupirá su rebelión al ser preguntado por su nombre durante la visita del obispo respondiendo: «Malaleche» —«Sistema pedagógico»—, hasta el suicidio del niño pobre que percibe que nunca podrá colmar ni su hambre ni sus ansias de saber («Un examen»), o la reacción de Eusebio, el mayor de siete hermanos en un hogar proletario, que ni sabe leer ni puede ir a la escuela, y va criando dentro de sí una gran rabia que desahoga con «una meada» (ése es el título del relato), en la esquina de la escuela de las Damas Catequistas de las que no ha recibido una sola palabra amable. Otro muchachito, Bartolo, en «El barco», atraviesa el país a pie para ver un barco ruso que ha arribado a un puerto español. Desde la Revolución, Rusia se ha convertido para él en un ideal. Es sorprendente el estilo, que usa los recursos y el lenguaje de los cuentos fantásticos para niños en la narración del largo viaje de Bartolo. «Letreros en las vallas» tiene como protagonista a Cayetano, el sereno, tratado, al igual que los niños, con mucha ternura. Desde el punto de vista autobiográfico, el cuento «Infancia quemada» tiene mucho que ver con los diez años pasados por la autora en un colegio de religiosas [22]. De la España rural, profunda y olvidada, trata «El derecho de la nación», cuya protagonista, una mujer viuda con cuatro hijos, instiga el amotinamiento y la reacción salvaje del pueblo que mata a los animales para que no se los incaute la Guardia Civil. Aunque este repaso no es exhaustivo, no podemos olvidar «Una estrella roja», cuya moraleja, la necesidad de un frente de lucha único, queda simbolizada por el anarquista acérrimo que pide la enseña comunista para su hija muerta.

En 1938 se editó en Barcelona *Valor y miedo* [23], primer libro de un escritor tardío, Arturo Barea, una vocación literaria desvelada por la guerra. Es una colección de 20 relatos muy breves, plásticos y realistas —anticipo en este sentido de la prosa de *La forja*—, que dan una visión singular de la vida en Madrid en los primeros meses de la guerra. El lenguaje, en una tercera persona objetiva, es llano, aunque no descuidado, y sin experimentaciones formales.

Destacan, por la violencia del tema central —la guerra, elemento destructor y generador de nuevos impulsos destructivos, en un círculo vicioso— dos relatos: «Carabanchel» y «La mosca». Un subtema de Carabanchel que se repite en

---

[22] Este motivo lo reitera la autora en *Crónica general* y en una alocución radiada recogida en *El Mono Azul*, 13.

[23] Arturo Barea: *Valor y miedo*, Barcelona, Publ. Antifascistas de Cataluña, 1938. 2.ª ed., Madrid, José Esteban, 1980. 3.ª ed. Barcelona, Plaza & Janés, 1986.

«Bombas en la huerta»: el sufrimiento de los seres más desvalidos e inocentes. Y también en «Proeza», donde Barea nos pone un nuevo ejemplo de la irracionalidad y activación de los impulsos destructores durante el asedio de Madrid. De otros relatos, en cambio, se desprende una moral positiva, como es el caso de los titulados «En la sierra» y «Héroes», donde aparecen lazos insospechados de solidaridad entre los individuos. Positivo es también el heroísmo de la joven telefonista de «Servicio de noche» o la hombría de bien y la honradez de «El sargento Ángel». El penúltimo relato, «Esperanza», es el único en que, a pesar de que la muerte acecha a cada instante, se observa un rayo de esperanza en el futuro. Simbólicamente el final de un terrible bombardeo sobre Madrid coincide con el amanecer, cuando ya se vislumbra la luz del nuevo día. Los dos protagonistas, un hombre y una mujer, durante la noche en vela, han comprendido que hay que revisar los valores del pasado porque todo está cambiando. «Plaza de España», texto que cierra el volumen, es una alocución en la que el autor se dirige a las estatuas de bronce de Don Quijote y Sancho, que para él encarnan las dos caras de la personalidad del pueblo español. Las estatuas han quedado simbólicamente solas defendiendo la «plaza» de España, entre la bola del mundo que remata el obelisco a su espalda y las tropas marroquíes y los tanques alemanes enfrente.

El libro de Chaves Nogales *Héroes y bestias de España* [24] contiene nueve cuentos relativamente extensos con una temática común: la violencia, que conduce a una espiral destructora en la que no queda espacio ni para la humanidad ni para el respeto a la vida. Destacan los titulados «Los caballeros del Grande de España» y «Viva la Muerte». En el primero, cuya acción se localiza en Andalucía, Chaves cuida extremadamente las descripciones. En el segundo sorprende el recurso al monólogo interior para evocar —en el lenguaje llano y coloquial de la única superviviente— la matanza realizada por los fascistas en un pueblo de la sierra de Guadarrama. El tono sencillo de este monólogo, verdadero «planto», contrasta con la retórica ampulosa y vacía de los discursos fascistas. Tan vacía que, irónicamente, el general que entra triunfalmente en Valladolid no puede dirigirse a los que lo aclaman debido a una terrible afonía. Por otra parte, aunque quizá no tan conseguido como los anteriores, hay que mencionar el cuento que abre el volumen, «Y en la distancia, una luz...», por el planteamiento de escenas, encuadres, luces y sombras que recuerdan el cinematógrafo.

En estos libros se incluyen —como antes en *El Mono Azul* y *Hora de España*— relatos de carácter testimonial como los de Barea, lo que no nos impide deslindarlos de los libros de crónicas. El problema no estriba en una categorización más o menos formal de lo que podemos llamar narrativa breve —a lo

[24] Manuel Chaves Nogales: ... *A sangre y fuego, héroes, bestias y mártires de España,* Santiago de Chile, Ed. Ercilla, 1937. Manejamos la traducción inglesa: *Heroes & Beasts of Spain,* New York, Doubleday, 1937.

que ya aludíamos al principio—, pues la narrativa de aquellos momentos no es una «literaturización de la vida» como las «cartas de batalla» de los caballeros andantes españoles que recoge Riquer [25], sino que lo que se vive en aquella guerra es tan intenso que supera las sorprendentes calidades de la imaginación de tal modo que, para contar lo que ven, a los autores no les hace falta «hacer literatura», e incluso haciéndola, se quedan cortos. La realidad, en este caso, supera a la ficción: *No son cuentos* como titulará Max Aub una de sus colecciones más significativas unos años después. Porque aquella realidad que de momento supera a sus intérpretes literarios doblados de protagonistas, dará lugar a una larga secuela narrativa que, en lo que nos atañe —las formas breves—, tendrá muestras tan significativas como *La cabeza del cordero* de Ayala, *Los lugares vacíos* de Andújar, *La venda* de Serrano Poncela, las numerosas colecciones de Max Aub desde *No son cuentos* hasta *Últimos cuentos de la guerra de España,* o los diversos relatos breves de Sender sobre este tema, que culminan con una novela corta que ha sido desde hace muchos años un hito de la narrativa española: *Réquiem por un campesino español.* En todas éstas y en otras muchas que deberíamos recordar, el distanciamiento permite la síntesis épica que quizá se echa en falta en estos primeros textos, logrando algunas de las mejores páginas de nuestra literatura contemporánea, de las que aquellas crónicas, relatos, cuentos no son sino el germen.

8.2. *Valor y miedo,* de Arturo Barea (1938)

Valor y miedo [26] fue el primer libro de relatos publicado por Arturo Barea [27]. Cuando apareció en 1938, Barea ya había huido a París [28] junto con su compañera Ilsa Barea, porque estaban siendo perseguidos por los comunistas.

El volumen costa de 20 relatos breves que ensalzan a los defensores de la República y giran en torno a los siguientes núcleos temáticos: cinco relatos están ambientados en las trincheras del frente de Madrid: «Carabanchel», «Las botas», «La mosca», «La tierra» y «En la sierra»; uno más —«Bombas en la huerta»—, está excepcionalmente ambientado fuera de Madrid: en la huerta levantina. Los

[25] Martín de Riquer: *Caballeros andantes españoles,* Madrid, Espasa-Calpe (Austral, 1397), 1967. Especialmente el cap. I: «Novela y realidad, realidad y novela».

[26] Nuestro comentario está basado en el libro de Arturo Barea: *Valor y miedo.* Barcelona, Plaza & Janés, 1986. Sobre esta edición realizamos todas nuestras citas.

[27] De ideas socialistas, en el Madrid prerrepublicano había contribuido a la formación del Sindicato de Banca de la UGT.

[28] En 1939 llegó a Gran Bretaña y allí terminó residiendo hasta su muerte en 1957. Con el seudónimo de Juan de Castilla realizó una amplia colaboración en los programas que tenía la BBC para Hispanoamérica.

restantes 14 relatos tienen como motivos centrales escenas de la vida cotidiana del Madrid en guerra, con algunas pinceladas anecdóticas.

Para publicar estos cuentos, Barea aprovechó las notas y guiones preparados anteriormente para unos programas de radio que realizaba en el Madrid sitiado. El conjunto constituye una especie de mosaico impresionista de la vida española bajo los efectos de la guerra, vista desde múltiples ángulos. La contemplación del conjunto nos da una visión singular —de gran viveza y emoción— de la vida en el Madrid de la primera parte de la guerra civil.

Ciertamente, no puede decirse que en estos relatos exista una visión idealizada de las cosas y del entorno del escritor. Muy al contrario, entremezcladas, aparecen las descripciónes de la heroicidad de los combatientes republicanos, su hombría, e incluso escenas de ternura, todo ello presentado con un gran realismo que, a veces, llega a la crudeza, como cuando describe los efectos de los bombardeos sobre Madrid y su población.

Barea parece que simplemente intentaba reflejar la realidad circundante, a veces anecdótica. No intentaba conseguir una gran obra, pues sus relatos no tienen una estructura superior que los organice; pero con un lenguaje llano, frases cortas y un estilo narrativo que intercala la narración en tercera persona con vivos diálogos en primera persona, nos legó un documento de gran valor para ver lo que acontecía en Madrid y en España en 1936 y 1937.

Los personajes de estos relatos son muy reales y singulares, capaces de abnegación y sin ningún afán de obtener fama o trascendencia. También eran capaces de conductas heroicas que quizá nadie pueda nunca conocer, pero que era su respuesta a las exigencias de la realidad bélica circundante. A veces aparecen sólo descritos con unas pocas pinceladas o por su nombre, como un producto de la improvisación o de un arte de circunstancias.

El frente de Madrid

Dentro de los relatos breves que tratan del frente de Madrid, en el titulado «Carabanchel» se describe el modo cómo la guerra devastó un pueblo levantado de forma irregular, sin ninguna planificación, con materiales humildes, por humildes trabajadores inmigrantes que iban acercándose a los alrededores de Madrid, en una especie de período de adaptación previo a su asentamiento definitivo en la capital.

Este relato está estructurado en tres partes, como siguiendo un patrón clásico, aunque muy condensado. A su vez, la segunda parte consta de seis cuadros muy breves que muestran aspectos insólitos de la vida del Madrid en guerra. En el primer cuadro, un soldado provoca situaciones de alarma durante la noche, sin aparente razón para ello. Diríase que eran obra del miedo que tenía. Pero rápidamente descubrimos que hacía todo aquello para que el centinela enemigo no se durmiese y pusiese en peligro su vida, como ya había sucedido con otro compañero suyo.

En el segundo cuadro se aprecia cómo la guerra hace que los milicianos aprecien la belleza oculta y la valentía de una miliciana poco agraciada físicamente, pero que repetidamente arriesgaba su vida para llevar la comida a una avanzadilla de milicianos en las trincheras.

Los cuadros tercero y quinto nos muestran ejemplos de cómo la guerra provocaba que el hombre agudizase el ingenio. En el tercero encontramos un invento sorprendente: un tirachinas gigante, ideado por los milicianos. Con él se lanzaban proyectiles de mortero a un enemigo que, confundido, creía que se trataba de una nueva arma traída por los rusos a España. De la lectura de este cuadro se desprende un tinte un tanto grotesco. Por su parte, en el cuadro quinto aparece la agudeza de un sargento republicano para protegerse de las devastadoras explosiones de los morteros enemigos. Para evitar dichas explosiones había ideado un sistema de protección con somieres. Cuando los proyectiles caían sobre los somieres, sus espoletas no se accionaban y, consecuentemente, no estallaban.

En el cuadro cuarto hay un espacio para el humor. Es graciosa la actitud de un miliciano andaluz de guardia en una trinchera, que avisaba a las trincheras enemigas de que su turno de guardia estaba terminando, por si algún combatiente más deseaba pasarse aún al bando republicano.

En el último de los seis cuadros aparece el lado más oscuro y repugnante de la guerra, que hacía aflorar los instintos destructores del hombre. En aquel ambiente de vida en las trincheras, seguían buscando la supervivencia diaria incluso los seres más repugnantes, como piojos y ratas. De este modo, se llegaba a matar con la misma facilidad a todos ellos y a los mismos hombres si venía bien. En esa misma guerra —como en tantas otras— eran los seres inocentes, como un asno citado en este cuadro, los que morían lentamente; así como otros que también eran totalmente ajenos a aquella situación. Esta misma idea de que la violencia creada la sufren luego seres inocentes aparece asimismo en otro de los relatos del volumen, como una ranita de «Bombas en la huerta».

La tercera parte de «Carabanchel» nos presenta la vida diaria de los habitantes de dicho pueblo, totalmente paralizado por la guerra. Carabanchel podría ser igualmente el símbolo de otros pueblos españoles creados y continuados por el pueblo trabajador. La vida diaria ya no era alegre como antes. En pleno asedio, el pueblo llano aparece alineado con los ideales republicanos y estaba luchando denodadamente por recuperar la tierra arrebatada por los «moros».

En el relato titulado «Las botas», dicha prenda del uniforme militar simboliza el dolor y el trastorno tan grande que trae la guerra a los hombres, hasta el punto que el soldado protagonista se hace totalmente insensible a la muerte que se produce a su alrededor. Sólo en el momento en que se quita sus botas y anda descalzo, sintiendo la tierra bajo sus plantas, experimenta retazos de felicidad. Ante los ojos de sus compañeros, este personaje parece un tanto chiflado, porque no quiere llevar puestas las botas militares y sólo deseaba andar descalzo. En su conducta se intuye una crítica a la actitud belicista general reinante entre los combatientes.

En «Las moscas» aparece una vez más la guerra como elemento destructor y generador de nuevos impulsos agresivos, lo que crea una rueda interminable. Pedro, un joven combatiente que se alistó en el ejército republicano un tanto contagiado por la reacción emocional de la gente de su alrededor, sólo tenía una pequeña mosca sobre la que verter su afectividad en la trinchera. Sin embargo, una bala perdida del enemigo acabó matándola. Así surge el guiño sutil, apuntándonos que en aquella extraña confrontación no había ningún espacio para el afecto y la ternura.

El tema de la destrucción generada por la guerra aparece una vez más en el relato titulado «La tierra». En la guerra murió el único hijo que le quedaba a Juan, un hombre viejo, de orígenes campesinos. La respuesta instintiva de éste fue de una venganza atroz, que quería ejecutar con una gran navaja, de las llamadas de «lengua de vaca». A su vez, su violencia generó más muertes pues, en su intento de asaltar una trinchera enemiga, él también murió. Así, al fin, volvió muerto al seno de la tierra que le había sido arrebatada anteriormente, a la que quiso volver en vida y nunca pudo.

El relato «En la sierra» muestra un aspecto diferente del combate. Aquél era un tiempo de prueba que hacía aflorar los lazos de unión y la solidaridad de los individuos hasta extremos absolutamente insospechados. En tales circunstancias, la vida perdía todo su valor y la unión y la solidaridad adquirían el rango de valores fundamentales para los individuos. En este relato un padre mató a su hijo herido en la sierra para protegerle y evitar que cayese en manos del enemigo. Una vez que hubo recuperado el cadáver, el padre se suicidó, como si así intentase acompañar a su hijo en la muerte y estar unido a él.

La guerra en Levante

Solamente el relato «Bombas en la huerta» aparece ambientado en el Levante; más concretamente, en la huerta de algún pueblo valenciano o alicantino. En esta narración se nos explica que, en un bombardeo, murió el hijo de un campesino que toda su vida había trabajado la tierra con gran cuidado —y antes que él, sus antepasados—. Asimismo el bombardeo le destruyó parte de un bancal y de las acequias de riego que duraban desde la época romana. Para este campesino, la agresión siempre viene de fuera, mientras que la paz se encuentra en la tierra que cultivaba. La tierra aparece humanizada, y los canales de riego rotos aparecen presentados como la ruptura de las arterias que conducen la sangre —el agua— al cuerpo de la tierra. Una vez más aparece la guerra como elemento destructor de campos y de seres inocentes, como una rana, a la que el campesino, un ser aún dotado de ternura en medio de la destrucción, entierra con delicadeza; en un tiempo en que cavar la tierra parece que sólo se tuviese que hacer para sepultar a alguien.

En este cuento aparece una clara oposición entre el campo y la ciudad. Este tema también se repite en otros relatos como en «La tierra». Ésta representa la armonía, la vida; mientras que la ciudad representa la muerte y el origen de la misma, que llega al campo por medio de bombardeos. Se afirma explícitamente que la gente de la ciudad no entiende el valor de la tierra: «lo peor es que me ha destruido la tierra del bancal y la acequia. Talmente, como si me hubiera dado a mí en las entrañas. Porque, claro, ustedes, los de Madrid, no saben lo que es esto para nosotros [la tierra]. Pero nosotros, sí» (p. 30).

La vida cotidiana en el Madrid sitiado de 1936-1937

La serie más amplia de narraciones en este volumen —catorce en total— describe distintos aspectos de la vida diaria, dentro de los límites de «normalidad» que podían existir en un Madrid sitiado que, frecuentemente, sufría bombardeos de aviones o de piezas enclavadas en las trincheras de la Casa de Campo.

En el relato «Servicio de noche» encontramos una heroína de la guerra, casi anónima. Una telefonista, Lolita, que arriesgaba su vida en el edificio de la Telefónica, de Madrid, cuando éste estaba siendo bombardeado. Mientras todas sus compañeras huyeron al refugio, Lolita se quedó para conectar las clavijas en la centralita para que se pudiera hablar con París, «... para que el mundo supiera en el acto lo que pasaba en Madrid» (p. 23). Era un pequeño acto heroico, como tantos que protagonizó el pueblo combatiente. Gracias al heroísmo de Lolita se podía denunciar ante el mundo la locura que se estaba viviendo con la guerra.

En «Coñac» encontramos una respuesta distinta de la gente. Un personaje llamado Manuel se emborrachaba para aguantar el miedo que sentía a los bombardeos. Insensibilizado, perdía conciencia de los horrores que estaban causando dichos bombardeos y seguía aguantando en Madrid, a pesar del terrible miedo que sentía.

El relato titulado «Proeza» nos describe un ejemplo de irracionalidad y las consecuencias de los impulsos destructores que aparecen en el sitio de Madrid. De nuevo unos desvalidos trabajadores inmigrantes y unos seres inocentes —sus hijos— encontraron la muerte cuando un Junker aislado bombardeó una plazuela de Vallecas. Allí murieron la esposa y los cuatro hijos de un humilde trabajador que se ganaba la vida vendiendo pescado en Vallecas. Dos hijos más quedaron malheridos:

> Quedaron en la explanada veintitrés cadáveres y tres heridos. La mujer cayó muerta en la puerta de su casa. Los trozos de carne del niño estaban mezclados con

> los trozos de carne de la madre. La hija mayor —dieciséis años— cayó muerta sobre el cadáver de su hermana, de doce. Uno de los niños, de seis años, quedó tendido en el suelo, vivo, falto de un pie y la espalda abierta. Otro de diez años, ileso, pero echando sangre por sus orejas, reventados los oídos por las explosiones, salió corriendo, llevando a través del campo el cuerpo de la hermanita menor, de cuatro años. Lo llevó él mismo hasta la casa de socorro: había recibido el polvo de la metralla y tenía más de cien heridas diminutas en su cuerpecito.
>
> La niña estaba en la sala cuatro del Hospital Infantil del Niño Jesús. El niño estaba en la cama cuatro de la sala treinta y uno del Hospital Provincial de Madrid. El padre, como todas las mañanas, se había ido con un carro tirado por un borriquillo al mercado central de Madrid. Allí compraba unas cajas de pescado que después revendía en Vallecas. Así mantenía a sus seis hijos y levantó la casita, ladrillo a ladrillo (pp. 33-35).

En «Sol» aparece otra vez la destrucción y muerte ocasionadas por la guerra, acechando a las gentes que vivían en Madrid. Cualquier día podía llegar el momento fatídico. En esta ocasión, un habitante anónimo de Madrid —el barrendero-jefe— murió por los efectos de un proyectil de mortero mientras regaba y limpiaba la calle. El agua de riego se llevó su sangre fresca y la vida seguía. Aún en este ambiente, la gente trataba de disfrutar de los pocos momentos agradables que hallaban, como el sol de la mañana.

«Juguetes» presenta una más amplia variedad temática que los cuentos anteriores. En primer lugar nos describe cómo sólo lo grotesco ha quedado en el corazón de Madrid —un niño subnormal que vendía juguetes y que no había sido evacuado—. La guerra incluso había alterado la actividad de este niño, puesto que dejó de vender juguetes y empezó a vender insignias y galones.

En esta narración también se aprecia que la guerra dejaba un tanto descuidados —e incluso los volvía salvajes— a muchos niños que quedaban desatendidos: no iban a la escuela y, en sus juegos, se dedicaban a mimetizar las conductas de los adultos, pues deseaban castigar a una señora supuestamente filofascista que —decían— se alegraba de los bombardeos que sufría Madrid.

Con «El sargento Ángel», la guerra se nos presenta como una coyuntura que rompió las cadenas de muchos y les permitió progresar, tal como sucedía en el caso de Ángel, que ascendió a sargento. Pero también todo el supuesto valor de Ángel resultaba grotesco al compararse con Napoleón. A la vez, la misma guerra truncaba las expectativas de otros, como el torero El Nalguitas. Muchas cosas habían cambiado con ella, incluso la lengua, que había adquirido giros adecuados al momento, a la vez que seguía utilizando otros que ya eran previamente conocidos: la «ermita» era un bar, la «gasolina» era la bebida, «matarratas» era un aguardiente infernal, y la «chatarra» eran las prostitutas.

Pero, a pesar de todo, muchas cosas continuaban igual: en un ambiente degradado la prostitución convivía junto con la integridad de ciertos ciudadanos, como

Ángel, que guardaba lealtad a su mujer, atrapada en la zona nacionalista. En el fondo de todo aparece una mueca de escepticismo entre los combatientes, que piensan que aquel conflicto no se acababa «a bofetadas», sino que era algo mucho más intrincado y difícil de solucionar.

«Las manos» contienen la denuncia y la paradoja de ver que los prisioneros del bando sublevado eran gente que no sabían ni por qué combatían; quizá sólo por azar, pues tenían las manos sucias y encallecidas de haber realizado trabajos rudos toda su vida. Eran gente del pueblo que estaban siendo utilizados contra el mismo pueblo para no perder sus privilegios los que siempre los tuvieron.

En «Los chichones» se ve cómo la guerra transformaba a la gente anónima: los carpinteros acababan transformados en militares, aunque también es cierto que muchas personas anónimas quedaron mentalmente traumatizadas por la guerra. Un ejemplo sería el personaje Serafín, que ante cualquier ruido que oía creía que venían los bombarderos [29].

En «Refugio» encontramos los cambios que la confrontación bélica ocasionó en el clero. Una mayoría del mismo estaba alineado ideológicamente con los opresores del pueblo que querían que los pobres siguieran siendo más pobres. Sin embargo, una minoría del clero se comprometió con el ideal republicano. En este relato un sacerdote desciende a un refugio con el pueblo llano, como si simbólicamente volviera a las catacumbas. Junto a esta actitud del sacerdote, en el refugio aparecían las opiniones de gentes que no entendían nada de lo que pasaba y que preferían que la guerra terminara y todo continuara con las injusticias de siempre. Afortunadamente, la mayor parte del pueblo anónimo oculto en el refugio entendía que aquélla era una confrontación de ricos contra pobres. También lo entendió así este sacerdote y tomó decidido partido evangélico por los pobres.

En «Héroes» encontramos la solidaridad humana en los momentos de prueba que plantea la guerra. Una protagonista de la que no conocemos ni su nombre prefería que no la evacuasen para quedarse junto a los muertos, pero también para ayudar a los que luchaban. La solidaridad internacional resulta asimismo visible, pues uno de los personajes contaba que le enviaban azúcar desde Gran Bretaña.

«Piso trece» ejemplifica cómo la gente llega a insensibilizarse en la guerra, y para algunos, todo era como un juego. Un soldado que miraba con un telémetro fue descubierto y tiroteado por el enemigo, pero los disparos podían afectar a otras personas. Aquello no podía ser, en modo alguno, un juego.

El relato titulado «Argüelles» presenta ante nuestra mirada cómo la destrucción que originaba la guerra llegaba hasta las cosas más nimias de la vida diaria. La muñeca y las sillas rotas, el piano despanzurrado, los mostradores abandonados, vasos y

[29] Esto no era nada infrecuente. El mismo Arturo Barea sufrió el llamado «síndrome del bombardeo», por lo que tuvo que ser enviado un tiempo a un pueblo de Levante a reponer su salud.

botellas con posos de vino seco, o el zapato de mujer perdido en la calle, denuncian con su aspecto y situación la ruptura de toda normalidad. Sobre el piano anotaba Barea:

> Aquel piano que quedó inmóvil y solo en noviembre del año pasado, caído sobre una de sus patas rotas, mostrando la dentadura amarillenta de sus teclas, como un monstruo moribundo, da un grito: un casco de obús rompe sus cuerdas, hasta hoy tensas. La nota chillona retumba en toda la calle, en todo el barrio vacío (p. 111).

«Esperanza» es el único relato en que, a pesar de la dificultad del presente, con la muerte acechante, aún se contempla un rayo de esperanza en el futuro. La vida cambia y se revisan los valores del pasado; y, mientras está terminando un bombardeo al amanecer, empieza a percibirse la luz simbólica de un nuevo día.

Por último, «Plaza de España» nos parece un claro y logrado intento de resumir simbólicamente la lucha del pueblo de Madrid —y del pueblo español por extensión—. Las estatuas de Don Quijote y de Sancho [30] —el pueblo español— habían quedado solas en la «plaza» de España, interpuestas entre la bola del mundo que había detrás y la locura de los tanques y tropas marroquíes de enfrente. La lucha en la plaza de España, se convertía en un ejemplo simbólico para el mundo:

> Quien te colocó aquí y así, no supo lo que hacía. Pero hoy se ve claro. Frente a ti está la invasión, y tu mano alzada para el golpe. Detrás de ti, se eleva un obelisco que remata el globo terráqueo. Entre el mundo y los bárbaros, interpones tu figura y la de Sancho (p. 118).

8.3. *A sangre y fuego: Héroes, bestias y mártires de España*, de Manuel Chaves Nogales (1937) [31]

Este volumen [32] de narraciones breves del periodista Manuel Chaves Nogales fue terminado en Francia y editado en 1937 en Santiago de Chile. Aquel mismo

[30] Estas esculturas fueron hechas por el escultor Lorenzo Coullaut Valera [Marchena (Sevilla), 1876 / Madrid, 1932]. En 1915 ganó el concurso nacional para erigir un monumento a Cervantes, frente a los proyectos de cincuenta y cinco escultores más. Las esculturas fueron inauguradas en 1929, sin estar totalmente terminadas aún. Lorenzo Coullaut fue asimismo el autor del monumento a Bécquer en el parque María Luisa, de Sevilla.

[31] Cf. la nota biográfica sobre Manuel Chaves Nogales al final de este volumen.

[32] Los comentarios y citas de los primeros borradores los hicimos basándonos la obra de Chaves de 1937: *Heroes and Beasts of Spain,* New York, Doubleday, Doran & Co. 303 pp., traducido al inglés por Luis de Baeza. Al final hemos podido consultar una reedición del original de 1937: *A sangre y fuego: héroes, bestias y mártires de España.* Santiago de Chile, Edit. Ercilla, y sobre ella citamos. Este original aparece recogido en la obra de Manuel Chaves Nogales: *Obra narrativa completa,* Sevilla, Fundación Luis Cernuda / Diputación de Sevilla, 1993, vol. 2, pp. 599-842, que contiene una introducción de María Isabel Cintas.

año fue traducido y publicado en inglés en Nueva York. La edición neoyorquina —que fue la primera que consultamos— consta de un prólogo [pp. 1-11] y de nueve narraciones de unas treinta páginas cada una, lo que lo convierte un libro muy denso. Chaves decía que en él «cuento las cosas que he visto, con brutal franqueza».

Temáticamente se repite la idea de que, desatada la violencia, ésta hace aflorar las fuerzas destructoras, que no dejan espacio a la humanidad, al respeto a la vida, ni al individuo, ni permiten discrepancias ideológicas. El trasfondo bélico las cohesiona a todas ellas. En algunas narraciones, por debajo de la atmósfera de violencia, aparecen, tenues pero emotivos, chispazos de solidaridad y respeto entre personajes enfrentados, incluso por encima de militancias encontradas.

Formalmente, dichas narraciones tienen varias subdivisiones, a modo de pequeños capítulos, con escenarios distintos, marcados con una pequeña separación espacial en el texto. Suele predominar la narración en tercera persona, con breves diálogos intercalados en primera persona.

La acción de todas estas narraciones transcurre por igual en una y otra zona y, eso sí, tiene lugar en los primeros meses de la contienda. Ninguna sobrepasa 1936; y algunas, como «Bigornia», comienzan con la resistencia del pueblo de Madrid, el 19 de julio de 1936.

Muchos personajes —copia fiel de la realidad— hacen gala de un desprecio absoluto por el ser humano, que sólo es visto como aliado o como enemigo; y sólo en escasas situaciones aparecen chispazos de solidaridad entre oponentes. Muchos de estos personajes están muy logrados, perfectamente individualizados, y son de un gran realismo.

Alguna narración, como «¡Viva la muerte!», presenta unos rasgos estilísticos que dejan entrever en la tragedia y soledad de los personajes un estilo que luego puede encontrarse en el mexicano Juan Rulfo.

En conjunto, diríase que la muerte es un personaje invisible que se pasea por todas las narraciones, recogiendo una abundante cosecha de cadaveres con el solo esfuerzo de señalar con el dedo.

El tipo de situaciones, rasgos de personajes y hechos narrados, muestra —y ya el mismo Chaves lo afirmaba— que mucho del material recogido era información verídica sobre la guerra, convenientemente tratada como materia literaria.

Si a lo dicho añadimos la belleza de la prosa de Chaves Nogales y la variedad de situaciones y argumentos, todo ello nos da un volumen de narraciones de una magnífica calidad literaria, de gran intensidad, que lo hace muy digno de ser rescatado para la literatura española, para convertirle en un hito de referencia en su género.

Comentario de los distintos relatos

¡Massacre, Massacre! *(sic)* [33]

La «justicia» que se confunde con el asesinato, y los instintos criminales desatados por la guerra y la sed de venganza, son el punto de reflexión de esta narración. La acción se desarrolla en el Madrid bombardeado, cuya capacidad de respuesta emocional está ya saturada por tantas situaciones extremas vividas.

Esta narración posee aspectos marginales interesantes, como son la descripción de los escritores Rafael Alberti, María Teresa León, Bergamín y un francés de aspecto patético, líder de un escuadrón de aviación republicana —Malraux—:

> Un grupo de intelectuales antifascistas, en el que iban el poeta Alberti, con su aire de divo cantador de tangos, Bergamín, con su pelaje viejo y sucio de pajarraco sabio embalsamado y María Teresa León, Palas rolliza con un diminuto revólver en su ancha cintura, fue a rodear solícito al desolado francés que instantáneamente cambió la expresión desesperada de su rostro por una forzada y pulida sonrisa: ¡Salud, Malraux! ¡Salud, amigos! (p. 628).

Chaves presenta otro apunte de cómo ironizaban los madrileños sobre los bombardeos. En una imagen surrealista, un bombardeo era como una lotería del cielo, negativa: «el regocijo que se ve en las caras de la gente después de cada ataque, cuando se dan cuenta de que esta vez, [...] no habían recibido la muerte como premio de la lotería del cielo» (p. 614).

Pero esta lotería traía premios cada vez más gordos que alteraron mucho la vida: gente y oficinas se escondían en el subsuelo. En este ambiente, la «Escuadrilla de la Venganza» reaccionaba violentamente tras los bombardeos. En cuatro meses de guerra se había llegado a una situación en la que «la vida había perdido completamente su valor» (p. 617). Se mataba igual en las trincheras que en retaguardia.

Enrique Arabel era el líder de una patrulla de la que también formaba parte Valero [34], intelectual revolucionario, hijo de un militar faccioso. Arabel estaba convencido de que había muchos militares profesionales que eran «quintacolumnistas», por lo que preparó una treta para liquidarlos a todos. Insertó una nota en prensa diciendo que se iban a pagar atrasos; y aunque el Gobierno avisó que era falso, con esta treta se detuvo a quinientos —el padre de Valero entre ellos—. Sin embargo, el revolucionario Arabel dejaba libres a aquellos que pagaban un rescate. El padre de Valero resulta ser un personaje con una dimensión trágica: llevó una vida

---

[33] En la edición de Nueva York esta narración se titulaba «The Massacre», e iba colocada en el sexto lugar.

[34] Nombres simbólicos de la maldad y de la valentía.

humillante [35]; con la moral hundida tras el fracaso de Cuba, pagó los estudios universitarios de su hijo para ahorrarle aquella vida en el ejército. Cuando le parecía que las cosas se ponían bien con la sublevación, su hijo se acabó enfrentando ideológicamente con él.

Poco después, tras un bombardeo sobre Madrid que ocasionó dos mil muertos, muchos republicanos pensaron en asaltar las cárceles para vengarse. Arabel enardecía a la muchedumbre, aunque Valero intentaba disuadirlo. Al final fue imposible contener a la masa. Valero intentó dar una oportunidad a los militares presos invitándoles a luchar por la República, pero nadie aceptó. Tras esto, Arabel ordenó fusilar a ciento veinticinco oficiales. Se había llegado a un estado en que no había diferencia entre justicia y asesinato. Las autoridades republicanas no dieron cuenta de estos hechos, aunque sí de los muertos ocasionados por los bombardeos [36].

La gesta de los caballistas [37]

Comienza la historia en el cortijo de un marqués, entre Sevilla y Huelva, donde hijos y sirvientes acaban de asistir a misa [38]. Luego una partida, con el cura, un sacristán, criados, braceros y pastores incluidos —gente sin conciencia social— comienza a prepararse para limpiar la zona de «rojos». La escena muestra la unión de la nobleza y de la iglesia contra el pueblo llano, carente de conciencia de clase —al que utilizan, una vez más, para su propia conveniencia.

El marqués colaboraba con Queipo de Llano, con los «moros» y legionarios del capitán Dorado y con la partida del torero El Algabeño[39] —cuadrilla en la que iban los mejores caballistas de la aristocracia sevillana—. La filosofía del marqués aparece nítida:

---

[35] Aquí hay coincidencia con el análisis que realizaba Antonio Ruiz Vilaplana sobre la motivación de los militares profesionales para participar en la sublevación. Asimismo Alfonso Camín también afirmaba que «muchos de los sublevados son los mismos de nuestras últimas derrotas coloniales. Ahora es cuando se viene a hacer el saldo definitivo de Cavite y Santiago» [Cf. Alfonso Camín (1938): *España a hierro y fuego [diez meses con los sublevados en Castilla, en León, en Galicia, en Asturias]*, México, Editorial Norte, p. 282, comentada en este mismo volumen, cap. 7-2.

[36] Cf. p. 637. El asesinato de los presos filosublevados y fascistas por los republicanos en Paracuellos del Jarama, en noviembre de 1936, podría ser un referente histórico más inmediato para escribir esta narración.

[37] En la edición de Nueva York esta narración se titulaba «The Grandee's Cavaliers», e iba situada en tercer lugar.

[38] Sus hijas estaban una en Biarritz, otra en Gibraltar y una tercera en Cascaes, lugares de refugio para la nobleza española en peligro.

[39] En la edición de Nueva York se le cambia el nombre al torero y se le denomina El Malagueño (p. 74).

> El pueblo [...] siempre es cobarde y cruel. Se le da el pie y se toma la mano. Pero se le pega fuerte y se humilla. Desde que el mundo es mundo los pueblos se han gobernado así; con palo. De esto es de lo que no han querido enterarse esos idiotas de la República (p. 644).

Rafaelito, un hijo ideológicamente disidente del marqués, creía que los rojos eran gente de superior valía, pues, desde la Universidad, conocía a su líder, Julián *[El Maestrito]*, de Carmona. El marqués, defensor de un mundo rural sin conciencia política y social, responsabilizaba de la guerra a los mecánicos de Sevilla —mundo industrial, con conciencia de clase—, pues eran los que habían divulgado las ideas revolucionarias entre los campesinos.

La partida de caballistas llegó a un cortijo, donde vieron garabateado en las paredes el nuevo lenguaje lleno de odio de los «rojos»; y en Villatoro coincidieron con más soldados y falangistas que iban persiguiendo a los «rojos». Rafaelito era la excepción entre tantas fuerzas represoras, por lo que levantó sospechas. Estas fuerzas fueron emboscadas por El Maestrito y, en la lucha, aparece el militante comunista con su disciplina implacable [40]. A su vez, las fuerzas de El Maestrito fueron copadas por las fuerzas de El Algabeño, donde también iban «moros» y legionarios, que fusilaban a quienes tenían alguna marca en el hombro por haber utilizado armas de fuego. Cuando Rafaelito ayudaba a escapar a Julián, ambos fueron descubiertos y encarcelados en Sevilla —en un ambiente de lo más surrealista—. Allí reaparece la simpatía entre rivales. El Maestrito murió con hombría; Rafaelito pudo vivir exiliándose en Gibraltar, huyendo de la ignominia.

Y a lo lejos una lucecita [41]

La acción transcurre de noche en el Madrid sitiado. Un grupo de anarquistas, entre los que destacan Jiménez y Pedro —una especie de apóstol gentil que simbólicamente va en pos de la luz—, había terminado un trabajo secreto: cambiar municiones a un depósito oculto en los sótanos del Teatro Real, porque se habían fugado a territorio sublevado varios oficiales con información militar. Luego montaron guardia en la avenida de Salamanca —nido de espías y traidores—. Al ir a descansar a un palacio confiscado, escucharon a Queipo de Llano en la radio explicando cuál era el nuevo emplazamiento secreto del depósito de municiones. Esta noticia los sorprendió e hizo crecer en ellos el deseo de venganza ante el espionaje evidente del que eran objeto.

En su guardia nocturna descubrieron una lucecita que parpadeaba a lo lejos, trans-

[40] A lo largo de todo el volumen, Chaves critica repetidamente la disciplina ciega de los comunistas.

[41] En la edición de Nueva York esta narración se titulaba «And in the Distance a Light», e iba en primer lugar.

mitiendo en morse. Fueron a investigar, descubriendo a un comandante del ejército en la terraza de su casa. Al detenerlo descubrieron a otro enlace en la lejanía, mientras Pedro asesinaba al comandante sin casi saber ni quién era. El grupo localizó a un tercer enlace en un hotel: un oficial de aviación catalán, supuestamente leal, al que también asesinaron. ¡Aquello era una cadena de espionaje!, y había que destruirla.

El cuarto enlace era la esposa del anterior —mujer de gran belleza— que, cuando la amenazaron, contó todo. También fue asesinada fríamente. El quinto enlace recibió al grupo a tiros desde una casa abandonada hasta que, falto de munición, también cayó asesinado; así como cinco oficiales filosublevados, vestidos de miliciano. Jiménez no permitió la muerte de un servidor de los oficiales, regenerable para la causa. El sexto enlace —un burócrata— estaba en otra casa solitaria, y también fue asesinado. Con su muerte dejaron una viuda e hijos huérfanos. El séptimo enlace —un sacerdote gigantesco— estaba en la casa de un pastor, cerca de las líneas enemigas. En el enfrentamiento que siguió, antes de caer asesinado mató a tres milicianos. Aún descubrieron a un octavo enlace en la arboleda de un sanatorio de tuberculosos, que también fue asesinado fríamente. Este pasaje es particularmente esperpéntico —y simbólico—, pues el enfrentamiento, las denuncias de unos contra otros y los deseos de aniquilación también habían aflorado entre los enfermos del sanatorio. La búsqueda de la luz los condujo al sanatorio —a la locura, como resulta visible dentro del propio centro.

La red llevaba a las líneas enemigas, y hasta ellas llegaron Pedro y Jiménez, en busca de un final que no hallaban nunca. Persiguiendo a la «luz», aniquilaron a todos los enlaces enemigos, hasta que ambos fueron también abatidos por disparos desde la trinchera de enfrente. La luz es simbólica en esta narración [42]. En pos de esa luz —de la verdad— los revolucionarios dejan un reguero de muertos; todo ello realizado con el dogmatismo de quienes creen poseer la verdad, sin respeto para quienes no piensan como ellos. Su mismo dogmatismo, en la búsqueda de una luz que parece un espejismo, los introduce en una larga noche en la que Pedro y Jiménez hallan su propia muerte. De esta historia se desprende una evidente crítica del fanatismo y del dogmatismo milicianos.

La Columna de hierro [43]

En un cabaret valenciano irrumpió un grupo de componentes de la «Columna de Hierro», originarios de los bajos fondos de Barcelona. Unos ciento cincuenta o

---

[42] Repárese en la importancia que tiene la metáfora de la *luz* y la *claridad* en muchos escritos anarquistas de la época y en nuestra cultura occidental a través del Evangelio. Los autores anarquistas utilizaban frecuentemente esta imagen literaria en muchos de sus escritos y publicaciones.

[43] En la edición de Nueva York se titulaba «The Iron Column», y ocupaba el cuarto lugar, igual que en la edición de Santiago de Chile.

doscientos de estos «revolucionarios» habían desertado de las columnas anarquistas de Aragón, cuando Durruti mandó fusilar a varios de ellos para detener sus desmanes «revolucionarios». Después se dedicaron a extender el terror por la retaguardia, en las provincias de Castellón y Valencia. El Chino y El Negus[44] eran los líderes de dicha Columna. Es sintomático que sólo sean identificados por sus apodos —un rasgo de conducta primitiva, luego confirmada por sus actos.

En el cabaret, George —un personaje plano—, aviador británico borracho que luchaba por la República, no se asustó, sino que desafió y golpeó a El Negus. En vista de su valor, El Chino le propuso que se uniese a la Columna. Con George —personaje idealista y de buena fe— aparece Pepita, aparentemente un personaje secundario, pero muy interesante.

La Columna continuó con sus andanzas por pueblos de la huerta hasta que, en Benacil, se enfrentó con ellos el comité local, liderado por el republicano Pepet y el socialista Tomás. Todos ellos estaban dispuestos a defender su República democrática, pues creían que «estos canallas son los mejores propagandistas de Franco. A causa de la conducta de gente como ésta yo —afirmaba un huertano— he visto a viejos republicanos y demócratas auténticos, renegar de la revolución y desear el triunfo del fascismo» (p. 702). El sentido de la «justicia revolucionaria» que El Chino pretendía aplicar queda ridiculizado en esta narración, pues si los presos pagaban un rescate, no se aplicaba la «justicia».

Al final de la historia, al intentar llevarse a varios presos de la cárcel para fusilarlos, se produjo una situación contradictoria: la «Columna de Hierro» acabó defendiendo a los presos que quería matar y mató absurdamente a muchos componentes del comité local. En la barahúnda creada, Pepita —mujer fría y ya nada melíflua— ayudaba a los presos a escapar mientras empujaba a los componentes de la Columna de Hierro a seguir matando. Se creó así una curiosa metáfora de cómo el orden republicano era destruido desde la izquierda y desde la derecha.

Cuando George le pidió explicaciones a Pepita por su conducta, ésta respondió que actuaba de aquel modo porque era fascista:

> Eso que tú llamas pueblo es una banda de asesinos [...] Por ellos has venido a luchar románticamente. [...] ¿Te encuentras a gusto entre ellos? ¡Yo sí! ¡Yo los encuentro admirables! Pero no porque crea estúpidamente que van a redimir a la humanidad ni porque los considere capaces de otra cosa que de asesinar y robar, sino precisamente por eso, por su fuerza destructora, porque sé que ellos mismos son los que van a acabar con todos vosotros, con vuestra república y vuestra democracia. Yo no creo en el pueblo ni en sus virtudes. Creo en los héroes, en los hombres que saben mandar y obedecer y morir por su deber si es preciso (p. 711).

[44] Así llamado por su barba negra que le hacía físicamente parecido a El Negus de Abisinia. Asimismo José Gabriel [José Gabriel López] (1938): *La vida y la muerte en Aragón,* Buenos Aires, Edit. Imán, p. 132. anotaba que las fuerzas de El Negus estaban en el frente de Huesca en septiembre de 1936.

La historia concluye cuando la aviación republicana —con George como piloto voluntario— bombardeó a la «Columna de Hierro», hasta destruirla totalmente. En la narración se sugiere que todo el mundo era un asesino en potencia, y en George —un voluntario internacional— había un asesino más (p. 713).

El tesoro de Briesca [45]

En esta narración se reflexiona sobre la destrucción del patrimonio artístico, tanto popular como el de gran valía, y sobre el papel de artistas e intelectuales en la guerra. La gente pacífica —como Arnal— o leal —como un oficial republicano— no tenía espacio en aquella guerra.

En Madrid se constituyó un comité, a cargo de Arnal, para proteger y llevar a Madrid obras de arte de pueblos manchegos en peligro de ser abandonadas o destruidas. Sin embargo, los comités locales no permitían la salida de obras que, con la revolución, habían pasado a ser propiedad del pueblo. Para evitar su destrucción en bombardeos, se pensó en la solución de enterrar dichas obras en un lugar secreto, sólo conocido por Arnal y dos personas más. Arnal no pudo evitar que muchos otros objetos religiosos fueran quemados para que se calentasen los milicianos. Arnal reflexiona sobre su propia actitud: «Soy un cochino sentimental —pensaba—; un lamentable artista tan blando y tan incapaz para la revolución como todos los artistas y todos los intelectuales» (pp. 720-721).

Los otros dos milicianos murieron y sólo Arnal sabía dónde estaba el tesoro artístico, con el consiguiente riesgo de pérdida total si lo mataban, en medio de los estragos y del caos creado por el avance de los sublevados hacia Madrid.

Arnal se convierte un símbolo de la carencia de fuerza gubernamental para realizar acciones efectivas. Sin embargo, a pesar de la destrucción revolucionaria, Arnal admiraba a los milicianos que, aunque nunca habían conocido ningún confort ni riqueza, entregaban sin demora millones de pesetas encontrados: «Sentía una admiración profunda por aquel pueblo de locos, de asesinos, quizás, que tal desprecio hacía de la riqueza, de los bienes materiales, de todo cuanto suele arrastrar a los hombres a la guerra, a la revolución y al crimen»(p. 729).

Arnal también tuvo otras dificultades, como el enfrentamiento con bandas de ladrones; pero entendía que salvar el arte era algo secundario, cuando los hombres morían a millares y actuaban como salvajes.

Cuando se enteró de que en Madrid se estaba quemando el palacio de Liria, propiedad del duque de Alba —que parece que había ordenado su bombardeo a los aviadores fascistas para destruirlo, antes que dejarlo en manos de los mili-

[45] En la edición de Nueva York se titulaba «The Treasure of Briesca», e iba situada en quinto lugar.

cianos—, Arnal creyó que había llegado la hora de la destrucción de todo el legado artístico y de no salvar nada de la furia de las masas.

Al final, el pueblo se rehizo y, gracias al sacrificio de los milicianos —el pueblo—, Madrid no cayó; pero Arnal murió, llevándose consigo el secreto del tesoro de Briesca y contribuyendo como otros, aunque de distinta manera, a la destrucción y pérdida del patrimonio artístico español.

Los guerreros marroquíes [46]

Del tema de los moros que combatían junto a los sublevados, mucho se ha hablado al historiar la guerra española, pero ha sido más bien poco tratado como materia literaria. Sin embargo Chaves lo aborda en este relato.

Mohamed había sido capturado en los Picos de Almanzor, de la Sierra de Gredos —por esta irónica precisión toponímica, resultaba que aquélla era su tierra—. Mohamed despreciaba a los republicanos por su poca puntería y escasa valentía, pues, estando herido, aún hirió a dos milicianos y puso en fuga a otro más, antes de enfrentarse con un pastor de aspecto y modales primitivos. De nuevo luchaban el bereber y el campesino castellano, como lo habían hecho durante ocho siglos antes. Esto daría la clave de por qué regresaban ahora los moros: como revancha de su anterior expulsión de España.

El pastor capturó al «moro» y lo llevó a un pueblo como si fuera una pieza de caza. Aparte de la confusión existente, mientras se desangraba aparecieron las distintas tendencias de la zona republicana expuestas en forma de opiniones sobre qué hacer con el: llevarlo a Madrid, dejarlo libre para redimirlo y hacer un ciudadano anarquista libre; integrarlo en las milicias comunistas, o matarlo. Un juego irónico de equívocos desconcierta a Mohamed: cuando cree que lo van a fusilar, le sacan una foto; y, después de curarlo unos fantasmas blancos —médicos— lo intentaron fusilar, cuando creía que iban a sacarle otra fotografía.

En una segunda parte de la narración, un cadí, amigo inseparable de Mohamed, estaba triste por su desaparición, aunque tenía ante sí una tierra rica, lista para la depredación: España. Para animarlo y vengar la muerte de Mohamed, un oficial legionario le había jurado que le traería un montón de orejas de enemigos; bravuconada que cumplió al día siguiente.

Frente a Madrid —ciudad que veían como un rico palacio de las Mil y Una Noches—, los republicanos ya no retrocedían. El caíd también fue apresado; esta vez, por un valeroso mecánico que evitó que lo fusilaran. Ambos tenían similar complexión, como si fueran de la misma raza —guiño al lector, para enfatizar aún

[46] En la edición de Nueva York se titulaba «The Moors Return to Spain», e iba situada en segundo lugar.

más el absurdo de la guerra—. En el camino apareció una chispa de humanidad: «mientras él [el caíd] estaba seguro de que sus hombres no se darían cuenta del gesto, cogió la mano del miliciano y le dijo: "Moro estar agradecido"» (p. 756). En Madrid surgió de nuevo la divergencia de opiniones sobre qué se debía hacer con él, hasta que acabaron fusilándolo. Surgía de nuevo el lado más negro y destructivo de la condición humana.

¡Viva la muerte! [47]

En esta narración la conducta de los sublevados y su supuesta superioridad y exquisitez humana queda en mal lugar, comparada con la del pueblo llano que, en el fondo, era mucho más humano y comprensivo con sus semejantes.

La acción tiene lugar durante los primeros días de la sublevación en un hotel de Miraflores —un pueblo de veraneo de la sierra de Guadarrama—. La revolución había alterado la relación entre dos clases sociales allí representadas: clientes —como el abogado conservador Sr. Tirón, un personaje plano, pero no por ello menos repulsivo—, y el personal de servicio del hotel —Pascual, Rosario, Carmen y Adela, miembros del comité local—. Tras el fracaso de la sublevación, el grupo de los clientes ensayó tácticas amables con los trabajadores; pero las relaciones cambiaron, pues —simbólicamente— todos tenían que colaborar para preparar la cena: «la revolución social triunfaba y todos tenían el deber de trabajar» (p. 766).

Después de rogar mucho a Rosario, el Sr. Tirón consiguió que ésta se compadeciera y le diera la documentación de Pascual para escapar. Por lo demás, en Miraflores, los «pacos» emboscados diezmaban a los milicianos; y estos «pacos» eran cazados como animales salvajes [48].

La segunda parte de la narración se desarrolla en la Plaza Mayor de Valladolid. Había sido convertida en teatro máximo del fascismo español, con una parada militar con uniformes, himnos italianos y alemanes, desfile de «Pedritos» y «Flechas», falangistas, legionarios descamisados y la entrada triunfal de Franco a caballo con su guardia mora. Sorprendentemente, Franco no pudo dirigirse a quienes lo aclamaban debido a una afonía. En su lugar, el Sr. Tirón se encargó de honrar a los héroes «asesinados por la canalla roja». Con la retórica fascita, ampulosa y huera, cargó los tintes en describir el asesinato del jefe falangista de Sanbrian [49]; y aunque la parte final evidenciaba claramente la barbarie de los sublevados, no pareció que

[47] En la edición de Nueva York se titulaba «Long Live Death!», y aparecía colocada en séptimo lugar.

[48] Idéntica idea de caza aparecía en la conducta del pastor, en «Los guerreros marroquíes», otra de las narraciones de Chaves, tratada en este artículo.

[49] Este pasaje (pp. 772-774) tiene un parecido estilístico con el estilo narrativo del mexicano Juan Rulfo.

ésta importase mucho a los que escuchaban. Terminado el acto, un Batallón de legionarios desfilaron «como toreros», llevando sus fetiches religiosos, banderas con tibias humanas y medallas con inscripciones religiosas.

En los cafés, el Sr. Tirón se enteró de la toma de Miraflores y de que hombres y mujeres habían sido traídos presos a Valladolid para fusilarlos el día siguiente. Aunque supo que estaban las tres criadas, nada hizo por salvarlas. Él parecía estar más a tono con la locura de la gente de la calle y con los soldados que gritaban: «¡Viva la muerte!».

Bigornia [50]

En este relato, junto con varios pasajes cómicos, aparece uno de los personajes más originales y logrados del volumen: Bigornia; ser primitivo, fuerte y grandullón —una especie de Hércules hispano—. Este ser grande y duro, trasunto simbólico del pueblo español, vivía con un pie en el pasado, por su forma de organización, y con el otro en la militancia de un proletariado semiurbano. Todo él es un símbolo de las cualidades humanas del pueblo español en la lucha contra el fascismo [51].

Bigornia, engendrador de una numerosa prole a un ritmo que no habían podido aguantar sus dos primeras esposas —por lo que murieron—, vivía con 12 ó 14 hijos de los 22 engendrados. Su vena creadora lo llevaba a fabricar máquinas inútiles con chatarra del Rastro y pistolas para la lucha sindical durante la dictadura de Primo de Rivera, aunque en 1936 los revolucionarios ya no visitaban su casa. Con la sublevación, Bigornia fue corriendo a la toma del Cuartel de la Montaña y fue el primero en entrar blandiendo su martillo de herrero y haciendo ostentación de gran coraje.

Al igual que en otras narraciones, Chaves da gran cantidad de detalles para mostrar con toda su crudeza qué grados de crueldad es capaz de alcanzar el hombre.

En el Cuartel de la Montaña descubrieron a un grupo de oficiales que se rindieron, pero fueron igualmente fusilados; cosa que molestó a Bigornia y preguntó quién lo había ordenado: «Yo, le replicó un miliciano comunista que entró en el cuartel al mismo tiempo que él [...] Era un joven afeitado, fino, las manos cuidadas, bien vestido» (p. 793). Por la noche vino la celebración de la victoria. Las bandas de música ensayaban *La Internacional,* pero aún no les salía bien; y Bigornia se fue a su casa.

---

[50] En la edición de Nueva York se titulaba «Anvil», y aparecía en octavo lugar. La Bigornia es un yunque de dos puntas opuestas, y nos parece que es ilustrativa de la intencionalidad y simbolismo del nombre en el personaje que lo recibe.

[51] Este personaje tiene un cierto parecido con el del tío herrero que aparece citado en la *La forja,* de Arturo Barea, primera novela de su trilogía *La forja de un rebelde.*

Días después Bigornia fue llamado para detener el avance en Andalucía. Aunque ya tenía cincuenta años y había perdido parte del vigor juvenil con el que había derrotado a un luchador japonés, sin embargo aún tenía éxito con las mujeres. Destinado a una unidad de tanques viejos que él mismo reparaba, iba por la Mancha como un Quijote moderno [52], mecanizado. En Extremadura, ante la desbandada general, mantuvo una heroica conducta frente a la caballería mora, pero la cobardía le molestaba tanto que se retiró, trayéndose a su casa a una mujer y a su hija exhaustas, a las que había encontrado por el camino.

Tiempo después, el comunista Luis lo buscó para que tripulara tanques rusos recién llegados. En el frente de Madrid, la Columna de tanques estaba mandada por Iván —un oficial soviético, al que Bigornia españolizaba llamándole Juanito—. En el frente de Madrid, el dúo Bigornia-Juanito —la fuerza y la inteligencia unidas; la República Española y la Unión Soviética— diezmó a los atacantes. La infantería, conducida por Luis, derrochó gran valor. Bigornia tenía una conducta temeraria, como para demostrar de qué era capaz el arrojo español; y aún rescató a Luis herido. Los tres —valentía española, técnica soviética y acción del Partido Comunista— pulverizaron a los sublevados. El clímax del relato aparece cuando su tanque se prendió fuego y con las llamas que lo envolvían, abrasándolo, Bigornia aún consiguió regresar a las líneas leales, quedando medio carbonizado: «Del volante arrancaron también dejándole adherida la piel de las manos una forma humana tumefacta y monstruosa que aún daba señales de vida: Bigornia» (p. 815).

Consejo obrero [53]

En esta narración encontramos otro de los personajes más interesantes de todo el volumen: Daniel [54]; personaje mal visto en todas partes, porque sólo pretendía vivir libremente, en paz. Antaño no tomaba partido por los jefes de la fábrica; luego tampoco lo tomó por la revolución, en un momento en que la propia dinámica de la guerra lo exigía. Por eso durante la revolución era considerado un traidor por los miembros del comité de la empresa, pues era rebelde y no se plegaba a amenazas, aunque era un proletario genuino. Antes de iniciarse la guerra, la burguesía lo despreciaba por lo mismo: «por miedo. Miedo a la libertad» (p. 837).

Daniel y su amigo Bartolo estaban siendo interrogados por un consejo obrero, pero fueron liberados. Sentían miedo y deseaban abandonar aquella fábrica. Para

[52] Figura muy querida y alusión muy repetida luego por los republicanos exiliados, para referirse a la guerra y a su propia situación personal.

[53] En la edición de Nueva York se titulaba «The Workers' Council», y aparecía en noveno lugar también.

[54] Daniel pudiera ser un «alter ego» de Chaves Nogales.

conseguir cierta protección, decidieron ingresar en una organización anarquista, pues no querían someterse a los «hipócritas comunistas» *(sic).* Para ello buscaron el aval de Felipe, herido en el frente, que estaba en la brigada de ejecuciones de la prisión de Madrid. Conseguido el objetivo, abandonaron la fábrica y Daniel escribió una carta denunciando la cobardía del comité en huelgas pasadas. Por este motivo, Carlos, el presidente del comité, telefoneó al Servicio de Inteligencia para que los investigase.

La revolución no había mejorado las condiciones de los trabajadores, y sólo lo había introducido algunos cambios formales. Las secretarias repetían muchas cartas por no comenzarlas con un «Camarada»; Tudela, el conserje, continuaba llevando su uniforme y el cambio de jefe era sólo formal: dueños y revolucionarios le seguían pareciendo nefastos a Daniel. El capataz, Valentín, se salvó porque tenía que enseñar cómo funcionaban las máquinas, pero lo querían fusilar. Al final se producen varias situaciones contradictorias. Cuando Bartolo iba a ser fusilado se lo liberó, para ser asesinado por el camino por los mismos anarquistas, por creer que les había mentido.

Daniel fue expulsado de la fábrica por su «resistencia a las organizaciones de trabajadores». Sin trabajo y rendido por el hambre, fue a pedir pan a un cuartel comunista, donde le dijeron:

> El pan [...] es para los hombres que luchan por la revolución [...] El comunista lo miró receloso. ¿Todavía un fascista emboscado? ¡Bah! Un pobre diablo sin conciencia revolucionaria, concluyó. Para ir a morir al frente serviría, sin embargo. Le pusieron en una mano un plato de comida y le entregó un fusil [...] Así murió batiéndose heroicamente por una causa que no era suya. Su causa, la de la libertad, no había nadie en España quien *(sic)* la defendiese (p. 842).

8.4. *Entre dos fuegos,* de Antonio Sánchez Barbudo (1938)

En 1938 las ediciones de *Hora de España* publicaban un breve volumen de relatos, *Entre dos fuegos* [55], que recibiría el Premio Nacional de Literatura [56], junto con *Acero de Madrid* de José Herrera Petere [57] y que, a pesar de su interés, no ha sido reeditado. Sánchez Barbudo, a la sazón secretario de redacción de la revista,

---

[55] Antonio Sánchez Barbudo: *Entre dos fuegos. Narraciones (1937-1938).* Barcelona, Ed. Hora de España, 1938 (Junio), 190 pp. Viñeta de Ramón Gaya alusiva al relato que da título al volumen.

[56] Ambas fueron objeto de sendas reseñas en *Hora de España:* Rafael Dieste: «*Entre dos fuegos* de Antonio Sánchez Barbudo», en *Hora de España,* XVIII, 1938 (Junio), pp. 45-48. Vicente Salas Viu: «Un sentido de la prosa. Carta abierta a Herrera Petere sobre su libro *Acero de Madrid*», en *Hora de España,* XX, 1938 (agosto), pp. 57-58.

[57] José Herrera Petere: *Acero de Madrid,* Barcelona, Nuestro Pueblo, 1938; 2.ª ed., Barcelona, Laia (Paperback, 44), 1979.

iniciaba con él una producción narrativa que continuaría con *Sueños de grandeza* [58] y una serie de cuentos nunca recogidos, aparecidos en revistas del exilio como *Romance*.

El volumen reúne cinco relatos de diversa extensión y temática [59]. El primero, «Días de julio», refleja el estallido de la guerra civil en un pueblo de la España profunda que queda en zona republicana. En el segundo, que da título al volumen, Juan Maldonado salva de la brutalidad de un soldado enemigo (que parece un legionario) a una muchacha de un pueblo que ha quedado «entre dos fuegos». Acompañaremos a un centinela en su vigilancia obsesiva y alucinada en el relato «En las trincheras». «Los Cuatro» es el homenaje a los combatientes anónimos caídos en la lucha. El último, «La casa de los Ramírez», presenta el horror de la represión fascista en un pueblo de Galicia. Son cinco relatos independientes que, sin embargo, responden a un común denominador, la guerra, de la que se da una visión fragmentaria, pues la inmediatez de los hechos dificulta el distanciamiento propio de la síntesis épica.

A diferencia de buena parte de la narrativa de la guerra que, cuando toma aquellos días iniciales como materia narrativa, centra la acción en Madrid y Barcelona —lo cual, por otra parte, es esperable—, «Días de julio» nos traslada en esas fechas a un pueblo manchego de aquellos que había visitado Sánchez Barbudo con las Misiones Pedagógicas. El tópico inicial: «En una casa medio derruida, junto a extraños objetos cubiertos de polvo, restos todos de una intimidad deshecha, hemos encontrado un manuscrito. No sabemos quién pueda ser el autor de estas notas que recogen impresiones personales de los primeros días de la sublevación, y son además el relato de algunos sucesos ocurridos entonces» (p. 9) como recurso al anonimato subraya por su propia obviedad el tono autobiográfico y el lector no dudará en identificar autor, narrador y protagonista en una sola persona. La acción progresa linealmente desde la llegada al pueblo de nuestro protagonista —contacto con las gentes, tensión ambiental, sublevación y ocupación del lugar por la Guardia Civil y reconquista del mismo por las gentes del pueblo— hasta su vuelta a Madrid para incorporarse a las milicias que parten hacia el frente. Sin embargo, como ya señalara Salas Viu [60], el texto no es exclusivamente narrativo. El protagonista ante el paisaje manchego evoca a don Quijote e inicia una apasionada y unamuniana divagación sobre cómo escapar de su angustiosa e íntima soledad e ir «hacia la ver-

---

[58] Los primeros capítulos aparecieron en cuatro entregas sucesivas en *Hora de España*, en los cuatro últimos números, de agosto a noviembre de 1938. La novela, completa y corregida, fue publicada en Buenos Aires, Ed. Nova, 1946. V. Antonio Sánchez Barbudo: *Sueños de grandeza*, Barcelona, Anthropos (Memoria Rota, 36), 1994. Prólogo de Gemma Mañá Delgado.

[59] El primero, el tercero y el último habían aparecido en *Hora de España*, V, 1937 (mayo), pp. 81-95; XI, 1937 (noviembre), pp. 51-54; XIII, 1938 (enero), pp. 39-59. El volumen no reproduce todas las viñetas de Ramón Gaya.

[60] Vicente Salas Viu: *loc. cit.* en n. 2.

dad desnuda, hacia la verdad conquistada duramente, verdad hecha carne y sangre... Salir es el prodigio... Huir de la prisión por albedrío» (p. 13). Sólo en la segunda parte, en el café humilde se siente al fin acompañado: «Hombre ante estos hombres. Ir con ellos era ir a la verdad, a la justicia, a la dignidad. Algo último y noble nos acompañaba» (p. 31). Salir, huir de su aislamiento ya no puede ser sino al lado de esos hombres: «Hacia el único lado posible, hacia la claridad; si no la vida sería luego como un terrible engaño» (p. 32).

El segundo relato de *Entre dos fuegos* se sitúa en tierras de Guadalajara un año después de iniciada la guerra. La «moral revolucionaria» de Juan Maldonado le hace enfrentarse a un enemigo (en un duelo que parece salido de un «western») y salvar y llevarse consigo a una muchacha de un pueblecito que ha quedado en «tierra de nadie» y que él observaba desde el parapeto. Pese a la simplicidad de la acción, la complejidad de puntos de vista es notable: el relato clásico en tercera persona alterna con un «nosotros» inclusivo, más el estilo indirecto libre para seguir las reflexiones de nuestro protagonista sin interferencias externas. En este caso además el relato tiene una estructura alternante de progresión climática muy marcada con dos puntos culminantes que contrastan entre sí, las dos incursiones al pueblo: la primera, con el estupor del personaje; la segunda, con su actitud decidida. Cada una viene precedida de una secuencia eminentemente estática: la contemplación del pueblo desde las trincheras, y las reflexiones del protagonista tras el primer encuentro con la muchacha. El desenlace tras el duelo, como no podía ser menos, es rápido y abrupto. Por su parte, Maldonado alcanzará la libertad personal respetando a la muchacha en nombre de una lección moral explícita: «Ahora comprendía que el peso de "lo moral" es muy leve; era como el viento. Y éste es el prodigio. Todo es sutil en torno suyo, y sostener el equilibrio en el interior de nosotros, sostener en alto su bandera, sin dejarla arriar nunca, éste es nuestro difícil y bello papel» (p. 67).

«En las trincheras», la tercera, es la más breve de las narraciones. En sus ensoñaciones el centinela Joaquín García ve desdoblada su personalidad en su yo real y otro yo, solidario del cadáver de un comandante fascista que yace junto a su coche abandonado. Su pesadilla se resuelve en la sorpresa final del fugitivo que logra llegar a salvo a las trincheras de los suyos. La voz narrativa en tercera persona se ve interrumpida por la apelación al lector («Llegáis...», «Allí podéis ver...») con un recurso que el *Romancero* heredó de la épica. Ello no impide que este cuento sea el más subjetivo e introspectivo al dar entrada a notas onírico-surrealistas en el tratamiento literario de un suceso frecuente en los primeros meses de la guerra: el paso de unas líneas a otras para reunirse con los ideológicamente afines.

La más extensa [61], «Los Cuatro», ofrece, como señalaba Rafael Dieste, páginas de gran aliento épico al relatar una acción bélica en la zona centro —en Guadalajara—,

[61] Comprende 58 páginas. Los otros tienen 46, 24, 12 y 41 páginas respectivamente.

en la que los protagonistas «con una modestia infinita, realizan su hazaña» [62]. Es un homenaje a los combatientes anónimos caídos en la lucha, cuya muerte se nos ofrece como ejemplo. Son cuatro jóvenes de muy distinto talante y extracción social entre los que difícilmente se establece una comunicación profunda. La soledad de cada uno quedará vencida por la fraternidad heroica de su hazaña que los conduce a la muerte. Solitarios, pero solidarios en un ideal: la lealtad a la patria [63]. El autor se incluye en un plural retórico de modestia, identificable con el «yo» que transcribe «en esta verídica narración una breve noticia de su vida y su muerte» (p. 89). Las palabras que la cierran insisten en la veracidad de lo contado: «En el hospital yo lo vi días después y fue entonces cuando me contó esta historia que ahora aquí transcribo» (p. 143).

El útimo relato, «La casa de los Ramírez», es casi una novela corta. Cuando Rafael, el hijo de los Ramírez, llega a Rianso aproximadamente un mes después de iniciada la guerra, se entera de que la represión también se ha cebado en algunos de sus mejores amigos, y reflexiona así:

> Pero era otro mal más bárbaro y fuerte, más real el que ahora poseía a Rianso, era la muerte [...]. Ahora Rianso estaba ya vencido. Eran tan sólo los civiles y los falangistas, una caricatura del mal, sí, la nada; pero era la muerte. Eran fantasmas disfrazados risiblemente, fantasmas ebrios, estúpidos, seres vulgares vestidos de máscara; pero asesinaban con crueldad. Habían destruido la paz de su aldea, el sueño y la poesía que allí antes anidaban (p. 175).

Don Nicolás, su padre, hidalgo chapado a la antigua, es capaz de tomar una heroica decisión que le costará la vida por defender la verdad en la que creía su hijo, víctima a su vez del «crimen envuelto en la charanga». Don Nicolás repetirá desde entonces de una forma obsesiva: «La verdad los mata», dirigido a los falangistas y guardias civiles enseñoreados de su aldea. Verdad y mentira, correlatos del bien y del mal, centran temáticamente el relato. Personajes y lugares se engarzan en los recuerdos de un viaje a Galicia que el autor realizó con Rafael Dieste [64]. El terrible y trágico final en ese *cementerio marino,* al que sólo se puede llegar bajo la luz de la luna, nos recuerda el cementerio marino que hallamos *En la costa de Santiniebla* [65] de Luis Cernuda.

[62] Rafael Dieste: *loc. cit.* en n. 2.

[63] Así se siente Arturo Saavedra al inicio de *Sueños de grandeza.* En otro lugar —véase el Prólogo a *Sueños de grandeza* en n. 4— ya he señalado sus raíces unamunianas.

[64] Los pormenores de este viaje en Antonio Sánchez Barbudo: «Rafael Dieste, el elocuente y genial amigo» en *Rafael Dieste. La creación como el puro amanecer constante de la palabra,* Barcelona, Anthropos *(Documentos A. Genealogía científica de la cultura,* 1) 1991 (enero), p. 25-31.

[65] Luis Cernuda: «En la costa de Santiniebla» en *Hora de España,* X, 1937 (octubre). También en Luis Cernuda: *Prosa completa,* Barcelona, Barral (Bibl. Crítica), 1975, p. 1.187-1.211. Ed. de Derek Harris y Luis Maristany. En esta narración trata de la existencia, en una ría gallega, de un cementerio submarino adonde van a parar las víctimas de la represión.

Es difícil someter estos relatos a un análisis uniformador. No obstante, se pueden apreciar una serie de rasgos —selección de la materia narrativa, tono, ejes temáticos y motivos o tópicos recurrentes, alusiones literarias, etc.—, que nos dan esa sensación de unidad que nos lleva a considerarlos como un conjunto dominado por unos mismos planteamientos estéticos.

La selección de la materia narrativa permite establecer dos grupos. Uno está formado por los relatos primero y último cuyas fuentes autobiográficas, junto con el aprovechamiento de episodios conocidos, son perfectamente rastreables. En sus recorridos por la geografía española como miembro de las Misiones pedagógicas, Antonio Sánchez Barbudo fue testigo, semanas antes de estallar la guerra, según cuenta en un breve texto testimonial [66], de los graves sucesos ocurridos en Yeste a finales de mayo de 1936 [67], que «fueron como una llamada de clarín a la lucha inevitable» [68]. Con Rafael Dieste llevaron a cabo una importante «misión» en 1933 por Galicia y la estancia se prolongó en unos días de asueto, parte de los cuales transcurrieron en la casa familiar de los Dieste en Rianso. En «La casa de los Ramírez» rinde homenaje nuestro autor a su amigo —el protagonista lleva su patronímico— y a su familia en los entrañables retratos de doña Clotilde y don Nicolás, padres del Rafael de ficción, y en el recuerdo de los hermanos emigrantes. La casona hidalga con escudo en la fachada y balcón corrido con vistas a la ría en la que moran los Ramírez no es sino el trasunto de la casa familiar de los Dieste. La brutalidad de la represión fascista en Galicia dio lugar no sólo al relato de Cernuda, sino a otros testimonios [69]. El otro grupo lo constituyen los tres relatos cuya materia no es detectable ni a través de la biografía del autor ni de episodios conocidos, lo que les da un sentido generalizador. Los del primer grupo pueden situarse geográfica y temporalmente con gran precisión; pero no así los del segundo, en los que las alusiones a lugar y tiempo son mucho más vagas.

El tono dominante es una tensión entre lo lírico y lo épico que se mantiene en

[66] Antonio Sánchez Barbudo: «Los sucesos de Yeste» en *Hora de España,* I, 1937 (enero), 49-51. Varios personajes de este apunte pueden reconocerse en «Días de julio»: las señoras beatas, el odioso jovencito de la fonda, un muchacho que recuerda al telegrafista y los firmes y recios campesinos.

[67] Años después, Juan Goytisolo en *Señas de identidad,* [1.ª ed. México, Joaquín Mortiz, 1966; pero citamos por 1.ª ed. española, Barcelona, Seix & Barral (Bibl. Breve, 392), 1976, p. 110 y p. 130 y ss.] al buscar respuesta a la causa del fusilamiento de su padre en Agosto de 1936 en Yeste, donde la familia poseía unas tierras, encuentra el motivo en la brutal represión de los campesinos en mayo de 1936.

[68] Vicente Salas Viu traza un vigoroso retrato del alcalde de Yeste, figura clave de la resistencia a la Guardia Civil, en *Diario de guerra de un soldado,* Barcelona, Ejército Popular, 1938, 2.ª ed., Hispamerca, Madrid, 1977, pág. 44.

[69] Puede leerse un estremecedor testimonio de la sublevación y represión en Galicia en Manuel D. Benavides: *La escuadra la mandan los cabos,* México, Roca, 1976. Primera Parte, cap. IV: «Verde con sangre», pp. 89-121. Un testimonio plástico en Alfonso R. Castelao: *Galicia mártir,* Madrid, Akal, 1976. También en la obra de Alfonso Camín: *España a hierro y fuego,* comentada en el capítulo anterior.

equilibrio y que ya señalaban tanto Dieste como Salas Viu aunque con distinta valoración en cada caso. Según Dieste, «desaparecer en cierto modo como artista para que sólo quede el vínculo de luz que enlaza invisiblemente el mundo con el alma... en la intención y en las victorias de este libro, es algo más que motivo y fruto de un plan estético». Se trata de un vínculo de doble proyección, tanto en el plano estético como en el moral, indisolublemente unidos.

Salas Viu compara *Acero de Madrid* y *Entre dos fuegos* en su búsqueda de un nuevo sentido de la prosa en una circunstancia clave: la guerra. Destaca en esta búsqueda el forcejeo de Herrera Petere y Sánchez Barbudo «por que no adquiera una forma poemática, la que ha de ser en absoluto narrativa». A diferencia de Dieste, habla de «un lirismo formal, una expresión que a toda costa quiere ser verso» y acusa más la lucha entre lo lírico y lo épico en Herrera Petere («tono ditirámbico», «resabios de poeta») que en Sánchez Barbudo.

Estos relatos apuntan a unos conceptos y actitudes —*la salida* en busca de los demás, la *solidaridad,* la *moral revolucionaria,* la búsqueda y manifestación de la *verdad*— que conforman el ideal del hombre nuevo. Todos ellos se resumen en el leitmotiv de la «claridad», «de una vida más clara» que también puede rastrearse en otros textos del momento. Su presencia en «Días de julio» junto con el componente autobiográfico es un elemento de engarce entre estos relatos y *Sueños de grandeza.* Y en otro momento escribe: «Cuando la guerra pase, cuando podamos pisar de nuevo todos los pueblos de España, las ruinas que nos queden ya no serán dictadoras, ni las almas frescas vivirán encerradas. El soplo de los muertos habrá transformado el silencio. Habrá transformado la vida. Y nuestro corazón estará triste aún, mas sobre la tierra regada con sangre se levantará una *clara esperanza»* [70]. En esta búsqueda de la claridad, Sánchez Barbudo no hace sino seguir las pautas estéticas que se perfilaban en las palabras leídas por Serrano Plaja ante el II Congreso de Escritores en Valencia:

> Por nuestra parte, de esa revolución que rompe con el pasado, queremos ir a la tradición. Queremos aprovecharnos de todo cuanto en el mundo ha sido creado con esfuerzo y *clara conciencia,* para, esforzadamente, enriquecer, siquiera sea con un solo verso, con una sola pincelada, con una sola idea que en nuestro convivir logremos, esa *claridad creciente del hombre.* Porque, efectivamente, somos humanistas, pero del humanismo éste que se produce en España hoy [...] Entendemos el humanismo como aquello que intenta comprender al hombre, a todos los hombres, a fondo [71].

[70] Antonio Sánchez Barbudo: «Los pueblos destrozados» en *Hora de España,* IX, 1937 (septiembre), pp. 51-53; v. también «Apuntes (Sobre el genio español)» en *Hora de España,* VI, 1937 (junio), pp. 67-69, donde afirma que tras siglos de dualidades (real/ideal; mística/pícaro...) se perfila en el nuestro la búsqueda de una síntesis, ejemplificada en Unamuno. La lucha actual es la realización de ese «sueño». España nacerá de ella «*clara* y universal». La juventud guardaba la esperanza de un mundo mejor y este era el momento de realizarla.

[71] «Ponencia colectiva» en *Hora de España,* VIII, 1937 (agosto), pp. 81-95.

Quizá por ello Rafael Dieste puede calificar así el libro de su amigo: «... lo vemos entrar con su porte sencillo, naturalmente sutil y apasionado, allí donde sólo entran del todo, jóvenes o viejos, *los libros de mirada clara:* "en plena literatura"» [72].

El personaje de «Días de julio» desea trascender sus sueños, saliendo de sí mismo como don Quijote para alcanzar «la verdad desnuda, hecha carne y sangre». Este anhelo se acentúa en las reflexiones de Juan Maldonado:

> Aquella última sonrisa valía, sí, más que el oscuro recuerdo de su crimen, si lo hubiera realizado, aunque éste hubiera sido certeza y la sonrisa nunca ha de pasar de ser un sueño. Pero los sueños se enlazan con la vida, con la sangre y con la carne, y forman la honda y vivísima realidad, la realidad auténtica y específica de los hombres, realidad maravillosa de vivir con un alma aprisionada. Y al vivir el alma son las cosas y el cuerpo es ya el alma (p. 68).

Los «sueños hechos carne» de estos dos relatos y los de Arturo Saavedra tienen la misma raíz unamuniana, sólo que en la novela se distinguen varios niveles, desde los anhelos individuales a un «sueño de grandeza en grande» colectivo, con el que aspira a identificarse el protagonista.

Todos estos elementos no carecen de carga simbólica. Así, la remembranza de don Quijote saliendo a los campos manchegos a luchar por la justicia es el símbolo de toda una generación que se había lanzado ilusionadamente a la aventura de renovar España luchando contra la injusticia y la mediocridad. Y el autor lo confirma años después:

> ... la voz del arrebato hablaba profunda e inacabablemente al corazón. Se levantaba, parecía realizado, el gran sueño; un sueño que luego, al despertar, fue tan triste como el sueño de manjares para el hambriento. Triste como ese ser esquelético, ansioso de justicia y de aventura, de pan y de Dios, que volverá a soñar y salir al alba para estrellarse de nuevo contra barberos disfrazados y duras piedras y secos corazones. ¡Hasta que se ablanden! [73].

Palabras en las que resuena aquel «ir a rescatar el sepulcro de don Quijote del poder de los bachilleres, curas, barberos, duques y canónigos que lo tienen ocupado» [74].

Los «cuatro» representan a los grupos sociales en los que se apoyó desde el principio la República: la pequeña burguesía en el hijo de un comerciante con

---

[72] Rafael Dieste: *art. cit.*, en n. 2, p. 48.

[73] Antonio Sánchez Barbudo: *Sueños de grandeza*, Buenos Aires, Nova, 1946, p. 283. Son las palabras finales.

[74] Miguel de Unamuno: *Vida de don Quijote y Sancho*, Madrid, Espasa-Calpe (Austral, 33), 1961, 12.ª ed. p. 13. El interés de Sánchez Barbudo por Unamuno es evidente al revisar su producción ensayística.

pujos de poeta, la juventud en un estudiante, y un obrero metalúrgico y un campesino que representan al proletariado. En «La casa de los Ramírez» por su misma complejidad son varias las sugerencias: el pulpo agazapado en su cueva (el mal, la muerte) y el cementerio marino —del fondo del mar le llegaba a Rafael «la voz distinta, tremenda, de lo otro, la voz lenta de la nada, ese abismo tras el monte que incitaba, que llamaba angustiosamente: era el fondo del mar, guardador de los secretos»—, donde ese fondo guardador de secretos recuerda el fondo del lago en San Manuel Bueno. De entre sus abundantes elementos simbólicos no se puede pasar por alto la escena final en la que los marineros con el puño en alto, recortadas sus siluetas contra la luz de la aurora, «eran la imagen de una promesa» y cuya plasticidad nos remite al impresionante cartelismo de la guerra civil.

Quizá el símbolo que mejor sintetiza aquel momento histórico lo encontramos en el motivo central alrededor del cual se construye, con una técnica de inspiración galdosiana [75], el relato que da título al libro. El enfrentamiento de Juan Maldonado —nombre y apellido de comunero— con un soldado enemigo por defender a aquella muchacha intocada de un pueblo que ha quedado en «tierra de nadie» nos sugiere otro plano en el que protagonista y antagonista representarían a cada uno de los bandos en liza por la posesión de España de la que la muchacha sería una encarnación cuya caracterización no puede menos que evocar un título de gran resonancia por aquellos años y aún después: *España Virgen* de Waldo Frank [76].

Además del motivo recurrente de la «claridad» al que ya nos hemos referido, la Ponencia Colectiva contiene afirmaciones y críticas que definen una postura estética. Las principales críticas se dirigen tanto al «arte puro» como al de propaganda [77], mientras que las alusiones al «pueblo» son numerosas. Lo que queda claro es el *compromiso personal e intransferible* de quienes la suscriben, sea desde el frente o desde la retaguardia, los cuales apuestan por la simbiosis entre la realidad objetiva y su mundo íntimo. Esto se corresponde, por una parte, con la defensa del humanismo [78], y, por otra, hay una voluntad manifiesta de incardinarse en la mejor tradición literaria española. A causa del predominio cualitativo de la lírica en el

---

[75] Para el simbolismo de la acción y los personajes en Galdós véase, por ejemplo, J. Casalduero: *Vida y obra de Galdós,* Madrid, Gredos (B.R.H., II Est. y Ens. 5), 1974, 4.ª ed. Cap. II, «Historia y abstracción».

[76] No es oportuno glosar aquí la resonancia de la obra de Waldo Frank, pero sí señalar que Sánchez Barbudo la tiene presente en su ensayo *Una pregunta sobre España,* México, Centauro, 1945, y que lo recuerda como la persona que gestionó su salida del campo de concentración en *Ensayos y recuerdos,* Barcelona, Laia (Laia B, 4), 1980, «El grupo de *Hora de España* en 1939» pp. 89-105.

[77] Antonio Sánchez Barbudo en «La adhesión de los intelectuales a la causa popular», *Hora de España,* VII, 1937 (julio), pp. 70-75, defiende, en respuesta a Guillermo de Torre, que el compromiso del escritor no deriva en un arte de propaganda necesariamente, sino en otra cosa: la verdad.

[78] Antonio Sánchez Barbudo escribía años después: «... nacimos bajo el signo de lo humano, hondo, y lo social, contra el "esteticismo" de los del 27...». En Francisco Caudet (ed.): *Hora de España. Antología,* Madrid, Turner, 1975, p. 471.

primer tercio de siglo [79], aquellos escritores hallan una dificultad adicional en descubrir el tono justo y la modalidad más apropiada a lo que quieren contar. Rosa Chacel y María Zambrano, en sus ensayos en *Hora de España* animarán a sus compañeros de grupo a tomar como modelo a Galdós, porque según Rosa Chacel [80] en él pueden aprender cómo ser camaradas del pueblo sin disfrazarse de pueblo, hablándole de *lo convivido* (lo vivido con otros, con los demás). Por eso reivindica la actualidad de los *Episodios Nacionales,* por su paralelismo con las vicisitudes de la España en guerra [81], lo mismo que a Larra y su deseo de una España viva y no muerta [82]. María Zambrano, en lo que será el germen de su espléndido ensayo sobre *Misericordia,* defiende el «realismo español» y la forma cómo Galdós explica el pasado que permanece en la historia del presente [83].

En este libro no hay remembranzas ni del estilo ni de los ambientes y personajes galdosianos [84], pero sí que encontramos —como ya hemos indicado— la técnica de simbolización y, sobre todo, la voluntad de contar lo convivido, aunque no nos atrevemos a afirmar en nuestro autor la conciencia de estar escribiendo parte de una epopeya histórica por el imposible distanciamiento de una realidad en la que se siente íntimamente comprometido.

El entronque con la tradición literaria tiene otros puntos de referencia. Alguno de ellos, como Cervantes, encarnan junto con Galdós, ese «realismo español» que defiende María Zambrano. El interés por lo humano, el nuevo «humanismo» que se menciona en la Ponencia Colectiva, hunde sus raíces en Cervantes, Galdós y Unamuno. Y de los tres sabe tomar Antonio Sánchez Barbudo para sus narraciones de la guerra civil lo más esencial, lo más jugoso para verter, juvenil y apasionadamente «el añejo vino en odres nuevos».

---

[79] Vicente Salas Viu: *loc. cit.* en n. 2

[80] R. Chacel: «Cultura y pueblo», en *Hora de España,* I, 1937 (enero), pp. 13-22.

[81] R. Chacel: «Un nombre al frente: Galdós», *Hora de España,* II, 1937 (febrero), 47-50.

[82] R, Chacel: «La primera palabra sobre la vida. En el primer centenario de la muerte de Larra», en *Hora de España,* III, 1937 (marzo), pp. 214-216. También José Bergamín: «Larra, peregrino en su patria», en *Hora de España,* XI, 1937 (noviembre), pp. 17-30. Nueva versión en *De una España peregrina,* Madrid, Al-Borak, 1972, pp. 11-31.

[83] María Zambrano: «Misericordia», en *Hora de España,* XXI, 1938 (septiembre), pp. 29-52. Recogido en María Zambrano: *La España de Galdós,* Barcelona, La Gaya Ciencia (Ensayo, 41), 1982, pp. 111-148.

[84] En *Sueños de grandeza,* personajes y ambientes remiten a las espléndidas novelas galdosianas sobre Madrid.

8.5. Los relatos de Pedro de Basaldúa (1937)

El autor

Pedro de Basaldúa fue secretario del presidente vasco José Antonio de Aguirre. Durante la guerra española publicó los dos relatos breves que tratamos en este volumen. Tras el fin de la contienda se exilió a Argentina, donde escribió varias obras más [85].

Las obras

Sangre en la mina, editada en 1937, tenía el subtítulo de «Esbozo de novela social-patriótica» [86]. Consta de 32 páginas, distribuidas en 8 pequeños capítulos, y contiene una cita inicial de Sabino de Arana.

La segunda obra, *El dolor de Euzkadi* [87], consta de 64 páginas y la terminó de escribir en «Bilbao, junio de 1937». Contenía una dedicatoria a José de Ariztimuño *[Aitzol]* y a Esteban de Urkiaga *[Lauaxeta],* sacerdotes vascos asesinados por los sublevados.

Ambos relatos están ambientados en el País Vasco: *El dolor de Euzkadi,* en plena guerra civil, y *Sangre en la mina* carece de referencia alguna a la guerra del momento. El principal punto de interés radica en que estas obras contienen algunos de los puntos de vista del nacionalismo «sabiniano» vasco que, como es sabido, estuvo junto a la República en la lucha contra los militares sublevados.

Sangre en la mina

Ambientación de la obra

La acción tiene lugar en un poblado —no llega ni incluso a pueblo—, de «la llanada arabarra, abandonando el baserri» (p. 5), próximo a los montes de La Encartación [88]. El suelo rojizo «parece haber bebido sangre» (p. 5); estaba lleno de

[85] Cf. la nota biográfica sobre el autor al final de este volumen.

[86] Las citas se realizan por esta edición de 1937: *Sangre en la mina [Esbozo de novela social-patriótica],* Bilbo'n *(sic),* Euzko-Argitaldaria [Ediciones de Euzko-Gudaroztea]. Contiene tres dibujos de Nik: uno en la portada y dos en el interior.

[87] Las citas se realizan por esta edición de: *El dolor de Euzkadi,* Barcelona, Comissariat de Propaganda de la Generalitat de Catalunya, 1937.

[88] En la novela se habla de los montes de la Encartación; en la toponímia actual aparece como montes de «Las Encartaciones» [situados entre 10 y 20 km al suroeste de Bilbao].

negras bocas, húmedas y enlodadas, de la red de galerías, por donde aparecían mineros «empapados en sangre de la mina, jadeante el respiro y la traza enfermiza» (p. 21).

Aquél era un territorio de pozos mineros que creaban un paisaje duro. Desde los picos próximos se divisaba un panorama grandioso: «a un lado, la ciudad lujosa y elegante, moderna y presuntuosa, feliz, con sus chalets y palacios, jardines y parques» [Bilbao], (p. 6); cerca, a unos metros, en una atmósfera de humo, los suburbios industriales pobres con la trepidación y el estruendo de yunques y sirenas; mientras allá, al fondo, se oía el murmullo de un mar [89] cubierto por la bruma.

La trama

Esta obra, que carece de unos referentes temporales muy concretos, puede perfectamente quedar enmarcada en algún momento del primer tercio de este siglo; pero no hay ninguna referencia a la guerra española, ni a estadios previos.

La acción transcurre en un escenario en que la fuerte explotación que sufren los mineros por los propietarios de las minas de La Encartación los lleva a organizar la lucha sindical y una huelga en demanda de mejoras salariales. También exigían que los patronos respetasen las ordenanzas laborales; lo cual significaría automáticamente una disminución efectiva de las horas de trabajo.

Al principio hay un *flashback*, por medio del cual, Juan —el personaje central— recuerda una anécdota de infancia en la escuela, donde un niño, Iñaki —posteriormente su amigo—, fue golpeado por sus compañeros por ser «separatista» —nacionalista—. Éste fue el primer contacto de Juan con el nacionalismo.

La acción vuelve luego a un presente que lógicamente debe entenderse algo dilatado, para hacer así creíble el proceso de concienciación nacionalista que Iñaki realiza con su amigo Juan. Tras un período de lectura e inmersión en las ideas nacionalistas a través de libros y folletos que le da Iñaki, Juan hace suyos los postulados del nacionalismo vasco. A partir de aquí, Juan ya defendía estas ideas en las discusiones informales que tenían lugar en las tabernas del poblado, frente a viejos mineros socialistas o comunistas. Éstos se declaraban internacionalistas, y criticaban fuertemente al nacionalismo.

Valiéndose de la familia de Juan, Basaldúa describe las difíciles condiciones de vida y de trabajo de toda aquella masa de mineros. Al final, ellos y sus familias, en conjunto, se convirtieron en los protagonistas de la acción: en una asamblea sindical se plantearon la necesidad de unirse y de organizarse para conseguir las mejo-

[89] Esto es lo que se dice en la página 8. ¿Se trata de un error?, pues en el mejor de los casos, el poblado cuyo nombre no se menciona podría encontrarse a unos 5 ó 10 km del mar, y a esa distancia no parece posible que se oiga el ruido del oleaje.

ras a las que aspiraban. Dispuestos a utilizar la huelga para lograr sus objetivos, tuvieron que recurrir a ella, cuando la Empresa se negó a aceptar sus reivindicaciones.

El ritmo narrativo va «in crescendo» a medida que avanza la narración. Al final, la masa de mineros en manifestación —aquel germen de organización obrera— asustó tanto a los propietarios de las minas que buscaron la ayuda de la Guardia Civil para defenderse. Aunque Juan e Iñaki —ambos personajes nacionalistas convencidos— no consiguieron frenar la manifestación, como pretendían, para que no se entendiese que era una provocación obrera. Asustadas, las fuerzas del capital comenzaron a disparar sobre los manifestantes, con el resultado de varios heridos. Juan fue alcanzado por un disparo y murió junto con otros mineros. Con todo, el problema de fondo —la explotación y las extremas condiciones de vida que tenían que soportar los mineros— quedaba sin resolver, por lo que se intuye que seguirá siendo un foco de tensión para nuevas luchas obreras.

Los personajes

En este paisaje —entre otras muchas más— vivía la familia de Juan desde hacía veinticinco años. Tenían un hogar de habitaciones muy reducidas, mal ventiladas y húmedas, donde apenas entraban la luz y el sol (p. 6). Casas como ésta, de madera, estrechas y destartaladas, formaban las calles del poblado. Allí también había economatos y tabernas.

El padre de Juan estaba «agotado y roto por el trabajo bárbaro de las minas, [y] era uno de aquellos millares de mineros a quienes se refería el sociólogo Sabino de Arana, al decir que "ni tienen tiempo para atender al cuidado y a la educación de sus familias, ni reciben ellos del rico, que los explota, medio ninguno con que instruirse y educarse"» (p. 5). Por su parte, la madre de Juan tenía un espíritu de profundo y macizo cristianismo (p. 6).

Juan, el hijo, trabajaba en las galerías de la mina, «en aquel ambiente de asfixia, en aquel calor de fuego subterráneo» (p. 9) y resulta ser el personaje central de la narración. «Forjado en un ambiente de privaciones y miseria, desde niño, apreció el sabor agrio de la vida; respirando el aire angustioso de estrechez de la población minera» (p. 5). Tenía un carácter entero y sólido, hondamente cristiano como su madre, era un mozo fuerte y varonil, de facciones duras y espíritu inquieto, cuyas manos estaban quemadas por el sol, el aire y el mineral de la mina (p. 6). Quizá por todo esto, Juan era socialmente inquieto, y le preocupaba la injusticia que sufrían los mineros con quienes trabajaba. En Juan hay un proceso de toma de conciencia y de aceptación posterior de los postulados del nacionalismo «sabiniano», del cual se presentan algunas pinceladas de forma muy esquemática, que aguantan poco un análisis riguroso.

Este conocimiento vino a través de libros y folletos que le prestaba Iñaki, su amigo de la escuela y de la mina, que aparece en esta obra haciendo proselitismo nacionalista. Un día le dijo a Juan: «si eres amante de la justicia y del derecho, tú terminarás siendo nacionalista»; y éste no entendía qué tenía que ver la justicia y el derecho con el nacionalismo (pp. 9 y 10). Esto le creaba dudas. Iñaki volvió a insistir: «Tú no puedes abandonar a tu Patria; no puedes renegar de tu raza» (p. 10).

Iñaki, de cuyo trasfondo familiar se dice poco, era un joven de Araba [Álava], tímido, apacible y muy inteligente (pp. 6-7). Desde la escuela tenía una inclinación «separatista» —nacionalista—, aunque no hacía ostentación de sus preferencias. Éstas se manifestaban en su permanente obsesión por pintar banderas rojo-blanco-verde, y en su gusto por llevar insignias de cartón con «absurdas y expresivas inscripciones» (p. 7). Esta conducta del Iñaki niño había sido ridiculizada públicamente por su maestro en la escuela, lo que le valió alguna paliza de sus compañeros.

A lo largo de esa narración va produciéndose la conversión de Juan al nacionalismo: «La voz de la sangre» había sido despertada por aquel minero pálido y enfermizo [Iñaki], que hablaba a Juan en el corazón de modo impetuoso. «Era como un anhelo irresistible de querer compensar en tiempo limitado y breve la indiferencia y la burla de antaño» (p. 14). Y a partir de entonces empieza un proceso de debate con otros mineros. Cuando era descalificado como «separatista», él prefería no responder a bofetadas, sino razonando (p. 14).

Incluso en el momento clave, al final de la historia, cuando se estaba preparando la huelga, Juan fue invitado a hablar a los reunidos como si ya fuese un líder sindical —en el que ya confluían las ideas nacionalistas y las preocupaciones sociales—. Exponía sus ideas con serenidad y vigor. Entre el entusiasmo del público, animaba a la rebelión: «¡Nos rebelamos contra la injusticia y la explotación, por nosotros y por nuestros hijos, por nuestra Patria y por la civilización!» (p. 25).

El objetivo que se pretendía conseguir parecía ser la reconquista de una situación idílica previa —que probablemente nunca existió—: «Nuestros antepasados no conocieron en Euzkadi la esclavitud que padecemos en las minas. Eran éstas del pueblo y sólo del pueblo, y estaban reguladas por leyes sabias y prudentes» (p. 25). Su explicación «nacionalista» de la explotación que sufrían los mineros era ésta:

> Tan sólo cuando los vascos perdimos la libertad surgió aquí la esclavitud económica, la explotación del hombre por el hombre, y desde entonces este pasado reciente y maldito de dominación y desvergonzada rapiña que ha llevado el luto y el hambre a nuestros hogares y la desesperación a los corazones (p. 25).

Entre otros personajes secundarios aparece el minero extremeño Cantaclaro —nombre simbólico en la escena en que aparece—. Juan se sirvió de su presencia para expresar su convencimiento de que no había ninguna diferencia racial o de otra índole entre ambos. Este minero extremeño tenía una voz estentórea y vestía traje de pana (p. 13). Se había afincado en aquel poblado, como tantos otros extremeños, y era uno más en la vida áspera, en el dolor y en la esclavitud (p. 10). Él no veía las diferencias raciales, cuya existencia se esforzaba por demostrar Iñaki.

Encontramos también a un maestro seco y malhablado, partidario convencido de que la «letra con sangre entra», de cuya voz se burlaban sus alumnos (p. 7), que resulta ridiculizado por su antinacionalismo. En sus clases decía que habría que acabar —no importaba cómo— con los «separatistas» (p. 7). Sus palabras de condena fueron tomadas por sus alumnos como pretexto para descargar su agresividad contra Iñaki por «separatista» (p. 7).

Entre otros personajes secundarios aparece un viejo minero que resumía críticamente la situación de explotación en la que vivían todos: «nos pagan con el mismo interés y el mismo egoísmo con que engrasan sus máquinas; ¡lo hacen para que sigan produciendo!» (p. 9).

Las mujeres e hijos pequeños de los mineros, aunque personajes menores en la historia, contribuyen decisivamente a delinear el paisaje de explotación y de degradación que existía en las minas del País Vasco. Grupos de mujeres iban «cogidas de las sayas por sus hijos, niños anémicos y medio desnudos» (p. 19). Una de ellas expresaba su protesta: «¿Qué es eso de que nuestros hijos trabajen diez y catorce horas en los lavaderos de mineral? Y total pa' ganar cuatro reales malditos» (p. 19). Otra mujer le respondió: «Cuatro reales y pa' gastarlos en medecinas'. Porque los hijos de los obreros paece' que están condenaos a no ser niños nunca, y desde que nacen ya sufren las amarguras de los hombres» (p. 19).

Con la huelga minera en marcha, una mujer informó de que los patronos habían traído a los «ceviles» [la Guardia Civil]: «Sí, como si el hambre de nuestros hijos se calmara con tricornios y bayonetas» (p. 20) y juzgaban esta medida como una provocación: «A falta de razones, buenos son unos tiros» (p. 20).

Nacionalistas y antinacionalistas

En esta narración se plantea un debate a favor y en contra del nacionalismo «sabiniano»: los argumentos a favor los expresaba Iñaki con apelaciones de carácter emotivo, como: «tú no puedes abandonar a tu Patria; no puedes renegar de tu raza» (p. 10). Defendía la existencia de diferencias raciales entre los hombres. Para ello ponía la metáfora de los recipientes con agua de distintas procedencias: a simple vista, todos contienen lo mismo; pero por el sabor se puede ver que hay diferencias (salada, dulce, suaves, duras, medicinales, etc.). A este argumento replicó Cantaclaro que todo era agua (p. 12).

Iñaki también argumentaba que «cada raza se define por su genio, por su alma. Y esto es su lengua, costumbres, cultura; es decir, su manifestación externa, su pasado, historia, tradición, la personalidad reflejada en sus obras» (p. 12). Sin embargo, Iñaki no quería decir la última palabra sobre si los vascos eran una raza distinta o no. Remitía a argumentos de autoridad científica —a los sabios *(sic),* al estudio, a leer sobre la historia, el pasado, y el alma de Euzkadi— (p. 13).

Por su parte, cuando Juan discutía con otros mineros afirmaba que, como nacionalista,

> Queremos la unión de todos los vascos, en todos los órdenes de la sociedad. Y nada une tanto en esta vida, por ley de naturaleza, como el sentimiento de liberación nacional, el ansia de libertad de un pueblo que afecta, no al bienestar de un solo individuo o de una sola clase social, sino a la totalidad de los ciudadanos; eso y no otra cosa pretende el nacionalismo vasco: buscar el bienestar y felicidad del pueblo vasco, de Euzkadi. Y para ello precisa su libertad (p. 15).

Juan insistía en que el nacionalismo no era egoísmo: «el querer a mi patria, no significa que odie a la patria de los demás». Porque una patria era como una madre: «siempre se quiere más a la propia madre que a la madre de tus amigos; y más a tu novia que al resto de mujeres» (p. 16).

En otro momento afirmaba:

> hay dos tipos de nacionalismo: uno interno, que mira fronteras adentro y quiere vivir su vida robusteciendo y desarrollando su personalidad, cuidando su genio. Es el nuestro. Otro externo que mira fuera, aquel que quiere saltar por encima de las fronteras e imponer su genio y su personalidad al resto de los pueblos, basándose en la traición y el engaño o en la fuerza de las armas. Pero esto no debe llamarse nacionalismo, sí imperialismo (p. 17).

En algunos momentos, este defensor del nacionalismo llegaba a utilizar un lenguaje mucho más propio del marxismo, como cuando decía:

> Tan sólo cuando los vascos perdimos la libertad surgió aquí la esclavitud económica, la explotación del hombre por el hombre, y desde entonces este pasado reciente y maldito de dominación y desvergonzada rapiña que ha llevado el luto y el hambre a nuestro hogares y la desesperación a los corazones (p. 25).

Frente a los argumentos en defensa del nacionalismo, se exponen otros opuestos a él: a Iñaki le resultó difícil decir cuál era la diferencia racial entre Juan y su amigo el extremeño, o si porque tuviera distinto origen el agua no era siempre agua; lo cual prueba que éstos no eran argumentos tan sólidos como se pretendía (pp. 10 y 12).

Por su parte, el maestro antinacionalista defendía delante de sus alumnos que había que acabar como fuese con los «separatistas» (p. 7); y, en las tabernas del poblado, las discusiones habían terminado a veces a golpes (p. 14). Varios mineros viejos descalificaban a los nacionalistas por «separatistas» (p. 15) y decían que el nacionalismo era egoísmo —por lo que ellos eran internacionalistas— (p. 16); otro más dijo: «a mí me parece que el patriotismo conduce a la guerra» (p. 17). Pero, probablemente, el argumento más difícil de rebatir fue que muchos de aquellos patronos que los explotaban en las minas, eran también nacionalistas vascos; por lo cual la agresión no era externa sino interna de unos vascos contra otros (p. 15).

La explotación laboral y la lucha sindical de los mineros

Sus condiciones de vida eran ciertamente duras. El hombre era convertido en máquina, se lo degradaba y se olvidaba el fin social para el que fue creado. Pero tal situación resultaba agravada por el hecho de que los patronos causantes de esta explotación se llamaban a sí mismos católicos y nacionalistas (p. 15). A pesar de estas etiquetas,

> cientos de niños y mujeres trabajan en aquellos lavaderos de mineral desde las cinco de la mañana hasta las seis y siete de la tarde, secos por el frío, amoratada su carne suave por la humedad. Niños y mujeres con el sello de la palidez y la enfermedad en el rostro de mirada sin luz ni vida (p. 10).

Juan proponía que se combatiese a estos empresarios porque, además de explotar al obrero, se burlaban y traicionaban el pensamiento de Sabino Arana, y la doctrina de Cristo: «Son traidores por duplicado» (p. 15).

Para intentar mejorar su situación, los mineros se organizaron, aprobaron una plataforma económica, y acordaron recurrir a la huelga si era preciso. Los mineros y sus esposas estaban muy de acuerdo. Decían: «A más debíamos ir. ¿Qué es eso de que nuestros hijos trabajen diez y catorce horas en los lavaderos de mineral? Y total pa' ganar cuatro reales malditos» (pp. 19 y 21).

La patronal tenía el apoyo de la Guardia Civil (p. 20). Había que seguir explotando las entrañas de la tierra y dando beneficio a una minoría:

> ajena a la sacudida que estremece a los humildes mineros [;] allí yace, en tinto rojo, la tierra violada, rotas sus entrañas, vaciada para satisfacer a veces el egoísmo y la ambición. Y ello con la energía, la juventud y la vida de millares y millares de obreros, en beneficio absurdo de una docena de familias que no saben de la asfixia, del calor y la estrechez de las galerías rojas y siniestras (p. 20).

Ante la aceptación general, Juan invitaba a la rebelión incluyendo postulados políticos ajenos al combate sindical: «Es la hora de la rebelión». «¡Nos rebelamos contra la injusticia y la explotación, por nosotros y por nuestros hijos, por nuestra

Patria y por la civilización! A luchar contra la tiranía» (p. 25); y censuraba a los patronos vascos:

> Queremos volver a la libertad para acabar con la esclavitud. Y contra eso, ¿qué ofrecéis vosotros, hombres de empresa y patronos? ¿Juegos de mutualidades, cooperativismo patronal y hospitales benéficos? Pues sabed que rechazamos la caridad cuando no va precedida ésta de la justicia (p. 25).

Al final resumía las peticiones de los mineros: «¡Queremos ser obreros y no máquinas; hombres y no fieras!» (p. 26). La empresa rechazó absolutamente las demandas sindicales, por lo que los mineros iniciaron la huelga. Todo paró:

> Ya no se oye el estampido de la pólvora, ni el chirriar metálico y doloroso de los baldes porteadores de mineral, ni el rugir de los trenes que a dentelladas ganan la montaña, ni la trepidación de las pequeñas y vigorosas locomotoras con sus vagones rojizos, ni la estridencia hiriente de las sirenas que retumban como truenos (p. 28).

Después vino el desenlace trágico. Cuando los mineros participaban en una manifestación, la Guardia Civil disparó sobre ellos, hiriendo y matando a varios.

Comentario final

En esta obra, por medio de Juan se intenta identificar, y unir en un mismo paquete, la defensa de los postulados nacionalistas con la defensa y organización sindical de un grupo de mineros cruelmente explotados, recurriendo a un vocabulario y a unas tácticas de organización —la huelga—, más bien propias del movimiento obrero.

En todo caso, creemos que es un intento fallido y contradictorio, al mezclarse cosas incompatibles entre sí. Al principio de la historia, cuando interesa para fomentar el nacionalismo, se acentúan las «diferencias raciales» de los hombres —que forzosamente llevan a la división en «razas superiores» e inferiores—. Al final, cuando interesa de verdad la solución de unas condiciones laborales y de vida sumamente precarias, se busca la unión de los mineros, previamente separados en «superiores» e «inferiores».

Los argumentos para justificar la importancia del nacionalismo son de carácter emocional, pero poco sólidos. Con el tiempo, se ha evidenciado la nula base científica de ideas nacionalistas defendidas a comienzos de siglo [90]. Por otra parte,

[90] Todo el aparentemente sólido castillo argumental de Iñaki en torno a la justificación de la diferencia «racial», tan cara al nacionalismo «sabiniano» —lo que implica que hay unas «razas superiores» a otras— lo ha desmontado el paso del tiempo y el avance en el conocimiento científico. El trabajoso esfuerzo argumentativo de Basaldúa hoy día ha quedado totalmente obsoleto, por ser el de *Raza* un concepto sin base científica.

las críticas que los mineros hacían al nacionalismo son bastante contundentes: es egoísta, conduce a la guerra y divide —de ahí que ellos enfatizasen su internacionalismo—; y sobre todo, no les resultaba creíble porque muchos de los que los explotaban despiadadamente se denominan a sí mismos ¡católicos y nacionalistas!

Al final, lo único que de verdad queda es el clásico enfrentamiento entre el capital y los trabajadores. Son los trabajadores «internacionalistas» los que se organizan y van a la huelga para intentar conseguir una mejora en sus condiciones de vida. El nacionalismo y el discurso del neonacionalista Juan no suprimen la explotación de que son objeto. De hecho, Juan no fue un miembro activo en la preparación de la huelga, más bien estaba en segundo plano; pero fue la lucha entre grupos humanos la que provocó su muerte y el fracaso de su pretensión de «unir a todos».

Esta doble confrontación existente en la narración queda reflejada con un lenguaje sencillo, que contiene muy escasa cantidad de imágenes y recursos literarios. Sólo en algunos breves momentos aparece el recurso al lenguaje popular de los mineros.

El dolor de Euzkadi

Esta segunda narración aparece estructurada en diez capítulos breves. Si a sus 64 páginas descontamos varias de ellas en blanco, su extensión no va más allá de 47 páginas reales [91].

El tiempo y el espacio

La novela aparece ambientada en el País Vasco al comienzo de la guerra civil. En el capítulo tres se habla de la guerra, «iniciada hacía ya meses» (p. 21), lo que nos sitúa en el otoño de 1936. Esta idea queda reforzada por un párrafo que describe el sol otoñal: «el sol derramaba rayos de oro, sutiles, dulces» (p. 31). Una parte de la acción transcurre durante unos combates nocturnos (p. 58).

Los escenarios están todos en el País Vasco: en un monte gigantesco, donde estaban las posiciones de las milicias vascas, en un caserío, en un local de las cercanías de Bilbao donde se adiestraban las milicias, en Bilbao, de nuevo en las trincheras, y, finalmente, en otro caserío tomado al enemigo y defendido de sus ataques, en el que se gesta el desenlace final de la historia.

[91] Las citas se realizan por esta edición de ¿1937?: *El dolor de Euzkadi*, Barcelona, edit. por el Comissariat de Propaganda de la Generalitat de Catalunya; [Imp. Industrias Gráficas Seix y Barral, Barcelona].

La trama

Tres «gudaris» —combatientes nacionalistas—, Manu, José y Miguel, iban por un monte a ocupar posiciones en las trincheras de las milicias vascas. A lo lejos se oía el estampido del cañón y, cerca, la trepidación de la fusilería de los enemigos ocultos en un bosque próximo. En este paisaje estaba la posición de los «gudaris», frente al enemigo, hecha con sacos de tierra; y desde allí se veía un panorama majestuoso (p. 13).

En el capítulo dos hay un *flashback* que nos lleva al pasado, al interior de un viejo caserío vasco (p. 15), donde una familia que estaba sentada en torno al fogón conoce la noticia del estallido de la contienda. A partir de aquí prosigue una acción lineal hasta enlazar con el presente de nuevo. José, el hijo, iba a incorporarse a las milicias, para defender «la patria» vasca, enrolándose en un contingente militar «del Partido» —Nacionalista Vasco— (pp. 15-19).

A continuación se presentan breves apuntes del proceso de formación y entrenamiento de las milicias vascas al inicio de la guerra (p. 23) en los que participaron estos tres «gudaris». Su instrucción militar la realizaron en un pueblo de las afueras de Bilbao:

> un pueblo encartado [¿los montes de La Encartación? [92]], con sus montañas rojas de hierro y sus valles suaves y verdes, en una finca soberbia. En lo alto de una de sus torres, como símbolo de todo un ideal y una ilusión, la bandera bicrucífera ondeaba airosa y solemne (p. 25).

Después los «gudaris» se incorporaron a un sector difícil, montañoso y brusco, cruzado de imponentes trincheras custodiadas por nidos de ametralladora (pp. 34-35), para relevar a un Batallón. La niebla cubría los picachos por entero, pero se veía un pueblo de las líneas enemigas que estaba siendo bombardeado por la artillería, para preparar el ataque. Había un estruendo ensordecedor: «El valle y las montañas resonaban furiosas con voces de tormenta imponente» (p. 45).

Días después tuvo lugar una acción nocturna de un pequeño comando en el que iban estos tres «gudaris», para tomar un caserío en poder del enemigo (p. 57). Allí hicieron prisioneros a varios soldados y tuvieron que resistir dos intentos de reconquista de la posición por los sublevados. Al quedarse sin munición, se organizó una salida nocturna de José para intentar llegar a las trincheras propias y conseguirla. En esta salida surgió la tragedia con que termina la historia: José resultó herido de un disparo; y su amigo Manu murió en el intento de rescatarlo de tierra de nadie. La tragedia se agranda aún más con el dolor de Mirentxu —hermana de José y novia de Manu— cuando supo la muerte de éste último.

[92] Cf. nota 4.

Los personajes

Los personajes centrales son estos tres «gudaris» vascos que luchan en defensa de Euzkadi.

Manu era un mocetón alto, que deseaba mucho «hallar» al responsable del estallido de la guerra. Aunque parecía ser antimilitarista, aceptaba de buen grado las servidumbres que imponía la guerra: «Siempre combatiendo el militarismo —decía Manu riendo—, y nos tiene marcando el paso» (p. 25); pero lo daba por bien empleado. Era también un apasionado de lo vasco; y no creía que, en manera alguna, estuviese participando en una guerra religiosa como pretendían hacer creer los sublevados.

Cuando una noche José resultó herido, Manu se lanzó a la peligrosa tarea de ayudarlo. En la oscuridad, palpaba el suelo en busca del cuerpo de José:

> Su mano ha caído sobre un rostro frío y ensangrentado. Instintivamente la retira con violencia, lleno de terror y repugnancia. Mira el cadáver, que tiene los ojos entreabiertos, inexpresivos, pero clavados en él. Es un rostro desencajado, con una mueca de espanto y amargura en la boca torcida y abierta. No es José; es un «gudari» más, el «gudari» desconocido, uno de esos héroes que mueren sin el público perfume del heroísmo, para que éste sea más sutil y más digno (p. 61).

Al fin encontró a José. Estaba desvanecido; y en el pecho tenía un manchón de sangre. Avanzó Manu llevando trabajosamente a cuestas al herido, por el terreno abrupto. Pero cerca del parapeto brilló un fogonazo y Manu cayó herido. «Una voz lastimera, que se extingue, ha balbuceado dificultosamente un nombre: "¡Mirentxu!". Luego, en un espasmo agónico ha añadido, con voz tenue, velada, rota: "¡Dios mío!"» (p. 61).

José era otro «gudari»: joven, en la flor de sus veinte años, era el hijo mayor de aquella familia del caserío, en cuyos valores había crecido. Tenía un carácter bondadoso y un hondo sentimiento religioso. A José se lo perfila como un patriota vasco, pues pensaba que con aquella guerra,

> el deber no admite demora y la Patria, mucho menos (p. 16). [...] En esta hora no caben discusiones ni términos medios. Se trata de ser o no ser; de vivir camino de la libertad vasca, de acuerdo con el pasado, con nuestro modo de ser, tradición, fe y genio racial, o de hundirse definitivamente bajo la espuela militar y la enseña monárquica, negación de nuestra personalidad y aspiraciones a través de la historia. Es problema de vida o muerte, ¡y Euzkadi debe vivir! Porque en Euzkadi vemos la patria y en sus entrañas la religión, la familia, los amores todos, el pasado, el presente y el futuro; la vida de tus padres, abuelo, y la de tus nietos, fundida en un abrazo de exaltación patriótica, galvanizada con sangre, lágrimas y sacrificios (p. 17).

José participó en la toma de un caserío en poder del enemigo y en la defensa posterior. Cuando se les agotaban las municiones, Miguel pidió un voluntario para ir a las trincheras propias y traer munición; José se ofreció. Al despedirse, «en sus oídos resuena persistente una frase que no puede concretar quién la dijera: "¡Todo por Jaungoikua eta Lagizarra!"» (p. 59). Avanzaba en la oscuridad nocturna; y, próximo ya a las trincheras propias, fue mortalmente herido, quedando tendido inmóvil con el rostro en el barro y los brazos en cruz (p. 60).

Miguel es el tercer «gudari» protagonista. Hablaba de la patria con entonación emocionada. Creía que la responsabilidad por la guerra en curso alcanzaba a todos. A los unos por maldad y a los más por inconsciencia, por inactividad e indiferencia. Estaba convencido de que la aparición algo menos de medio siglo antes del pensamiento patriótico de Sabino de Arana había contribuido a la toma de conciencia política del País Vasco. Él combatía en la guerra, «[consciente] de nuestro ser, con un pensamiento y una orientación nacional y teniendo como fin su liberación, existencia y robustecimiento [de Euzkadi]» (pp. 22-23). Con su esfuerzo creía contribuir a «contener al invasor, a expulsarlo del suelo de la patria» (p. 55).

Un efecto lamentaba de la guerra: la destrucción que sufrían los caseríos, pues «fue el caserío clave de la organización política y social del pueblo vasco, y al contemplar por el hueco iluminado por los rayos de luna el firmamento sereno y claro, indiferente al presente y testigo del pasado, siente una congoja y una amargura en su alma» (p. 55).

Junto a estos tres «gudaris» aparece también una considerable galería de figuras secundarias. Entre los sacerdotes fusilados por los sublevados se cita a José de Ariztimuño *(Aitzol)* —cuya muerte se describe con mucho detalle—; y a varios más: Onaindía, Markiegui, Mendikute, Sagarna, Peñagarikano, etc. (p. 40).

Personajes secundarios son también la familia que vivía en el caserío [los padres de José y de Mirentxu]. Elemento importante dentro de esa organización era el abuelo, depositario, conservador y transmisor de la sabiduría tradicional. Era una figura escuchada y respetada, que contaba episodios vividos en su juventud, durante la segunda guerra carlista. Sobre esta guerra deseaba que no fuera como aquella carlista de la traición.

> Todas nuestras luchas se estrellaron siempre, sobre todo en los últimos tiempos, cuando incorporaron a nuestros batallones de voluntarios mandos extraños ante una cadena de traiciones, sobornos y deslealtades. Desde el más bajo hasta el general Maroto cuya traición culminó en la gigantesca de Espartero. ¡Entre generales estaba el juego! Perdida la confianza, desmoronóse todo. Así acabó la lucha que enrojeció las montañas y los valles de la patria (p. 19).

El padre de José añadió alguna precisión más. Decía que el Pueblo Vasco,

> jamás hizo uso de la antorcha para encender la hoguera de la guerra. Si ha luchado [...] ha sido en defensa propia, levantándose contra invasiones extrañas, contra quienes de un modo o de otro atentaron a su libertad atropellando su derecho (p. 17).

Resulta interesante la escena en que el grupo de diez «gudaris» conquistó un caserío al enemigo: llegaron «a escasos metros del portalón del caserío, descolorido y roto por los años y la metralla». Luego realizaron un gesto audaz:

> ¡Manos arriba! ¡Gora Euzkadi!, gritaron con furia, penetrando en avalancha con el fusil pronto a disparar. Alli estaban, tumbados al pie de la ventana reforzada con sacos terreros, junto a la ametralladora. Eran cuatro jóvenes a quienes la sorpresa y el terror habían paralizado, y en cuyos rostros llenos de asombro destacaban unos ojos abiertos exageradamente (p. 53). Uno de ellos exclamó entre sollozos y suspiros de angustia: ¡No me matéis, que tengo madre! [...] sonó el sollozo a grito desgarrador, de drama y espanto. ¿Ahora recuerdas a la madre? —replicó emocionado Miguel—. ¿Y crees tú que no la tenían nuestros hermanos caídos bajo vuestro fuego? ¿Crees tú que no la tenemos nosotros? Pero no temáis por vuestras vidas; los patriotas vascos no matan hombres indefensos. ¡Vosotros no podéis decir lo mismo! —terminó diciendo con un gesto de desprecio— (p. 53).

La mujer vasca en la guerra civil

La guerra civil fue un tiempo de dolor e inquietud para millares de madres. A la vez ellas fueron un referente constante para los combatientes. Se menciona el caso de una madre que había perdido a su hijo en el frente de Villarreal: «En sus lágrimas estaban acumuladas las amarguras de las madres todas de Euzkadi» (pp. 33-34). El recuerdo de la figura materna reaparece en muchas escenas, incluso en los combates, como en la escena vista, en que un comando tomó un caserio y detuvo a los soldados enemigos.

Mirentxu es el personaje femenino más individualizado. Era una muchacha joven, novia de Manu y hermana de José. Esta circunstancia le hacía sentirse muy implicada en la guerra y decidió irse como enfermera donde fuese su novio Manu. Mirentxu estaba en un hospital, y cuando decía a algún herido que se había conquistado la posición, éste rompía a llorar de alegría. «Solloza y ríe al mismo tiempo, gritando conmovido: ¡Gora Euzkadi Azkatuta!» (p. 48).

Su experiencia fue particularmente trágica con la muerte de su novio. Al enterarse de su muerte, gritaba:

> ¡Te vengaré, te vengaré, tú quieres que te vengue! ¡Luchando por tu ideal, por la patria, por Jaungoikua eta Lagizarra! (p. 63). Hablaba fuerte, serena, con expresión dura y enérgica en el rostro: ¡Seré tu continuadora, la continuadora de tu obra, de tu fe y de tu ilusión! Te vengaré, pero será una venganza ejemplar y práctica, como tú deseas y mereces. ¡Quiero vengarme por ti y para ti! (p. 64).

Los sacerdotes vascos

A diferencia de otras partes de la República, muchos sacerdotes no apoyaron la sublevación en el País Vasco, y —consecuentemente— los sublevados asesinaron a bastantes de ellos. Muchos combatientes no comprendían que con la causa del pueblo pudiera haber sacerdotes. «¿Qué iba a hacer el pueblo humilde cuando ve a los hombres de la Iglesia en íntima conexión con un sentido político y unos afanes de negación de su libertad moral y económica?» (p. 42).

Un «gudari» decía: «En esta hora de crisis moral, nuestro clero ha sabido señalar el rumbo firme y luminoso interpretando la inquietud y el sentimiento de Euzkadi»; «Clero y pueblo se han fundido en idéntico anhelo e ideal. Y han sufrido los mismos dolores y las mismas injusticias» (p. 43).

Incluso en los momentos más comprometidos de los combates, estos capellanes ayudaban a los soldados combatientes:

> «Un "gudari" corría anheloso por la trincheras intentando ayudar a los heridos: iba allí donde había gritos de dolor más agudos. Era el capellán del Batallón.» [...] «Le curaba con sus manos blancas, de las que pendía un rosario, animándole con la sonrisa y la esperanza en los labios lívidos y secos. Y cuando, rota la carne por la metralla, veía envuelto el cuerpo en sangre y barro a punto de expirar, entonces recogía amorosamente su última voluntad, el recuerdo postrero, lo confortaba hablándole de su madre, de los seres queridos todos, iluminando su alma con la verdad eterna y lo bendecía al fin, cerrando los párpados de unos ojos que nada veían ya en la tierra.» «Y de allí a consolar a otro caído. Así actuaba el capellán vasco en el campo de batalla. ¡De médico de almas a restañar heridas! No llevaba ni manejaba ninguna clase de armas. Su arma era la plegaria.» «Cuando [algún] "gudari" le había gritado cariñoso: "¡Venga usted aquí, padre! Ese sitio es muy peligroso". "Cuidaos vosotros, amigos, les contestaba risueño y convincente. Yo tengo la mejor defensa." E impávido, continuaba rezando con el rosario en sus manos, con ¡su mejor defensa!» (p. 47).

El nacionalismo vasco y la guerra civil en Euzkadi

Lo que aparece en esta obra es el punto de vista del nacionalismo: el pueblo vasco había sido sorprendido otra vez, pero enseguida empezó su defensa: «Al grito de la patria dolorida y ensangrentada, contestaban los nacionalistas vascos, sus hijos conscientes y organizados, con una llamada general: ¡"Gudaris" voluntarios, "gudaris" voluntarios! Y llenábanse los cuarteles, surgiendo rápidos los batallones» (p. 21).

Elemento importante de esa defensa fue la creación y actuación de las milicias vascas. Terminaban su formación cerca de Bilbao y los «gudaris» se incorporaban a unidades combatientes. En su despedida, desfilaron por las calles de Bilbao. Entre los ciudadanos había un anciano contemplando el desfile:

> Entre aquellos cientos de «gudaris» iba su hijo. Palideció intensamente; luego consiguió rehacerse y gritó con viva emoción, con la fuerza toda de su alma: ¡Gora Euzkadi Azkatuta! Vibra como irrintzi. Lo recoge la muchedumbre en sus labios y resuena robusto, estentóreo, potente y extenso como un trueno (p. 32).

No obstante, cuando terminó el desfile, quedó roto el encanto del momento. Se volvió a la indiferencia, a la absurda y loca inconsciencia, embriagándose de la frivolidad de la guerra, como si ésta afectara sólo a los «gudaris» que se alejaban hacia el frente (p. 34).

Con la guerra se pretendía anular lo que uno más ama —«amores basados en la ley natural, en la justicia y el derecho»—; por tanto, eludirla era una traición y una cobardía (pp. 21-22). En opinión de un personaje, a los vascos les sobraba razón para hacerla y para defenderse; pero se debía tener presente que no bastaba con el entusiasmo y la abnegación, sino que la técnica era necesaria para ganarla (p. 26); y la disciplina era tan necesaria como la munición y el fusil para combatir (p. 27).

Había «gudaris» que entendían que luchaban contra los invasores y enemigos de Dios y de la patria (p. 33). Sin embargo, la confrontación militar provocaba curiosas contradicciones y extrañas alianzas: «Es terrible cuando me pongo a pensar que mientras luchamos unidos con hombres extraños a nuestra tradición y opuestos a nuestro fundamento ideológico, existen ahí enfrente, como ese muchacho que canta, vascos, hermanos nuestros en raza cuyo exterminio buscamos por instinto de conservación» (p. 38) [93].

Por otra parte, a la vista del discurso nacionalista, diríase que sus objetivos eran, sin duda, axiomáticamente buenos por definición y naturaleza. Así, la guerra en curso, de carácter económico y de lucha de clases, queda transformada, en la interpretación nacionalista, en guerra territorial contra Euzkadi; y, por tanto, todo vasco que no compartiese los puntos de vista del nacionalismo resultaba un traidor:

> Como antaño, como hace ya siglos, han olvidado la causa del pueblo vasco, sus ansias y aspiraciones, ahí están unidos a nuestros enemigos de siempre, ayudando y colaborando con los invasores a exterminar, en loco suicidio, con la muerte y el terror, a sangre y fuego, a Euzkadi y cuanto ésta representa y ama (pp. 38-39).

---

[93] Precisamente debido al activo papel que desempeñaron los requetés navarros y vascos en la sublevación de 1936, hay autores que «a posteriori» hablan de la «4.ª guerra carlista» para definir la guerra de 1936-1939, particularmente por lo que al País Vasco se refiere [Cf. Javier Pradera: «El cementerio de los ingleses», *El País*, 29 de enero de 1997, p. 16].

Otro «gudari» afirmaba que a los vascos de las filas de los sublevados les habían hecho creer que se trataba de una guerra religiosa; pero los vascos de la zona republicana no aceptaban ni apoyaban esta interpretación:

> ¿Guerra religiosa? [...] ¿Cómo justificar, si así fuera, la actuación patriótica y abnegada de los cientos de sacerdotes capellanes en nuestros batallones de «gudaris»? ¿Y cómo explicarán ellos el destino impuesto al clero vasco, el encarcelamiento de cientos de sacerdotes en prisiones, y el alevoso fusilamiento realizado en Euzkadi en la persona de tanto sacerdote vasco? (pp. 38-39).

Había más detalles por añadir a la interpretación de la guerra. Ésta estaba destruyendo los caseríos símbolos de la preservación de la esencia tradicional y de la historia vascas. Los caseríos eran destruidos por la insensatez de sus hijos y de los ajenos —los enemigos de la raza vasca, quienes hunden su techumbre y agrietan sus muros a cañonazos— (p. 54); el elemento simbólico de los caserios resulta evidente.

Breve comentario estilístico

Esta segunda narración ofrece un lenguaje más trabajado. En el modo de hablar de algunos personajes encontramos breves expresiones en euskera, con el resultado final de un estilo con más fuerza expresiva. Pueden hallarse frecuentes comparaciones, algunas metáforas, como la identificación de la patria con la madre. Todo ello contribuye a dar a esta segunda narración un tono épico del que carecía la primera.

Comentario final de ambas obras

Mientras la República estaba en guerra desigual contra los militares que la habían traicionado, estas breves obras de Basaldúa ejemplifican claramente dónde estaba el pensamiento nacionalista vasco durante la contienda. En una de las obras del período de guerra, la realidad bélica no aflora para nada; y en *El dolor de Euzkadi,* se habla constantemente de Euzkadi como un ente con funcionamiento independiente, como si fuera otro país bien alejado de España, luchando por objetivos que no parecen en nada coincidentes con los de la República [94]. La República

[94] Recuérdense al respecto los muchos problemas que tuvo el teniente coronel Francisco Ciutad como Jefe de Operaciones del Estado Mayor del Ejército del Norte, para defenderlo mientras era territorio republicano. Ciutat fue relevado del mando por sus graves discrepancias con el presidente vasco José Antonio de Aguirre, pues, dada su militancia comunista, no sentía ningún entusiasmo por la actitud independentista de Aguirre y su gobierno. [Cf. Manuel Rubio Cabeza: *Diccionario de la guerra civil española (I),* Barcelona, Edit. Planeta, Col. Espejo de España, 127, 1987, p. 192.]

española y el País Vasco aparecen realmente como dos mundos totalmente separados; y ciertamente estas dos obras del nacionalismo vasco marcan una importante diferencia en la concepción del encaje político nacionalista en España, respecto al denominador común que aparece prácticamente en todas las otras obras tratadas en nuestro volumen.

La República, como tal, tampoco aparece mencionada en ninguna de las dos obras; como aplicando, «avant la lettre», aquella máxima orwelliana de que «lo que no se menciona, no existe» —tan cara a los nacionalismos ibéricos, al hablar de España.

8.6. *El infierno azul*, de Isidro R. Mendieta (ca. 1937/8)

Una forma de llevar a los soldados noticias de la guerra y mantener su espíritu combativo fue a través de las narraciones cortas, sencillas, aptas para ser leídas a un público no instruido, y que respondían a un modelo que había tenido gran difusión a partir de 1910. Dentro de este formato está *El infierno azul* de Isidro R. Mendieta [95], de la colección Terror Fascista, publicada con el soporte del Socorro Rojo Internacional, en cuya nómina podemos encontrar a M. Hernández, Margarita Nelken, Pablo de la Torriente, José Herrera Petere, etc.

Las 31 páginas de esta novelita están divididas en tres capítulos. Hay varios dibujos con un pequeño pie explicativo, que ilustran las peripecias que se relatan. En este caso, la historia trata de las aventuras de un joven que va a luchar a la Sierra, cae prisionero de los rebeldes y logra engañar a los militares hasta que encuentra una oportunidad para regresar a la zona republicana. El estilo es claro y sencillo, sin grandes pretensiones. Según el canon de estas obras, nos hallamos ante un relato en tercera persona —narrador omnisciente— con abundantes diálogos, que dan mayor viveza al escrito. El desarrollo cronológico es lineal, sin retrocesos al pasado.

La narración

El primer capítulo cuenta cómo Luis Rosado se va a la sierra en los primeros momentos a luchar contra los militares traidores. Allí será capturado por tropas del Tercio junto con sus compañeros y estará una temporada en las cárceles del frente, donde cada alba morían varios camaradas, hasta que consigue salir de la prisión.

---

[95] Isidro R. Mendieta: *El infierno azul,* [s.l.], Ed. Solidaridad, [1938?], 31 pp. No debe confundirse con la obra homónima de Edmundo Barbero: *El infierno azul* [Seis meses en el feudo de Queipo], s. l. [¿Barcelona?], Talleres SUIG / CNT, 1937.

En el segundo describe la represión que sufre Euzkadi después de la derrota de las tropas que lo defendían. Después de ser depurado, encontramos al protagonista como chófer de un capitán —Rubén Cardeñosa—, que se había escondido en Santander hasta la llegada de los «nacionales» y que luego se dedicó a la represión de los izquierdistas. Éste, junto con su mujer y una monja conocida de la familia, se trasladan a Bilbao para continuar su labor. El fusilamiento de soldados, obreros, campesinos y curas vascos se había convertido en una «orgía de sangre», como lo fue la represión y el estado de terror que se implantó en toda la zona sublevada. En una ocasión, Luis tiene que reprimir sus ideas antifascistas al hablar de los fusilamientos. La monja comparte su opinión de que son demasiados:

> ... ¡Qué crimen, Dios mío, qué crimen! Que el Señor nos perdone todo lo que estamos haciendo (p. 19).

El último capítulo trata sobre las condiciones de vida en la retaguardia franquista: «A la barbarie moruna ha sustituido la brutalidad alemana y la majeza italiana» (p. 25). La prepotencia de los aliados de los sublevados, como si ellos hubieran conquistado todo ese territorio, y su menosprecio hacia los españoles forjan un naciente sentimiento de resistencia. Las requisas de alimentos y de granos, jornales de esclavitud y una atmósfera de miedo y opresión dan alas a los jovenes para intentar llegar a las líneas republicanas.

Por ello Luis Rosado, después de vivir 13 meses en la zona ocupada, decide escapar de este infierno hacia las líneas republicanas, dejando su cómoda posición de chófer de un coronel y arriesgando su vida. Tras muchas horas de marcha por montes y ríos, alcanza las líneas del Ejército Popular, reencontrando casualmente a antiguos compañeros de su Batallón.

Temáticamente, incide en una acumulación de horrores. Así, los prisioneros, en su mayoría jovenes, tenían que soportar torturas, frío y hambre. Por las noches varios de ellos eran separados y ya no se sabía nada más de su paradero: pensando si llegaría la trágica llamada, cada día que vivían se convertía en el último.

Las torturas adquirían muchas formas, no sólo físicas, sino también psicológicas: «Las pezuñas de los "salvadores" pisotearon cuerpos y más cuerpos deleitándose con los gritos de dolor y de angustia de sus víctimas» (pp. 8-9). En las prisiones y campos de concentración era el método más corriente de tratar a los prisioneros.

La represión era realizada por «los señoritos de la Falange», ayudados por los caciques o los terratenientes: «Cada vez que avanzaban, cada vez que caía un pueblo en su poder, ya se sabía: los moros [...]. Y los señoritos de la Falange se dejan ver conduciendo, en compañía de la Guardia Civil, reatas de presos de todas las edades, incluso mujeres» (p. 12). Los fusilamientos se producen de manera continua y sistemática: en la cuneta de una carretera, en la tapia del cementerio, o ante los muros del cuartelillo de la Guardia Civil.

En resumen, el terror es el arma empleada por los invasores para mantener el control de las zonas ocupadas. La incertidumbre sobre el destino de familiares, el no poder retirar los cadáveres de los fusilados, son ejemplos del tipo de actuación llevada a cabo para aplastar cualquier protesta.

Luis Rosado, el joven y valiente protagonista del relato, marchó para luchar contra los sublevados. Combatiendo en el pueblo de Pozuelo desde un camión antitanque, al llegar la hora de romper el cerco para no ser copados, fue capturado. Estaba a punto de ser fusilado, cuando lo reconoció un oficial que había sido ciclista como él, y lo salvó del pelotón de ejecución, pero no pudo evitar que lo encarcelaran con otros. En esta situación le preguntaron si venía a pasarse al campo «nacionalista», él vio la ocasión y contestó afirmativamente. Fue trasladado con otros militares a Navalcarnero, a una prisión de los falangistas y después a un Batallón disciplinario para cavar trincheras. Más tarde se convirtió en chófer de varios oficiales. En casa de Rubén Cardeñosa tiene que ocultar sus ideas sobre la represión al tiempo que intenta hacer ver a los sublevados que tantas muertes causarán problemas económicos (p. 29). Un día cerca de las líneas republicanas aprovechará la ocasión y huirá al lado de la República.

En contraste con los militares sublevados, Mendieta nos presenta al comandante Faerna, un militar de carrera, que luchaba con los milicianos para cortar a los fascistas el camino hacia Madrid. Cuando fue capturado, sostuvo el ánimo de los prisioneros para soportar la situación y los malos tratos con su entereza y espíritu de resistencia. Denunciado por un capitán de milicias traidor, una noche fue sacado por los falangistas y asesinado en un camino.

En la retaguardia «azul», los falangistas son los «señoritos» que no iban a la guerra, sino que se dedicaban a mantener el nuevo orden en la retaguardia y a «limpiar» las cárceles. Por su parte los italianos, olvidado ya el desastre de Guadalajara, y sometido el frente Norte, se dedicaron a la «dolce vita» imponiendo sus criterios a civiles y militares en aquella zona.

Por su parte, los campesinos castellanos que habían dado apoyo a la sublevación, se vieron luego implicados en el mantenimiento de la situación. Tenían que hacer guardias en los campos de concentración repletos de soldados de la República. Trabajaban como siempre, de sol a sol, por un jornal inferior a lo que se pagaba con Gil Robles y un tercio de su producción de trigo se la quedaba la Falange y el Servicio Nacional del Trigo [96] que defendían los intereses de los terratenientes.

Conclusión

Esta obra interesa no tanto por su valor literario, sino por otros motivos.

[96] Creado en Salamanca en agosto de 1937. V. Ramón Tamames: *Historia de España,* VII. La República, la era de Franco, Madrid, Alfaguara, 1983, 10.ª ed, p. 672.

Primero, por el tema tratado: la situación en en la Zona Norte y la instauración de un régimen de terror una vez caída en poder de los sublevados. Segundo, por la idea principal que se desprende a través del personaje principal, Luis Rosado: hay que continuar la lucha, hay que resistir, «hay que pasarle» (p. 30) [97]. Tercero, por el tipo de obra, dirigida a un público no muy instruido con un claro objetivo propagandístico. Para ello se decanta por el modelo de la «novela de quiosco», con textos breves, no excesivamente complejos, y con un mensaje unívoco.

El título de la obra, *El infierno azul,* alude al color simbólico que se atribuyó a sí mismo el bando sublevado. Pero realmente —no olvidemos los colores de la bandera de la Falange— hubiera podido titularse también «el infierno rojo y negro»; rojo por la sangre que se derrama en los fusilamientos, asesinatos y ejecuciones. Negro por el luto que llevan los familiares de los muertos, por el tono que rige a una sociedad, sometida por el terror a una disciplina degradante para los individuos.

8.7. *Primeras jornadas y otras narraciones de la guerra española,* de Vicente Salas Viu (1939 / 1940)

En 1940 aparecía en Chile un libro de Vicente Salas Viu: *Las primeras jornadas y otras narraciones de la guerra española* [98]. Pero no era un libro escrito desde el exilio, sino que se trataba de un libro impreso en Barcelona en edición castellana y catalana en los últimos meses de la guerra, que fue destruido por los vencedores. El autor, al pasar la frontera, llevaba consigo unas pruebas de imprenta sobre las que se hará la edición que manejamos [99]. Además, alguno de los textos que se recogen en el volumen había aparecido previamente en publicaciones periódicas. Así, en *Hora de España,* revista en la que colaboró con cierta regularidad, hallamos «Un paso en la Revolución», el fragmento «Desde Archanda» en «La lucha en torno a Bilbao», y «Cuatro historias ejemplares »[100]. Mientras que otros coinciden con fragmentos de *Diario de guerra de un soldado* [101].

En este volumen se reúnen catorce textos de diferente extensión, de las poco

[97] Hay que pasarlo a la República. Parecen estarse viviendo los tiempos de la consigna de Negrín: «Resistir es Vencer».

[98] Vicente Salas Viu: *Las primeras jornadas y otras narraciones de la guerra española,* Santiago de Chile, Ed. Zig Zag (Obras de Actualidad), 1940, 145 pp.

[99] Además de la explicación que se ofrece en el volumen, véase Vicente Salas Viu: *Diario de guerra de un soldado,* Madrid, Ed. Hispamerca (Textos Recuperados, 5), 1977. Prólogo de Eugenio Javier Alonso, p. 13.

[100] «Un paso en la Revolución», en *Hora de España,* VI, 1937 (noviembre), pp. 81-93; el fragmento «Desde Archanda» aparece en «En el norte, Bilbao», en *Hora de España,* VI, 1937 (junio), pp. 51-53; «Tres historias ejemplares», en *Hora de España,* XVIII, 1938 (junio), pp. 31-39, se convierte en «Cuatro historias ejemplares», al añadírsele «Nuevo frente».

[101] Vicente Salas Viu: *Diario de guerra de un soldado,* ed. cit. Véase en el siguiente capítulo el apartado correspondiente.

más de dos páginas de «Por un mundo mejor» a las veintisiete de «Las primeras jornadas». Temporalmente estas narraciones abarcan desde los primeros días de julio del 36 hasta la primavera del 38, tras la batalla de Teruel y el corte de Vinaroz, en que se sitúa la acción de la última de las «Cuatro historias ejemplares». La distribución guarda cierto orden cronológico. Las siete primeras podemos situarlas en el primer año de guerra y concluyen con la apurada situación de Bilbao tras los bombardeos de Durango y Guernica. Del resto, «Las sombras», «Yo, un pequeño burgués» y «El evadido» corresponden aún al primer año de guerra. Mientras los otros tienen como núcleo ordenador a la 69.ª brigada mixta, mandada por Gustavo Durán, el «general músico», que más tarde mandará también la 47.ª División. El enlace temporal se produce en la octava, «El mexicano de Madrid» (83-94); es la historia de un joven que, rechazado por su edad como voluntario, consigue incorporarse a los «Leones Rojos» durante la batalla de Madrid. Encuadrado el Batallón en la 69.ª brigada mixta, combatirá en Las Rozas donde rescata a su comandante herido (pp. 90-92) —hecho también recogido en «Diario de guerra» (pp. 54-55)—, y más tarde en el Jarama. En «Calma en la trinchera», «El bombardeo de Tarancón» y «Cuatro historias ejemplares» acompañaremos a las unidades mandadas por Durán en Villanueva de la Cañada, Tarancón y Teruel.

Los escenarios también contribuyen a dar cierta unidad al conjunto, pues salvo «La lucha en torno a Bilbao» y «Las sombras», que se sitúa en Valencia, se reducen a dos: Madrid y sus sierras y Teruel.

Desde un punto de vista formal hallaremos cierta variedad. En primer lugar aparecen tres narraciones breves: la que da título al volumen, «Un paso en la revolución» y «Sangre vertida». En «Primeras jornadas» se recrea el ambiente de julio a través de la actividad de tres sindicalistas —Mariano, Pedro y Luis— que vigilan los cuarteles. Al caer enfermo Mariano, su hijo de catorce años se unirá a los otros, acompañándoles en la recuperación de Guadalajara. «Un paso en la revolución» es un relato aleccionador de cómo se reorganiza una empresa incautada a pesar de los sabotajes, lo que le da cierta intriga, y de la impaciencia revolucionaria de algunos miembros del Consejo obrero. Mientras que «Sangre vertida» es un breve e intenso episodio en el que se refleja la ferocidad de las tropas africanas en su avance hacia Madrid, que provocó la riada de refugiados que huían del frente. Los tres que siguen tienen un carácter mucho más discursivo que narrativo. «La lucha en torno a Bilbao» es un relato o más bien una crónica en primera persona del tiempo pasado en Bilbao, desde fines de marzo hasta fines de abril, en el que, curiosamente, incide más en el bombardeo de Durango, cuyos resultados comprobó personalmente, que en el de Guernica.

En lo que podríamos llamar —como explicábamos más arriba— la segunda parte, los textos formalmente menos narrativos se reducen a dos: «Yo, un pequeño burgués», serie de cartas a Rafael a Antonio, en las que al hilo de sus noticias se introduce el discurso ideológico; y «El evadido», donde se cuenta la recepción en las trincheras de un trabajador que, reclutado por los facciosos, ha conseguido pasar las líneas, episodio típico repetido con variantes numerosas veces. Junto a éstos tenemos las cuatro narraciones que tienen como núcleo ordenador la 69.ª Brigada. En «El mexicano de Madrid» se desarrolla la historia de un personaje que aparece fugazmente en *Diario,* el cual por su actitud y comportamiento guarda cierta semejanza con Marianín, el adolescente de la primera narración que se incorpora a las milicias. «Calma en las trincheras», escrita en forma de diario, es el embrión de «Diario de guerra de un soldado» en donde se recoge casi completo con cambios superficiales, como el traslado de fechas de agosto a septiembre o la ampliación de algunas anotaciones. «El bombardeo de Tarancón» es una breve crónica también incluida sintéticamente en la novela.

«Cuatro historias ejemplares» nos lleva a la batalla de Teruel. Tres habían aparecido previamente en *Hora de España* [102]. En la breve introducción, Salas Viu invita a rectificar la visión literaria del héroe por una visión más real: el héroe no se ve sino en el acto heroico que es imprevisible y cualquier soldado puede serlo cuando llegue el momento porque así pueden «sacar de sí toda la rabia que llevaban dentro» (p. 124). Las tres primeras son breves. «La vocación y el deber» relata la muerte de un médico de campaña en un puesto de socorro de primera línea porque «no era ocasión de atender a otra cosa que a quien sobre la mesa de cura, con la llamada viva de la sangre, reclamaba su ayuda. Pasara lo que pasase había que continuar» (p. 128). «Emérita en Palomera» tiene un carácter completamente distinto. Es la historia de una niña, nacida en un lugarejo de Cuenca. De familia humilde, esmirriadilla y vivaracha, es la única superviviente de cinco hermanos. Aquel agosto (¿36 ó 37?) había siega y no brazos y se une a una cuadrilla de segadores para agavillar las mieses. Había que hacer aquel esfuerzo porque así «los niños no volverían a perderse como semilla que no pesa, al aire, ni los días huirían en la sierra iguales de vacíos y de lánguidos» (p. 132). «Más que a vanguardia» es un episodio de heroísmo anónimo en los combates de Cerro Gordo, sector de la 47.ª División. En medio del duelo artillero comienza el avance de los tanques, que titubean hasta que un soldado arranca a correr delante de ellos. Se desaloja al enemigo y así consiguen descongestionar el ataque sobre Teruel. La cuarta historia, «Nuevo frente» es casi un guión cinematográfico: un Batallón queda aislado en la sierra de Caro, en la margen derecha del Ebro, tras el corte de Vinaroz. Emprenden la marcha con la intención de unirse al ejército en retirada; pero, cuando avistan Tortosa, acaba de ser volado el último puente. Han quedado aislados en zona enemiga. Y reharán el camino por los montes hasta llegar a la zona centro. Llevado con buen ritmo, el interés no decae hasta el final.

«Las sombras» es una narración aparte de las demás. Ni frentes, ni ejemplos didácticos, ni discursos. La acción, en Valencia, en enero del 37. Carlos Contreras,

[102] Vicente Salas Viu: «Tres historias ejemplares», *loc. cit.* en n. 3.

redactor de *El Progreso,* sale de madrugada de la redacción. Al llegar al «Parterre» comienza a seguirlo un perro. Y se inicia una noche obsesionante. No consigue esquivar al animal y en su deambular llega al río: «Del agua subía un vapor frío. ¿Por qué había ido a parar allí? ¿A qué venía este apresurado ir de una parte a otra, este bucear desesperado en la oscuridad de la noche?» (p. 104). Seguido por el animal hasta su casa, está obsesionado y teme que «de cualquier rincón del cuarto a oscuras brotaría, modelado en la sombra, el cuerpo del perro» (p. 105). La presencia de aquel perro «fáustico» desencadena todo un proceso —un poco al modo de Stefan Zweig— de revisión y búsqueda de su pasado, su presente y su futuro. Un pasado fracasado, un presente rutinario y frustrante, convertido en sombra, y un futuro —«un mundo que nacía a borbotones» (p. 107)— para el que se siente sin fuerzas. Atenazado por una intensa melancolía lo hallan sus amigos en la misma postura, con un lápiz en la mano sin ver ni oír: «En su cuerpo vacío anidaban las sombras» (p. 108).

Estas narraciones que acabamos de reseñar no responden a un tipo homogéneo: junto a unas más o menos ejemplares o didácticas, hay textos de carácter eminentemente discursivo con un leve soporte narrativo. E incluso un tercer tipo que quedaba definido por la revista *Hora de España* al incluir textos como «En el Norte, Bilbao», refundido en «La lucha en torno a Bilbao», en una sección especial bajo el epígrafe «Testimonios».

El orden cronológico de que hablábamos más arriba permite apreciar un paulatino cambio de tono. En «Primeras jornadas» es patente el entusiasmo popular ante una victoria —así consideran el haber abortado la sublevación en parte del territorio— que los llena de optimismo: «Esto marcha, chico, esto marcha. Lo dicho: hemos logrado lo más difícil, y la victoria es nuestra» (p. 37). Pero el transcurrir de la guerra irá matizando ese entusiasmo inicial y a partir de «La lucha en torno a Bilbao» se percibe ya una gran preocupación por el futuro. Esta preocupación se convierte simbólicamente en las sombras en las que se hunde Carlos Contreras al contemplar el suyo. Y ya en el final, escrito durante y después de la batalla de Teruel, hallaremos, sobre todo en el último relato, una decidida voluntad de resistencia a pesar de las circunstancias adversas y de verse aislados: «Todavía, aunque era mucho el esfuerzo hecho, era pronto para abandonarse a la desesperación» (p. 142). El heroísmo consiste en no darse por vencidos.

Escritos a salto de mata, entre viaje y viaje o entre acción y acción, como recordaba el mismo Salas Viu [103], ofrecen a veces lapsos o irregularidades, como en la última historia, en la que un Batallón se transforma repentinamente en dos: «El comisario mandó espaciar a la gente, que los dos batallones se distribuyeran...» (p. 143). Son irregulares también por la distinta finalidad de los mismos. En general,

---

[103] Vicente Salas Viu: «Un sentido de la prosa. Carta abierta a Herrera Petere sobre su libro *Acero de Madrid»,* en *Hora de España,* XX, 1938 (agosto), pp. 57-8.

podríamos apreciar que los relatos cortos propiamente dichos mantienen un buen estilo narrativo que huye en lo posible de la retórica habitual. No ocurre lo mismo en los más discursivos, donde campean los tópicos de la propaganda ideológica que intentan fijar unas líneas base de pensamiento. Y a la vista del último, «Cuatro historias ejemplares», podríamos decir que, unos más y otros menos, todos lo son. Y son ejemplares deliberadamente. Salvo «Las sombras», donde la posible ejemplaridad queda subsumida en la tensión del relato mismo y el proceso de hundimiento de un hombre enfrentado a su verdad individual: su frustración pasada, presente y futura, independientemente de la circunstancia histórica que le toca vivir y que en todo caso queda de relieve en un momento histórico decisivo.

8.8. El último libro, *El hombre solo,* de Pablo de la Fuente (1939), o la soledad de la República

El hombre solo de Pablo de la Fuente es seguramente el último volumen de narraciones republicanas publicado en tierra española durante el período de la Guerra Civil, precisamente en Madrid, el mes de enero de 1939 [104]. Y según el autor, se publica

> ... porque en Madrid, en guerra, nos parece a mis amigos y a mí que conviene no abandonar los trabajos intelectual y editorial en «cauta» espera, y segunda porque, reunidas en libro, pueden significar el punto de partida —y el compromiso— para continuar, disciplinándolo, el propio esfuerzo.
>
> Por eso, aunque en los temas no se la mencione casi, éste es un libro de guerra que sale en los primeros días de 1939, días duros, pero llenos de esperanza inmarchitable...

El libro es una colección de escritos de diferente extensión e intención, que desde el punto de vista genérico podemos clasificar —como en los casos de Arturo Barea, Chaves Nogales o Sánchez Barbudo— en novelas cortas y cuentos [105], a los que tenemos que añadir tres textos muy breves, no narrativos.

El hombre solo, la novela que abre el volumen y le da título, va dividida en cinco capítulos y en su composición destaca la combinación de sueño (irrealidad) y realidad, que estilísticamente se demarcan mediante extensos monólogos interiores y fragmentos narrativos en tercera persona. Localizada en el puerto y playa de Dieppe (cap. I) y París, comienza relatando la desesperación de un hombre por

[104] Pablo de la Fuente: *El hombre solo,* Madrid, Enrique Prieto, 1939, 124 pp. Con un retrato del autor firmado por Ontañón.

[105] V. Gemma Maña: «La narrativa breve de 1936 a 1939: vida y literatura», *Anthropos,* 148, Barcelona, 1993 (septiembre), pp. 39-43.

unas noticias y una ayuda que no llegan (posiblemente económica y también una nueva documentación que le permita coger un barco e iniciar, lejos, una nueva vida). Ya en París, en un cuarto de hotel asistimos a sus pesadillas de fiebre (capítulo II) en las que se ve rechazado por sus camaradas (p. 24). Está ya enfermo y, por los síntomas, es tuberculosis: «Echó mucha sangre al devolver el agua» (p. 26). El capítulo III, «Soledad», lleva un subtítulo significativo: «Papeles olvidados en un cuarto de hotel», recurso de muy antigua raigambre, pero siempre efectivo, que nos lleva al interior del personaje y al centro temático y estructural. Se abre y se cierra con unos significativos «¡No puedo más!», entre los cuales manifiesta ya su desinterés por todo y su cansancio en sostener el amor que le tienen los demás. Esta situación se acentúa en sus horas de fiebre en un cuartucho aún de hotel (cap. IV) cuando ahonda en su situación:

> Estoy solo, solo. Nunca he estado tan solo conmigo mismo, y tal vez por eso no me importa nada de lo que me ocurre.
>
> Después, la idea de que estaba convertido en un aparato sobrante de una maquinaria fue transformándose en que era un superviviente del mundo. Un ente sin acoplamiento posible a ninguna función social, a ninguna razón de vivir (p. 33).

Y decide romper sus ataduras y así sentirse libre: «La victoria de la libertad completa» (p. 34). Aunque ello suponga acabar sus días como un «clochard» (cap. V). Ni Elena —antigua amiga y quizá enamorada, que busca al «español»— conseguirá arrancarlo de su decisión de vivir libre de ataduras y de perspectivas y «esperándolo todo con deseo» (p. 43).

La temática de la novela apunta a la desolación del protagonista, un español huido que lo ha perdido todo —¿la guerra?, el contacto con los camaradas, incluso el apoyo de la familia—, que está enfermo y no sabe a lo que se va a enfrentar en el futuro próximo de una Europa amenazada. Al sentirse sin ninguna razón para vivir (p. 33) opta sartrianamente por el ejercicio de la libertad que será su victoria, aunque le cueste una muerte más temprana. Porque el protagonista acepta el precio de esa libertad: *la soledad.*

Al mismo tiempo no podemos dejar de pensar en qué momento se escribió y publicó este libro: la República española en sus últimos meses, casi sin recursos, cada vez más abandonada, pero aún en esa situación dispuesto el Gobierno a la resistencia, como nuestro personaje:

> Podría decir: «¡No puedo más!», pero esto no es todavía exacto. Bien es verdad que me siento, por dentro y por fuera, más agotado que nunca, que mi vida es triste y cada vez más pesada... Pero *aún resisto y mientras resista hay posibilidades* [27].

Lo que nos sugiere un valor alegórico —hombre solo / Madrid solo / República sola— no explícito, pero sí sugerido por otras alusiones sembradas por el texto: «Y todo, ¿para qué?» (p. 16), nos dice en Dieppe, y remacha ante la carta que recibe: «Era fatal» (p. 19). La leve alegría por el triunfo de la izquierda en las municipales francesas (p. 40) es ya tardía porque «Mi lucha ha sido larga y dura» (p. 41). Ya no sirven los paños calientes, el presentar perspectivas imposibles. Será un inútil alargamiento del final y un engaño que lo hará más angustioso. El personaje da el ejemplo con su aceptación de la muerte antes que un nuevo sometimiento: es el precio de mantener su libertad, que será su victoria aun después de muerto.

En «Tríptico de París» el autor incluye: «Gitanas en la Avenida de la Ópera», evocación del «eterno femenino» desde un punto de vista masculino, que recuerdan a la pintura de la época; «Restaurante ruso», una descripción de tipos en un ambiente conspirativo; «Los últimos "bateaux mouche"», recuerdo sentimental de los barquitos del Sena. Son ejercicios de estilo, «apuntes» periodísticos de cariz impresionista, que constituyen un intermedio entre la primera novela corta y las narraciones posteriores, casi al modo de un entremés teatral. En la tercera y última parte, «Narraciones», nos ofrece estos cinco títulos: «La oficina», «Derrumbamiento», «La casa en la montaña», «Una noche...», «Huida». Los cuatro primeros, relativamente breves, pueden clasificarse como cuentos, mientras que el último está más cerca de la novela corta y enlaza temáticamente con *El hombre solo,* pero dejando aquí un pequeño resquicio a la esperanza.

«La oficina», el primero de los cuatro cuentos, tiene como protagonista a Horacio. En un día de primavera, algo se remueve en su interior al considerar todo lo que no ha hecho en su vida por mor de la seguridad y del qué dirán. De repente siente un impulso extraordinario: besar a Mercedes, una compañera de oficina que siempre le gustó. Y ese beso se convierte en un acto revolucionario, siendo expulsados —«trasladados», dice el texto— por ello de ese paraíso, que, según los jefes —¡oh, ironía!—, es la *oficina.* Horacio decide entonces aprovechar la coyuntura para dejarlo todo atrás, incluso la familia, y empezar una vida nueva. Es formalmente un cuento con un motivo que se organiza en los tres tiempos clásicos: planteamiento, nudo y desenlace. Y un personaje central bien delineado sin necesidad de contarnos su vida anterior y al tiempo caracterizando su situación vital. A pesar de esta clasicidad formal, el relato hace aflorar dialécticamente el absurdo moral de la mesocracia y su absoluto ridículo. Al poner de relieve lo cursi mesocrático en contraste con un comportamiento verdaderamente humano, hace Pablo de la Fuente lo que hará Mihura en su teatro, pero sin caer en la payasada. La condensación de medios de este cuento lo convierten en un clásico de humor verdaderamente revolucionario, que recuerda, aunque con personajes humanos y sin su tono festivo, el de Antoniorrobles en *El refugiado Centauro Flores* [106].

Derrumbamiento adquiere la forma de un relato enmarcado entre dos momen-

[106] Antoniorrobles: *El refugiado Centauro Flores,* México, Minerva, 1944, 1.ª ed.; México, Finisterre, 1966, 2.ª ed.

tos breves —la vuelta del funeral y el suelto periodístico—, y en el que la extensa parte central contiene la narración retrospectiva de la historia del protagonista. Es el más «galdosiano» de los cuentos, con tema y ambiente que nos recuerdan a *Doña Perfecta, Gloria* o *La familia de León Roch,* salvando las distancias de extensión. Casi un folletín por el asunto, su tono queda elevado al ser el relato de un testigo, amigo del protagonista. Pablo de la Fuente lanza aquí de nuevo sus dardos contra la España mesocrática, pequeño-burguesa; contra la familia tradicional y su egoísmo: es una *crítica feroz* de la hipocresía moral de la llamada «gente de bien». El final del cuento era previsible, aunque no deja de ser terrible: Pedro, que se quedó sin trabajo por su actividad sindical e ideas políticas, ve morir a su pequeño hijo y a su mujer debido a la falta de comprensión y ayuda de su familia política y desaparece tras destrozar sus últimas pertenencias: «Este hombre se ha vuelto loco —dijo uno—. Es natural. ¡Era demasiado!» (p. 74). Las últimas líneas de la narración cuentan cómo sus amigos se enteran por la prensa de lo ocurrido. Los periodistas hablan de un crimen horrendo: mató a su suegro, su suegra y una cuñada. Otra salió huyendo y al perseguirla fue muerto por la Guardia Civil. Y lo presentan como un sujeto con pésimos antecedentes, mientras que su suegro es ensalzado como ciudadano honrado y ejemplar.

El único episodio bélico lo encontramos en la última parte de *La casa en la montaña.* Se trata de una narración en primera persona que consta de dos partes. La primera contiene una crítica a la mentalidad mercantil de una familia pequeño-burguesa que impide al tío del narrador construir una casa en el campo para disfrutar de la soledad y contemplación de la naturaleza. La presión de la familia acaba con aquel proyecto ilusionado y el anciano tío muere con una gran congoja por ver en lo que se ha convertido su proyecto: en un triste edificio de pisos de alquiler. La segunda parte refiere un episodio de la guerra civil: la destrucción de la casa, convertida en polvorín enemigo, por la pericia artillera del narrador. Este hecho, además de vindicar la memoria de su anciano tío, adquiere un cierto tinte simbólico: la destrucción de una mentalidad chata y torpe, incapaz de cualquier elevación espiritual.

Una noche... se ambienta en el Madrid en guerra, aunque curiosamente ensaya aquí Pablo de la Fuente el cuento fantástico. Puede ser que la guerra no sea el tema principal o puede ser que sí. El relato tiene elementos autobiográficos. Las calles por las que transita el narrador, las horas concuerdan con los que podemos espigar en *Sobre tierra prestada,* su primera novela del exilio sobre su experiencia de la guerra en Madrid: «Cuando volvía a mi casa, en la madrugada, todo estaba oscuro, pero inmensamente tranquilo. Había un fondo de disparos hacia la Moncloa, y, a veces, el gigante tambor del Abuelo redoblaba en el Retiro» [107]. El

[107] Pablo de la Fuente: *Sobre tierra prestada,* Santiago de Chile, Ed. Nuestro Tiempo, 1944, pp. 302. En esta novela autobiográfica rememora el autor su experiencia de la guerra en Madrid. Y así nos habla de su actividad como periodista (p. 261), sus vueltas a casa de madrugada como la citada (p. 185) o la zona del barrio de Salamanca por la que transita (p. 141) que coincide con la de este relato.

narrador —al que se puede identificar con el autor— escucha entre los bombardeos lejanos unas voces que cantan procedentes de un lugar desconocido y en la escalera de su casa «nota» una presencia presuntamente femenina. El final queda abierto a la interpretación del lector: ¿pertenecen las voces a los muertos en la guerra que animan al protagonista a escribir lo sucedido para recuerdo de las generaciones futuras? Quizá...

La huida es, como *El hombre solo,* la historia de un refugiado que, en este caso, toma la forma de una narración clásica en tercera persona. Temporalmente se distinguen en ella dos secuencias entre las que media una separación de siete días. La primera se localiza en Amberes y su puerto; la segunda, en un tren que corre hacia la frontera belga con Francia. Del protagonista casi no sabemos nada; durante toda la primera parte es un ser misterioso del que no se nos dice ni su nombre. Algo de ese misterio se aclara cuando, estando con la mujer que lo acompaña en la habitación de un hotel, contesta una llamada en su propia lengua, el alemán. Todo ello contribuye a crear la sensación de que se trata de un ser perseguido, que huye, de ahí el título, y que ante su naciente amor por Honorina y la inseguridad de su vida de refugiado, vuelve a huir y lo hallamos en el tren, camino de Francia. Ya hemos comentado cómo temáticamente enlaza con *El hombre solo,* pero queda en la «huida» interminable un pequeño resquicio de esperanza motivado por el calor humano y la comprensión de los mineros que viajan en el tren con el protagonista.

No podemos dejar de comparar este libro de relatos —el útimo editado en Madrid en aquellos «días duros», como nos recordaba su autor [108]— con la primera novela de la guerra, *Gavroche en el parapeto,* también comentada en este volumen. Desde sus títulos se establece el primer contraste: Gavroche, el personaje de Víctor Hugo, cuya presencia al lado de Jean Valjean en la barricada de Saint Denis nos recuerda el cuadro de Delacroix: *La libertad guiando al pueblo,* nos sugiere el empuje y la combatividad de la juventud, con ansias de enfrentarse a lo que sea, a lo que venga. La novela de Otero y Palma respira del principio al final un ánimo, un aire de victoria inconfundible.

En cambio, en *El hombre solo* encontramos desánimo y desolación. El protagonista de la narración que da título al volumen está sumido en la mayor de las soledades: aislamiento político y existencial; abandonado de todos— familiares, compañeros y amigos—, como abandonadas y solas están Madrid y la República de las que la dignidad de este hombre no es sino el símbolo y la alegoría. Soledad que también llamamos en el personaje de *La huida,* cuyo misterio no se nos desvela hasta bien avanzada la narración cuando contesta a una llamada de la camarera en su propia lengua: el alemán. Sólo entonces captamos su misterio, esa sensación de sentirse perseguido que lo lleva al ocultamiento. Pese a todo, Pablo de la Fuente abre un poco la puerta a la esperanza en el comportamiento y la respuesta

[108] Cf. las palabras iniciales de Pablo de la Fuente reproducidas anteriormente.

de los mineros que han subido al mismo tren que el protagonista. Es un tibio rayito de esperanza, pues no deja de mencionar la amenaza que se cierne sobre Europa.

Sin embargo, estos relatos presentan ciertos rasgos que los relacionan con los otros. Concretamente, la crítica a una moral pequeño-burguesa y el surgimiento del «hombre nuevo» está presente en tres de ellos. Así, en *Derrumbamiento* dice: «Esa terrible vida cobarde de la familia pequeño-burguesa española, llena de odios y miseria» (p. 72). Mientras que Horacio en «La oficina» parece «salir de un sueño» y al tomar su decisión de romper con aquel mundo «marchaba adelante como quien sabe a dónde va y, a fuerza de entrarle el sentimiento de libertad, llegó a renacerle la confianza en sí mismo» (p. 64). En cambio, el tío Pedro de «La casa de la montaña» será frustrado en su deseo de tener una casa más íntima y acorde con su capacidad de apreciar la belleza por la presión de una familia que no ve más allá del pequeño beneficio que quizá espera heredar.

También recoge Pablo de la Fuente la idea de que el fin de la guerra de España no representa el final del combate para los que creen en una sociedad más justa y en el «hombre nuevo». En este sentido son significativas las narraciones que abren y cierran el volumen, «El hombre solo» y «Huida», que quedan enlazadas no sólo por la condición de refugiado del personaje, sino por su rechazo a unas perspectivas y a unas ataduras —la limosna familiar y de Elena en un caso, el sometimiento a una situación amorosa en otro— que menoscaban su libertad.

Todo ello en un lenguaje sencillo, depurado sin concesiones a modas o vanguardismos fuera de tono y circunstancia, que hace que se lea bien porque el lenguaje es actual salvo algunos extranjerismos («bluff», «bock») o algún vocablo de época (auto-ómnibus) que contribuyen a una mejor ambientación. Pese a que no desecha procedimientos como la sinestesia o el simbolismo fónico y usa con habilidad varios mecanismos narrativos, el autor huye del alarde formal y la narración se desarrolla preferentemente en una forma clásica.

9
LA NOVELA

9.1. Introducción

Llegamos por fin al final del trayecto: la novela, la forma narrativa mayor, tras un recorrido que se inicia en el relato cronístico mínimamente elaborado y que podríamos resumir en una simple expresión: del hecho a la novela. A la postre podemos concluir que hubo pese a las circunstancias una producción novelística. Naturalmente disminuyó su intensidad, pues muchos escritores se vieron reclamados por otras obligaciones y carecían del tiempo y la perspectiva necesarios.

Examinamos a continuación una docena de novelas. Unas aparecieron durante la contienda en fechas que van desde finales de 1936: *Gavroche en el parapeto* de A. Otero y E. Palma, hasta noviembre de 1938: *El asedio de Madrid* de E. Zamacois. De otras, inéditas por avatares de la guerra, tenemos constancia de su fecha de redacción: *Río Tajo* (1938) de Arconada o *Su línea de fuego* (1938) de Jarnés que sólo verán la luz años más tarde. Por fin, *Sueños de grandeza* (1946) de Sánchez Barbudo estaba en avanzado estado de elaboración como lo muestran las cuatro entregas aparecidas en *Hora de España* (1938).

No todas las publicadas entre el 36 y el 39 aparecieron en España. *A Gaceta de Madrid* (Buenos Aires, 1938) y *Euzkadi en llamas* (México, 1938) debemos añadir dos títulos que nos han resultado inalcanzables: *El teniente Zacatecas* (México) de A. Martín de Lucenay [1], autor de una serie de libros de sexología en los años anteriores a la guerra, y *Hombres de paz en guerra* (La Habana) de A. Millares Vázquez [2]. De ambas se halla noticia en el imprescindible repertorio de

[1] A. Martín de Lucena:, *El teniente Zacatecas* (Entre las garras del odio), México, Ed. Cicerón, 1939, 322 pp. No he hallado más noticia del autor, sino la colección Temas sexuales (60 vols.) Ed. Fénix, Madrid, 1933-34, encontrada por azar en los puestos de libros de lance. En la solapa se lo identifica como funcionario internacional en las misiones de Lucha contra la Trata de Blancas en Sudamérica, y Tráfico de Estupefacientes en Extremo Oriente.

[2] Manuel Millares Vázquez: *Hombres de paz en guerra* (Memorias de un miliciano), La Habana, Tall. Ucar, García y Cía., 1938, 250 pp.

Maryse Bertrand de Muñoz [3]. La exclusión de *La Sangre de España* de Julio Sesto [4], emigrado que se había abierto camino como escritor en México, se debe a que de su lectura se desprende una manifiesta inclinación por los sublevados, aunque a veces se haya considerado prorrepublicana o neutral.

Hemos omitido *Fresdeval* [5], la novela inconclusa de Azaña, cuya redacción intermitente, iniciada en 1930 y prolongada hasta el exilio, no respondía a la misma motivación que las *Memorias* o *La velada en Benicarló.* Por su relación con ella [6] ha corrido la misma suerte el relato *El viaje de Hipólito* [7], aparecido en 1937 en la revista *Madrid, Cuadernos de la Casa de la Cultura.* También en las revistas aparecieron fragmentos de novelas, en algunos casos de escritores tan destacados como Juan José Domenchina: *El desorientado* (Glosa, ditirambo y vejamen de un nuevo don Juan Apócrifo) [8], o Ernestina de Champourcin: *Mientras allí se muere* (Fragmento de novela) [9]. Al ser capítulos o esbozos de obras inconclusas no están en la misma situación que *Sueños de grandeza* o *Su línea de fuego,* de las que sí disponemos del texto completo.

Las novelas de que nos ocupamos sólo presentan dos rasgos comunes. Uno es la temática bélica, o prebélica en el caso de Garcitoral, cuya novela concluye con el inicio de la sublevación. El otro es la heterogeneidad. Esta última viene dada por dos coordenadas: la temporal y la estética. Cronológicamente, los autores representados cubren todo lo que iba transcurrido del siglo XX: de Zamacois, novelista coetáneo del 98, hasta jóvenes entusiastas que recientemente habían asomado al mundo de las letras como Sánchez Barbudo, Herrera Petere o Salas Viu. Si diver-

---

[3] Maryse Bertrand de Muñoz: *La guerra civil española en la novela,* I, Madrid, Porrúa (Ensayos), 1982, pp. 274-5 y 293, respectivamente.

[4] Julio Sesto: *La Sangre de España.* Novela heroica, México, Ed. Botas, 1937, 422 pp. En el «Antecedente» se da una sucinta información del autor que permite situarlo ideológicamente. La novela está claramente escorada hacia los sublevados, como lo muestra la visión de los defensores de la República, siempre patibularios, o las noticias de un quimérico bombardeo de la Sevilla de Queipo de Llano, o el tratamiento caricaturesco de los prohombres republicanos. No obstante, en la Dedicatoria (p. 2) y el Promio (pp. 11-20) se muestra más ecuánime que los novelistas del bando rebelde dentro de una argumentación mítico-pintoresca. Es novela curiosa, aunque algo indigesta.

[5] Manuel Azaña:, *Fresdeval* (Novela), Valencia, Pre-Textos (Letras Hispánicas 83), 1987, LXXXVIII + 347 pp. Ed. de Enrique de Rivas. Intr. de José M.ª Marco. Se imprimió por primera vez, en *Obras completas* I, México, Oasis, 1966. Versión reimpresa en *Obras completas, I,* Madrid, Giner, 1990, que no tiene en cuenta la edición de 1987, en la que se recogen los textos recuperados.

[6] V. José M.ª Marco: «Introducción», en *Fresdeval,* ed. cit., p. VIII.

[7] Manuel Azaña: *El viaje de Hipólito,* en *Obras completas, I,* Madrid, Giner, 1990, pp. 795-804, donde se indica que es la segunda versión de un texto de 1929.

[8] Juan José Domenchina: *El desorientado* (Glosa, ditirambo y vejamen de un nuevo don Juan Apócrifo), en *Madrid, Cuadernos de la Casa de la Cultura* 2, 1937 (mayo), pp. 75-82. Otra entrega en *Hora de España,* XII, 1937 (diciembre), pp. 23-31.

[9] Ernestina de Champourcin: «Mientras allí se muere» (Fragmento de novela), en *Hora de España* XIX, 1938 (julio), pp. 55-67.

sa era la edad, no menos diversa resulta la adscripción a una tendencia estética o ideológica. Esta última va del republicanismo moderado de Garcitoral al comunismo declarado de Arconada y, si hubiéramos incluido en este capítulo a Benigno Bejarano, el anarquismo.

Todo ello se refleja en una tipología novelesca muy variada como podrá comprobarse. El espectro va de la novela naturalista con resabios barojianos de Eduardo Zamacois hasta el vanguardismo poemático de *Acero de Madrid* de Herrera Petere, pasando por el postmodernismo de Garcitoral, o el realismo socialista de Arconada, o la discutible «deshumanización» de Jarnés. Del entusiasmo inicial de *Gavroche* a la deliberada propaganda ejemplarizante de *Puentes de sangre.* Del intimismo de Salas Viu o Sánchez Barbudo a la épica de *Cumbres de Extremadura.* O *Contraataque* de Sender, que unos consideran como novela y otros como «narrativa personal». Basta con recordar a Herrera Petere y las tres novelas suyas que incluimos, *Acero, Cumbres* o *Puentes de sangre,* para ver hasta dónde llega la heterogeneidad: vanguardismo, relato clásico o propaganda ejemplarizante, todo de una misma mano.

En resumen, el panorama que nos muestra la novela no es sino un reflejo de la España republicana. Diversidad de gentes y de pensamiento empujados en un primer momento por una ilusión colectiva y multiforme en la posibilidad esperada de abrir paso a una sociedad nueva: es el momento que podemos denominar con las palabras de Malraux: «L'illusion lyrique» [10]. En un segundo momento, esa alegría inicial se transforma en preocupación responsable ante un objetivo cada vez más problemático, la resistencia al fascismo; o en reflexión o en el buceo en la intimidad, o incluso cierta desilusión en Garcitoral.

9.2. La primera novela, *Gavroche en el parapeto,* de A. Otero Seco y Elías Palma (1936)

Gavroche en el parapeto es la primera novela de la guerra que se publica en zona republicana y que en pocos meses consigue dos ediciones [11]. El libro nace de la colaboración de Antonio Otero Seco y Elías Palma. Antonio Otero Seco, extremeño, era ya un joven periodista de prestigio, que colaboraba en *El Sol, La Voz,*

[10] André Malraux: *L'Espoir,* París, Gallimard (Nouveaux Romanciers Français), 1937. «Première Partie. L'illusion lyrique», p. 7-87.

[11] Maryse Bertrand de Muñoz: *La guerra civil española en la novela,* I, Madrid, Porrúa (Estudios), 1982, p. 314, da la referencia de la 1.ª edición: Madrid, Nueva Imprenta Radio, 1936. Citamos por un ejemplar —habido gracias a la cortesía de Maryse Bertrand— de la segunda: Elías Palma, Antonio Otero Seco: *Gavroche en el parapeto* (Trincheras de España), Madrid, Nueva Imprenta Radio, 1937, 2.ª ed. En el colofón precisa «el día 14 de abril de 1937, en que se cumple el VI aniversario de la proclamación de la Segunda República Española».

Mundo Gráfico, Heraldo de Madrid, etc., y no era ésta su primera incursión en la narrativa, pues entre 1925 y 1929 había publicado tres novelas *(El dolor de la vejez, La tragedia de un novelista* y *Una mujer, un hombre, una ciudad),* muy difíciles de localizar en la actualidad. En la postguerra, en *Temps Modernes,* apareció en 1952 el relato «En las cárceles de España y en la clandestinidad». También cabe mencionar sus semblanzas de personajes históricos que publicó con el seudónimo de Luis Herrera en la inmediata posguerra [12]. Menos noticias tenemos de Elías Palma, andaluz, militante socialista, también periodista, como lo muestra el volumen *Un hombre en la revolución. Ramón González Peña,* y poeta [13].

Gavroche en el parapeto es un texto de regular extensión, que consta de cuarenta y dos capítulos en total, cada uno con su titulillo. El que corresponde al decimosexto es el que da nombre al volumen y alude a un muñeco, arrebatado al enemigo al abandonar éste una posición, al que le adjudican el nombre de Gavroche:

> Éste es el Gavroche que recorría las barricadas y cogía las balas para dárselas a los estudiantes que defendían las libertades del pueblo francés. Éste es el Gavroche del gran Víctor Hugo, de ese sublime poeta, que toda su vida la dedicó a defender la libertad del mundo; el inmortal Víctor Hugo, el padre de Juan Valjean, el padre de Gavroche, el padre de Javert, el padre de Lorencina. Aquí está hoy este hombre sublime que nos trae a Gavroche para que le digamos a la Francia del Siglo de Oro, a la Francia romántica, a la Francia de los estudiantes, a la Francia que rompió su lanza contra todas las tiranías, contra todo lo que no representaba la justicia y la libertad, a la Francia de la «Marsellesa»:
>
> —Hoy el destino nos trae en esta jornada de horror y de muerte la figura inmortal de Gavroche y nosotros os decimos: «¡Hermanos franceses, ahí la tenéis; vosotros, que defendisteis las libertades y el derecho, ahí la tenéis!».
>
> No ha muerto en los corazones de los españoles que sienten ideas generosas y ella ha de ser vuestra vergüenza, porque no defendéis a vuestros hermanos los españoles. ¡Ahí tenéis la lección de Gavroche, el pilluelo de París, defendiendo las libertades! (pp. 123-4).

Gavroche, personaje de *Los miserables,* es aquel pillete parisiense, astuto, desvergonzado y generoso que se deja matar valerosamente en una barricada en 1832 [14]. De la mano de Víctor Hugo, Gavroche, en el que confluyen características de una personalidad adulta con la irreflexión e ingenuidad propias de la niñez, se convierte en

[12] Para una revisión de la figura de Antonio Otero Seco, v. Gemma Mañá Delgado: «A. Otero Seco, la obra de un olvidado», *Cuadernos Republicanos* 23, Madrid, julio 1995, pp. 41-55. Cf. apéndice.

[13] Para Elías Palma, cf. apéndice.

[14] Aunque el famoso cuadro de E. Delacroix: *La Libertad guiando al pueblo,* es anterior al libro de Hugo, los dos personajes que flanquean a la Libertad no dejan de recordarnos a Jean Valjean y especialmente a Gavroche, el mozalbete tocado con esa gorra de visera cuyo nombre francés es precisamente la «gavroche».

figura tradicional y legendaria, representativa de todos los bribonzuelos de París, con ciertos paralelismos en algunos personajes de Dickens y profusamente imitado en la literatura de la segunda mitad del siglo XIX. No es ésta la única alusión que hacen los autores a *Los miserables,* pues más adelante, en el capítulo titulado «La maestrita violada», mencionan a Jean Valjean relacionándolo con las trágicas vivencias de un obrero de veintiocho años llamado Baltasar. Sorprendentemente, el muñeco Gavroche se convierte en el capítulo vigésimo primero —«Un encuentro agradable»— en un personaje de carne y hueso, cuyo encuentro con un antiguo camarada, «también andaluz» (p. 141), invita a identificarlo con el comandante Elías Palma. Estas evocaciones o paralelismos parecen un intento de enlazar o de sentirse continuadores del espíritu revolucionario del siglo XIX, que debía llevar a la liberación del hombre, pues la España de aquellos años —en la que aún no se ha producido la revolución burguesa— se veía asediada por las mismas fuerzas sociales a las que combatía Gavroche.

La materia narrativa se basa en las impresiones y reportajes de guerra de Palma y Otero, que en la nota preliminar advierten:

> Lector: Esto no es una novela ni un libro de reportajes, aunque en puridad puede ser cualquiera de estas cosas, si aceptamos la definición sthendaliana de que «una novela es un espejo paseado al borde del camino» y la definición moderna del reportaje: «ver, oír y contar». Pero en el sentido corriente de estos dos casilleros literarios, este libro no es un reportaje ni una novela. Para lo primero le sobra intimidad; para lo segundo le falta fantasía.

No es la única narración de la guerra civil que procede de crónicas o testimonios: en su novela *El asedio de Madrid,* Zamacois incorpora apuntes y crónicas aparecidos en los medios de comunicación; Vicente Salas Viu en *Diario de guerra de un soldado* recoge «testimonios» de *Hora de España* y otras publicaciones, etc. No olvidemos, además, las palabras de Izcaray de cuando él y Otero se abrían camino como periodistas en el *Diario de Madrid:* «Ambos hacíamos reportajes "de calle". Por lo general, novelones, en los que contábamos las penas, los dramas de la gente que mataba, que moría, que se suicidaba cuando ya no podía más. *Intentábamos erigir el reportaje de sucesos en género literario»* [15]. Con todo, la novela no se ciñe únicamente a las acciones bélicas: prueba de ello es que lo narrado comienza con anterioridad al 18 de julio de 1936, dando cuenta de la conspiración de los generales, la Iglesia y la Banca para acabar con la República. Son los cinco primeros capítulos. A partir del sexto se nos habla de los primeros meses de la guerra, casi siempre vista desde Madrid o los frentes próximos a la capital, aunque algún capítulo de carácter retrospectivo se sitúa en tierras andaluzas.

Es fácil calificar esta obra como narrativa, pero —como veíamos antes— los

[15] Jesús Izcaray: «Un destino español», en *Homenaje a Antonio Otero Seco,* Rennes, Université de Haute Bretagne, 1971, p. 12.

mismos autores encuentran difícil etiquetarla de novela. Han intentado dotarla de un leve armazón argumental —con historia de amor incluida—, que desaparece en la mayoría de los capítulos. Esta trama argumental tan tenue tiene como protagonistas a Luis, periodista, de ideas y militancia socialista, y a Encarna, una buena amiga suya. Su amistad deriva en las páginas finales del libro en relación amorosa, después de pasar por momentos cruciales el protagonista tras ser gravemente herido en el frente. Encarna cuida de él y se decide una vez repuesto, a acompañarlo empuñando un fusil, y así llegamos al último capítulo en que ambos descubren que se quieren. Sin el pretexto de la presencia de Luis no se justificaría la mayor parte de los capítulos de *Gavroche,* especialmente los primeros, que son como una preparación o introducción a la guerra.

Otero y Palma utilizan un recurso narrativo, sencillo pero eficaz: la transcripción del diario de Luis. El recurso a la transcripción de una diario o unas «notas» no es excepcional [16]; también lo usarán Salas Viu en *Diario de guerra de un soldado* y Sánchez Barbudo en el relato «Días de julio». En el capítulo VI se transcriben sus notas a lo largo de la primera semana de guerra: son apuntes brevísimos, escenas y diálogos como «flashes» de una cámara fotográfica, que quedan enmarcados así: «Luis estuvo allí... En su carnet de notas apuntó esta especie de dietario relámpago de la semana...» (p. 62), y por el comentario final: «Al día siguiente, con su fusil, partió Luis para la Sierra» (p. 67). Tras ser nombrado comandante, se indica:

> En un cuaderno de campaña, el oficial del Ejército del pueblo fue dejando día a día sus sensaciones de la lucha. Con absoluta ecuanimidad quedó en aquellas páginas la impresión de un hombre sincero. Tal como él las escribió las publicamos nosotros, como un documento vivo y caliente de la lucha en los sectores más importantes de España. (cap. IX, p. 80).

Declaración reforzada en el capítulo en el que Luis se cura de sus graves heridas y regresa a su regimiento: «Luis siguió escribiendo sus impresiones del frente» (pp. 135-136).

La novela mantiene el tono cronístico de los reportajes publicados en *Mundo Gráfico, La Verdad* y otros medios por Antonio Otero Seco, a veces bajo el seudónimo de Antonio de la Serena. Estas crónicas —apuntes rápidos sobre el terreno en su mayor parte— son las fuentes de *Gavroche,* aunque en la novela se omiten los nombres propios de algunas personas y ciudades. No es raro que dos textos periodísticos se combinen para dar origen a un único capítulo [17].

---

[16] De la verosimilitud del recurso puede ser una prueba o una muestra el «Diario de campaña» de Gustavo Durán, que llegó a mandar la 47.ª División, en la que estuvo su amigo y colega Vicente Salas Viu. Publicado fragmentariamente en Gustavo Durán: *Una enseñanza de la guerra española,* Madrid-Gijón, Júcar (Crónica general de España, 28), 1980. Ed. de J. Martín-Artajo.

[17] Tal es el caso de «Primeros días en la sierra» (pp. 71-72) que reúne dos crónicas de *Mundo*

La comparación del capítulo «El pequeño gran hombre» (p. 247 y ss.) con su fuente —el artículo «En las trincheras que defienden a Madrid. Parábola del joven y del viejo» aparecido el 14 de abril de 1937 en *Mundo Gráfico*— aporta una cuestión adicional: si la primera edición de Gavroche en las trincheras es de 1936 [18] y la segunda —la consultada por nosotros— lleva como colofón precisamente la fecha de 14 de abril de 1937, cabría la posibilidad de que el texto de la novela precediera al periodístico, a no ser que: 1) el artículo hubiera sido publicado con anterioridad en algún otro medio de comunicación que no hemos podido consultar, y 2) los autores hubieran introducido modificaciones o añadidos de la primera a la segunda edición. En cualquier caso, estamos ante un ejemplo claro de literatura de la experiencia, pues vemos cómo una se imbrica en la otra y van de la mano.

Otero y Palma usan un plural inclusivo propiciado por la doble autoría y la intención épica; una sola vez aparece el narrador en primera persona del singular: «¡No puedo escribir más!», exclamará (p. 166). Se denominan a sí mismos «cronistas» y también «periodistas» e intercalan en el texto numerosas reflexiones sobre su cometido: qué decir, qué callar, cómo contar lo que han visto... Su militancia —patente a lo largo de todo el libro junto con la intención testimonial— plantea el conflicto entre propaganda y testimonio que les hace dudar: más de una vez se preguntan los autores de *Gavroche* cómo transmitir lo que han visto u oído, rechazando «a priori» la acusación de tremendistas.

De acuerdo con el papel de «cronistas» que se atribuyen, aparecen en el texto frecuentísimas marcas temporales («Hoy...», «En este momento...», «Esta noche...», etc.) de presente simultáneo al hablante. Así pues, el presente es el tiempo predominante en la narración, que avanza linealmente con excepción de aquellos capítulos en que aparece un nuevo personaje que relata sus experiencias a los camaradas. Por ejemplo, totalmente retrospectivo es el capítulo decimocuarto («Martirio y heroísmo de Sevilla») en el que se vuelve a los primeros días de la sublevación a través de un relato objetivo en tercera persona. Otras veces, en cambio, el nuevo personaje narra sus vivencias desde la primera persona del singular, no siendo extraño en estos relatos el uso del presente histórico.

El carácter cronístico —narración épica— y de propaganda hace que las interpelaciones al lector sean frecuentes, bien directas —«¡Ah, lector! ¡Esta escena no puede ir al papel!»; «Lector: esto lo dice todo...», etc.—, o formuladas como en la antigua épica: «¡Ahí tenéis la lección de Gavroche...!»; «¡Aquí la tenéis! ¡No se asusta, no corre, no huye!... ¡Ahí la tenéis luchando!»; «Ahí tenéis a España pintada al natural». Vez hay en que la apelación directa va seguida de la fórmula indirecta, con verbo introductor: «Nosotros decimos, lector: ¡Fíjate en Arturo, fíjate en

Gráfico, aparecidas el 25 de noviembre de 1936, atribuyéndose a Luis, el protagonista, la organización del correo en las trincheras.

[18] V. Maryse Bertrand de Muñoz: *op. cit.*

la Iglesia, fíjate en el cura!... Lector: ¡Ahí tienes la obra de la Iglesia, de los ministros del Señor!» (p. 225).

Los autores destacan la determinación y valentía de los héroes anónimos, milicianos hijos del pueblo. Abundan en el libro los ejemplos de heroísmo femenino: milicianas que se ofrecen voluntarias para llevar bebidas frías a los soldados de primera línea, enfermeras en hospitales de sangre, muchachas madrileñas «encorvadas por la pena y el trabajo, sobre los escombros humeantes, como vivas estampas del dolor» o la joven que salvó a cinco niños manejando con arrojo una ametralladora. Otras veces son mártires de la represión fascista o protagonistas de dramáticas historias humanas, como Julia («La ventana al pasado», cap. 11), enfrentada en el hospital de sangre donde presta sus servicios a su antiguo «protector» y amante, al que tuvo que admitir empujada por la miseria y una madre de moral poco escrupulosa.

Los niños y adolescentes dan muestras de heroísmo como el muchacho de quince años, mascota de su regimiento, que se adueña de una ametralladora enemiga con gran sangre fría (p. 157). O el pequeño de diez años que se ha escapado de su casa porque quiere luchar como un hombre. Al ser requerido para que ponga por escrito sus razones, sorprende a todos escribiendo «sin una falta de ortografía» (p. 165). Paralelo es el caso del muchacho que da una lección de política a los milicianos, y al ser preguntado sobre cómo se explica tan bien, contesta: «Porque he ido a la escuela y aquí, después de la guardia, leo libros y periódicos» (p. 83). Pero los niños despiertan, sobre todo, la compasión de los autores: los de Madrid pasan hambre y «no tienen cara de niños, sino de fantasmas. Los niños no ríen; pero los niños y las madres están en sus puestos. No se asustan del asesino que viene a violarlas, a ametrallarlos» (p. 199). Más adelante, en las páginas finales, dirán Otero y Palma:

> Desgarra el alma ver a los niños llorar su soledad apenas presentida en el limbo de sus pocos años. Sus cuerpecitos endebles, depauperados por el hambre. Un armazón pequeñito de huesos mordidos por la tragedia inolvidable. Pero los ojos de todos los niños han perdido su candor de infancia y son ya ojos de hombre. En los espejitos de las pupilas donde meses atrás giraba el trompo como un pezón pequeño o cruzaban las estrellas altas de la noche de los sueños, está ahora grabada, para siempre, la figura serena del padre, del hermano: las manos atadas, frente a la boca redonda de los fusiles del pelotón, sonriendo a la muerte con gesto estoico (p. 254).

La vida en las trincheras en sus aspectos más desagradables (piojos, frío, fango, la angustia de la muerte) o en los momentos de descanso en que se charla, escribe, lee o canta, queda también reflejada en *Gavroche,* así como la improvisación, que todo lo suple en los primeros días de guerra: la organización del correo entre las trincheras y la retaguardia en «Primeros días en la Sierra»; la creación de los mandos del Ejército del Pueblo, con el nombramiento de Luis como comandante a petición de sus compañeros en «Aquí le traigo este regalo», o el reparto de los escasos víveres de que se dispone en la capital —«El paquete de víveres»— que nos recuerda el artículo de Antonio Otero en el que aparece Elías Palma colaborando en el reparto racional de alimentos a los madrileños [19].

Las labores de agitación y propaganda se consideran muy importantes para evitar la tibieza y elevar la moral de la gente. Luis «realizaba entre sus compañeros una labor cultural y de agitación, que estaba dando magníficos resultados en aquellos momentos en que todo había que improvisarlo, desde los mandos hasta las cosas más elementales de la vida diaria» (p. 69). Pero en Madrid esta tarea se encomienda a muchachos y muchachas de «las agrupaciones republicanas y proletarias» que se dedican a «la propaganda y agitación callejeras» (p. 71).

Hallaremos a los militares leales a la República: no sólo al general Miaja y al coronel Rojo, a quienes va dedicado el libro; sino también a otros, como el teniente coronel Mangada (p. 63), un suboficial a punto de ser fusilado reconocido por su hijo como socialista (p. 63), o se destaca la hombría de bien de un coronel «hombre de honor, militar de corazón y de inteligencia, porque es hijo del pueblo...» (p. 190), al que vemos actuar con enorme comprensión y delicadeza en el reencuentro de un padre con su hijo. Se resalta asimismo el comportamiento caballeroso de los milicianos y de sus mandos: se entregan víveres a la mujer de un fascista que los solicita para sus hijos; o se deja en libertad, conduciéndola a lugar seguro, a una prisionera que, sabiendo de las terribles represalias que llevan a cabo los de su bando, teme ser vejada, torturada y seguramente fusilada [capítulo 39, «La prisionera libertada»]. La actitud amable y respetuosa de unos milicianos llega a convencer —«La verdad es que estos muchachos no están diciendo blasfemias» (p. 100)— a «La viejecita junto al palacio», capítulo que transcurre en una ciudad innominada, pero que el lector reconoce como Toledo acertadamente, pues el texto es, bastante retocado, el artículo de Otero: «En Toledo, junto a los sublevados del Alcázar» (Toledo, 17 de septiembre) [20].

La represión fascista se subraya especialmente en «Martirio y heroísmo de Sevilla» [cap. 14], «La maestrita violada» [cap. 37] y «A bayoneta calada» [cap. 38], poniendo en evidencia la colaboración de los representantes de la Iglesia española, cuya participación en los preparativos de la sublevación ya ha sido tratada en los primeros capítulos. Emblema y símbolo de la sinrazón fascista es el «Cristo fusilado» [cap. 28]:

> Muchas estatuas yacentes han recibido el fusilamiento de las balas rebeldes. Un Cristo de piedra tiene en la frente la honda huella de una bala.

[19] A. Otero Seco: «Paella, judías, fabada, bacalao guisado en varias formas, abundante y barato», *Mundo Gráfico*, 13 de enero de 1937, ap. Antonio Otero Seco / Antonio de la Serena: *Obra periodística (1936-1939)*, Rennes, Université de Haute Bretagne, s. a. Recopilación e índices de Edith Hubert.

[20] *Mundo Gráfico*, 23 de septiembre de 1936. Ap. *Obra periodística*, cit. en n. 9.

> Es un Cristo de fina y patética línea que los milicianos han conservado con amorosa solicitud, porque es una magnífica obra de arte. Sobre la dura piedra castellana en que está tallada la frente, el fascismo ha dejado su huella (pp. 174-175).

Periodistas ambos autores, no debe extrañarnos que dediquen algunas páginas a sus compañeros de profesión. Eligen para ello dos ejemplos paradigmáticos: el periodista extranjero, mexicano en este caso, gravemente herido en la trinchera [cap. 17] y el periodista muerto en el cumplimiento de su deber informativo [cap. 20, «El periodista muerto»].

Curioso es el tipo del poeta-soldado, diputado andaluz, que se nos presenta en un capítulo —el 21, «Un encuentro agradable»— con sus ribetes de ironía: «Aquí me tiene usted: luchando en los campos de batalla, haciendo crónicas, dirigiendo batallones, haciendo lo que se puede» (p. 142). Ante la burla y censura de los demás, se defiende a sí mismo y a la poesía diciendo que «no alcanzan a comprender la grandeza del alma de los poetas y los románticos» (p. 143), a los que ve como Quijotes: «¿Es que no han sido los poetas y los románticos los que han roto sus lanzas contra los molinos capitalistas?» (p. 143), y un poco más adelante añadirá: «Siempre habrá poetas, siempre habrá soñadores que sabrán ir por el mar de la vida sonriendo a la muerte, aunque venga una ola y los estrelle contra la maldad humana» (p. 143). Esta afirmación concuerda con su primera declaración de principios: «Iré practicando, como Jesús, el bien por el mismo bien» (p. 142). En otro orden de cosas, es interesante la peripecia sufrida por este personaje al principio de la guerra —el motivo de la huida de territorio faccioso—, que queda recogida así: habiendo participado en la resistencia de su pueblo hasta el 28 de julio, tuvo que huir por montes y caminos hasta llegar a la costa desde donde con una motora alcanzó la costa marroquí junto con treinta y cinco hombres más. Desde allí volvió a la España republicana, y en Madrid encontró refugio y ayuda, decidiéndose entonces a luchar con todos los medios a su alcance, dispuesto a morir si hiciera falta.

Finalmente no quisiéramos dejar sin reseñar un motivo secundario que reiteradamente aparece en la narrativa de la guerra: el obús que no estalla y contiene dentro un mensaje. En *Gavroche* es un obús sin espoleta y el mensaje imprevisto —así se titula el capítulo 29— lo manda un español, prisionero de los fascistas y obligado a trabajar para ellos. Es un mensaje de aliento para sus camaradas combatientes.

Al Cristo señalado anteriormente —el «Cristo fusilado»—, deben añadirse otros elementos simbólicos. En primer lugar en el «Diálogo entre dos trincheras» [cap. 15] hablan dos soldados enemigos: el «rojo» y el «blanco» [21]. Cada uno de ellos trata de convencer al otro con sus razones. La conversación se acaba con las

---

[21] Estos enfrentamientos dialécticos entre trincheras debieron ser frecuentes al menos en los primeros meses de la guerra, con o sin «altavoces del frente». V. Pablo de la Torriente Brau: *Luchando con los milicianos,* Barcelona, Laia (Laia B, 64), 1980. Estudio preliminar y notas de Santiago Tinoco.

últimas palabras del «rojo»: «¿Qué representas tú? Tú representas la muerte de tu madre, de España. Yo soy la esperanza; yo soy el Quijote. El pensamiento mío es magnífico, porque desgrana la semilla del amor. Ya ves, ¡qué diferencia entre tú y yo!» (p. 117). Simbolismo parecido es el de los dos aviones, blanco y negro [22], que aparece por primera vez en «Los dos pilotos» [cap. 19] y se mantiene en algunos capítulos posteriores reforzado por la imagen de los aparatos como pájaros que se persiguen, con la connotación «mal agüero» para el de color negro (p. 192 y 242-243).

El capítulo 33, «Paréntesis de elogio a Madrid», escrito en el momento álgido de la ofensiva sobre Madrid, contiene expresiones connotativas sobre la importancia y simbolismo de la capital de España —«Madrid, ombligo de España», «corazón de España», «arrogante, invencible, dueña y señora de nuestro país» (p. 197)—, anticipándose a la mayor parte de la literatura de la guerra civil en la que Madrid se convierte paulatina y definitivamente en símbolo de la resistencia popular tras ser abandonado por el Gobierno.

El libro se cierra con el desfile de los dinamiteros a los compases de *La Internacional:* «Los mineros marchaban rítmicamente, cantando *La Internacional.* Las notas sobresalían como banderas de triunfo sobre el estruendo de los cañones y la dinamita» (p. 256).

En contra de lo que pudiera desprenderse de la inmediatez y premura de lo escrito, la narración mantiene a lo largo de todo el volumen una decidida voluntad literaria; pues si, por un lado, encontramos los tópicos simbolizadores de la literatura del momento, por otro hallamos una serie de elementos estilísticos que lo elevan por encima del puro texto propagandístico, con imágenes como ésta: «Una noche sin sueño, empapada de ruidos, de los ruidos de la muerte» (p. 93) a propósito de una noche en las trincheras, rozando la sinestesia. Más sorprendentemente vanguardistas resultan las imágenes aplicadas a la descripción de unas casas bombardeadas:

> Desde nuestras posiciones las hemos visto hoy con las fachadas llenas de caries de mortero, pespunteadas las paredes por la viruela de los disparos de fusil y de ametralladora. Parecen cosas muertas. Tienen los portones cerrados y el párpado de las ventanas caído (p. 253).

También destacan por su originalidad algunas comparaciones, como las que transcribimos a continuación: «De madrugada, Madrid, con los pisos iluminados, es como un barco gigantesco con las calderas encendidas, a punto de partir» (p. 67). O a propósito de la agilidad y rapidez de los aviones: «... aún estos aparatos blancos tienen agilidad como mocita que rehuye el pellizco del novio...» (p. 131).

La rapidez en las descripciones se consigue algunas veces mediante la aposi-

[22] Sobre el simbolismo de los aviones y su importancia en esta guerra inciden también otros autores. V. Ramón J. Sender: *Contraataque,* o José Herrera Petere: *Acero de Madrid.*

ción entre guiones. Véase, por ejemplo: «... la silueta elegante —traje gris, pelo gris, sonrisa gris— de Calvo Sotelo» (p. 20), en la que la reiteración del adjetivo es, por lo demás, muy significativa. Referida a la plaza mayor de una vieja ciudad castellana, la aposición consigue efectos casi líricos: «La plaza ilustre —piedras doradas, cielo alto, casas abrumadas de Historia— está rodeada de parapetos» (p. 173).

La sabia combinación de los adjetivos produce efectos de contraste [«... notó la falta de una de las heroínas milicianas, la más pequeña: una costurerita madrileña, menuda y vivaracha, con dos ojos enormes y pícaros» (p. 79)] o su reiteración un patético cromatismo:

> Ya no se puede llevar más gente al hospital. Todo se improvisa: médicos, practicantes. Todo el mundo está curando. Todo el mundo llora. Nadie habla. El color de las caras, aun siendo la noche oscura, es el color de la muerte. Los rostros tienen dos tintes: blanco, blanco; blanco y rojo; rojo, rojo (p. 151).

El relato de los episodios de la guerra es, en general, muy sobrio, en contraste con los detalles del heroísmo individual. Los autores rechazan la complacencia morbosa en la narración bélica, por lo que resultan muy eficaces el relato del asalto a una trinchera enemiga (p. 161), la toma de una posición (p. 206) o el combate por tierra y aire (pp. 242-243).

En resumen, *Gavroche en el parapeto* es una novela que milita a favor de la República y que da ánimos a los combatientes, mostrándoles ejemplos de heroísmo y sacrificio, dos características comunes a los textos narrativos de aquella hora. *Gavroche* se sitúa entre lo épico de *Acero de Madrid,* la novela de corte clásico como *El asedio de Madrid* y *Río Tajo de Arconada* o la inclasificable *Contraataque* de Sender.

Desde el primer momento de la guerra destaca la ingente producción literaria a cargo de autores consagrados, jóvenes valores y espontáneos que escriben lo que viven en el combate o las trincheras. Aunque predominan los géneros cortos [23], no faltan las novelas extensas como ésta de Otero y Palma que abre camino. Lógicamente, es una literatura que está muy «viva» —de «poesía en marcha» la califica Jarnés [24]—, a la que le falta la decantación y reflexión que encontraremos años más tarde en la literatura del exilio.

---

[23] V. Gemma Mañá Delgado: «La narrativa breve de 1936 a 1939: Vida y literatura», en *Anthropos,* n.º 148, septiembre de 1993, pp. 39-43.

[24] V. Benjamín Jarnés: *Desierto profanado,* Zaragoza, Inst. Fdo. el Católico (Cuadernos Jarnesianos, 4), 1988, pp. 7-8, y Miguel de Unamuno: *Antonio Machado y las masas, Madrid. García Lorca. De Buffon y el estilo.* Inst. Fdo. El Católico (Cuadernos Jarnesianos, 7), Zaragoza 1988, pp. 51-54, donde además se comenta el libro *Madrid es nuestro,* ya tratado.

9.3. CONTRAATAQUE, DE RAMÓN J. SENDER (1938)

En los primeros meses de 1937 aparecía en Londres *The War in Spain,* versión inglesa de *Contraataque* de Ramón J. Sender. El mismo año aparecen las ediciones norteamericana y francesa [25] y ya en 1938, la española [26]. Anteriormente, además de colaborar en *Milicia Popular* y *El Mono Azul* había publicado dos obras breves: *Crónica del pueblo en armas* y «Primera de acero», relato incluido en *Contraataque.* El libro, que gozó en su época de una aceptable recepción, despertaba años después las reticencias de su propio autor que consideraba innecesaria su reedición [27] al tiempo que afirmaba que *«las ediciones* francesa e inglesa no les hicieron mucha gracia a los cabecillas estalinianos» (p. 14), quizá para paliar la aproximación a las tesis de «frente popular» que aparecen en el mismo. No entraremos a examinar la contradicción de esa afirmación con el hecho de su publicación por una editorial comunista posterior a las ediciones inglesa y francesa por haberlo hecho en otra ocasión [28]. Pero no debemos olvidar lo que escribía García Pradas en el «Umbral» de *Madrid rojo y negro:*

> En el libro *Contraataque,* Ramón J. Sender, tránsfuga de las ideas y de la literatura, escritor de casa y boca en la plantilla de la burocracia soviética, ha tenido la desvergüenza de ocultar nuestra intervención destacadísima en la defensa de Madrid, y el atrevimiento remunerado de presentar unos personajes «anarquistas» que no son como los libertarios somos en realidad, sino como a ese escritor de alquiler le agradaría que fuésemos, para justificar así el no haber podido vivir en nuestro campo, el no haber sabido luchar entre nosotros.
>
> La mejor respuesta a *Contraataque* es este libro vigoroso y dinámico de Eduardo de Guzmán [29].

Dejando a un lado lo que tienen de improperio, las palabras de García Pradas subrayan un hecho cierto: quienes mejor parados salen en el libro son los comu-

---

[25] Para cuestiones bibliográficas fundamentales, v. Charles L. King: *Ramón J. Sender: An Annotated Bibliography.* 1928-1974, Metuchen, N. J., The Scarecrow Press, 1976; E. Espadas: «Hacia una bibliografía sobre la obra de Ramón J. Sender», en F. Carrasquer: *La verdad de Ramón J. Sender,* Ed. Cinca, Leiden-Tárrega, 1982, p. 121 y ss.

[26] Ramón J. Sender: *Contraataque,* Madrid-Barcelona, Nuestro Pueblo, 1938, 305 pp.

[27] Ramón J. Sender: *Contraataque,* Salamanca, Ed. Almar (Patio de Escuelas, 10), 1978, 390 pp. Nota preliminar, bibliografía y tablas cronológicas de José A. Pérez-Bowie. Introducción de Ramón J. Sender. Reproduce el texto de 1938 sin ninguna modificación. Se cita por esta edición, más accesible al lector.

[28] V. Gemma Mañá y Luis A. Esteve: «El final de la primera época de Ramón J. Sender: Notas sobre *Contraataque»,* en *Scriptura* 5, Lérida, Facultad de Letras, abril-mayo de 1989, 51-64.

[29] Eduardo de Guzmán: *Madrid rojo y negro. Milicias confederales,* Barcelona, Edit. Tierra y Libertad, p. 9. «Umbral», por J. García Pradas, quien —entrre otras ocupaciones— fue redactor de la «burguesa» BBC de Londres en su exilio británico.

nistas por su capacidad de organización y eficacia en un momento de absoluto desconcierto. No era nada nuevo. La ineficacia del recurso a la acción individual había sido ya censurada por Sender en *Siete domingos rojos.* Pero esta aproximación a los comunistas aún le molestaba al propio autor muchos años después de su alejamiento, que comenzó a producirse poco después de la aparición del libro [30].

La narración

El libro consta de veintiún capítulos distribuidos en cuatro partes bajo los siguientes epígrafes: «Contraataque», «Guadarrama», «Madrid-Córdoba-Peguerinos-Olías», «Madrid-Valdemoro-Seseña-Madrid». Cada capítulo lleva un título claro y sintético. En ellas tenemos el relato lineal de lo que el autor presencia y vive durante los primeros meses de la guerra, por lo que no siempre se considera una novela «stricto sensu».

En la primera parte, tras evocar el ambiente existente en Madrid a comienzos del verano, relata cómo el estallido lo sorprendió con su familia en territorio rebelde y cómo consiguió evadirse, aunque tuviera que dejar a su familia al otro lado.

La segunda parte —«Guadarrama»— es una visión de los primeros días de la guerra con toda su confusión y en un lugar clave para detener el avance de las columnas rebeldes: el Alto del León, en Guadarrama, cuya pérdida hubiera permitido a Mola avanzar sobre Madrid sin tiempo para organizar la defensa. De los cinco capítulos que la componen, el último, «Primera de acero», había aparecido como narración independiente en la colección Héroes publicada por el Quinto Regimiento, de donde salieron las «Compañías de Acero», primeras fuerzas de choque mínimamente organizadas. Las anécdotas se multiplican y junto a ellas la sensación de impotencia conduce a un análisis sobre la desigualdad del enfrentamiento.

La tercera parte nos lleva de Madrid a Córdoba; volveremos luego a los combates de la Sierra, para acabar asistiendo al hundimiento de la resistencia miliciana en la ruta de Toledo entre agosto y octubre de 1936. Los capítulos son de mayor extensión porque a medida que el conflicto adquiere mayores dimensiones, también las adquiere el libro. Es aún un momento de espontaneidad en el que las unidades, las «patrullas», se forman arbitrariamente. No hay una organización militar y cada uno se apunta o se marcha cuando le viene en gana. El autor-protagonista deja su grupo y acude a un viaje que debió de ser muy popular: una gira al frente de Córdoba, como hicieron otros: Izcaray, Garfias, Cimorra, etc. No faltan las

---

[30] Para la biografía de Sender, v. Jesús Vived Mayral: «La vida de Ramón J. Sender al hilo de su obra», en *Alazet,* Revista de Filología 4, Huesca, 1992. Monográfico dedicado a Ramón J. Sender, coordinado por F. Carrasquer, pp. 231-271.

digresiones ni los comentarios políticos, como el del episodio de Unamuno y Millán Astray en Salamanca, que nos ofrece una referencia temporal. Y finaliza con los primeros intentos de organización sistemática de la resistencia que corresponden al 5.º Regimiento.

La última parte tiene como eje el ataque sobre Madrid. El enemigo está a las puertas de la capital y la ciudad sufre los bombardeos de la aviación alemana e italiana. A la vista de los aviones, Sender salta —como ya había hecho y seguirá haciendo— a un plano alegórico y mediante la personificación expone una síntesis de la ideología nazi. Las nuevas brigadas mixtas recibirán su bautismo de fuego en la fracasada tentativa de Seseña. Y luego el asalto sobre Madrid, la huida del Gobierno, la llegada de los «internacionales» y la imposible defensa con la mitificación de la noche del 7 de noviembre. Las anécdotas menores, el heroísmo y las escenas históricas se entretejen para formar un todo que es la defensa de Madrid, cuya alma son Miaja y Rojo. No faltan tampoco los episodios concretos, como el lanzamiento en paracaídas del cuerpo descuartizado del aviador Galarza [31], cuyo impacto debió ser tremendo en las gentes.

El libro se cierra enlazando con el principio: hemos recorrido una trayectoria, pero habíamos dejado en territorio rebelde a algunos personajes. La «Noticia final» es de índole personal y familiar. Sender da cuenta de lo ocurrido a su familia: su hermano y su mujer fusilados, lo mismo que el hermano de ésta. A sus hijos ha conseguido recuperarlos —lo mismo que su compañero de huida, el director general de Montes— gracias a las gestiones del presidente de la Cruz Roja Internacional.

Componentes del relato

El contenido ofrece cierta discontinuidad frente a la novela tradicional, pues no es un relato clásico de las peripecias de un personaje protagonista, ni hay una estricta concatenación causal de los acontecimientos, sino que son éstos los que determinan el ir y venir de nuestro personaje por las páginas del libro participando en episodios parciales dentro de una acción general. El autor lo define como recuerdos (p. 385) y este punto de vista personal y subjetivo —el yo narrador— es uno de los elementos estructuradores que le dan continuidad. El recurso a la memoria mediante la evocación de acontecimientos ya vividos y narrados subraya esta continuidad. Así, por ejemplo, en el cap. XIII (p. 222) recuerda una anécdota del sector de Peguerinos cuando ya está en Olías; en el cap. XVI (p. 283) al exponer la ideología nazi evoca al niño cegado por un moro que vio en su excursión a Córdoba (cap. IX); la anticipación del cap. XII (p. 203) en la que se nos da una

[31] Hecho reflejado también por E. Zamacois: *El asedio de Madrid,* Barcelona, Ediciones Mi Revista, 1938, p. 286.

intuición o presagio de la muerte de su mujer que luego relatará con dramática sobriedad en la «Noticia final» (p. 385 y ss.) del último capítulo al dar razón de los familiares que quedaron en territorio rebelde.

Hay otro componente que, si bien rompe la estructura del relato puro, es sin duda un elemento aglutinador: las digresiones de carácter ideológico-político. Éstas se presentan en tres formas fundamentales: reflexiones del protagonista al hilo de las escenas de las que es testigo o actor; presentación de los personajes, especialmente de aquellos con los que a lo largo de la acción tendrá trato directo; y, por último, los diálogos diversísimos a través de los cuales se analiza la situación militar y política, entre los que cabe destacar el diálogo alegórico entre los aviones alemanes y la ciudad de Madrid, símbolos de ideologías antagónicas, en una mezcla irreal muy cara a Sender.

El libro se organiza fundamentalmente en torno a dos ejes: el narrador y la guerra. El narrador se presenta a sí mismo sin disfraces (es un relato en primera persona sin narrador interpuesto) como individuo que, inmerso en los acontecimientos, se embarca en la acción directa sin abandonar su posición de testigo que da fe de lo visto. No se limita como en otras novelas suyas a ser el narrador que se nos presenta cervantinamente como transcriptor de cuadernos *(Crónica del alba)* o el recopilador de una historia que le han contado los protagonistas *(Imán, El verdugo afable).* Su actitud consiste en decirnos: yo estaba allí y os cuento lo que he visto, salvo en el desplazamiento a Andalucía donde añade testimonios recogidos «in situ» para dar una idea de lo ocurrido en aquella zona mientras él combatía en Guadarrama. Éste es, pues, el elemento constructivo dominante: el testimonio de un combatiente, no el fresco épico desde un punto de vista externo por muy próximo que se halle ideológicamente. Es el relato de un participante en los combates vistos desde el centro estratégico, el objetivo final, la capital, con el añadido de una escapada a un frente secundario, Andalucía. El tiempo externo, tiempo histórico, es también otro elemento aglutinador: desde mayo a diciembre de 1936, esto es, desde los prolegómenos de la sublevación hasta que el avance de los rebeldes queda frenado a las puertas de Madrid y se estabilizan las zonas.

La narración ofrece la actitud testimonial del reportero que es coprotagonista de los hechos. Naturalmente, esta actitud no implica, ni mucho menos, la neutralidad, lo que sería absurdo. Lo que pretendemos destacar es que generalmente quedan deslindados con claridad el testimonio y la reflexión ideológica cuyas formas ya hemos señalado.

Los personajes, salvo el autor, tienen apariciones fugaces en uno o dos capítulos o un episodio. Ello obliga a Sender a la utilización de personajes planos. En parte es así, pero viene forzado por la dinámica de la acción relatada: rápida, cambiante, con apariciones episódicas que no permiten sino una semblanza abocetada. Claro está que por la finalidad del libro muchos de ellos son además ejemplares y se tiende a presentarlos como símbolos de las diversas reacciones populares ante la sublevación; sin embargo, no se puede olvidar la presencia de otros personajes de dibujo más matizado: la ambigua presencia del Negus, representativo de los confusos momentos iniciales; el fascista herido, miembro de la 5.ª Columna, que paradójicamente rechaza por su nacionalismo la intervención italo-germana, sobre todo en la conversación que sostienen Sender y él durante los bombardeos de Madrid por los aviones alemanes e italianos.

Los escenarios son limitados. No se persigue dar una visión panorámica de la situación militar, sino hacer crónica. Por tanto, se limitará. ¿Y a qué se limita? Primero, al lugar donde lo sorprende la sublevación y la huida a territorio leal. Luego, como consecuencia de la estrategia inicial de los rebeldes, la toma de Madrid —recordemos la fanfarronada de Mola sobre la 5.ª Columna— nos situará en los dos frentes en los que se produce el avance enemigo: las sierras al norte de Madrid, donde se consigue contener en Guadarrama a las columnas enviadas por Mola; y al sur, primero el frente del Tajo tras la caída de Toledo (III Olías, capítulos XIII, XIV Y XV), después la contraofensiva de Seseña en la que Sender toma parte como jefe de Estado Mayor de una brigada mandada por un jefe militar surgido en aquellos meses —no menciona su nombre, pero es Líster—, para concluir con la estabilización del frente en Madrid tras los combates en la Casa de Campo y en la Ciudad Universitaria con la entrada en fuego de la primera Brigada Internacional.

Finalmente, señalaremos que, tras haber dejado a su familia en zona rebelde, la suerte de ésta no vuelve a ser objeto del relato hasta la «Noticia final» (p. 385 y ss.). Se cierra, pues, el libro con noticias de los personajes iniciales, que quedan deliberadamente al margen de la materia narrativa [32].

Género, estructura y lenguaje

Hemos anticipado que este libro no es una novela. Ya antes Sender había cultivado la novela de guerra antimilitarista en *Imán,* experimentado el libro-reportaje de denuncia en *Viaje a la aldea del crimen* (Documental de Casas Viejas), la novela histórica con *Mr. Witt en el cantón* que le había valido en 1935 el Premio Nacional de Literatura. Tampoco debemos olvidar la fantasía alegórica *La noche de las cien cabezas* o la novela social *Siete domingos rojos.* El problema está en discernir cuál de estas modalidades predomina en *Contraataque,* o bien si se trata de un modelo nuevo [33]. Consideremos algunos de los aspectos que pueden permitirnos ver la concordancia de actitudes. Narra un momento histórico de cuya

[32] No debemos olvidar que veinte años después la suerte de su esposa será el sustrato narrativo de *Los cinco libros de Ariadna,* Nueva York, Ibérica, 1957.

[33] V. Mary S. Vásquez: «Estrategias de guerra y texto en *Contraataque* de Ramón J. Sender», en *Alazet. Revista de Filología* 4, cit., pp. 215-230.

importancia no le cabe duda: es el pueblo oponiéndose a los viejos poderes y *Mr. Witt* es una novela histórica que se sitúa en el momento revolucionario del cantón de Cartagena. Sin embargo, aquí el decurso de los hechos aún no ha concluido y además el autor está implicado en ellos: es candente actualidad. También era actualidad *Viaje a la aldea del crimen,* pero en la obra que nos ocupa el relato no es sólo del testigo, sino también del participante en la acción, lo que lo lleva a elegir el punto de vista de un *yo* narrativo como en *Siete domingos rojos:* el autor es —o se siente— parte del pueblo en armas que se defiende del asalto de la reacción. Las alegorías personificadas de los aviones nazis exponiendo su doctrina o algunas de las reflexiones que introduce el autor nos remiten a *La noche de las cien cabezas* aunque en un ambiente menos fantasmagórico. La relación con *Imán,* que es superficialmente la más obvia —ambas tratan de una guerra—, es la más alejada en actitud: de la desmoralización del combatiente en *Imán* al entusiasmo ideologizado de *Contraataque.* No obstante, las descripciones de combates mantienen analogías, y fragmentos como la carta que lleva un rebelde prisionero (pp. 314-6), recuerdan en su visión de la vida de campaña su primera novela. Nos debatimos en el problema del género: ¿qué es este libro: novela, reportaje...? Numerosos críticos al tratar de la obra senderiana la clasifican como «novela» [34], pero Charles F. King [35] la incluye en el epígrafe «Essays, Journalism and Personal Narrative» con la siguiente nota:

> A personal narrative of Sender's experiences and impressions —with propagandistic dimensions *deriving from the author's attraction to Communism*— during the first six months of the Civil War as an active combatant on the Republican side. Towards the end of the book S. *relates in restrained tone* the execution of his wife by Rebel forces in Zamora. Its English translations were published before the Spanish edition appeared. [Las cursivas son nuestras.]

Aunque el mismo King incluye en «Novels» *Viaje a la aldea del crimen,* de la que dice: «A novelized, though essentially factual and reportorial, account of a peasant uprising (...). Valuable for its social realism...» [36]. ¿Por qué esta diferencia? Quizá por lo que hay de «Personal Narrative», pero este mismo rasgo aparece en *Crónica del alba, El lugar de un hombre* y alguna otra, y son novelas. Le falta la voluntad de la «visión arquitectónica» [37] para llegar a ser novela; por ello nos inclinamos, como King, por la «narrativa personal» entendiendo por tal un

[34] E. Espadas: art. cit.; Marcelino C. Peñuelas: *La obra narrativa de Ramón J. Sender,* Madrid, Gredos, (BRH, II Est. y Ens. 153), 1971.

[35] King: *op. cit.,* p. 41, ficha 63.

[36] King: *op. cit.,* p. 4, ficha 5.

[37] Esta idea la pone Sender en boca de Turkovich referida a la política y a *las artes en general* (p. 181), por lo que no creemos que el aplicarla para valorar su obra sea ningún abuso.

libro testimonial en forma de crónica novelada desde la primera persona y en el que utiliza, según necesidades, recursos ya explotados en libros anteriores. Para reforzar esta opinión podemos acudir al propio Sender, que en el prólogo que le pone en 1978 se refiere a él como «este libro» (p. 11) o, mejor aún, a la afirmación que inicia el último pasaje del libro:

> Al principio de estos recuerdos, escritos velozmente, *sin propósitos de composición literaria,* hice el de no hablar de esta escena. No veo manera de eludirla, y si en el segundo capítulo pasé en silencio circunstancias de mi vida familiar, era con la intención de no tener que volver sobre ellas ahora, al final. [La cursiva es nuestra.] (p. 385).

Luego el autor no lo consideró jamás una novela. Son recuerdos al hilo del desarrollo de la guerra. Se podría pensar en una «captatio benevolentiae» desde el final (como el «pidiendo de nuestras faltas perdón» con que se cierran las comedias del siglo XVII), pero el hecho de aparecer inmediatamente antes de evocar el asesinato de su esposa y de su hermano nos hace desechar la idea de que se trate de tan manida (e inútil) coquetería literaria.

El tratamiento del tiempo responde a un orden cronológico lineal siguiendo la peripecia del narrador al que se someten todos los otros componentes: espacio y acción. Desaparece cualquier tipo de simultaneidad. El punto de vista dominante es el del narrador-protagonista. Otro elemento aglutinador son las reflexiones sugeridas por el propio relato que se introducen por los tres procedimientos indicados: se trata de un mecanismo característico del estilo constructivo de Sender, desde *Imán* a sus últimas novelas. Porque Sender, como novelista, jamás es objetivo ni manifiesta pretensiones de objetivismo realista [38], sino que la reflexión moral está siempre presente. El que su trayectoria ideológica y moral variara con el desarrollo de su trayectoria vital no contradice la actitud básica de la consideración moral y el buceo en la condición humana incluso en un libro tan directamente comprometido como éste:

> Una vez más pensaba que la guerra de hoy está sometida a las mismas leyes generales que hace treinta siglos. Hoy, como entonces, es una cuestión de tiempo y de espacio. Lo mismo que la política. Un hombre con el instinto de la maniobra puede encontrar en esas dos funciones —la política, la guerra— placeres diabólicos. (...) A nosotros nos solía dominar la inercia del terreno. Éramos *demasiado honrados* en la guerra, y había quien creía que sólo acumulando un material mecánico y humano superior al del enemigo había la seguridad de ganar. ¿En qué consistía esa falta de *capacidad para la maniobra?* Era la eterna visión lineal de las cosas, la falta de fe en la intriga y en el ataque imprevisto, quizá la desestimación de la inteligen-

[38] Usamos esta expresión en el sentido que se le da actualmente al tratar la novela española de postguerra, en especial a una de las tendencias de la «novela social» de los años 50.

> cia. (...) Teníamos razón siempre y sería imposible llevar al convencimiento de uno solo de los milicianos o de sus jefes que el hecho de tener *demasiada razón* podía ser tan peligroso como carecer de ella [Las cursivas son nuestras] (pp. 303-4).

El tiempo externo no sigue un desarrollo continuo, sino que el autor selecciona las actuaciones de aquellos meses que responden mejor a su propósito de mostrar la actitud de un pueblo que, inerme ante un ejército sublevado, defiende sus libertades. No hay artificio novelesco salvo las digresiones citadas, las cuales, si bien al parecer de algunos serán poco novelescas, contribuyen a complejizar el conjunto que así dejará de ser una crónica seca, fría e impersonal.

El lenguaje es directo y claro incluso en las digresiones. Se trata de un libro apologético y no se permite estridencias —no hay que asustar al público extranjero— ni excesivas truculencias al hablar de la represión fascista. Naturalmente, para los milicianos y el pueblo el tono es elogioso; si algo los censura, es su extremada candidez y el individualismo ineficaz. La contención no le impide el apóstrofe al enemigo, el apóstrofe de la «máquina proletaria» a la «máquina destructora», o de la figura alegórica de Madrid —paralela a la España alegórica de *La Numancia* de Cervantes-Alberti— a los aviones que la bombardean.

La materia narrativa

La acción discurre desde mayo a diciembre de 1936. El relato propiamente dicho finaliza con la estabilización del frente de Madrid y el comienzo del asedio. Las páginas finales nos retrotraen a lo acaecido durante el verano, fusilamiento del hermano y esposa, de lo que obtiene cabal conocimiento en diciembre, cuando recibe noticias de sus hijos. Él mismo afirma que no se siente en condiciones morales más que de comunicarlo y subraya que es la «noticia final». No era su propósito hablar de ello, ya que el dolor lo enmudece: «Aunque quisiera no podría hablar más de esto» (p. 390). Por tanto, relatará solamente lo que ha visto en sus andanzas en zona republicana y deja deliberadamente al margen —dolor y pudor— los acontecimientos familiares cuya trascendencia personal ni es el momento ni el objeto principal de su relato; no podemos por menos, sin embargo, que recoger estas frases de Sender que apuntan a una profundísima conmoción:

> Quiero que conste aquí mi gratitud a esa Organización (la Cruz Roja) y personalmente al doctor Junod, de Ginebra, quien se propuso en vano obtener una explicación del asesinato de mi pobre mujer. En Zamora no supieron qué decirle. No pudieron acusarla ni siquiera de lo que habían acusado a sus dos hermanos: de haber votado al Frente Popular. Aquí queda el hecho, sin calificación, porque sería imposible. Lo he contado como me lo contaron a mí, en las menos palabras posibles. Las que diría no se han dicho nunca y quiero guardarlas en esa zona de las palabras

increadas, en ese núcleo moral de cada uno, en el que se condensan las esperanzas muertas (p. 389).

Relación con otras obras

Estos hechos que, de momento, quedaron en la «zona de las palabras increadas», andando el tiempo darán origen primero a *Ariadna* (1955) y dos años después a *Los cinco libros de Ariadna,* novela-resumen de su experiencia personal de la guerra civil, la cual no dejará de estar presente hasta la última fase de su producción. Es precisamente en esta obra donde reaparecen los sucesos de los que no era capaz de escribir en 1937; desde una posición política e ideológica diferente, pero siempre desde el antifranquismo. Esta obra viene a justificar y defender su propia evolución ideológica, como se puede apreciar al leer el Prólogo de *Los cinco libros de Ariadna,* escrito en 1957, cuya actitud y argumentos se repiten veinte años después en el prólogo escrito para la segunda edición de *Contraataque.* Aquellos años de guerra y sus acontecimientos aparecen incorporados también en otras obras: *El rey y la reina* (1949), dedicada a la memoria de su hermano Manuel, fusilado por los sublevados [39]; *Mosén Millán* (1953), o *Crónica del alba,* III (1966), nueva reelaboración de la materia de *Contraataque* y algunas otras novelas y relatos cortos.

Mucho mayor interés ofrece su contraste con una de las novelas míticas de la guerra española: *L'Espoir* de André Malraux. El estudio comparativo entre ambas realizado por el profesor Ressot [40] muestra la deuda de Malraux con Sender, con ventaja para el primero, porque, como dice en las conclusiones, el planteamiento estético es erróneo:

> *Contraataque* es, pues, un fracaso a causa de lo que podría llamarse la «aberración realista» que hace creer al novelista que la verdad coincide forzosamente con la realidad (...) por encima de la realidad llamada «objetiva», el lector pide una interpretación, casi siempre implícita, de esa realidad... Por eso es indispensable que el escritor recurra al mito, que es la expresión estética de la interpretación y que permite al lector identificarse con los héroes [41].

En buena medida es exacto. Sender no se dedica a construir personajes míticos, pero lo hace conscientemente: «Entre mis sentimientos íntimos y la pasión

[39] Las últimas ediciones españolas (Barcelona, Destino, 1994) continúan eludiendo la explícita dedicatoria a su hermano, que encabeza la 1.ª (Buenos Aires, Jackson, 1949), la cual no se puede olvidar si pretendemos aclarar el sentido de la obra.

[40] J. P. Ressot: «De Sender a Malraux» en J. C. Mainer (ed.): *Ramón J. Sender In memoriam. Antología Crítica,* Zaragoza, Ayuntamiento / Inst. Fernando El Católico / Diputación General de Aragón, 1983, pp 333-341.

[41] Ressot: *art. cit.,* p. 339.

política de las masas, de las cuales yo soy una parte, hay caminos que todavía no se pueden andar. Para mí, y en este momento, es imposible» (p. 390). La elección de que habla el profesor Ressot [42] no ha sido la elección entre una convención y otra. Sender se siente lleno de odio, «se había acabado en mí la piedad» (p. 390), y no es capaz de ese distanciamiento necesario para la creación novelesca. Opta por la escritura periodística y elimina deliberadamente los acontecimientos que le han afectado en lo más íntimo. ¿Hasta qué punto se sintió afectado? En *Los cinco libros de Ariadna,* donde arremete contra los rusos y Stalin, el retrato grotesco del Vodz es casi piadoso al lado de la representación de Franco, «ese enano panzón» que se reza a sí mismo en un espejo mientras se hunde bajo la bóveda de su propia estatua ecuestre. Dieciocho años después *su verdad* era aún demasiado amarga.

Notas finales

Cuando Sender redacta esta obra (novela o no) estamos en plena guerra y en un momento crítico. Sender, que se había relacionado con los anarquistas, a los que admiraba, se siente ahora atraído por los comunistas, de los que elogia el sentido de la organización y el ascetismo de la acción, mientras que censura determinadas actuaciones de la CNT[43]; y donde se encuentra más a gusto es en el frente con la «patrulla» o en compañía de los jóvenes de la Alianza de Intelectuales en su labor educadora.

Es también curiosa su relación con las unidades de milicias o del ejército, ya que hace gala de una libertad de desplazamiento e incorporación aceptable en los primeros momentos, pero no a partir de septiembre, cuando se inicia la organización del Ejército Popular, y además incongruente con su proclamada necesidad de disciplina. Esta inestabilidad quizá sea debida a su situación personal: la muerte de su hermano, la de su esposa y la ignorancia del paradero de sus hijos.

Sin embargo, lo más sorprendente es su actitud de simpatía y elogio de los comunistas, especialmente del 5.º Regimiento, que contrasta con sus ataques posteriores de todos conocidos [44]. Hubo algo que Sender no cuenta, ya que desde mediados de 1937 comienza un distanciamiento que se convertirá en ataques vis-

[42] Ressot: art. cit., p. 338.

[43] Para la relación de Sender con los anarquistas consúltese F. Carrasquer: *Imán y la novela histórica de Ramón J. Sender,* Zaandijk, 1968 (2.ª ed., Tamesis Books, Londres, 1973, prólogo de Sender); Michiko Nonoyama: *El anarquismo en las obras de Ramón J. Sender,* Playor, Madrid, 1979; y el más reciente de José D. Dueñas Lorente: *Ramón J. Sender. Periodismo y compromiso* (1924-1939), Huesca, Inst. Estudios Altoaragoneses (Estudios Aragoneses, 40), 1994.

[44] Donatella Pini Moro: «¿Degradación de Sender en 1936?», *Andalán,* 459-460, 2.ª quinc. sept./ 1.ª quinc. oct. 1986, p. 29-31. Este artículo desató una polémica que se puede seguir hasta diciembre de 1986, último número de *Andalán.* V. ahora Donatella Pini Moro: *Ramón José Sender tra la guerra e l'esilio,* Alessandria, Ed. dell'Orso / Univ. di Padova, 1994.

cerales y que ha intentado explicar en el Prólogo de *Ariadna* [45] y más recientemente en el de *Contraataque* (1978). Pese a estas explicaciones no acaba de quedar claro el porqué de la persecución de la que dice fue objeto por los comunistas.

Todo lo expuesto hace el libro doblemente interesante: por un lado, marca el final de una trayectoria; por otro, lo que no cuenta de aquellos meses y posteriores y que lo llevará, junto con los acontecimientos personales ya conocidos, a una nueva actitud reanudando, ya en el exilio, su relación con los anarquistas, a los que se añaden los trotsquistas [46].

9.4. *El asedio de Madrid,* de Eduardo Zamacois (1938)

Tres etapas se suelen distinguir en la extensa producción literaria de Eduardo Zamacois [47] desde que se iniciara como novelista en 1894 con *Amor a oscuras.* La primera de ellas, que abarca hasta 1905, centra los esfuerzos del novelista por adaptar en España la literatura galante de boga en Francia. El ingrediente erótico es componente obligado en la producción de esta etapa, pero alejados sus intenciones y procedimientos de los de otro gran novelista del género: Felipe Trigo. En 1907 fundó Zamacois la colección El Cuento Semanal y dos años más tarde Los Contemporáneos, colecciones de cuento y novelas cortas de cuya importancia e influencia trató Luis S. Granjel en su ensayo *Eduardo Zamacois y la novela corta* [48]. La segunda etapa se inicia en 1910, con la publicación de *El otro,* para muchos críticos su obra maestra, aunque el propio autor prefería *La opinión ajena* (1913). La característica más relevante de este segundo período es para Eugenio G. de Nora el hallarse «más anchamente enfrentada con la vida» [49]. Además, las narraciones de carácter autobiográfico, que ya había cultivado en el primero *(La enferma, Punto negro),* tienen también su sitio en el segundo *(Una vida extraordinaria,* 1923). Desde la publicación de *Las raíces* en 1922 se abre una tercera y definitiva etapa en la producción de Zamacois. En ella sigue fiel a los postulados del realismo naturalista —cercano a Blasco Ibáñez— como señala Nora. Lo mejor de esta etapa es la trilogía que abre *Las raíces* a la que siguen *Los vivos muertos* (1929) y *El delito de todos* (1933). Esta última novela, junto con *La opinión ajena* (1913),

[45] *Los cinco libros de Ariadna,* Nueva York, Ed. Ibérica, 1957, prólogo, especialmente p. XII y ss.

[46] J. C. Mainer: *Ramón J. Sender. In memoriam,* Zaragoza, 1983. «Prólogo», p. 17.

[47] La más completa biografía de Zamacois va incluida en el libro de Luis S. Granjel: *Eduardo Zamacois y la novela corta,* Salamanca, Univ. de Salamanca, 1980. Debe verse también la introducción de J. de Entrambasaguas a *Memorias de un vagón de ferrocarril,* en *Las mejores novelas contemporáneas, VI,* Barcelona, Planeta, 1960, pp. 581-622.

[48] Luis S. Granjel: *op. cit.,* pp. 47-89.

[49] Eugenio G. de Nora: *La novela española contemporánea, I,* Madrid, Gredos (BRH, II Est. y Ens. 41), 1973, 2.ª ed., p. 385.

son para G. G. Brown las mejores de Zamacois y «contienen muchos elementos de aguda crítica social de carácter izquierdista» [50]. La última etapa comprende también la novela que nos ocupa, escrita en plena guerra civil. Participa, como veremos, de las características que venimos señalando a lo largo de los diferentes períodos: de la crónica, del realismo naturalista, de lo erótico y de sus buenas dotes de narrador. Gran parte de la producción de Zamacois durante la guerra fue periodística y fruto de ella son los libros *De la batalla. Crónicas* (1936) y *Crónicas de la guerra* (1937), donde se identifica como cronista del diario *La Libertad* [51]. En ellas se puede rastrear la materia prima de un escritor que se caracterizó por novelar la experiencia, y que ya había usado este mismo procedimiento en obras anteriores; por eso sorprende que aún recientemente se haya escrito acerca de esta novela: «Ante el título... cabría pensar en un conjunto de crónicas de guerra »[52].

Durante la guerra, Zamacois debe abandonar Madrid y trasladarse primero a Valencia y luego a Barcelona, desde donde saldrá para el exilio el 23 de enero de 1939. Sus destinos serán sucesivamente Francia, Cuba, México, Nueva York y Buenos Aires en los que proseguirá su actividad: colaboraciones en revistas, charlas radiofónicas, doblajes cinematográficos. Pero de su exilio sólo nos queda una obra: sus últimas memorias, *Un hombre que se va...*, fechadas en Buenos Aires en el mes de enero de 1964 y editadas el mismo año en Barcelona. Realiza una breve visita a España en 1969. Vuelto a Buenos Aires —su última etapa del exilio— muere el 31 de diciembre de 1971. Pocas fechas después, en enero del año siguiente, P. Gimferrer desde una nota necrológica en *Triunfo* pedía la reedición de *El asedio de Madrid* para rescatarla del olvido y, con ella, a su autor [53].

El asedio de Madrid [54] es una novela escrita al calor de los acontecimientos,

[50] G. G. Brown: *Historia de la literatura española, VI. El siglo XX*, Barcelona, Ariel (Letras e Ideas), 1974, p. 106.

[51] Eduardo Zamacois: *De la batalla. Crónicas*, Madrid, Gráficas Reunidas, 1936, 63 pp. Ilustraciones de Bartolozzi; y *Crónicas de la guerra (Recopilación de artículos periodísticos)*, Valencia, Subsecretaría de Prensa (Cuaderno n.º 4.), 1937. En esta última Zamacois se identifica como cronista de "La Libertad".

[52] José M.ª Martínez Cachero: «Eduardo Zamacois y Edgar Neville, dos miradas narrativas», en Eduardo Godoy Gallardo: *Hora actual de la novela hispánica*, Valparaíso, Ed. Universitarias de Valparaíso, 1994, pp. 171-183. En este ensayo, so capa de una visión objetiva, se enfrenta la obra de un escritor de cada bando; pero al tratar de la obra de Zamacois se insiste sobremanera en su visión naturalmente parcial aduciendo que no habla de la "cheka", ni de las persecuciones de los quintacolumnistas, ni de sucesos como el de la Cárcel Modelo de Madrid, mientras que al tratar de las de Neville se pretende ver todo lo contrario, lo que dice de bueno de su bando sin aludir en ningún momento al silencio de Neville ante la sistemática y feroz represión que tenía lugar en el territorio franquista.

[53] *Triunfo*, 15 de enero de 1972.

[54] Primera edición: Eduardo Zamacois: *El asedio de Madrid*, Barcelona, Ed. Mi Revista, 1938, 387 pp. Hay una edición más asequible en la colección *Obras completas*, Barcelona, Ed. AHR, 1976; y también una suelta, Barcelona, Ed. AHR (ed. especial para CELINTER), 1976.

pues va fechada al final de la siguiente manera: «Madrid, noviembre 1938». Aunque la acción se inicia el 12 de julio de 1936, Zamacois hace al principio una breve recapitulación de los antecedentes políticos y sociales de la guerra, comentando con detalle los sucesos inmediatamente anteriores al 18 de julio. Es una novela extensa que consta de catorce capítulos.

En el capítulo I, Juanito Muñoz, el protagonista de la novela —más que protagonista, el hilo conductor y punto de referencia de capítulo a capítulo—, aparece como un joven abúlico, que no toma partido, desconcertado por las circunstancias. Su aprendizaje político y heroico, su madurez como hombre y como ciudadano, vistos en su proceso, hacen de esta novela una *novela de iniciación,* entre otras muchas posibles clasificaciones que se nos ocurren: novela histórica, historia novelada, epopeya colectiva, novela política e incluso, novela simbólica, pues participa de elementos muy dispares, como veremos, que conforman cada uno de estos tipos de narración. Porque *El asedio de Madrid* intenta también ser una exposición o explicación de las causas de la reacción popular, por la que Zamacois toma partido abierta y fervorosamente y así nos lo manifiesta en el texto que pone al frente del libro, que no es sino el párrafo final capítulo IV (p. 101), esclareciendo de este modo cuál es la intención de la novela.

En este proceso de aprendizaje e iniciación, la guerra va a ser factor determinante; pero las amistades de Juanito —Lucio Collado, dueño de un garaje y cenetista; Celestino Alfaro, tipógrafo socialista, y el comunista Antonio Plaza, encuadernador— le proporcionarán el bagaje de ideas y el ejemplo humano que necesita. Lucio Collado, por su edad y mayor sabiduría política, puede considerarse como mentor y padre espiritual de Juanito, Celestino y Antonio. Familiares y amigos llegarán a comparar los alegatos verbales de Juanito con la retórica inflamada de Lucio, que morirá heroicamente casi al final de la novela. Su heroísmo, después de recibido el bautismo de fuego en el asalto al Cuartel de la Montaña y de tomar parte en otras acciones de guerra, culminará en una delicada y peligrosísima misión de enlace cuando el comandante Marenco le ordene ir a Brunete, donde, según le informa, «desde anoche hay allí un "tomate" de mil demonios». Montado en su motocicleta, Juanito consigue llegar a Brunete en media hora, y su vuelta al Ministerio de la Guerra deja atónito a Marenco.

La novela se abre con la descripción del barrio de Juanito y Puri, su mujer, y de la casa en que viven. Una casona de las llamadas de «corredor» con tres galerías. Aunque el escenario de la novela es todo Madrid, Zamacois crea dos núcleos de relación de los personajes: uno es esta casona, el otro es la casa en la que viven el padre y el tío de Juanito, ubicada asimismo en una barriada popular. Los dos centros se sitúan, respectivamente, en las calles de Amaniel y de la Esgrima. Madrid puede considerarse no sólo el escenario de la acción, sino un verdadero personaje más de la novela, cuya importancia va creciendo a lo largo de sus catorce capítulos hasta convertirse en un símbolo.

El tiempo externo se marca regularmente con indicaciones precisas: la acción comienza —como ya hemos dicho— el domingo 12 de julio de 1936. En el capítulo V ya se dice: «A las dos semanas de principiada la guerra...» (p. 128). En el capítulo VII, presagiando el final de la novela, dice Puri: «Mañana se despide octubre. Yo creo que, allá para fines de junio o primeros de julio, nos nacerá un rorro» (p. 181). El capítulo IX se abre así: «La noche fatídica del seis de noviembre duraba aún...» (p. 217), cuando el Gobierno abandona la capital. El momento final es la madrugada del 19 de julio de 1937 (p. 375). La novela abarca, pues, el período comprendido entre el 12 de julio de 1936 y el 19-20 de julio del año siguiente. La relación tiempo externo / tiempo interno se condensa sencillamente en la reflexión del protagonista en el último capítulo: «Cuando empezó la guerra —meditaba Juanito— ya estaba recién casado. Ahora va a nacerme un hijo. ¿Por qué este año que acaba de pasar, *A veces se me figura interminable, y a veces muy corto?»* (pp. 375-376). [La cursiva es nuestra.]

La historia de los personajes corre pareja a la historia externa: la guerra. Juanito, taxista, toma parte en las primeras escaramuzas y en el asalto al Cuartel de la Montaña y marcha luego a combatir en Guadarrama. Puri, su mujer, que antes de la guerra era camisera, se va de enfermera al hospital de Collado Mediano. En octubre vuelven a Madrid. Ella, que está embarazada, trabaja en una guardería y él entra de servicio permanente en el Ministerio de la Guerra. La vida cotidiana se hace cada vez más difícil conforme las líneas del frente se acercan: bombardeos, refugiados, etc. Por su amigo Lucio Collado se entera de que el Gobierno abandona Madrid y presencia el «bochornoso desfile» (p. 213). De servicio como enlace en el ministerio de Guerra, sin embargo, Juan Muñoz también acudirá a las trincheras de Carabanchel. De vuelta se topa con un miliciano conocido que lleva un sobre que le han cogido a un oficial faccioso, Juanito se lo coge para entregarlo inmediatamente a Miaja y Rojo (p. 228). Se detiene el ataque y comienza el asedio. Sus funciones de enlace le permiten recorrer todos las sectores del frente y vivir el Madrid cotidiano. Irá a la ciudad universitaria, pero también estará en un mitin en el Monumental Cinema o visitará a un amigo herido, etc., o sufrirán los bombardeos sobre la población civil. En una de sus misiones de enlace presenciará la muerte de Durruti. Más tarde su amigo Lucio morirá en los combates de la Casa de Campo. Tras la batalla del Jarama, aumenta la popularidad del general Miaja que se ejemplifica en la anécdota del carpintero que besa en público a Miaja de parte de su compañera. La guerra prosigue y también la vida del Madrid sitiado. Sabremos de la caída del gobierno Largo Caballero y de la muerte del general Mola, a quien se le dedican unas exequias bufas. Así llegamos a las vísperas de la batalla de Brunete en julio de 1937. Y la noche del 19, mientras descansa exhausto tras el cumplimiento de su misión de enlace, Puri en medio de un intenso bombardeo da a luz, cerrándose así el ciclo. Como ya hemos apuntado, no se limita al desarrollo escueto de la peripecia de nuestros protagonistas. En su ir y venir por

Madrid, se irá recreando todo un mundo del Madrid popular organizado en torno a los dos núcleos que se han indicado antes: la familia, el vecindario de la «corrala», los gremios, las oleadas de refugiados, los tipos populares como Genaro, los personajes históricos vistos de cerca en algunos casos, etc.

Al usar una técnica clásica, como narrador omnisciente y en tercera persona, Zamacois puede contar escenas, acontecimientos, diálogos de los que ni Juanito ni Lucio ni ninguno de sus amigos o vecinos han sido testigos. Un buen ejemplo de ello lo tenemos en la anécdota de los sobres cambiados entre Miaja y Pozas al prepararse la defensa de Madrid [55]. Lucio reseñará más adelante lo sucedido, diciendo que se ha enterado por un ordenanza. Lo normal es que los personajes principales sean testigos de los hechos que se cuentan como la muerte de Durruti o las escenas del Ministerio de la Guerra en los primeros días de noviembre del 36.

El censo de personajes es amplio: Juanito, Celestino, Antonio, el señor Primitivo, Puri, Lolita, Amadea, la señora Fabia, etc.: todos los vecinos de las dos casas que hemos señalado como centros de relación de los personajes, cuyas ocupaciones van desde taxista, mecánico, tipógrafo, encuadernador a tranviario y otras semejantes, forman parte del proletariado urbano. En la novela queda muy clara la diferencia de mentalidad entre estos personajes, que forman el «pueblo» de Madrid, y la de aquellos refugiados que provienen del medio rural, ciegamente aferrados a la tradición. En el caso de las mujeres refugiadas, el contraste con las madrileñas es sangrante: aquéllas tienen su punto de orgullo en ser analfabetas, pues a una mujer honrada debe bastarle con ocuparse sacrificadamente del esposo y los hijos. Zamacois destaca a través de Puri y de Lolita, que cose uniformes, el importante papel de las mujeres en la guerra, de manera que no puede dejar de notarse el simbólico contraste.

Mención aparte merece el tío Genaro, vendedor ambulante, tipo castizo del Madrid de la época, propiamente un personaje zarzuelero, que quizá pueda considerarse un representante del subproletariado o «lumpenproletariat».

Otros personajes no son héroes de ficción, pues con ellos se ha de escribir la Historia (con mayúscula). Entre los políticos destacan Margarita Nelken, Federica Montseny, la Pasionaria, Mera, el Campesino, Durruti... Entre los militares, el general Miaja. De Mera dirá Juanito:

> Es un valiente... que no tiene nada suyo. Un verdadero ácrata. Aseguran que cuando era oficial de albañil repartía su jornal entre sus peones, diciéndoles: «No hay razón para que yo cobre más que vosotros si nuestras necesidades son las mismas». Y además de ser un santo laico es un tigre (p. 276).

[55] Manuel Azaña: *Memorias políticas y de guerra*, en *Obras completas, IV*, Madrid, Giner, 1992, pp. 859-860. Lo refiere como algo que Miaja en persona le cuenta en una reunión durante su visita a Madrid el 16 de noviembre de 1937.

Finalmente *Madrid,* que aparece personificado en muchos párrafos, va convirtiéndose en símbolo, conforme avanza la acción de la novela.

En las descripciones se muestra Zamacois naturalista, especialmente si se trata de la descripción de los personajes. Un buen ejemplo de ello lo encontramos en el retrato de Lucio Collado (p. 15). Rasgos naturalistas aparecen también en otras ocasiones, por ejemplo al relatar el bombardeo que sufren Juanito, Puri y Lolita en plena calle (pp. 282-83). O en una ocasión anterior, en el capítulo III, con motivo de la descripción del depósito de cadáveres, que para Lucio Collado es como un símbolo:

> Esos hermanos nuestros que hoy, en el Cuartel de la Montaña, cayeron bajo la metralla facciosa, no son cadáveres [...] No son cadáveres. Son gérmenes. Como Saturno, el porvenir se nutre de sus hijos. Esa cloaca fétida, de donde acabamos de salir, es un ovario (pp. 78-9).

En lo épico, la mejor muestra, a nuestro juicio, corresponde al relato de una escaramuza en Guadarrama durante el verano de 1936 —pp. 121-122—. Para otras ocasiones no olvida el autor los recursos de la novela erótica o galante. Véase como ejemplo el encuentro entre Juanito y Puri, después de su primera separación debida a la guerra (p. 133).

Otro rasgo de estilo son las abundantes digresiones morales y políticas que, a la manera barojiana, aparecen la mayor parte de las veces en boca de los personajes principales. Para el lector actual llegan a hacerse algo pesadas.

Respecto al léxico, podemos reseñar el uso de arcaísmos como «magüer, condigno, pariguales, empero o voltigeaba». Otras particularidades léxicas son el empleo de la fórmula «estoy cierto» en boca de Lucio Collado o el término «deseguida» (p. 47) en lugar del coloquial «puta». Eufemismo que sorprende cuando no se obvian determinadas exclamaciones, lógicas en las bocas varoniles («rehostia» —p. 117— o «¡La hostia!» o «Las muy putas» ambas en la página 143).

El recurso al humor está presente, por ejemplo, en creaciones lingüísticas de sabor popular como las que designan los aviones: un avión solo de noche es «el churrero»; varios aviones pintados de negro, «las viudas». Eufemísticamente el combate recibe el nombre de «tomate», el ataúd, el de «traje de madera». Cabe destacar también, siempre dentro de la órbita humorística, la castellanización de los nombres de los brigadistas que el pueblo incorpora así a la esencia colectiva del idioma. El humor popular cambia también «de facto» el nombre de las calles, que pasan a denominarse «Avenida de los obuses» o «Plaza del Guá». O los nombres aplicados a los cañones republicanos: El Mariano, El Felipe, o El Abuelo para el que tenía el roncar más hondo. Y es que como comenta el autor en el capítulo XII: «El peligro se convertía en juego; la risa triunfaba de la muerte y la ponía en ridículo» (p. 309).

Se pueden destacar algunas de las expresiones metafóricas referidas a la revolución: «una furia» o «mar sin orillas», o a la guerra: «caza mayor», «orquesta de muerte», «sinfonía grata a los gusanos». En este nivel simbólico es muy expresivo el ejemplo de Lucio Collado de los mastines, que

> cuando se les tiene atados, se vuelven más fieros [...] La plutocracia es para nosotros lo que para el mastín la cuerda que lo sujeta. La esclavitud nos exaspera y nos impulsa al crimen. ¡Felicitémonos de que así sea! El pueblo, por muy abatido que se halle, lleva dentro una fiera que ningún dictador ha podido amaestrar (cap. I).

En conjunto, el lenguaje, tanto por lo que se refiere al léxico como a la sintaxis, se siente más próximo de la novela decimonónica que de la prosa actual. Hay que reconocer, sin embargo, la gran riqueza léxica de que da muestras Zamacois en esta novela.

En la materia narrativa podemos establecer tres grandes grupos: material de primera mano (de tipo cronístico), anécdotas, cuentos y leyendas. El primer grupo está constituido por las noticias aparecidas en los periódicos, partes de guerra y arengas radiados así como octavillas. En el caso de las noticias periodísticas se llega incluso a la transcripción literal, como puede verse en las páginas 33-34. De las crónicas del propio novelista proceden elementos del capítulo IV (El «mono», uniforme miliciano), capítulo VII (Refugiados en Madrid), capítulo IX (Falta de fusiles), o la muy curiosa anécdota de la voz de los cañones en el capítulo V. Se pueden considerar también de primera mano los dos bandos del general Miaja al pueblo de Madrid, que se reproducen casi íntegramente, y las órdenes escritas emanadas del Ministerio de la Guerra para la organización de la defensa de la capital. En este primer grupo se hace patente la íntima relación entre historia y literatura en gran parte de la producción novelística del trienio 1936-39.

Tal relación viene confirmada por el hecho de que varias de las anécdotas referidas en la novela han sido incluidas también por otros autores en sus obras y deberían estudiarse en esta intertextualidad, como es el caso del aviador Galarza, cuyo cuerpo descuartizado fue lanzado a tierra desde un avión (p. 286), hecho recogido por Ramón J. Sender en *Contraataque* [56]. O la muerte de Durruti (p. 293) de la que hemos leído otras muchas versiones, como la que da Joan Sales en *Cartes de la guerra* [57]. El comentario de que a los alemanes se les motejaba corrientemente como «moros rubios» (p. 310) recogido también por Sender y por Mauro Bajatierra. En clave de humor se comentan los cambios de nombre de los brigadistas rusos y polacos, cuyos complicados apellidos se ven transformados en Pérez

---

[56] Ramón J. Sender: *Contraataque*, Salamanca, Almar (Patio de Escuelas, 10), 1978. Intr. de Ramón J. Sender. Bibl. y tablas cronológicas de José A. Pérez Bowie, p. 378.

[57] Joan Sales: *Cartes de la guerra*, Barcelona, Club Editor (Club de Butxaca, 37), 1986, p. 87.

o Rodríguez [58]. La alusión al incendio del manicomio de Ciempozuelos (p. 171) será empleada por el mismo Azaña con valor simbólico en *La velada de Benicarló* [59]. La formación de un Batallón de peluqueros («Los Fígaros») (p. 214) consta en las *Memorias* de Azaña con un amargo comentario sobre las ametralladoras que han sido cedidas a dicho Batallón cuando faltan en el frente [60]. El envío de un camión de juguetes por parte de Suecia a los niños españoles (p. 332) dio lugar, siempre según Azaña, a peleas entre partidos [61]. En *Campo abierto* incluye Max Aub la anécdota del sobre con la orden de operaciones arrebatado a un oficial faccioso, sólo que es el propio oficial (comandante Trucharte) y no un miliciano quien montado en una motocicleta vuela hacia Madrid para entregárselo a Miaja [62].

Zamacois se hace eco de otros hechos que no queremos dejar de mencionar, por si fuera posible contrastarlos en otras obras, ya que creemos que la verdadera historia de la guerra civil —o, por mejor decir, su «intrahistoria»— está solamente escrita en las novelas de la guerra.

Destacaremos la anécdota de la emisora clandestina de la embajada alemana; o la que se refiere a un obús italiano que no llega a estallar y que contiene una nota que dice: «Camaradas; los que nosotros fabricamos no matan. UHP». Algunas de las que cuenta Zamacois son estremecedoras como la de Sabino, el de Cáceres, quien, al no poder contener sus ataques de tos, se pega un tiro para no delatar a sus compañeros emboscados durante la batalla (pp. 296-7). En el capítulo XIV se cuenta la autoinculpación de un miliciano que pide ser fusilado por el robo de un capote. Amarga y estremecedora también es la que nos cuenta cómo un grupo de falangistas fusilan a varios niños en un pueblo de Aragón con la aprobación del cura: «Habéis hecho bien, pues si matamos a los piojos y dejamos las liendres no adelantaríamos nada» (p. 346).

Hay cierto número de episodios que sirven para ensalzar el arrojo y valentía de los soldados republicanos y sus jefes. En el capítulo XIV se comenta que han sido arrestados dos soldados por una apuesta consistente en ver cuál era capaz de tumbar un tanque enemigo sin llevar más de ocho bombas en el cinturón —la apuesta fue de dos pesetas, a «real» por bomba—. Antes, en el capítulo X, se nos ha infor-

---

[58] Manuel Chaves Nogales nos cuenta cómo se castellaniza el nombre de un tanquista ruso, Iván, llamándolo cariñosamente «Juanito» en "Bigornia", una de las narraciones de *A sangre y fuego. Héroes y bestias de España, en Obra narrativa completa II,* Sevilla, Dip. de Sevilla - Fundación Luis Cernuda (Bibl. de Autores Sevillanos), 1993. Intr. y ed. de M.ª Isabel Cintas.

[59] Manuel Azaña: *La velada en Benicarló. Diálogo de la guerra de España,* Madrid, Castalia (Bibl. de Pensamiento), 1981. Ed., intr. y notas de Manuel Aragón, p. 126.

[60] Manuel Azaña: *Memorias políticas y de guerra,* ed. cit., p. 579.

[61] M. Azaña: *Memorias políticas y de guerra,* ed. cit., p. 904. Estas coincidencias sólo indican que hubo el hecho, pero la versión y valoración no son siempre iguales.

[62] En *Campo abierto (El laberinto mágico II),* Madrid, Alfaguara (Literatura), 1978, pp. 412-13: el comandante Trucharte encuentra la orden de operaciones en el bolsillo de la guerrera del cadáver de un jefe rebelde y sale con ella disparado hacia el Ministerio de la Guerra.

mado brevemente del arrojo de dos «tumbadores» de tanques. En el capítulo XI, Mera y Líster adoptan ante sus hombres una actitud valiente, que tiene hasta sus puntos de fanfarronería, al no agacharse ante las balas mientras se fuman tranquilamente un cigarrillo en los combates de la Ciudad Universitaria. Un tono más humano ofrece la anécdota referida al comandante Servando Marenco, quien, en un intento desesperado de paliar el frío de sus hombres, se desprende del capote y la guerrera.

Los cuentos y leyendas ocupan menos espacio como material narrativo, pero su presencia en esta novela es significativa, ya que nos recuerdan una tradición que, arrancando del Lazarillo y de Cervantes llega hasta Galdós. Lucio Collado refiere en el capítulo II un cuento sobre el habitante de Marte que quiso conocer la Tierra, y Celestino Alfaro, en el capítulo XIII, trae a colación un cuento árabe «que leí no sé dónde», el del criado y la Muerte. Ambos cuentos sirven como ejemplos de lo expuesto por Lucio y Celestino y de ellos se desprende una moraleja. Historia y leyenda se refieren a las calles del viejo Madrid; por ejemplo, a la calle del Ave María (pp. 47-48).

Si a lo largo de la novela Zamacois ha convertido explícitamente a Madrid en ejemplo y símbolo, tampoco faltan otros. Juanito Muñoz representa la juventud trabajadora y a una España nueva, opuesta a la «vieja España, torera y retrógrada» (p. 43). Al representante de esa vieja España se lo califica de «señorito» inútil, rutinario, putero, borracho y chulón en ese texto que precede a la novela y que va incluido en el capítulo IV. Parece evidente el parentesco de los símbolos de las dos Españas con los que describió Antonio Machado en sus poemas sobre este tema. Al «señorito» —cuyo ejemplo concreto en *El asedio de Madrid* es Alfonso Chalóns, amigo de Muñoz antes de la guerra—, según Zamacois, «lo ha matado "el hombre"».

El «mono» que visten Juanito y sus amigos es visto también como un símbolo, según el comentario del autor en el capítulo IV (p. 90): «El "mono", oriundo de los Estados Unidos, es un producto del intenso dinamismo de aquel país. Bilbao fue la primera ciudad española en que se aclimató, y años después, la sublevación fascista del diecinueve de julio, que obligó a los obreros a salir de sus talleres, vestidos según estaban, para empuñar las armas, hizo de él un uniforme militar: el uniforme internacional, sencillo y glorioso del proletariado».

El hijo de Juan y Puri a su vez se convierte al final de la novela en símbolo, al nacer mientras Madrid está siendo bombardeado por la aviación enemiga: «La Vida frutecía jocunda, inmortal, y el patetismo de aquella hora comunicaba al alumbramiento la emoción de un símbolo».

9.5. *Río Tajo*, de César M. Arconada (1938 / 1968)

La sublevación militar sorprendió a César M. Arconada en Irún a causa de su trabajo como funcionario del cuerpo de Correos. Tomó parte en la defensa de la ciudad contra las tropas enviadas por Mola y luego permaneció en la zona Norte hasta la caída de Gijón en octubre del 37. Durante esos quince meses actuará como corresponsal de *Mundo Obrero* y *Frente Rojo,* los periódicos del Partido Comunista al que pertenecía desde 1930. En junio de 1937 aparecen en Santander sus *Romances de la guerra* y al año siguiente *La conquista de Madrid,* teatro [63]. Tras la caída del Norte, consigue huir y volver a territorio republicano.

Perdido cualquier atisbo de optimismo, abandona sus colaboraciones en la prensa y se dedica a la redacción de *Río Tajo* con la que obtiene el Premio Nacional de Literatura de 1938 en el concurso convocado por el Ministerio de Instrucción Pública. Los avatares de la guerra impiden que llegue a término la edición española y sólo verá la luz en su lengua póstumamente [64] a pesar de haber aparecido diversas traducciones [65]. *Río Tajo* era la primera parte de una proyectada trilogía, cuya conclusión Arconada, en su desarraigo, condicionaba a su nunca cumplido regreso: «Cuando Chaparrejo y yo regresemos a España seguiremos nuestra narración. Estamos los dos demasiado enraizados en el agreste suelo castellano para que podamos realizar esta tarea fuera de él, alejados de su pulso y latido» [66].

Arconada cuenta la historia de Chaparrejo, que pasará del aislamiento de su vida pastoril en la Sierra de Gredos a guerrillero, jefe miliciano y héroe en el tiempo que media entre inicio del verano de 1936 y las batallas en torno a Madrid en el otoño, cuando se crea el Ejército Popular. A la peripecia guerrera se unirá una progresiva toma de conciencia de la necesidad de organización e inmersión en la colectividad junto con el descubrimiento de la necesidad de instruirse para contribuir con mayor eficacia a la causa. A la protagonista femenina, Flora, también la veremos participar en la lucha contra los sublevados. En su caso esta lucha supone una progresiva liberación individual de las ataduras de una tradición familiar que la constriñe, en busca «de un mundo más claro y más sincero» (p. 56).

Ambos protagonistas se sienten identificados con el pueblo en su lucha contra el fascismo, último recurso de las clases dominantes para mantener por la fuerza una estructura social periclitada. La «tesis» puede enunciarse de esta manera: las

---

[63] César M. Arconada: *La guerra en Asturias* (crónicas y romances), Madrid, Ayuso (Bibl. Silenciada, 2), 1979. Ed. e intr. de Gonzalo Santonja, p. 17.

[64] César M. Arconada: *Obras escogidas, II,* Moscú, Ed. Progreso, 1970, 335 pp.

[65] Gonzalo Santonja: «César M. Arconada. Bio-bibliografía», en Publicaciones de la Institución Tello Téllez de Meneses, n.º 47 (1982), pp. 5-57. Palencia.

[66] César M. Arconada: *Río Tajo,* Madrid, Akal (Akal 74, n.º 98), 1978, XX + 337 pp. Prólogo de J. A. Hormigón. p. XVIII. Citamos por esta edición. También en G. Santonja: «Introducción» a *La guerra en Asturias,* cit., p. 17, n. 31.

clases populares, cada vez más concienciadas, y los elementos más sanos de la pequeña burguesía acabarán fundiéndose ante el brutal ataque de la reacción. Este proceso, que traerá consigo la aparición de una sociedad más libre, queda simbolizado en el amor de Chaparrejo y Flora y anticipado en el nombre de un jilguero, «Amanecer» (p. 59).

La novela se divide en tres partes: Pastoreo (pp. 6-93), La guerra (pp. 94-229) y El camino (pp. 230-335). Cada una está dividida en capítulos con título pero sin numeración. Todo el relato queda enmarcado por una Introducción que tiene el tono de una invocación épica, y sendas Cartas del autor a sus personajes, en las que con cierta melancolía se despide *temporalmente* de sus criaturas hasta que pueda reanudar la historia. El desarrollo argumental sigue rigurosamente el orden de las tres partes: 1.ª) Presentación de los personajes y de su entorno hasta el estallido. 2.ª) La guerra de guerrillas en la sierra y la defensa del terruño. 3.ª) La guerrilla pastoril se convierte en Batallón de milicianos que combate en el frente del Tajo-Sierra de Gredos, intentando frenar el avance sobre Madrid de los militares sublevados.

Este principio constructivo de carácter ternario se reitera nuevamente en el desarrollo de cada una de las partes en las que podemos señalar tres núcleos narrativos. «Pastoreo» se inicia con una descripción de tintes bucólicos —el mundo pastoril de la Sierra de Gredos— que enmarca la figura del protagonista; sigue con la historia de Flora y se cierra con la noticia de la sublevación el mismo día de la fiesta de los pastores. En «La guerra» acompañaremos a las espontáneas partidas que se forman en los pueblos: sus golpes de mano en la vertiente norte; la resistencia y posterior repliegue ante artillería, moros y aviación; por fin la caída del pueblo en manos de los sublevados provoca una acongojada sensación de impotencia: no hay armas, ni municiones, ni conocimientos con que oponerse. Paralelamente Flora, aceptada a regañadientes, será enfermera y maestra. Planteada la duda de su lealtad, su airosa defensa en un dramático juicio popular zanjar definitivamente cualquier desconfianza. «El camino» es la ruta de una retirada, desde el pueblo hasta Madrid siguiendo el curso del Tajo. Pero es también una transformación: del fin de la lucha de partidas aisladas, pasando por el Batallón de milicianos voluntarios, para concluir con la creación del Ejército Popular. No faltan las peripecias: la evacuación del pueblo, la muerte del Sabio Lengüilla, las acciones militares, la traición y, cerca de Madrid, las graves heridas de Chaparrejo.

La dimensión temporal queda bien delimitada. La acción comienza a principios de julio —«Ya había pasado la primavera, y esto es un dato» (p. 7)—, unos días antes de la fiesta de la Virgen de los Pastores: «La tradición es exacta y meticulosa. No admite innovaciones. Si el calendario dice diez y siete de julio, ya se sabe: a las ocho, las campanas a voleo; a las ocho y media la cofradía de la Virgen llega a la iglesia...» (p. 60). Y el final se indica con igual exactitud aunque no se diga la fecha: «Precisamente acababa de leer en el periódico una noticia importante, una disposición oficial que le afectaba a él y a todo su Batallón. Había aparecido en la *Gaceta* una disposición creando el Ejército Popular Regular». Se refiere posiblemente al decreto de 21 de octubre de 1936 [67], aunque el hecho de que su Batallón esté combatiendo en la Casa de Campo nos sitúa en noviembre del 36, en los días más duros de la batalla de Madrid. Este período comprende y refleja los tres momentos iniciales de la guerra: la resistencia espontánea protagonizada por grupos aislados; la formación de los batallones de milicianos voluntarios escasamente estructurados; y la reorganización del ejército de la República.

El escenario en que discurre la acción se reparte entre la Sierra de Gredos en sus dos vertientes, pero especialmente en el sur, donde nuestro autor sitúa Valdelagunas, el pueblo de Chaparrejo, en torno al cual se articulan los dos tercios de la novela. El tercio restante transcurre en el valle del Tajo, en la retirada hacia Madrid. Este paisaje, el que se divisa desde la «cima carpetovetónica» (p. 97) a la que suben Chaparrejo y Gregorio, justifica, junto con los ambientes, la calificación de «novela mesetaria» que le da J. A. Hormigón [XIII].

La novela arranca en un ambiente rural, más propiamente pastoril, reproducido con tintes arcádicos y cervantinos. En contraposición en el capítulo «Historia de muchas historias» (pp. 43-59), hallamos la «España negra» *concretada* en la familia de Flora Fermoselle, absolutamente esperpéntica por la acumulación de rasgos negativos. Páginas más adelante, la familia de «don Federico» el pequeño cacique rural, «abogado de secano» (pp. 87-88), completa esa visión de una sociedad clasista y anquilosada. Con el inicio de la guerra se produce una ruptura, y a compás de la lucha irá surgiendo un nuevo modo de concebir las relaciones sociales: síntesis en la que se unen el despertar de la conciencia de las clases populares, la liberación espiritual de la juventud y el sentido de lo colectivo.

El relato, como se puede apreciar, está planteado linealmente, sin rupturas temporales ni experimentalismos narrativos. (Es la segunda época del autor que, habiéndose iniciado en las filas vanguardistas de *La Gaceta Literaria,* con la publicación de *La turbina* había optado por otra estética.) Aunque el punto de vista adoptado es el de un narrador omnisciente, hay que señalar algunos matices. Arconada se sitúa en la perspectiva del bardo que canta la epopeya desde un futuro conseguido:

> Los viejos narradores del futuro contarán así: «¿Sabéis cuándo fue?»... Fue en el tiempo del dolor hecho revuelta y sacrificio. Desde siglos atrás, la multitud de los pobres, los del hambre, los desarrapados que visten vientos fríos y calzan hielo de losas, venían oyendo una canción alegre de futuros mejores. Y un día, cuando la multitud estaba sazonada, dijo: «¡Ésta es nuestra hora!» [...] Y entonces entre los soberbios y los humildes, se originaron luchas sangrientas, un largo período de guerras, [...]

---

[67] V. por ejemplo, Walther L. Bernecker: *Guerra en España, 1936-1939,* Madrid, Ed. Síntesis (Letras Universitarias), 1996, p. 41.

> Ya sabéis, por tanto, cuándo fue. Sucedió en el tiempo en que todavía la humanidad estaba naciente, y por lo tanto en hervor. [...]
>
> Y en ese tiempo de las luchas, hubo un país, allá en el Sur, un bello país bravío, de piedras y cálido sol, donde los poderosos reunieron todo su poder... (p. 5).

E insistirá en este carácter épico. Unas veces, volviendo sobre la naturaleza de lo narrado: «Y muchos seres juntos, un pueblo entero [...] forman lo epopéyico. Vivíamos en cada uno y en todos juntos una epopeya» (p. 104). Otras, toma el viejo recurso juglaresco de apelar al oyente: «¿Véis como es triste todo esto?» (p. 245); o implicarlo en la narración mediante el plural inclusivo, «parece que nosotros morimos un poco con ellos» (p. 318), o el señalamiento de la escena mediante un deíctico actualizador «Allí están las huestes de Chaparrejo, el pastor» (p. 148). Las anticipaciones o prolepsis son otro recurso que no podía faltar en un texto épico: «¡Yo sería capaz de coger un cuchillo bien afilado y clavárselo en el cuello al primero que encontrase!» (p. 146), dice la madre de Chaparrejo. Y morirá tras clavar un cuchillo al oficial rebelde que ha ocupado el pueblo y dado muerte a tres muchachas. Y cuando no, acude al lector recordándole motivos folklóricos: «quien más o quien menos sabe que no hay castillo alguno que no tenga misterios y subterráneos» (p. 165). Sin embargo, las dos cartas finales del autor a sus personajes estropean estos efectos épicos, lo mismo que sus intervenciones con reiteradas reflexiones de carácter político, que cortan el hilo del relato.

Río Tajo pretende ser un relato épico y como tal es portador de una «tesis», explícita en este caso, dirigida a un hipotético público al que nunca llegó. Por ello se habrá de prestar atención a episodios y personajes. En estos últimos se busca crear arquetipos de una evolución personal y social, especialmente la pareja protagonista que quedará elevada a símbolo para ese futuro señalado en la introducción. Tampoco se descuida la aparición de los tipos funcionales de contraste: el egoísta, el traidor, etc., aunque falta un antagonista personificado.

El héroe, Chaparrejo, tiene una composición meditada. Comencemos por el nombre: 1.º) El diminutivo *-ejo* cuyo valor tanto puede ser cariñoso como despectivo, justificado por ser Chaparro el apodo del padre. 2.º) El significado de «chaparro» —«Mata de encina o roble, de muchas ramas y poca altura» [68]— tan sugerente por sus connotaciones, que el autor matiza: «la naturaleza desmintió el apodo, porque Chaparrejo era más bien alto, sin carecer de proporciones. Un hombre fuerte, ancho, grande y duro de líneas» (p. 33). Nada, pues, que ver con la acepción despectiva: «Dícese de la persona rechoncha». 3.º) El vocablo «chaparro» es de origen prerromano [69] y la descripción de la vida de los pastores sugiere un mundo primiti-

---

[68] Real Academia Española: *Diccionario de la lengua española,* Madrid, Espasa Calpe, 1970, 19.ª ed., s.v., p. 405.

[69] Joan Coromines: *Breve Diccionario etimológico de la lengua castellana,* Madrid, Gredos (BRH, V Diccionarios 2), 1973, 3.ª, s.v., p. 191: «De origen prerromano, emparentado con el vasco dialectal txapar(ra)». RAE, *Diccionario,* cit., da también origen vasco.

vo, desligado de la sociedad agrícola y estable, «romanizada»: en resumen, una vida más libre. A ello debemos añadir que el escenario es la antigua Lusitania. ¿Lusitania y pastor con nombre prerromano? Viriato tenemos y así lo confirma el autor: «el cuerno antiguo de las tribus pastoriles había sonado en la sierra, como en tiempos de Viriato» (p. 110). El pastor que combatió a los legionarios romanos se refleja en estos otros pastores que se enfrentan a lo legionarios que ocupan su aldea. Este simbolismo mítico se potencia por otro elemento presente en el momento de la redacción de la novela: la masiva intervención italiana y la parafernalia «impero-romana» del CTV (Corpo di Truppe Volontarie) del Duce. Pero no acaban aquí los elementos sugeridos, aún podemos añadir algo más. Si a Chaparro le quitamos el sufijo ibérico *-arro* queda Chapa, y Chapa/iev es el protagonista de una película sobre la Revolución Rusa, que alcanzó gran popularidad al inicio de la guerra y durante la batalla de Madrid [70]. No pueden ser casuales tantas connotaciones, sugerencias y coincidencias: Chaparrejo es el nombre para un guerrillero.

Por otra parte, la evolución del personaje, de rústico pastor de cabras a combatiente concienciado, sigue todo un proceso que tiene su origen en la caprichosa muerte de una cabrita a manos de don Federico, el cacique local. El haber sido el primero en abrir fuego al recobrar la escopeta con que aquel mató a la cabra le dará cierto ascendiente para dirigir la partida de pastores-escopeteros. Si la injusticia y la arbitrariedad lo han empujado a enfrentarse a los viejos poderes, la impotencia de su partida ante tropas mejor equipadas y organizadas lo llevará a otra conclusión: la razón y el valor individual no son suficientes. Necesitan armas —leitmotiv casi constante en los textos—, pero también conocimientos, preparación y surge el afán de aprender que refleja otra constante: la preocupación por elevar el nivel cultural de los combatientes republicanos presente en proclamas, textos programáticos, crónicas y obras literarias y a la que se dedicaron con entusiasmo buena parte de los jóvenes intelectuales que combatieron por la República. El proceso de Chaparrejo es el de una elevación personal en un momento de convulsión social que se plantea como «guerra de independencia» en el patrón ideológico que se fragua en la zona republicana. Salvando las distancias de medio —urbano/rural—, época, extensión, ideología y conclusión de la historia, el proceso de Chaparrejo guarda ciertos paralelos con Gabriel Araceli, el protagonista de la primera serie de los *Episodios Nacionales* de Galdós, incluso en sus amores con una joven de origen social superior. Este paralelismo no resulta sorprendente si tenemos presente la vuelta a Galdós que se propugnaba desde *Hora de España* y otros medios —como ya se ha explicado—, y que dará lugar por ejemplo a la reimpresión de alguno de los *Episodios* [71].

---

[70] V. Manuel Rubio Cabeza: *Diccionario de la guerra civil española* 1, Barcelona, Planeta (Espejo de España, 127), 1987, p. 149. Para una información sucinta sobre el filme, Román Gubern: *Historia del cine, I,* Barcelona, Ed. de Bolsillo (Libros de Enlace, 81), pp. 336-7.

[71] Benito Pérez Galdós: *Episodios Nacionales. Trafalgar,* Barcelona, Ed. Nuestro Pueblo, 1938,

La protagonista femenina también tiene un nombre simbólico, Flora, que el autor explica en una bella alegoría inversa:

> Si queremos hacer la historia de esa rosa última, de esa rosa que se da al otoño, al viento agitado y a las furias de la naturaleza, tenemos que hacer la historia completa del rosal, pues si no hay historia que no tenga eco, tampoco la hay sin que tenga raíces.
>
> [...]
>
> ... Fue verdaderamente un vendaval rara vez igualado en furias. Y claro está, en el primer instante, el viento se enmarañó al rosal, y a la primera sacudida arrancó la rosa. Se la llevó allá lejos, con él, por caminos de la tremenda aventura de su fuerza. Se vio que la rosa pertenecía al viento más que al rosal. Esta es la historia de la «muchacha de los pelos de maíz». Se llamaba Flora Fermoselle (pp. 44-45).

La expresión «muchacha de los pelos de maíz» se irá repitiendo a lo largo de la novela como un auténtico epíteto formular identificativo, que es recurso característico de la épica. Flora es el último retoño de una familia que acumula en sí todos los rasgos de los sectores más reaccionarios de la sociedad española tal como se fue articulando a lo largo del siglo XIX: procede de un matrimonio entre una familia de militares y otra de magistrados, cuya vida transcurre entre las guarniciones y casinos del padre, y entre la religiosidad histérica de madre y tías solteras. Es una condensación de la cerrazón mental de aquella España «profunda», cuyos rasgos dejó perfilados Galdós y que aún pervivieron largamente incluso después de la guerra. Su paso por el Instituto y la Escuela Normal del Magisterio abre brecha en tan cerrado horizonte y nace el deseo de liberarse del ensimismado y arcaico ambiente familiar. Al quedar separada de su familia, incardinará su anterior intento de liberación individual en una acción colectiva que le abre las puertas de un mundo nuevo, uniéndose a quienes representan el final de aquel otro que la encorseta y la ahoga. Representa Flora a aquellos jóvenes estudiantes de procedencia pequeñoburguesa que, desasosegados por el pétreo inmovilismo de la sociedad de la Restauración, se planteaban su renovación.

Discurren por la novela numerosos personajes. Destacan, como es lógico, los que conforman el pequeño universo de Valdelagunas. El primero, Tolín, el zagal de Chaparrejo, amigo de juegos y especie de hermano menor, unido a él por las soledades del monte. Más importancia tiene Gregorio Calamocha, el pellejero, que por su mayor contacto con el mundo será el «mentor» de nuestro protagonista y una especie de «comisario» de la partida antes de la aparición de esta figura polí-

---

222 pp. Prólogo: «Pérez Galdós y los *Episodios Nacionales*», por Enrique Díez-Canedo, pp. 5-15. La cubierta de Amster, el mismo que diseñó las cubiertas de Cénit y otras editoriales de izquierda, lleva una orla con esta leyenda «Edición Especial en Homenaje a Nuestro Glorioso Ejército Popular en la Segunda Guerra de la Independencia de España», que es por sí misma suficientemente expresiva y elocuente.

tico-militar, la cual asumirá con naturalidad cuando se cree el Ejército Popular. No podemos olvidar a Inés *la Pelona,* la madre de Chaparrejo, que muere trágicamente al agredir al asesino de unas muchachas del pueblo. Entre los pastores hay dos figuras patriarcales muy logradas: el Sabio Lengüilla y el Salutador, encarnaciones de la sabiduría popular y del espíritu pastoril respectivamente. No faltan en este pequeño mundo los personajes negativos como Juanillo, el pastor envidioso, o el tabernero, codicioso y débil. El antagonista se presenta generalmente con carácter colectivo y sin individualizar: la Guardia Civil, el clero, el ejército mercenario (Tercio y Regulares), los caciques y reaccionarios de los pueblos. Muy pocos de entre ellos pasan en alguna escena a primer plano, si no es por necesidad constructiva de la escena o del episodio. En la primera parte, el cura de Valdelagunas, con sus exigencias económicas y su desaforada reacción ante los pastores, y don Federico, el cacique. Más adelante destacan dos militares: el hermano de Flora, cuya entrada en el pueblo vendrá acompañada de varios asesinatos fríos y brutales por su propia mano; y el teniente Puga, incorporado al Batallón en el valle del Tajo como instructor, que es competente y valeroso, aunque resulte ser un traidor.

Hay un marcado contraste entre la primera parte, de carácter descriptivo y estático, y la segunda parte, dinámica. En la primera, el resultado es la recreación de un mundo pastoril de tintes cervantinos, como en la cena de los pastores en la tenada, presidida por el Sabio Lengüilla y el Salutador, los patriarcas (pp. 20-24). La idealización del primitivismo de ese universo, en el que los pastores en sus soledades aún son libres:

> Cuando uno se siente amo de sí mismo es muy difícil sentir la soledad de los demás. Los pastores no pueden comprender que el ancho y ancho campo que ven sus ojos esté dividido en amos y legalizado en papeles. [...] El comunismo primitivo de los pastores no puede comprender esto. Ellos creen que la tierra no debe ser de nadie y que los rebaños deben caminar, caminar libremente por donde quiera el pastor y los pastos sean mejores.
>
> En el fondo, el pastor reclama sus fueros antiguos, cuando el único amo de la tierra era él (pp. 19-20).

es una amplificación de las razones que don Quijote endereza a los cabreros —el «Discurso de la Edad Dorada» *[Quijote,* I, XI]: «Dichosa edad y siglos dichosos aquellos a quien los antiguos pusieron el nombre de dorados, [...] porque entonces los que en ella vivían ignoraban estas dos palabras de *tuyo* y *mío.* Eran en aquella santa edad todas las cosas comunes» [72]. El autor confirma la analogía cuando los pastores bajados de la sierra se sienten identificados a posteriori con aquel pasaje cervantino:

[72] Miguel de Cervantes: *Don Quijote de la Mancha, I,* Barcelona, Juventud (Col. Z, 4), 1965. Texto y notas de Martín de Riquer,. p. 104.

> También se le ocurrió al estudiante Suárez poner un párrafo del Quijote, aquel de los cabreros. Y sucedió que nadie de ellos —de los que sabían leer— había leído el Quijote, pero el lenguaje les resultó tan familiar, tan suyo, tan cosa de ellos y para ellos, que la iniciativa fue un éxito... (p. 306).

El fin de ese mundo estático se inicia con el galope de un caballo que irrumpe en el pueblo «a galope tendido, clavando sus cascos en la tierra con resonancias de golpes de martillo sobre una tumba. Era negro y brillante. Sus crines se encrespaban como banderas. Traía los ojos desorbitados y la boca llena de espuma» (pp. 73-4). Las gentes en fiesta mayor se estremecen ante el paso del caballo «con aquel galopar de muerte, como desbocado y loco» (p. 74), que es el nuncio de la guerra.

En la segunda parte, las ocupaciones de pueblos con su secuela de represiones y saqueos y la resistencia de las partidas de pastores-escopeteros dan un cariz épico y dinámico al relato. La espontaneidad de la resistencia refuerza el carácter épico y no individual al haber nacido de un impulso colectivo. La carencia de medios y el sentimiento de impotencia que ello despierta subrayan el heroísmo de aquellas gentes frente a la máquina guerrera significada por las tropas mercenarias y los aviones italianos. Las truculentas escenas de la ocupación de Valdelagunas y el posterior rescate de la población dan lugar a la denuncia de la farsa de la No Intervención más como apelación a la conciencia y aviso que como soflama acusatoria. El final de aquel mundo arcádico, cuya resistencia es imposible, lo determina la muerte del viejo patriarca, el Sabio Lengüilla:

> La guerra le había hecho bajar como a todos, pero él no podía seguir la gran aventura. Cuando los fascistas tomaron la sierra, y él no pudo subir más, su vida quedaba rota, con una valla impsoble de vencer. Después, aquel día el terror acabó de matarle. Cuando salió del pueblo en busca de sus camaradas, sus nervios se quebraron en una prueba intensa de tirantez (p. 251).

La tercera parte es la más dinámica y la más guerrera, pues en ella asistiremos a la organización de la partida en Batallón de milicianos que participará en combates de mayor envergadura. Sin embargo, la guerra, al expulsar a los primitivos pastores de su mundo, hace que se diluya el tono épico de la novela conforme se van integrando elementos de procedencia urbana y de mayor complejidad social: el oficial traidor, el estudiante de la FUE y sus mítines, las organizaciones políticas, etc.

La ruptura de aquel mundo cerrado que supone la guerra desencadena un proceso en el que una sociedad ensimismada a lo largo de siglos siente la esperanza de realizar sus sueños y no hay esperanza que no reavive la fe:

> Esta fe sin límites producía en la gente una especie de romanticismo visionario y delirante. Unos se dedicaban a ensayar sociedades nuevas, donde las prostitutas

> sólo tendrían cinco horas de trabajo, otros hacían teorías, otros se arrellanaban, como para siempre, en el asiento de un automóvil, otros hacían planes económicos desde una secretaría de sindicato, otros hablaban y escribían de lo divino y de lo humano, otros viajaban de un sitio a otro, sin más dinero que el «U.H.P., que lo pague el Comité». Cosas pueriles, que obedecían a la inmensa alegría del triunfo por anticipado. Cosas pueriles que obedecían a una fe grande, ciega, que nublaba el sentido de la realidad. Cosas pueriles de sueños y deseos, de mezcla infantil de la guerra y la vida, fantaseadas por las imaginaciones sin barreras (p. 142).

Esta actitud tan pueril como quijotesca, cuyas consecuencias vivió Arconada a lo largo de toda la campaña del Norte, se presenta como un callejón sin salida: los pastores luchan con escopetas contra aviones, como don Quijote contra los molinos de viento. De ahí el tono final: la visita a Chaparrejo en el Hospital, donde se habla de la dura necesidad de la reorganización, la única esperanza; y la melancolía de las cartas finales del autor a sus personajes.

Si la novela se presenta en un movimiento ternario —¿tesis, antítesis y síntesis?—, en realidad lo que hallamos son las dos primeras, porque la tercera, ya lo dice su título, es El camino. La síntesis sólo surgirá en un futuro donde el despertar del pueblo, unido a la juventud generosa, van a la búsqueda de un ideal que se compendia en la palabra CLARIDAD.

9.6. VANGUARDIA Y PROPAGANDA: *ACERO DE MADRID,* DE JOSÉ HERRERA PETERE (1938)

José Herrera Petere desarrolló en el período 36-39 una extraordinaria actividad literaria, tanto en el campo de la narrativa como en el de la poesía, sin contar su responsabilidad como editor de *Milicia Popular,* el diario del 5.º Regimiento. Colaboró también en *El Mono Azul* y *Hora de España* con numerosos romances, recogidos en *Guerra viva,* y algunas narraciones cortas. Y aún escribió otra novela clave de la guerra: *Cumbres de Extremadura,* que se analiza también en este volumen.

Afortunadamente para nosotros, el autor, en su Prólogo a *Acero de Madrid* [73], fechado en febrero de 1938, ha dejado constancia de sus ideas sobre lo que ha de ser la literatura de aquella hora. Empieza por considerar anacrónicos los formalismos y preciosismos, pues «la Política es la nube de fuego que guía a la nueva Poesía...» (p. 7). Herrera Petere siente que para contar la heroica reacción del pueblo hay que hacerlo en moldes nuevos: «En el aire está *una poesía épica o una novela,* un género literario que equivalga al antiguo que cantaba las epopeyas de las ciu-

[73] José Herrera Petere: *Acero de Madrid. Epopeya,* Madrid- Barcelona, Ed. Nuestro Pueblo, 1938, 211 pp. La 2.ª, Barcelona, Laia (Paperback, 44), 1979, 192 pp. Las citas se hacen por esta edición.

dades, las odiseas de los navegantes y el heroísmo de los pueblos» (p. 8). Por eso *Acero de Madrid* es la «epopeya» del pueblo y de los líderes salidos del pueblo [74].

Además, en consonancia con lo expresado en la Ponencia Colectiva de los escritores de *Hora de España* en el Congreso de Valencia, dirá: «El Pueblo y la Poesía están más cerca que nunca... *Hay que humanizar el arte*» (p. 8). En el caso de nuestro autor esta «humanización» es real en los contenidos, sin abandonar las formas vanguardistas, como veremos [75].

Por último, se hace mención de un género literario que el propio Herrera Petere cultivó como nadie durante la guerra civil: «El Romancero de la guerra... símbolo primerizo de lo que puede ser la nueva literatura, la nueva Poesía» (p. 8).

Acero de Madrid es una obra de difícil clasificación, ya que en ella se nos muestra el aliento épico en forma cuasi lírica [76]. Es un texto que podría definirse en cuanto al estilo como «impresionista», con una ideología clara y simple, que responde a la militancia comunista de su autor. Obra compleja, puede decirse que *Acero de Madrid* consigue prácticamente la síntesis de la literatura de propaganda con el vanguardismo.

Sin embargo, el asunto es muy sencillo. Se trata de la historia del 5.º Regimiento y las Brigadas de Acero desde su formación hasta su integración en el Ejército Popular. Las tres partes de que se compone *Acero de Madrid* responden a los siguientes ejes temáticos:

1.ª Parte: se prepara la tragedia. Los activistas de Falange hacen de las suyas. Los únicos preparados y vigilantes son los partidos de izquierda y los sindicatos. La guerra era inevitable: imagen de algo lleno de pus que revienta. La tensión va «in crescendo».

2.ª Parte: reacción —del pueblo— romántica, fogosa, desorganizada ante la rebelión. Se compara con la de los Comuneros y la del Dos de Mayo (guerra de la Independencia). Luego vendrá la organización, la disciplina, la eficacia: el Quinto Regimiento. La selección: la Brigada de Acero.

3.ª Parte: sigue la guerra. Frente de Talavera. Toledo se gana y se pierde en el avance inexorable de los fascistas hacia la capital. Noviembre del 36: Madrid es bombardeado. Integración del Quinto Regimiento en el Ejército Popular. Madrid se fortifica. ¡Madrid resiste!

---

[74] Herrera Petere refleja su reticencia ante los militares de carrera leales a la República al mostrar el escepticismo del Estado Mayor sobre el comportamiento de los milicianos, p. 136.

[75] Para un mejor conocimiento de la poética de Herrera Petere y del desarrollo de sus ideas literarias, v. Narciso Alba: *José Herrera Petere, los artículos de «El Nacional»*, Madrid, Ed. de la Torre (Nuestro Mundo, 46), 1996, 382 pp., especialmente los dedicados a la «deshumanización» del arte, a la novela y a la épica.

[76] Lo mismo ocurre en la narración de Alberti en *El Mono Azul* titulada «La miliciana del Tajo». Ya lo indicaba Salas Viu en «Un sentido de la prosa. Carta abierta a Herrera Petere sobre su libro *Acero de Madrid*», *Hora de España,* XX, 1938 (agosto), pp. 57-58. Recordemos que el libro de Petere obtuvo el Premio Nacional de Literatura en 1938.

La acción, perfectamente localizada en el tiempo, se distribuye de manera desigual en las tres partes. La primera es el período más largo: desde febrero hasta el 17 de julio de 1936. La segunda narra con gran intensidad los primeros treinta días de guerra. La tercera abarca desde agosto hasta noviembre de 1936. *Acero de Madrid* comprende temporalmente desde el 16 de febrero de 1936 hasta finales de ese mismo año (noviembre o diciembre).

También la materia narrativa se distribuye desigualmente, ya que el autor desarrolla aquellos hechos que más le interesan para su objetivo. En la 1.ª parte, la preparación de las derechas para la sublevación, y en la 2.ª, lo sucedido a los «Guerrilleros del Manzanares» en Guadarrama, junto con el engaño con que los fascistas llevan a los soldados a luchar contra sus hermanos, el pueblo, son los episodios más extensos. En la 3.ª parte, los avances y contraofensivas de milicianos y tropas fascistas en el frente de Talavera, junto con la sorpresa de los primeros bombardeos sobre Madrid, centran la narración, recibiendo especial atención los aviadores (la obra va dedicada al hermano del autor, aviador muerto en combate) y los cazadores de tanques, héroes populares que se exaltan también en otras novelas y narraciones y a los que se dedican crónicas periodísticas en *Milicia Popular* o *Crónica general,* por ejemplo [77].

La acción se localiza en Madrid, pero mediante el recurso al narrador omnisciente el autor se desplaza, por ejemplo, a zonas fascistas, como Logroño o Burgos.

Todo lo que se narra contiene pasión y emoción; se nota que se ha vivido de cerca día a día. Es más, hay un momento en la novela en que se pide al autor su participación de una forma directa y personal: cuando se le encarga la confección de un diario del 5.º Regimiento. Hemos podido comprobar que parte de los textos que encontramos en los diferentes capítulos de la obra se publicaron en ese diario, *Milicia Popular.* La emoción se descarga mediante fragmentos cuasi líricos, en los que el autor usa copiosamente la anáfora. Alguno de ellos tiene una estructura rítmica muy marcada e incluye algunas rimas. Esta carga lírica no debilita los momentos en que se describen acciones bélicas.

A lo largo de la novela, Herrera Petere se dedica a exaltar a los que luchan encuadrados en los batallones organizados por el Partido Comunista —estudiantes, obreros y campesinos—. Frente a ellos, un enemigo compuesto de militares facciosos, falangistas, requetés, los moros de Regulares [78], el Tercio de Extranjeros, etc., mucho más disciplinado y mejor equipado. Aunque *Acero de Madrid* se editó en 1938 —el Prólogo va fechado el 22 de febrero de ese año—, se refiere a hechos

[77] Véanse también los reportajes de Antonio Otero Seco que se citan en el estudio de *Gavroche en el parapeto.*

[78] Este uso de las unidades de tropas indígenas del Protectorado lo lleva a escribir: «Franco, el nuevo conde don Julián, abrió la puerta de Calpe a las fuerzas africanas» (p. 127). Esta identificación y otras son un recurso a la memoria colectiva para crear un discurso de «reconquista» y de «guerra de Independencia» común a muchos de los textos que analizamos.

anteriores a ese momento, como hemos visto. Dos conclusiones, cuando menos, se hacen evidentes: la primera sería la voluntad de contar lo que desde el 18 de julio de 1936 había sido una verdadera epopeya popular —propaganda de cara al extranjero—; la segunda, que tal y como estaban las cosas en febrero del 38, la obra pudiera tener un efecto de propaganda y refuerzo de la moral de los milicianos.

El autor en la Introducción se dirige a un espectador que está «fuera», a un extranjero, advirtiéndole de los sangrientos contrastes que hallará en nuestro país. Recurre varias veces a un plural inclusivo cuando se dirige a ese «tú» —que está con él una vez en lo alto de una torre contemplando la ciudad a sus pies: Madrid—. Sin embargo, predomina en la novela la narración objetiva en tercera persona. Pero el paso de esa tercera persona al plural se hace, a veces, de manera insensible, como ocurre en el cap. 5 de la III Parte cuando dice:

> Nosotros hablamos el lenguaje de Enrique Líster... Nosotros decimos: por cada derrota, de arriba abajo se deben exigir responsabilidades. Nosotros lo decimos, y lo decimos a las calles, a los cafés y a las tabernas (p. 158).

El autor mantiene una actitud dialógica a lo largo de la novela, patente en los fragmentos exhortativos, que más adelante comentaremos, dirigidos a interlocutores varios.

Las secuencias estrictamente narrativas se ven interrumpidas con frecuencia por exclamaciones, en las que se usa abundantemente el estilo nominal. Exclamaciones y exhortaciones son frecuentemente anafóricas, dando lugar a fragmentos líricos, no sólo por el tono y contenido, sino también por el ritmo.

Los personajes históricos se combinan con los de ficción, pero como a los primeros sólo se los menciona, nos centraremos, pues, en los estrictamente novelescos. Es evidente que las simpatías del autor se decantan por los que luchan contra los fascistas y trata con mucho cariño y humor a los personajes populares.

El espectro sociológico de la derecha, que abarca desde viejecitas beatas hasta oligarcas y «señoritos», queda plasmado perfectamente en el segundo capítulo de la primera parte. Herrera Petere utiliza el sarcasmo para la descripción de los reaccionarios. Entre ellos destaca el general Pezuño [79], verdadero «arquetipo» que reúne todas las características del militar sedicioso. Los falangistas son personajes que acumulan en sus descripciones toda la antipatía del autor. Llama la atención la acti-

---

[79] Nótese el nombre, que nos lleva al retrato burlesco que del «mulo Mola» trazó Bergamín en un romance: *Romancero de la guerra civil (Serie I)*, Madrid, Ministerio de Instrucción Pública, 1936 (noviembre), pp. 38-39 [Hay edición facsímil: Madrid, Hispamerca (Cuatro Vientos V), 1977]. Al incorporar a esta novela varios fragmentos de *Los cazadores de tanques* (véase n. 9), Herrera Petere cambia sistemáticamente los nombres de Yagüe y Mola por el de Pezuño, confirmando así su categoría como «arquetipo».

tud orgullosa de las «viejas de Toledo», mujeres de su casa que no saben de política, pero que calculan el calibre de los cañonazos mientras hacen calceta. Esa actitud desdeñosa de todo lo que no sea «su casa» es la que observan en *El asedio de Madrid* de Zamacois las refugiadas del campo acogidas por Juan, Puri y sus vecinos.

Entre los personajes de «izquierdas» destacan los jóvenes: dos milicianas —una morena y castiza; otra rubia y seria— y cuatro muchachos de diferente extracción social: Federico; el obrero sin trabajo Martínez; el opositor católico Matas, y el estudiante Marcelo. Estos cuatro muchachos van tomando postura en favor de la acción, cada cual según su carácter e ideología. Martínez, Matas y Marcelo se alistan prontamente en el 5.º Regimiento; Federico, sin oficio ni beneficio, se decidirá tras algunos titubeos a ser aviador. Todos ellos quedan retratados con rápidas pinceladas, sin llegar a desarrollarse su psicología.

Otros personajes que despiertan gran simpatía son los campesinos, «héroes de pana»[80], que piden su ingreso en el cuartel de Francos Rodríguez:

> Blusas y gorras toledanas, sombreros manchegos, pañuelos alcarreños, allí iban a defender sus barbechos, sus trigos, sus altozanos de tomillo, de romero y espliego.
>
> Allí iban a defender sus montes, sus ríos de anguilas, sus huertas de fresa y espárragos (p. 103).

Un par de veces menciona el autor a un grupo social por el que no parece tener gran aprecio: el de los republicanos pequeñoburgueses, que «siempre habían estado en el limbo» y no creían en la gravedad de la sublevación ni tan siquiera en la posibilidad de luchar contra ella.

Una parte de la *materia narrativa* podemos hallarla, como ya hemos dicho, en *Milicia Popular,* la publicación del 5.º Regimiento, donde el autor firma algunos artículos como «El miliciano Petere», «Petere». Otros no llevan su firma, pero son fácilmente identificables, ya que se incorporan a *Acero de Madrid.*

Las ediciones del 5.º Regimiento publicaron en enero de 1937 un breve folleto —24 páginas— del autor sobre los héroes populares Coll, Cornejo, Grau, Carrasco, «los cazadores de tanques»[81]. De esas páginas proceden íntegramente las que constituyen el capítulo tercero de la III Parte de *Acero de Madrid.* Por otro lado, no sólo son prosas lo que Herrera Petere publica durante la guerra. Precisamente en *Milicia Popular* (I, 146)[82] aparece el romance titulado «Quinto Regimiento» que empieza con estos versos:

---

[80] Véase a este propósito el estudio de *Cumbres de Extremadura.*

[81] José Herrera Petere: *Los cazadores de tanques,* Madrid, Ed. del 5.º Regimiento (Héroes de la guerra civil), 1937 (enero), 24 pp.

[82] *Milicia Popular. Diario del 5.º Regimiento de Milicias Populares,* Barcelona, Ed. Hacer, 1977. Reproducción facsímil. Presentación y Prólogo de Antonio Rivaud. Año I, n.º 146, 31 de diciembre de 1936, p. 1.

Lava de Madrid que corre
lava por barrios enteros;
lava de Madrid que vuela,
lava por campos y cerros,
que al Guadarrama se llega
por los caminos ardiendo...

con una de las imágenes más impactantes que encontramos en *Acero de Madrid,* relacionada con otra igualmente emocionante —olas de sangre que confluyen en el centro de Madrid desde los barrios obreros—. Del extensísimo romance dedicado a Líster y sus soldados titulado «La toma del Cerro de los Ángeles» hay también referencias en la novela. Publicado en *El Mono Azul* (luego recogido en su libro de romances *Guerra viva),* el titulado «Cuatro Batallones»[83] presta sus rimas a la exhortación que Herrera Petere dirige a los que han de defender la capital de España.

Leitmotiv recurrente en la novela que tratamos es el que se refiere al *heroísmo del pueblo,* que a su vez implica reiteradas alusiones a otro motivo temático: el de la *sangre.* Considerada como lava roja, como ya hemos visto, la sangre popular española [84] es metafóricamente «de oro puro» (p. 136). Es la que chorrea por causa de las temibles balas «dum-dum»[85]. La que hace que esta guerra sea «demasiado trágica y humana; con riñones y con sangre... con heroísmos soeces y sucios» (p. 136) [86].

Pueblo / popular y *heroísmo / heroico* son términos que nos asaltan desde cada página de *Acero de Madrid.* En este brevísimo análisis no podemos extendernos en la valoración de los significados que la palabra *pueblo* adquiere a lo largo de la obra, bien por recibir complementos que la determinan (el pueblo de Madrid; el pueblo español), bien por formar parte de un complemento del nombre (el corazón del pueblo; hijo del pueblo).

La contraposición constante entre la superioridad de las fuerzas fascistas y la falta de preparación, disciplina y armamento moderno y suficiente de los milicia-

[83] José Herrera Petere: *Guerra viva,* Barcelona, Subsecretaría de Propaganda, 1938, pp. 25-27. Puede verse reproducido en José Herrera Petere: *Teatro para combatientes (El fusil. Torredonjil. La voz de España),* Madrid, Hispamerca (Cuatro Vientos III), 1977 prólogo de José Esteban, pp. 43-45.

[84] Herrera Petere la exalta también en otros pasajes, como en el capítulo tercero de la II Parte: «¡Lucha primera, lucha primera que encendiste a Madrid!/ ¡Sangre primera, sangre primera que fuiste el bautizo de la nueva época!/ Primeros bombardeos, primeros heridos, primeros muertos...», (p. 65). Las reiteraciones sintagmáticas confieren a este fragmento un ritmo muy acusado.

[85] Otro motivo que se repite en numerosos textos para destacar la alevosía de las fuerzas fascistas.

[86] Montserrat Alás-Brun en *«Acero de Madrid,* de Herrera Petere: Una epopeya moderna», comunicación leída en Kentucky Foreing Language Conference (Abril, 1996) señala también esta visión de la guerra como algo terrible y sangriento y lo pone en contraste con la visión elusiva de la retórica de los sublevados ejemplificada en José M.ª Pemán. Cito por la copia mecanografiada que la autora tuvo la gentileza de enviar a mi esposa en agosto de 1996 (LAEJ).

nos no hace sino enfatizar aún más su heroísmo [87]. Precisamente, nos recuerda Herrera Petere, las llamadas «Compañías de Acero» se crearon «al olor del heroísmo desorganizado» (p. 84), canalizándolo, potenciándolo, mediante la instrucción, la convicción y la disciplina. Este contraste de que hablamos queda enormemente acentuado en el cap. VI de la II parte por medio de una serie anafórica de siete extensos párrafos que se inicia así:

> Los fascistas lo tenían todo: armas, hombres, ejército; los antifascistas no teníamos nada, más que voluntad, fe y razón (p. 123).

De ahí la importancia de la creación de un Ejército Popular cuyos mandos hayan salido del pueblo. Un ejército de soldados convencidos y con formación militar y política. Para lograrlo hacía falta la labor de los «comisarios políticos». Éstos, como los «cazadores de tanques», tomaron ejemplo de la película *Los marinos de Cronstadt* (p. 180), aunque quizá conviene matizar el origen de tales cargos, ya que pueden remontarse a los tiempos de la Revolución francesa [88]. El impacto de ese film soviético [89] entre los milicianos fue tan grande que uno de los «cazadores de tanques», Cornejo, «pensaba que, por esta vez, no podía hacer lo mismo que en *Los marinos de Cronstadt:* subirse encima del tanque y encender un pitillo. Otra vez lo haría» (p. 176) [90]. Muchos años más tarde, otro exiliado, Virgilio Botella Pastor, en *La gran ilusión* recuerda a través de sus personajes esta vivencia [91].

El tema de España vendida a las potencias extranjeras por los militares traidores —entre los que lógicamente se cita a Pezuño— ocupa buena parte del capítulo 8, en el «Epílogo». Pero el autor añade para compensar «Otro Epílogo» en el que exalta al 5.º Regimiento y al Ejército Popular. El libro acaba con estas palabras:

---

[87] El autor deja bien claro que tan héroes son Líster y Modesto Márquez en primera línea de fuego con sus monos azules (p. 83), como el muchacho aviador de veinte años muerto en combate (p. 187).

[88] Véase al respecto C. Blanco Escola: «Significado histórico del Ejército Popular de la República» en *Cuadernos Republicanos,* 19, 1994 (julio), pp. 45-55.

[89] Se estrenó en Madrid el 18 de octubre de 1936. V. José M.ª Caparrós Lera: *Arte y política en el cine de la República (1931-1939),* Barcelona, Ed. 7 - Univ. de Barcelona, 1981, p. 47. En *Acero de Madrid* se recuerda el estreno de esta manera: «Fue un lunes deseperante. El día siguiente de proyectarse en Madrid *Los marinos de Cronstadt.* El día en que los fascistas tomaron Brunete» (p. 168).

[90] También en José Herrera Petere: *Cazadores de tanques,* ed. cit., p. 22. José M.ª Caparrós Lera: *op. cit.,* p. 66, n. 181, recuerda que, después de la muerte de Antonio Coll, uno de los cazadores de tanques, en noviembre de 1936, se proyectó la realización de un film sobre su vida, que no llegó a rodarse.

[91] Virgilio Botella Pastor: *La gran ilusión,* Barcelona, Anthropos (Memoria Rota, 17), 1988, p. 169.

¡Pero Madrid resiste, resiste, resiste!
Pero Madrid resiste, resiste y pasará.
¡Pasaremos! (p. 190).

Herrera Petere usa con profusión el procedimiento anafórico en tres vertientes: realzando, comentando o enmarcando (a veces como conclusión) lo narrado. Los valores connotativos de las anáforas de *Acero de Madrid* pasan por la sentenciosidad (anuncio de lo inevitable: la guerra), la exaltación del valor de los milicianos y de las Compañías de Acero, la decisión y firmeza en la creación del 5.° Regimiento, la desolación por el abandono en que queda Madrid el 7 de noviembre o el subrayado del contraste entre los fascistas que lo tenían todo y los antifascistas «que no teníamos nada».

Pero hay momentos en que la anáfora alcanza valores puramente líricos, acentuándose el ritmo; por ejemplo, en los dos fragmentos que enmarcan el asalto al Cuartel de la Montaña:

¡Lucha primera, lucha primera que encendiste a Madrid!
¡Sangre primera, sangre primera, que fuiste el bautizo de la nueva época!
Primeros bombardeos, primeros heridos, primeros muertos.
Primera vez en que el dedo tembloroso acariciaba el gatillo, en que las culatas se apretaban al hombro, en que se cruzaban miradas de odio a través de miras de acero.
Primera vez en que los fusiles hacían carne, en que la metralla mordía, en que las piedras volaban... (p. 65).

O el lamento que cierra con aires de «petenera» el cap. V de la III parte:

¡Ay, que no ha tenido resultado!
¡Ay, que no ha podido ser!
¡Ay, que también ha fallado!
¡Ay, que ya están aquí!
¡Ay, que ya vienen!
¡Ay, que Torrejón!
¡Ay, que morimos! (p. 160).

Las exhortaciones —a Madrid, a la Sierra, a la noche, a las balas, etc.— cobran también un tono lírico muy acentuado:

Hombres de Madrid, oídme. Los hombres de pelo en pecho...
Hombres de Madrid, oídnos. Oíd al Quinto Regimiento.
Los que estáis en el café.
Los que estáis en los comercios.
Los que trabajáis en las obras.
Los que servís en las tabernas.

Los que estáis en las oficinas.
Los que consumís cigarrillos.
Los que fumáis cara al cielo.
Hombres de Madrid, levantáos, oídnos... (p. 158).

El símil es pilar fundamental en el estilo de este libro. Su filiación ultraísta [92] se reconoce en este ejemplo:

> Parece que el verano es un lagarto al sol, que invita a dormir. Parece que el verano es un sifón azul y corriente, que invita a beber y burbujear.
>
> Parece que el verano es una novia que se tenga, libre y feliz (p. 45).

O en la descripción del paisaje:

> El puerto de Somosierra se abría también como una boca o como un vértice de remolino. Es como un pellizco dado a un páramo (p. 79).

La malignidad de los fascistas inspira la siguiente comparación: «Ya por la tarde empezó a murmurarse que el Cuartel de la Montaña estaba cerrado y lleno de fascistas, como un divieso maligno sin reventar» (pp. 59-60). Sin embargo, la eficacia de las compañías de Acero sugiere otra bien distinta: «Daban vueltas y vueltas, como una barrena bruñida, dispuestas a entrar hasta el mismo corazón de la Sierra del Guadarrama. Márquez era el aguijón de diamante» (p. 85).

No hemos citado más que algunos ejemplos para no cansar al lector. Las comparaciones son abundantísimas en *Acero de Madrid,* mientras que metáforas y metonimias aparecen de forma más esporádica.

Hay una imagen que se repite a lo largo de la I Parte, asociada al escudo de la Falange: el yugo y las flechas se interpretan como una *araña negra* [93]. Esta simbología se extiende a la caracterización de los ojos de un alto mando falangista y a los del asesino del teniente Castillo. En la II Parte también el general Pezuño será comparado a una gran araña gris, parapetado tras su puesto de observación. Ese mismo personaje, tras una noche disoluta, comenta lo simbólico del amanecer en alusión al himno falangista [94].

La lucha aérea sobre Madrid, en cambio, recibe un tratamiento alegórico, por

---

[92] Alguna de las metáforas puede considerarse asimismo ultraísta: «Pasaban también oleadas de voces y risas. Fuentes de carcajadas de todas formas y colores» (p. 45).

[93] Esa misma interpretación en Juan Marsé: *Si te dicen que caí.* Cabe recordar además el título de Blasco Ibáñez, *La araña negra,* extensa novela de contenido satírico contra la trama del poder clerical.

[94] En el capítulo sexto de esta segunda parte un comentario irónico del autor-narrador alude también a ese «amanecer»: «En las filas fascistas, un sacerdote, traidor a España y a Jesucristo, dirigía un rosario, que comentaban los requetés con voces de bueyes lejanos. Era por el alma de los campesinos de la Rioja fusilados. ¡En España amanecía!» (p. 119).

el que el viento es una inmensa plaza de toros, las reses proceden del Rin con la divisa de la cruz gamada, mientras que los banderilleros son los «chatos», los aviones republicanos. Culmina la alegoría en una imagen ultraísta: «No había antiaéreos y los Junker peinaban los tejados, como peluqueros grasientos y sudorosos» (pp. 171-2).

Si en *Cumbres de Extremadura* Herrera Petere refleja fielmente las expresiones y la fonética populares extremeñas, nada de esto hay en la novela que analizamos, excepto cuando recoge algún término del «argot» juvenil. Pero en las dos novelas, de lenguaje literario vanguardista aunque de distinto tono, aparecen coplas de sabor y corte tradicional [95], o bien que aluden a la guerra, como ésta, fruto del ingenio popular:

> Madrid, ¡qué bien resistes
> los bombardeos!
> De las bombas se ríen
> los madrileños! (p. 171).

Esta novela aporta una serie de referencias a la tradición literaria española que no podemos dejar de comentar. El título nos lleva a la comedia lopesca *El acero de Madrid* (1603), cuyo «enredo» gira en torno a la estratagema de dos enamorados, Belisa y Lisandro, para burlar la vigilancia de una tía solterona. Un fingido médico recomienda a Belisa que tome cada mañana «agua de acero» (el agua ferruginosa de cierta fuente madrileña) y que dé largos paseos. De la referencia literaria al poder del agua de la fuente pasamos sin esfuerzo a la denominación de las Compañías de Acero, las fuerzas de choque del Quinto Regimiento.

Parecen casi naturales las referencias a Cervantes o a *La Celestina.* Más sorprendentes son las citas del *Libro de Buen Amor* o el recuerdo de Valle-Inclán en el retrato del estudiante Marcelo («... gordo, alto, sentimental...»).

Fuera de la literatura española, una obligada referencia es Remarque —*Sin novedad en el frente*— por el impacto que causó su realismo. El autor comenta a propósito de las condiciones en que los «aceros» resisten la ofensiva de Mola en el Guadarrama: «¡Esta guerra está más allá de Remarque y del pacifismo!» (p. 94).

---

[95] También lo hace Vicente Salas Viu, que era musicólogo, en su *Diario de guerra de un soldado.* No debemos olvidar que el neopopularismo puesto en boga por los poetas del 27 despertó un gran interés por la lírica tradicional entre los jóvenes de aquella época, como muestran los estudios de Eduardo M. Torner o José Manuel Blecua por ejemplo.

9.7. *Cumbres de Extremadura,* de José Herrera Petere (1938)

Cumbres de Extremadura[96] es una novela de guerrilleros, donde se nos muestra con toda crudeza la vida y la muerte, las esperanzas y las frustraciones, las ilusiones y los fracasos, todos los aspectos humanos de aquellos hombres y mujeres del pueblo que lucharon y sufrieron en territorio enemigo.

José Herrera Petere supo plasmar en esta novela toda esa gran fuerza que desprendían aquellos hombres. Y lo hizo de una forma fácil de entender para el lector, enraizándola con el sentir del pueblo sobre el cual escribe, sin que esto le hiciese perder la calidad de la narración. Así es, ya que el autor fue merecedor en 1938 del Premio Nacional de Literatura con su novela *Acero de Madrid;* premio compartido con César M. Arconada con *Río Tajo.* Pero su carrera como escritor arrancaba de principios de los años 30, colaborando en varias revistas[97].

Al adentrarnos en el contenido de la obra identificamos las intenciones del autor: una es la exposición de forma entrecruzada de la historia de un hombre y de un pueblo. Y la otra, la que da el subtítulo a la obra, una narración sobre los guerrilleros[98].

La historia de un hombre, Bohemundo, campesino extremeño de ideas progresistas y cansado de sufrir injusticias de los caciques y de los civiles[99]. Y un pueblo, San Vicente de Alcántara, que no quería vivir en un estado de nueva servidumbre que intentaban establecer e impusieron los vencedores.

El personaje que enlaza las dos historias —hombre, pueblo— es Bohemundo, apodado Trimotor por su corpulencia. Era un jornalero extremeño de unos treinta y cinco años, casado y con cuatro hijos; vecino de Tordovisco, a quien la sublevación sorprendió en otro pueblo y tuvo que echarse al monte para salvar la vida.

No era la primera vez que huía a la sierra para escapar de los civiles; su fe revolucionaria y el hambre lo habían llevado en ocasiones a ello. No es el tópico del «héroe caballeresco», sino que responde a una nueva forma de heroicidad, la

---

[96] José Herrera Petere: *Cumbres de Extremadura. Novela de guerrilleros,* Madrid-Barcelona, Nuestro Pueblo, 1938. 2.ª ed., México, Ed. Isla, 1945. Citamos por la 3.ª: Barcelona, Anthropos (Memoria Rota, 9), 1986, 260 pp. Prólogo de María Zambrano. Nota Bibliográfica.

[97] Miembro destacado de la «promoción de la República» y del «grupo de *Hora de España»,* militante del Partido Comunista, tuvo una intensa actuación en aquellos años: dirigió *Milicia popular,* colaboró en *El Mono Azul,* escribió poesía, teatro y novela. Continuó su labor en el exilio. Para una información más detallada, véase la «Nota biobibliográfica» de la 3.ª edición (Barcelona, 1986).

[98] La obra consta de un prefacio, cinco capítulos o «cumbres», epílogo y colofón. El prefacio es una introducción al tema. La primera «cumbre» es la historia de una huida; la segunda, la de la resistencia de un pueblo y su éxodo; la tercera describe las actuaciones de la guerrilla; la cuarta es el rescate del pueblo, donde se cruzan las dos historias; y la quinta, la muerte del guerrillero. El epílogo es un pequeño ensayo sobre el resurgir de la vida, en el que se da la noticia de la muerte del guerrillero y de la batalla de Guadalajara. El colofón relata la caída del frente, la suerte de los vecinos huidos y el resurgir de la guerrilla en la sierra.

[99] Forma en que se llamaba popularmente a la Guardia Civil.

del pueblo llano: «... meditabundos héroes vestidos de pana, con gorros grises, que se reunían alrededor de una hogaza redonda a beber vino ralo en bota y que estaban enamorados de una mujer morena, serrana y cabreriza» (p. 14).

El hambre y el miedo le habían enseñado a ser astuto y valiente. Astuto, para hacerse pasar por pastor tonto y engañar a unos caciques fascistas, y valiente, para escapar a la sierra y unirse a los guerrilleros en su lucha contra los fascistas. Un hombre amante de la familia, que no deseaba más que vivir en paz con los suyos.

Su incorporación al Ejército Republicano le permitió empezar a aprender a leer y escribir, a pesar de que le costaba entender las reglas. Cuando consiguió alguna mejora se sentía orgulloso; «Un héroe del pueblo como él tenía que ser culto» (p. 187).

Él no entendía muchos de los conceptos que le explicaban, pero tenía una visión clara de la guerra en la cual estaba luchando: ricos contra pobres. «Era aumentada, la misma que él había conocido siempre en su pueblo...» (p. 129). Amante de las bromas y las historias, no soportaba que no se le creyesen sus hazañas, por lo cual siempre estaba en riña con «Deleitoso».

Su trágico final fue una mezcla de temeridad y mala suerte. Temeridad, en ir con unos conocidos por los pueblos de la zona, gastando bromas pesadas más que acciones de combate contra los ricos y los fascistas. Mala suerte, porque no iba a suponer que su mujer —a la cual había venido a recoger para llevarla a la zona leal— comentaría a sus amistades su imprevisto viaje, que le impediría llevar sus pertenencias.

La muerte fue dura, bajo la tortura de sus enemigos que deseaban acabar con los guerrilleros, pero no traicionó a sus compañeros, y su ejecución —cuando ya casi era un cadáver—, un acto de valentía subiendo solo al cadalso e insultando a sus enemigos: «¡Hijos de cura! —aulló Trimotor a tiempo que dos tornillos le destrozaban la garganta» (p. 243).

Es la historia de un pueblo, San Vicente de Alcántara; pero podría ser cualquier otro pueblo: podría ser el pueblo español que estaba al lado de la República y que había vivido un tiempo de relativa paz y prosperidad al instaurarse unas leyes más igualitarias. Un pueblo que se asusta cuando la Guardia Civil desaparece y llegan las noticias de la sublevación. Con astucia y sangre fría logran engañar a los que le intentaban colocar el yugo nuevamente.

Cuando las fuerzas opresoras lo arrasan sin piedad, decide continuar la lucha en otro lugar echándose a la sierra, para defender su vida y sus ideas. Mientras en la tierra calcinada surgen los traidores que por rencor incitan a los opresores predispuestos a continuar su obra de destrucción y muerte. Con la lucha llegarán las privaciones, pero florecerá el espíritu de resistencia, que le permite llegar a la zona republicana. Sin embargo el final del pueblo siempre es el mismo; cuando los opresores llegan, sólo traen destrucción, muerte y desgracia.

Sin embargo, un puñado de hombres, curtidos en la guerra, en el sufrimiento, continúan la lucha en aquellas tierras arrasadas, para dar al pueblo la esperanza de la liberación.

Con este subtítulo «Novela de guerrilleros», Herrera Petere nos quiere introducir en la vida de unos luchadores muy especiales. Ya en el prefacio nos anuncia que vamos a conocer la vida y el sufrimiento de una generación de héroes, tan valiente como los clásicos, pero mucho más humanos. Héroes que surgen en la peor de las situaciones que le toca vivir a un pueblo, una guerra civil, donde confluyen intereses de terceros, que avivan la tragedia. Hombres a los que les gustan las situaciones peligrosas, que son conocedores del terreno, poco dados a la disciplina militar, ya que esto les recuerda las normas impuestas por los caciques y por la Guardia Civil. Pero cumplidores de las sanciones cuando saben que sus acciones no son las que corresponden a unos soldados del pueblo.

Socialmente, este grupo de guerrilleros estaba compuesto originariamente de humildes campesinos extremeños, que habían sido expulsados de sus pueblos por la guerra y la represión. Los oficiales y los comisarios políticos eran personas que sabían leer y escribir, eran los obreros madrileños y catalanes que venían a luchar a esta tierra. El capitán de este Batallón era un antiguo revolucionario mexicano.

Estos «héroes de pana» son hombres que sienten gran añoranza por sus familiares que han dejado en el territorio enemigo; no sólo añoran la compañía de sus mujeres, sino también el alegre recuerdo de los hijos. Eran hombres que lo único que deseaban era trabajar y vivir en paz con sus familias. Son hombres que, a pesar de la guerra, siguen albergando sentimientos: son capaces de enamorarse, de escribir poesía, de pasar las líneas enemigas y hablar con su amada a traves de las rejas de la casa.

En ocasiones, recuerdan más una «partida», de la cual la historia de España está repleta, que un grupo de soldados. Son hombres acostumbrados ya antes de la guerra a sobrevivir en un medio que les era hostil; ahora aplicaban todas las tretas y engaños para conseguir sus objetivos bélicos.

Pero un factor muy importante para que las acciones de los guerrilleros tuvieran éxito era la información que les suministraba la resistencia. Formada por campesinos o estudiantes, les proporcionaba cobertura para sus acciones. Estos hombres y mujeres eran los que arriesgaban más, ya que después de los sabotajes continuaban en el territorio ocupado, y sufren la represión más cruel al ser descubiertos.

Herrera Petere inicia los capítulos describiendo la situación, para después dar paso al diálogo entre los personajes o para acercarnos tanto a la acción narrada que nos quedamos sumergidos en ella.

Utiliza un lenguaje muy sencillo, intercalando en ocasiones fragmentos de refranes y canciones populares. Esto hace más humanos, más cercanos al pueblo a los personajes de la novela.

A lo largo de la obra, el autor recurre a gran número de comparaciones, utilizando el adverbio «como» y el verbo «parecer» —recurso ya utilizado en *Acero de Madrid—*, cuyo sentido es claro: por una parte, ilustrar los hechos con una serie de referencias que son más fácilmente comprensibles para el lector, y por otra, las comparaciones tienen una terrible carga despectiva hacia los personajes tratados [100].

Para dar mayor realismo a la obra, Herrera Petere encuadra cronológicamente la acción en varios hechos históricos: la sublevación, la batalla del Jarama y la batalla de Guadalajara.

Las diversas reediciones de *Cumbres de Extremadura* nos demuestran el interés y la calidad de la obra.

Si el desarrollo de los personajes principales de la obra es importante, cuando trata a los enemigos de la República, las descripciones arquetípicas nos indican la visión que se tenía de estas clases sociales. La descripción de los señoritos, terratenientes, caciques, confidentes, etc. coincide con los valores que representan: usureros, explotadores, con la mentalidad feudal, son amantes de los placeres de la cocina y de la carne. Odiados por todo el pueblo. Ayudaron a la victoria a los sublevados y fueron recompensados con cargos municipales, o llegaron a ocupar lugares donde podían concentrar más poder.

El personaje del cura es la caricatura de un cobarde, de un hombre embebido en las doctrinas de la Iglesia, sin capacidad de discernir por sí mismo el bien del mal. Sin ninguna cualidad humana, son presentados los militares y la Guardia Civil: «... y aparecieron cuatro gigantescos guardias civiles con sus negros tricornios que rozaban el techo, sus impermeables negros, sus bigotes negros y sus ojos asesinos» (p. 206). Los militares sublevados son para el autor, equinos cargados de brutalidad y de estupidez. Los moros, que siempre fueron los «enemigos» históricos de España (Reconquista, Guerra de Marruecos) ahora luchan a favor de los militares rebeldes. Existe un odio que se convierte en pánico cuando se los nombra.

El ideal de guerrillero queda reflejado en el personaje del «Deleitoso», más que en el del protagonista. El primero recoge no solamente los valores que se suponen a un guerrillero, sino además, una conciencia política determinada, «... yo lucho por mis hermanos, por la igualdad, por la fraternidad. Yo no lucho por una burguesía...» (p. 125); es el continuador de la lucha después de haber sido roto el frente. En cambio, el segundo recoge todos los valores humanos que hacen más creíble la historia, su trágica historia.

En comparación con *Acero de Madrid, Cumbres de Extremadura* tiene una

[100] Los ejemplos que podríamos aducir son muy numerosos, pero destacaremos unos cuantos por su significación. Cuando describe la estupidez de los militares rebeldes «... como la del buey obcecado y uncido a su propia brutalidad hereditaria», p. 31. El candor político de la Falange sobre España resulta «... como una especie de frasco de esencia barata, cuando en realidad [España] es un gran caldero capaz de cocer a un toro», p. 31. La Sierra «parecía un inmenso tren de mercancías, con sus furgones y sus casetas de guardafrenos», p. 25.

estructura más clásica, una línea argumental diáfana, con unos personajes claramente definidos en todos los aspectos y un mensaje al lector: la lucha continúa, continúa la resistencia.

Pero la idea de Herrera Petere no es narrar una historia en concreto, ya que ese hombre puede ser cualquiera de los soldados que luchaban en el ejército de la República y ese pueblo era todo el pueblo de la España Republicana que luchaba en el frente y sufría en la retaguardia.

Anteriormente ya hemos visto desarrollado el mismo tema, la misma historia, por Lázaro en *Los guerrilleros de Extremadura,* al tratar el paso de la crónica a la novela. Las diferencias entre ambos textos son notables: relatan hechos idénticos, pero contados con dos lenguajes y dos tratamientos diferentes. El primero, dando una información menos transformada literariamente; el segundo, con una mayor elaboración del texto, consiguiendo así una notable novela. Sin embargo, ambas obras tenían un objetivo común: mantener el espíritu de lucha y resistencia entre los soldados y los lectores.

9.8. *Puentes de sangre,* de José Herrera Petere (1938)

En pleno desarrollo de la batalla del Ebro —batalla crucial de la guerra—, aparecía *Puentes de sangre* [101], la última novela de Herrera Petere escrita en España, que el autor subtitula «narración». Ello no tendría nada de particular si no fuera porque aún en pleno desarrollo de los combates, se escribe y publica esta «narración» relativamente extensa. Que la novela finalice en plena batalla con el resultado aún indeciso parece ser indicio de la simultaneidad entre los acontecimientos bélicos y la redacción de la obra, hecha con gran premura [102].

Se trata de una narración unitaria que quizá no llegue a novela y se quede en relato extenso; no obstante, sus 131 páginas y veintidós capítulos la hacen superar la novela corta propiamente dicha por la extensión, aunque probablemente le falte la completa visión del mundo para considerarla definitivamente una novela y le cuadre ese subtítulo que le dio el autor.

El desarrollo argumental no ofrece complicaciones. Toma como eje al protagonista, Colmenero, joven teniente de Estado Mayor procedente de las Milicias. Destinado al Quinto Cuerpo, asistiremos en forma novelada a algunas escenas con los jefes del Ejército del Ebro. Éstos le ordenan desplazarse sobre el terreno para informarles directamente del desarrollo de las operaciones. La primera es el «paso del Ebro» la noche del 24 de julio, luego lo acompañaremos hasta Miravet. En su

[101] José Herrera Petere: *Puentes de sangre.* Narración a propósito del paso del Ebro, Madrid, Ed. Nuestro Pueblo, 1938, 132 pp. Ilustraciones.

[102] Maryse Bertrand de Muñoz: *La guerra civil española en la novela,* I, Madrid, Porrúa (Ensayos), 1982, p. 236, expresa el mismo parecer.

avance para localizar la primera línea en un frente roto caerá prisionero. Deseosos sus captores de rechazar a las tropas republicanas para librarse de responsabilidades, le exigen que los guíe para sorprenderlas y Colmenero los lleva a una encerrona. De vuelta al río, entre los prisioneros se topa con un falangista de su barrio de Madrid que le da noticias de Aurora, su amada, que él piensa que lo ha traicionado para casarse con un rico comerciante. La realidad es que había sido secuestrada por aquél, que es el jefe de una red de espías que actúa en Barcelona. Se traslada a la ciudad y en colaboración con un amigo policía consiguen desarticular la red de espionaje y liberar a Aurora de su cautiverio. Instalada ésta en una casa de reposo de los alrededores de Barcelona, Colmenero vuelve al frente, donde ya los avances comienzan a consolidarse y se combate duramente en la Sierra de Pàndols, sin que ni la aviación alemana e italiana ni la infantería consigan quebrar la resistencia republicana.

La novela arranca con dos capítulos que nos sitúan en el espacio y el tiempo del relato. A continuación se nos presenta al protagonista, el teniente Colmenero, su vida en Madrid, sus amores con Aurora, sus actividades políticas (caps. III a V). Para retomar en los capítulos siguientes la narración de la ofensiva del Ebro (capítulos VI a XVII). Aprovechando la buena marcha de las operaciones, Colmenero se trasladó a Barcelona donde desarticula la red de espionaje y rescata a Aurora (capítulos XVIII a XXI). Se incorpora nuevamente a su puesto en el saliente del Ebro, donde había comenzado la resistencia (cap. XXII). Esta distribución de la materia narrativa nos permite apreciar una estructura sencilla y simétrica. Hay una acción principal, el relato bélico, distribuido en tres partes: 1.ª) el planteamiento de la batalla; 2.ª) el paso del Ebro y la profundización en territorio enemigo; 3.ª) la resistencia en el terreno conquistado. Entre la primera y la segunda se inserta la historia de Colmenero, cuyos amores con Aurora dan pie a la introducción de su rescate entre la segunda y tercera parte. Con aquella acción principal de carácter bélico se engarza una acción secundaria de tipo policíaco. La linealidad temporal del relato, en el que son sucesivas la acción bélica y policial, se ve cortada por el inciso de la historia de Colmenero, cuyas andanzas por el Madrid republicano y amores con Aurora sirven de nexo entre ambas. Todo ello desde el punto de vista de un narrador omnisciente cuya relación con la historia explica así: «Yo le conocí en el entierro de Juanita Rico y luego le he encontrado en todas las manifestaciones populares de Madrid» (p. 21).

El ritmo es, por tanto, alternante entre el relato bélico —colectivo— y el episodio policíaco —individual—, enlazándose ambos a través tanto de los recuerdos ilusionados de Colmenero como de las nuevas que recibía de Aurora a través de personajes interpuestos: primero, el camarada que le da la falsa noticia del casamiento de Aurora; después, el falangista prisionero, que le pone al corriente de lo verdaderamente acaecido.

Los espacios de la acción están en consonancia con los tres componentes narrativos. El principal es el campo abierto, el escenario de la batalla del Ebro, más concretamente el sector de Gandesa. La historia policíaca discurre en un espacio urbano, en Barcelona, capital de la República. Y la vida primera de Colmenero, en Madrid, junto al arroyo del Abroñigal, cerca del cementerio del Este.

Los personajes que pululan por las páginas de esta obra son de dos tipos: históricos e imaginarios o novelescos. Obviamente históricos son los jefes del Ejército del Ebro: Modesto, Líster, Tagüeña, Santiago Álvarez o Fusimaña. Más difícil resulta distinguir los personajes de menor relieve, como el jefe de Estado Mayor del V Cuerpo, el teniente coronel López Iglesias, o algunos otros jefes. Novelescos podemos considerar al resto. Muchos son puramente episódicos, como los combatientes y otros adjuntos al principal. Pero su presencia da lugar a la creación de todo un ambiente, sea entre amigos o enemigos. En general, se puede afirmar que son personajes planos o como es el caso del comandante franquista que cae en la emboscada, casi caricaturesco.

De todos los personajes secundarios llama la atención particularmente un sacerdote «de alta estatura, aguileño, muy moreno, de frente abombada y continente grave y sombrío», el cual «vestía muy elegantemente y su cara poseía una impresionante belleza, altiva y aristocrática» (p. 31), como también resonancias aristocráticas tiene su nombre, Rodrigo Dávalos (p. 100). Durante el bienio negro se dedica a la conspiración protegido por la policía. Después del triunfo del Frente Popular cambia de emplazamiento, pero sigue en su actividad y lo veremos en el entierro de Calvo Sotelo. Es el mismo personaje que dirige desde la sombra la red de espías que desarticulará Colmenero. Personaje sugerido como complejo, en su biblioteca se juntan Santo Tomás o San Agustín con el *Mein Kampf,* Maquiavelo, Nietzsche, Baudelaire, Lautréamont o Sade entre otros, en abigarrada mezcolanza (p. 116). Al no poder evadirse, acabará suicidándose en prisión este «hombre extraño y fanático» (p. 115). No obstante, Herrera matiza el posible anticlericalismo del personaje: «Este sacerdote es el arquetipo de un modo de pensar. Afortunadamente, otros muchos no son así y hay una gran corriente católica antifascista y cristiana» (p. 117).

Aurora, la amada de Colmenero, es una muchacha alta, morena, de ojos negros y orgullosa. Y le gusta dominar a los hombres y darles achares. Sus encuentros con el protagonista parecen una escena del género chico, al que tan bien responde el retrato de la mujer e incluso el nombre —Aurora *la Beltrana* en *Doña Francisquita*—. Aunque la razón de aquel nos la da el espía cuando lo interrogan sobre ella: «La Aurora, la aurora roja —contestó en alemán cínicamente—. ¿Quién sabe dónde está?» (p. 115), en obvia alusión al tópico retórico revolucionario desde la popular novela de Baroja.

El retrato del protagonista se traza de entrada, sin equívocos ni ambigüedades:

> Colmenero tenía veintitrés años, mediana estatura, ni rubio ni moreno [...] Era sencillo y valiente, pero sobre todo tenía un gran entusiasmo por la vida. La imaginación, popular: o sea, ardiente y práctica: picaresca, en una palabra.

> Poseía cierta instrucción. Apenas había estudiado, pero en cambio había leído mucho, a causa de que hasta que estalló el movimiento jamás había encontrado trabajo.
>
> Había vivido, como la mayoría de los jóvenes españoles, en una especie de bohemia desesperada y picaresca, hasta que entró en una organización obrera y su rebeldía se encauzó [21].

El resto no será sino un desarrollo de este retrato. Criado en la periferia de Madrid, junto al barojiano arroyo del Abroñigal [103], hijo de un tipógrafo —la aristocracia obrera—, sabremos de sus peleas con los provocadores fascistas, de su militancia, y de su enamoramiento de Aurora. Estos rasgos —rebeldía, autodidactismo, luchador, limpio enamorado— coinciden en buena medida con los de un modelo preexistente, el héroe de una pieza [104] de la novela anarquista. Aunque Herrera le añade un plus de picaresca. Naturalmente, la opción por un personaje de estas características condiciona la estructura y desarrollo de la novela, que responderá a aquel esquema de novela con la diferencia de que el final es feliz sin perder por ello ejemplaridad.

Tampoco podían faltar los elementos discursivos de carácter ideológico, pero no resultan excesivos. Se presentan en forma de monólogos del protagonista. En unos casos, en estilo indirecto libre:

> Colmenero pensaba en los soldados facciosos. Se los figuraba envueltos en una embrutecedora nube de Francos, Francos, Francos y arribaespañas babeantes; se acordaba luego de la retaguardia leal. Allí los hombres sufren y las mujeres. Pero sufren como los dioses pueden sufrir: sufren porque saben. Lo saben todo (p. 41).

Donde la contraposición de bandos concluye en la elevación a la condición de héroes de tragedia clásica de los hombres y mujeres de la retaguardia republicana. Otras veces, más que un discurso es una arenga en la que la reiteración anafórica le confiere un ritmo versicular:

> Que nos vengan con ruidos que atruenan las nubes.
> Que nos vengan con aplastantes injusticias y cobardías.

---

[103] Se trata de uno de los escenarios más característicos de *La busca, Mala hierba* y *Aurora roja.* Ya nos hemos referido anteriormente a la resonancia barojiana del nombre de la amada. Este otro indicio nos lleva de nuevo a la popular trilogía de *La lucha por la vida.*

[104] Para una tipología de los personajes positivos, v. Marisa Siguán Boehmer: *La novela popular libertaria,* Barcelona, península (Temas de historia y política contemporánea, 12), 1981, p. 51; pp. 132-135, donde estudia la colección La Novela Ideal, dirigida, impulsada y en parte escrita por Federico Urales, con la colaboración de su esposa y de su hija, Federica Montseny.

> Que se nos venga el mundo fascista encima. El pueblo español lo golpea con su puño y lo traspasa como una claraboya falsa que es. ¡Que nos vengan con lo que quieran, que «nosotros vamos» y les arrollamos a nuestro paso (p. 10).

Mucho mayor espacio ocupan las escenas bélicas, narradas con sobriedad y sin efectismos, ni heroicos ni truculentos. En ellas, el lenguaje cambia de tono y la sintaxis cobra un ritmo entrecortado y más sugiere que describe:

> Otra barca se tambalea, remando contra la corriente. Los tiradores todavía no se han colocado. Se tambalea más porque desde ella se tiran bombas de mano. Las ametralladoras y los fusiles la siegan. Se oye el chapotear de los remos. Poco a poco la barca se va alejando de la orilla (p. 50).

A pesar de todo lo dicho —esquematismo, elementos discursivos, escenas bélicas—, hay que señalar el uso de la imagen como el recurso expresivo más intenso en medio de un texto aparentemente sencillo. Pueden ser agudas y restallantes en las escenas bélicas:

> Con el humo, la luz de los fogonazos es aún más roja, las gargantas más irritadas y las voces más roncas. Todo el cielo es un inmenso aullido. Pero todo el río también, y un aullido humano y no metálico (p. 51).

O acudir a términos cotidianos para describir las sensaciones de un bombardeo «como si estuvieran sacudiendo la tierra por la solapa de la chaqueta» (p. 92). Las hay menos dramáticas, incluso con cierto tinte entre cómico y tierno, como la del comandante franquista García Ansúrez cuando pide noticias de sus hijas y toma «el tierno aspecto de una miga de pan mojada en vino» (p. 75), mientras que a lomos de su caballo «parecía una verruga» (p. 82). Al lado de estas imágenes, por afinidad, hallamos otras por antítesis sinestésica: «una espada de lumbre fría» (p. 96) es la mirada que le dirige el prisionero, tan sugerente por sí misma como por sus componentes, cuyas connotaciones nos llevan desde la espada angélica hasta las antítesis de los místicos.

Un aspecto singular en el plano estilístico es la utilización del adjetivo «negro». Si consideramos como irrelevante su uso en la expresión generalizada «bienio negro» para designar el gobierno de la derecha del 34 al 36, o el color de la sotana de Rodrigo Dávalos, y naturalmente el color de los ojos de la morena Aurora, nos hallamos con más de una docena de recurrencias. Desde su puesto de observación Colmenero divisa «un monte negro» (p. 12) y sabe que «detrás del horizonte negro» (p. 13) se halla la otra parte de la España leal. Cuando mira al río, sus aguas también son negras (p. 15), y negras las bóvedas del castillo de Miravet o el humo de las explosiones o el «negro canto, pastoso y pesado» de la caída de las bombas. Mediante este procedimiento se producirá una progresiva identificación del enemigo por asociación, eludiendo la calificación directa.

Las referencias a la situación bélica en una obra partidaria son de una notable exactitud. El número de prisioneros tras el paso del Ebro, 5.000, se aproxima bastante al establecido [105]. Se pueden identificar las unidades republicanas —9.ª Brigada, 11.ª División, 45.ª y 46.ª División— que pasan el Ebro e incluso sus sectores. O episodios aislados, como la presencia del Zapatones (pp. 105-6), hidroavión Savoia nocturno que, despegando de Mallorca, se dedicaba a sembrar el terror en las poblaciones costeras [106]. La carencia de aviación republicana [107] —«Ya sabes que no podemos contar con nada de aviación» (p. 37)— contrasta con la abundancia y variedad de los aparatos enemigos: los Júnker, Héinkel, Dornier de reconocimiento, Messerschmidt de caza alemanes, o los italianos Savoia 81, Fiat (p. 103).

Es la intervención extranjera, no sólo ítalo-germana, sino de tropas marroquíes o la presencia de voluntarios fascistas, como el «joven de barba a estilo Balbo »[108] que apresa a Colmenero y que «hablaba con marcado acento argentino» (p. 70).. Es un motivo recurrente, lo mismo que el comportamiento de algunos diplomáticos acreditados dando cobijo a redes de espionaje con la excusa de «sentimientos humanitarios» (p. 123). Ambos no son sino distintas manifestaciones de la soledad de la República por inhibición de los países democráticos: «Europa no quiere pensar; quiere que pase el tiempo y nada más» (p. 130) [109].

Y concluye con una exhortación a la resistencia para evitar que una «nueva vida luminosa» —auroral— «fuese destruida por la muerte negra» (p. 131). Era la consigna del Ejército del Ebro: «No hay que abandonar jamás la trinchera sin combatir hasta el último instante. La infantería... no se atreve a subir. Es cuestión sólo de resistir a la artillería y a la aviación» (p. 125). Su cumplimiento provocó una sensación de desánimo en la otra zona, porque la infantería no conseguía abrir brecha [110] —«¡Que no! ¡Que no! ¡Que no llegan!» (p. 126)—. Hasta tal punto que la resistencia republicana despertaba las iras de Mussolini contra Franco [111] al tiempo

[105] Hugh Thomas: *La guerra civil española,* París, Ruedo Ibérico (España Contemporánea), 1973, ed. corregida y aumentada; p. 645.

[106] María Teresa León: *Juego limpio,* Barcelona, Seix Barral (Bibl. Breve), 1987. Recoge también la presencia de este aparato y su actividad, pp. 230-232.

[107] H. Thomas: *op. cit.,* p. 647.

[108] Ítalo Balbo, dirigente fascista italiano, partidario de la intervención en España, que llegó a ser jefe de la aviación italiana. Véase Manuel Rubio Cabezas: *Diccionario de la guerra civil española,* Barcelona, Planeta (Espejo de España), 1987, p. 93.

[109] Véase respecto a la actitud europea Benigno Bejarano: *Enviado especial,* Barcelona, 1938. Se presenta a los franceses: inhibidos, a los ingleses: frívolos, haciendo apuestas acerca del Comité de No Intervención, y a la Sociedad de Naciones como una representación teatral para justificar públicamente la entrega de España y Abisinia a los intereses alemanes e italianos a cambio de un respiro.

[110] H. Thomas: *op. cit.,* p. 646.

[111] H. Thomas: *op. cit.,* p. 651.

que éste solicitaba nuevas aportaciones de material: aviación, artillería [112]. Aviación alemana y artillería que fueron determinantes para quebrar la resistencia republicana tras semanas de bombardeos masivos [113] ante la mirada impasible de la Europa de la No Intervención: —«Pero ¿es que Europa no ve? Pero ¿es que no ve los trimotores alemanes e italianos, las tropas de Italia, los obuses que tira el pangermanismo?» (p. 130)— cuya inhibición resultó definitiva.

Sin tener la intensidad poética de *Acero de Madrid* ni los personajes la densidad de *Cumbres de Extremadura* nos hallamos ante un estimable relato en el que la necesidad de ganar la batalla propagandística de la operación clave de la guerra llevó a Herrera a una escritura simultánea de los acontecimientos. Esta premura de la redacción debió de impedirle el logro de un mejor resultado; pese a ello hay pasajes apreciables. Pero su publicación urgía.

En estas condiciones, el autor acude a un procedimiento de recetario y escribe una novela de buenos y malos, sin matices, con un esquema paralelo al de las novelas de quiosco con su carácter ejemplarizante y denunciador: especialmente en lo que se refiere a la intervención extranjera, pero también a otros motivos recurrentes en los textos narrativos de aquellos años —entusiasmo popular, las actitudes diplomáticas, actividad de importantes sectores eclesiásticos, soledad de la República—. Lo mejor del libro está en las escenas bélicas en las que hallamos imágenes de calidad —hemos señalado algunas—, pero el conjunto resulta demasiado ejemplar y tópico.

Comparada con las otras suyas citadas podemos apreciar una progresiva transformación: desde el texto épico de tono y rasgos poemáticos —*Acero de Madrid,* de protagonismo colectivo—, pasando por la odisea de unos fugitivos transformados en guerrilleros —*Cumbres de Extremadura*—, para arribar a un texto deliberadamente propagandístico, eso sí, sin disparates vociferantes, en el que el entusiasmo ha cedido el paso a la melancolía y decisión de la tragedia final que se intuye o quizá es que «Sufren porque saben».

9.9 *Diario de guerra de un soldado,* de Vicente Salas Viu (1938) o la cotidianidad del combatiente

La vida diaria, la intimidad del combatiente anónimo tienen su expresión en una novela de Vicente Salas Viu [114]: *Diario de guerra de un soldado* [115]. Es una

[112] H. Thomas: *op. cit.,* p. 655.

[113] H. Thomas: *op. cit.,* pp. 647, 659 *passim.*

[114] Para una información sucinta sobre Vicente Salas Viu (Madrid, 1911-Santiago de Chile, 1967), musicólogo, colaborador de *Cruz y Raya* y escritor, cf. Apéndice.

[115] Vicente Salas Viu: *Diario de guerra de un soldado,* Barcelona, Ed. E.P. [Ejército Popular], 1938 (noviembre), 175 pp. Ilustración de Ramón Gaya que representa a un soldado escribiendo sobre un cajón de madera. Citamos por esta edición.

narración que formalmente adopta las características de un diario en el que las sucesivas anotaciones van desde el 8 de septiembre de 1937 al 19 de febrero de 1938 sin atenerse a la necesidad de la anotación cotidiana. El autor del diario se identifica desde el primer momento con nombres y apellidos: «En el bolsillo ya tengo mi media filiación: Andrés Ruiz, veintiún años. Soldado de la 69.ª Brigada Mixta, y unas cuantas casillas por llenar, que estoy deseando ver pronto cubiertas» (p. 16). En las «Explicaciones preliminares al Diario» Salas Viu se justifica así:

> El soldado de estas notas de guerra no soy yo; es lo que tengo que confesar primero que nada. Mi papel en ellas ha sido bien sencillo: reunirlas, hasta si se quiere escribirlas, pero nada más.
>
> Respecto al *verdadero* autor, ya me cuesta más trabajo explicarme que en la parte que a mí toca de este libro. No puedo decir que lo haya conocido como un ser real, concreto, ni negarlo tampoco.
>
> [...] Ahora hay un hecho. Durante los seis meses que abarca el diario yo viví en la 47 División minuto por minuto, todos los que en él se reflejan. Era allí un soldado como cualquier otro, como el que hizo estas notas, ni más ni menos. Así me ocurre una cosa extraña con ellas y es que de pronto me veo a su través yo mismo, tal como soy, las siento como si fueran mías (pp. 9-10) [116].

Las «Explicaciones» continúan en este sentido: voluntad de anonimato y de contar «cuanto tiene de sentimiento común con tantos otros que a sí mismos se creen igualmente ignorados en su aislamiento» (p. 10). Ahora bien, no parecen muy propios de un diario los epígrafes que dividen el texto en secuencias sucesivas, como los títulos de los capítulos de una novela.

El argumento es sencillo, casi lineal. Narra la movilización de Andrés Ruiz con su quinta, la del 37. Al comienzo de la guerra luchó como miliciano; herido en la Ciudad Universitaria, desde su convalecencia formó parte del Comité Obrero de una fábrica, como miembro de la JSU. Al ser movilizada su quinta se incorpora a la Compañía Depósito de Reclutas de Hoyo de Manzanares, donde hallará esta vez un auténtico ejército organizado. El diario cuenta su entrenamiento para entrar en combate, la marcha al frente, donde es nuevamente herido, su restablecimiento y reincorporación a la 47.ª División.

La narración comprende dieciséis secuencias [117]. La primera y la última, como introducción y epílogo, enmarcan el relato propiamente dicho. Éste se divide en dos partes con el mismo número de secuencias: la primera es el período de ins-

[116] Vicente Salas Viu: *Diario de guerra de un soldado,* Madrid, Hispamerca (Textos recuperados 5), 1977, 137 pp. Prólogo de Eugenio Javier Alonso.

[117] Son las siguientes: I) Cara a la guerra. II) Ahora ya soldado. Permiso. III) La trinchera. IV) Prácticas de combate. V) Tres días de permiso. VI) Hombres de nuestra División. VII) El campeonato. VIII) Salida al llano. IX) Un pueblo como son los pueblos. X) Gran victoria. XI) Guerrilleros. XII) De camino. XIII) Gran victoria. XIV) La batalla de Teruel. XV) Al filo de la lucha. XVI) Los días que vuelven.

trucción y entrenamiento; la segunda relata ya la actividad bélica propiamente dicha que culmina con la batalla de Teruel donde será herido, y que justifica el epílogo donde sabremos de su recuperación para incorporarse a su nueva unidad.

El «yo» del narrador se manifiesta mayoritariamente incluido en un «nosotros» a través de los posesivos «nuestro/nuestra» y del pronombre «nos», así como en el uso de las formas verbales de primera persona del plural. Todo ello se corresponde con la intención del autor aclarada al principio del libro: el yo individual se funde en un nosotros colectivo. Solamente se desprende de ese «yo/nosotros» y adopta la forma objetiva de narración en tercera persona cuando refiere historias y gestas de soldados y héroes populares como la del soldado Canuto» (p. 34).

El tiempo dominante, como corresponde a cualquier diario, es el del «yo»: el presente del narrador, Andrés Ruiz, por lo que formalmente hallaremos que predominan el presente y el pretérito perfecto compuesto en tanto que aspectualmente es una acción acabada con relación al presente del narrador.

El diálogo será de escasa consideración y siempre mediatizado. Paradójicamente los remansos líricos son escasos contra lo que quizá cabría esperar en un texto de este modelo. Si acaso aparece alguna es en las menciones de «ella» (Secuencias V y XVI) y también se manifiesta cierto tono lírico en la descripción de los paisajes:

> Es otro el paisaje y otra —más blanda, más suave— la luz. A la piedra áspera que asoma en los calveros entre jaras, a los pobres chaparros, sustituye una tierra grasa, rojiza, buena tierra de trigo y de olivares. El campo es ancho, sin contorno de montes y los caminos se extienden por él en todos sentidos hasta perderse en el horizonte. Se los ve subir y bajar, combarse en los altozanos, seguir un trecho la ribera en sombra bajo los olmos o extenderse rectos, amarillos al sol como una cinta sobre el rayado oscuro de los surcos.
>
> Donde el campo está sin cultivo se cubre de una hierba espesa. Se siente que debajo de esta corteza ocre que pisamos hay una tierra jugosa, empapada por venas de agua oculta, por corrientes que la fertilizan (p. 87).

No es tampoco frecuente la introspección para sorpresa del lector. Tampoco es que falte incluso aludiendo a la presencia de un incógnito narratario:

> Antes de guardarla con todo lo demás se me ha ocurrido leer las notas de mi diario, y qué impresión más extraña me han producido. Más que nada el tono en que están escritas. Haciéndolo para mí, parece, sin embargo, como que fueran dirigidas a otra persona, a no sé quién que alguna vez habría de leerlas. Por primera vez me he preguntado, ¿para quién escribo yo todo esto?, ¿para quién se escriben los diarios? Parece cuanto aquí se refleja, como voces que unas a otras se responden ahogadas dentro de un mismo pecho y al mismo tiempo como una burla de nuestra identidad, como si fingiendo echar un nuevo cerrojo a lo que nos es más propio, en realidad le abriésemos la grieta por donde ha de escaparse (p. 87).

Otras veces la reflexión conlleva —no podía ser menos— la exaltación de la causa republicana y la de todos sus camaradas de lucha:

> A veces tenía que saltar de un tramo a otro, y el cuerpo lo hacía solo, de manera instintiva, hurtándose a las balas. Y esta especie de pobre animalejo que uno se siente, de alimaña perseguida, cazada al menor descuido, pesa como una humillación en nuestra hombría. ¡Que haya quienes por todo fin de su política, como la misión sustancial del hombre, tengan la guerra! Porque nosotros es distinto y la parte que en ella tomamos está con creces ennoblecida al luchar en nuestra defensa. Hemos sido atacados y nos defendemos, eso es todo. De ahí también arranca lo íntimo de nuestra dignidad (pp. 158-159).

Entre los elementos que constituyen la materia narrativa nos encontramos una vez más con una gran cantidad de anécdotas que vamos a tratar de sistematizar. El primer grupo lo constituyen aquéllas referidas al valor y arrojo de los combatientes republicanos: destacan los más jóvenes, el Pelón que estuvo con los «Leones Rojos», el dinamitero, el enlace, etc. A éstos se añade el militar de carrera que permanece fiel a la República y que ha demostrado saber mandar. Ninguno de ellos es desconocido para quienes se han adentrado en los vericuetos de la novela de la Guerra Civil, sino que entran dentro de una tipología corriente dentro de las novelas, narraciones y crónicas que analizamos. Destacaremos dos a título de ejemplo: el evadido, militante de la JSU., que ha conseguido reunirse con los suyos después de escapar de los falangistas, y los guerrilleros que se incorporan a la 47.ª División después de haber luchado en la sierra de Huelva y Sevilla y haber tenido en jaque a los falangistas.

Son asimismo recurrentes personajes como el peluquero del Prado, quien dejó el negocio y se afilió a las milicias que por su Sindicato le correspondían: las llamadas de «Fígaro». O el espía —quintacolumnista— al fin descubierto. La espléndida arenga que María Teresa León pronuncia ante los reclutas nos recordará la vibrante oratoria que Eduardo Zamacois atribuye a Margarita Nelken en *El asedio de Madrid:* en ambos casos será una mujer quien enardezca a los soldados. Aún podemos añadir la anécdota referida al alcalde de Yeste, perseguido por la policía de Lerroux y de Gil Robles. Quiso imponer su autoridad y fue golpeado y encarcelado por la Guardia Civil y el pueblo criminalmente sometido. Este hombre se ha incorporado al Ejército Popular con una de las últimas quintas. En «Días de julio», de A. Sánchez Barbudo, el alcalde (siempre así, con mayúscula) es un tipo equivalente al de Yeste.

Las anécdotas del segundo grupo no resultan tan conocidas. El barbero poeta que hace coplas a Miaja, el defensor de Madrid; el buen pagador, ejemplo de solidaridad, que se inquieta por no poder abonar a tiempo sus cuotas del Socorro Rojo; el soldado Canuto, simplote pero muy valiente. Por fin, el «lacayo» de Franco, que cuando era chófer del general en sus tiempos de recluta tuvo ocasión de conocer a fondo la vida militar y privada de Franco. Sus recuerdos giran en torno a las palabrotas y obscenidades intercambiadas entre Primo de Rivera y Franco con ocasión del desembarco de Alhucemas, al no estar de acuerdo en la forma de realizar las operaciones.

El tercer grupo se refiere a comportamientos cotidianos: así da cuenta de cómo los soldados son aficionados a mascar pipas de girasol, «costumbre nacional» (p. 114); o cómo los chavales del pueblo han formado «otro ejército», imitando a los soldados que allí se alojan (p. 91). El permiso que Andrés Ruiz disfruta en Madrid da pie para que éste se indigne ante el hecho de que en un cine se esté dando una película de los alemanes de Hitler. Finalmente, cuando el narrador y protagonista se halla reponiéndose de sus heridas en el hospital, el hojear unas revistas americanas le trae a la memoria la «no intervención» y la indiferencia e incluso animosidad internacional da lugar a apasionados comentarios:

> Demócratas de Londres, Nueva York, de París, de Bruselas, para quienes el ascua viva de España no ha provocado más que acaso algún comentario sentimental de esos tan oportunos en toda buena sobremesa. Pero detrás y enfrente de ellos, contra su infame histrionismo de no intervencionistas, millones de hombres, pueblos enteros alzan ya prieto el puño, porque su libertad es la de España (p. 164).

No podían faltar los elementos populares en una literatura que pretende demostrar cómo República y pueblo están indisolublemente unidos. Hallaremos tipos populares como Lucía, la vuelteadora (pp. 89-90); historias como la de las dos ratitas (pp. 111-112); y las canciones y coplas populares que se recogen en el libro, como la dedicada a Miaja por el barbero-poeta:

> Miaja es el hombre que España
> elevó para vencer.
> ¡Qué acierto que tuvo Azaña!
> ¡Qué bien lo supo escoger! (p. 72).

o la canción de corro que cantan las niñas en la plaza:

> Vale más el correaje
> que llevan los milicianos,
> que la chaqueta de cruces
> que tiene Queipo de Llano (p. 104).

Y en la Nochebuena de 1937, celebrando la victoria de Teruel, cantan los soldados:

> ¡Viva la España con honra,
> viva el soldado español,
> vivan jefes y oficiales
> de toda la División! (p. 137).

El carácter simbólico que podemos percibir en todos estos elementos no quedaría completo si dejáramos de mencionar tres componentes simbólicos que delimitan claramente la visión de Salas Viu. El primero, el «mono azul» (p. 45), prenda característica del obrero industrial y que se convirtió en un primer momento en el uniforme de las milicias voluntarias que frustraron el efecto inmediato de la sublevación. El segundo es la «otra» España, pobre, miserable, retrógrada, ejemplificada en un pueblo de la Mancha y en los habitantes de la casa en que se hospeda Andrés Ruiz:

> ¡Qué miseria la que señorea estos lugares, qué pobre y triste España! Cuando se vive cerca de esta vida y se ve la condición de que quieren no salga nuestro pueblo los que hoy le combaten, se gana nuevo aliento para continuar la lucha hasta donde sea preciso, cueste lo que cueste (pp. 93-94).

Por último, el comisario. Pero no uno cualquiera de los que vienen citados en el *Diario,* sino José Hellín, comisario de Sanidad en el hospital en el que se halla el narrador. Nos es presentado como el símbolo de la juventud entusiasta que lucha por España y a la vez, visto como comisario, podría incluirse en una tipología (¿o mitología?) que debería estudiarse, pues no debemos olvidar que Zamacois, en *El asedio de Madrid,* hace que Lucio Collado llegue a comisario y se convierta en el ideal para Juanito, el protagonista de la novela.

En resumen, el libro tiene una clara intención propagandística. Salas Viu no pierde ocasión de mencionar la camaradería, el arrojo, el afán de saber de estos soldados que, integrados ahora en un Ejército disciplinado, combatieron por la República desde el primer instante. El rincón de cultura (bibliotecas, diarios murales), la escuela de primeras letras, las clases para adultos en el pueblo, todo lo que tiene relación con la educación y la cultura es exaltado por el autor. Estando Andrés Ruiz en el hospital, se hace unas reflexiones económicas sobre el estado de la producción en la España en guerra —sobre las cosechas, sobre las «dietas» que ganan los soldados, los sueldos de los albañiles, labradores, etc.— que resultan claramente propagandísticas. Todo ello obedece a la ideología y a la circunstancia histórica, pero no impide que el *Diario* tenga un notable interés. Claro está que se echa en falta una mayor hondura psicológica en los personajes que nos presenta, pero al ser de aparición única resultaría también inverosímil profundizar en ellos. El libro se lee con soltura debido al estilo sencillo y ameno que emplea Salas Viu. Es éste su mejor acierto, la adecuación entre el lenguaje y la forma adoptada en la que cualquier intento de complicación resultaría inaceptable.

9.10. *Euzkadi en llamas*, de Ramón de Belausteguigoitia (1938)

Sobre la guerra civil española se ha escrito mucho, existen numerosas obras narrativas que tienen como tema central o como excusa este acontecimiento. Una gran parte trata sobre la batalla de Madrid, imagen viva de la resistencia del pueblo ante los opresores, o la batalla del Ebro, símbolo de la esperanza en la victoria. Pero, comparativamente, hay pocas novelas que traten sobre otros frentes. En esta obra se da la circunstancia de que trata un frente poco «novelado» —si exceptuamos algún hecho concreto como, por ejemplo, el bombardeo de Guernica.

Publicada fuera de España, como otras narraciones con desigual calidad, pero de gran interés para la literatura y la historia contemporáneas, *Euzkadi en llamas* de Ramón de Belausteguigoitia [118] es un alegato a favor de la causa republicana, y, sobre todo, un intento de dar a conocer al mundo qué significa ser vasco y qué es Euzkadi. Aparecida en 1938 en México, recoge unos hechos que apenas hacía un año habían sucedido, ya que las tropas fascistas entraron en Bilbao el 17 de junio de 1937.

La obra está compuesta por 21 capítulos con un total de 682 páginas, lo cual implica una novela de gran volumen. La acción se desarrolla en Euzkadi, en el País Vasco-Francés y en la España Republicana.

La novela empieza con una descripción del paisaje casi idílico en el que vive Pedro, el protagonista. También nos presenta a su familia: su padre, su tía, su hermana, los criados, los vecinos, etc. Nos introduce en la situación política y económica, y en los sueños, ilusiones, sentimientos de los personajes que protagonizan la acción. El inicio del levantamiento militar y la ruptura de la sociedad hace que se empiecen a desatar sus aspiraciones más ocultas, no sólo en lo político y económico, sino también en lo pasional.

En su viaje por la España Republicana nos da una visión panorámica de las distintas zonas de guerra en esos momentos —1936-1937—, describiendo personas y situaciones del frente y de la retaguardia. A medida que avanza la acción se va produciendo una evolución de los personajes cercanos al protagonista, aproximándose a las tesis que defiende, mientras que, paralelamente, hace una descripción de las operaciones bélicas en las que participa Pedro, en las cuales van muriendo paulatinamente sus amigos.

El exilio es el descubrimiento del amor, de la vida, de la paz; pero también es el recuerdo de los amigos caídos y de la necesidad de continuar la lucha.

Perspectiva narrativa

El autor nos relata la obra desde la posición de narrador omnisciente: «En realidad Pedro presentaba todos los síntomas de un enamoramiento repentino» [119].

[118] Para más información sobre el autor, consúltese el apéndice biobliográfico.

Belausteguigoitia intenta un acercamiento, una invitación a la comunicación con el lector: «Felipa, la tabernera, una mujer frescachona que hemos visto al principio de la novela...» (p. 215). El lenguaje es llano, indicio de que iba dirigido a un amplio público, y, eso sí, se introducen algunos vocablos en euskera cuya intención sería subrayar la peculiaridad de Euzkadi.

El tiempo de la obra es lineal; sólo existe una evocación retrospectiva del protagonista en el cap. III cuando recuerda su vida de estudiante y sus amoríos en Madrid. La militancia del autor queda de manifiesto en las ideas políticas del personaje principal al plantear el reconocimiento del hecho diferencial de Euzkadi dentro de la República Española.

Personajes

Pedro es el personaje que conduce la acción a lo largo del relato. Hijo de un propietario rural, fue a estudiar a Madrid donde adquirió nuevas inquietudes respecto al orden social establecido. Es un joven romántico, enamorado de Lucía y con grandes proyectos e ilusiones que desea realizar.

Tras la sublevación de los militares, se incorporó al frente y luchó en Irún, escapando a Francia tras su caída. Posteriormente regresó a Bilbao para continuar la lucha, pero el encarcelamiento del padre de Lucía provoca que las relaciones con ella se vayan deteriorando, hasta llegar a la ruptura tras el fusilamiento de su padre.

Las diferentes situaciones que va viviendo le marcan el carácter, pasando de un romanticismo inicial al ser más realista en cuanto al desarrollo de las circunstancias bélicas y políticas se refiere. Como contrapunto a este personaje está Miguelón, antiguo minero asturiano, comunista y ateo; pero, a pesar de las grandes diferencias, acaban siendo amigos.

La relación con Edurne, tras la ruptura con Lucía, se hace más fuerte y llegan a estar muy unidos. En el exilio se da cuenta definitivamente de que quiere a esta joven y desea casarse. La felicidad que consigue con el matrimonio no le impide pensar en la obligación que tiene como soldado.

Lucía, la novia de Pedro, es la hija de un gran industrial de Bilbao y tiene ideas bastante diferentes a las de su prometido, pero el sentimiento que los une enmascara estas diferencias. El final de esta relación llega con la muerte del padre de Lucía a manos de unos exaltados en la prisión donde se encontraba. La familia de ella culpa a los nacionalistas vascos de su muerte, descargando su odio en la figura de Pedro. La influencia de la madre será decisiva en la ruptura de la relación. Las últimas noticias que tiene Pedro de ella son su marcha a Bayona.

Edurne sintetiza el arquetipo de la mujer vasca: hija de uno de los caseríos de

[119] Ramón de Belausteguigoitia: *Euzkadi en llamas*, México, Ed. Botas, 1938, p. 60.

la zona, muchacha joven de ojos azules y rubia. Sin embargo, vestida a la moda, destacaba del resto de las campesinas. Educada en Francia y gran viajera gracias a unos tíos de América, cautivó a Pedro: «... aquella flor de caserío, transformada, por el refinamiento de la vida moderna, no había perdido, sin embargo, ni su primitiva naturalidad, ni el amor a los suyos ni a sus cosas» (p. 127).

Al conocer a Edurne, Pedro ve gran similitud en su forma de actuar con su ideal de lo que debe ser la mujer vasca. Con un espíritu jovial y vivaz va llenando de nueva fuerza el ánimo de Pedro. Trabaja como enfermera en un hospital de Guernica y su espíritu es alegre, a pesar de lo que está viviendo con los heridos. Allí sufre el bombardeo que arrasó la ciudad:

> Pero cuando salimos nosotras del agujero oscuro y nos vimos entre las calles incendiadas, no sé lo que pasó. [...] Las calles estaban llenas de muertos. Empezaban a amontonar los cadáveres en algunos puntos. No creo se me olvide nunca los montones y las filas que he visto. ¡Y los pobres niños! (p. 624).

Tras la retirada de Bilbao, Edurme se dedica a cuidar a Pedro en Bayona. Allí se casan, parten de viaje de novios, y pasan unos días de felicidad hasta que Pedro piensa en reemprender la lucha.

Gorostiza «era un bohemio irrefrenable. Hombre medio maduro...», nos explica Pedro. Es un personaje dedicado al periodismo, pero con una gran vocación de poeta. Tras la sublevación militar pasa a trabajar con el gobierno vasco. Su obsesión era buscar en las raíces tradicionales el modelo de sociedad para rehacerla después de ganar la guerra. Su posición, cercana al ejecutivo, le permitía conocer la posición política del gobierno vasco. Cuando la situación militar se hizo insostenible, fue a combatir con las tropas que defendían Bilbao. Tenía una gran fe en la causa, a pesar de que Pedro veía la situación perdida. Murió en la defensa de los altos que dominan Bilbao: «... con su bastón aún en la mano, y su cuerpo sumido en una escombrera, Gorostiza yacía derribado para siempre, con sus ojos semicerrados, mostrando algo de la luz del ensueño en que el poeta vivió sumergido toda su vida» (p. 645).

Maitena, la hermana de Pedro, es el otro prototipo de la mujer vasca, educada en las costumbres de la tierra. Tenía dos pretendientes, Carlos —un mozo del pueblo que al ser rechazado se pasa al bando enemigo— y Romeral, el médico, al que se unirá sentimentalmente, a pesar de la desaprobación de su hermano ya que no es vasco. Al estallar la guerra, se coloca como enfermera para estar más cerca de su prometido.

Don Leoncio es el capellán del sector donde estaba Pedro, hombre sencillo y humilde, cercano a las inquietudes del pueblo y de sentimientos nacionalistas. Decía: «El extraordinario fenómeno social del levantamiento de los desheredados no ha sido tratado con la delicadeza, con el amor fraternal con que nos inspiró la vida Nuestro Señor Jesucristo» (p. 135). No podríamos hablar al tratar a este personaje de un precedente de la Teología de la Liberación, pero sí de una búsqueda de los orígenes del Cristianismo, lo que nos permite constatar la clara separación entre el alto y el bajo clero. Esta actitud evangelizadora y cercana al pueblo vasco tuvo como consecuencia el fusilamiento de muchos curas vascos a manos de los fascistas. Tal fue el caso de don Leoncio. La figura del cura próximo a las necesidades del pueblo la encontramos ya en la novela de Pío Baroja *Zalacaín el aventurero* [120], cuando habla del vicario de Arbea, acusado por sus paisanos de liberal y de loco.

Materia narrativa

La novela se va desarrollando al compás de los hechos bélicos ocurridos desde el levantamiento militar hasta la caída de Bilbao. El autor, que ya tenía experiencia en las crónicas bélicas [121], construye su obra en forma de crónica novelada de la guerra, siendo el devenir del personaje principal el introductor en los acontecimientos bélicos. De estos hechos el autor resalta los que simbólicamente son más importantes. A título de ejemplo señalaremos algunos. El primero sería la defensa de Irún, donde la falta de reacción del gobierno nacionalista, la inexperiencia de los soldados, la ausencia de armas y el bloqueo fronterizo hicieron perder esta valiosa posición. El segundo, que se resalta especialmente en la novela, es la destrucción de Guernica. Este suceso fue muy importante debido a la carga simbólica que tenía esta localidad para los vascos y a la difusión propagandística que se hizo de la destrucción cometida por los fascistas. El autor nos prepara antes de relatarnos este acontecimiento, con una atmósfera especial (el entierro de un amigo de la infancia de Pedro), creando un aire de meditación, de tristeza. Describe el bombardeo de la ciudad, vivido primero por el lector como un espectador impotente (Pedro): «En las afueras la carretera estaba llena de gente, alocada, que gritaba, que preguntaba por sus familiares. Los incendios próximos y los gritos de desesperación de la gente hacían de aquél un cuadro dantesco» (p. 618); y después como trágico protagonista (Edurne): «Pero había momentos en que todas nos callábamos cuando las bombas caían más cerca y parecía que nos alcanzaban» (p. 623).

---

[120] «El tal vicario tenía la costumbre de coger su sueldo, cambiarlo en plata y dejarlo encima de la mesa, formando un montón, no muy grande, porque el sueldo no era mucho, de duros y pesetas. Luego, a todo el que iba a pedirle algo, después de reñirle rudamente y de reprocharle sus vicios y de insultarlo a veces, le daba lo que le parecía, hasta que a mediados del mes se le acababa el montón de pesetas, y entonces daba maíz o habichuelas, siempre refunfuñando e insultando», Pío Baroja: *Zalacaín el aventurero,* en *Obras completas I,* Madrid, Biblioteca Nueva, 1946, p. 174. También en *El dolor de Euzkadi,* de Pedro de Basaldua, se hace referencia a ese compromiso del clero vasco con su pueblo.

[121] Recordemos el libro sobre Sandino. Véase apéndice biobibliográfico.

El tercero y último es el ataque de las fuerzas vascas a la ciudad de Bermeo en poder de las tropas italianas. Aprovechando la oscuridad, los soldados vascos bajaron de las montañas por una estrecha lengua de tierra llegaron a Bermeo, cercándola y haciendo gran número de prisioneros, entre las tropas italianas: Flechas Negras, que se rindieron al verse copados. Reflexionaba Pedro:

> Decididamente los italianos eran buena gente. Sólo que estaban haciendo un papel, un poco de comediantes de la guerra, que no les correspondía. Con armas iguales, no verían de ellos otra cosa que la espalda de sus uniformes. Los gudaris estaban poseídos de eso (p. 638).

El autor relata los acontecimientos bélicos con gran fidelidad, pero además hace aflorar las sensaciones que viven los combatientes; citemos un ejemplo: la reacción que producían en los combatientes los bombardeos y ametrallamientos que la tristemente conocida Legión Cóndor ensayó en la guerra civil española. Belausteguigoitia lo describe así: «Los pequeños aviones volvían a pasar una y otra vez [...]. Si aquello no terminaba iban a volverse locos. Quería correr, saltar, atacar, morir matando...» (pp. 583-584). El comandante Ciutat, jefe del Estado Mayor del Norte, en una carta al general Rojo, le expone la misma angustia: «... y no cabe volverse loco, yo he ido al terreno a verlo y estudiar la ofensiva psicológica y es así. Lo aguantan todo menos el temor de un nuevo día de angustias, y éste es el secreto de los chaqueteos »[122].

En contraposición a este rigor en la descripción hay que subrayar la omisión de algunos hechos importantes que podría ser intencionada —recordemos su militancia en el PNV—, como la no destrucción de la industria pesada de Bilbao [123], la incompatibilidad entre el mando designado por el Estado Mayor Central y el Gobierno Vasco, y el acuerdo entre los vascos y los italianos, conocido como «La rendición de Santoña».

Ideología

El autor explica a lo largo de la novela quiénes son los vascos y qué es Euzkadi. Esta defensa del nacionalismo vasco y de la actitud del gobierno de Aguirre la vemos en las «lagunas» históricas que no son tratadas y en las continuas digresiones de la línea argumental de la obra. Éstas intentan justificar el hecho diferenciador de los vascos con el resto de los pueblos que habitan la península ibérica.

---

[122] Manuel Tuñón de Lara: *La guerra en el Norte,* en *La guerra civil española,* XII, Madrid, Historia 16, Madrid, 1986, p. 30.

[123] «Las destrucciones ordenadas por Prieto, al que interesa privar a los rebeldes de las instalaciones industriales de Baracaldo y Sestao, no se cumplen», Julián Zugazagoitia: *Historia de la guerra en España,* Buenos Aires, Tall. Gráf. La Vanguardia, 1940, p. 299.

Un argumento que utiliza el autor para defender esta diferenciación racial es la exposición de las costumbres del pueblo, enraizándolas en un pasado remoto, anterior al cristianismo uniformador. Así, a lo largo de la obra, va realizando una descripción de las costumbres ancestrales de los vascos, como el culto a los muertos [124] (comida después del entierro de José Leandro, las danzas, los «bersolaris», los «espatadanzaris», etc.); «... todo el dinamismo de la raza se expresaba ahora en la armonía incansable de los grupos de bailarines, a quienes parecía arrebatar una furia pagana» (p. 433). En la ceremonia del plenilunio, el autor se recrea en una extensa descripción del rito y de los sentimientos que esta ceremonia despierta en los protagonistas.

Claro está que, para establecer una separación de razas, hay que definir el término y, en palabras de Pedro es: «... un predominio de una sangre, de unas características, o de una influencia permanente de un medio ambiente sobre un pueblo» (p. 353). Pero ¿cómo define a la raza vasca? Como un pueblo individualista, fuerte, que valora mucho más la libertad que el sedentarismo. El padre de Pedro hace una reflexión sobre esa característica: «El vasco ha sido un individualista, que ha sentido con fuerza el nexo de la raza, pero sin organización, sin cultura... [...] Un pueblo es algo más que una unidad fisiológica» (p. 219). En este sentido Belausteguigoitia destaca el importante el papel de la mujer como transmisora de la cultura vasca, reflejado en las figuras de Edurne y Maitena.

En la obra se plantea la pérdida de la «esencia» vasca, ya que este pueblo ha estado sometido a muchas influencias: la cultura francesa, la castellana y posteriormente la influencia del capitalismo y la vida del siglo XX. Así afirma: «el afán por el dinero que trae la industrialización, desvirtúa los valores de los campesinos vascos» (p. 45). El nacionalismo vasco propone la desaparición de las influencias exteriores en cuanto al comportamiento de los individuos, la recuperación y conservación de las costumbres y valores tradicionales. En la industria, la creación de un modelo socioeconómico que no produzca la explotación del obrero, sino que exista una participación activa de éste.

Para el protagonista pesa más el valor de la raza que el de las personas; aun siendo personas con vivencias diferentes y criterios distintos, el hecho de pertenecer a la misma raza ya los unía más que con otra persona que tuviese sus mismas inquietudes y experiencias [125].

La defensa de la raza llega a unos extremos difíciles: «¿Qué importaba que Romeral hablara vascuence o no lo hablara? Lo fundamental era la raza. Y lo que pasaba significaba que Maitena, con su pureza vasca [...], con sus veinte apellidos vascos, iba a mezclar y a disolver aquella esencia de la raza mantenida a través de

[124] Julio Caro Baroja: *Los pueblos de España*, Vol. II, Madrid, Ed. Istmo (Fundamentos), 1981 [3.ª], pp. 68-70.

[125] Argumento no muy sostenible, ya que los requetés (vascos y navarros) eran acérrimos enemigos del nacionalismo.

las más remotas generaciones» (p. 350), cuando habla de Romeral el pretendiente castellano de su hermana.

Esta «esencia de la raza» de la que habla Pedro podría interpretarse como la disolución de la cultura vasca frente a una cultura con extensas manifestaciones materiales, como la castellana. Gorostiza se queja de esto cuando explica el origen del nacionalismo vasco:

> ... el pueblo vasco inició en la península un nuevo sentido virilista a finales del siglo pasado cuando parecía que España, tras de la guerra de Cuba se hundía en una sensualidad meridional, en un escepticismo, en una amoralidad colectiva. En el norte, sin embargo, el sentido popular se oponía a esto. Entonces surgió el nacionalismo vasco, en parte como una reacción virilista [...]. Pero no fue acompañada por un movimiento intelectual fuerte (p. 56).

Esta queja ya la hemos oído anteriormente en las palabras del padre de Pedro.

Sorprendentemente, para la caracterización de los distintos pueblos de España, el autor cae en los tópicos arquetipos establecidos en esos momentos. Al referirse al pretendiente castellano de la hermana del protagonista dice: «Pedro reconoció en las frases un poco ampulosas del médico el gongorismo nato de una raza, hecha de unas extrañas mezclas de ensueños y de realismo hondo y vigoroso» (p. 352), aplicando esta etiqueta a todos los castellanos.

Cuando se refiere a los aragoneses, los encuadra con el anarquismo y las ideas libertarias. Para Cataluña, ya no habla de raza, puesto que ha recibido siempre múltiples influencias a lo largo de su historia. Sí que describe una dualidad. Por una parte, la influencia libertaria de los aragoneses: «Aquellos hombres hoscos, y de aire indomable de acento aragonés que había visto en la frontera, eran para él como el símbolo de la Cataluña libertaria y sindicalista y exótica» (p. 464). Y por otra, la de la Cataluña interior: «Estas muchachas modositas de aire de "payés", las mujeres que recordaba en la fabrica, de cara bondadosa y serena, eran la típica Cataluña, afecta a programas más tranquilos y sociales» (p. 465).

Conclusiones

Como hemos dicho al principio, esta obra es un intento de dar a conocer al mundo la guerra en Euzkadi y la coyuntura política que desembocó en la derrota. No es una justificación, porque no entra en una reflexión profunda de los hechos y acontecimientos que generaron ese final. Es una llamada a la continuación de la lucha, como expresa Pedro al final de la obra: «Es que la libertad no puede morir, exclamó de pronto con voz ronca...» (p. 682).

Es además una amplia descripción de las costumbres del pueblo vasco, con la finalidad de darlas a conocer al lector. Tal descripción de las costumbres de los vascos, frente a la esquemática tipología del resto de habitantes de España, sirve para justificar la diferencia del pueblo vasco e impugnar el uniformismo, que manifiesta la ideología de los rebeldes y justifica la necesidad de un Estatuto de autonomía para Euzkadi —al igual que lo tenía Cataluña.

El interés que presenta esta extensa obra es doble; por una parte, la descripción de la contienda en Euzkadi; y por otra, las bases teóricas de las que parte el nacionalismo vasco —según el autor— para crear una nueva sociedad (que en ocasiones tienen reminiscencias del socialismo utópico). Y por último, conocer la imagen que los vascos tenían de sí mismos en aquellas circunstancias.

El problema que plantea *Euzkadi en llamas,* es la voluntad del autor de describir las costumbres, de subrayar las diferencias entre los pueblos que forman España, a traves de los distintos frentes. Esto hace que se diluya un poco el núcleo argumental, la idea originaria —la guerra en Euzkadi—, y que el único hilo conductor sea el protagonista. Además, esto implica que se pierde la agilidad del relato. Queda de relieve, por otra parte, la contradicción existente en el País Vasco entre el mundo rural y arcádico y la industrialización que, paradójicamente, permite el florecimiento de la ideología nacionalista, proyecto que quedó abortado por la imposición violenta de los vencedores.

9.11. *GACETA DE MADRID,* DE ALICIO GARCITORAL (1938)

En 1938 el escritor y político republicano Alicio Garcitoral publicaba en Buenos Aires *Gaceta de Madrid* [126]. La novela va dedicada «A mis amigos de toda América» y lleva un colofón de cierto interés. En éste nos explica los avatares de redacción: comenzada en enero de 1936, será concluida en Buenos Aires en octubre de 1937. No es una novela sobre la guerra, ya que la acción concluye justamente con los primeros cañonazos sobre el Cuartel de la Montaña, sino sobre el ambiente previo al conflicto. De ahí que Maryse Bertrand la incluya dentro del apartado «Guerra presentida» [127]. No era la primera incursión en el género narrativo de nuestro autor, ni tampoco en una clase de novela en la que tratara los conflictos sociales y políticos del momento [128]. Baste recordar que *El crimen de Cuenca* [129] es una novelización de su experiencia como gobernador civil de esa provincia en los primeros meses de la República.

[126] Alicio Garcitoral: *Gaceta de Madrid* (Novela histórica), Buenos Aires, Claridad (Bibl. de Novelas Históricas), 1938, 270 pp.

[127] Maryse Bertrand de Muñoz: *La guerra civil española en la novela,* I, Madrid, Porrúa, 1982, p. 70.

[128] José Esteban y Gonzalo Santonja: *Los novelistas sociales españoles* (1928-1936), Madrid, Peralta / Ayuso (Libros Hiperión), 1977, 1.ª pp. 174-5, 261-187 y 308-310. (2.ª, Barcelona, Anthropos); Gonzalo Santonja: *La novela revolucionaria de quiosco,* Madrid, 1993, pp. 101-103.

[129] Alicio Garcitoral: *El crimen de Cuenca,* Madrid, Ayuso (Biblioteca Silenciada, 8), 1981, XIII + 273 pp. Prólogo de José Esteban.

Gaceta de Madrid nos relata las andanzas de un joven periodista, el Niño de Cera, en el Madrid de los últimos meses de la República. A través de sus idas, venidas, dudas, vacilaciones, impulsos semimísticos —es lector del Kempis— o generosos, caídas y actividades profesionales, iremos conociendo un aspecto de aquella República que no suele quedar reflejado literariamente. Si bien el momento final del relato no deja lugar a dudas —los disparos y explosiones de la mañana del 18 de julio—, el arranque de la acción queda más inconcreto, pudiendo situarse en el mes de febrero de ¿1936? Asistiremos a la creación de semanarios, a la subsistencia de aquellas empresas editoriales más o menos efímeras que caracterizaron esos años llenos de proyectos de todo tipo, lo mismo que a los vaivenes ideológicos de un republicanismo liberal, en muchos casos de procedencia decimonónica, y más o menos radicalizado en su rechazo a lo que había sido el inmovilismo social e ideológico de la Restauración.

Los personajes

En torno a Alejandro Bouza, *el Niño de Cera,* veremos girar todo un complejo mundo de personajes. En primer lugar su amigo, confidente y compañero de peripecias periodísticas, Palacinos Regaña. Y luego una amplia constelación de desigual incidencia en la obra, que se extiende en varios círculos cuyo centro es siempre el Niño de Cera, directamente o a través de Palacinos.

Nuestro protagonista, a quien a lo largo de la novela se alude casi siempre por su sobrenombre, heredado de su abuelo (p. 33), es un personaje en búsqueda de un hombre nuevo y también de su propio destino, embrujado mejor que obsesionado por la visión americana, tierra que recorrió en su primera juventud como buen gallego y a la que anhela volver para recrear un hombre y un mundo nuevos. Tiene parte del autor —por lo que sabemos de él— en su preocupación americana, que es uno de los aspectos notables de la novela. Pero además se intenta poner en pie un carácter complejo en el que, junto a filantrópicas e ideales preocupaciones, hallaremos zozobras espirituales y sentimentales. Cabe señalar en primer lugar su misticismo atormentado que lo lleva a la lectura de la *Imitación de Cristo* y a sus diálogos íntimos con la figura de Jesús [cap. XXIV], al que llama «dulce rabí». Alternando con ello sus deliquios amorosos con Elena Sarmiento, hermosa peruana a la que había conocido en su estancia anterior en América, que es lenitivo a su atormentado corazón, aunque le suponga un nuevo motivo de dolor e inquietud. Porque nuestro personaje vive desesperadamente enamorado de una joven de su tierra gallega —a la que conoceremos como la Niña de América—, que supone el ideal anhelado de la primera juventud. La contrafigura de ésta es la Niña Trágica, Elvira, madre soltera de un niño ciego, de la que Alejandro quisiera sentirse redentor. Y una última mujer, Aurora, la secretaria de la revista, con la que mantiene unas peculiares relaciones amorosas. Frente a estas tres, Elena Sarmiento le da cierta estabilidad y sosiego —a su lado concluye su poema de América— y quizá con ella acabe realizando su vida, ya en el continente americano.

Con el Niño de Cera del que es hasta cierto punto el confidente, comparte alojamiento, trabajo e ilusiones periodísticas y políticas Palacinos Regaña. Es un tipo enormemente pintoresco desde su mismo nombre. Periodista batallador, de aspecto imponente y tonitronante, vestido con capa y chapeo, parece sacado de una estampa de la bohemia. Lleno siempre de proyectos y optimismo es un nuevo indicio, junto con la compleja y contradictoria personalidad del protagonista, de que nos hallamos ante una forma de concebir la novela aún en la órbita de un cierto modernismo en el que no falta naturalmente algo de Valle-Inclán. Quizá también en Palacinos hallemos algo del autor: su tierra de origen, Asturias, y su profesión, juntamente con su republicanismo radical.

La cantidad de personajes que circulan por la novela es extraordinaria y de una gran diversidad. La relación entre todos, que tiene como núcleo ordenador a Alejandro Bouza secundado por Palacinos, se produce en diversos ámbitos. En primer lugar, la tertulia del Palace, en la que encontraremos a un pintoresco grupo de tipos heterogéneos: Josefino Guerra, el inventor de negocios —caricatura del hombre fantástico de café—; el inefable catedrático, escribidor de libros de texto y empresario editorial Veremundo Carnestolendas —nombre a todas luces humorístico—; o la baronesa de Larrata, «aunque cuarentona y manoseada, esbelta, elegante, airosa», entre otros.

El segundo ámbito es la prensa por la profesión de Alejandro Bouza y Palacinos, entendida como periodismo militante comprometido en fustigar a todos los logreros metidos a político en su semanario *Viva la República.* La prensa escrita era aún el principal medio de creación de estados de opinión en un momento de gran efervescencia política pese a existir ya la radio, dada su relativa extensión. Aquí encontraremos desde los problemas de edición por disponer o no de talleres de impresión hasta el modo y manera de encarar las noticias desde un medio que se concibe como flagelo de la falta de honradez del gobierno. La penuria de aquellos efímeros medios, lo mismo que su entusiasmo por las posibilidades que abrió el período republicano, quedan patentes en los trajines que se llevan Alejandro Bouza, Palacinos y sus compañeros.

Tanto en un caso como en otro hallaremos siempre la sombra de Augusto Valdés, intelectual iluminado, el mentor de Alejandro Bouza en su preocupación por un ideal político y humano tanto español como americano. Se convierte desde su retiro en el ideólogo del grupo. A través de él, diplomático en la América hispana, se explica la conexión con un selecto grupo de intelectuales y diplomáticos de diversas nacionalidades tocados de esa preocupación ideal nunca bien definida.

El mundo político se ve desde una posición excéntrica. Alejandro, Palacinos,

Augusto, que no participan, no están en los entresijos del poder, lo observan en su aspecto caricaturesco. Así en la rotonda del Palace veremos a

> ... un caballero retinto. El cual poseía unos espléndidos bigotes, cejas y cabellera: un maravilloso anuncio para un vigorizador del cabello.
>
> Nada menos que era el señor Ministro de la Gobernación. Con una oratoria altisonante y confitada, dirigíase a la nación entera cuatro o cinco veces diarias y por radio, para notificar a los pacientes, cándidos e ingenuos ciudadanos, que el orden y la tranquilidad eran absolutos, etc....
>
> El caballero retinto apartóse... y unióse, con unción lagotera, a un caballero abesugado y grotesco: nada menos que el jefe del Gobierno (p. 30).

También hay políticos dignos, como el diputado Cristino Castellanos, para el que Garcitoral abandona el aire festivo. Hablando con él, Valdés resumirá la mediocridad y el politiqueo con estas palabras: «Un edificio serio para Parlamento debiera carecer de pasillos. Los pasillos en la calle. Así se evitarían o podría evitar la multitud todos esos conciliábulos, esta trastienda nauseabunda. Aire. Aire» (p. 99).

Ambientes y escenarios

Discurren por las páginas de la novela numerosos personajes episódicos y a veces pintorescos. La bohemia pobre del ilustre poeta lo obliga a preparar «un folleto anunciando unas píldoras venusinas para la virilidad» (p. 54). La vanidad y cuquería reinan en el teatro (p. 51). Veremos al ministro firmando en su despacho. Conoceremos las estrecheces de Ramón Alenza, cesante político. O veremos Madrid a través de los ojos de Pedro Mora, voluntariamente apartado del periodismo político, cuando viene a Madrid desde su retiro de Vigo.

La aristocracia está representada por la condesa de Santa Casilda de las Velillas y la marquesa de San Crispín de Capricornio, dos hermanas «reaccionarias a machamartillo, por ambiente, egoísmo y, sobre todo, por analfabetismo» (p. 193). Son una aristocracia de «cuproníquel», amasada en el saqueo del Estado. Del fundador de la familia se dice que en Cuba «hizo su agosto cada año de gracia del Señor. Los soldados españoles calzaban zapatos de cartón, ceñían calzoncillos de saco, comían bazofia pintoresca, vestían un rayadillo de papel, carecían de higiene y hasta los fusiles fallaban» (p. 192).

Al papel de la Iglesia se le dedican pocas pero sustanciosas páginas: en una «mutación» de «Pliego de Aleluyas» asistimos a la entrevista entre el nuncio —diplomático y prudente— y el «arzobispo de Guadalupe» dispuesto a «ser parte en la contienda» (pp. 49-51). Esta escena preludia la entrevista entre los gerifaltes de la oposición antirrepublicana en la que se diseña la conspiración (pp. 167-9), «mutación» a su vez de «Cartel de Ferias».

En toda esta teoría de personajes podemos señalar dos aspectos de interés. El primero es la aparición de algunos procedentes de novelas anteriores del autor. Su importancia aquí es variable: determinante en Augusto Valdés, con cierta continuidad en Piedrahita, el embajador de Bolivia, o episódica en el caso de Pedro Mora [130]. Ello sugiere una globalización de la visión político-novelesca, que tiene a Garcitoral como eje conductor, pues si Valdés era su proyección literaria en *El crimen de Cuenca,* en este caso lo son El Niño de Cera y, en menor escala, Palacinos Regaña. Pero no son los únicos con base real. En varios más su auténtica realidad sólo queda velada por alguna leve deformación del nombre: el escritor argentino Ricardo Lacasa, autor de «La Grandeza de don Enrique», no es otro que Enrique Larreta. Juana Guillén, poetisa y embajadora de Uruguay, es Juana de Ibarbourou. De los dos gerifaltes de la conspiración, no cuesta reconocer en «el joven y blanduzco, calvoroto y amelonado; don Epifanio de Casa-Ñalga» al máximo dirigente de la CEDA, José María Gil Robles. Y probablemente tampoco al «sesentón encorsetado» don Jeremías Altolalleva como a Calvo Sotelo o mejor aún con Antonio Goicoechea, tanto por la edad como por la traducción del apellido (Goiko = alto; etxea = casa).

El ambiente, el intento de crear una atmósfera, es uno de los elementos más destacados de esta novela. El escenario es básicamente Madrid, un Madrid en buena medida valleinclanesco en el que aún hallamos restos, y no pocos, de aquel «brillante y absurdo» que retratara Valle-Inclán pocos años antes. Este recorrido por Madrid va desde la provinciana pensión en la que viven Alejandro y Palacinos, pasando por las oficinas del Capitol o la magnífica descripción de la Puerta del Sol con la que se abre la novela y a la que sigue la galería de reyes de la plaza de Oriente.

De aquel Madrid no nos deja nada. Por ello no se limita a los ambientes mencionados, sino que recorreremos también otros ámbitos: la bohemia hambrienta, la pobreza vergonzante, el cinismo y rutina del mundillo teatral, todo va desfilando por las páginas de la novela. Sin perdonar el esperpento de sabor galdosiano en la imprenta regida por Eduvigis la fantástica. Nos asomaremos a tertulias literarias —«sociedades de bombos mutuos»— y exposiciones vanguardistas acompañando al crítico Epifanio Galimatías (p. 166).

Los grupos sociales

El grupo social al que pertenecen la mayoría de quienes circulan por sus páginas, corresponde a una pequeña burguesía radicalizada por su imposibilidad de

[130] Augusto Valdés es el protagonista de *El crimen de Cuenca* (1932) y trasunto del autor. Piedrahita es personaje de *El paso del mar rojo* (1930). Pedro Mora es el protagonista de *La revolución Capicúa* (1931).

acceso a la dirección social y política en ningún sentido. Por otro lado, queda reflejada la inconcreción ideológica de estos grupos y su diversidad, que dio lugar a la atomización de los pequeños partidos republicanos que fue una de las características de aquellos años.

Junto a ello debemos señalar que el mundo obrero apenas tiene cabida. Es más, cuando Ramón Cueto y Ramiro Alenza vienen de empeñar sus últimas pertenencias para poder comer, topan con una manifestación obrera:

> Por su parte Cueto tenía que irse a la complicada imprenta donde trabajaba como un negro. Mientras se despedían pasaba por la calle un grupo de obreros y mocetones despechugados, fuertes, enérgicos, el ánimo en su punto. Miraron con ira a los dos ciudadanos de aire intelectual y acomodado. Del grupo brotaron algunas amenazas:
>
> —¡Burgueses! ¡Vagos! ¡Cochinos chupasangres! ¡Reaccionarios!
>
> Y tras mirarles por última vez con odio y asco, ellos, fuertes, sin complicaciones, entonaron:
>
> «Arriba los pobres del mundo»…
>
> En esto tuvieron que apartarse ante el paso de un magnífico automóvil; casa grande. El quiebro de los hombres fue elegante, disciplinado.
>
> Seguían con su canción (pp. 164-5).

Esta escena en un momento histórico como aquél es indicio de cómo había, más que una fractura, un desconocimiento mutuo entre los grupos ideológicos republicanos y las organizaciones obreras. Los unos mantenían en buena medida un planteamiento del liberalismo decimonónico que ignoraba, por usar un término de época, la «cuestión social»; tan preocupados como se nos presentan sin embargo, por aspectos de un incierto y vagaroso futuro ideal. Mientras que los otros, como refleja el texto, increpan a esa pequeña burguesía progresista al tiempo que se manifiestan deferentes con las clases altas que eran quienes más interesadas estaban en hacer fracasar la experiencia republicana. Esquemáticamente, es la misma situación en la que se halla Valdés en *El crimen de Cuenca.*

La actitud ideológica

Es Valdés, guía espiritual del grupo, quien irá centrando las propuestas ideológicas dispersas en toda la novela. Su pensamiento se transmite a través del diálogo, o bien de las reflexiones o alocuciones que dirige al grupo de la revista, sus fieles. Este pensamiento presenta diversas facetas. Constata el fracaso de la ilusión republicana —«La característica principal de una revolución no son las leyes atrevidas que no se cumplen por falta de autoridad y de genio» (p. 98)— al no realizarse desde el Estado las expectativas populares por falta de ética y eficacia, ya que la cuquería seguía instalada en la política nacional. En su diálogo con el escritor Lacasa Valdés diagnostica, entre otras cosas, que los pueblos «saben lo que no quieren. Porque es más fácil, más inmediato, más de la raíz» (p. 92). Y de ese no querer sale el profundo enfrentamiento de la sociedad, dividida en dos bandos antagónicos. Éstos son dos conglomerados formados por el rechazo mutuo, no por afinidad entre sus componentes; y la voz cantante la llevan de unos la reacción y de otros «organizaciones sociales sin raigambre hispánica» (p. 93). La democracia ha triunfado en el mundo del derecho, pero está en crisis, porque unos la desprecian y otros le exigen demasiado, y necesita de una revisión [131].

Pero la descripción más sintética de la situación española a principios del verano del 36 aparece en boca del jefe político del diputado Cristino Castellanos:

> Por un lado militares dispuestos a hacer una barbaridad de incalculables consecuencias, ante los nuncios de su propia disgregación; por otro el alto y hasta el bajo clero conspirando y adulando a los políticos, politicastros y su grey de explotable fanatismo católico y explotables ansias de defender a rajatabla intereses y posiciones más o menos importantes. Aquí jefes de sindicatos interesados en desacreditar toda posibilidad de una República de tipo nacional y avanzada a la vez, pero fuera de su alcance despótico y sectario; allá financieros y capitalistas aferrados a descabelladas posturas, amenazando estúpidamente siempre; y luego personalidades hasta entonces firmes y prestigiosas, completamente desorientadas y acobardadas (p. 260).

El discurso ideológico se reparte entre todos, pero hay unas líneas dominantes. A Valdés le queda la dirección espiritual del grupo y las propuestas positivas. A quienes llevan el semanario, la crítica de la política concreta que se está desarrollando. Y a nuestro protagonista, el Niño de Cera, tan místico, la difusión de la «buena nueva» por la América hispanohablante.

La composición y el estilo

La novela presenta una estructura bastante compleja dentro del relato superficialmente lineal de las andanzas, preocupaciones y maduración del protagonista. Pero es también una muestra de una estética de origen modernista en la que al relato principal se le entreveran múltiples elementos que nos llevan a otros planos y a otros géneros.

---

[131] Valdés es el portavoz de Garcitoral. V. Alicio Garcitoral: *La Tercera República Española,* Buenos Aires, Claridad, 1941, que es un completo programa político. Años más tarde publicará *La edad democrática,* donde se pronuncia «por una nueva izquierda como tercera fuerza que conducirá al mundo hacia una democracia integradora», apud J. Esteban: «Prólogo» a *El crimen de Cuenca,* ed. cit., pp. II y XII.

El relato principal, bastante complejo por la cantidad de personajes y el conflicto íntimo del protagonista, con escenas deambulatorias, monólogos místicos, evocaciones del pasado, escenas eróticas, o escenas domésticas, etc., se ve interrumpido repetidas veces. Así las «Páginas de Pedro Mora» [cap. XVII], al presentar un personaje marginal en la acción, le permite una visión distanciada desde la «vida retirada». Aún más desligados —desde la continuidad de la acción principal— quedan «Pliego de Aleluyas» [VII], «Cartel de ferias» [XVIII] y «Romance de ciegos» [XXVI]. Se inicia el primero con el pregón del «hombre parado» que ofrece su mercancía: «¡Al bonito e instructivo pliego de aleluyas! ¡Otra vez al Diablo Cojuelo!» (p. 45). Y acompañado de Pérez Galdós y Valle-Inclán, que se lía a estacazos, acaban como Max Estrella en los calabozos de la frontera Dirección General de Seguridad. Y vienen una serie de escenas aisladas como en aquellos pliegos: las «Mutaciones». Variados personajes y variados lugares que dan lugar a que se desahogue la vena satírica de Garcitoral bajo el manto de Guevara, Galdós y Valle. Desfila el ministro, el nuncio, el poeta, el actor vanidoso, las tertulias, la miseria social o la conspiración. En el pregón de «Cartel de Ferias», el «hombre parado en la esquina» clama contra una sociedad que ha perdido el sentido del deber y la dignidad:

> Nadie sabe su oficio. Nadie tiene interés en cumplir con su deber. El comerciante, el industrial, el obrero, el empleado, el intelectual... han dejado su orgullo profesional a un lado. Han notado que en la actual baraúnda les sirve para poco. Y buscan el truco. Encontrado el truco ¡a vivir!
>
> El político vive de su truco, y el banquero, y el artista, y el comerciante. Y el revolucionario también. [...] Por el truco se tira eso que llaman honor, y lo es; por el truco se engaña, se mata, se roba.
>
> [...]
>
> Soy el hombre parado en la esquina. El hombre de los pliegos de aleluyas, de los romances de ciego, de los carteles de ferias. Es un truco modesto. Reproduzco lo que pasa, lo que veo (p. 162).

Las técnicas de estas viñetas son variadas: desde el apunte rápido al diálogo escénico, pasando por el monólogo de la conciencia —otra novela condensada— de Pablo Ríos, amigo del Niño de Cera. Los personajes del relato principal también se ven implicados en estas secuencias fragmentarias. No sólo desde dentro, sino también desde fuera cuando Alejandro Bouza verá salir de la «delega» a dos fantasmas y los seguirá hasta la Puerta del Sol: «Don Benito, apoyado en el garrote, parecía esperar. El jacarandoso y espectacular don Ramón del Valle-Inclán miró lentamente a su alrededor, elevó los ojos al cielo y se marcó un elegantísimo corte de manga vacía» (p. 55). Tributo y homenaje que explican los títulos y el tono esperpéntico de estos capítulos, aunque el título de «Cartel de Ferias» nos recuerde también el genial chafarrinón de Francis Picabia.

Pero aún hay algo más. El capítulo XVI, «Las doce de la noche en El Escorial» es un elemento extraño a la novela. Se trata de un diálogo fantasmagórico entre Felipe II, Napoleón, Moctezuma y otros personajes históricos de diferentes procedencia y época. En esta reunión nocturna los personajes departen acerca de su historia que es a la vez la de algunos momentos que el autor considera fundamentales en el desenvolvimiento humano: todos a su modo han cumplido con su época. Pero la Reina de Saba es al mismo tiempo una exhortación hacia el futuro, mientras que el Rey de los Zulús pone en evidencia las miserias de la colonización de África. No obstante su desconexión aparente, cabe señalar que se trata de una revisión de motivos que engarza con algunos de los expuestos, especialmente el americano, en el resto de la novela. Y por otra parte enlaza con la recuperación del diálogo como vehículo para la reflexión histórica, política e ideológica.

La actitud modernista que hemos señalado en la composición es aún más palpable en el lenguaje que usa Garcitoral. La acumulación de componentes da lugar a un diferente tratamiento. Así el tono satírico se muestra evidente en la elección del nombre ficticio de los personajes tratados: el conspirador Epifanio de Casa-Ñalga, el empresario teatral Manolito Percebe, el crítico de arte Epifanio Galimatías, la actriz Eladia Rubores o la marquesa de San Crispín de Capricornio.

El estilo ofrece evidentes contrastes. Dentro de la vena satírica y paródica suele tener gracia y conseguir efectos chocantes tanto desde la elaboración y colocación deliberada e insólita de neologismos como «cocidesca» para denominar a la Puerta del Sol, como el uso de palabras cultas mal aplicadas por algunos personajes con una clara intención paródica.

Pero el tono habitual del texto en la descripción o el relato ofrece el aire de cierto casticismo trasnochado sobre la base de una adjetivación excesiva y anticuada para el lector actual, aunque sea muy representativa de un modo de entender el hecho literario que ya en su momento estaba en declive.

Esta novela manifiesta claramente la actitud de Alicio Garcitoral —traspuesto en parte en el Niño de Cera, aunque Garcitoral no marchó a América hasta el 37— ante la situación española inmediatamente anterior a la guerra. Con un lenguaje que a veces recuerda al coro modernista de *Luces de bohemia* por sus contrastes, muestra una actitud de indudable rebeldía contra una situación de fractura civil que él preconiza superar a través de una vía idealista encarnada en Augusto Valdés y Alejandro Bouza. Quizá sólo sea literariamente un valor de época, pero no deja de ser interesante la lectura de *Gaceta de Madrid* por representar una actitud estética y política de la que no tenemos en el campo de la narrativa tantas muestras: políticamente, republicano radical; estéticamente, ofrece un lenguaje de raíz postmodernista y una preocupación por la problemática social de la época: deudor de Valle-Inclán y de Galdós como él mismo declara, pero también de la novela corta y de cierto casticismo que aún tenía sus cultivadores y su público.

9.12. *SUEÑOS DE GRANDEZA*, DE ANTONIO SÁNCHEZ BARBUDO (1938-42/1946)

Ya hemos señalado en páginas anteriores, al tratar *Entre dos fuegos,* que Antonio Sánchez Barbudo había iniciado en las páginas de *Hora de España* la publicación de una novela: *Sueños de grandeza* [132]. La versión definitiva no aparece hasta 1946 en Buenos Aires [133] y lleva el siguiente colofón: «Tarragona-Poitiers-México, 1938-1942». Esto señala no sólo las etapas de su redacción, sino que éstas van ligadas a la peripecia vital del autor. La novela fue comenzada en Tarragona, donde Sánchez Barbudo estaba destinado en 1938. Cuando el ejército se retira hacia Francia, Sánchez Barbudo se repliega con él y será internado como tantos otros en el campo de Saint Cyprien. De allí salió pronto gracias a las gestiones de los cuáqueros, hechas a instancias de Waldo Frank, para liberar a los redactores de *Hora de España,* los cuales fueron acogidos por Jean Richard Bloch en su casa de Poitiers. Abandonará Poitiers para embarcarse en la famosa expedición del «Sinaia» rumbo a México donde transcurrirá la primera etapa de su exilio y donde concluirá la novela antes de su marcha a Estados Unidos en otoño de 1945. La versión completa presenta numerosas rectificaciones de las cuatro entregas aparecidas en *Hora de España:* el punto de vista se hace más objetivo; los diálogos se amplían y cobran mayor importancia; el «leitmotiv» de los *sueños de grandeza* se evidencia desde el primer capítulo y desaparecen algunos comentarios políticos circunstanciales. Todo ello contribuye a robustecer la estructura del relato y a hacer más denso su sentido.

Quisiéramos advertir al lector de que no está ante una «novela de guerra» y de que en ella no se plantean tesis belicistas ni antibelicistas; aunque evidentemente, comenzada en 1938, no puede aislarse de la catástrofe. Mayor importancia que la guerra tiene la figura del protagonista —quien se nos presenta como «miliciano» y estudiante— en aquella encrucijada de extrema tensión psicológica y moral. Arturo Saavedra, que se ha incorporado a la lucha desde el primer momento, toma sus distancias e intenta objetivar sus vivencias. Si lo comparamos con el protagonista de *El diario de Hamlet García* de P. Massip [134] —ambientada también en el Madrid de los primeros meses de la guerra—, vemos que su protagonista, Hamlet

[132] Aparecieron cuatro entregas, correspondientes a los tres primeros capítulos. *Sueños de grandeza* (Novela) I, en *Hora de España,* XX (agosto 1938), pp. 65-105; *Sueños de grandeza* (Novela) II, *Hora de España,* XXI (septiembre 1938), pp. 87-111; *Sueños de grandeza* (Novela), *Hora de España,* XXII (octubre 1938), pp. 85-103, finaliza el cap. II y en la pág. 89 comienza el III; *Sueños de grandeza* (Novela), *Hora de España,* XXIII (noviembre 1938), pp. 75-93, finaliza el cap. III sin indicación, pero corresponde al final del cap. III de la 1.ª edición completa.

[133] Antonio Sánchez Barbudo: *Sueños de grandeza,* Buenos Aires, Ed. Nova (Espejo del Mundo), 1946, 283 pp. 2.ª ed.: Barcelona, Anthropos (Memoria Rota, 36), 1994, 253 pp. Prólogo de Gemma Mañá Delgado. Citaremos por esta edición, más accesible.

[134] Paulino Masip: *El diario de Hamlet García,* Barcelona, Anthropos (Memoria Rota, 11), Barcelona, 1987, 336 pp. Prólogo de Pablo Corbalán.

García, filósofo profesional, a pesar de no empuñar un fusil ni ejercer labores de propaganda, acaba inmerso en la dinámica bélica y la novela consiste en eso: el filósofo, hombre aislado, baja a la calle en unos momentos verdaderamente conflictivos y terribles, y se empapa de lo que allí pasa: el sentido es inverso, del distanciamiento a la participación en los avatares de la gente. Ante actitudes tan dispares no podemos dejar de sorprendernos por las variadas modulaciones que el tema de la guerra alcanza en manos de quienes la vivieron desde dentro en el bando republicano.

La materia novelesca tiene un sustrato autobiográfico: Arturo Saavedra es un claro trasunto del propio Sánchez Barbudo. No sólo coinciden las iniciales, sino también la edad y las circunstancias familiares de autor y protagonista: huérfano desde la adolescencia, fue a Madrid a vivir con unas «tías» [135]. Las actividades y preocupaciones de Arturo recuerdan las que ha rememorado Sánchez Barbudo relatando su juvenil amistad con Rafael Dieste, Arturo Serrano Plaja o Juan Gil-Albert [136]. Parece como si Sánchez Barbudo se hubiera «novelado» a sí mismo y a sus amigos y compañeros de grupo generacional en esos «sueños de grandeza», pero escogiendo para ello la forma de un relato, en el que sólo a través de la introspección del protagonista llegamos a conocer a una galería de personajes (no siempre «planos», sino complejos y «redondos» como Asunción, Leopoldo o tía Carmen) que forman una impresionante amalgama. Al regresar del frente de Córdoba, Arturo se instala en casa de sus familiares y entonces surge el contraste: el mundo nuevo que representan los ideales de la juventud en las trincheras y el viejo mundo familiar que desencadena el conflicto interior en que se debate el protagonista.

El inicio de la novela nos sitúa hacia finales de septiembre de 1936. La reacción popular de julio aparece sólo recordada y el progreso del relato la pone en relación con otra fecha clave: noviembre de 1936, lo que nos permite establecer como referente global la guerra civil desde un comienzo «in media re» [137] que es propicio a la evocación, no sólo de la guerra, sino también de otros momentos sin necesidad de acudir al relato lineal. Es significativo que los detalles de las acciones populares en aquellos dos momentos cruciales, julio y noviembre, se eludan evitando un tono excesivamente épico. Lo que resalta estas dos fechas es las

[135] Ya señalaba estas coincidencias externas José R. Marra-López: *Narrativa española fuera de España,* Madrid, Guadarrama (Crítica y Ensayo, 39), 1963, p. 502.

[136] Antonio Sánchez Barbudo: «Leyendo y recordando a Gil-Albert» en *Ensayos y recuerdos,* Barcelona, Laia (Laia B, 4), 1980, p. 49. «Serrano Plaja en mi recuerdo y en sus poesías», en *Homenaje a Arturo Serrano Plaja,* Madrid, Taurus, (Persiles, 152), 1985, pp. 11-23. Y «Rafael Dieste, el elocuente y genial amigo» en *Rafael Dieste. La creación como el puro amanece constante de la palabra,* Barcelona, Anthropos (Documentos A. *Genealogía científica de la cultura,* 1), 1991, pp. 25-31.

[137] Este comienzo «in media re» nos trae el recuerdo de *Su línea de fuego* de Jarnés, de la que también apareció un fragmento en *Hora de España* y cuya versión completa (en mecanoscrito) sufrió los avatares de los últimos meses de la guerra y exilio de su autor.

reflexiones del protagonista, que, con distinto tono, reitera Sánchez Barbudo en *Una pregunta sobre España:*

> Lo maravilloso de aquel 18 de julio fue la espontaneidad, la unanimidad, el entusiasmo; lo maravilloso fue sentir el impulso que, súbitamente, a todos conmovió; y ver cómo ese entusiasmo y esa luz se vertían entonces sobre los hombres todos; ver cómo la muerte se convertía en esperanza y la sangre en lluvia redentora... Y luego noviembre sombrío, cuando un pueblo se decidió a mantener en alto la bandera gritando: «¡No pasarán!». Grito negativo que se convirtió de nuevo en halo brillante. Julio fue la alegría, el esplendor del verano; noviembre el drama, el viento helado, y, por encima del drama de aquel otoño, la ilusión, más firme aun porque nacía del corazón dolorido [138].

Y en ese Madrid al que a finales del verano y principio de otoño de 1936 apenas llegan los ecos de la guerra civil, en ese remanso o paréntesis espacial y temporal, Arturo tendrá ocasión de reflexionar y de observar cómo se vive allí la «drôle de guerre» hasta la fuga del Gobierno a primeros de noviembre. El transcurrir de esos escasos dos meses ocupa los cinco primeros capítulos de la novela, y llegados a este punto —la defensa de Madrid en noviembre de 1936— se produce un salto temporal que nos lleva a la primavera de 1937, capítulo VI y último, cuya acción se prolonga hasta el otoño y en el que se condensan a modo de epílogo las reflexiones finales.

La introspección abunda principalmente en la primera mitad de la novela; y más que raíz proustiana tiene parentesco con la del protagonista de *Niebla.* Son las reflexiones de un joven intelectual, poeta y metafísico a ratos, generoso y honesto, que duda acerca de sus propios ideales y actuación. Arturo se siente unamunianamente «aparte»: vemos cómo en las primeras escenas ha buscado un lugar privilegiado para dar rienda suelta tranquilamente a sus reflexiones sobre el sentido de la lucha. A la vez que solitario se siente solidario: de eso no hay duda en ningún momento de la novela. Precisamente —como destacaba P. Salinas en carta a S. B. [139] comentándole el envío de esta novela— lo más interesante es que la acción progresa de una forma ascendente, del sueño o sueños individuales al colectivo (aunque vivido por un hombre solo), en un juego entre individuo y sociedad propio de la novela moderna desde *Guerra y paz.*

A lo largo de la novela encontraremos recurrentemente la expresión que le da título, pero su sentido no es siempre el mismo: en unos casos son los «sueños de grandeza» individuales; en otros, colectivos, los que Arturo denomina «sueño de grandeza en grande» del que pueden participar o no los de cada personaje. A su vez, cada uno de estos dos niveles se abre en un abanico de matices que enrique-

---

[138] Antonio Sánchez Barbudo: *Una pregunta sobre España,* México, Ed. Centauro, 1945, pp. 211-12.

[139] Agradecemos a Sánchez Barbudo la copia de esta carta de Pedro Salinas.

cen la expresión y el sentido del texto. No son sólo los sueños individuales, sino sobre todo su adhesión al «sueño de grandeza en grande» los que separan a Arturo de su familia. Nuestro protagonista se siente solidario de los «milicianos» (o revolucionarios), aunque le repugnen ciertos actos cruentos:

> —Sí [...] estaba con ellos... pese al crimen y la maldad... ¡tenían sus razones! — (p. 67) le dice Arturo a Asunción. Y añade: Lo peor es que cuando se trata de fusilar a un hombre parece que no se tiene razón nunca, ninguna razón. Al menos eso me parece... [...] Pero, ¿qué hacer? Tú sabes cómo pienso. ¿Qué ofrecen ellos? El crimen, un doble crimen, el crimen sistemático y cruel, el asesinato de los «pobres». Parece ridículo decir esto, pero es así. Aunque deteste el crimen, entre unos y otros, prefiero ver que los pobres asesinan a los ricos que no los ricos, o sus guardias civiles, apaleando y asesinando a los pobres... *porque piden pan* (p. 67-68).

Y se siente con ellos porque representan un mundo nuevo que ha de surgir de ese sueño de grandeza colectivo: «... siento que *por debajo de mí,* o más allá de mí, en zonas que no percibimos, está pasando algo, algo muy grande» (p. 67). Pero, claro, como dice Azaña por boca de Marón en *La velada de Benicarló:* «Las epopeyas no son para vistas de cerca... Los sitiadores de Troya eran unos incontrolados»[140]. Los sueños de las «tías» son el fantasma de un mundo periclitado y los de Leopoldo, bastardo de un duque que manda bordar la corona ducal en sus remendados calcetines, por frustrados, llegan a ser risibles y ridículos. Por su parte, la tía de Arturo, viuda de un magistrado de las colonias que conoció una vida de lujo y respeto, parece recordarnos, junto con su hija, ese momento histórico de amargas consecuencias para España y las reflexiones del protagonista refuerzan este simbolismo:

> Aunque estuvieran frente a sí con los codos apoyados en el mármol, las veía lejanas, en otro mundo, firmemente prendidas a particulares sueños de grandeza, a sus específicas miserias y desesperanzas. Tan hundidas en el pasado —pensaba él— que no percibían ni un rasgo del «sueño de grandeza en grande» que se vivía, que se había vivido... Y, sin embargo, sus sueños, envueltos en locura y realidad y en sueños otra vez, eran parte de ese sueño grande; y sus derrotas, amargas e increíbles, las mismas derrotas de España (p. 112).

Y en el último capítulo, ante la locura de su prima Carmiña, «presa de extraños ataques o cayendo a un abismo de tinieblas, pensó que no había de durar así mucho tiempo. Y en ella vio, macabramente, la encarnación de España entera, el fin trágico de todas las ilusiones y sueños de grandeza» (p. 241).

Es notable la progresión desde lo individual a lo colectivo: Madrid —como

[140] Manuel Azaña: *La velada en Benicarló,* Madrid, Castalia (Bibl. de Pensamiento), 1980, ed. de Manuel Aragón, p. 152.

símbolo— va adquiriendo protagonismo gradualmente y a Madrid están dedicadas las páginas finales de la novela. La capital de España irá cobrando en páginas de gran lirismo, especialmente en los dos últimos capítulos, un protagonismo y un simbolismo cada vez mayor. Algo parecido a lo que ocurre en *El asedio de Madrid* (Barcelona, 1938), sólo que esta novela de Zamacois es mucho más épica que lírica, con un mayor trasfondo de crónica costumbrista. Mientras que Sánchez Barbudo se vuelca en una actitud más evocativa del mundo de su infancia y adolescencia que está en la órbita de Galdós al describir el ambiente de la «clase media» vergonzante en que se desenvuelven las «tías» de Arturo. A Sánchez Barbudo —como nos recuerda M. Roumette— se le reprochó esta actitud contemplativa desacorde con la situación y a propósito de la narrativa en *Hora de España* añade «con respecto a la producción novelesca que directamente no afecta a la guerra, habrá que reconocer que lo mejor *ha sido mal obtenido de Galdós.* No hay por qué sorprenderse: la sociedad española que se describe, pequeña burguesía mediocre, apenas ha cambiado desde el siglo XIX; la vida del oficinista trazada por Salas Viu o el mundo de las viejas tías de Arturo, héroe de Sánchez Barbudo, son testimonio de ello» [141]. Si la descripción es aceptable, no así la valoración, que debe tener en cuenta otros factores y hacerse desde otro punto de vista.

El nombre de Galdós —que ya no es «el garbancero», como dice Jesús Izcaray en su novela *Cuando estallaron los volcanes* [142]— fue reivindicado entre otros por María Zambrano y Rosa Chacel en algunas de las colaboraciones en *Hora de España,* las cuales en el caso de Zambrano constituyen el germen de sus magníficos ensayos ulteriores [143]. Rosa Chacel destaca la importancia de contar «lo convivido» —o sea, lo vivido con... alguien, otros, el pueblo— para llegar al lector, y el modelo que propone son los *Episodios Nacionales.* De esta inspiración galdosiana participan desde la figura y apodo de las «Quisquillas» hasta los jugosos diálogos con tipos populares como la «rabanera» (verdulera), la descripción de los ambientes y los tipos de los cafés (como el ex alabardero), el detenerse en las historias y antecedentes de los personajes, sean principales o secundarios. Todo ello con la intención de recrear ese «caldo», espeso «caldo» del que Sánchez Barbudo nos habla en *Una pregunta sobre España* a propósito de Fortunata y Jacinta, «obra "garbancera" y oscura, sí, aunque en sumo grado densa y viva» [144]. La huella de Galdós la encontramos explícita en un amplio

[141] Monique Roumette: «*Hora de España,* Revista mensual», en Marc Hanrez (ed.): *Los escritores y la guerra de España,* Barcelona, Monte Ávila, 1977, p. 244.

[142] Jesús Izcaray: *Cuando estallaron los volcanes,* Madrid, Akal (Akal 74, 139), 1978, p. 97.

[143] A trabajos como *La España de Galdós* de María Zambrano podemos añadir los del mismo Sánchez Barbudo: *Estudios sobre Galdós, Unamuno y Machado;* José F. Montesinos: *Galdós,* (3 vols.); J. Casalduero: *Galdós,* entre otros de la misma generación que contribuirán a una renovación de los estudios galdosianos.

[144] A. Sánchez Barbudo: *Una pregunta sobre España,* cit., p. 193.

espectro de narradores que se ocupan de la guerra civil y que abarca desde Max Aub [145] hasta Elena Fortún [146]. La razón de esa fecundísima influencia quizá estriba en que la figura de don Benito actúa como modelo de intelectual liberal, a través de cuya obra se rastrea ya la formación de las dos Españas que tan certeramente distinguió Machado.

Marra-López [147] destacaba la presencia del tema de las dos Españas: la España tradicionalista de grandezas pasadas a la que está ligado por lazos familiares y la otra, la de la revolución que recibe su adhesión en cuerpo y alma. La novela da fe de ese contraste, de ese enfrentamiento entre una España viva y una España muerta [148], cuyo reencuentro al volver a Madrid constituye el conflicto íntimo del personaje. Para Arturo, según puede verse a través de la breve escaramuza dialéctica en la Embajada, la relación entre los representantes de las dos Españas no puede ser otra que una relación cainita de amor-odio.

¿Queda abierta una puerta a la esperanza para los que creen, como Arturo, en el «sueño de grandeza en grande»? El final de la novela con la alusión a Don Quijote parece dejar un resquicio de luz: «... ese ser esquelético, ansioso de justicia y de aventura, de pan y de Dios, que volverá a soñar y salir al alba para estrellarse de nuevo contra barberos disfrazados y duras piedras y secos corazones. ¡Hasta que se ablanden!» (p. 251). Alusión que nos vuelve a los lemas —Quevedo y Machado— que figuran al frente de la novela porque la esperanza, el vano «sueño de vivos» quevedesco, es la que mantiene vivo al caballero de la Locura y lo que distingue unamunianamente al que se siente y está vivo; una esperanza contra toda esperanza, la esperanza machadiana en el «milagro de la primavera». Y no sólo don Quijote, el soñador contra la razón y toda esperanza, volverá a soñar y salir en busca de aventuras como aún sigue pensando el propio Sánchez Barbudo años después:

> ... Sancho entonces, como España ahora, después de haber conocido la grandeza, la locura, y después de correr por esos mundos, no puede ya resignarse a vivir cuerda y tranquilamente en su aldea una vida mediocre y sin esperanza, en espera de la muerte. Y como Sancho, España— la España sencilla, la del pueblo, la realista— ya no puede tampoco vivir tranquila, aunque quisiera, y progresar, pues siente siempre a su lado el recuerdo, *la sombra de una grandeza quijotesca pasada»* [149].

[145] Se puede recordar a título de ejemplo la expresiva dedicatoria de *Las buenas intenciones* en su edición mexicana, o el entusiasta «Prólogo para una edición popular de *Doña Perfecta»,* recogido en *Pruebas.*

[146] Elena Fortún: *Celia en la revolución,* Madrid, Aguilar (Celia y su Mundo), 1987, p. 292

[147] J. R. Marra-López: *op. cit.,* p. 502-3.

[148] V. A. Sánchez Barbudo: *Una pregunta sobre España,* cit., p. 216, donde afirma que la guerra fue una lucha entre «la muerta y la viva España».

[149] Antonio Sánchez Barbudo: «Sobre España y los españoles: una visión desde fuera y desde dentro» en *Ensayos y recuerdos,* Laia, Barcelona, 1980, pág. 202. [La cursiva es nuestra.]

No se limita a la crónica bélica a pesar de la inmediatez de la escritura: intenta reflejar los conflictos, esperanzas —lúcidamente vanas— de un joven que representa a un grupo generacional a la búsqueda de un «nuevo humanismo», que se mantendrá fiel a ese ideal contra toda lógica quizá porque el soñar, aunque sea vano, es propio sólo de los hombres vivos.

9.13. *Su línea de fuego*, de Benjamín Jarnés (1938/1980)

En 1980 se anunciaba en *Ínsula* [150] el hallazgo de un cartapacio con varios textos de Jarnés, entre ellos *Su línea de fuego,* una obra «perdida» en su doble versión: dialogada y novelesca. El mismo año, en plena euforia de una recuperación nunca acabada de la España Peregrina, aparecía la edición [151] que pasó casi inadvertida. El texto era parte de una «bibliografía fugitiva» [152] de la que se conocían fragmentos [153] e incluso había sido anunciada [154] como ocurre con *Desierto profanado* [155]. La importancia del hallazgo no se escapaba a los editores a pesar de que su análisis aún obedecía en algunos aspectos a una perspectiva resistencial.

En este caso, como en el de los papeles de Juan Ramón Jiménez *Guerra en España,* su existencia chocaba con la imagen acuñada: Jarnés, novelista deshumanizado, no comprometido y apartado de las preocupaciones sociales de su tiempo [156]. *Su línea de fuego* ponía en entredicho aquellas afirmaciones: sí que había acusado literariamente el cataclismo de la guerra. Ciertamente, Jarnés, al abordar el tema de la guerra civil, lo pasa por el tamiz de su propia poética, pero ello no obsta para que su actitud quede clara: repulsa de la guerra y del dolor humano,

---

[150] Juan Ramón Torregrossa: «*Su línea de fuego:* novela inédita de Benjamín Jarnés sobre la guerra civil española», *Ínsula* 403, junio 1980, p. 4.

[151] Benjamín Jarnés: *Su línea de fuego,* Zaragoza, Guara Ed. (Nueva Bibl. de Autores Aragoneses), 1980. Introducción y notas de Pascual Hernández del Moral y Juan Ramón Torregrosa, 188 pp.

[152] J. Domínguez Lasierra: *Ensayo de una bibliografía jarnesiana,* Zaragoza, Inst. Fernando el Católico, 1988, p. 101.

[153] Benjamín Jarnés: «Ruinas en España» en *Hora de España,* XVI, abril 1938, pp. 71-78. En nota a pie de página: «Introducción a la novela inédita *Su línea de fuego.*

[154] Benjamín Jarnés: *Cartas al Ebro,* México, La Casa de España-FCE, 1940. En las pp. 221-2 hay una relación de las obras de Jarnés publicadas, y otra de pendientes de publicación: *El convidado de papel* (Nueva edición aumentada) —que no debe referirse a la 2.ª de 1935—; *Locura y muerte de Nadie.* Nueva edición aumentada (En prensa) —versión que Entrambasaguas publica—; *Su línea de fuego.* Novela (En prensa) —edición que no se realizó—, etc.

[155] Benjamín Jarnés: *Desierto profanado,* Zaragoza, Inst. Fernando el Católico (Cuadernos Jarnesianos, 4), 1988.

[156] V. Luis A. Esteve Juárez: «La guerra en un novelista "deshumanizado": la novela póstuma de Benjamín Jarnés», en *Cuadernos de Investigación Filológica,* XXI-XXII, (1995-1996) Univ. de La Rioja, Logroño, pp. 119-132.

defensa de la República —deber muchas veces doloroso—, rechazo de las ideologías fascistas que imponen dictaduras y hacen surgir los peores instintos del hombre. Si el «apoliticismo» de Jarnés es la moneda que han intentado pasarnos los unos por restar un escritor significativo a la España Peregrina, los otros por no ser reductible a panfleto, el propio Jarnés lo desmiente:

> El enemigo estaba acechando y destruyó —¡temporalmente!— tu alegría, te ahogó en sangre, en la pólvora, en el embuste, en la blasfemia. Llegó a buscar la complicidad divina, todas las complicidades del cielo y la tierra para hacer ver que tu soberanía era de sainete, que la suya es drama en cinco actos, con endecasílabos, verdugos, patíbulos y campos de concentración.
>
> [...] Pero el pueblo soberano —porque al fin ha de volver a serlo— escribirá el epílogo. Un epílogo digno de España, cuyos perfiles aún es imposible subrayar [157].

Esta novela —cuya existencia y planteamiento han sido en general obviados por la crítica— contribuye a clarificar cuál era la actitud de Jarnés y si verdaderamente fue un escritor de «escasa sensibilidad política »[158] como aún se afirma.

La anécdota que sirve de soporte al relato, aunque de mayor entidad que en otras obras, sigue siendo sencilla. Mercedes, joven periodista belga, viaja a un hospital de retaguardia para ver a Narciso, piloto herido en combate y antiguo amante. Su intención es conseguir su recuperación física, psíquica y sentimental. Viaja acompañada de un marino, enamorado suyo sin esperanza y amigo de Narciso. En el hospital se encuentra con una condiscípula suya: la hija de los condes de Monte Azul a la que sólo conoceremos por «Ofelia». Ésta es un arquetípico «ángel de hospital» que oculta una espía que al ser descubierta se suicidará prefiriendo morir en aquel lugar, antiguo palacio rural de su familia convertido en «su línea de fuego». Mercedes consigue llevar a Narciso a un sanatorio suizo donde ella acaba su libro sobre la guerra de España y él, incapaz de aceptar su situación, se suicida.

Este asunto tan simple se enriquece notablemente al situar el espacio-eje del relato y abordar el tema de la guerra civil desde una perspectiva infrecuente: la guerra sentida desde el mundo cerrado que supone el hospital, microcosmo en el que a través de unos pocos personajes podemos apreciar distintas actitudes ante la guerra, aunque no los episodios bélicos en sí mismos, porque, como dice el director del hospital a Mercedes, el pueblo español

[157] Manuel Andújar: «Benjamín Jarnés en galería de espejos» en *Grandes escritores aragoneses en la narrativa española del siglo XX*, Zaragoza, Heraldo de Aragón, 1981, pp. 66-7. El texto procede de «El Rey», aparecido en *Las Españas* (febrero, 1950), la revista creada y dirigida por José Ramón Arana y Manuel Andújar.

[158] Jordi Gracia: «La difícil vigencia de Benjamín Jarnés», en *Ínsula* 594, junio 1996, pp. 10-11. En este artículo se señalan algunas novedades bibliográficas.

> ... sólo llega a un acuerdo cuando se trata de desobedecer y no estaría mal que en las grandes ocasiones, en los desaforados trances históricos, se acordara de agruparse para todo lo contrario. De agruparse incondicionalmente... Porque, óigame bien, hasta la más necesaria disciplina se les antoja tiránica imposición. Y se pierden en hazañas personales, sin utilidad general, muchas veces. Por algo su historia, un famoso cronista la vio así, se reduce a episodios. Eso sí, frecuentemente geniales (pp. 80-81).

En una alusión polisémica tanto a Galdós y a su genialidad como a la inevitabilidad de tener que escribir aquellos episodios que reflejan hazañas tan individuales como inútiles. Y Jarnés nos irá presentando a los héroes anónimos como Antonio y otros heridos frente al individualismo egocéntrico de Narciso.

El procedimiento de localización es el habitual en Jarnés [159]: uso de escenarios conocidos aunque transmutados de manera que permitan una cierta generalización —Augusta, los balnearios, Madrid [160]—, aunque en este caso no procede de recuerdos lejanos sino próximos: la versión teatral previa estaba destinada a representarse en el hospital de sangre de Quintanar de la Orden donde Jarnés estuvo destinado y que acogía heridos procedentes del frente de Madrid [161]. Por otra parte, la identificación del hospital con el palacio rural de los Monte Azul, escenario de las aventuras amorosas del conde [p. 95], remite a *Locura y muerte de Nadie* [162]. Es en esta finca de recreo, trasladada de las cercanías de Augusta a la Mancha, donde Juan Sánchez *Nadie* se entera de que es un bastardo de Monte Azul y una corista. Estamos ante otra constante de nuestro autor: la reutilización de materiales de una obra a otra [163]. El contraste que subraya el marino —«Es que realmente tiene gracia la vida anterior de este inmueble [...] Parece que antes se perdía aquí la salud, mientras que hoy se recupera» (p. 133)— parece apuntar al necesario apartamiento de una aristocracia degradada y decadente, concretada en los Monte Azul.

---

[159] M.ª Pilar Martínez Latre: *La novela intelectual de Benjamín Jarnés,* Zaragoza, Inst. Fernando el Católico, 1979. Libro de obligada consulta, junto con el de Emilia de Zuleta: *Arte y vida en la obra de Benjamín Jarnés,* Madrid, Gredos (BRH, II Est. y Ensayos, 267), 1977, para lo referente a la técnica y poética jarnesiana.

[160] Ildefonso M. Gil: «Ciudades y paisajes aragoneses en las novelas de Benjamín Jarnés», *Archivo de Filología Aragonesa,* VI, 1956, pp. 87-114; muy útil y explotado por todos los estudiosos de Jarnés. Ampliado como «Espacios aragoneses en la obra de Benjamín Jarnés», en I. M. Gil: *Escritores aragoneses (Ensayos y confidencias),* Zaragoza, Libr. General (Col. Aragón, 35), 1979, pp. 101-143.

[161] Juan Ramón Torregrossa: art. cit.

[162] Benjamín Jarnés: *Locura y muerte de Nadie,* en *Las mejores novelas contemporáneas,* VII, Barcelona, Planeta, 1961, pp. 1476-1483. Prólogo de J. de Entrambasaguas, pp. 1.313- 1.378. Se trata de una versión ampliada, concluida en 1937. Nueva edición de esta versión en Ed. Viamonte (Reencuentros, 1), Madrid, 1996. Introducción de Ildefonso Manuel Gil.

[163] Sobre la progresiva incorporación de elementos procedentes de obras anteriores, v. los libros de E. de Zuleta, M.ª P. Martínez Latre; y además, Víctor Fuentes: *Benjamín Jarnés: Bio-Grafía y metaficción,* Zaragoza, Inst. Fernando el Católico, 1988.

El Prólogo —pieza siempre clave— transcurre en un castillo en ruinas —«Ruinas en España» se titulaba este fragmento en *Hora de España*—, cuyo valor simbólico se explicita en el mismo texto:

> —Menos mal. Preferible es contemplar el castillo que se lleva dentro, porque el de fuera no puede tener menos gracia. La verdad es que a mí todo esto me parece bastante feo. [¡Estas ruinas de España!
>
> —Rectifique usted. No son ruinas de España, sino ruinas en España. Muchas cosas se están hoy en España arruinando... Pero no España.] Y este castillo sería probablemente muy feo, pero lo que queda de él es muy hermoso, precisamente por lo que falta [164].

El «Epílogo» en el «providente Sanatorio» —suizo, naturalmente— ofrece un irónico contraste por su asepsia, su ocultación del dolor convertida en negocio, con la actividad del Hospital de retaguardia. ¿Acaso con la elección de este escenario pretende dejar patente la indiferencia europea ante la tragedia que se estaba viviendo? Hasta la recuperación de la salud se convierte en «Empresa» (p. 173).

Las referencias temporales internas son casi inexistentes. La acción puede transcurrir en un mes cualquiera del primer año de guerra y su duración es breve: queda acotada como al desgaire en boca del mayordomo en el momento de la despedida de Narciso y el marino «Claro. Ocho días juntos...» (p. 130). Como en casi toda su novelística, el tiempo concreto tiene relativa importancia al no ser la peripecia el único elemento constructivo determinante. Por otra parte, en breves *flashes* nos va dando noticia de los personajes, no sólo principales, sino también secundarios, como el soldado lector (p. 140), auque en casos como éste resulten «motivos ciegos». Su valoración del tiempo novelesco queda reafirmada por el uso del presente histórico como tiempo dominante en el relato, lo que resulta coherente con las apelaciones al lector que va diseminando a lo largo de la novela.

El tratamiento de los personajes se mantiene dentro de una constante jarnesiana: son pocos y cada uno desempeña un papel aunque también ofrezcan rasgos de individualización. Dos mujeres destacan sobre el fondo: Mercedes, la protagonista, y la hija de Monte Azul. Mercedes responde al tipo de mujer característico en Jarnés cuyos rasgos señala E. de Zuleta [165]: más fuerte que el personaje masculino, independiente y con capacidad de amar, acompañadas de la gracia —«vivaz escultura» (p. 87)— y belleza:

---

[164] Benjamín Jarnés: «Ruinas en España», *Hora de España,* XVI, abril 1938, pp. 71-78. El fragmento entre [] no aparece en *Su línea de fuego,* pp. 34-35, sino en n. 2, p. 179, como variante del texto mecanográfico de 1938.

[165] E. de Zuleta: *op. cit.,* pp. 29-33, para la caracterización general, además de los estudios de personajes femeninos en novelas concretas o en «el género intermedio».

> Él la contempla unos instantes en silencio, embelesado. A ella, ¡qué deprisa la fue transfigurando el tiempo! Toda su carne más firme, todo su espíritu más vivaz. *Elegancia anatómica, sensibilidad alerta.* En pocos minutos, ¡qué lección la de sus manos y la de todo su rostro! *Suavidad en todo y todo suavidad* (p. 85).

La hija de Monte Azul carece incluso de nombre. El centinela-pedagogo la llama Ofelia anunciando su tragedia. Se trata de una joven desarraigada por su educación familiar cuya motivación es la venganza y el odio. Se ha afirmado que se la trata incluso con simpatía, pero más bien en su final lo que encontramos que despierta es la piedad de aquellos que por deber tienen que poner freno a su actividad. Su denuncia es un doloroso deber y la actitud del Director es la de la comprensión y piedad humanas, no muy lejos del espíritu que imbuía el discurso de Azaña que acababa con aquella exhortación: «¡Paz, piedad y perdón!» [166].

De los personajes masculinos, dos tienen nombre: Narciso el oponente de Mercedes, el héroe que, incapaz de hacer frente a una vida cotidiana sin espectáculo, se suicida, y Antonio, el pueblo, que cumple con su deber al tiempo que sufre su ceguera con gran estoicismo.

En una primera impresión parece que el autor adopta un punto de vista clásico matizado —como hemos apuntado— por el uso del presente histórico para dar una sensación de proximidad y observación inmediata. No es, sin embargo, así. Al señalar los escenarios hemos hecho referencia al «Prólogo» que nos sitúa en las ruinas de un castillo de la Mancha desde donde se divisa el Hospital. Allí dialogan Mercedes y el marino; y este diálogo, tanto por su contenido como por su inesperado y, para ellos, invisible oyente, Cardenio, el amante despreciado que abandona el mundo, nos introduce con suavidad en un mecanismo distanciador: la metaficción [167]. La anacrónica presencia de Cardenio, además de la ironía intertextual que supone, nos sitúa fuera del ámbito de un concepto de realismo ajeno a la estética jarnesiana. Pero además es un personaje recurrente [168]. En *El convidado de papel* [169] podemos encontrar una explicación de este personaje: Cardenio es Julio; Julio es Jarnés seminarista. ¿No será también este Cardenio el propio Jarnés? Probablemente, pues él mismo escribe: «Soy un Cardenio de la política. Sólo encuentro razones humanas para todo, no partidistas» [170]. El diálogo que oye Cardenio nos da ya una pauta de las ideas y actitudes de la novela: por boca de Mercedes Jarnés diagnostica:

---

[166] Manuel Azaña: *Discurso en el Ayuntamiento de Barcelona (18 de julio de 1938),* en *Obras completas*, III, Madrid, Giner, 1990, pp. 365-378, palabras finales.

[167] V. Fuentes: *op. cit.,* caps. II, IV y VI.

[168] En 1934, estrena *Cardenio, monodrama,* en la Sala Pleyel; *Soledad de Cardenio* es un ensayo publicado en *Las Españas,* ap. Andújar: *op. cit.,* p. 26; y para *El convidado de papel,* v. n. 20.

[169] Benjamín Jarnés: *El convidado de papel,* Zaragoza, Guara Ed. (Nueva Bibl. de Autores Aragoneses), 1979. Pról. de José C. Mainer. Cap. IV, Frag. 10, «Cardenio, el aturdido», pp. 145-158.

[170] Ap. V. Fuentes: *op. cit.,* p. 19.

> No, no son aquí, los castillos, amigos del paisaje: pretenden ser sus dominadores. Los conozco. ¡A los castillos y a los hombres! He visto transeúntes harapientos, destrozados, cruzar altivamente la calle como caudillos triunfantes. Cuando no tienen a quien mandar, *mandan en su propia hambre* (p. 37) [171].

y propone la solución: «Basta con hacerles aprender la gran lección del buen ciudadano/republicana» (p. 39 y 179, n. 7), que no es otra que «La libertad de un ciudadano acaba aquí donde comienza la libertad de otro ciudadano...» (p. 39).

Otro elemento distanciador es la ironía a propósito de los procedimientos narrativos «Basta con un poco de técnica policíaca, de eso que suelen enseñar las novelas de gran éxito» (p. 77), al mismo tiempo que nos puede invitar a acompañarle en la observación de algunas escenas: «El guiño de la enfermera nadie —excepto nosotros— puede advertirlo» (p. 45). Tal apelación al lector —de larga tradición desde la épica— puede buscar varios efectos. El primero, la complicidad narrador/lector a través de ese plural inclusivo. Conseguida ésta, se elimina prácticamente la necesidad de referencias temporales explícitas, pues como espectadores directos percibiremos el fluir temporal. Al mismo tiempo esa presentación de las escenas puede producir cierto efecto cinematográfico nada ajeno a las preocupaciones del autor. Por último, al convertirnos en espectadores conscientes de nuestro papel no podemos identificarnos ya con los personajes aunque nos sintamos inclinados a la simpatía/compasión por cualquiera de ellos.

Sin embargo, es mayor el interés que despierta —como ya hemos señalado— la insólita perspectiva: al ubicarnos en ese microcosmo de forzada inactividad bélica, nos aleja de la exaltación épica, al tiempo que nos sitúa en un punto de vista más propicio a la reflexión. Esta intención más reflexiva se declara, como siempre, desde la «Introducción»:

> La guerra aparece aquí demasiado velada, demasiado pacífica. Por tanto, muy lejana de la cruda realidad histórica. Pero éste fue el propósito del autor: atenuar, suavizar (p. 29) [172].

Reflexión y emoción es lo que se quiere transmitir:

---

[171] Es muy curioso el uso de esta expresión que da título a una novela del exilio: Isabel O. de Palencia: *En mi hambre mando yo,* México, Libro Mex (Temas Ibéricos), 1959.

[172] Palabras semejantes se leen en *Desierto profanado,* ed. cit., p. 32: «Pero antes de continuar debemos advertir al lector que la guerra, aquí [por *Desierto]* aparecerá —voluntariamente— tal vez demasiado velada, demasiado "pacífica". Por tanto, muy lejana de toda la cruda realidad histórica. / Éste fue precisamente el propósito del autor: atenuar, suavizar. No caprichosamente, sino con el fin de no agudizar más lo tan tremendamente agudizado para no oscurecer más lo tan pavorosamente oscuro. [...] / Un gran respeto al dolor humano —propio y ajeno—, mezclado a una firme voluntad de ser sincero y libre, han decidido al autor —a lo largo de todo el relato— a omitir cuidadosamente cualquier inútil imprecación...».

> Ahora sólo se trata de recoger algunos rasgos, de esparcir algunas consideraciones de carácter general, con muy escaso valor de crónica; tal vez, eso sí, con algún valor emotivo y aún *[sic]* poético (p. 29).

Quede la épica para otro momento. Al iniciar *Desierto profanado* pasa revista a la literatura de guerra donde halla «mucho también de cuanto suele acarrear la poesía en marcha» [173], «Testimonio vivo» que un día más sereno permitirá la reconstrucción de la epopeya. Y no puede dejar de anotar la singularidad de aquella literatura escrita y consumida en las trincheras que recoge las más de las veces lo anecdótico que deberá ser integrado. En esta idea insiste en la nota que escribe sobre *Madrid es nuestro* [174], de la que subrayaremos su indignación ante «caso tan abominable de inhibición» como el que presenta el mundo civilizado ante la gran tragedia española y el heroísmo de Madrid.

Ahora bien, aquellas consideraciones serán expuestas no por uno o dos personajes como venía siendo habitual, sino por casi todos, porque cada uno es representativo de un sector, postura, grupo... Lo que no hay en ningún caso —se debe suavizar, nos ha dicho— es una apología de la guerra, ni siquiera como defensa: simplemente, cada uno debe cumplir con su deber, el cual puede llegar a ser muy doloroso como es el caso de Antonio cuando informa al doctor de su descubrimiento o cuando éste informa a sus superiores de la identidad del espía —Ofelia—, sabiendo cuál será el resultado. No hay odio ni desquite en ninguno de los dos. La emoción viene dada sobre todo por el estremecimiento ante el dolor, pero no el dolor humano en abstracto, sino el dolor de cada hombre concreto:

> —Mira... Ahí tienes un muchacho a quien una bomba dejó sin piernas y sin brazos.
>
> —¡Qué horror! —dice el marino, llevándose instintivamente las manos a los ojos.
>
> Y añade: ¿Por que no llevan estos restos humanos a las Cancillerías, a los Comités, a la Sociedad de Naciones? ¿Por qué?
>
> [...]
>
> Que me cuenten a mí, ahora, unas teorías. Que se las cuenten, ahora, a ese infortunado tronco juvenil, totalmente podado de ramas [...] Aún le queda a ese despojo humano el cerebro... ¿Para qué? Para tormento suyo. ¿Qué podrá pensar, dime, de todos sus semejantes? ¿Qué podrá pensar de nosotros? (p. 64).

Esta «amarga e implacable crítica» (p. 144) —a partir de la visión estremecida de este antecedente del *Johnny cogío su fusil* de Dalton Trumbo— está en la línea

---

[173] B. Jarnés: *Desierto profanado*, ed. cit., p. 7.

[174] Benjamín Jarnés: *Miguel de Unamuno. Antonio Machado y las masas. García Lorca. De Buffon y el estilo, Madrid,* Zaragoza, Inst. Fernando el Católico (Cuadernos Jarnesianos, 7), 1988, pp. 51-54.

de otros textos jarnesianos en los que exponía su ideario estético y político y que fundamentan en buena medida una valoración ideológica, que no literaria, en la que se insiste en su apoliticismo y su elitismo, y el rechazo a la rebelión de las masas. Pero hay un breve ensayo que quizá sirva para aclarar la postura de Jarnés. Se trata del fragmento que corresponde al epígrafe de la «segunda barbarie» (pp. 143-145), motivo abordado anteriormente [175]. El fragmento aparecerá en boca del «pedagogo», observador al margen desde su puesto de centinela, graduado en la Escuela Normal, «profesor inútil» que sabe «manejar el máuser», trasunto del autor y portavoz de parte de sus reflexiones. Tras asistir a una conferencia con Antonio, el soldado ciego, le dice:

> —Estoy leyendo un libro que me prestó Juanita, esa enfermera que estudia leyes, donde he aprendido muchàs cosas. Voy a leerte unas páginas (p. 143).

Y lee un largo fragmento que es un ensayo sobre la crisis de autoridad y la suplantación de la misma por el mando de la mano de los dictadores, y tras unas consideraciones sobre la ¿mística? de los desfiles se pregunta: «¿Hemos llegado a los tiempos de la segunda barbarie, hace siglos profetizada por Juan Bautista Vico?» (p. 144). Para describir seguidamente como futuro lo que ya en 1938 era el presente:

> Paisaje futuro: Rostros de mármol. Cascos de acero. Puños de hierro. Dureza de cara y gesto. Ninguna ternura humana. Movilización general de autómatas. El hombre convertido en maniquí... Y un hombre muy tieso que soporta docenas de desfiles, subiendo y bajando la mano; el autómata primero, el más complicado, el guía.
>
> Y muchas frases orondas: *¡Están preñados de futuro!* O esta otra: *¡Son el futuro pluscuamperfecto!* O ésta: *¡El porvenir es nuestro!* (pp. 144-5).

Donde no es difícil reconocer las imágenes que se difundían desde los servicios de propaganda fascistas o del Tercer Reich, pues ¿quién si no va a ser ese «hombre muy tieso» que sube y baja la mano? ¿a qué retórica correspondían aquellas frases? Y aún añade: «No coloquéis ante la multitud en fiebre a un hombre leal a los hombres, poned un histrión» (p. 145). Que fuera Mussolini o Hitler o ambos queda a la imaginación del lector, pero conviene recordar la anécdota que recoge M. Andújar:

> En la Gran Vía barcelonesa, en las proximidades de la Secretaría de Propaganda, tiempos finales de la guerra civil. Se desencadenó un terrible bombardeo y al refugiarse Villegas en un portal coincidió, al cabo de larga falta de mutuas noticias, con Jarnés. Este, excepcionalmente exaltado, sin preámbulo alguno exclamó:

[175] B. Jarnés: *Locura y muerte de Nadie*, en *Las mejores novelas...*, cit., pp. 1.512-1.513.

—¡Yo estoy con la República! Soy judío, y por tanto enemigo del hitlerismo, que persigue a los de mi raza [176].

En resumen podríamos decir que el texto sitúa a unas multitudes enfebrecidas en la base de los regímenes fascistas y militaristas que se caracterizan por el ejercicio de un mando irracional. Ciertamente, en el texto se rastrean elementos orteguianos, especialmente la alusión a la crisis de autoridad, pero no aparece el vocablo «masas» [177]. A este término prefiere Jarnés el de pueblo y popular (p. 149), más en la línea de Machado, cuya distinción entre masa y pueblo recoge y comenta en uno de sus cuadernos [178].

Aún añadiremos otro fragmento, la «elegía al Parque del Oeste» [179], en donde se evoca el asalto de Madrid en aquella noche de noviembre de 1936, que no deja de aparecer en innumerables textos sobre la Guerra Civil; aquella noche en que se detuvo a las tropas rebeldes a las puertas de la entonces «capital de la gloria» —Alberti *dixit*—:

—Parque del Oeste —piensa—, ¿recuerdas bien la fecha? —y sigue hablando con él.

Tú, el costado más sensible de Madrid, ¡con qué entereza soportaste la lanzada! Tú, el rostro más risueño de mi Madrid incomparable, ¿cómo pudiste recibir sin pestañear a tus verdugos?

Cruzaron por tu cuerpo destrozándolo, ultrajándolo, profanándolo, hasta llegar a clavar los dientes en la ciudad. ...

Parque del Oeste, ¿recuerdas bien la fecha?

Fecha límite, fecha espejo, fecha que divide en dos la historia española. Porque en ella se cuajó el gran silencio que salvó a Madrid (p. 185).

La exaltación de los defensores de Madrid corre aparejada a la de los combatientes del Ebro: «Cuando hace tres años veías retozar al hermanillo del Ebro, al Manzanares, ¿pensabas en que uno y otro alcanzarían la misma titánica grandeza?» (p. 185). Tras su lectura se me hace incomprensible que pueda seguir hablándose de la ambigüedad de Jarnés y más concretamente de nuestro texto.

Su línea de fuego no es una de las mejores obras de Jarnés, pero tampoco es deleznable. Como decían sus editores, se trata de una novela «ejemplar», y lo es, con sus defectos y virtudes, por partida doble: primero, por ese planteamiento

---

[176] M. Andújar: *op. cit.*, p. 53.

[177] Esto no quiere decir que no lo usara: Así, la motivación obsesiva de los actos de Juan Sánchez en *Locura y muerte...* es distinguirse, separarse de la masa; también en *Cartas al Ebro*, ed. cit., pp. 161-2 ó 195.

[178] B. Jarnés: *Miguel de Unamuno. Antonio Machado...*, ed. cit., pp. 25-27.

[179] Es una de las variantes del texto mecanografiado de 1938. *Su línea de fuego*, ed. cit., pp. 185-6, n. 7.

explícito en el texto introductorio del autor, que se recoge con variantes en *Desierto profanado,* y segundo, porque al acogerse desde el Prólogo al patrocinio cervantino a través de Cardenio nos remite también a la ejemplaridad de las novelas cervantinas en las que «no hay ninguna de quien no se pueda sacar un ejemplo provechoso» [180]. Pero su interés mayor ahora radica en que contribuye juntamente con los otros inéditos ya publicados a clarificar la postura política y —¿por qué no?— también estética de Jarnés en aquella coyuntura crítica y dramática.

Era de suponer que su aparición supondría una cierta revisión de afirmaciones como la de Chabás de que siguió escribiendo «sin aprovechar para nada, en su obra, las dramáticas experiencias que había vivido y sufrido» [181]. Pero no fue así. La primera reseña que se publica [182] tiene un tono francamente despectivo «drama abstracto», «simbolismo simplista», «visión intimista», limitándose a concederle un valor documental. Más equilibrados, los editores, no obstante reconocer su integridad personal, no dudan en situarlo ideológicamente entre aquellos intelectuales representantes de la pequeña burguesía que se muestran inquietos ante la «rebelión de las masas».

La celebración del centenario dio ocasión a un replanteamiento: publicación de inéditos, nuevos estudios. Ni *Su línea de fuego* ni la serie de Cuadernos Jarnesianos fueron tenidos en cuenta para esta revisión. Más ponderado, Mainer intentaba centrar el problema de la concepción poética de Jarnés en su tiempo y señalaba que éste quería que «el arte no temiera contaminarse de la vida» [183].

El problema de la valoración de Jarnés hunde sus raíces en los cambios que se producen en la literatura europea de los años 30 a causa de la crisis general. Ante los partidarios de una literatura comprometida y directamente militante, Jarnés y otros prefieren guardar su independencia estética e intelectual. De ahí buena parte de una crítica negativa basada en su actitud política. Por un lado, se le imputaba un apoliticismo propio de las vanguardias por no tomar una determinada opción partidista, y por otro, de una manera absolutamente incongruente, se lo encuadra en un sector ideológico pequeño-burgués de corte liberal-democrático semejante ¡al de Azaña! De esta visión debía de ser muy consciente el propio Jarnés cuando escribía «Postdata en 1939» en *Cartas al Ebro:*

> Excepcionalmente, más que ninguna otra, esa generación —la de Jean

[180] Para el idealismo y ejemplaridad de las *Novelas ejemplares,* especialmente las de la serie idealista, Joaquín Casalduero: *Sentido y forma de las Novelas Ejemplares,* Madrid, Gredos (BRH, II Est. y Ens. 57), 1962.

[181] Juan Chabás: *Literatura española contemporánea,* La Habana, Ed. Pueblo y Educación, 1979, p. 570.

[182] M. Batallón: «Reencuentro con un novelista aragonés», *Andalán,* 287, 19 a 25 septiembre 1980, p. 17.

[183] José-Carlos Mainer: «Creación y teoría literarias en Banjamín Jarnés», en *Jornadas Jarnesianas,* Zaragoza, Inst. Fernando el Católico, 1989, p. 122.

> Giraudoux, la mía— ha sido zarandeada, fustigada... ¿Por qué? Por su carácter de risueña y audaz rebeldía. Por su carácter verdaderamente revolucionario. Porque la verdadera revolución es siempre heroica, y el heroísmo asusta al cobarde, al mal dotado... Por eso, todos los falsos demoledores la vinieron atacando, hasta llegar a proclamar el estado de estupidez literaria.
>
> [...]
>
> Culpaban a esa generación de delitos de frivolidad, de inutilidad... Llegaron a reprocharle su alegría, signo de fortaleza, de gran ánimo... [184].

Esta convicción y la tragedia del destierro quizá expliquen la actitud de Jarnés a bordo del «Sinaia »[185], perceptible en la melancólica amargura de *Alta mar* [186].

Para finalizar es necesario recordar que, como en casi todas sus obras narrativas, nuestro autor explicita su propósito, que responde además a las anotaciones contenidas en *Desierto profanado* y algún otro de los inéditos aparecidos. No apreciamos en ella una ruptura con su estética, pero sí una evolución técnica donde la trama cobra una mayor importancia, pero sin dejar que la intriga predomine sobre sus otros componentes habituales. ¿Se produce una cierta «humanización»? Quizá ya estaba presente: baste recordar el texto de Ortega que figura al frente de *Locura y muerte de Nadie* [187] en el que leemos «La poesía y todo arte versa sobre lo humano y sólo sobre lo humano»; o la auténtica profesión de romanticismo que hallamos en la Introducción a su biografía de Bécquer, pero de un nuevo Romanticismo del siglo XX en el que el gran tema es el dolor: «El gran problema del dolor humano está pidiéndonos urgentes soluciones. [...] Desoír esa angustiosa voz será hacer profesión de inhumano. Será dejar de ser hombre» [188]. Palabras desde las que se ilumina la lectura de esta novela, la cual contribuye a debelar tópicos petrificados.

---

[184] B. Jarnés: *Cartas al Ebro,* ed. cit., p. 213.

[185] M. Andújar: *op. cit.,* pp. 55 y 67-68.

[186] Benjamín Jarnés: *Alta mar,* Zaragoza, Inst. Fernando el Católico (Cuadernos Jarnesianos, 6), 1988. Es uno de los cuadernos inéditos y a él debía de referirse Mada Carreño, según M. Andújar: *op. cit.,* pp. 55 y ss.

[187] B. Jarnés: *Locura y muerte de Nadie,* en *Las mejores novelas...,* cit., p. 1.383.

[188] Benjamín Jarnés: *Doble agonía de Bécquer,* Madrid, Espasa-Calpe (Austral, 1521), Madrid, 1973, p. 18.

10

CONCLUSIONES

Llegados a este punto creemos haber mostrado por sus pasos contados cómo se va produciendo la formación de una materia narrativa. En primer lugar, la noticia inmediata que forma un magma, un «espeso caldo» del que hemos dado unas catas. A él se añaden los testimonios personales, que no por particulares dejan de aportar un nuevo ingrediente. Un primer grado de elaboración lo representan cuatro obras herederas del «libro-reportaje» o de la sátira novelesca que circularon en los últimos años de la Dictadura y durante la República, para llegar a los primeros textos literarios sobre la guerra: la narrativa breve y la novela. En su conjunto podemos hallar el punto de partida del tratamiento de la Guerra Civil en la literatura del exilio, confirmando las palabras de Benjamín Jarnés cuando, al valorar la producción literaria de aquellos años, la considera como material de valor incalculable para reconstruir la «epopeya entera» y añade:

> Ni guerra alguna conocemos cuyos primeros libros se hayan escrito —y con tal abundancia— en las mismas trincheras.
>
> Y se hayan leído con tal avidez en el mismo frente de batalla; espectáculo conmovedor que dejará huella imborrable en la historia del espíritu de España [1].

Será ya en estas obras donde comenzarán a consagrarse «mitos» y motivos recurrentes: Madrid, convertido en objetivo inalcanzable para el enemigo y símbolo de la resistencia; el miliciano que hizo fracasar el golpe de Estado con su resistencia, convertido en héroe anónimo y colectivo producto de una explosión popular espontánea, entre otros.

Ya hemos ido señalando, especialmente en el caso de la narrativa breve y de la novela, la dificultad de establecer unas características comunes, a causa de su heterogeneidad. Ésta se debe entre otras causas a las siguientes. En primer lugar, a la amplitud de las ondas generacionales que la componen. Aunque el concepto de generación literaria no goce hoy de prestigio crítico, es innegable que escritores formados a fines del siglo XIX tienen unas vivencias y modelos diferentes a

[1] Benjamín Jarnés: *Desierto profanado*, Zaragoza, Inst. Fdo. el Católico (Cuadernos Jarnesianos, 4), 1988, p. 7.

los de escritores que han llegado a la literatura tras la ruptura vanguardista: es lo que va de Zamacois a Herrera Petere, por mencionar sólo aquellos cuya obra hemos abordado. En segundo lugar, debemos considerar las afinidades estéticas del autor, forme o no parte de un grupo literario. La convivencia y superposición de corrientes, grupos, tendencias y modas es otro factor que contribuye a la diversidad estética y que no está necesariamente ligado a la edad. Es el caso de Ramón Sender (1901) y Alicio Garcitoral (1902), cuya edad, experiencia marroquí, dedicación al periodismo y admiración por Valle-Inclán no es óbice para alcanzar una escritura absolutamente diferenciada, aunque ambos suelen incluirse en los repertorios de la «novela social» de los años 30. A ello puede contribuir otro factor, imprescindible en un período profundamente ideologizado: la postura que adopte el intelectual. No nos referimos a la adscripción concreta a ninguna organización, que tampoco se excluye, sino a la asunción de los valores de la época. En este sentido el espectro es amplísimo: desde el anarquismo de Benigno Bejarano al jacobinismo republicano del presidente de la República, Manuel Azaña, y, apurando, el liberalismo más genérico de Salvador de Madariaga. Entre estas dos posturas, con matices, adscripciones militantes o independencia organizativa, podemos incluir a todos nuestros autores. Imposible, pues, obtener una caracterización.

El único denominador común entre todos ellos será su defensa del orden republicano, dicho esto con todas las salvedades que pueda sugerir el lector. El orden republicano suponía, por fin, alcanzar el hito de la revolución frustrada del liberalismo decimonónico, que bien podría ejemplificarse en la candidatura de la «conjunción republicano-socialista» de principios de siglo en la que figuraban entre otros Pérez Galdós y Pablo Iglesias. De la frustración de aquel liberalismo político del XIX arrancan las tres grandes corrientes ideológico-políticas antisistema del primer tercio de siglo: el republicanismo, histórico, radical, federal, etc.; el socialismo, escindido después de la constitución de la Tercera Internacional en socialistas y comunistas; y el anarcosindicalismo, en principio apolítico.

Sus muchas divergencias son un tópico ya viejo que ha dado lugar a multitud de polémicas y debates, algunos verdaderamente encarnizados para regocijo de la derecha, e incluso enfrentamientos no sólo verbales. No obstante, aun pecando de reduccionistas, creemos que coinciden en el rechazo de lo que juzgan las lacras de la sociedad española de aquel momento: el clericalismo, la ruralización, el caciquismo y la injusticia. Éste es el punto de partida. Las divergencias estaban en el horizonte: desde la estructuración de un estado moderno —centralista o federal— de los republicanos a la disolución del estado de los anarcosindicalistas, pasando por la intervención estatal de los socialismos. Lo que sí queda claro en muchos de los textos es que la subversión del orden desencadenada por la sublevación se percibe como la oportunidad de crear un mundo nuevo con un tipo de hombre nuevo, desenganchado de una inercia social que la implantación de la República no había conseguido desterrar. Uno de los indicios literarios de esta percepción es la alusión generalizada y recurrente a los campos semánticos de «luz» y «claridad».

De los antecedentes inmediatos de esta literatura ya hemos tratado en la Introducción y no creo que podamos aportar nada nuevo. Lo que hemos detectado es la incorporación de modelos arrinconados. La recuperación del Romanticismo en lo que tiene de preocupación por el hombre, que tiene alguno de sus hitos en el texto programático en *El nuevo romanticismo* de Díaz Fernández o en el número monográfico de *Nueva Cultura,* pasando por las afirmaciones, ya citadas, de Jarnés en su biografía de Bécquer. Significativamente debemos recordar que la primera novela publicada durante la guerra, *Gavroche en el parapeto,* es un explícito homenaje al Víctor Hugo de *Los miserables,* pero también se tiene presente a Larra. Otro modelo recuperado es Galdós, cuyo «garbancerismo» será objeto de una reinterpretación que, además de influir en la narrativa, tanto inmediata como del exilio, será uno de los puntos de partida de las reflexiones sobre el «problema de España» entre los intelectuales del trastierro.

Además de los personajes históricos —políticos, militares, dirigentes obreros, etc.— y las fechas significativas —julio del 36, noviembre del 36 en Madrid, Teruel...— aparecen motivos menores que contribuyen a formar ese magma que es la materia literaria de la que posteriormente se extraerán para incorporarse a narraciones de distinto alcance y finalidad. Unos son de carácter puramente anecdótico: el proyectil explosivo sin carga y con un mensaje en su interior; el recluta forzoso que consigue pasarse a las líneas leales; los cazadores de tanques. Otros tienen o se les da mayor trascendencia: el caso del manicomio de Ciempozuelos, donde estaba recluida la madre de Gustavo Durán, primero objeto de relato anecdótico, más tarde tratado como episodio simbólico en *Jaula de Alcaravanes* o en *La guerra de los locos* [2]; algunos conocidos toreros, colaborando con Queipo de Llano en la represión de la retaguardia, acentúan la visión machadiana de la España de «cerrado y sacristía, devota de Frascuelo y de María» y contribuyen al antitaurinismo de la izquierda, a pesar de los ensayos de Bergamín o la película *Torero* de Carlos Velo. Por su repercusión militar y en la moral de la población se reitera en múltiples versiones la llegada de la Primera Brigada Internacional a Madrid en la noche dramática del 7 de noviembre de 1936, o el feliz hallazgo de los planos del ataque sobre Madrid en la cartera de un oficial de tanques italiano. No faltan tampoco las alusiones a los mitos revolucionarios: las barricadas de París, de 1830 o de la Comuna; a la Revolución rusa o a la mexicana, con su secuela de trenes blindados. La espontaneidad de la resistencia popular que hizo fracasar el golpe de Estado transformándolo en sublevación y la situación de los campesinos como

[2] Tomás Oguiza: *Jaula de alcaravanes,* Madrid-Palma de Mallorca, Los Papeles de Son Armadans, 1973, 196 pp. *La guerra de los locos* es un filme de Manuel Matji, director y productor, entre cuya labor nos conviene señalar la realización de la serie Vísperas, sobre la obra de Manuel Andújar.

explica Sánchez Barbudo en «Días de julio» serán otras de las constantes que se pueden detectar.

No todo es propaganda burda en la literatura republicana —permítasenos el término—. Hay en ella concienciación y reflexión. Ciertamente es una literatura comprometida, incluso partidaria; los escritores toman partido, que no es necesariamente pertenecer a un partido. Ello en sí no predice los resultados, que dependen de la capacidad del escritor, tome el partido que tome, y la historia de la literatura muestra variedad y abundancia de ejemplos: de Swifft a Virgilio, de Milton a Ezra Pound, por buscar ejemplos fuera de casa que recordar a quienes desdeñan la literatura «contaminada».

No toda la literatura narrativa producida entre los años 36 y 39 es desdeñable. Para hacer esta afirmación nos hemos acercado a los textos: tres revistas significativas y cuarenta y un volúmenes de diferente extensión. Las tres revistas han sido objeto de reedición y resultan accesibles. Otro problema plantean los libros. De esta selección, veinticuatro resultan de difícil acceso y otros tres sólo se han reeditado últimamente. En un apreciable número de casos, la obra restante de cada autor requiere un notable esfuerzo de búsqueda; díganlo si no nombres como Clemente Cimorra, Manuel Benavides, Benigno Bejarano, Pablo de la Fuente o Alicio Garcitoral. Sus nombres y sus obras fueron objeto de una operación de borrado [3]. Estas obras, si otro mérito no tuvieran, son el sustrato sobre el que se alza ese otro edificio mayor que es la producción literaria del exilio en su intento de conservar una memoria colectiva que los vencedores intentaban dejar en blanco.

Este trabajo, de cuyas lagunas somos conscientes, es un intento de recuperación no como casos individuales, sino sistemática, de ese breve período que enlaza la literatura de los años anteriores a la Guerra Civil con aquella del exilio que lentamente va siendo recuperada.

---

[3] Tal fue la intención de la Dictadura. Resulta simbólica la destrucción de la partida de nacimiento de don Manuel Azaña y Díaz, auténtica «bestia negra» del régimen, según se recordaba en «Carta al Director» en *El País,* Madrid, 11 de enero de 1997, p. 11, a propósito de las infortunadas declaraciones de la ministra de Educación y Cultura.

11
APÉNDICE: NOTICIA DE ALGUNOS AUTORES

ADVERTENCIA

Se incluyen unas breves notas de aquellos autores que no aparecen en obras de referencia de fácil acceso, como el *Diccionario de Literatura Española,* Madrid, Alianza / 5.º Centenario, 1993, dirigido por Ricardo Gullón, o el *Diccionario de la guerra civil española,* de Manuel Rubio, citados en la Bibliografía.

Sobre Isidro Mendieta carecemos de noticias. «Lázaro» no ha sido identificado y José Sahareño es con toda probabilidad un seudónimo no identificado.

Alaiz, Felipe

Felipe Alaiz (Belver de Cinca, 1887-París, 1959), hijo de una familia acomodada, cursó el bachillerato en Lérida y Huesca, donde coincidiría con Ramón Acín y otros jóvenes inquietos como Joaquín Maurín o Gil Bel. A la muerte de su padre abandonó los estudios y se dedicó a un periodismo militante al par que bohemio. Publica en prensa federalista, regionalista y extremista, pero también tiene acceso a *El Sol* por invitación de Ortega y Gasset a quien siempre guardaría devoción. Puesto al servicio de la idea anarquista su labor periodística lo llevará a vivir en Zaragoza, París, Tarragona, Valencia, Sevilla, Madrid, y sobre todo Barcelona, llegando en alguna ocasión a sufrir prisión por este motivo.

Durante la guerra dirige la prensa anarquista de Lérida y en 1939 pasa la frontera francesa. Tras la ocupación alemana, la policía del gobierno de Vichy lo enviará a un campo de concentración. Acabada aquella, se establece uno años en el departamento de Ariège, pero su espíritu inquieto lo lleva a París. Allí fue vegetando entre estrecheces hasta que falleció en 1959.

Periodista agil y agudo, su obra se desarrolla principalmente en este campo. Escribió para casi toda la prensa anarquista, aunque su carrera periodística está ligada especialmente a su órgano más conocido: *Solidaridad Obrera.* Pero también colaboró en la *Revista Blanca* de Federico Urales. Su obra es muy dispersa. Antes de la guerra publicó una novela extensa, *Quimet* (Barcelona, 1924), y varias cortas, como *María se me fuga de la novela* (Barcelona, 1932) o *Los aparecidos* (Barcelona, 1933) en la colección de Federico Urales *La novela ideal.* También publicó numerosas narraciones breves en la prensa. Además de ello, podemos señalar los dos tomos de *Tipos españoles* (París, 1962 y 1965), recogidos en volumen póstumamente. Su agudeza va acompañada de cierto humor y de un espíritu mordaz y extremadamente crítico no siempre acertado.

Bajatierra, Mauro

Mauro Bajatierra era un periodista y escritor anarquista, varias de cuyas novelas aparecieron publicadas en los años 20 y 30, dentro de la colección anarquista La Novela Ideal. Entre los títulos de otros muchos autores encontramos reseñadas los siguientes títulos: *Como las águilas* (n.º 51), *La Virgentina de los Merinales* (n.º 63), *El pitu de Peñarudes* (n.º 74), *El alimañero* (n.º 86), *Del Madrid de mis amores* (n.º 105), *Hacia otra vida* (n.º 127), *La alegría del barrio* (n.º 140), *Fuera de la ley* (n.º 153), *El hombre que perdió el alma* (n.º 172), *La justicia de los montañeses* (n.º 193), *La rapaza del pradal* (n.º 226), *El alma de la campiña* (n.º 257).

Extraído de Marisa Siguán Boehmer (1981): *Literatura popular libertaria (1925-1938),* Barcelona, Ediciones península, Temas de historia y política contemporánea (12), pp. 143-155.

Mauro Bajatierra y Salvador Cremades eran los delegados anarquistas que en septiembre de 1930 negociaban con elementos republicanos y militares —sin aprobación aún de los comités regionales— para la constitución de la Alianza Republicana (p. 167). En 1931 Bajatierra afirmaba que la República burguesa perpetuaría «el calvario» de la clase obrera (p. 332).

Extraído de: Shlomo Ben Amí : *Los orígenes de la II República Española. Anatomía de una transición.* Madrid, Alianza Universidad.

En el libro de crónicas que comentamos aquí *(La guerra en las trincheras de Madrid. Crónicas del Frente de Madrid.* S.l. Oficina de Propaganda y Prensa del Comité Nacional de CNT) aparece alguna información sobre su persona. Antes de la guerra, al igual que otros líderes anarquistas, había estado encarcelado. En 1936 era ya una persona entrada en edad y tenía una «humanidad de 90 kilos» (Crónica 21, p. 83).

Durante la guerra, Bajatierra fue combatiente antes que cronista, y vivió muy de cerca los combates en las trincheras y sus peligros, participó activamente en la defensa de Madrid en el otoño de 1936, y estuvo en el escenario de la batalla de Guadalajara —marzo de 1937.

Como corresponsal de guerra, este anarquista colaboró con sus crónicas en los periódicos CNT, y también en *Fragua Social* —de Valencia—. Al servicio de la causa republicana fue propagandista, conductor de heridos, instructor de guerra y abastecedor de trincheras.

Mauro Bajatierra: *La guerra en las trincheras de Madrid. Crónicas del Frente de Madrid.* S.l. Oficina de Propaganda y Prensa del Comité Nal. de CNT.

Según Eduardo de Guzmán, Mauro Bajatierra fue redactor y corresponsal de guerra del periódico CNT durante la guerra civil. Fue muerto a tiros al llegar a su domicilio el 28 de marzo de 1939, día final de la guerra en Madrid (pp. 153-54).

Eduardo de Guzmán: «Periodistas en Madrid durante la guerra civil. La represión», en VV.AA.: *Periodismo y periodistas en la guerra civil,* Madrid, Fundación Banco Exterior, 1987 (pp. 145-156).

Ángel Sanblancat recogía en una de sus obras el fin que tuvo Bajatierra. Decía Sanblancat que las noticias de ejecuciones que recibían los refugiados republicanos encerrados en los campos de concentración del sur de Francia espantaban:

> Y causó estupor el coraje másculo de Mauro Bajatierra, que cuando el Latriofascio entró en Madrid ante un pueblo atónito en que hasta los niños lloraban y se mordían de rabia los puños, se atrincheró en su casa poniendo en acción la máxima de Blanqui, tan cara a Mussolini, «el que tiene hierro tiene pan», esperó a los follones arma al brazo, no dejando de disparar contra ellos hasta que cayó inánime y con el forro hecho una criba (p. 124).

Extraído de: Ángel Sanblancat: *Caravana Nazarena (El sudor de sangre del antifascio español),* Huesca, Instituto de Estudios Altoaragoneses, Col. Rememoranzas (3), 1989, p. 124.

Basaldúa, Pedro de

Escritor vizcaíno nacido en 1906, ardiente polemista sobre temas vascos. Fue secretario del presidente del Gobierno Vasco, José Antonio de Aguirre, y delegado del Gobierno Vasco en la Argentina, así como miembro de la BAEU. Escribió las siguientes obras:

Sangre en la mina, Bilbao, 1937. Véase Bibliográfia: Obras estudiadas.

El dolor de Euzkadi, Barcelona, 1937.

El corazón no perdona, Buenos Aires, Edit. Vasca Ekin, s.a.

Con los alemanes de París, páginas de un diario, Buenos Aires, Edit. Vasca Ekin, 1943.

En España sale el sol, Buenos Aires, Edit. Vasca Ekin 1946.

Ignacio de Loyola y Francisco Xavier, Buenos Aires, Editorial Vasca Ekin, 1946.

Situación Religiosa en España. Dolorosas realidades, Santiago de Chile, 1947.

El Estatuto Vasco y la República Española —conferencia pronunciada en el

Ateneo Pi y Margall de Buenos Aires el 12 de julio de 1952—, Buenos Aires, Euzko-Deya, 1952.

El libertador vasco: Sabino de Arana y Goiri: biografía histórica, Buenos Aires, Edit. Vasca Ekin, 1953. Nueva edición: *El libertador vasco: Sabino de Arana Goiri: biografía básica,* Bilbao, Edit. Geu, 1977.

Jesús de Galíndez, Buenos Aires, Edit. Mac-co (sic), 1956. Existe otra edición posterior: *Jesús de Galíndez: el delegado vasco víctima de Trujillo,* Bilbao, Edit. Ereintza, 1981.

En defensa de la verdad: los vascos en la guerra civil española; ¿quién destruyó Gernika? Aguirre, quién es, cómo piensa, Buenos Aires, Edit. Vasca Ekin, 1956.

Crónicas de guerra y exilio, Bilbao, Edit. Idatz Ekintza, 1983. Incluye: *Cómo se llegó a la autonomía; Euzkadi, la guerra antes del Estatuto; Con los alemanes en París; En defensa de la verdad, y Jesús de Galíndez.*

Bejarano, Benigno

Se sabe muy poco de la vida de Benigno Bejarano. En 1929 colaboraba en la revista *Lecturas* y había publicado varias novelas humorísticas de carácter evasivo. Sin embargo, sus colaboraciones en el periódico *España Nueva,* indican su ideología y permiten suponer que su trabajo en la revista y aquellas novelas tenían una finalidad meramente utilitaria.

Ese mismo humor cobra otro contenido en su producción a partir de 1931, cuando pasa a colaborar declaradamente en *Solidaridad Obrera, Cultura Libertaria* y *Sindicalismo.* Anarquista moderado, en la división del movimiento se inclinó por el grupo «Treintista» de Ángel Pestaña y abandonó *Solidaridad Obrera.*

Parece que, como tantos otros, marchó al exilio y que murió en un campo de concentración alemán en 1943.

Su obra se suele dividir en dos períodos. Uno, hasta 1931, de carácter intranscendente, aunque ya con un vivaz tono humorístico. La segunda tendrá un declarado tono satírico político y social, en la que pondrá de relieve el inculplimiento de la realidad de la República ante las expectativas del movimiento obrero. No obstante, el autor no reniega de su obra anterior y en la guarda de *Enviado especial* hace relación de todas sus obras e indica el número de ediciones. Debió de tener éxito a juzgar por ello.

Entre las obras de primera época figuran las siguientes novelas: *La mujer enigma, La huella heráldica, Don Silvio de Alburquerque, El hombre que vendía la camisa, El secreto de un loco* y *El caso del doctor González.*

Posteriormente a 1931 aparecen *Fantasmas* (Barcelona, 1932), *El fin de una expedición sideral, Turistas en España* (Barcelona, 1932, 3.ª), *Conspiradores*

(Barcelona, 1933), que incluye la novela corta *La herencia de mi tío, Caballeros del bienio* (Málaga, 1936) y *Enviado especial* (Barcelona, 1938). Algunas de ellas alcanzaron varias ediciones a pesar del precio, lo que es indicio de su éxito.

Belausteguigoitia, Ramón de

Ramón de Belausteguigoitia fue un personaje de actividades múltiples. Jugó al fútbol en el Atlético de Bilbao en su juventud, al tiempo que se dedicó al estudio de la situación política y económica de Euzkadi. Como escritor y publicista dedicó sus trabajos principalmente a los problemas de la tierra y de la propiedad rural en el País Vasco. Pero no sólo le preocuparon los problemas rurales, sino los culturales como sugiere su ensayo *Trueba. Su significación en la moderna literatura vasca* (1914). Formó parte de la redacción de la revista *Hermes.*

En 1930 publicó el libro *México de cerca.* Y, cuatro años más tarde, el primer libro sobre el General Sandino, el legendario defensor de los oprimidos, *Con Sandino en Nicaragua* (Madrid, Espasa Calpe, 1934).

El impacto de la guerra lo lleva a escribir su extensísima *Euzkadi en llamas* (México, 1938). Durante la Segunda Guerra Mundial fue corresponsal de guerra en Londres y en el campo de batalla. Más tarde se instaló en México y acabó dedicándose a la ganadería. No obstante, no abandonó su actividad literaria, fruto de la cual son *La sombra del mezquite* (México, Aquelarre, 1951), *La novela de un refugiado* (México, Costa Amic, 1970).

Camín, Alfonso

El poeta, periodista y escritor Alfonso Camín fue bautizado en Tremañes y pasó su infancia en la aldea de Roces. En sus mocedades vivió en La Habana. También vivió los años revolucionarios de México. Era amigo de Indalecio Prieto y de Belarmino Tomás. Era un escritor muy conocida en Asturias.

En el verano de 1936, Camín llegó hasta Vegadeo y otros pueblos de la frontera de Asturias. Hacía dos años que no iba por allí, «ajeno a todo bando político, simplemente republicano romántico, español de cepa y asturiano de entre el Nalón y el Sella».

En abril de 1937 consiguió escapar de la zona sublevada por Tuy y llegar a Portugal, para marcharse después a Hispanoamérica [Cuba y México] donde publicó sus experiencias de guerra y otras muchas obras. En 1948 estaba viviendo en México, donde dirigía la revista *Norte.*

Producción literaria

Alfonso Camín también fue un autor sumamente prolífico, que llegó a publicar una extensa serie de obras, entre las que encontramos los siguientes títulos: *Adelfas,* La Habana, 1913; *Crepúsculos de oro,* La Habana, 1914; *Cien sonetos,* La Habana, 1915; *La ruta,* Madrid, 1916; *De la Asturias simbólica,* La Habana, 1917; *De la Asturias simbólica,* México, 1918-2.ª; *Adelfas* (edición corregida y aumentada), México, 1919-2.ª; *Quosque tandem?* México, 1920; *Alabastros,* México, 1920; *Hombres de España,* Madrid, Edit. Renacimiento, 1923; *La moza del castañar* (novela asturiana), Madrid, Edit. Renacimiento, 1923; *Hombres de España y de América* (edición especial), La Habana, 1925; *De la Asturias simbólica y nuevos poemas* [edición corregida y aumentada], Madrid, Edit. Renacimiento, 1925-3.ª; *La Carmona* (novela asturiana), Madrid, Edit. Renacimiento, 1925; *Carteles* (poemas), Madrid, Edit. Renacimiento, 1926; *Los hombres y los días,* Madrid, Edit. Renacimiento, 1927; *La Pícara Molinera* (teatro, en colaboración con Asenjo y Torres, del Alamo y el maestro Luna), Madrid, ¿1927?; *Entre volcanes* (novela), Madrid, Edit. Renacimiento, 1928; *Xóchilt y otros poemas,* Madrid, Edit. Iberoamericana, 1929; *Antología poética,* Madrid, Edit. Iberoamericana, 1930; *Carey* [poemas de Cuba], Madrid, 1931; *La Pregonada* (novela asturiana), Madrid, 1932; *La danza prima,* Madrid, 1932; *Cien sonetos,* Madrid, 1932-2.ª; *El Gallo de Mateón* (cuentos asturianos), Madrid, 1933; *Los poemas del indio Juan Diego* (poesías mexicanas), Madrid, 1934; *Los poemas lozanos* [poesías], Madrid, 1935; *Pelayo* (biografía completa y poemática del héroe de Covadonga), Madrid, Ediciones de «Nuestra Raza», 1935; *España a Hierro y Fuego* [eposidios de la guerra civil española], México, 1938; *El Valle Negro* (Asturias, 1934), México, 1938; *Poemas para niños de catorce años,* México, 1938.

A partir de 1939 Alfonso Camín siguió publicando un considerable número de obras más en el exilio. Entre ellas están los siguientes títulos: *Nuevo romancero asturiano* (Poemas civiles, 1934-37); *Romancero de la guerra de España,* México, Imprenta de Manuel León Sánchez, S.C.I., 1939, 22 pp.; *Águilas de Covadonga* (Pelayo, el guerrillero de Cristo), México, Editorial Norte, 1940, 176 pp.; *Lienzos de España* (En el Museo del Prado y otros poemas), México, Editorial Norte, 1941, 171 pp + illustr.; *Poemas del destierro y nuevo romancero asturiano,* México, Edit. del Norte, 1942, 331 pp. (Portada de José Bardasano); *Mar y viento* (poemas), México, Edit. Norte, 1943, 259 pp.; *Tornadas en la neblina,* México, Edit. ¿Norte?, 1943, 200 pp. (Epílogo de Antonio Zozaya y portada de José Bardasano); *El adelantado de la Florida,* México, Revista Norte, 1944, 352 pp.; *Carey y nuevos poemas,* México, Revista Norte, 1945, 212 pp.; *La danza prima y nuevos poemas,* México, Impresora Azteca, 1945, 328 pp.; *La mariscala. El verdadero Bobes,* México, Talleres Tipográficos Modelo, 1945, 223 pp.; *Son de gaita y otras canciones,* México, Revista Norte, 1946, 322 pp.; *Los poemas de México* (antología),

México, Talleres Tipográficos Modelo, 1947, 348 pp.; *Castillos y leones,* México, La Impresora Azteca, 1948, 232 pp.; *Últimos cantos de la guerra,* México, La Impresora Azteca, 1948; *El retorno a la tierra (Nuevos poemas asturianos),* México, La Impresora Azteca, 1948, 220 pp. (Prólogo de Rafael Altamira); *Alabastros y nuevos poemas,* México, La Impresora Azteca, 1949, 220 pp.; *Canciones y pequeños poemas,* México, Tall. Cooperat. Modelo, 1949, 199 pp.; *Apolo y las rosas,* México, Impresora Azteca, 1950, 221 pp.; *España y sus hombres,* México, Revista Norte, 1950, 864 pp.; *Carbones y otros retratos,* México, La Impresora Azteca, 1952, 226 pp.; *Entre manzanos* (niñez por duros caminos), México, Revista Norte, 1952, 336 pp. (Semblanza de Alfonso Camín por Luis Astrana Marín. Cubierta de Germán Horacio); *Fantoches,* México, Imp. M. León Sánchez, 1954, 156 pp. (Cubierta de Rafael Blanco); *Los Buitres,* México, Impr. M. León Sánchez, 1954, 335 pp. (Cubierta de Germán Horacio); *La copa y la sed,* México, La Imprenta Azteca, 1954, 324 pp.; *Cien sonetos y cien más,* México, La Imprenta Azteca, 1955, 234 pp.; *Los poemas de Madrid (a Rosario),* México, Imprenta Azteca, 1955, 234 pp. (Cubierta de Germán Horacio); *Al son del agua* (Cantos de cortejo), México, La Imprenta Azteca, 1956, 340 pp.; *Estafermos,* México, La Imprenta Azteca, 1956, 245 pp.; *Entre palmeras* (vidas emigrantes), México, Revista Norte, 1958, 703 pp.; «Memorias, vidas emigrantes», en la revista *Norte,* México, 1958; *Carteles y nuevos poemas,* México, La Imprenta Azteca, 1958, 370 pp.

Aparte de las obras reseñadas, Alfonso Camín tenía escritas obras, pendientes de publicación.

Referencias bibliográficas

1. Alfonso Camín: *España a hierro y fuego (Espisodios de la guerra civil española),* México, 1938.
2. *La Gran Enciclopedia Asturiana,* 1970-1975.
3. María Elvira Muñiz: *Historia de la literatura asturiana en castellano,* Gijón, Ayalga (Col. Popular Asturiana, 42), 1978, pp. 173-175 y 195-196.
4. VV.AA.: *El exilio español en México,* 1939-1982, México, FCE, 1982, pp. 749-750.
5. VV.AA.: *Homenaje a México,* México, Ateneo Español, 1983.

Cimorra, Clemente

Clemente G[utiérrez] Cimorra (Oviedo 1900 - Buenos Aires 1958) pasó parte de su infancia y adolescencia en Madrid, donde cursó el bachillerato. Ingresó en el cuerpo de telégrafos y como tal participó en las campaña de Marruecos, siendo condecorado por su comportamiento en Alhucemas. De familia conservadora, sin embargo sus ideas fueron por otros caminos y ya antes de la proclamación de la República estaba en relación con Álvaro de Albornoz e Indalecio Prieto. Proclamada aquélla, se dedicó al periodismo político sin dejar de cultivar un periodismo costumbrista y taurino. Por esa época inicia sus actividades literarias y Víctor Fuentes lo cita como uno de los autores que publican en la colección Teatro Revolucionario de la Biblioteca Plus Ultra junto con Bajatierra, Gorkin y otros; pero no entra en más detalles.

Al estallar la guerra se incorpora al Ejército Popular en calidad de técnico en transmisiones y alcanza el grado de Capitán de Ingenieros. Durante el conflicto envía sus crónicas del frente a *La Voz,* que es de donde proceden las de *Madrid es nuestro.* Su actividad periodística durante la guerra fue abundante y resultado de ella son los otros dos libros que hemos abordado: *España en las trincheras* y *Héroes del Pirineo.*

Al finalizar la guerra pasa la frontera francesa y en 1940 llega a Buenos Aires, lugar de su exilio definitivo, donde desarrollará una amplia labor como periodista y conferenciante, además de escribir abundantes libros. Allí colabora en *Pensamiento español* (1942-44), revista de carácter intelectual en la que figuran Castelao, Ossorio y Gallardo, entre otros, dirigida por Mariano Perla. Participa activamente en la polémica con Aranguren sobre la «reconquista» intelectual de España.

Periodista dado a la novela, publica *Cuatro en la piel de toro* (B. Aires, Helios), *El bloqueo del hombre* [novela del drama de España (B. Aires, Claridad, 1940)], *Gente sin suelo* (novela del éxodo civil), (B. Aires, Américalee, 1940), *La simiente* (novela de los hijos de la guerra), (B. Aires, Claridad, 1942), El caballista (1957). También cultiva el ensayo: *Galdós, El cante jondo y realidad folklórica* (1943), y *España en sí* (1941). Y otros libros, como *Historia de la tauromaquia* (Tridente, B. Aires, 1945), *Los gitanos* (Atlántida, B. Aires, 1944).

Es curioso señalar que Marra-López habla de él como prolífico novelista y, sin embargo, los repertorios consultados ofrecen un vacío entre 1945 y 1957, fecha de su última novela, un año antes de su muerte acaecida en 1958 en Buenos Aires.

Chaves Nogales, Manuel

Manuel Chaves Nogales nació en el seno de una familia de periodistas. A los 14 años, ya colaboraba en *El Liberal,* donde su padre era redactor jefe, frecuentaba el Ateneo de Sevilla y, desde 1918 a 1921 colaboró como redactor en *El Noticiero Sevillano* y en *La Noche.* En 1920 se casó con Ana Pérez [† 20/5/1992] y, en 1921, vivieron unos meses en Córdoba, donde él iba a dirigir *La Voz,* un periódico que se fundó en aquella capital.

Los años 20 fueron un período de mucha actividad. Entonces le publicaron dos libros: *La ciudad (ensayos),* (Sevilla, 1921), en el que Chaves realizaba una interpretación de una Sevilla que se preparaba para la Exposición Iberoamericana de 1929. Chaves también escribió muchos reportajes, luego recogidos en libros, en los que se combinaba la riqueza informativa y la fuerza literaria. Eran como novelas de viajes o novelas de aventuras. Entre ellos encontramos títulos como *Narraciones maravillosas y biografías ejemplares de algunos grandes hombres humildes y desconocidos* (1920), y la novela corta titulada *La órbita (1924),* que era una de las *Narraciones maravillosas.* En 1922 llegó a Madrid y ya sólo volvió ocasionalmente a Sevilla. Chaves realizaba un periodismo moderno, en la línea de Maeztu —deseosos ambos de incorporar España a los patrones culturales europeos.

En Madrid fue redactor del *Heraldo* (1924) y de *La Acción* (1925); frecuentó tertulias y ganó el premio «Mariano de Cavia» (1927), por un reportaje sobre «La llegada de la aviadora Ruth Elder a Madrid» —la primera mujer que realizó la travesía del Atlántico en solitario—. A partir de entonces creció su interés por la aviación. En 1927 era también redactor-jefe del *Heraldo* de Madrid, adonde lo había traído el director Fontdevilla. A partir de 1928 realizó mucha actividad. Entonces —hasta 1936— comenzó a colaborar en *Estampa. La Gaceta Literaria* (marzo de 1928) recogía una entrevista a Chaves. De 1927 a 1937 formó parte de la Agrupación Profesional de Periodistas; también realizó varios viajes: a Venecia, Ginebra, Marsella, Londres, Sintra, Barcelona, etc.

Desde 1929 Chaves fue el redactor-jefe del *Heraldo.* Para este periódico realizó los reportajes más audaces, como viajar a la URSS para ver los progresos de la revolución. Recorrió diez mil kilómetros por Europa, escribiendo reportajes diarios, ilustrados con fotografías y mapas. El resultado de esta odisea de Manuel Chaves fue la publicación de dos libros de viajes: *La vuelta a Europa en avión (Un pequeño burgués en la Rusia Roja),* (1929), y *La bolchevique enamorada (El amor en la Rusia Roja)* (1930), donde abordaba el tema de la vida sexual bajo el régimen soviético.

En diciembre de 1930 apareció el diario *Ahora,* donde Chaves volvió a ser el «alma» del diario, organizándolo de forma eficiente, con corresponsales y enviados especiales. Él mismo informó desde Portugal, Italia y Alemania, En España, consiguió la colaboración de escritores de prestigio como Baroja, Maeztu, Zamacois o Unamuno. Aquel mismo año Chaves empezó un nuevo recorrido por Europa, en busca de los personajes de la revolución rusa en el exilio. Así pudo reconstruir el panorama del exilio en el que vivían dos millones de exiliados rusos de la Revolución de 1917. Este reportaje apareció en *Ahora* por entregas diarias, y fue otro gran éxito; y se editaron en el volumen *Lo que ha quedado del imperio de los zares* (1931). Chaves aún trató el tema de la revolución rusa en *El maestro Juan Martínez que estaba allí* (1934), para lo que se servía de la figura de un bailarín flamenco y de su esposa y compañera artística, testigos de los hechos desde 1916 hasta 1920.

Los años de la República estuvieron llenos de ilusiones y expectativas. Entonces era director del diario madrileño *Ahora* —hasta la sublevación militar de 1936—. En 1934 estuvo como corresponsal de *Ahora* en Ifni. Allí convivió con soldados y pueblo, para ver el conflicto bélico que libraba España en tierras africanas. También hizo un seguimiento de la marcha de El Negus de Abisinia a su exilio londinense. Entonces abordó el mundo taurino y la psicología andaluza en: *Juan Belmonte, matador de toros; su vida y sus hazañas* (1935) —una autobiografía contada por el mismo torero, editada en 1938—. *Estampa* comenzó a publicar entregas semanales de este libro en junio de 1935.

En 1936, Chaves tenía gran predicamento en el mundo del periodismo español. Era valorado y respetado por muchos lectores españoles como reportero y como escritor. Él y los periodistas de *Ahora* defendieron la República; luego, las Juventudes Socialistas Unificadas se incautaron de *Ahora,* haciéndolo su portavoz. Con su pluma luchó contra el fascismo junto a los revolucionarios, aunque él no era revolucionario. Como La crueldad de ambos bandos resultaba espeluznante y aniquilaba a los mejores hombres, a finales de 1936, cuando el gobierno republicano huyó de Madrid, él se exilio a Francia. Allí terminó un volumen de narraciones cortas de gran intensidad, belleza y calidad, que editó en Chile: *A sangre y fuego. Héroes, bestias y mártires de España. Nueve novelas cortas de la guerra civil y la revolución* (1937). Todas ellas tienen en la guerra un trasfondo común que les daba unidad. A París llegó en 1937, y allí vivió el fin de la República y la guerra españolas; y ya no volvió más a España, pues murió en Londres.

En París volvió a una vida de intensa actividad literaria y periodística trabajando en la Agencia Cooperation Press Service. A través de ella puedo enviar colaboraciones a periódicos hispanoamericanos: a *El Tiempo* (de Bogotá), a *El Nacional* (de México), y a *La Nación* (de Buenos Aires). Colaboró en *L'Europe Nouvelle* y en *Candide,* y fue corresponsal de la Agencia Havas. También estableció distintos contactos con diplomáticos de Embajadas hispanoamericanas. Asimismo, Chaves realizó dos intentos frustrados de escribir sendas biografías de Maurice Chévalier y de Charles Chaplin, pero no concluyó ninguna de las dos.

Huyendo de la invasión alemana en Francia, en 1940 se fue a Inglaterra, donde ya era conocido por las traducciones de su obra sobre Juan Belmonte. Su esposa y tres hijos abandonaron París para instalarse en un campo de refugiados cerca de Irún. De Irún volvieron a Sevilla, bajo la protección de su hermano José Chaves.

En Londres vivió en un apartamento de Russell Court y realizó una amplia actividad periodística, aunque las comunicaciones con su familia fueron muy escasas por las dificultades que trajo la guerra mundial. Trabajó como redactor en la plantilla del *Evening News;* y en el *Evening Standard* llegó a tener una Columna propia. El escribía en español, y su secretaria traducía sus artículos al inglés. Entre octubre de 1941 y 1942, fue el director la agencia de noticias Atlantic-Pacific News Agency (Atlas) —69, Fleet Street—. A través de dicha agencia, conocidos exiliados españoles pudieron dar a conocer su pensamiento en artículos que publicaban periódicos hispanoamericanos. Dicha agencia se distinguía por facilitar artículos bien traducidos al castellano de autores de prestigio.

Chaves también participó en algunos de los actos organizados por los exiliados de Gran Bretaña, como homenaje a México celebrado en el Bonington Hotel de Londres —dic. 1943—, y mantuvo algunos contactos con el pequeño grupo de Acción Republicana Española y otros exiliados sin importar el partido al que pertenecían. Dentro del ciclo de conferencias organizadas por ARE en el otoño de 1942, Chaves pronunció una titulada «Función de la prensa en las democracias». A comienzos de los 40 Chaves también fundó una revista titulada *Atlanta* en la que colaboraron algunos exiliados. Asimismo, estuvo reuniendo material para escribir una novela —inconclusa— sobre los exiliados, e incluso llegó a colaborar en la BBC. En 1941 se publicó en Montevideo su obra *Agonía de Francia...* Después, aún publicó una obra más: *Learn from France* [Londres].

Chaves murió el 8 de mayo de 1944 a raíz de una desafortunada operación. Tenía 46 años; y murió solo en el hospital de Royal Avenue —en Chelsea—. Entonces estaba reelaborando información recogida de distintos refugiados llegados a Londres, escapando de los nazis, para utilizarla en una novela.

Carlos Sampelayo afirmaba que Chaves era un periodista ambicioso y apasionado, que «escribía muy bien, con tremendismo, y tenía un sentido callejero de la profesión». Apuntaba también que su aspecto de anarquista convencional ocultaba a un burgués frustrado, que se distinguía por su desaliño en el vestido y por trabajar intensamente para sacar adelante a su numerosa familia. *The Times* [9-V-1944] destacaba que no había tenido militancia de partido y que siempre fue un ardiente liberal republicano.

Obras

Manuel Chaves Nogales: *Juan Belmonte, matador de toros; su vida y sus hazañas,* Madrid, Edit. Estampa, 1935. Durante la guerra española —en 1937—, esta obra fue reeditada en inglés por Heinemann, con el título de *Juan Belmonte, Killer of Bulls. The Autobiography of a Matador, as Told to Manuel Chaves Nogales.* La traducción era de Leslie Charteris, 324 pp + 18 ilustraciones hechas por Martínez de León, + 27 fotografías. En 1944 se realizó otra edición en México por Ediciones Tauro. Reedición en Madrid, Alianza Editorial, Colección Libro de Bolsillo (222), 1969, 340 pp. [con Epílogo de Josefina Carabias].

Manuel Chaves Nogales: *A sangre y fuego. Héroes, bestias y mártires de España. Nueve novelas cortas de la guerra civil y la revolución*, Santiago de Chile, Edit. Ercilla, 1937. En 1937 se hicieron también se hicieron ediciones de esta obra en inglés: Manuel Chaves Nogales: *Heroes and Beasts of Spain,* Nueva York, Edit.

DCF Harding, Doubleday, Doran & Co., 1937, 303 pp. En 1938 apareció otra edición de las mismas historias, bajo el título de la primera de las nueve narraciones: *And in the Distance a Light...?* Londres, Edit. Heinemann. Contenía la aclaración de que eran «aspects of the Spanish Civil War». Incluía un prólogo del propio Chaves Nogales que ya aparecía en la edición de 1937 de Nueva York, de la que Luis de Baeza era el autor de la traducción al inglés.

Además de los dos intentos frustrados de Manuel Chaves de escribir en Francia sendas biografías de Maurice Chévalier y de Charles Chaplin —no concluidas—, en Inglaterra estuvo reuniendo material para escribir una novela sobre los exiliados de Londres que tampoco concluyó.

Manuel Chaves Nogales: *Agonía de Francia,* Montevideo, Edit. por C. García y Cía., 1941.

Manuel Chaves Nogales: *Learn from France,* Londres, Victor Gollancz, Colección Victory Books (n.º 4), ¿año?

Colaboración en revistas y periódicos

Hacia el final de la guerra española, Chaves consiguió trabajo en París, en la Agencia Cooperation Press Service, que distribuía artículos políticos a distintos periódicos. A través de ella puedo enviar colaboraciones a periódicos hispanoamericanos: como *El Tiempo* [de Bogotá], *El Nacional* [de México], y *La Nación* [de Buenos Aires]. Colaboró en *L'Europe Nouvelle* y en *Candide,* y fue corresponsal de la Agencia Havas.

En Londres Manuel Chaves también realizó una amplia actividad periodística. Trabajó como redactor en la plantilla del *Evening News;* y en el *Evening Standar* llegó a tener una Columna propia. El escribía en español, y su secretaria traducía sus artículos al inglés.

Entre octubre de 1941 y 1942, fue el director de la agencia de noticias Atlantic-Pacific News Agency (Atlas) —69, Fleet Street—. A través de dicha agencia, Madariaga, Araquistain y otros exiliados españoles conocidos pudieron dar a conocer su pensamiento a través de artículos que eran distribuidos a periódicos hispanoamericanos. Dicha agencia se distinguía a principios de los 40 por facilitar artículos bien traducidos al castellano de autores europeos de prestigio para revistas y periódicos de América Latina.

A comienzos de los 40 también creó en Londres una revista titulada *Atlanta,* en la que, entre otros, solía colaborar Luis Portillo.

Chaves también colaboró algo en los programas de la BBC.

Bibliografía

Manuel Chaves Nogales: *Heroes and Beasts of Spain,* Nueva York, Edit. DCF Harding, Doubleday, Doran & Co., 1937.

María Isabel Cintas Guillén: «Introducción», en Manuel Chaves Nogales: *Obra narrativa completa,* Sevilla, Diputación de Sevilla y Fundación Luis Cernuda, colección Biblioteca de Autores Sevillanos, 1993, vol. I.

Carlos Martínez: *Crónica de una emigración [La de los republicanos españoles en 1939,* México, Libro Mex Editores, 1959, p. 131.

Rafael Martínez Nadal: *Españoles en la Gran Bretaña: Luis Cernuda. El hombre y sus temas,* Madrid, Ediciones Hiperión, 1983, p. 354.

Luis Monferrer: *La producción intelectual de los exiliados españoles en Gran Bretaña [1936-1975],* Barcelona, Universidad Central de Barcelona,1991 —Tesis doctoral, edición en microficha.

Luis Monferrer: «Manuel Chaves Nogales: Un aguafuerte de la España de 1936», Universidad Autónoma de Barcelona, *Simposium sobre el exilio de 1939,* Barcelona, 18 de noviembre de 1993.

Carlos Sampelayo: *Los que no volvieron,* Barcelona, Edic. Asenet, colección Libros de la Frontera (25), 1975, pp. 93-97 y 104-105.

Boletín de Acción Republicana Española [ARE], n.º 1, Londres, 7-XI-1942.

L'Europe Nouvelle [11 de mayo de 1944].

Evening Standard [Londres, 9 de mayo de 1944].

The Manchester Guardian [Manchester, 11 de mayo de 1944].

The Times [9 de mayo de 1944].

La Razón [Buenos Aires, 9-10 de mayo de 1944].

Fuente, Pablo de la

Pablo de la Fuente nació en Segovia el 20 de diciembre de 1905. Su infancia transcurre en Oviedo, Santander y Valladolid. A los diecisiete años se traslada a Madrid, empezando a trabajar en las oficinas de los ferrocarriles del Norte. Hizo estudios de Bachillerato y Universidad, interrumpidos a consecuencia de las luchas estudiantiles de 1929.

Los primeros trabajos literarios de que tenemos noticia datan de la guerra: *El café... sin azúcar,* pieza teatral incluida en *Teatro de urgencia* (Madrid, Signo, 1938) y la que hemos comentado *El hombre solo* (Madrid, Prieto, 1939).

Refugiado en la embajada de Chile junto con Santiago Ontañón, Antonio Aparicio, Antonio de Lezama, José Campos y Aurelio y Julio Romeo, entre otros, logra salir hacia aquél país en 1940 (prácticamente al año y medio de la caída de Madrid), donde transcurren los primeros años de su exilio. En 1955 se instala a

Roma, donde vivió hasta su muerte y allí trabajó hasta su jubilación en un organismo internacional.

Durante su encierro en la embajada de Chile en Madrid colaboró en la elaboración de la revista *Luna,* cuadernos semanales de ensayos, críticas de lecturas, suplemento de poesía, narrativa etc., con ilustraciones de Santiago Ontañón. Allí publicó Pablo de la Fuente los cuentos «Los primeros días», «Sus ojos», «Laly», «El hijo» y un capítulo (el II) de *Batallón de choque* (novela).

Ya en Chile se integró en el consejo de redacción de *España Libre,* periódico quincenal publicado en Santiago de Chile de febrero a diciembre de 1942. Y en el n.º 23-25 de *Las Españas* (México, abril de 1953) en la sección «Cuentos del destierro» aparece firmado por nuestro autor el titulado «El encuentro».

La obra narrativa de Pablo de la Fuente comprende el libro de relatos *El hombre solo* (Ed. Enrique Prieto, Madrid, 1939), la novelas: *Sobre tierra prestada* (Ed. Nuestro Tiempo, Santiago de Chile, 1944), *Los esfuerzos inútiles* (Ed. Nuevo Extremo, Santiago de Chile s.a ¿1949?), *Este tiempo amargo* (Ed. Nascimento, Santiago de Chile, 1953) que obtuvo el Primer Premio del Concurso de la Alianza de Intelectuales de Chile en 1951; *El señor cuatro y otras gentes,* volumen de cuentos (Ed. Zig-Zag, Santiago de Chile, 1954) y otras dos novelas: *La despedida* (1966) y *El retorno* (Joaquín Mortiz, México, 1969). También publicó algunos cuentos en *Ínsula* (1966 y 1970) y *El Urogallo* (1971).

Gondi, Ovidio

Ovidio González Díaz (Concejo de San Martín del Rey Aurelio —Asturias—, 28-XI-1909) tenía una formación autodidacta. En 1922 se trasladó a Sama de Langreo, donde llegó a ser secretario de la biblioteca del Ateneo Popular, y director de la revista *Orbayo.* También colaboró con distintas revistas como *El Noroeste* —de Gijón—, *Atlántico* —de Madrid— y *Avance* —de Oviedo—. En 1934 Ovidio Gondi era redactor del periódico ovetense *Avance* —1.ª Época—, cuando Javier Bueno era el director del mismo. Este periódico era el órgano de expresión de la Federación Socialista y de la UGT asturianas. Este periódico fue creado por el sindicato SOMA-UGT, y era heredero de otro anterior denominado *La Aurora Social.* Desde mediados de noviembre de 1931 se convirtió en un referente ideológico para los trabajadores asturianos, bajo la nueva dirección de Javier Bueno —asesinado el 27 de septiembre de 1939 en Madrid—. Aparte de las censuras, incautaciones y encarcelamiento del director, sus corresponsales también recibieron amenazas de muerte antes de la sublevación de Asturias en octubre de 1934. Este periódico influyó bastante en Asturias, junto con *La Voz de Asturias,* y *Región;* y desde él se capitalizó el ímpetu revolucionario de los trabajadores asturianos —unidos en la *Alianza Obrera*— hacia el partido socialista.

En 1936, con la amnistía otorgada por el Frente Popular, Bueno y otros periodistas quedaron libres. Con ayuda de miembros del SOMA de Francia compraron maquinaria y pusieron en marcha el periódico de nuevo, comenzando las tiradas el 25 de junio de 1936. Esta 2.ª Época fue breve, pues el 20 de julio de 1936, las tropas del general Aranda se apoderaron de Oviedo. Con la guerra civil, *Avance* entró en su 3.ª Época, y se siguió imprimiendo en Gijón, entonces en poder de los republicanos. El 20 de octubre de 1937 terminó esta andadura periodística, cuando Asturias cayó en poder de los sublevados. Bueno y otros periodistas, entre los que probablemente iba Ovidio Gondi, salieron a última hora por el puerto del Musel en el pesquero *M.ª Elena* y consiguió llegar a Francia. Desde allí pasaron a zona republicana [Cf. Mirta Núñez: «Javier Bueno, un periodista comprometido con la revolución» (pp. 67-89), en VV.AA. (1987): *Periodismo y periodistas en la guerra civil,* Madrid, Fundación Banco Exterior].

Tras terminar la guerra española, Gondi llegó a México en 1939. Allí colaboró en la revista *Así,* y publicaba *España día a día* —unos cuadernos mensuales de información documental—. En 1942 también era redactor de la revista *Tiempo.* Fue asimismo director de *Guía* —órgano de la Oficina de Información Aliada—. En 1945 se trasladó a Nueva York. Trabajó en la revista *Norte,* así como en la agencia holandesa de noticias Aneta. Tradujo también al español películas de la Metro Goldwyn Mayer, y colaboró en varias publicaciones, como *World Report; The Nation; Latin American Affairs,* y otras. En 1948, al proclamarse el Estado de Israel, pasó a formar parte, como asesor en asuntos hispanoamericanos, de la misión de Israel en las Naciones Unidas. Durante doce años desempeñó este cargo.

Asimismo, con el pseudónimo de J. Pumarabín, Gondi escribía una crónica semanal para la agencia American Literary Agency. En 1961 regresó a México, reincorporándose a la revista *Tiempo.*

Entre los honores y galardones recibidos, fue nombrado Comendador de la Orden de Orange-Nassau —en los Países Bajos—; la Orden al Mérito —de Ecuador— y la Órden del Cóndor de los Andes —de Bolivia.

Producción literaria

Avance era el periódico donde Ovidio Gondi trabajó más. Él era el autor de una obra editada en 1938 —tras la pérdida de Asturias por la República— titulada: *Guerra civil en Asturias: nuestros enemigos entre nosotros (Vida, crítica y exterminio de una Quinta Columna),* Barcelona, Ediciones Antifascistas, 151 páginas.

La de Gondi es una voz bastante desconocida; y por lo que se ve, publicó bastante en Asturias durante la guerra civil, mayormente en el diario *Avance.* Por la decisión tardía de editar sus artículos en un volumen, su voz dispersa no llegó a más lectores, en la forma de una colección de volúmenes con las crónicas publicadas en *Avance.* En el primer volumen se anunciaba la publicación de dos volúmenes más con artículos de Ovidio Gondi; pero desconocemos si se llegaron a editar los títulos anunciados:

Gondi: *Guerra civil en Asturias: Así se templa el acero (vida y ejemplo de una retaguardia sometida)* —en preparación en 1938.

O. Gondi: *Guerra civil en Asturias: La miliciana heroica (del 1.º de julio a la ofensiva de octubre)* —también en preparación en 1938.

En el exilio también escribió las siguientes obras:

Israel visto de perfil, Nueva York, 1955.

Las batallas de papel en la casa de cristal (ONU: los años decisivos), México, B. Costa-Amic, 1971, 325 pp.

Referencias bibliográficas

Ovidio Gondi: *Guerra civil en Asturias: Nuestros enemigos entre nosotros (Vida, crítica y exterminio de una Quinta Columna),* Barcelona, Ediciones Antifascistas, 1938, 151 pp.

María Elvira Muñiz: *Historia de la literatura asturiana en castellano,* Gijón, Ayalga, 1978. Col. Popular Asturiana (42), pp. 233-234.

Mirta Núñez: «Javier Bueno, un periodista comprometido con la revolución», en VV.AA.: *Periodismo y periodistas en la guerra civil,* Madrid, Fundación Banco Exterior, 1987, pp. 67-89.

VV.AA.: *El exilio español en México,* 1939-1982, México, FCE, 1982, p. 784.

VV.AA.: *Homenaje a México,* México, Ateneo Español, 1983.

Izcaray, Jesús

Jesús Izcaray nace en Béjar (Salamanca) en 1908. A partir de 1929 se dedica al periodismo y será redactor de *El Imparcial, Luz, Diario de Madrid,* y *Ahora.* Durante la guerra fue redactor-jefe de *Mundo Obrero* y en Barcelona subdirector de *Frente Rojo.* Es interesante porque se trata de una etapa premonitoria de una obra novelesca posterior, en que la aventura individual humana se inserta en la perspectiva crítico-social. Cronista muy leído, en 1938 recibe el Premio Nacional de Literatura. Se incluye un artículo suyo en *Crónica general.* Miembro del Partido Comunista, al acabar la guerra se refugia en Francia y luego en México (1940) donde funda *España popular.* En 1946, vuelve a Francia donde será redactor-jefe de *Mundo Obrero,* además de colaborar en otras publicaciones del exilio como *Independencia* y fundar la Editorial Ebro en París.

Como periodista lo recuerda Luis Suárez en *El exilio español en México* (p.

604) al mencionar «los reportajes de los frentes y su retaguardia. El objetivo era fundir ésta con aquéllos». Lo que viene a confirmar la estructura de *Madrid es nuestro.*

Autor de biografías y libros de reportajes, su obra novelesca —valorada positivamente por Tuñón de Lara y Gil Casado— es tardía:

La hondonada, México, Palomar, 1961.
Noche adelante, México, Palomar, 1962.
Las ruinas de la muralla, París, Ed. de la Librairie du Globe, 1964.
Madame García tras los cristales, París, Ed. de la Librairie du Globe, 1968.
Un muchacho en la Puerta del Sol, París, Col. Ebro, 1973.
Cuando estallaron los volcanes, Madrid, Akal, 1979.

Pablo Gil Casado en *La novela social española* (p. 107-8) lo incluye en la generación de los cuarenta y en un tercer grupo de escritores rezagados que expresan un concepto burgués de la vida a excepción, claro está, de Izcaray que también se muestra más innovador en procedimientos y en temática (p. 114).

Ontañón, Eduardo

Eduardo de Ontañón nació en Burgos. En esta ciudad creó y dirigió la revista literaria *Parábola* (1923-1928). Se dedicó al periodismo y ejerció la crítica teatral en *El Sol* y fue redactor de la revista *Estampa,* dirigida por Manuel D. Benavides. Entre sus obras anteriores a la guerra se encuentra *El cura Merino, su vida en folletín,* Madrid, Espasa Calpe (Vidas españolas e Hispanoamericanas del siglo XIX).

Durante la guerra mantuvo una intensa actividad periodística y literaria. En la *Crónica general,* de María Teresa León, se incluye una crónica de Eduardo de Ontañoso *(sic),* que consideramos una probable errata por Ontañón. Escribió teatro de urgencia —*El saboteador* y *El bulo*—, crónicas, informes, critica teatral. En 1939 marcha al exilio y se instala en México. Allí funda y dirige Ediciones Xóchitl. Publica numerosos libros, especialmente de poesía, aunque también debe acudir a otros libros de mayor difusión para sobrevivir. A fines de la década de los 40 vuelve a España y fallece en Madrid en 1949.

En su exilio mejicano publica las siguientes obras:

Tierra montañosa, breviario sentimental, 1940.
Siete poemas mexicanos, 1940.
Sinfonía azul, 1941.
El cura Merino, 1941 (reedición).
Desasosiegos de Fray Servando, 1941.
Viajes y aventuras de los escritores de España, 1942.
Mío Cid, 1944.
Manual de México, 1946.

Otero Seco, Antonio

Antonio Otero Seco: periodista, profesor y crítico literario. Nacido en Cabeza de Buey (Badajoz) en 1905. Cursó Derecho en la Universidad de Sevilla y se doctoró en Filosofía y Letras por la de Madrid. Como periodista destaca su labor en *Diario de Madrid, La Libertad, Heraldo de Madrid, El Sol, La Voz, Mundo Gráfico* y *Estampa.* Durante la guerra es corresponsal de *Mundo Gráfico* y llegará a ser redactor jefe de *El Sol,* colaborando regularmente en otros periódicos de la España republicana. Condenado a muerte al finalizar la guerra civil, se le conmuta la pena y pasa dos años en el penal del Dueso. Queda en libertad vigilada en 1941, pero como «depurado» no puede ejercer el periodismo ni publicar bajo su nombre. Pasa a la clandestinidad en 1945, viéndose obligado a exiliarse definitivamente en Francia al cabo de dos años. En París fue secretario de la Agrupación de Periodistas Españoles en el exilio. Ocupará la plaza de profesor de Lengua y Literatura española en la Universidad de Rennes desde 1952 hasta su muerte en 1970.

Son numerosísimas sus colaboraciones en revistas y periódicos hispanoamericanos y en publicaciones del exilio como *Ibérica,* dirigida por Victoria Kent. Colaboró también en las españolas *Ínsula, Papeles de Son Armadans* y *Revista de Occidente.* En Francia realizó la crítica de literatura española en *Le Monde* entre 1967 y 1970, año de su fallecimiento. La Universidad de Rennes le dedica un homenaje en el que reune y publica su obra periodística y crítica del exilio.

En el campo de la creación literaria, Antonio Otero Seco cultivó la novela y la poesía fundamentalmente. En la postguerra, colaboró con Manuel Ortega Lopo en dos obras teatrales estrenadas en Madrid bajo el nombre de Ortega únicamente. Entre 1925 y 1929 publica Otero Seco tres novelas *(El dolor de la vejez, La tragedia de un novelista* y *Una mujer, un hombre, una ciudad).* Durante la guerra publica la que puede considerarse primera novela de la guerra civil: *Gavroche en el parapeto* en colaboración con Elías Palma.

Palma, Elías

Elías Palma, natural de Huelva, militante socialista, fue comandante del Batallón denominado El Socialista que se ocupó, entre otras actividades, de la custodia y protección de las esculturas de Julio Antonio, muerto en un bombardeo, y también del reparto racional de alimentos entre los madrileños. Antes de la guerra había publicado *Un hombre en la revolución. Ramón González Peña,* Madrid, Imp. Galo Sáez, 1935, en defensa del que fuera primer alcalde republicano de Mieres, condenado a muerte a raíz de los sucesos de Asturias en octubre de 1934. El volumen incluye colaboraciones de destacados militantes y periodistas socialistas

(Araquistáin, Prieto, Alvarez del Vayo, Javier Bueno, etc.). En uno de sus artículos de *Mundo Gráfico,* Antonio Otero Seco le denomina «fino poeta» y Serge Salaün en *La poesía de la guerra de España* da noticia de un libro, en verso y prosa, de Palma publicado en 1938 que lleva por título *Sinfonía incompleta de la guerra* y por subtítulo «El triunfo de la Raza», con portada y viñetas de T. Fernández. Al frente de *Gavroche en el parapeto,* Juan Ferragut (seudónimo del periodista Juan Fernández) le dedica un encendido poema, de tintes rubendarianos. En la dedicatoria de *Gavroche* figura el nombre de González Peña junto a los de Miaja y Rojo y en el primer capítulo se lo vuelve a recordar: «En el penal de Burgos estaba González Peña; en el del Puerto de Santa María, Companys; otros muchos dirigentes de izquierda, repartidos por cárceles inmundas, en distintas provincias españolas» (p. 23).

Perla, Mariano

Mariano Perla nació en Madrid en 1914. Periodista de «nueva ola» y redactor de *El Sol* antes de la guerra, era miembro del Partido Comunista y dirigente del aparato de propaganda. Durante la guerra colaboró también en la revista *Nuevo Cinema.* Exiliado en Argentina (1939), continuó dedicándose al periodismo y formó parte de los círculos del exilio en Buenos Aires.

Ejerció su profesión en *Crítica* y *El Sol* de Buenos Aires. También cultivó la crítica cinematográfica y escribió guiones cinematográficos. Al mismo tiempo fue secretario de la revista *Pensamiento Español* (1942-1944), de carácter intelectual e independiente. En ella colaboraron Alfonso R. Castelao, Alfonso Ossorio y Gallardo o Clemente Cimorra, y otros elementos destacados del Centro Republicano Español de Buenos Aires. Participó activamente en la polémica con José Luis L. Aranguren sobre la «reconquista» intelectual de España.

Profesionalmente consiguió situarse bien y fue un presentador cotizado en la TV argentina. Modificó su posición política y llegó a ser el introductor de la Agencia Efe en aquel país. El también periodista Carlos Sampelayo lo califica de «pisador de noticias».

Publicó —como hicieron tantos otros— algunos libros de carácter divulgativo: *Oliverio Cromwell, Mac Arthur, Las ciudades antiguas, Los pieles rojas.*

Pozanco, Ángel Miguel

Parece que A. M. Pozanco era andaluz. En el verano de 1935, como funcionario colonial, fue destinado a Santa Isabel —actual Malabo— en la isla de Fernando Poo —Bioko—. En esta isla y en Bata vivió los hechos que narra. En diciembre de

1935 fue designado secretario del Subgobierno del continente (con sede en Bata). Prorrepublicano activo, se esforzó por defender y mantener la legalidad republicana en el territorio continental, hasta que tuvo que huir al Camerún (15-X-1936). Hasta abril de 1937, en que regresó vía Burdeos a España, vivió exiliado en Etudi-Yaoundé (Camerún), donde preparó el libro de memorias que comentamos en este volumen.

Pozanco también era autor de las siguientes obras: 1) *Ojos que no ven* [poemas], Valencia, 1937; 2) *Virutas de acero* [Epistolario social] ¿año?-2.ª; 3) *Esfinge roja; esfinge de ébano* (Novela del trópico) —en prensa—, 1937; 4) *Venus con brazos* [un libro sobre Andalucía] ¿año?; 5) *Emocionario lírico andaluz* [romances] ¿año? Se anunciaba asimismo que estaba preparando otras obras más: 6) *Faralaes* [un libro de poesía realizado en colaboración con otros autores]; 7) *Fanta Amina* [un libro sobre un viaje al lago Tchad]; 8) *Carriles cruzados* [episodios de un hombre de aldea]; 9) *Hilam-Hilam* [un libro de poesía realizado en colaboración con otros autores].

Ruiz Vilaplana, Antonio

Había nacido en Barcelona. En 1928 ingresó por oposición como secretario judicial, con destinos en Riaza (Segovia), El Ferrol (1932), Madrid y Burgos (nov. 1935), donde lo sorprendió la sublevación. A la vista de las arbitrariedades de los sublevados, el 30-VI-1937, se exilió a Francia donde redactó la obra que comentamos; sacrificando, de paso, un brillante porvenir profesional. Del aprecio que mereció en zona republicana nos da una idea un folleto editado por la Generalitat de Cataluña en 1938: *Carta abierta a los catalanes,* Barcelona, Comissariat de Propaganda de la Generalitat de Catalunya (23 pp.). Posteriormente se exilió a Estados Unidos, donde ejerció el periodismo y publicó: *Destierro en Manhattan,* México, Edit. EDIAPSA, 1945, donde describía las experiencias de refugiados españoles al llegar a la isla de Ellis y, después, en Estados Unidos. A comienzos de los 40 dudaba entre irse a Ecuador o seguir como periodista en Estados Unidos. Luego se pierde su pista.

El aparato de propaganda republicano explotó intensamente su obra, y de ella se hicieron ediciones en varios países.

Salas Viu, Vicente

Vicente Salas Viu (Madrid, 1911 - Santiago de Chile, 1967), musicólogo, muy joven, de la mano de Rodolfo Halffter y Adolfo Salazar comenzó a colaborar en *El Sol* (1931). Colaboró también en diversas revistas culturales, especialmente en

Cruz y Raya, cuya editorial le publicó su primer libro: *Viajes y ensoñaciones* (1934), novela fantástica. Durante la guerra civil colabora activamente en *El Mono Azul,* forma parte del grupo de *Hora de España,* donde aparecen algunos relatos que se incluyen en *Primeras jornadas y otras narraciones de la guerra española,* y llegó a dirigir *El Sol* cuando se convirtió en órgano del Partido Comunista.

Al finalizar la guerra marchó al exilio y consiguió llegar a Chile en 1939. Inmediatamente publica *Primeras jornadas y otras narraciones de la guerra española* (1940) y colabora en diversas publicaciones de los exiliados como *España Libre* o *Romance.*

Sin embargo, allí retomó su actividad principal como musicólogo y fue profesor de Historia de la Música en el Conservatorio Nacional y en la Facultad de Ciencias y Artes Musicales, desempeñando diversos cargos directivos, como el de director del Instituto de Investigaciones Musicales. Además fundó en 1945 la *Revista Musical Chilena.* Entre otras muestras de esta actividad tenemos algunos libros como *Sentimiento y expresión en la música del Barroco al Romanticismo* (Buenos Aires, 1943), *Músicos modernos de Chile* (Washington, 1944), *Momentos decisivos de la música* (Buenos Aires, 1959), *Música y creación musical* (ensayos) (Madrid, Taurus, 1966) y diversos ensayos monográficos.

No obstante, no abandonó completamente su actividad literaria y en 1960 aparecen en Santiago de Chile un libro de relatos: *La espaciosa soledad* (Santiago de Chile, 1960), y una novela: *La doble muerte de Felipe Villagrán* (Santiago de Chile, 1960). Dejó varios trabajos inéditos que aún no han sido publicados.

En los años sesenta realizó algunos viajes a España. En 1964 para presentar una ponencia en la Primera Bienal de Música Contemporánea; y en 1965 para pronunciar una serie de conferencias sobre Tomás Luis de Victoria.

Falleció el 1 de septiembre de 1967 en Santiago de Chile.

BIBLIOGRAFÍA

Historia e historiografía

ABELLÁN, José Luis, *et al.* (dir.) (1976-8): *El exilio español de 1939* (6 vols.), Madrid, Taurus (Bibl. Política Taurus, 33, 34, 36, 37, 40,41), 1976-1977-1978.

AZNAR SOLER, Manuel (ed.) (1986): *València, capital cultural de la República (1936-1937): Antologia de textos i documents,* València, Generalitat de València, Conselleria de Cultura, Educació i Ciència, 1986, 521 pp.

BERNECKER, Walther L. (1996): *Guerra en España 1936-1939,* Madrid, Ed. Síntesis (Letras Universitarias), 1996, pp. 191.

BLANCO ESCOLA, C. (1994): «Significado histórico del Ejército Popular de la República», en *Cuadernos Republicanos,* 19, julio de 1994, pp. 45-55.

BROUÉ, Pierre, y TÉMINE, Emile (1979): *La Revolución y la Guerra de España I, II,* México, FCE (Col. Popular, 33), 1979, 2.ª reimpresión.

CABANELLAS, Guillermo (1975): *La Guerra de los Mil Días. Nacimiento vida y muerte de la Segunda República Española,* Buenos Aires, Heliasta, 1975, 2.ª ed. revisada, 2 vols. 1.363 pp.

CARO BAROJA, Julio (1981): *Los pueblos de España I, II,* Madrid, Istmo (Fundamentos, 54-55), 1981, 3.ª ed.

CARR, Raymond (1985): *Estudios sobre la República y la guerra civil,* Madrid, SARPE (Bibl. de la Historia, 23), 1985, 376 pp.

FERRARONS, R. y GASCÓN, A. (1981): *«El Esquinazao». Perfil de un luchador,* Zaragoza, Unali, 1.981.

JACKSON, Gabriel (1981): *La República y la guerra civil,* Barcelona, Crítica (Temas Hispánicos, 6), 1981, 496 pp.

MARTÍNEZ, Carlos (1959): *Crónica de una emigración (La de los republicanos españoles en 1939),* México, Libro Mex (Temas Ibéricos), 1959.

PAYNE, Stanley G. (1977): *La Revolución Española,* Barcelona, Argos-Vergara, 1977, 396 pp.

Revista de Occidente (1981): *50.º Aniversario La Segunda República Española,* 7-8 (Extraordinario I), Madrid, noviembre 1981, 270 pp.

RUBIO CABEZAS, Manuel (1987): *Diccionario de la guerra civil Española 1 y 2,* Barcelona, Planeta (Espejo de España), 1987, 819 pp.

SAMPELAYO, Carlos (1975): *Los que no volvieron,* Barcelona, Ed. Asenet (Los Libros de la Frontera, 25), 1975. Pról. de M. Vázquez Montalbán.

SOUTHWORTH, Herbert R. (1964): *Le mythe de la croisade de Franco,* París, Ruedo Ibérico (L'Espagne Contemporaine), 1964, 327 pp.

TAMAMES, Ramón (1983): *Historia de España, VII. La República, la era de Franco,* Madrid, Alfaguara, 1983, 10.ª ed.

THOMAS, Hugh (1987): *La guerra civil Española,* Madrid, Edit. Urbión / Orbis, 1987, 16 vols.

VV.AA. (1986): *La guerra civil* (24 vols.), Madrid, Historia 16, 1986.

VV.AA. (1982): *El exilio español en México,* FCE-Salvat, México, 1982, pp. 912.

VÁZQUEZ RIAL, Horacio (1996): *La guerra civil española: una historia diferente,* Barcelona, Plaza & Janés (Así fue. La historia rescatada, 6), pp. 325.

Literatura general

AUB, Max (1974): *Manual de Historia de La Literatura Española,* Madrid, Akal, 1974.

AZNAR SOLER, Manuel (1987): *I Congreso Internacional de escritores para la defensa de la cultura* (París, 1935), Valencia, Conselleria de Cultura, Educació i Ciència (Col.lecció Homenatges), 1987, 526 pp.

—— (1987): *II Congreso Internacional de escritores para la defensa de la cultura* (Valencia-Madrid-Barcelona-París, 1937), vol. II, *Literatura española y antifascismo (1927-1939),* Valencia, Conselleria de Cultura, Educació i Ciència (Col.lecció Homenatges), 1987, 447 pp.

AZNAR SOLER, Manuel, y SCHNEIDER, Luis-Mario (editores) (1987): *II Congreso Internacional de escritores para la defensa de la cultura* (Valencia-Madrid-Barcelona-París, 1937), vol. III, *Actas, ponencias, documentos y testimonios,* Valencia, Conselleria de Cultura, Educació i Ciència (Col.lecció Homenatges), 1987, 504 pp.

BERGAMIN, José, (1937): «Larra, peregrino en su patria», *Hora de España,* XI, noviembre 1937, pp. 17-30. Nueva versión en *De una España peregrina,* Al-Borak, Madrid, 1972, pp. 11-31.

BERTRAND DE MUÑOZ, Maryse (1982): *La guerra civil española en la novela.* Bibliografía comentada, I, II, III, Madrid, Porrúa Turanzas (Col. Ensayos), 1982-1987.

—— (1994): *La novela europea y americana y la guerra civil española,* Barcelona, Júcar (Ensayos, 9), 1994.

BROWN, G. G. (1974): *Historia de la Literatura española. VI: El siglo XX,* Barcelona, Ariel (Letras e Ideas, Instrumenta 6), 1974.

CAPARROS LERA, J. M. (1981): *Arte y política en el cine de la República (1931-1939),* Barcelona, Ed. Universidad de Barcelona / Ed. 7 1/2, 1981. XII + 411 pp. Prólogo de Miquel Porter Moix

CASTAGNINO, Raúl H. (1977): *Cuento Arte-facto y artificios del cuento,* Buenos Aires, Nova, 1977.

CASTAÑAR, Fulgencio (1992): *El compromiso en la novela de la Segunda República,* Madrid, Siglo XXI (Lingüística y Teoría literaria), 1992, 468 pp.

CAUDET, Francisco (1975): *Hora de España (Antología),* Madrid, Ed. Turner, 1975.

COBB, Christopher H. (1981): *La cultura y el pueblo. España, 1930-1939,* Barcelona, Laia (Papel 451, 52), 1981.

CHABAS, Juan (1979): *Literatura española contemporánea, 1898-1950,* La Habana, Edit. Pueblo y Educación, 2.ª ed., 1.ª reimp.

CHACEL, Rosa (1937): «Cultura y pueblo», *Hora de España,* I, enero 1937, 13-22.

—— (1937): «Un nombre al frente: Galdós», *Hora de España,* II, febr. 1937, 47-50.

—— (1937): «La primera palabra sobre la vida. En el primer centenario de la muerte de Larra», en *Hora de España,* III, marzo 1937, 54-56.

DOMINGO, José (1973): *La novela española del siglo XX. 1. De la Generación del 98 a la guerra civil. 2. De la postguerra a nuestros días,* Barcelona, Labor (Nueva Col. Labor, 147 y 149), 1973. 2 vols.

ESCOLAR, Hipólito (1987): *La cultura durante la guerra civil,* Madrid, Alhambra (Estudios, 38), 1987.

ESTEBAN, José, y SANTONJA, Gonzalo (1977): *Los novelistas sociales españoles (1928-1936). Antología,* Madrid, I. Peralta Ed. & Ed. Ayuso (Libros Hiperión, 23), 1977, 327 pp.; 2.ª ed., Barcelona, Anthropos (Ambitos Literarios 22 / Ensayo), 1988.

FUENTES, Víctor (1980): *La marcha al pueblo en las letras españolas, 1917-1936,* Madrid, Ediciones de la Torre (Nuestro Mundo, 8), 1980. Prólogo de M. Tuñón de Lara.

GARCÍA DE LA CONCHA, Víctor (1984): *Historia y Crítica de la Literatura Española. 7 Época Contemporánea: 1914-1939,* v. RICO, Francisco.

GARCÍA LARA, Fernando (editor) (1988): *Literatura y guerra civil. VIII Debates de crítica joven,* Granada, Instituto de Estudios Almerienses (Temas Monográficos, 3), 1988, 108 pp.

GIL CASADO, Pablo (1975): *La novela social española (1920-1971),* Barcelona, Seix Barral (Bibl. Breve, 353), 1975, 2.ª ed. corr. y aum.

GRANJEL, Luis, S. (1973): *La generación literaria del 98,* Salamanca, Anaya (Temas y Estudios, Minor), 1973.

GULLON, Ricardo, dir. (1993): *Diccionario de Literatura Española e Hispanoamericana,* Madrid, Alianza / V Centenario (Diccionarios), 1993, 2 vols. 2.010 pp.

HANREZ, Marc (1977): *Los escritores y la guerra de España,* Barcelona, Monte Ávila, 1977.

Imprévue 1986-2. «La guerre d'Espagne dans les produits culturels», Montpéllier, CERS - Univ. Paul Valéry, 1986, 150 pp.

MAINER, José-Carlos (1975): *La Edad de Plata,* Barcelona, Ed. Asenet (Los libros de la Frontera 27), Barcelona 1975, 1.ª ed. [Madrid, Cátedra (Crítica y Estudios Literarios), 1987].

MAÑÁ DELGADO, Gemma (1993): «La narrativa breve de 1936 a 1939: Vida y literatura» en *Anthropos,* n.º 148 (guerra civil y producción cultural), septiembre 1993, pp. 39-43.

MARRA LÓPEZ, José Ramón (1963): *Narrativa española fuera de España (1939-1961),* Madrid, Guadarrama (Col. Crítica y Ensayo, 39), 1963.

MARRAST, Robert (1978): *El teatre durant la guerra civil espanyola. Assaig d'història i documents,* Barcelona, Institut del Teatre / Ed. 62 (Monografies de Teatre, 8), 1978, 323 pp.

MARTÍNEZ, Juan Manuel, ed. (1987): *Periodismo y periodistas en la guerra civil,* Madrid, Fund. Banco Exterior (Col. Seminarios y Cursos), 1987, 156 pp.

NORA, Eugenio G. de (1973): *La novela española contemporánea I, (1898-1927),* Madrid, Gredos (BRH, II Est. y Ensayos, 41), 1973, 2.ª ed. reimp.

—— (1973): *La novela española contemporánea II (1927-1939),* Madrid, Gredos (BRH, II Est. y Ens. 41), 1973, 2.ª.

NUÑEZ DÍAZ-BALART, Mirta (1992): *La prensa de guerra en la zona republicana durante la guerra civil española (1936-1939) I, II y III,* Madrid, Ed. de la Torre (Nuestro Mundo, 27, Serie: Historia), 1992, 1.620 pp.

PALACIOS FERNÁNDEZ, Emilio (dir.) (1980): *Historia de la Literatura española e hispanoamericana,* 7 vols., Madrid, Ed. Orgaz, 1980.

PEDRAZA, Felipe B. y RODRÍGUEZ, Milagros (1991): *Manual de Literatura Española, X. Novecentismo y vanguardia: Introducción, prosistas y dramaturgos,* Estella/Pamplona, CENLIT, 1991, 946 pp.

PONCE DE LEÓN, José Luis S. (1971): *La novela española de la guerra civil (1936-1939),* Madrid, Ínsula, 1971, 210 pp.

RICO, Francisco, y GARCÍA DE LA CONCHA, Víctor (1984): *Historia y Crítica de la Literatura Española. 7 Época Contemporánea: 1914-1949,* Barcelona, Crítica, 1984, 914 pp.

RODENAS, Domingo (1996): «Renovación del canon: Revisión de la narración vanguardista», en *Ínsula* 594, junio 1996, pp. 8-10.

SALAÜN, Serge (1985): *La poesía de la guerra de España,* Madrid, Castalia, 1985, 413 pp.

SANTONJA, Gonzalo (1986): *Del lápiz rojo al lápiz libre. La censura de prensa y el mundo del libro,* Barcelona, Anthropos (Ambitos literarios 15 / Ensayo), 1986.

—— (1993): *La novela revolucionaria de quiosco 1905-1939,* Madrid, La Productora de Ediciones / El Museo Universal, 1993.

—— (1994): *Las novelas rojas (Antología),* Madrid, Ed. de la Torre (Nuestro Mundo, 36), 1994,

—— (1989): *La República de los libros: el nuevo libro popular de la Segunda República,* Barcelona, Anthropos (Ambitos Literarios, 29 / Ensayo), 1989.

SANZ VILLANUEVA, Santos (1985, 2.ª): *Historia de la Literatura Española, 6/2, Literatura actual,* Barcelona, Ariel (Letras e Ideas), 1985, 501 pp.

SCHNEIDER, Luis Mario (1987): *II Congreso Internacional de escritores para la Defensa de la Cultura* (Valencia-Madrid-Barcelona-París, 1937), vol. I, *Inteligencia y guerra civil española,* Valencia, Conselleria de Cultura, Educació i Ciència (Col.lecció Homenatges), 1987, 231 pp.

SOLDEVILA DURANTE, Ignacio (1980): *La novela desde 1936,* Madrid, Alhambra (Historia de la literatura actual, II), 1980.

THOMAS, Gareth (1990): *The Novel of the Spanish Civil War (1936-1975),* Cambridge, Cambridge University Press, XI + 273 pp.

TORRE, Guillermo de (1970): *Doctrina y estética literaria,* Madrid, Guadarrama, 1970.

—— (1971): *Historia de las literaturas de vanguardia,* Madrid, Guadarrama (Punto Omega, 117, 118, 119), 1971.

TORRENTE BALLESTER, Gonzalo (1961): *Panorama de la Literatura Española Contemporánea I,* Guadarrama (Panoramas II), Madrid, 1961, 2.ª.

TRAPIELLO, Andrés (1994): *Las armas y las letras. Literatura y guerra civil 1936-1939,* Barcelona, Planeta (Espejo de España, 166), 1994, 429 pp.

TUÑÓN DE LARA, Manuel (1984): *Medio siglo de cultura española (1885-1936),* Madrid, Tecnos, 1984, 3.ª ed. reimp.

VALBUENA PRAT, Ángel (1963): *Historia de la Literatura Española III,* Barcelona, G. Gili, 1963, 7.ª.

VICENTE HERNANDO, César de, ed. (1994): *Poesía de la guerra civil española 1936-1939,* Madrid, Akal (Nuestros Clásicos, 10), 1994, 435 pp.

VILCHES DE FRUTOS, María Francisca (1984): *La Generación del Nuevo Romanticismo. Estudio bibliográfico y crítico (1924-1939),* Madrid, Univ. Complutense (Tesis Doctoral, facsímil), 1984.

WARD, Philip, dir. (1984): *Diccionario de Literatura Española e Hispanoamericana,* Barcelona, Crítica, 1985, 864 pp.

ZAMBRANO, María (1977): *Los intelectuales en el drama de España,* Madrid, Hispamerca, 1977, 2.ª ed. aum. Incluido en *Senderos,* Barcelona, Anthropos (Memoria Rota, 8), 1986, pp. 27-70.

—— (1938): «Misericordia», *Hora de España,* XXI, septiembre 1938, pp. 29-52.

Obras estudiadas

ALAIZ, Felipe (1937): *Vida y muerte de Ramón Acín,* Barcelona, 1937.

ALAIZ, Felipe (s.a.): *Vida y muerte de Ramón Acín,* París, Ed. Umbral, s.a., 32 pp. Prólogo de Galo Díez. Suplemento al n.º 893 de «Combat Syndicaliste».

ARCONADA, César M. (1968): *Río Tajo,* en *Obras escogidas,* II, Ed. Progreso, Moscú, 1970, 335 pp.

—— (1978): *Río Tajo,* Madrid, Ed. Akal (Akal 74, 98), 1978. Prólogo de Juan A. Hormigón. XIX + 337 pp.

AZAÑA, Manuel (1980): *La velada en Benicarló.* Madrid, Castalia, («Biblioteca de Pensamiento»), 1980, 203 pp. Edic., introd. y notas de Manuel Aragón.

—— (1981): *La Velada en Benicarló,* versión teatral de José L. Gómez y José A. Gabriel y Galán. Madrid, Espasa-Calpe (Sel. Austral, 81), 1981. Prólogo de Manuel Andújar.

—— (1981): *Memorias políticas y de guerra I y II,* Barcelona, Crítica (Temas Hispánicos 31), 1981, 4ª.

—— (1990): *Obras completas,* Madrid, Giner, 1990. Introducción de Juan Marichal. 4 vols.

BAJATIERRA, Mauro (1937): *La guerra en las trincheras de Madrid. Crónicas del frente de Madrid. s.l.* (¿Madrid?), Oficina de Propaganda y Prensa del Comité Nacional de CNT, 1937, 222 pp.

BAREA, Arturo (1938): *Valor y miedo,* Barcelona, Publicacions Antifeixistes de Catalunya, 1938.

—— (1980): *Valor y miedo,* Madrid, José Esteban Ed., 1980, 93 pp.

—— (1986): *Valor y miedo,* Barcelona, Plaza & Janés, 1986.

BASALDÚA, Pedro de (1937): *Sangre en la mina,* Bilbao, Ed. Euzko-Gudaroztea, 1937, 32 pp. Ilustraciones de Nik.

—— (¿1937?): *El dolor de Euzkadi,* Barcelona, Comissariat de Propaganda, Generalitat de Catalunya, s. a.

BEJARANO, Benigno (1938): *Enviado especial. Novela,* Barcelona, Ed. del Autor (Talleres de Solidaridad Obrera), 1938, 287 pp.

BELAUSTEGOUGOITIA, Ramón de (1938): *Euzkadi en llamas,* México, Botas, 1938.

BENAVIDES, Manuel D. (1936): *Curas y mendigos. Prólogo de la guerra civil (Reportaje),* Barcelona, Imprenta Industrial, 1936, 386 pp.

CAMÍN, Alfonso (1938): *España a hierro y fuego (Diez meses con los sublevados en Castilla, en León, en Galicia, en Asturias),* México, Norte, 1938, 431 pp.

CAMPRUBÍ AYMAR, Zenobia (1991): *Diario 1. Cuba (1937-1939),* Madrid, Alianza Ed. / Univ. de Puerto Rico, 1991. Traducción, introducción y notas de Graciela Palau de Nemes.

CASADO, Segismundo (1939): *The Last Days of Madrid: The End of the Second Spanish Republic,* Londres, Edit. Peter Davies, 302 pp.

CASADO, Segismundo (1968): *Así cayó Madrid: último episodio de la guerra española,* Madrid, Guadiana, 1968. Reedición: Madrid, Ediciones 99, 1977.

CIMORRA, Clemente (1938): *España en las trincheras,* Madrid, Nuestro Pueblo, 1938.

—— (1938): *Los héroes del Pirineo Español,* Madrid, Nuestro Pueblo, 1938.

CIMORRA, Clemente; IZCARAY, Jesús; ONTAÑÓN, Eduardo, y PERLA, Mariano (1938): *Madrid es nuestro (60 crónicas de su defensa),* Madrid-Barcelona, Nuestro Pueblo, 1938.

CHAVES NOGALES, Manuel (1937): *Heroes and Beasts of Spain,* New York, Doubleday, Doran & Co., 1937.

—— (1993): *Obra narrativa completa, I y II,* Sevilla, Dip. de Sevilla - Fundación Luis Cernuda (Bibl. de Autores Sevillanos), 1993, 817 y 874 pp. Intr. y ed. de M.ª Isabel Cintas.

FUENTE, Pablo de la (1939): *El hombre solo,* Madrid, Enrique Prieto, 1939 (enero-febrero).

GARCITORAL, Alicio (1938): *Gaceta de Madrid. Novela histórica,* Buenos Aires, Claridad (Bibl. de Novelas Históricas), 1938, 271 pp.

GONDI, Ovidio (1938): *Guerra civil en Asturias: Nuestros enemigos entre nosotros (Vida, crítica y exterminio de una quinta Columna),* Barcelona, Ed. Antifascistas, 1938, 151 pp. Prólogo de JAVIER BUENO, dibujos de GERMÁN HORACIO.

HERRERA PETERE, José (1938): *Acero de Madrid,* Barcelona, Nuestro Pueblo, 1938.

—— (1979): *Acero de Madrid.* Barcelona, Laia (Paperback, 44), 1979.

—— (1938): *Cumbres de Extremadura. Novela de guerrilleros,* Barcelona, Nuestro Pueblo, 1938.

—— (1945): *Cumbres de Extremadura. Novela de guerrilleros,* México, Isla, 1945.

—— (1986): *Cumbres de Extremadura. Novela de guerrilleros,* Barcelona, Anthropos (Memoria Rota, 9), 1986. Pról. de María Zambrano.

—— (1938): *Puentes de sangre. Narración a propósito del paso del Ebro,* Madrid, Nuestro Pueblo, 1938, 132 pp.

JARNÉS, Benjamín (1938): «Ruinas en España», *Hora de España,* XVI, abril 1938, Barcelona, pp. 71-78. En nota: «Introducción a la novela inédita *Su línea de fuego*».

—— (1980): *Su línea de fuego,* Zaragoza, Ed. Guara (Nueva biblioteca de Autores Aragoneses), 1980. Intr. y notas de P. Hernández del Moral y Juan R. Torregrosa.

JIMÉNEZ, Juan Ramón (1985): *Guerra en España,* Barcelona, Seix Barral (Bibl. Breve), 1985. Introducción, edición y notas de Ángel Crespo.

LÁZARO [s.a.]: *Los guerrilleros de Extremadura,* Barcelona, Soc. Gral. de Publicaciones, s.a., 55 pp.

LEÓN, María Teresa; MIÑANA, J. (1937): *Crónica general de la guerra civil I.* Madrid, Ed. de la Alianza de Intelectuales Antifascistas, 1937, 301 pp.

MADARIAGA, Salvador de (1938): *Campos Elíseos. Diálogo entre Goethe, María Estuardo, Voltaire, Napoleón, Carlos Marx y el Presidente Washington,* Buenos Aires, Hachette, 1939, 207 pp. Colofón: 27/XII/1938.

MENDIETA, Isidro R. (s.a. ¿1938?): *El infierno azul,* s.l., Ed. Solidaridad, s.a., 31 pp.

OTERO SECO, Antonio; PALMA, Elías (1937): *Gavroche en el parapeto (Trincheras de España),* Madrid, Nueva Imprenta Radio, 1937, 2.ª ed. (1.ª, 1936, Madrid, Nueva Imprenta Radio).

POZANCO, Ángel Miguel (1937): *Guinea mártir [Narraciones, notas y comentarios de un condenado a muerte],* Valencia, Col. Actualidad [Imprenta Moderna, Barcelona], 1937.

RUIZ VILAPLANA, Antonio (s.a. ¿1937?): *Doy fe... Un año de actuación en la España nacionalista,* Barcelona, Ed. Españolas, s.a. 167 pp.

SAHAREÑO, José (1937): *Villa Cisneros (Deportación y fuga de un grupo de antifascistas),* 164 pp.

SALAS VIU, Vicente (1938): *Diario de guerra de un soldado,* Barcelona, Edic. E.P. (Ejército Popular), 1938.

—— (1977): *Diario de guerra de un soldado,* Madrid, Hispamerca (Textos Recuperados, 5), 1977. Pról. de Eugenio J. Alonso.

—— (1938/1940): *Primeras jornadas y otras narraciones de la guerra española,* Barcelona, Generalitat de Catalunya, 1938. Edición en catalán y castellano. Destruida a la caída de Barcelona. Algunos aparecidos en *Hora de España: Un paso en la Revolución, HE* XI (noviembre, 1937) pp. 81-93; Desde Archanda, en *En el norte,* Bilbao, *HE* VI (junio, 1937) pp. 51-53; *Tres historias ejemplares, HE* XVIII (junio, 1938), pp. 31-39, con el añadido de una será *Cuatro historias ejemplares* en la edición en volumen.

—— (1940): *Primeras jornadas y otras narraciones de la guerra española,* Santiago de Chile, Ed. Zig-Zag (Obras de Actualidad), 1940.

SÁNCHEZ BARBUDO, Antonio (1938): *Entre dos fuegos. Narraciones (1937-1938),* Barcelona, Ed. Hora de España, 1938, 190 págs. Tres habían aparecido en *Hora de España:* «Días de julio», en *HE* V (mayo, 1937), 81-95; «En las trincheras», *HE* XI (noviembre, 1937), 51-54; «La casa de los Ramírez», *HE* XIII (enero, 1938), 39-59.

—— (1938): *Sueños de grandeza, Novela,* caps. I, II y III, en cuatro entregas en *Hora de España XX* (agosto) pp. 65-105; XXI (septiembre), pp. 87-111; XXII (octubre), pp. 85-103; XXIII (noviembre), pp. 75-93.

—— (1946): *Sueños de grandeza,* Buenos Aires, Nova (Col. Espejo del Mundo), 1946.

—— (1993): *Sueños de grandeza,* Barcelona, Anthropos (Memoria Rota, 36), 1993. Prólogo de Gemma Mañá.

SENDER, Ramón J. (1938): *Contraataque,* Barcelona, Nuestro Pueblo, 1938.

SENDER, Ramón J. (1978): *Contraataque,* Salamanca, Almar (Patio de Escuelas, 10), 1978. Nota preliminar, bibliografía y tablas cronológicas de José A. Pérez Bowie.

ZAMACOIS, Eduardo (1938): *El asedio de Madrid,* Barcelona, Mi Revista, 1938.

—— (1976): *El asedio de Madrid,* Barcelona, AHR, 1976.

ZUGAZAGOITIA MENDIETA, Julián (1940): *Historia de la guerra de España,* Buenos Aires, Talleres Gráficos La Vanguardia, 1940.

—— (1979): *Madrid, Carranza 20,* Madrid, Ayuso (Bibl. Silenciada, 1), 1979.

EL MONO AZUL (1978), Liechtenstein, Topos Verlag AG (Biblioteca del 36) / Turner, 1978 (Ed. anastática). Poema original de Rafael Alberti. Introducción e índices de Michel García.

HORA DE ESPAÑA (1977), Liechtenstein-Darmstadt / Barcelona, Topos Verlag AG (Biblioteca del 36), Laia, 1977, 5 vols. (Ed. anastática). «Palabras Previas», de Enrique Montero. «Hora de España XXIII», por María Zambrano. «Apuntes para la biografía de *Hora de España»,* por Francisco Caudet.

NUEVA CULTURA [1977], Liechtenstein / Barcelona, Topos Verlag AG (Biblioteca del 36) / Turner, 1977 (Ed. anastática). Introducción de José Renau.